Labour Force Statistics

1978-1998

Statistiques de la population active

1999 Edition

ORGANISATION FOR ECONOMIC CO-OPERATION AND DEVELOPMENT

Pursuant to Article 1 of the Convention signed in Paris on 14th December 1960, and which came into force on 30th September 1961, the Organisation for Economic Co-operation and Development (OECD) shall promote policies designed:

- to achieve the highest sustainable economic growth and employment and a rising standard of living in Member countries, while maintaining financial stability, and thus to contribute to the development of the world economy;
- to contribute to sound economic expansion in Member as well as non-member countries in the process of economic development; and
- to contribute to the expansion of world trade on a multilateral, non-discriminatory basis in accordance with international obligations.

The original Member countries of the OECD are Austria, Belgium, Canada, Denmark, France, Germany, Greece, Iceland, Ireland, Italy, Luxembourg, the Netherlands, Norway, Portugal, Spain, Sweden, Switzerland, Turkey, the United Kingdom and the United States. The following countries became Members subsequently through accession at the dates indicated hereafter: Japan (28th April 1964), Finland (28th January 1969), Australia (7th June 1971), New Zealand (29th May 1973), Mexico (18th May 1994), the Czech Republic (21st December 1995), Hungary (7th May 1996), Poland (22nd November 1996) and Korea (12th December 1996). The Commission of the European Communities takes part in the work of the OECD (Article 13 of the OECD Convention).

ORGANISATION DE COOPÉRATION ET DE DÉVELOPPEMENT ÉCONOMIQUES

En vertu de l'article 1er de la Convention signée le 14 décembre 1960, à Paris, et entrée en vigueur le 30 septembre 1961, l'Organisation de Coopération et de Développement Économiques (OCDE) a pour objectif de promouvoir des politiques visant :

- à réaliser la plus forte expansion de l'économie et de l'emploi et une progression du niveau de vie dans les pays Membres, tout en maintenant la stabilité financière, et à contribuer ainsi au développement de l'économie mondiale;
- à contribuer à une saine expansion économique dans les pays Membres, ainsi que les pays non membres, en voie de développement économique;
- à contribuer à l'expansion du commerce mondial sur une base multilatérale et non discriminatoire conformément aux obligations internationales.

Les pays Membres originaires de l'OCDE sont : l'Allemagne, l'Autriche, la Belgique, le Canada, le Danemark, l'Espagne, les États-Unis, la France, la Grèce, l'Irlande, l'Islande, l'Italie, le Luxembourg, la Norvège, les Pays-Bas, le Portugal, le Royaume-Uni, la Suède, la Suisse et la Turquie. Les pays suivants sont ultérieurement devenus Membres par adhésion aux dates indiquées ci-après : le Japon (28 avril 1964), la Finlande (28 janvier 1969), l'Australie (7 juin 1971), la Nouvelle-Zélande (29 mai 1973), le Mexique (18 mai 1994), la République tchèque (21 décembre 1995), la Hongrie (7 mai 1996), la Pologne (22 novembre 1996) et la Corée (12 décembre 1996). La Commission des Communautés européennes participe aux travaux de l'OCDE (article 13 de la Convention de l'OCDE).

FOREWORD – AVANT PROPOS

The *Labour Force Statistics* publication provides detailed annual statistics on key elements of the labour force of OECD Member countries. Through the provision of extended time series shown in this publication it is possible to identify structural changes that have taken place in the labour force of these countries with respect to gender, age, activities, etc., for the major elements of the labour force, including those in the labour force, employed or unemployed.

The statistics in this publication largely conform to the guidelines of the 13th Conference of Labour Statisticians (ILO Guidelines) adopted in October 1982.

A number of new annual series have been included in this edition of *Labour Force Statistics*. These comprise more data on duration of unemployment and on part-time employment.

In addition to statistics, the current publication also contains information on the methodology used by Member countries to compile the statistics. Longer time series and more detailed disaggregations for some series are available in a CD-ROM version of this publication.

The statistics in this annual publication complement those in another OECD publication, *Quarterly Labour Force Statistics*, which includes short-term labour force indicators on employment, unemployment, etc. Statistics in the quarterly publication use the same definitions and coverage as those used in this publication.

Data for the *Labour Force Statistics* publication were obtained from an annual questionnaire dispatched by the OECD and from a variety of national sources such as yearbooks, other specialist labour force publications and miscellaneous reports. Data were also obtained from the Statistical Office of the European Union (Eurostat) and the International Labour Organisation (ILO).

The OECD Secretariat wishes to acknowledge the active and constant co-operation of the National Statistical Institutes of the Member countries for their efforts in providing information for this publication.

OECD, Paris
December 1999

La publication *Statistiques de la population active* présente des statistiques annuelles détaillées sur les principales composantes de la population active des pays Membres de l'OCDE. Grâce aux séries temporelles longues disponibles dans cette publication, il est possible d'identifier les changements structurels qui sont intervenus dans la population active de ces pays au regard du sexe, de l'âge, des activités, etc., pour les principaux éléments de la population active y compris les personnes occupées ou au chômage.

Les statistiques de cette publication sont en grande partie en conformité avec les recommandations internationales de la 13ième Conférence de statisticiens du travail (directives du BIT) adoptées en octobre 1982.

Pour cette édition des *Statistiques de la population active*, de nouvelles séries ont été ajoutées. Elles concernent la durée du chômage et le travail à temps partiel.

En plus des statistiques, la présente publication contient également des informations sur la méthologie utilisée par les pays Membres pour dresser leurs statistiques. Des séries temporelles plus longues ainsi que des ventilations plus détaillées sont disponibles dans la version CD-ROM de cette publication.

Les statistiques de cette publication annuelle sont un complément à celles publiées dans une autre publication de l'OCDE *Statistiques trimestrielles de la population active* qui contient des indicateurs de la population active sur l'emploi, le chômage, etc. Les statistiques de la publication trimestrielle sont basées sur les mêmes définitions et couvertures que celles publiées ici.

Les données de la publication *Statistiques de la population active* furent obtenues à partir d'un questionnaire envoyé par l'OCDE et à partir d'une variété de sources nationales comme les annuaires, les publications spécialisées sur la population active ainsi que divers rapports. Certaines données proviennent également de l'Office statistique des Communautés européennes (Eurostat) et du Bureau International du travail (BIT).

Le secrétariat souhaite souligner la coopération active et soutenue des Instituts Statistiques Nationaux des pays Membres pour leur effort à fournir des informations pour la présente publication.

OCDE, Paris
décembre 1999

Table of contents — Table des matières

INTRODUCTION

This is the 35th edition of the *Labour Force Statistics* since the first issue in October 1961. The publication contains time series of the evolution of population and labour force for the twenty-nine Member countries of the Organisation for Economic Co-operation and Development.

This publication is divided into three parts: Parts I and II have been prepared under the responsibility of the Main Economic Indicators Division of the Statistics Directorate. Part III has been compiled by the Statistics and Indicators Division of the Directorate for Education, Employment, Labour and Social Affairs.

Part I – Contains general tables referring to the main aggregates from 1975 to 1998.

Part II – Contains figures by countries, with three basic tables and one or more pages of explanatory notes. The tables are standardised for all countries and drawn up in such a way as to give a picture of the trend of the labour force and employment situation. Data for the country tables refer to the period 1978-1998. However, for the countries where the only data available refer to censuses, the figures of the last available census have been given.

Part III – Contains time series for Participation rates and Unemployment rates by age and gender for twenty-nine Member countries, covering the period from 1978-1998. This part includes a general introductory note outlining the various concepts and definitions used. The Country tables provide a set of series for the Participation rates and another for the Unemployment rates by age and sex. A brief description of the data shown is given in the corresponding country notes.

All series published are generally established in conformity with the international definitions (1982) adapted by ILO/OECD. The standardised presentation of the tables does not imply that the series for the various countries are strictly comparable. Important differences exist between countries in the matter of general concepts, classification and methods used for obtaining the data. Consequently, international comparisons must be approached with caution and should be regarded as approximate. The derived data (indices, rates of change, ratios, etc.) can be considered as more comparable than related absolute figures.

The International Standard Industrial Classification of all economic activities (ISIC) adapted in 1968 by the United Nations (Statistical Papers, Series M, No.4, Rev. 2) is used for the breakdown of the civilian employment in the Country table III.

Le présent volume est la 35ème édition des *Statistiques de la Population Active*, depuis sa création en octobre 1961. Il comporte des séries historiques sur l'évolution de la population et de la population active pour les vingt-neuf pays Membres de l'Organisation de Coopération et de Développement Économiques.

Cet annuaire est divisé en trois parties : les parties I et II sont établies sous la responsabilité de la Division des Principaux Indicateurs Économiques de la Direction des Statistiques. La partie III a été préparée par la Division des Statistiques et Indicateurs de la Direction de l'éducation, de l'emploi, du travail et des affaires sociales.

Partie I – Elle présente des tableaux généraux avec des données relatives aux principaux agrégats de 1975 à 1998.

Partie II – Elle présente des données par pays; chacun d'eux fait l'objet de trois Tableaux de base et d'une ou plusieurs pages de notes explicatives. Les Tableaux sont standardisés pour tous les pays. Ils ont été établis de manière à présenter une vue de l'évolution de la situation dans le domaine de la main-d'oeuvre et de l'emploi; la période couvre les années 1978-1998. Pour les pays où les seules données disponibles se réfèrent aux recensements, on a présenté les chiffres du dernier recensement disponible.

Partie III – Elle présente des séries chronologiques concernant les taux d'activité et les taux de chômage selon l'âge et le sexe, pour vingt-neuf pays Membres ; les données couvrent la période de 1978 à 1998. Les définitions adoptées pour établir les séries publiées dans ces tableaux sont mentionnées dans une note d'introduction générale; à la fin du volume est publié un résumé descriptif des séries correspondantes par pays.

Les chiffres présentés sont supposés être en conformité avec les définitions internationales (1982) adoptées par BIT/OCDE. Néanmoins, la présentation des tableaux sous une forme standardisée n'implique pas que les données relatives aux divers pays soient strictement comparables. Des différences sensibles existent entre les pays en ce qui concerne les concepts utilisés, les classifications et le mode d'obtention des données. En conséquence, les comparaisons internationales doivent donc être entreprises avec précaution et ne peuvent fournir que des ordres de grandeur. Les chiffres dérivés (pourcentage, indices, etc.) peuvent être considérés comme mieux comparables que les chiffres absolus.

La Classification internationale type par industrie de toutes les branches d'activité économique (C.I.T.I.) adoptée en 1968 par les Nations Unies (Études Statistiques, Série M, no. 4, Rév. 2) est utilisée pour la répartition de la population active civile occupée dans le Tableau par pays III.

Whenever a country has carried out a more recent census, population and labour force data are revised, or are subject to revision in further issues of this publication.

The Secretariat has made numerous adjustments of the figures shown in Part I – General tables and, to a lesser extent, in those of Part II, Country tables. These adjustments were necessary in order to reduce inconsistencies between the various series and maintain the homogeneity in the long-term evaluation. Due to the importance of modifications, for some series, it was not possible to adjust these differences. This has occasionally resulted in breaks in the time series. Unemployment figures have not been adjusted by the Secretariat to the international definitions.

Annual data published in Parts I, II and III may refer to monthly or quarterly averages or to a specific month of each year.

Quand un pays a effectué un recensement plus récent, les données relatives à la population et à la population active sont révisées ou susceptibles de l'être dans les éditions futures.

Dans la Partie I du présent annuaire, relative aux tableaux généraux et, dans une manière mesure, dans la Partie II, tableaux par pays, un effort particulier a été entrepris par le Secrétariat afin de réduire les coupures dans les séries statistiques et rendre plus homogènes les chiffres publiés; néanmoins, certaines séries établies selon des concepts méthodologiques différents sont publiées avec des coupures indiquant les ruptures dans la continuité des données. Les données du chômage n'ont pas été ajustées par le Secrétariat aux définitions internationales.

Les données annuelles présentées dans les parties I, II et III, se réfèrent soit aux moyennes mensuelles ou trimestrielles correspondantes soit à des mois spécifiques de chaque année.

DEFINITIONS – DÉFINITIONS

I.L.O. / O.E.C.D.

1. TOTAL POPULATION

All nationals present in or temporarily absent from the country and aliens permanently settled in the country.

Including the following categories:

National armed forces stationed abroad;

Merchant seamen at sea;

Diplomatic personnel located abroad;

Civilian aliens resident in the country;

Displaced persons resident in the country.

Excluding the following categories:

Foreign armed forces stationed in the country;

Foreign diplomatic personnel located in the country;

Civilian aliens temporarily in the country.

Data for total population may be compiled following the two basic concepts:

a) "Present-in-area population" or *de facto*, i.e. persons actually present in the country on the date of the census.

b) "Resident population" or *de jure*, i.e. persons regularly domiciled in the country on the date of the census.

Except where otherwise indicated, data refer to the actual territory of the country considered.

2. TOTAL LABOUR FORCE
(or currently active population)

The total labour force or currently active population comprises all persons who fulfil the requirements for inclusion among the employed or the unemployed as defined below.

3. ARMED FORCES

The armed forces cover personnel from the metropoliton territory drawn from the total available labour force who were serving in the armed forces during the period under consideration, whether stationed in the metropoliton territory or elsewhere.

The following are excluded from the armed forces:

– Personnel drawn from areas outside the metropolitan territory of the country concerned;

– Security forces, except forces such as mobile gendarmerie units and armed border patrols which receive training in military tactics, are equipped like the military forces and are able to be placed under military command;

B.I.T. / O.C.D.E.

1. POPULATION TOTALE

L'ensemble des nationaux présents ou temporairement absents du pays et les étrangers établis en permanence dans le pays.

Catégories incluses :

Forces armées nationales stationnées à l'étranger ;

Marins marchands en mer ;

Personnel diplomatique à l'étranger ;

Civils étrangers résidents dans le pays ;

Personnes déplacées résidentes dans le pays.

Catégories exclues :

Forces armées étrangères stationnées dans le pays ;

Personnel diplomatique étranger en poste dans le pays ;

Civils étrangers temporairement présents dans le pays.

Les données relatives à la population totale peuvent être établies selon les deux concepts suivants :

a) "Population présente sur le territoire" ou *de facto* : personnes effectivement présentes dans le pays à la date du recensement ;

b) "Population résidante" ou *de jure* : personnes ayant leur résidence habituelle dans le pays à la date du recensement.

Sauf indication contraire, les données se réfèrent au territoire actuel du pays considéré.

2. POPULATION ACTIVE TOTALE
(ou population actuellement active)

La population active totale (ou population actuellement active) comprend toutes les personnes qui remplissent les conditions pour être incluses parmi les personnes pourvues d'un emploi ou les chômeurs, comme défini ci-dessous.

3. FORCES ARMÉES

Les forces armées comprennent les effectifs originaires du territoire métropolitain, prélevés sur la population active totale et en service actif dans les forces armées au cours de la période considérée, soit sur le territoire métropolitain, soit en dehors.

Sont exclus des forces armées:

– Les effectifs provenant de régions situées en dehors du territoire métropolitain du pays concerné ;

– Les forces de sécurité, à l'exception de forces telles que les unités de gendarmerie mobile et les patrouilles armées de gardes-frontières qui reçoivent un entraînement militaire tactique, sont équipées comme des forces militaires et susceptibles d'être placées sous commandement militaire ;

Statistiques de la Population Active OECD
© OCDE, 1999 OCDE

– Reservists recalled for a period of training of less than one month.

4. CIVILIAN LABOUR FORCE

The Civilian Labour Force corresponds to Total Labour Force excluding armed forces.

5. TOTAL EMPLOYMENT

Persons in employment include civilian employment plus the armed forces and all those employed as defined below:

i) The employed include all persons above a specified age who during a specified brief period, either one week or one day, were in the following categories:

a) Paid employment:

a1) At work: persons who during the reference period performed some work for wage or salary, in cash or in kind;

a2) With a job but not at work: persons who, having already worked in their present job, were temporarily not at work during the reference period and have a formal attachment to their job. This formal job attachment should be determined in the light of national circumstances, according to one or more of the following criteria: (1) if he continued receipt of wage or salary; (2) an assurance of return to work following the end of the contingency, or an agreement as to the date of return; (3) the elapsed duration of absence from the job, which, wherever relevant, may be that duration for which workers can receive compensation benefits without obligations to accept other jobs.

b) Self-employment:

b1) At work: persons who during the reference period performed some work for profit or family gain, in cash or in kind;

b2) With an enterprise but not at work: persons with an enterprise, which may be a business enterprise, a farm or a service undertaking, who were temporarily not at work during the reference period for any specific reason.

ii) For operational purposes, the notion of some work may be interpreted as work for at least one hour.

iii) Persons temporarily not at work because of illness or injury, holiday or vacation, strike or lock-out, educational or training leave, maternity or parental leave, reduction in economic activity, temporary disorganisation or suspension of work due to such reasons as bad weather, mechanical or electrical breakdown, or shortage of raw materials or fuels, or other temporary absence with or without leave should be considered as in paid employment provided they have a formal job attachment.

– Les réservistes rappelés pour une période d'entraînement de moins d'un mois.

4. POPULATION ACTIVE CIVILE

La Population active civile correspond à la Population active totale à l'exclusion des forces armées.

5. POPULATION ACTIVE OCCUPEE

Les personnes pourvues d'un emploi comprennent la population active civile occupée plus les forces armées et toutes les personnes pourvues d'un emploi tel que défini ci-dessous

i) Les personnes pourvues d'un emploi comprennent toutes les personnes ayant dépassé un âge spécifié, qui se trouvaient, durant une brève période de référence spécifiée telle qu'une semaine ou un jour, dans les catégories suivantes :

a) Emploi salarié :

a1) Personnes au travail: personnes qui durant la période de référence, ont effectué un travail moyennant un salaire ou un traitement en espèces ou en nature ;

a2) Personnes qui ont un emploi mais ne sont pas au travail : personnes qui ayant déjà travaillé dans leur emploi actuel, en étaient absentes durant la période de référence et ont un lien formel avec leur emploi. Ce lien formel avec l'emploi devrait être déterminé à la lumière des circonstances nationales, par référence à l'un ou plusieurs des critères suivants : (1) le paiement ininterrompu du salaire ou du traitement; (2) une assurance de retour au travail à la fin de la situation d'exception ou un accord sur la date de retour; (3) la durée de l'absence du travail qui, le cas échéant, peut être la durée pendant laquelle les travailleurs peuvent recevoir une indemnisation sans obligation d'accepter d'autres emplois.

b) Emploi non salarié :

b1) Personnes au travail : personnes qui, durant la période de référence ont effectué un travail en vue d'un bénéfice ou d'un gain familial, en espèces ou en nature;

b2) Personnes ayant une entreprise mais n'étant pas au travail : personnes qui, durant la période de référence avaient une entreprise qui peut être une entreprise industrielle, un commerce, une exploitation agricole ou une entreprise de prestations de services, mais n'étaient temporairement pas au travail pour toute raison spécifique.

ii) Dans la pratique, la notion de travail effectué au cours de la période de référence peut être interprétée comme étant un travail d'une durée d'une heure au moins.

iii) Les personnes temporairement absentes de leur travail pour raison de maladie ou d'accident, de congé ou de vacances, de conflit de travail ou de grève, de congé-éducation ou formation, de maternité ou parental, de mauvaise conjoncture économique ou de suspension temporaire du travail due à des causes telles que conditions météorologiques défavorables, incidents mécaniques ou électriques, pénurie de matières premières ou de combustibles, ou de toute autre cause d'absence temporaire avec ou sans autorisation, devraient être considérées comme pourvues d'un emploi salarié, à condition qu'elles aient un lien formel avec leur emploi.

iv) Employers, own account workers and members of producers' co-operatives should be considered as in self-employment and classified as at work or not at work, as the case may be.

v) Unpaid family workers at work should be considered as in self-employment irrespective of the number of hours worked during the reference period. Countries which prefer for special reasons to set a minimum time criterion for the inclusion of unpaid family workers among the employed should identify and separately classify those who worked less than the prescribed time.

vi) Persons engaged in the production of economic goals and services for own and household consumption should be considered as in self-employment if such production comprises an important contribution to the total consumption of the household.

vii) Apprentices who received pay in cash or in kind should be considered in paid employment and classified as at work or not at work on the same basis as other persons in paid employment.

viii) Students, homemakers and others mainly engaged in non-economic activities during the reference period, who at the same time were in paid employment or self-employment as defined in (i) above should be considered as employed on the same basis as other categories of employed persons and be identified separately, where possible.

ix) Members of the armed forces should be included among persons in paid employment. The armed forces should include both the regular and the conscripts as specified in the most recent revision of the International Standard Classification of Occupations (ISCO).

6. UNEMPLOYED

i) The unemployed comprise all persons above a specified age who during the reference period were:

a) Without work, i.e. were not in paid employment or self-employment, as defined above.

b) Currently available for work, i.e. were available for paid employment or self-employment during the reference period.

iv) Les employeurs, les personnes travaillant à leur propre compte et les membres des coopératives de producteurs devraient être considérés comme travailleurs non salariés et classés comme étant au travail ou n'étant pas au travail, selon les cas.

v) Les travailleurs familiaux non rémunérés devraient être considérés comme travailleurs non salariés indépendamment du nombre d'heures de travail effectué durant la période de référence. Les pays qui, pour des raisons particulières, préféreraient choisir comme critère une durée minimale de temps de travail pour inclure les travailleurs familiaux non rémunérés parmi les personnes pourvues d'un emploi devraient identifier et classer séparément les personnes de cette catégorie qui ont travaillé moins que le temps prescrit.

vi) Les personnes engagées dans la production de biens et services pour leur propre consommation ou celle du ménage devraient être considérées comme travailleurs non salariés si une telle production apporte une importante contribution à la consommation totale du ménage.

vii) Les apprentis qui ont reçu une rétribution en espèces ou en nature devraient être considérés comme personnes pourvues d'un emploi salarié et classés comme étant au travail ou n'étant pas au travail sur la même base que les autres catégories de personnes pourvues d'un emploi salarié.

viii) Les étudiants, les personnes s'occupant du foyer et autres personnes principalement engagées dans des activités non économiques durant la période de référence et qui étaient en même temps pourvues d'un emploi salarié ou non salarié comme défini au paragraphe (i) ci-dessus devraient être considérés comme ayant un emploi, sur la même base que les autres catégories de personnes ayant un emploi et être identifiés séparément lorsque cela est possible.

ix) Les membres des forces armées devraient être inclus parmi les personnes pourvues d'un emploi salarié. Les forces armées devraient comprendre aussi bien les membres permanents que les conscrits, comme spécifié dans la plus récente révision de la Classification internationale type des professions (CITP).

6. CHÔMAGE

i) Les chômeurs comprennent toutes les personnes ayant dépassé un âge spécifié qui, au cours de la période de référence, étaient :

a) Sans travail, c'est-à-dire qui n'étaient pourvues ni d'un emploi salarié ni d'un emploi non salarié, comme défini ci-dessus.

b) Disponibles pour travailler dans un emploi salarié ou non salarié durant la période de référence.

c) Seeking work, i.e. had taken specific steps in a specified recent period to seek paid employment or self-employment. The specific steps may include registration at a public or private employment exchange; application to employers; checking at worksites, farms, factory gates, market or other assembly places; placing or answering newspaper advertisements; seeking assistance of friends or relatives; looking for land, building, machinery or equipment to establish own enterprise; arranging for financial resources; applying for permits and licences, etc.

ii) In situations where the conventional means of seeking work are of limited relevance, where the labour market is largely unorganised or of limited scope, where labour absorption is, at the time, inadequate, or where the labour force is largely self-employed, the standard definition of unemployment given in subparagraph (i) above may be applied by relaxing the criterion of seeking work.

iii) In the application of the criterion of current availability for work, especially in situations covered by subparagraph (ii) above, appropriate tests should be developed to suit national circumstances. Such tests may be based on notions such as present desire for work and previous work experience, willingness to take up work for wage or salary on locally prevailing terms, or readiness to undertake self-employment activity given the necessary resources and facilities.

iv) Notwithstanding the criterion of seeking work embodied in the standard definition of unemployment, persons without work and currently available for work who had made arrangements to take up paid employment or undertake self-employment activity at a date subsequent to the reference period should be considered as unemployed.

v) Persons temporarily absent from their jobs with no formal job attachment who were currently available for work and seeking work should be regarded as unemployed in accordance with the standard definition of unemployment. Countries may, however, depending on national circumstances and policies, prefer to relax the seeking work criterion in the case of persons temporarily laid off. In such cases, persons temporarily laid off who were not seeking work but classified as unemployed should be identified as a separate subcategory.

vi) Students, homemakers and others mainly engaged in non-economic activities during the reference period who satisfy the criteria laid down in subparagraphs (i) and (ii) above should be regarded as unemployed on the same basis as other categories of unemployed persons and be identified separately, where possible.

c) A la recherche d'un travail, c'est-à-dire qui avaient pris des dispositions spécifiques au cours d'une période récente spécifiée pour chercher un emploi salarié ou un emploi non salarié. Ces dispositions spécifiques peuvent inclure: l'inscription à un bureau de placement public ou privé; la candidature auprès d'employeurs; les démarches sur les lieux de travail, dans les fermes ou à la porte des usines, sur les marchés ou dans les autres endroits où sont traditionnellement recrutés les travailleurs; l'insertion ou la réponse à des annonces dans les journaux ; les recherches par relations personnelles; la recherche de terrain, d'immeubles, de machines ou d'équipement pour créer une entreprise personnelle; les démarches pour obtenir des ressources financières, des permis et licences, etc.

ii) Dans les situations où les moyens conventionnels de recherche de travail sont peu appropriés, où le marché du travail est largement inorganisé ou d'une portée limitée, où l'absorption de l'offre de travail est, au moment considéré, insuffisante, où la proportion de main-d'oeuvre non salariée est importante, la définition standard du chômage donnée au sous-paragraphe (i) ci-dessus peut être appliquée en assouplissant le critère de la recherche du travail.

iii) En appliquant le critère de la disponibilité pour le travail, spécialement dans des situations couvertes par le sous-paragraphe (ii) ci-dessus, des méthodes appropriées devraient être mises au point pour tenir compte des circonstances nationales. De telles méthodes pourraient être fondées sur des notions comme l'actuelle envie de travailler et le fait d'avoir déjà travaillé, la volonté de prendre un emploi salarié sur la base des conditions locales ou le désir d'entreprendre une activité indépendante si les ressources et les facilités nécessaires sont accordées.

iv) En dépit du critère de recherche de travail incorporé dans la définition standard du chômage, les personnes sans travail et disponibles pour travailler, qui ont pris des dispositions pour prendre un emploi salarié ou pour entreprendre une activité indépendante à une date ultérieure à la période de référence, devraient être considérées comme chômeurs.

v) Les personnes temporairement absentes de leur travail sans lien formel avec leur emploi, qui étaient disponibles pour travailler et à la recherche d'un travail, devraient être considérées comme chômeurs conformément à la définition standard du chômage. Les pays peuvent cependant, en fonction des situations et politiques nationales, préférer assouplir le critère de la recherche d'un travail dans le cas des personnes temporairement mises à pied. Dans de tels cas, les personnes temporairement mises à pied qui n'étaient pas à la recherche d'un travail mais qui étaient néanmoins classées comme chômeurs devraient être identifiées et former une sous-catégorie à part.

vi) Les étudiants, les personnes s'occupant du foyer et les autres personnes principalement engagées dans des activités non économiques durant la période de référence et qui satisfont aux critères exposés aux sous-paragraphes (i) et (ii) ci-dessus devraient être considérés comme chômeurs au même titre que les autres catégories de chômeurs et être identifiés séparément lorsque cela est possible.

Note: As amplifications of these definitions, the OECD Working Party on Employment and Unemployment Statistics; at its meeting in October 1983, has recommended that:

Member countries retain the criterion of job search in a recent period such as the prior month in their labour force surveys and specifically test for it so that unemployment data embodying this criterion are available for international comparisons.

7. CIVILIAN EMPLOYMENT — BREAKDOWN BY PROFESSIONAL STATUS

Wage earners and salaried employees: persons who work for a public or private employer and receive remuneration in the form of wages, salary, commission, tips, piece-rates, or payment in kind.

Employers and persons working on their own account: persons who operate their own economic enterprise or follow a profession or trade on their own account, whether they employ other persons or not.

Unpaid family workers.

8. CIVILIAN EMPLOYMENT – BREAKDOWN BY ACTIVITIES AND WAGE EARNERS AND SALARIED EMPLOYEES – BREAKDOWN BY ACTIVITIES

The Major Divisions of economic activity listed are defined in the International Standard Industrial Classification of all Economic Activities.

The armed forces should be excluded and hence not included in Community, social and personal services (Major Division 9) or in the Total Civilian Employment. (See definition of armed forces above.)

OTHERS

9. PART-TIME EMPLOYMENT

Part-time employment refers to persons who usually work less than 30 hours per week in their main job. Data only include persons declaring usual hours worked. See table E in *OECD Employment Outlook* and see also OECD Labour Market and social Policy Occasional Paper No 22. "The Definition of Part-time Work for the Purpose of International Comparisons" which is available on internet:
http://www.oecd.org/els/papers/papers.htm.

Note : Comme extension à ces nouvelles définitions, le Groupe de travail de l'OCDE sur les Statistiques de l'emploi et du chômage a recommandé, lors de sa réunion d'octobre 1983, que :

Les pays Membres retiennent le critère de la recherche d'un emploi au cours d'une période récente, telles que le mois qui précède les enquêtes sur la population active et vérifient expressément que les données relatives au chômage correspondant à ce critère sont disponibles aux fins de comparaisons internationales.

7. POPULATION ACTIVE CIVILE OCCUPÉE — RÉPARTITION PAR STATUT PROFESSIONNEL

Salariés: personnes qui travaillent pour un employeur public ou privé et qui reçoivent une rémunération sous forme de traitement, salaire, commission, pourboire, salaire aux pièces ou paiement en nature.

Employeurs et personnes travaillant à leur propre compte: personnes qui exploitent leur propre entreprise économique ou qui exercent indépendamment une profession ou un métier, qu'ils emploient ou non des salariés.

Travailleurs familiaux non rémunérés.

8. POPULATION ACTIVE CIVILE OCCUPÉE – RÉPARTITION PAR BRANCHES D'ACTIVITÉ ET SALARIÉS OCCUPÉS – RÉPARTITION PAR BRANCHES D'ACTIVITÉ

Les branches d'activité énumérées sont définies par la Classification internationale type par industrie de toutes les branches d'activité économique.

Les forces armées doivent être exclues et donc ne pas figurer dans les Services fournis à la collectivité, services sociaux et services personnels (Groupe 9) ou dans le total-population active civile occupée. (Voir définition de forces armées ci-dessus.)

AUTRES

9. TRAVAIL À TEMPS PARTIEL

L'emploi à temps partiel se réfère aux actifs travaillant habituellement moins de 30 heures par semaine dans leur emploi principal. Les données incluent uniquement les personnes déclarant des heures habituelles de travail. Voir le tableau E des *Perspectives de l'emploi de l'OCDE* et le document hors série No 22 : OCDE, Politique du marché du travail et politique sociale, "La définition du travail à temps partiel à des fins de comparaison internationale", qui est disponible sur Internet :
http://www.oecd.org/els/papers/papers.htm.

10. DURATION OF UNEMPLOYMENT

The percentages published are derived from a database on duration of unemployment maintained by the Secretariat. This database comprises detailed duration categories dissaggregated by age and gender. The totals by duration are obtained by summing up all age group categories and genders.Thus, the total for men is derived by adding the number of unemployed men by each duration and age group category. Since published data are usually rounded to the nearest thousand, this method sometimes results in slight differences between the percentages shown here and those that would be obtained using the available published figures. Unemployed persons for whom no duration of unemployment was specified are excluded. See Table G of *OECD Employment Outlook*.

10. DURÉE DU CHÔMAGE

Les pourcentages publiés proviennent de la banque de données du Secrétariat portant sur la durée du chômage. Cette banque de données comprend des estimations de la durée du chômage détaillée, ventilée par groupe d'âge et sexe. Les totaux sont obtenus en faisant la somme des composantes. Ainsi, le total des hommes est estimé en faisant la somme du nombre d'hommes chômeurs pour tous les groupes d'âge et les tous les types de durée. Les données publiées étant souvent arrondies au plus proche millier, cette procédure mène parfois à des différences entre les pourcentages indiqués ici et ceux calculés à partir des totaux publiés. Ne sont pas comptées les personnes dont la durée du chômage n'a pas été précisée. Voir le tableau G des *Perspectives de l'emploi de l'OCDE*.

OECD MAIN COUNTRY GROUPINGS

Major seven countries: Canada, France, Germany, Italy, Japan, the United Kingdom and the United States.

Euro zone: Austria, Belgium, Finland, France, Germany, Ireland, Italy, Luxembourg, the Netherlands, Portugal and Spain

EU15: European Union: Austria, Belgium, Denmark, Finland, France, Germany, Greece, Ireland, Italy, Luxembourg, Netherlands, Portugal, Spain, Sweden and the United Kingdom.

OECD-Total: Countries in EU15, plus Canada, Korea, United States, Mexico, Japan, Australia, New Zealand, Czech Republic, Hungary, Iceland, Norway, Poland, Switzerland and Turkey.

CONVENTIONAL SIGNS

0 Nil, or less than half the final digit shown.

* Break in the homogeneity of a particular national series

.

NOTES

Due to rounding, the addition of the detailed figures may not equal the total shown. Maximum differences are of the order of two digits.

Similarly, for the percentage breakdowns, the addition of detailed figures may give totals - with few exceptions - between 99.4 and 100.5.

PRINCIPAUX GROUPES DE PAYS DE L'OCDE

Sept grands pays : l'Allemagne, le Canada, les États-Unis, la France, l'Italie, le Japon et le Royaume-Uni.

Zone euro : l'Allemagne, l'Autriche, la Belgique, l'Espagne, la Finlande, la France, l'Irlande, l'Italie, le Luxembourg, les Pays-Bas et le Portugal.

UE15 : Union Européenne : l'Allemagne, l'Autriche, la Belgique, le Danemark, l'Espagne, la Finlande, la France, la Grèce, l'Irlande, l'Italie, le Luxembourg, les Pays-Bas, le Portugal, la Suède et le Royaume-Uni.

Total OCDE : Les pays de l'UE15, plus le Canada, la Corée, les États-Unis, le Mexique, le Japon, l'Australie, la Nouvelle-Zélande. la République tchèque, la Hongrie, l'Islande, la Norvège, la Pologne, la Suisse et la Turquie.

SIGNES CONVENTIONNELS

0 Zéro ou mains de la moitié du dernier chiffre utilisé.

* Rupture importante de l'homogénéité d'une série statistique pour un pays.

NOTES

Les chiffres étant arrondis, les totaux indiqués peuvent différer légèrement de ceux obtenus par addition des chiffres détaillés. Les différences maxima sont, sauf exception, de 2 unités.

De même, l'addition des chiffres détaillés de répartition en pourcentage peut fournir — sauf exception — un total compris entre 99.4 et 100.5.

Part 1

General Tables
Tableaux généraux

The general tables refer to the period 1975 to 1998 and group for certain headings the figures available for the 29 OECD countries, as well as the OECD-Total and sub-totals, the Major seven countries, the Euro zone and EU15.

These general tables cover the following subjects:

Population
Total Labour force
Total employment
Civilian labour force
Civilian employment
Unemployment
Civilian employment by sectors
Part-time employment
Duration of unemployment

The general tables are primarily intended to provide orders of magnitude and indicators of change over time. It has sometimes been necessary to make adjustments to ensure comparability over time; some figures may therefore differ from those given in the country tables. Some data in the general tables have been estimated. Estimates for Belgium (1998) and Luxembourg (1998) should be used with particular caution. In recent years many countries have introduced major changes or revisions in their labour force series; for some countries a break in the continuity of the series is indicated in the tables and the corresponding index numbers have not been computed.

Les tableaux généraux couvrent la période 1975 à 1998 et rassemblent pour certains sujets les chiffres disponibles pour les 29 pays Membres de l'OCDE, ainsi que pour le groupe OCDE-Total et des totaux partiels, pour les Sept grands pays, la Zone euro et l'UE15.

Ces tableaux généraux portent sur les sujets suivants :

Population
Population active totale
Population active occupée
Population active civile
Population active civile occupée
Chômage
Population active occupée par secteurs
Population active occupée à temps partiel
Durée du chômage

Les totaux indiqués sont simplement destinés à fournir des ordres de grandeur et des indications sur l'évolution dans le temps. Il a parfois été nécessaire de procéder à des ajustements afin d'assurer l'homogénéité des séries dans le temps ; certains chiffres peuvent donc différer de ceux figurant dans les tableaux par pays. Certaines données manquantes des tableaux généraux ont été estimées. Les estimations pour la Belgique (1998) et pour le Luxembourg (1998) doivent étre utilisées avec circonspection. Plusieurs pays ont récemment modifié ou révisé les séries relatives à leur population active ; pour certains des ruptures dans la continuité des séries apparaissent dans les tableaux et par conséquent les indices correspondants n'ont pas été calculés.

TOTAL POPULATION

Thousands (mid-year estimates)

	1975	1976	1977	1978	1979	1980	1981	1982	1983	1984	1985	1986
Canada	23 209	23 517	23 796	24 036	24 277	24 593	24 900	25 202	25 456	25 702	25 942	26 204
Mexico	60 153	61 979	63 813	65 658	67 517	69 655	71 305	72 968	74 633	76 293	77 938	79 570
United States	215 973	218 035	220 239	222 585	225 056	227 726	229 966	232 188	234 307	236 348	238 466	240 651
Australia	13 893	14 033	14 192	14 359	14 516	14 695	14 923	15 184	15 393	15 579	15 788	16 018
Japan	111 940	113 094	114 165	115 190	116 155	117 060	117 902	118 728	119 536	120 305	121 049	121 660
Korea	35 281	35 849	36 412	36 969	37 534	38 124	38 723	39 326	39 910	40 406	40 806	41 214
New Zealand	3 087	3 116	3 128	3 129	3 124	3 144	3 157	3 183	3 226	3 258	3 272	3 277
Austria	7 579	7 566	7 568	7 562	7 549	7 549	7 564	7 571	7 552	7 553	7 558	7 566
Belgium	9 795	9 811	9 822	9 830	9 837	9 847	9 853	9 856	9 855	9 855	9 858	9 862
Czech Republic	10 062	10 128	10 189	10 246	10 297	10 327	10 303	10 314	10 323	10 331	10 337	10 341
Denmark	5 060	5 073	5 088	5 104	5 117	5 123	5 122	5 119	5 114	5 112	5 114	5 121
Finland	4 712	4 726	4 739	4 753	4 765	4 779	4 800	4 827	4 856	4 882	4 902	4 918
France	52 699	52 909	53 145	53 376	53 606	53 880	54 182	54 493	54 772	55 026	55 284	55 547
Germany	61 829	61 531	61 400	61 327	61 359	61 566	61 682	61 638	61 423	61 175	61 024	61 066
Greece	9 046	9 167	9 309	9 430	9 548	9 642	9 730	9 790	9 847	9 896	9 934	9 964
Hungary	10 532	10 589	10 638	10 674	10 698	10 707	10 700	10 683	10 656	10 620	10 579	10 534
Iceland	218	220	222	224	226	228	231	234	237	240	241	243
Ireland	3 177	3 228	3 272	3 314	3 368	3 401	3 443	3 480	3 505	3 529	3 540	3 541
Italy	55 441	55 701	55 730	56 127	56 292	56 416	56 503	56 639	56 825	56 983	57 141	57 246
Luxembourg	361	361	362	362	364	365	366	366	366	366	367	370
Netherlands	13 666	13 774	13 856	13 942	14 038	14 150	14 247	14 313	14 367	14 424	14 491	14 572
Norway	4 007	4 026	4 043	4 059	4 073	4 086	4 100	4 115	4 128	4 140	4 153	4 169
Poland	34 022	34 362	34 698	35 010	35 256	35 578	35 902	36 227	36 571	36 914	37 203	37 456
Portugal	9 308	9 403	9 508	9 609	9 714	9 819	9 883	9 939	9 970	10 009	10 014	10 007
Spain	35 515	35 937	36 367	36 778	37 108	37 386	37 741	37 944	38 123	38 279	38 419	38 537
Sweden	8 192	8 222	8 251	8 275	8 294	8 311	8 320	8 325	8 329	8 337	8 350	8 370
Switzerland	6 404	6 333	6 316	6 333	6 351	6 385	6 429	6 467	6 482	6 505	6 533	6 573
Turkey	40 026	40 916	41 769	42 641	43 531	44 439	45 540	46 688	47 864	49 070	50 306	51 433
United Kingdom	56 215	56 206	56 179	56 167	56 227	56 330	56 352	56 318	56 377	56 506	56 685	56 852
OECD-Total	901 402	909 812	918 216	927 069	935 796	945 311	953 869	962 125	970 003	977 643	985 295	992 882
Major seven	577 306	580 993	584 654	588 808	592 972	597 571	601 487	605 206	608 696	612 045	615 591	619 226
Euro zone	254 082	254 947	255 769	256 980	258 000	259 158	260 264	261 066	261 614	262 081	262 598	263 232
EU15	332 595	333 615	334 596	335 956	337 186	338 564	339 788	340 618	341 281	341 932	342 681	343 539

1995=100

	1975	1976	1977	1978	1979	1980	1981	1982	1983	1984	1985	1986
Canada	78.4	79.4	80.3	81.2	82.0	83.0	84.1	85.1	86.0	86.8	87.6	88.5
Mexico	66.5	68.5	70.5	72.6	74.6	77.0	78.8	80.6	82.5	84.3	86.1	87.9
United States	82.1	82.9	83.7	84.6	85.5	86.5	87.4	88.2	89.0	89.8	90.6	91.4
Australia	76.9	77.7	78.5	79.5	80.3	81.3	82.6	84.0	85.2	86.2	87.4	88.6
Japan	89.1	90.1	90.9	91.7	92.5	93.2	93.9	94.6	95.2	95.8	96.4	96.9
Korea	78.2	79.5	80.7	82.0	83.2	84.5	85.9	87.2	88.5	89.6	90.5	91.4
New Zealand	84.4	85.2	85.6	85.6	85.4	86.0	86.4	87.1	88.2	89.1	89.5	89.6
Austria	94.2	94.0	94.0	94.0	93.8	93.8	94.0	94.1	93.8	93.9	93.9	94.0
Belgium	96.4	96.6	96.7	96.8	96.8	96.9	97.0	97.0	97.0	97.0	97.1	97.1
Czech Republic	97.4	98.0	98.6	99.2	99.7	100.0	99.7	99.8	99.9	100.0	100.1	100.1
Denmark	96.8	97.0	97.3	97.6	97.9	98.0	98.0	97.9	97.8	97.8	97.8	98.0
Finland	92.2	92.5	92.8	93.1	93.3	93.6	94.0	94.5	95.1	95.6	96.0	96.3
France	90.6	91.0	91.4	91.8	92.2	92.7	93.2	93.7	94.2	94.6	95.1	95.5
Germany	75.7	75.3	75.2	75.1	75.1	75.4	75.5	75.5	75.2	74.9	74.7	74.8
Greece	86.5	87.7	89.0	90.2	91.3	92.2	93.1	93.6	94.2	94.7	95.0	95.3
Hungary	103.0	103.5	104.0	104.4	104.6	104.7	104.6	104.4	104.2	103.8	103.4	103.0
Iceland	81.5	82.3	82.9	83.6	84.4	85.3	86.3	87.5	88.6	89.6	90.3	90.9
Ireland	88.2	89.6	90.9	92.0	93.5	94.4	95.6	96.6	97.3	98.0	98.3	98.3
Italy	97.9	98.3	98.4	99.1	99.4	99.6	99.8	100.0	100.3	100.6	100.9	101.1
Luxembourg	87.3	87.5	87.6	87.8	88.1	88.4	88.6	88.5	88.6	88.7	89.0	89.5
Netherlands	88.4	89.1	89.6	90.2	90.8	91.5	92.2	92.6	92.9	93.3	93.7	94.3
Norway	92.2	92.6	93.0	93.4	93.7	94.0	94.3	94.6	94.9	95.2	95.5	95.9
Poland	88.2	89.0	89.9	90.7	91.4	92.2	93.0	93.9	94.8	95.7	96.4	97.1
Portugal	93.8	94.8	95.9	96.9	97.9	99.0	99.6	100.2	100.5	100.9	101.0	100.9
Spain	90.6	91.7	92.7	93.8	94.6	95.3	96.3	96.8	97.2	97.6	98.0	98.3
Sweden	92.8	93.1	93.5	93.7	94.0	94.2	94.3	94.3	94.4	94.4	94.6	94.8
Switzerland	91.0	89.9	89.7	89.9	90.2	90.7	91.3	91.8	92.1	92.4	92.8	93.4
Turkey	64.9	66.4	67.8	69.2	70.6	72.1	73.9	75.7	77.6	79.6	81.6	83.4
United Kingdom	95.9	95.9	95.9	95.8	95.9	96.1	96.2	96.1	96.2	96.4	96.7	97.0
OECD-Total	83.5	84.3	85.1	85.9	86.7	87.6	88.4	89.1	89.8	90.6	91.3	92.0
Major seven	85.7	86.3	86.8	87.4	88.1	88.7	89.3	89.9	90.4	90.9	91.4	92.0
Euro zone	88.1	88.4	88.7	89.1	89.5	89.9	90.3	90.5	90.7	90.9	91.1	91.3
EU15	89.5	89.8	90.1	90.4	90.8	91.1	91.5	91.7	91.9	92.0	92.3	92.5

POPULATION TOTALE

Milliers (estimations au milieu de l'année)

1987	1988	1989	1990	1991	1992	1993	1994	1995	1996	1997	1998	
26 550	26 895	27 379	27 791	28 120	28 542	28 947	29 256	29 617	29 672	30 004	30 300	Canada
81 200	82 840	84 490	82 589	84 065	85 533	87 000	88 473	90 487	92 007	93 561	95 675	Mexique
242 804	245 021	247 342	249 911	252 643	255 407	258 120	260 682	263 168	265 557	266 792	269 092	États-Unis
16 264	16 538	16 833	17 085	17 284	17 489	17 657	17 838	18 072	18 311	18 524	18 751	Australie
122 239	122 745	123 205	123 611	124 101	124 567	124 938	125 265	125 570	125 864	126 166	126 486	Japon
41 622	42 031	42 449	42 869	43 268	43 664	44 056	44 642	45 093	45 545	45 991	46 430	Corée
3 304	3 317	3 330	3 363	3 406	3 443	3 480	3 526	3 656	3 714	3 761	3 729	Nouvelle-Zélande
7 576	7 596	7 624	7 718	7 823	7 884	7 993	8 031	8 047	8 059	8 072	8 078	Autriche
9 870	9 921	9 938	9 967	10 005	10 045	10 084	10 116	10 157	10 170	10 181	10 203	Belgique
10 349	10 356	10 362	10 363	10 309	10 318	10 331	10 336	10 331	10 316	10 304	10 295	République tchèque
5 127	5 130	5 133	5 141	5 154	5 171	5 189	5 205	5 228	5 262	5 284	5 301	Danemark
4 932	4 947	4 964	4 986	5 029	5 042	5 066	5 088	5 108	5 125	5 140	5 153	Finlande
55 824	56 118	56 423	56 735	57 055	57 374	57 654	57 900	58 143	58 380	58 608	58 845	France
*61 077	61 450	62 063	63 254	*79 984	80 594	81 179	81 422	81 661	81 896	82 052	82 024	Allemagne
9 984	10 005	10 038	10 089	10 200	10 322	10 380	10 426	10 454	10 465	10 498	10 507	Grèce
10 486	10 443	10 398	10 365	10 346	10 324	10 294	10 261	10 229	10 193	10 155	10 114	Hongrie
246	250	253	255	258	261	264	266	267	269	271	274	Islande
3 543	3 538	3 515	3 503	3 524	3 549	3 563	3 583	3 601	3 626	3 661	3 705	Irlande
57 345	57 441	57 541	56 737	56 760	56 859	*56 406	56 540	56 638	56 747	56 868	56 979	Italie
372	375	378	384	390	395	401	407	413	416	421	426	Luxembourg
14 665	14 760	14 849	14 951	15 070	15 184	15 290	15 383	15 459	15 531	15 611	15 698	Pays-Bas
4 187	4 209	4 227	4 241	4 262	4 287	4 312	4 337	4 348	4 370	4 393	4 418	Norvège
37 664	37 862	37 963	38 119	38 245	38 365	38 459	38 544	38 588	38 618	38 650	38 666	Pologne
9 981	9 955	9 920	9 873	9 860	9 860	9 888	9 900	9 918	9 928	9 950	9 979	Portugal
38 632	38 717	38 792	38 851	38 920	39 008	39 086	39 150	39 210	39 270	39 324	39 371	Espagne
8 398	8 436	8 493	8 559	8 617	8 668	8 718	8 781	8 827	8 841	8 846	8 851	Suède
6 619	6 672	6 647	6 712	6 800	6 875	6 938	7 019	7 041	7 072	7 089	7 106	Suisse
52 561	53 715	54 893	56 203	57 305	58 401	59 491	60 573	61 646	62 695	63 745	64 789	Turquie
57 009	57 158	57 358	57 561	57 808	58 007	58 293	58 395	58 606	58 801	59 009	59 237	Royaume-Uni
*1 000 430	1 008 441	1 016 800	1 021 786	*1 046 611	1 055 438	*1 063 477	1 071 345	1 079 583	1 086 720	1 092 931	1 100 483	OCDE-Total
*622 848	626 828	631 311	635 600	*656 471	661 350	*665 537	669 460	673 403	676 917	679 499	682 963	Sept grands
*263 817	264 818	266 007	266 959	*284 420	285 794	*286 610	287 520	288 355	289 147	289 888	290 462	Zone euro
*344 335	345 547	347 029	348 309	*366 199	367 962	*369 190	370 327	371 470	372 516	373 525	374 358	UE15

1995=100

1987	1988	1989	1990	1991	1992	1993	1994	1995	1996	1997	1998	
89.6	90.8	92.4	93.8	94.9	96.4	97.7	98.8	100.0	100.2	101.3	102.3	Canada
89.7	91.5	93.4	91.3	92.9	94.5	96.1	97.8	100.0	101.7	103.4	105.7	Mexique
92.3	93.1	94.0	95.0	96.0	97.1	98.1	99.1	100.0	100.9	101.4	102.3	États-Unis
90.0	91.5	93.1	94.5	95.6	96.8	97.7	98.7	100.0	101.3	102.5	103.8	Australie
97.3	97.8	98.1	98.4	98.8	99.2	99.5	99.8	100.0	100.2	100.5	100.7	Japon
92.3	93.2	94.1	95.1	96.0	96.8	97.7	99.0	100.0	101.0	102.0	103.0	Corée
90.4	90.7	91.1	92.0	93.2	94.2	95.2	96.4	100.0	101.6	102.9	102.0	Nouvelle-Zélande
94.1	94.4	94.7	95.9	97.2	98.0	99.3	99.8	100.0	100.1	100.3	100.4	Autriche
97.2	97.7	97.8	98.1	98.5	98.9	99.3	99.6	100.0	100.1	100.2	100.5	Belgique
100.2	100.2	100.3	100.3	99.8	99.9	100.0	100.0	100.0	99.9	99.7	99.7	République tchèque
98.1	98.1	98.2	98.3	98.6	98.9	99.3	99.6	100.0	100.7	101.1	101.4	Danemark
96.6	96.8	97.2	97.6	98.5	98.7	99.2	99.6	100.0	100.3	100.6	100.9	Finlande
96.0	96.5	97.0	97.6	98.1	98.7	99.2	99.6	100.0	100.4	100.8	101.2	France
*74.8	75.3	76.0	77.5	*97.9	98.7	99.4	99.7	100.0	100.3	100.5	100.4	Allemagne
95.5	95.7	96.0	96.5	97.6	98.7	99.3	99.7	100.0	100.1	100.4	100.5	Grèce
102.5	102.1	101.7	101.3	101.1	100.9	100.6	100.3	100.0	99.7	99.3	98.9	Hongrie
92.0	93.5	94.5	95.3	96.5	97.6	98.7	99.5	100.0	100.6	101.3	102.4	Islande
98.4	98.3	97.6	97.3	97.9	98.6	98.9	99.5	100.0	100.7	101.7	102.9	Irlande
101.2	101.4	101.6	100.2	100.2	100.4	*99.6	99.8	100.0	100.2	100.4	100.6	Italie
90.0	90.8	91.7	93.1	94.4	95.7	97.1	98.5	100.0	100.7	102.0	103.3	Luxembourg
94.9	95.5	96.1	96.7	97.5	98.2	98.9	99.5	100.0	100.5	101.0	101.5	Pays-Bas
96.3	96.8	97.2	97.5	98.0	98.6	99.2	99.7	100.0	100.5	101.0	101.6	Norvège
97.6	98.1	98.4	98.8	99.1	99.4	99.7	99.9	100.0	100.1	100.2	100.2	Pologne
100.6	100.4	100.0	99.5	99.4	99.4	99.7	99.8	100.0	100.1	100.3	100.6	Portugal
98.5	98.7	98.9	99.1	99.3	99.5	99.7	99.8	100.0	100.2	100.3	100.4	Espagne
95.1	95.6	96.2	97.0	97.6	98.2	98.8	99.5	100.0	100.2	100.2	100.3	Suède
94.0	94.8	94.4	95.3	96.6	97.6	98.5	99.7	100.0	100.4	100.7	100.9	Suisse
85.3	87.1	89.0	91.2	93.0	94.7	96.5	98.3	100.0	101.7	103.4	105.1	Turquie
97.3	97.5	97.9	98.2	98.6	99.0	99.5	99.6	100.0	100.3	100.7	101.1	Royaume-Uni
*92.7	93.4	94.2	94.6	*96.9	97.8	*98.5	99.2	100.0	100.7	101.2	101.9	OCDE-Total
*92.5	93.1	93.7	94.4	*97.5	98.2	*98.8	99.4	100.0	100.5	100.9	101.4	Sept grands
*91.5	91.8	92.3	92.6	*98.6	99.1	*99.4	99.7	100.0	100.3	100.5	100.7	Zone euro
*92.7	93.0	93.4	93.8	*98.6	99.1	*99.4	99.7	100.0	100.3	100.6	100.8	UE15

Statistiques de la Population Active
© OCDE, 1999

TOTAL POPULATION: FROM 15 TO 64 YEARS

Thousands

	1975	1976	1977	1978	1979	1980	1981	1982	1983	1984	1985	1986
Canada	15 180	15 520	15 826	16 112	16 387	16 700	16 978	17 222	17 420	17 605	17 773	17 965
Mexico						35 621						
United States	138 916	141 381	143 749	146 128	148 467	150 729	152 491	154 070	155 477	156 988	158 517	160 107
Australia	8 862	8 993	9 141	9 289	9 428	9 571	9 743	9 940	10 107	10 270	10 442	10 637
Japan	75 839	76 395	76 944	77 545	78 161	78 884	79 272	80 089	80 904	81 776	82 535	83 368
Korea								24 878	25 496	26 140	26 759	27 383
New Zealand	1 889	1 919	1 937	1 952	1 960	1 985	2 002	2 031	2 075	2 110	2 130	2 140
Austria	4 691	4 707	4 740	4 771	4 800	4 845	4 912	4 977	5 023	5 071	5 099	5 113
Belgium	6 270	6 319	6 372	6 422	6 454	6 460	6 464	6 535	6 586	6 629	6 636	6 650
Czech Republic	6 523	6 506	6 493	6 491	6 501	6 525	6 537	6 587	6 640	6 680	6 697	6 706
Denmark	3 239	3 245	3 257	3 275	3 296	3 316	3 339	3 360	3 375	3 388	3 399	3 413
Finland	3 174	3 186	3 195	3 207	3 221	3 235	3 257	3 282	3 305	3 326	3 339	3 343
France	32 987	33 214	33 464	33 702	33 963	34 320	34 796	35 285	35 728	36 130	36 405	36 589
Germany	39 606	39 593	39 732	39 945	40 287	40 828	41 427	41 973	42 390	42 655	42 740	42 798
Greece	5 779	5 856	5 933	6 011	6 088	6 175	6 268	6 337	6 409	6 473	6 531	6 580
Hungary												
Iceland	133	135	137	139	141	143	145	148	150	152	154	155
Ireland	1 849	1 882	1 912	1 941	1 977	2 001	2 031	2 056	2 084	2 108	2 123	2 131
Italy	35 979	36 195	36 445	36 754	37 023	37 121	37 351	37 879	38 375	39 000	39 286	39 405
Luxembourg	242	244	245	246	246	248	250	251	253	254	256	258
Netherlands	8 728	8 860	8 977	9 095	9 224	9 362	9 488	9 594	9 702	9 816	9 922	10 018
Norway	2 505	2 519	2 532	2 546	2 561	2 577	2 596	2 614	2 632	2 652	2 669	2 685
Poland	22 602	22 809	22 970	23 113	23 186	23 342	23 537	23 730	23 920	24 082	24 201	24 314
Portugal	5 799	5 867	5 914	5 977	6 052	6 190	6 260	6 324	6 383	6 442	6 472	6 497
Spain	22 198	22 465	22 764	23 074	23 375	23 651	23 866	24 133	24 392	24 637	24 865	25 076
Sweden	5 259	5 264	5 272	5 286	5 305	5 328	5 350	5 368	5 381	5 392	5 394	5 396
Switzerland	4 183	4 137	4 141	4 173	4 211	4 263	4 325	4 380	4 412	4 449	4 482	4 518
Turkey	21 952	22 547	23 125	23 719	24 326	24 949	25 755	26 596	27 464	28 358	29 280	30 175
United Kingdom	35 192	35 329	35 488	35 648	35 858	36 079	36 278	36 479	36 779	37 103	37 198	37 326
OECD-Total												
Major seven	373 699	377 627	381 648	385 834	390 146	394 661	398 593	402 997	407 073	411 257	414 454	417 558
Euro zone	161 523	162 532	163 760	165 134	166 622	168 261	170 102	172 289	174 221	176 068	177 143	177 878
EU15	210 992	212 226	213 710	215 354	217 169	219 159	221 337	223 833	226 165	228 424	229 665	230 593

As percentage of total population

	1975	1976	1977	1978	1979	1980	1981	1982	1983	1984	1985	1986
Canada	65.4	66.0	66.5	67.0	67.5	67.9	68.2	68.3	68.4	68.5	68.5	68.6
Mexico						51.1						
United States	64.3	64.8	65.3	65.7	66.0	66.2	66.3	66.4	66.4	66.4	66.5	66.5
Australia	63.8	64.1	64.4	64.7	64.9	65.1	65.3	65.5	65.7	65.9	66.1	66.4
Japan	67.7	67.6	67.4	67.3	67.3	67.4	67.2	67.5	67.7	68.0	68.2	68.5
Korea								63.3	63.9	64.7	65.6	66.4
New Zealand	61.2	61.6	61.9	62.4	62.7	63.1	63.4	63.8	64.3	64.8	65.1	65.3
Austria	61.9	62.2	62.6	63.1	63.6	64.2	64.9	65.7	66.5	67.1	67.5	67.6
Belgium	64.0	64.4	64.9	65.3	65.6	65.6	65.6	66.3	66.8	67.3	67.3	67.4
Czech Republic	64.8	64.2	63.7	63.4	63.1	63.2	63.4	63.9	64.3	64.7	64.8	64.8
Denmark	64.0	64.0	64.0	64.2	64.4	64.7	65.2	65.6	66.0	66.3	66.5	66.6
Finland	67.4	67.4	67.4	67.5	67.6	67.7	67.9	68.0	68.1	68.1	68.1	68.0
France	62.6	62.8	63.0	63.1	63.4	63.7	64.2	64.8	65.2	65.7	65.9	65.9
Germany	64.1	64.3	64.7	65.1	65.7	66.3	67.2	68.1	69.0	69.7	70.0	70.1
Greece	63.9	63.9	63.7	63.7	63.8	64.0	64.4	64.7	65.1	65.4	65.7	66.0
Hungary												
Iceland	60.8	61.2	61.6	62.0	62.4	62.6	63.0	63.2	63.4	63.5	63.7	63.8
Ireland	58.2	58.3	58.4	58.6	58.7	58.8	59.0	59.1	59.5	59.7	60.0	60.2
Italy	64.9	65.0	65.4	65.5	65.8	65.8	66.1	66.9	67.5	68.4	68.8	68.8
Luxembourg	67.2	67.5	67.7	67.9	67.5	67.8	68.3	68.6	69.2	69.5	69.7	69.8
Netherlands	63.9	64.3	64.8	65.2	65.7	66.2	66.6	67.0	67.5	68.1	68.5	68.7
Norway	62.5	62.6	62.6	62.7	62.9	63.1	63.3	63.5	63.8	64.1	64.3	64.4
Poland	66.4	66.4	66.2	66.0	65.8	65.6	65.6	65.5	65.4	65.2	65.1	64.9
Portugal	62.3	62.4	62.2	62.2	62.3	63.0	63.3	63.6	64.0	64.4	64.6	64.9
Spain	62.5	62.5	62.6	62.7	63.0	63.3	63.2	63.6	64.0	64.4	64.7	65.1
Sweden	64.2	64.0	63.9	63.9	64.0	64.1	64.3	64.5	64.6	64.7	64.6	64.5
Switzerland	65.3	65.3	65.6	65.9	66.3	66.8	67.3	67.7	68.1	68.4	68.6	68.7
Turkey	54.8	55.1	55.4	55.6	55.9	56.1	56.6	57.0	57.4	57.8	58.2	58.7
United Kingdom	62.6	62.9	63.2	63.5	63.8	64.0	64.4	64.8	65.2	65.7	65.6	65.7
OECD-Total												
Major seven	64.7	65.0	65.3	65.5	65.8	66.0	66.3	66.6	66.9	67.2	67.3	67.4
Euro zone	63.6	63.8	64.0	64.3	64.6	64.9	65.4	66.0	66.6	67.2	67.5	67.6
EU15	63.4	63.6	63.9	64.1	64.4	64.7	65.1	65.7	66.3	66.8	67.0	67.1

POPULATION TOTALE : DE 15 À 64 ANS

Milliers

1987	1988	1989	1990	1991	1992	1993	1994	1995	1996	1997	1998	
18 166	18 369	18 671	18 910	19 090	19 365	19 626	19 819	20 076	20 098	20 344	20 578	Canada
	46 234	47 887	49 317	50 407	51 546	53 267	54 974	56 190	57 834			Mexique
161 319	162 448	163 438	164 577	165 780	167 183	168 605	170 378	172 156	173 988	175 357	177 207	États-Unis
10 839	11 049	11 262	11 438	11 548	11 675	11 772	11 888	12 032	12 196	12 361	12 545	Australie
84 189	85 013	85 745	86 140	86 557	86 845	87 023	87 034	87 260	87 161	87 042	86 920	Japon
28 000	28 583	29 135	29 648	30 108	30 548	30 966	31 446	31 900	32 360	32 791	33 162	Corée
2 167	2 182	2 190	2 209	2 232	2 251	2 271	2 295	2 398	2 438	2 469	2 487	Nouvelle-Zélande
5 123	5 132	5 145	5 206	5 272	5 302	5 395	5 411	5 417	5 427	5 440	5 451	Autriche
6 654	6 678	6 675	6 674	6 675	6 682	6 694	6 703	6 704	6 703	6 706	6 708	Belgique
6 719	6 752	6 793	6 843	6 851	6 903	6 957	7 006	7 044	7 068	7 090	7 114	République tchèque
3 429	3 440	3 450	3 463	3 477	3 489	3 501	3 510	3 523	3 540	3 548	3 551	Danemark
3 346	3 346	3 347	3 356	3 379	3 385	3 396	3 404	3 410	3 417	3 427	3 442	Finlande
36 805	37 027	37 227	37 381	37 503	37 635	37 769	37 889	38 021	38 161	38 302	38 432	France
*42 826	42 960	43 258	43 947	*55 302	55 149	55 244	55 549	55 452	55 618	55 778	55 722	Allemagne
6 618	6 658	6 705	6 761	6 866	6 940	6 993	7 036	7 064	7 075	7 097	7 100	Grèce
					6 928	6 938	6 940	6 933	6 922	6 909	6 890	Hongrie
158	161	163	164	166	168	169	171	172	174	175	178	Islande
2 142	2 149	2 142	2 147	2 178	2 212	2 238	2 272	2 312	2 353	2 399	2 449	Irlande
39 396	39 823	39 609	39 076	39 135	39 203	*38 876	38 959	39 088	39 180	39 262	39 126	Italie
259	261	262	266	268	271	273	275	278	280	283	286	Luxembourg
10 111	10 188	10 246	10 305	10 371	10 433	10 490	10 535	10 569	10 604	10 642	10 700	Pays-Bas
2 705	2 725	2 738	2 746	2 758	2 771	2 786	2 801	2 809	2 822	2 836	2 853	Norvège
24 423	24 526	24 572	24 711	24 856	25 025	25 188	25 353	25 516	25 680	25 869	26 091	Pologne
6 515	6 530	6 542	6 556	6 584	6 611	6 659	6 686	6 707	6 730	6 762	6 752	Portugal
25 273	25 466	25 659	25 849	26 049	26 254	26 435	26 585	26 703	26 788	26 844	26 879	Espagne
5 411	5 433	5 464							5 634	5 645	5 660	Suède
4 555	4 593	4 556	4 593	4 650	4 689	4 718	4 750	4 761	4 774	4 779	4 785	Suisse
31 082	32 015	32 973	34 022	34 957	35 923	36 902	37 876	38 831	39 782	40 689	41 584	Turquie
37 420	37 481	37 537	37 603	37 648	37 667	37 782	37 850	38 019	38 192	38 362	38 565	Royaume-Uni
					696 363	701 626	707 438	713 939	720 138	725 398	731 051	OCDE-Total
*420 121	423 121	425 485	427 634	*441 015	443 047	*444 925	447 478	450 072	452 398	454 447	456 550	Sept grands
*178 450	179 560	180 112	180 763	*192 716	193 137	*193 469	194 268	194 661	195 260	195 844	195 947	Zone euro
*231 328	232 572	233 268	234 085	246 222	246 772	247 298	248 135	248 784	249 701	250 496	250 823	UE15

En pourcentage de la population totale

1987	1988	1989	1990	1991	1992	1993	1994	1995	1996	1997	1998	
68.4	68.3	68.2	68.0	67.9	67.8	67.8	67.7	67.8	67.7	67.8	67.9	Canada
	56.0	57.0	57.7	57.9	58.3	58.9	59.7	60.1	60.4			Mexique
66.4	66.3	66.1	65.9	65.6	65.5	65.3	65.4	65.4	65.5	65.7	65.9	États-Unis
66.6	66.8	66.9	66.9	66.8	66.8	66.7	66.6	66.6	66.6	66.7	66.9	Australie
68.9	69.3	69.6	69.7	69.7	69.7	69.7	69.5	69.5	69.3	69.0	68.7	Japon
67.3	68.0	68.6	69.2	69.6	70.0	70.3	70.4	70.7	71.1	71.3	71.4	Corée
65.6	65.8	65.8	65.7	65.5	65.4	65.3	65.1	65.6	65.6	65.6	66.7	Nouvelle-Zélande
67.6	67.6	67.5	67.5	67.4	67.3	67.5	67.4	67.3	67.3	67.4	67.5	Autriche
67.4	67.3	67.2	67.0	66.7	66.5	66.4	66.3	66.0	65.9	65.9	65.7	Belgique
64.9	65.2	65.6	66.0	66.5	66.9	67.3	67.8	68.2	68.5	68.8	69.1	République tchèque
66.9	67.1	67.2	67.4	67.5	67.5	67.5	67.4	67.4	67.3	67.1	67.0	Danemark
67.8	67.6	67.4	67.3	67.2	67.1	67.0	66.9	66.8	66.7	66.7	66.8	Finlande
65.9	66.0	66.0	65.9	65.7	65.6	65.5	65.4	65.4	65.4	65.4	65.3	France
*70.1	69.9	69.7	69.5	*69.1	68.4	68.1	68.2	67.9	67.9	68.0	67.9	Allemagne
66.3	66.5	66.8	67.0	67.3	67.2	67.4	67.5	67.6	67.6	67.6	67.6	Grèce
					67.1	67.4	67.6	67.8	67.9	68.0	68.1	Hongrie
64.0	64.3	64.4	64.4	64.5	64.4	64.2	64.3	64.3	64.5	64.6	64.9	Islande
60.5	60.7	60.9	61.3	61.8	62.3	62.8	63.4	64.2	64.9	65.5	66.1	Irlande
68.7	69.3	68.8	68.9	68.9	68.9	*68.9	68.9	69.0	69.0	69.0	68.7	Italie
69.8	69.5	69.3	69.1	68.8	68.4	68.1	67.7	67.4	67.3	67.1	67.0	Luxembourg
68.9	69.0	69.0	68.9	68.8	68.7	68.6	68.5	68.4	68.3	68.2	68.2	Pays-Bas
64.6	64.7	64.8	64.7	64.7	64.6	64.6	64.6	64.6	64.6	64.6	64.6	Norvège
64.8	64.8	64.7	64.8	65.0	65.2	65.5	65.8	66.1	66.5	66.9	67.5	Pologne
65.3	65.6	65.9	66.4	66.8	67.0	67.3	67.5	67.6	67.8	68.0	67.7	Portugal
65.4	65.8	66.1	66.5	66.9	67.3	67.6	67.9	68.1	68.2	68.3	68.3	Espagne
64.4	64.4	64.3							63.7	63.8	63.9	Suède
68.8	68.8	68.5	68.4	68.4	68.2	68.0	67.7	67.6	67.5	67.4	67.3	Suisse
59.1	59.6	60.1	60.5	61.0	61.5	62.0	62.5	63.0	63.5	63.8	64.2	Turquie
65.6	65.6	65.4	65.3	65.1	64.9	64.8	64.8	64.9	65.0	65.0	65.1	Royaume-Uni
					66.0	66.0	66.0	66.1	66.3	66.4	66.4	OCDE-Total
*67.5	67.5	67.4	67.3	*67.2	67.0	*66.9	66.8	66.8	66.8	66.9	66.8	Sept grands
*67.6	67.8	67.7	67.7	*67.8	67.6	*67.5	67.6	67.5	67.5	67.6	67.5	Zone euro
*67.2	67.3	67.2	67.2	67.2	67.1	67.0	67.0	67.0	67.0	67.1	67.0	UE15

Statistiques de la Population Active
© OCDE, 1999

POPULATION: FEMALES

Thousands

	1975	1976	1977	1978	1979	1980	1981	1982	1983	1984	1985	1986
Canada	11 589	11 753	11 903	12 035	12 167	12 336	12 501	12 659	12 793	12 924	13 052	13 191
Mexico						33 863						
United States	110 607	111 727	112 905	114 161	115 472	116 867	118 010	119 135	120 195	121 206	122 249	123 327
Australia	6 924	7 001	7 088	7 178	7 262	7 357	7 475	7 603	7 707	7 801	7 905	8 018
Japan	56 650	57 260	57 790	58 330	58 820	59 280	59 760	60 170	60 580	60 970	61 350	61 770
Korea	17 515	17 790	18 063	18 332	18 605	18 888	19 187	19 489	19 781	20 031	20 230	20 442
New Zealand	1 546	1 560	1 566	1 566	1 572	1 580	1 587	1 602	1 623	1 640	1 651	1 654
Austria	3 998	3 993	3 993	3 990	3 983	3 982	3 987	3 987	3 977	3 975	3 974	3 974
Belgium	5 000	5 010	5 017	5 023	5 029	5 036	5 041	5 043	5 044	5 044	5 046	5 048
Czech Republic	5 186	5 219	5 249	5 277	5 302	5 316	5 309	5 313	5 316	5 319	5 320	5 320
Denmark	2 554	2 563	2 572	2 582	2 590	2 596	2 596	2 596	2 595	2 594	2 595	2 598
Finland	2 434	2 441	2 448	2 454	2 461	2 469	2 479	2 493	2 506	2 519	2 529	2 536
France	26 891	27 016	27 152	27 285	27 417	27 567	27 726	27 892	28 048	28 192	28 338	28 483
Germany	32 330	32 215	32 157	32 116	32 106	32 149	32 181	32 156	32 058	31 934	31 843	31 833
Greece	4 615	4 677	4 751	4 810	4 866	4 909	4 949	4 977	5 005	5 029	5 047	5 062
Hungary												
Iceland	108	109	110	111	112	113	115	116	118	119	120	121
Ireland	1 580	1 605	1 627	1 648	1 675	1 692	1 714	1 733	1 748	1 762	1 769	1 771
Italy	28 430	28 555	28 586	28 798	28 888	28 962	29 006	29 075	29 172	29 246	29 335	29 382
Luxembourg	182	182	183	184	186	187	188	188	188	188	188	190
Netherlands	6 862	6 920	6 967	7 015	7 068	7 128	7 182	7 221	7 254	7 287	7 324	7 368
Norway	2 017	2 027	2 037	2 046	2 053	2 061	2 069	2 078	2 085	2 092	2 100	2 109
Poland	17 470	17 639	17 807	17 966	18 079	18 243	18 409	18 571	18 744	18 914	19 059	19 188
Portugal	4 905	4 946	5 001	5 054	5 100	5 088	5 121	5 148	5 163	5 182	5 185	5 181
Spain	18 134	18 340	18 539	18 729	18 901	19 040	19 221	19 322	19 414	19 495	19 568	19 632
Sweden	4 118	4 135	4 153	4 168	4 181	4 193	4 201	4 207	4 212	4 218	4 226	4 238
Switzerland	3 261	3 236	3 228	3 233	3 240	3 254	3 274	3 293	3 304	3 315	3 329	3 346
Turkey	19 603	20 053	20 499	20 959	21 215	22 042	22 583	23 138	23 707	24 290	24 883	25 480
United Kingdom	28 858	28 850	28 838	28 840	28 857	28 909	28 958	28 936	28 947	28 988	29 044	29 116
OECD-Total												
Major seven	295 355	297 376	299 331	301 565	303 727	306 070	308 142	310 023	311 793	313 460	315 211	317 102
Euro zone	130 746	131 223	131 670	132 296	132 814	133 300	133 846	134 258	134 572	134 824	135 099	135 398
EU15	170 891	171 448	171 984	172 696	173 308	173 907	174 550	174 974	175 331	175 653	176 011	176 412

From 15 to 64 years

	1975	1976	1977	1978	1979	1980	1981	1982	1983	1984	1985	1986
Canada	7 367	7 540	7 695	7 841	7 972	8 119	8 254	8 354	8 436	8 510	8 575	8 645
Mexico						18 218						
United States	70 560	71 792	72 968	74 159	75 327	76 452	77 289	78 027	78 673	79 365	80 067	80 795
Australia	4 360	4 427	4 503	4 580	4 651	4 725	4 811	4 905	4 985	5 065	5 148	5 242
Japan	38 460	38 720	38 920	39 210	39 460	39 780	40 000	40 310	40 660	41 050	41 360	41 720
Korea								12 287	12 593	12 905	13 199	13 516
New Zealand	936	951	960	967	971	986	995	1 010	1 031	1 048	1 060	1 066
Austria	2 427	2 432	2 444	2 456	2 467	2 487	2 516	2 546	2 569	2 589	2 597	2 596
Belgium	3 130	3 150	3 182	3 200	3 214	3 219	3 239	3 257	3 283	3 309	3 308	3 312
Czech Republic	3 300	3 289	3 280	3 277	3 279	3 289	3 237	3 325	3 352	3 372	3 379	3 383
Denmark	1 610	1 613	1 619	1 628	1 637	1 646	1 657	1 667	1 673	1 679	1 683	1 687
Finland	1 610	1 614	1 616	1 618	1 623	1 628	1 636	1 646	1 654	1 663	1 667	1 667
France	16 390	16 517	16 654	16 782	16 920	17 105	17 352	17 611	17 853	18 074	18 224	18 321
Germany	20 262	20 236	20 261	20 310	20 404	20 577	20 824	21 081	21 286	21 396	21 385	21 344
Greece	2 953	2 992	3 033	3 069	3 104	3 143	3 183	3 214	3 245	3 272	3 297	3 321
Hungary												
Iceland	65	66	67	68	69	70	71	73	74	75	76	76
Ireland	912	928	942	957	974	986	1 002	1 015	1 030	1 043	1 051	1 056
Italy	18 627	18 719	18 802	19 005	19 150	19 217	19 289	19 517	19 765	20 037	20 200	20 257
Luxembourg	119	120	121	122	123	124	125	126	127	128	128	129
Netherlands	4 322	4 384	4 442	4 499	4 560	4 627	4 688	4 740	4 794	4 849	4 899	4 943
Norway	1 239	1 245	1 252	1 258	1 265	1 273	1 281	1 290	1 298	1 307	1 314	1 322
Poland	11 510	11 604	11 674	11 737	11 744	11 814	11 909	12 003	12 098	12 176	12 234	12 288
Portugal	3 091	3 113	3 142	3 157	3 150	3 193	3 227	3 258	3 287	3 315	3 328	3 339
Spain	11 265	11 387	11 517	11 654	11 790	11 914	12 024	12 145	12 263	12 375	12 481	12 579
Sweden	2 599	2 601	2 605	2 612	2 622	2 633	2 644	2 654	2 660	2 665	2 665	2 665
Switzerland	2 091	2 076	2 075	2 086	2 101	2 122	2 149	2 176	2 195	2 212	2 226	2 239
Turkey	10 729	11 043	11 292	11 648	11 900	12 352	12 775	13 212	13 665	14 133	14 614	14 975
United Kingdom	17 638	17 699	17 775	17 851	17 934	18 040	18 164	18 258	18 367	18 534	18 550	18 606
OECD-Total												
Major seven	189 304	191 223	193 075	195 158	197 167	199 290	201 172	203 158	205 040	206 966	208 361	209 688
Euro zone	82 155	82 600	83 123	83 760	84 375	85 077	85 922	86 942	87 911	88 778	89 268	89 543
EU15	106 955	107 505	108 155	108 920	109 672	110 539	111 570	112 735	113 856	114 928	115 463	115 822

POPULATION : FEMMES

Milliers

1987	1988	1989	1990	1991	1992	1993	1994	1995	1996	1997	1998	
13 370	13 549	13 798	14 010	14 181	14 393	14 597	14 758	14 941	14 980	15 151	15 303	Canada
			41 356	42 354	43 287	44 054	44 855	45 920	47 156	48 293	48 977	Mexique
124 388	125 472	126 603	127 870	129 243	130 644	132 024	133 149	134 355	135 508	136 156	137 389	États-Unis
8 143	8 281	8 428	8 554	8 669	8 774	8 861	8 954	9 078	9 203	9 310	9 421	Australie
62 080	62 340	62 600	62 820	63 080	63 290	63 480	63 670	63 996	64 177	64 361	64 568	Japon
20 662	20 876	21 092	21 301	21 493	21 685	21 879	22 169	22 388	22 606	22 821	23 034	Corée
1 670	1 679	1 689	1 706	1 728	1 744	1 764	1 788	1 855	1 884	1 907	1 924	Nouvelle-Zélande
3 975	3 980	3 988	4 025	4 065	4 089	4 124	4 138	4 144	4 149	4 155	4 158	Autriche
5 051	5 075	5 083	5 097	5 115	5 134	5 153	5 168	5 180	5 191	5 204	5 215	Belgique
5 323	5 325	5 327	5 326	5 305	5 309	5 314	5 315	5 311	5 301	5 293	5 287	République tchèque
2 600	2 602	2 603	2 607	2 614	2 622	2 630	2 637	2 648	2 664	2 674	2 682	Danemark
2 544	2 550	2 557	2 567	2 586	2 592	2 603	2 612	2 621	2 628	2 635	2 641	Finlande
28 633	28 791	28 952	29 112	29 272	29 432	29 575	29 704	29 832	29 956	30 075	30 195	France
*31 754	31 906	32 172	32 671	*41 327	41 534	41 746	41 866	42 943	42 033	42 076	42 112	Allemagne
5 072	5 083	5 097	5 120	5 176	5 231	5 256	5 278	5 294	5 300	5 322	5 327	Grèce
					5 372	5 360	5 348	5 335	5 320	5 302	5 284	Hongrie
122	124	126	127	129	130	132	133	133	134	135	137	Islande
1 772	1 771	1 760	1 754	1 765	1 784	1 792	1 802	1 813	1 826	1 843	1 866	Irlande
29 426	29 475	29 529	29 166	29 168	29 220	*28 997	29 066	29 080	29 124	29 184	29 299	Italie
191	192	194	196	199	201	204	207	210	212	214	217	Luxembourg
7 416	7 465	7 511	7 562	7 620	7 676	7 730	7 776	7 814	7 851	7 892	7 935	Pays-Bas
2 117	2 127	2 136	2 144	2 155	2 167	2 179	2 192	2 198	2 209	2 221	2 232	Norvège
19 295	19 395	19 458	19 546	19 611	19 679	19 734	19 780	19 809	19 829	19 850	19 864	Pologne
5 167	5 154	5 137	5 113	5 107	5 107	5 126	5 131	5 141	5 147	5 160	5 168	Portugal
19 685	19 735	19 780	19 820	19 860	19 906	19 948	19 984	20 019	20 055	20 089	20 118	Espagne
4 253	4 272	4 299	4 331	4 360	4 385	4 411	4 443	4 466	4 473	4 475	4 477	Suède
3 367	3 393	3 404	3 434	3 481	3 518	3 549	3 591	3 602	3 619	3 628	3 636	Suisse
26 038	26 649	27 291	27 729	28 271	28 819	29 370	29 921	30 471	31 004	31 540	32 068	Turquie
29 193	29 252	29 330	29 443	29 562	29 645	29 760	29 803	29 878	29 946	30 019	30 108	Royaume-Uni
					537 369	*541 352	545 238	550 476	553 484	556 986	560 641	OCDE-Total
*318 844	320 785	322 984	325 092	*335 833	338 158	*340 179	342 016	345 025	345 724	347 022	348 974	Sept grands
*135 614	136 094	136 663	137 083	*146 084	146 675	*146 998	147 454	148 797	148 172	148 527	148 924	Zone euro
*176 732	177 303	177 992	178 584	*187 796	188 558	*189 055	189 615	191 083	190 555	191 017	191 518	UE15

De 15 à 64 ans

1987	1988	1989	1990	1991	1992	1993	1994	1995	1996	1997	1998	
8 717	8 801	8 891	9 387	9 477	9 609	9 738	9 838	9 966	9 993	10 119	10 238	Canada
			23 888	24 897	25 650	26 069	26 509	27 576	28 677	29 480	30 248	Mexique
81 342	81 847	82 277	82 794	83 388	84 098	84 837	85 598	86 474	87 369	88 602	89 607	États-Unis
5 343	5 446	5 550	5 636	5 712	5 778	5 828	5 888	5 960	6 053	6 136	6 226	Australie
42 040	42 370	42 680	42 940	43 140	43 240	43 350	43 360	43 430	43 405	43 339	43 282	Japon
13 827	14 122	14 398	14 650	14 866	15 074	15 271	15 502	15 717	15 936	16 142	16 319	Corée
1 081	1 090	1 099	1 108	1 120	1 129	1 140	1 152	1 209	1 229	1 244	1 254	Nouvelle-Zélande
2 594	2 590	2 589	2 608	2 630	2 640	2 670	2 676	2 679	2 686	2 695	2 704	Autriche
3 312	3 322	3 318	3 316	3 315	3 316	3 321	3 325	3 326	3 326	3 328	3 329	Belgique
3 387	3 397	3 411	3 433	3 440	3 464	3 487	3 510	3 526	3 535	3 545	3 554	République tchèque
1 693	1 698	1 703	1 709	1 715	1 721	1 726	1 731	1 737	1 746	1 750	1 752	Danemark
1 667	1 664	1 662	1 665	1 674	1 677	1 682	1 685	1 687	1 691	1 696	1 703	Finlande
18 431	18 544	18 644	18 720	18 777	18 839	18 904	18 965	19 031	19 101	19 172	19 237	France
*21 273	21 282	21 370	21 610	*27 340	27 151	27 127	27 305	27 280	27 388	27 445	27 496	Allemagne
3 340	3 357	3 375	3 398	3 446	3 481	3 501	3 520	3 533	3 539	3 550	3 555	Grèce
					3 528	3 533	3 534	3 531	3 525	3 518	3 507	Hongrie
78	79	80	81	82	83	84	84	85	86	87	88	Islande
1 061	1 064	1 060	1 060	1 074	1 100	1 112	1 130	1 151	1 171	1 195	1 220	Irlande
20 198	20 344	20 263	19 652	19 659	19 679	*19 575	19 607	19 630	19 662	19 702	19 684	Italie
129	129	130	131	132	133	134	136	137	138	139	141	Luxembourg
4 987	5 023	5 049	5 075	5 104	5 133	5 160	5 182	5 199	5 218	5 240	5 268	Pays-Bas
1 330	1 338	1 344	1 349	1 355	1 360	1 368	1 377	1 380	1 387	1 395	1 403	Norvège
12 337	12 377	12 407	12 466	12 532	12 613	12 692	12 771	12 851	12 931	13 023	13 132	Pologne
3 347	3 353	3 358	3 363	3 375	3 387	3 409	3 421	3 431	3 440	3 455	3 454	Portugal
12 672	12 763	12 855	12 946	13 043	13 140	13 225	13 295	13 350	13 389	13 415	13 428	Espagne
2 671	2 680	2 691	2 701						2 773	2 778	2 785	Suède
2 254	2 270	2 272	2 287	2 317	2 335	2 349	2 367	2 374	2 381	2 384	2 388	Suisse
15 406	15 847	16 295	16 798	17 260	17 734	18 215	18 694	19 166	19 638	20 090	20 535	Turquie
18 642	18 662	18 675	18 693	18 722	18 721	18 763	18 794	18 858	18 931	19 004	19 096	Royaume-Uni
					348 541	351 009	353 654	356 993	360 344	363 668	366 633	OCDE-Total
*210 643	211 850	212 800	213 796	*220 503	221 337	*222 294	223 467	224 669	225 849	227 383	228 640	Sept grands
*89 671	90 078	90 298	90 146	*96 123	96 195	*96 319	96 727	96 901	97 210	97 482	97 664	Zone euro
*116 017	116 475	116 742	116 647	122 720	122 846	123 048	123 470	123 748	124 199	124 564	124 852	UE15

Statistiques de la Population Active
© OCDE, 1999

POPULATION: MALES

Thousands

	1975	1976	1977	1978	1979	1980	1981	1982	1983	1984	1985	1986
Canada	11 620	11 765	11 893	12 001	12 110	12 257	12 399	12 543	12 663	12 778	12 890	13 013
Mexico						33 094						
United States	105 366	106 309	107 335	108 424	109 584	110 859	111 956	113 052	114 113	115 142	116 217	117 324
Australia	6 969	7 032	7 105	7 181	7 254	7 338	7 448	7 581	7 686	7 778	7 883	8 000
Japan	54 870	55 510	56 090	56 590	57 060	57 520	57 890	58 280	58 680	59 050	59 400	59 720
Korea	17 766	18 059	18 349	18 637	18 929	19 236	19 536	19 837	20 129	20 375	20 576	20 772
New Zealand	1 541	1 556	1 562	1 563	1 566	1 564	1 570	1 581	1 603	1 618	1 621	1 623
Austria	3 581	3 573	3 575	3 573	3 566	3 567	3 578	3 584	3 575	3 578	3 584	3 592
Belgium	4 794	4 801	4 805	4 807	4 808	4 811	4 812	4 813	4 811	4 811	4 812	4 814
Czech Republic	4 877	4 910	4 940	4 968	4 995	5 011	4 995	5 001	5 007	5 012	5 016	5 021
Denmark	2 506	2 510	2 516	2 522	2 527	2 529	2 526	2 523	2 519	2 518	2 519	2 523
Finland	2 277	2 285	2 291	2 299	2 304	2 311	2 321	2 335	2 350	2 363	2 373	2 382
France	25 808	25 893	25 993	26 091	26 189	26 313	26 456	26 601	26 724	26 834	26 946	27 064
Germany	29 499	29 316	29 243	29 211	29 252	29 417	29 501	29 482	29 365	29 241	29 181	29 233
Greece	4 431	4 490	4 558	4 620	4 682	4 733	4 781	4 813	4 842	4 867	4 887	4 902
Hungary												
Iceland	110	111	112	113	114	115	116	118	119	121	121	122
Ireland	1 597	1 623	1 645	1 666	1 693	1 709	1 729	1 747	1 757	1 767	1 771	1 770
Italy	27 011	27 146	27 144	27 329	27 404	27 454	27 497	27 564	27 653	27 737	27 806	27 864
Luxembourg	179	179	179	178	178	178	178	178	178	178	179	180
Netherlands	6 804	6 854	6 889	6 926	6 970	7 021	7 065	7 092	7 113	7 137	7 167	7 204
Norway	1 990	1 999	2 006	2 013	2 019	2 025	2 031	2 037	2 043	2 048	2 053	2 060
Poland	16 551	16 724	16 890	17 044	17 177	17 335	17 493	17 655	17 827	18 000	18 144	18 268
Portugal	4 403	4 457	4 507	4 555	4 614	4 731	4 763	4 791	4 807	4 827	4 830	4 826
Spain	17 381	17 597	17 828	18 048	18 206	18 346	18 520	18 622	18 710	18 785	18 851	18 905
Sweden	4 074	4 087	4 098	4 107	4 113	4 118	4 119	4 118	4 117	4 119	4 124	4 132
Switzerland	3 143	3 097	3 089	3 100	3 111	3 131	3 156	3 175	3 178	3 190	3 204	3 227
Turkey	20 745	20 872	21 336	21 815	22 526	22 695	23 281	23 882	24 498	25 130	25 782	26 150
United Kingdom	27 357	27 356	27 341	27 327	27 370	27 405	27 421	27 399	27 430	27 500	27 574	27 647
OECD-Total												
Major seven	281 531	283 295	285 039	286 973	288 969	291 225	293 120	294 921	296 628	298 282	300 014	301 865
Euro zone	123 334	123 724	124 099	124 683	125 184	125 858	126 420	126 809	127 043	127 258	127 500	127 834
EU15	161 702	162 167	162 612	163 259	163 876	164 643	165 267	165 662	165 951	166 262	166 604	167 038
From 15 to 64 years												
Canada	7 388	7 554	7 702	7 841	7 968	8 112	8 246	8 338	8 409	8 476	8 535	8 601
Mexico						17 341						
United States	68 355	69 589	70 782	71 969	73 140	74 277	75 202	76 043	76 804	77 623	78 450	79 312
Australia	4 502	4 566	4 638	4 709	4 777	4 846	4 932	5 035	5 122	5 205	5 294	5 395
Japan	37 180	37 530	37 920	38 190	38 510	38 920	39 190	39 550	40 010	40 500	40 950	41 400
Korea								12 591	12 903	13 235	13 560	13 867
New Zealand	952	968	977	985	989	999	1 007	1 021	1 044	1 062	1 070	1 073
Austria	2 264	2 275	2 296	2 315	2 333	2 358	2 396	2 431	2 454	2 482	2 502	2 517
Belgium	3 140	3 170	3 190	3 222	3 239	3 241	3 263	3 278	3 303	3 328	3 328	3 338
Czech Republic	3 223	3 217	3 213	3 214	3 222	3 236	3 300	3 262	3 287	3 308	3 319	3 323
Denmark	1 629	1 632	1 638	1 647	1 659	1 670	1 682	1 693	1 702	1 709	1 716	1 726
Finland	1 563	1 572	1 579	1 589	1 598	1 608	1 621	1 636	1 651	1 663	1 672	1 676
France	16 597	16 697	16 810	16 920	17 043	17 215	17 444	17 674	17 875	18 057	18 181	18 268
Germany	19 344	19 356	19 471	19 635	19 883	20 251	20 603	20 892	21 104	21 259	21 355	21 454
Greece	2 826	2 864	2 900	2 941	2 984	3 032	3 085	3 123	3 164	3 201	3 234	3 259
Hungary												
Iceland	68	69	70	71	72	73	74	75	76	77	78	79
Ireland	937	954	970	984	1 003	1 015	1 029	1 041	1 054	1 065	1 072	1 075
Italy	17 796	17 891	17 949	18 201	18 333	18 411	18 550	18 798	19 018	19 406	19 533	19 615
Luxembourg	123	124	124	124	123	124	125	125	126	127	128	129
Netherlands	4 406	4 476	4 535	4 596	4 664	4 735	4 800	4 855	4 908	4 967	5 023	5 075
Norway	1 266	1 274	1 280	1 288	1 296	1 304	1 314	1 325	1 334	1 345	1 355	1 363
Poland	11 092	11 205	11 296	11 376	11 442	11 527	11 628	11 727	11 822	11 906	11 967	12 026
Portugal	2 708	2 754	2 772	2 820	2 902	2 997	3 033	3 066	3 096	3 127	3 144	3 158
Spain	10 933	11 081	11 247	11 418	11 585	11 736	11 842	11 988	12 129	12 261	12 384	12 497
Sweden	2 660	2 663	2 667	2 674	2 683	2 695	2 706	2 714	2 721	2 727	2 729	2 731
Switzerland	2 092	2 061	2 066	2 087	2 110	2 142	2 176	2 204	2 217	2 237	2 256	2 279
Turkey	11 368	11 494	11 753	12 124	12 635	12 671	13 149	13 645	14 159	14 693	15 251	15 317
United Kingdom	17 554	17 630	17 713	17 797	17 924	18 038	18 138	18 240	18 396	18 570	18 614	18 676
OECD-Total												
Major seven	184 214	186 247	188 347	190 553	192 801	195 224	197 373	199 535	201 616	203 891	205 618	207 326
Euro zone	79 811	80 350	80 943	81 824	82 706	83 691	84 706	85 784	86 718	87 742	88 322	88 802
EU15	104 480	105 139	105 861	106 883	107 956	109 126	110 317	111 554	112 701	113 949	114 615	115 194

POPULATION : HOMMES

Milliers

1987	1988	1989	1990	1991	1992	1993	1994	1995	1996	1997	1998	
13 180	13 346	13 581	13 781	13 939	14 150	14 350	14 497	14 677	14 692	14 853	14 998	Canada
			39 894	40 757	41 615	42 560	44 855	44 276	45 003	45 646	46 698	Mexique
118 416	119 550	120 739	122 041	123 399	124 763	126 096	127 533	128 813	130 049	130 634	131 705	États-Unis
8 121	8 257	8 405	8 532	8 615	8 715	8 796	8 885	8 994	9 108	9 214	9 330	Australie
60 010	60 270	60 520	60 720	60 840	61 040	61 190	61 290	61 574	61 687	61 805	61 919	Japon
20 960	21 155	21 357	21 568	21 775	21 979	22 177	22 472	22 706	22 939	23 170	23 396	Corée
1 634	1 638	1 641	1 656	1 678	1 699	1 717	1 738	1 800	1 830	1 854	1 868	Nouvelle-Zélande
3 601	3 616	3 636	3 694	3 757	3 795	3 869	3 892	3 902	3 910	3 917	3 920	Autriche
4 819	4 846	4 855	4 870	4 890	4 911	4 932	4 947	4 957	4 965	4 978	4 989	Belgique
5 026	5 031	5 035	5 037	5 004	5 009	5 017	5 021	5 020	5 015	5 011	5 008	République tchèque
2 527	2 528	2 529	2 533	2 540	2 550	2 559	2 568	2 580	2 598	2 610	2 619	Danemark
2 388	2 397	2 407	2 419	2 443	2 450	2 464	2 476	2 487	2 496	2 505	2 513	Finlande
27 191	27 327	27 471	27 623	27 784	27 942	28 079	28 195	28 311	28 424	28 533	28 650	France
*29 323	29 544	29 891	30 583	*38 658	39 060	39 433	39 556	38 718	39 863	39 976	39 912	Allemagne
4 912	4 922	4 941	4 968	5 024	5 091	5 124	5 148	5 160	5 165	5 177	5 180	Grèce
					4 952	4 933	4 913	4 894	4 874	4 853	4 830	Hongrie
124	126	127	128	129	131	132	133	134	135	136	137	Islande
1 771	1 767	1 755	1 749	1 759	1 765	1 771	1 781	1 788	1 800	1 817	1 839	Irlande
27 918	27 965	28 012	27 572	27 592	27 639	*27 409	27 473	27 558	27 623	27 684	27 680	Italie
181	183	185	188	191	194	197	200	203	204	207	210	Luxembourg
7 249	7 295	7 338	7 389	7 450	7 508	7 561	7 607	7 645	7 680	7 718	7 763	Pays-Bas
2 070	2 082	2 091	2 097	2 107	2 120	2 133	2 144	2 150	2 161	2 172	2 185	Norvège
18 370	18 467	18 505	18 576	18 634	18 686	18 726	18 763	18 779	18 789	18 800	18 802	Pologne
4 814	4 801	4 783	4 760	4 753	4 752	4 762	4 769	4 776	4 781	4 790	4 800	Portugal
18 947	18 982	19 012	19 032	19 060	19 102	19 138	19 165	19 191	19 214	19 237	19 252	Espagne
4 145	4 164	4 194	4 228	4 257	4 282	4 307	4 339	4 361	4 368	4 371	4 374	Suède
3 252	3 279	3 243	3 278	3 319	3 358	3 389	3 428	3 439	3 453	3 461	3 470	Suisse
26 709	27 321	27 964	28 474	29 034	29 582	30 122	30 652	31 175	31 691	32 205	32 721	Turquie
27 737	27 813	27 906	28 118	28 246	28 362	28 533	28 592	28 727	28 856	28 990	29 128	Royaume-Uni
					517 202	*521 476	527 032	528 795	533 372	536 324	539 895	OCDE-Total
*303 775	305 815	308 120	310 438	*320 458	322 956	*325 090	327 136	328 378	331 194	332 475	333 992	Sept grands
*128 202	128 723	129 345	129 879	*138 337	139 118	*139 615	140 061	139 536	140 960	141 362	141 527	Zone euro
*167 523	168 150	168 915	169 726	*178 404	179 403	*180 138	180 708	180 364	181 947	182 510	182 828	UE15

De 15 à 64 ans

1987	1988	1989	1990	1991	1992	1993	1994	1995	1996	1997	1998	
8 686	8 779	8 873	9 523	9 613	9 756	9 888	9 981	10 111	10 105	10 224	10 339	Canada
			22 346	22 991	23 667	24 338	25 038	25 691	26 297	26 710	27 586	Mexique
79 977	80 601	81 161	81 783	82 392	83 084	83 768	84 780	85 683	86 619	86 754	87 599	États-Unis
5 496	5 603	5 712	5 803	5 836	5 897	5 944	6 001	6 069	6 144	6 225	6 319	Australie
41 890	42 390	42 830	43 160	43 360	43 480	43 610	43 630	43 735	43 756	43 703	43 638	Japon
14 173	14 461	14 737	14 998	15 242	15 474	15 695	15 944	16 182	16 424	16 650	16 843	Corée
1 086	1 092	1 091	1 101	1 112	1 122	1 130	1 144	1 190	1 210	1 225	1 233	Nouvelle-Zélande
2 529	2 542	2 556	2 598	2 641	2 662	2 725	2 735	2 738	2 741	2 745	2 747	Autriche
3 342	3 357	3 357	3 358	3 360	3 365	3 372	3 378	3 377	3 377	3 378	3 379	Belgique
3 332	3 356	3 382	3 411	3 411	3 440	3 469	3 496	3 518	3 533	3 545	3 560	République tchèque
1 736	1 742	1 747	1 754	1 762	1 768	1 775	1 779	1 786	1 795	1 798	1 799	Danemark
1 679	1 682	1 685	1 691	1 704	1 708	1 714	1 719	1 722	1 726	1 732	1 739	Finlande
18 374	18 484	18 583	18 662	18 726	18 797	18 865	18 924	18 990	19 060	19 130	19 195	France
*21 553	21 678	21 888	22 337	*27 962	27 999	28 117	28 244	28 172	28 230	28 333	28 226	Allemagne
3 278	3 301	3 330	3 363	3 420	3 459	3 491	3 516	3 531	3 537	3 540	3 545	Grèce
					3 400	3 405	3 406	3 402	3 397	3 392	3 383	Hongrie
80	82	83	83	84	85	86	87	87	88	89	90	Islande
1 081	1 085	1 082	1 087	1 104	1 113	1 125	1 143	1 161	1 182	1 204	1 230	Irlande
19 671	19 955	19 837	19 424	19 477	19 524	*19 301	19 353	19 458	19 518	19 560	19 442	Italie
130	131	133	135	137	138	139	140	141	142	143	145	Luxembourg
5 124	5 164	5 197	5 230	5 267	5 300	5 330	5 353	5 370	5 385	5 402	5 432	Pays-Bas
1 375	1 387	1 394	1 397	1 403	1 411	1 418	1 425	1 428	1 434	1 441	1 450	Norvège
12 087	12 149	12 165	12 243	12 324	12 412	12 496	12 582	12 665	12 749	12 846	12 959	Pologne
3 168	3 177	3 184	3 192	3 209	3 225	3 250	3 265	3 276	3 290	3 307	3 298	Portugal
12 601	12 703	12 804	12 902	13 007	13 115	13 210	13 290	13 353	13 398	13 431	13 449	Espagne
2 740	2 753	2 773							2 862	2 868	2 875	Suède
2 301	2 323	2 285	2 307	2 333	2 354	2 369	2 383	2 388	2 393	2 395	2 398	Suisse
15 771	16 238	16 713	17 223	17 697	18 189	18 688	19 182	19 665	20 144	20 599	21 049	Turquie
18 727	18 760	18 783	18 910	18 926	18 947	19 019	19 056	19 161	19 261	19 358	19 470	Royaume-Uni
					347 699	350 562	353 757	356 848	359 796	361 726	364 417	OCDE-Total
*208 878	210 647	211 955	213 799	*220 456	221 587	*222 568	223 968	225 310	226 549	227 062	227 909	Sept grands
*89 252	89 958	90 306	90 616	*96 594	96 946	*97 148	97 544	97 758	98 049	98 365	98 282	Zone euro
*115 733	116 514	116 939	117 433	123 503	123 928	124 258	124 679	125 034	125 504	125 929	125 971	UE15

Statistiques de la Population Active
OCDE

TOTAL LABOUR FORCE

Thousands

	1975	1976	1977	1978	1979	1980	1981	1982	1983	1984	1985	1986
Canada	10 054	*10 604	10 934	11 340	11 704	12 056	12 406	12 473	12 686	12 928	13 200	13 455
Mexico						22 077						
United States	95 453	97 826	100 665	103 882	106 559	108 544	110 315	111 872	113 226	115 241	117 167	119 540
Australia	6 189	6 260	6 425	6 474	6 526	6 748	6 847	6 913	7 000	7 141	7 319	7 585
Japan	53 230	53 780	54 520	55 320	55 960	56 500	57 070	57 740	58 890	59 270	59 630	60 200
Korea	12 193	12 911	13 316	13 849	14 142	14 431	14 683	15 032	15 118	14 997	15 592	16 116
New Zealand	1 228	1 250	1 269	1 278	1 300	1 303	1 319	1 340	1 355	1 371	1 399	*1 619
Austria	2 995	3 001	3 038	3 079	3 116	3 128	3 170	*3 302	3 294	*3 363	3 355	3 388
Belgium	3 925	3 962	3 980	4 008	4 056	4 070	4 094	4 120	4 138	4 132	4 112	4 109
Czech Republic												
Denmark	2 486	2 495	2 538	2 578	2 631	2 685	2 674	2 700	2 732	2 720	2 753	2 816
Finland	2 302	2 404	2 405	2 404	2 432	2 473	2 506	2 542	2 557	2 575	2 596	2 596
France	22 372	22 654	22 979	23 148	23 356	23 504	23 673	23 905	23 972	24 123	24 180	24 322
Germany	27 184	27 034	27 038	27 212	27 528	27 948	28 305	28 558	28 605	28 659	28 897	29 188
Greece	3 273	3 298	3 318	3 337	3 375	3 451	3 680	3 717	3 842	3 868	3 892	3 888
Hungary												
Iceland	95	99	99	102	103	106	111	115	116	118	122	125
Ireland	1 157	1 169	1 188	1 209	1 233	1 247	1 272	1 296	1 307	1 307	1 302	1 308
Italy	21 233	21 553	21 870	21 950	22 276	22 553	22 693	22 798	23 061	23 323	23 495	23 851
Luxembourg	158	158	158	158	158	159	160	160	160	161	164	167
Netherlands	5 003	5 033	5 072	5 132	5 207	5 403	5 660	5 774	5 729	5 773	5 812	5 863
Norway	1 772	1 844	1 876	1 911	1 937	1 940	1 975	1 995	2 014	2 034	2 068	2 128
Poland												
Portugal	4 030	4 121	4 165	4 177	4 274	4 361	4 334	4 330	4 555	4 529	4 514	4 520
Spain	13 464	13 510	13 447	13 454	13 478	13 497	13 542	13 686	13 841	13 904	13 976	14 179
Sweden	4 129	4 155	4 174	4 209	4 268	4 318	4 332	4 357	4 375	4 391	4 424	*4 385
Switzerland	3 129	3 044	3 047	3 077	3 109	*3 172	3 246	3 270	3 286	3 323	3 382	3 456
Turkey	16 121	16 575	17 298	17 538	17 564	17 673	17 640	17 799	18 109	18 361	18 572	19 065
United Kingdom	25 893	26 111	26 224	26 357	26 628	26 840	26 740	26 678	26 610	27 265	27 714	27 791
OECD-Total												
Major seven	255 419	*259 562	264 230	269 209	274 011	277 945	281 202	284 024	287 050	290 809	294 283	298 347
Euro zone	103 823	104 599	105 340	105 931	107 114	108 343	109 409	*110 471	111 219	*111 849	112 403	113 491
EU15	139 604	140 658	141 594	142 412	144 016	145 637	146 835	*147 923	148 778	*150 093	151 186	*152 371

As percentage of total population

	1975	1976	1977	1978	1979	1980	1981	1982	1983	1984	1985	1986
Canada	43.3	*45.1	45.9	47.2	48.2	49.0	49.8	49.5	49.8	50.3	50.9	51.3
Mexico						31.7						
United States	44.2	44.9	45.7	46.7	47.3	47.7	48.0	48.2	48.3	48.8	49.1	49.7
Australia	44.5	44.6	45.3	45.1	45.0	45.9	45.9	45.5	45.5	45.8	46.4	47.4
Japan	47.6	47.6	47.8	48.0	48.2	48.3	48.4	48.6	49.3	49.3	49.3	49.5
Korea	34.6	36.0	36.6	37.5	37.7	37.9	37.9	38.2	37.9	37.1	38.2	39.1
New Zealand	39.8	40.1	40.6	40.8	41.6	41.4	41.8	42.1	42.0	42.1	42.8	*49.4
Austria	39.5	39.7	40.1	40.7	41.3	41.4	41.9	*43.6	43.6	*44.5	44.4	44.8
Belgium	40.1	40.4	40.5	40.8	41.2	41.3	41.6	41.8	42.0	41.9	41.7	41.7
Czech Republic												
Denmark	49.1	49.2	49.9	50.5	51.4	52.4	52.2	52.7	53.4	53.2	53.8	55.0
Finland	48.9	50.9	50.7	50.6	51.0	51.7	52.2	52.7	52.7	52.7	53.0	52.8
France	42.5	42.8	43.2	43.4	43.6	43.6	43.7	43.9	43.8	43.8	43.7	43.8
Germany	44.0	43.9	44.0	44.4	44.9	45.4	45.9	46.3	46.6	46.8	47.4	47.8
Greece	36.2	36.0	35.6	35.4	35.3	35.8	37.8	38.0	39.0	39.1	39.2	39.0
Hungary												
Iceland	43.8	44.9	44.6	45.6	45.6	46.6	48.3	49.0	49.0	49.3	50.5	51.5
Ireland	36.4	36.2	36.3	36.5	36.6	36.7	36.9	37.2	37.3	37.0	36.8	36.9
Italy	38.3	38.7	39.2	39.1	39.6	40.0	40.2	40.3	40.6	40.9	41.1	41.7
Luxembourg	43.8	43.7	43.7	43.5	43.5	43.6	43.8	43.9	43.8	44.1	44.6	45.3
Netherlands	36.6	36.5	36.6	36.8	37.1	38.2	39.7	40.3	39.9	40.0	40.1	40.2
Norway	44.2	45.8	46.4	47.1	47.6	47.5	48.2	48.5	48.8	49.1	49.8	51.0
Poland												
Portugal	43.3	43.8	43.8	43.5	44.0	44.4	43.9	43.6	45.7	45.2	45.1	45.2
Spain	37.9	37.6	37.0	36.6	36.3	36.1	35.9	36.1	36.3	36.3	36.4	36.8
Sweden	50.4	50.5	50.6	50.9	51.5	52.0	52.1	52.3	52.5	52.7	53.0	*52.4
Switzerland	48.9	48.1	48.2	48.6	49.0	*49.7	50.5	50.6	50.7	51.1	51.8	52.6
Turkey	40.3	40.5	41.4	41.1	40.3	39.8	38.7	38.1	37.8	37.4	36.9	37.1
United Kingdom	46.1	46.5	46.7	46.9	47.4	47.6	47.5	47.4	47.2	48.3	48.9	48.9
OECD-Total												
Major seven	44.2	*44.7	45.2	45.7	46.2	46.5	46.8	46.9	47.2	47.5	47.8	48.2
Euro zone	40.9	41.0	41.2	41.2	41.5	41.8	42.0	*42.3	42.5	*42.7	42.8	43.1
EU15	42.0	42.2	42.3	42.4	42.7	43.0	43.2	*43.4	43.6	*43.9	44.1	*44.4

OECD *Labour Force Statistics*
OCDE © OECD, 1999

POPULATION ACTIVE TOTALE

Milliers

1987	1988	1989	1990	1991	1992	1993	1994	1995	1996	1997	1998	
13 710	13 978	14 230	14 408	14 486	14 558	14 738	14 905	14 998	15 209	15 415	15 692	Canada
			..	30 146	31 231	32 383	33 606	34 325	35 444	37 198	38 244	Mexique
121 602	123 378	125 557	*127 476	127 910	129 541	130 685	*132 474	133 646	135 231	137 546	138 897	États-Unis
7 765	7 962	8 342	8 551	8 586	8 674	8 694	8 835	9 059	9 177	9 266	9 399	Australie
60 840	61 660	62 700	63 840	65 050	65 780	66 150	66 450	66 660	67 110	67 870	67 690	Japon
16 873	17 305	18 023	18 539	19 049	19 426	19 803	20 326	20 796	21 188	21 604	21 390	Corée
1 634	1 608	1 592	1 616	1 638	1 645	1 662	1 698	1 738	1 850	1 869	1 874	Nouvelle-Zélande
3 430	3 433	3 450	3 526	3 607	3 679	3 734	3 876	3 903	3 870	3 884	3 888	Autriche
4 115	4 127	4 144	4 179	4 210	4 237	4 273	4 280	4 301	4 306	4 348	4 350	Belgique
			5 034	5 039	5 018	*5 117	5 179	5 172	5 173	5 249	5 565	République tchèque
2 831	2 881	2 879	2 912	2 912	2 914	2 893	2 777	2 798	2 822	2 856	2 848	Danemark
2 583	2 574	2 583	2 576	2 559	2 527	2 508	2 502	2 522	2 521	2 508	2 532	Finlande
24 448	24 550	24 724	24 853	25 009	25 133	25 189	25 342	25 349	25 607	25 732	25 869	France
29 386	29 607	29 799	30 369	*39 623	39 526	39 591	39 628	39 507	39 588	39 836	39 804	Allemagne
3 884	3 961	3 967	4 000	3 934	4 034	4 118	4 193	4 248	4 318	4 294	4 446	Grèce
					4 527	4 346	4 203	4 095	4 048	3 995	4 011	Hongrie
132	129	128	128	*141	143	144	145	149	148	148	152	Islande
1 319	1 310	1 292	1 305	1 334	1 369	1 397	1 425	1 459	1 508	1 539	1 629	Irlande
24 031	24 243	24 258	24 515	24 599	24 612	*23 343	23 225	23 271	23 382	23 434	23 549	Italie
172	177	184	192	197	203	207	213	219	226	233	242	Luxembourg
6 486	6 641	6 713	6 872	7 011	7 133	7 085	7 184	7 410	7 517	7 673	7 797	Pays-Bas
2 171	2 183	2 155	2 142	2 126	2 130	2 131	2 151	2 186	2 239	2 285	2 317	Norvège
					17 516	17 321	17 276	17 205	17 200	17 225	17 285	Pologne
4 567	4 616	4 677	4 948	4 800	4 667	4 722	4 820	4 802	4 887	4 967	4 987	Portugal
14 675	14 972	15 160	15 333	15 382	15 432	15 564	15 701	15 849	16 159	16 333	16 441	Espagne
*4 421	4 471	4 527	4 540	4 516	4 429	4 320	4 268	4 319	4 310	4 264	4 255	Suède
3 540	3 629	3 721	3 540	3 969	3 952	3 960	3 941	3 936	3 967	3 969	3 995	Suisse
19 580	19 893	20 431	20 650	20 969	21 165	21 282	21 903	22 409	22 736	22 397	23 013	Turquie
27 979	28 255	28 427	28 498	28 546	28 581	28 447	28 433	28 632	28 754	28 873	28 944	Royaume-Uni
					493 782	*495 807	*500 959	504 963	510 494	516 810	521 104	OCDE-Total
301 996	305 671	309 695	*313 959	*325 223	327 731	*328 143	*330 457	332 063	334 881	338 706	340 445	Sept grands
115 212	116 250	116 984	118 668	*128 331	128 518	*127 613	128 196	128 592	129 571	130 487	131 088	Zone euro
*154 327	155 818	156 784	158 618	*168 239	168 476	*167 391	167 867	168 589	169 775	170 774	171 581	UE15

En pourcentage de la population totale

1987	1988	1989	1990	1991	1992	1993	1994	1995	1996	1997	1998	
51.6	52.0	52.0	51.8	51.5	51.0	50.9	50.9	50.6	51.3	51.4	51.8	Canada
			..	35.9	36.5	37.2	38.0	37.9	38.5	39.8	40.0	Mexique
50.1	50.4	50.8	*51.0	50.6	50.7	50.6	*50.8	50.8	50.9	51.6	51.6	États-Unis
47.7	48.1	49.6	50.0	49.7	49.6	49.2	49.5	50.1	50.1	50.0	50.1	Australie
49.8	50.2	50.9	51.6	52.4	52.8	52.9	53.0	53.1	53.3	53.8	53.5	Japon
40.5	41.2	42.5	43.2	44.0	44.5	44.9	45.5	46.1	46.5	47.0	46.1	Corée
49.5	48.5	47.8	48.1	48.1	47.8	47.8	48.2	47.5	49.8	49.7	50.3	Nouvelle-Zélande
45.3	45.2	45.3	45.7	46.1	46.7	46.7	48.3	48.5	48.0	48.1	48.1	Autriche
41.7	41.6	41.7	41.9	42.1	42.2	42.4	42.3	42.3	42.3	42.7	42.6	Belgique
			48.6	48.9	48.6	*49.5	50.1	50.1	50.1	50.9	54.1	République tchèque
55.2	56.2	56.1	56.6	56.5	56.4	55.8	53.4	53.5	53.6	54.0	53.7	Danemark
52.4	52.0	52.0	51.7	50.9	50.1	49.5	49.2	49.4	49.2	48.8	49.1	Finlande
43.8	43.7	43.8	43.8	43.8	43.8	43.7	43.8	43.6	43.9	43.9	44.0	France
*48.1	48.2	48.0	48.0	*49.5	49.0	48.8	48.7	48.4	48.3	48.5	48.5	Allemagne
38.9	39.6	39.5	39.6	38.6	39.1	39.7	40.2	40.6	41.3	40.9	42.3	Grèce
					43.8	42.2	41.0	40.0	39.7	39.3	39.7	Hongrie
53.8	51.5	50.7	50.4	*54.7	54.8	54.6	54.5	55.7	54.9	54.6	55.6	Islande
37.2	37.0	36.8	37.3	37.9	38.6	39.2	39.8	40.5	41.6	42.0	44.0	Irlande
41.9	42.2	42.2	43.2	43.3	43.3	*41.4	41.1	41.1	41.2	41.2	41.3	Italie
46.4	47.3	48.7	49.9	50.6	51.2	51.6	52.5	53.1	54.3	55.4	56.7	Luxembourg
44.2	45.0	45.2	46.0	46.5	47.0	46.3	46.7	47.9	48.4	49.2	49.7	Pays-Bas
51.9	51.9	51.0	50.5	49.9	49.7	49.4	49.6	50.3	51.2	52.0	52.4	Norvège
					45.7	45.0	44.8	44.6	44.5	44.6	44.7	Pologne
45.8	46.4	47.1	50.1	48.7	47.3	47.8	48.7	48.4	49.2	49.9	50.0	Portugal
38.0	38.7	39.1	39.5	39.5	39.6	39.8	40.1	40.4	41.1	41.5	41.8	Espagne
*52.6	53.0	53.3	53.0	52.4	51.1	49.6	48.6	48.9	48.8	48.2	48.1	Suède
53.5	54.4	56.0	52.7	58.4	57.5	57.1	56.1	55.9	56.1	56.0	56.2	Suisse
37.3	37.0	37.2	36.7	36.6	36.2	35.8	36.2	36.4	36.3	35.1	35.5	Turquie
49.1	49.4	49.6	49.5	49.4	49.3	48.8	48.7	48.9	48.9	48.9	48.9	Royaume-Uni
					46.8	*46.6	*46.8	46.8	47.0	47.3	47.4	OCDE-Total
*48.5	48.8	49.1	*49.4	*49.5	49.6	*49.3	*49.4	49.3	49.5	49.8	49.8	Sept grands
*43.7	43.9	44.0	44.5	*45.1	45.0	*44.5	44.6	44.6	44.8	45.0	45.1	Zone euro
*44.8	45.1	45.2	45.5	*45.9	45.8	*45.3	45.3	45.4	45.6	45.7	45.8	UE15

Statistiques de la Population Active
OECD
© OCDE, 1999   OCDE

TOTAL EMPLOYMENT

Thousands

	1975	1976	1977	1978	1979	1980	1981	1982	1983	1984	1985	1986
Canada	9 364	*9 850	10 052	10 395	10 835	11 155	11 472	11 110	11 182	11 477	11 819	12 172
Mexico						21 403						
United States	87 524	90 420	93 673	97 679	100 421	100 907	102 042	101 194	102 509	106 702	108 855	111 303
Australia	5 910	5 967	6 065	6 075	6 149	6 353	6 466	6 452	6 314	6 537	6 747	6 989
Japan	52 230	52 710	53 420	54 080	54 790	55 360	55 810	56 380	57 330	57 660	58 070	58 530
Korea	11 692	12 412	12 812	13 412	13 602	13 683	14 023	14 378	14 505	14 429	14 970	15 505
New Zealand	1 225	1 246	1 265	1 258	1 275	1 274	1 272	1 293	1 279	1 294	1 341	*1 555
Austria	2 942	2 947	2 989	3 015	3 051	3 070	3 090	*3 186	3 159	*3 235	3 234	3 282
Belgium	3 750	3 730	3 715	3 718	3 752	3 747	3 678	3 630	3 593	3 586	3 606	3 630
Czech Republic	5 020	5 031	5 042	5 070	5 097	5 110	5 118	5 129	5 144	5 180	5 208	5 225
Denmark	2 365	2 337	2 352	2 365	2 474	2 501	2 399	2 404	2 420	2 489	2 553	2 662
Finland	2 251	2 312	2 265	2 232	2 289	2 359	2 385	2 407	2 419	2 442	2 467	2 458
France	21 452	21 608	21 776	21 861	21 882	21 902	21 780	21 818	21 743	21 544	21 663	21 736
Germany	26 110	25 974	26 008	26 219	26 652	27 059	27 033	26 725	26 347	26 393	26 593	26 960
Greece	3 198	3 235	3 262	3 276	3 311	3 356	3 531	3 502	3 540	3 553	3 588	3 601
Hungary												
Iceland	95	98	99	102	103	106	111	114	115	117	121	125
Ireland	1 073	1 064	1 083	1 110	1 145	1 156	1 146	1 148	1 124	1 104	1 076	1 081
Italy	20 007	20 133	20 332	20 390	20 590	20 869	20 924	20 875	20 921	21 019	21 113	21 240
Luxembourg	158	157	157	156	157	158	159	158	158	159	161	165
Netherlands	4 743	4 755	4 801	4 859	4 927	5 077	5 180	5 119	5 055	5 084	5 178	5 258
Norway	1 732	1 812	1 849	1 877	1 899	1 908	1 935	1 943	1 945	1 970	2 014	2 086
Poland												
Portugal	3 852	3 860	3 856	3 843	3 930	4 026	4 014	4 013	4 201	4 147	4 130	4 138
Spain	12 883	12 909	12 767	12 541	12 349	12 003	11 679	11 556	11 490	11 166	11 027	11 236
Sweden	4 062	4 088	4 099	4 115	4 180	4 232	4 224	4 220	4 224	4 255	4 299	*4 269
Switzerland	3 117	3 024	3 036	3 067	3 100	*3 166	3 240	3 256	3 257	3 288	3 352	3 398
Turkey	14 958	15 166	15 645	15 852	16 082	16 280	16 417	16 585	16 749	17 001	17 282	17 594
United Kingdom	25 055	24 845	24 865	25 014	25 394	25 327	24 345	23 908	23 626	24 235	24 535	24 561
OECD-Total												
Major seven	241 742	*245 540	250 126	255 638	260 564	262 579	263 406	262 010	263 658	269 030	272 648	276 502
Euro zone	99 221	99 449	99 749	99 944	100 724	101 426	101 068	*100 635	100 210	*99 879	100 248	101 184
EU15	133 901	133 954	134 327	134 714	136 083	136 842	135 567	*134 669	134 020	*134 411	135 223	*136 277

1995=100

	1975	1976	1977	1978	1979	1980	1981	1982	1983	1984	1985	1986
Canada	69.0	*72.6	74.0	76.6	79.8	82.2	84.5	81.8	82.4	84.5	87.1	89.7
Mexico						66.1						
United States	69.3	71.6	74.2	77.4	79.5	79.9	80.8	80.2	81.2	84.5	86.2	88.2
Australia	71.3	72.0	73.1	73.3	74.1	76.6	78.0	77.8	76.1	78.8	81.4	84.3
Japan	80.9	81.6	82.7	83.8	84.9	85.7	86.4	87.3	88.8	89.3	89.9	90.6
Korea	57.4	60.9	62.9	65.8	66.8	67.1	68.8	70.6	71.2	70.8	73.5	76.1
New Zealand	75.1	76.3	77.5	77.1	78.1	78.1	77.9	79.2	78.4	79.3	82.2	*95.3
Austria	78.3	78.4	79.5	80.2	81.2	81.7	82.2	*84.8	84.1	*86.1	86.1	87.3
Belgium	100.1	99.6	99.2	99.3	100.2	100.0	98.2	96.9	95.9	95.7	96.3	96.9
Czech Republic	101.2	101.4	101.6	102.2	102.7	103.0	103.1	103.4	103.7	104.4	105.0	105.3
Denmark	90.9	89.8	90.4	90.9	95.1	96.1	92.2	92.4	93.0	95.7	98.1	102.3
Finland	107.6	110.5	108.3	106.7	109.4	112.8	114.0	115.1	115.6	116.7	117.9	117.5
France	96.6	97.3	98.1	98.4	98.5	98.6	98.1	98.2	97.9	97.0	97.6	97.9
Germany	71.9	71.5	71.6	72.2	73.4	74.5	74.5	73.6	72.6	72.7	73.2	74.3
Greece	83.6	84.6	85.3	85.7	86.6	87.8	92.3	91.6	92.6	92.9	93.8	94.2
Hungary												
Iceland	66.8	69.2	69.4	71.5	72.2	74.6	78.2	80.2	80.9	82.1	85.1	87.7
Ireland	83.7	83.0	84.5	86.6	89.3	90.2	89.4	89.5	87.7	86.1	83.9	84.3
Italy	97.7	98.3	99.3	99.6	100.6	101.9	102.2	102.0	102.2	102.7	103.1	103.7
Luxembourg	73.9	73.8	73.8	73.3	73.7	74.2	74.5	74.3	74.0	74.5	75.6	77.5
Netherlands	68.9	69.0	69.7	70.6	71.5	73.7	75.2	74.3	73.4	73.8	75.2	76.3
Norway	83.3	87.2	88.9	90.3	91.3	91.8	93.1	93.5	93.6	94.8	96.9	100.3
Poland												
Portugal	86.3	86.5	86.4	86.1	88.1	90.2	90.0	89.9	94.2	92.9	92.6	92.7
Spain	105.1	105.3	104.1	102.3	100.7	97.9	95.2	94.2	93.7	91.1	89.9	91.6
Sweden	101.9	102.6	102.8	103.2	104.9	106.2	106.0	105.9	106.0	106.7	107.9	*107.1
Switzerland	82.0	79.6	79.9	80.7	81.6	*83.3	85.3	85.7	85.7	86.5	88.2	89.4
Turkey	71.6	72.6	74.9	75.9	77.0	77.9	78.6	79.4	80.2	81.4	82.7	84.2
United Kingdom	96.5	95.7	95.7	96.3	97.8	97.5	93.7	92.1	91.0	93.3	94.5	94.6
OECD-Total												
Major seven	78.1	*79.4	80.9	82.6	84.2	84.9	85.1	84.7	85.2	87.0	88.1	89.4
Euro zone	87.3	87.5	87.7	87.9	88.6	89.2	88.9	*88.5	88.1	*87.8	88.2	89.0
EU15	89.2	89.3	89.5	89.8	90.7	91.2	90.3	*89.7	89.3	*89.6	90.1	*90.8

POPULATION ACTIVE OCCUPÉE

Milliers

1987	1988	1989	1990	1991	1992	1993	1994	1995	1996	1997	1998	
12 501	12 897	13 165	13 244	12 994	12 918	13 090	13 365	13 576	13 740	14 003	14 386	Canada
			..	29 227	30 259	31 342	32 439	32 385	34 144	35 904	37 137	Mexique
114 177	116 677	119 029	*120 430	119 282	120 058	121 744	*124 478	126 242	128 000	130 543	132 953	États-Unis
7 162	7 423	7 849	7 938	7 754	7 737	7 738	7 980	8 293	8 397	8 479	8 652	Australie
59 110	60 110	61 280	62 490	63 690	64 360	64 500	64 530	64 570	64 860	65 570	65 141	Japon
16 354	16 870	17 560	18 085	18 613	18 961	19 253	19 837	20 377	20 764	21 048	19 926	Corée
1 568	1 519	1 479	1 491	1 471	1 476	1 505	1 570	1 632	1 738	1 746	1 735	Nouvelle-Zélande
3 300	3 311	3 342	3 412	3 482	3 546	3 575	3 737	3 758	3 710	3 720	3 723	Autriche
3 649	3 702	3 760	3 815	3 819	3 802	3 761	3 727	3 746	3 761	3 765	3 766	Belgique
5 243	5 251	5 245	4 995	4 817	4 883	*4 911	4 977	4 962	4 974	5 004	5 207	République tchèque
2 679	2 695	2 645	2 672	2 646	2 648	2 587	2 555	2 602	2 627	2 681	2 693	Danemark
2 452	2 458	2 494	2 487	2 366	2 198	2 065	2 046	2 092	2 123	2 195	2 245	Finlande
21 823	22 037	22 338	*22 381	22 420	22 318	22 040	22 024	22 207	22 261	22 355	22 693	France
27 157	27 364	27 761	28 486	*37 416	36 905	36 478	36 313	36 309	36 089	35 929	36 094	Allemagne
3 598	3 657	3 671	3 719	3 632	3 685	3 720	3 790	3 824	3 872	3 876	3 967	Grèce
					4 083	3 827	3 752	3 679	3 648	3 646	4 008	Hongrie
132	128	126	126	*137	137	137	138	142	142	142	148	Islande
1 088	1 091	1 090	1 126	1 125	1 160	1 177	1 215	1 282	1 328	1 380	1 503	Irlande
21 198	21 374	21 391	21 764	21 945	21 814	*20 871	20 547	20 474	20 564	20 584	20 700	Italie
170	175	182	190	195	200	203	208	213	220	226	237	Luxembourg
5 864	6 032	6 155	6 356	6 522	6 655	6 647	6 692	6 887	7 027	7 247	7 465	Pays-Bas
2 126	2 114	2 049	2 030	2 010	2 004	2 004	2 035	2 079	2 131	2 192	2 241	Norvège
						15 181	14 894	14 802	14 929	15 090	15 309	15 477	Pologne
4 248	4 353	4 445	4 723	4 634	4 474	4 460	4 493	4 462	4 534	4 634	4 703	Portugal
11 726	12 119	12 597	12 890	12 917	12 642	12 082	11 960	12 263	12 617	12 974	13 193	Espagne
*4 337	4 399	4 466	4 465	4 383	4 195	3 964	3 928	3 986	3 963	3 922	3 979	Suède
3 440	3 481	3 518	3 563	3 891	3 831	3 802	3 789	3 800	3 813	3 802	3 848	Suisse
17 988	18 255	18 722	19 038	19 360	19 502	19 681	20 163	20 896	21 395	21 005	21 584	Turquie
25 074	25 914	26 684	26 942	26 305	25 812	25 511	25 697	25 972	26 462	26 900	27 121	Royaume-Uni
				457 443	*457 569	*462 787	467 639	473 994	480 782	486 526	OCDE-Total
281 040	286 373	291 648	*295 737	*304 052	304 185	*304 234	*306 954	309 350	311 976	315 884	319 088	Sept grands
102 675	104 016	105 555	*107 630	*116 841	115 713	*113 359	112 962	113 693	114 234	115 009	116 323	Zone euro
*138 363	140 681	143 021	*145 428	*153 807	152 053	*149 141	148 932	150 077	151 158	152 388	154 083	UE15

1995=100

1987	1988	1989	1990	1991	1992	1993	1994	1995	1996	1997	1998	
92.1	95.0	97.0	97.6	95.7	95.2	96.4	98.4	100.0	101.2	103.1	106.0	Canada
				90.2	93.4	96.8	100.2	100.0	105.4	110.9	114.7	Mexique
90.4	92.4	94.3	*95.4	94.5	95.1	96.4	*98.6	100.0	101.4	103.4	105.3	États-Unis
86.4	89.5	94.6	95.7	93.5	93.3	93.3	96.2	100.0	101.3	102.2	104.3	Australie
91.5	93.1	94.9	96.8	98.6	99.7	99.9	99.9	100.0	100.4	101.5	100.9	Japon
80.3	82.8	86.2	88.8	91.3	93.1	94.5	97.3	100.0	101.9	103.3	97.8	Corée
96.1	93.1	90.6	91.4	90.1	90.4	92.2	96.2	100.0	106.5	107.0	106.3	Nouvelle-Zélande
87.8	88.1	88.9	90.8	92.7	94.4	95.1	99.4	100.0	98.7	99.0	99.1	Autriche
97.4	98.8	100.4	101.8	101.9	101.5	100.4	99.5	100.0	100.4	100.5	100.5	Belgique
105.7	105.8	105.7	100.7	97.1	98.4	*99.0	100.3	100.0	100.2	100.8	104.9	République tchèque
103.0	103.6	101.7	102.7	101.7	101.8	99.4	98.2	100.0	101.0	103.0	103.5	Danemark
117.2	117.5	119.2	118.9	113.1	105.1	98.7	97.8	100.0	101.5	104.9	107.3	Finlande
98.3	99.2	100.6	*100.8	101.0	100.5	99.2	99.2	100.0	100.2	100.7	102.2	France
74.8	75.4	76.5	78.5	*103.0	101.6	100.5	100.0	100.0	99.4	99.0	99.4	Allemagne
94.1	95.6	96.0	97.3	95.0	96.4	97.3	99.1	100.0	101.3	101.4	103.7	Grèce
					111.0	104.0	102.0	100.0	99.2	99.1	108.9	Hongrie
92.7	90.1	88.7	88.7	*96.5	96.5	96.5	97.2	100.0	100.0	100.0	104.2	Islande
84.9	85.1	85.0	87.8	87.8	90.5	91.8	94.8	100.0	103.6	107.6	117.2	Irlande
103.5	104.4	104.5	106.3	107.2	106.5	*101.9	100.4	100.0	100.4	100.5	101.1	Italie
79.6	82.1	85.4	89.0	91.4	93.7	95.4	97.6	100.0	103.2	106.1	111.2	Luxembourg
85.1	87.6	89.4	92.3	94.7	96.6	96.5	97.2	100.0	102.0	105.2	108.4	Pays-Bas
102.3	101.7	98.6	97.6	96.7	96.4	96.4	97.9	100.0	102.5	105.4	107.8	Norvège
						101.7	99.8	99.1	100.0	101.1	102.5	103.7	Pologne
95.2	97.6	99.6	105.8	103.9	100.3	100.0	100.7	100.0	101.6	103.9	105.4	Portugal
95.6	98.8	102.7	105.1	105.3	103.1	98.5	97.5	100.0	102.9	105.8	107.6	Espagne
*108.8	110.4	112.0	112.0	110.0	105.2	99.4	98.5	100.0	99.4	98.4	99.8	Suède
90.5	91.6	92.6	93.8	102.4	100.8	100.1	99.7	100.0	100.3	100.1	101.3	Suisse
86.1	87.4	89.6	91.1	92.6	93.3	94.2	96.5	100.0	102.4	100.5	103.3	Turquie
96.5	99.8	102.7	103.7	101.3	99.4	98.2	98.9	100.0	101.9	103.6	104.4	Royaume-Uni
					97.8	*97.8	*99.0	100.0	101.4	102.8	104.0	OCDE-Total
90.8	92.6	94.3	*95.6	*98.3	98.3	*98.3	*99.2	100.0	100.8	102.1	103.1	Sept grands
90.3	91.5	92.8	*94.7	*102.8	101.8	*99.7	99.4	100.0	100.5	101.2	102.3	Zone euro
*92.2	93.7	95.3	*96.9	*102.5	101.3	*99.4	99.2	100.0	100.7	101.5	102.7	UE15

Statistiques de la Population Active
© OCDE, 1999

CIVILIAN LABOUR FORCE

Thousands

	1975	1976	1977	1978	1979	1980	1981	1982	1983	1984	1985	1986
Canada	9 974	*10 530	10 860	11 265	11 630	11 983	12 332	12 398	12 610	12 853	13 123	13 378
Mexico												
United States	93 775	96 158	99 009	102 251	104 962	106 940	108 670	110 204	111 550	113 544	115 461	117 834
Australia	6 120	6 191	6 355	6 404	6 456	6 676	6 774	6 841	6 928	7 070	7 248	7 516
Japan	53 230	53 780	54 520	55 320	55 960	56 500	57 070	57 740	58 890	59 270	59 634	60 200
Korea	12 193	12 911	13 316	13 849	14 142	14 431	14 683	15 032	15 118	14 997	15 592	16 116
New Zealand	1 217	1 239	1 258	1 267	1 287	1 293	1 305	1 329	1 342	1 358	1 387	*1 608
Austria	2 995	3 001	3 038	3 079	3 116	3 128	3 170	*3 302	3 294	*3 363	3 355	3 388
Belgium	3 837	3 873	3 893	3 918	3 964	3 979	4 000	4 027	4 047	4 042	4 023	4 019
Czech Republic												
Denmark	2 453	2 465	2 506	2 543	2 596	2 654	2 645	2 670	2 701	2 688	2 722	2 784
Finland	2 262	2 360	2 361	2 362	2 389	2 432	2 464	2 502	2 518	2 536	2 556	2 559
France	21 783	22 062	22 391	22 549	22 779	22 935	23 096	23 325	23 400	23 560	23 620	23 766
Germany	26 660	26 502	26 505	26 682	26 996	27 417	27 770	28 026	28 067	28 135	28 366	28 659
Greece	3 273	3 298	3 318	3 337	3 375	3 451	3 680	3 717	3 842	3 868	3 892	3 888
Hungary												
Iceland	95	99	99	102	103	106	111	115	116	118	122	125
Ireland	1 145	1 155	1 173	1 194	1 217	1 232	1 257	1 281	1 293	1 293	1 285	1 295
Italy	20 717	21 032	21 329	21 423	21 743	21 997	22 129	22 220	22 490	22 722	22 890	23 225
Luxembourg	157	157	157	157	158	159	160	160	160	161	163	167
Netherlands	4 900	4 932	4 972	5 030	5 101	5 296	5 552	5 665	5 624	5 669	5 710	5 760
Norway	1 738	1 811	1 842	1 880	1 900	1 907	1 944	1 962	1 979	2 003	2 037	2 095
Poland												
Portugal	3 902	4 050	4 093	4 106	4 198	4 274	4 238	4 245	4 482	4 457	4 441	4 446
Spain	13 023	13 078	13 010	13 008	13 030	13 046	13 079	13 228	13 398	13 486	13 586	13 819
Sweden	4 129	4 155	4 174	4 209	4 268	4 318	4 332	4 357	4 375	4 391	4 424	*4 386
Switzerland	3 129	3 044	3 047	3 077	3 109	*3 172	3 246	3 270	3 286	3 323	3 382	3 424
Turkey	15 621	16 075	16 798	17 038	17 064	17 173	17 140	17 299	17 609	17 861	18 072	18 565
United Kingdom	25 557	25 775	25 897	26 039	26 314	26 517	26 406	26 354	26 288	26 939	27 389	27 469
OECD-Total												
Major seven	251 696	*255 839	260 511	265 529	270 384	274 289	277 473	280 267	283 295	287 023	290 483	294 531
Euro zone	101 381	102 202	102 922	103 508	104 691	105 895	106 915	*107 981	108 773	*109 424	109 995	111 103
EU15	136 793	137 895	138 817	139 636	141 244	142 835	143 978	*145 079	145 979	*147 310	148 422	*149 630

1995=100

	1975	1976	1977	1978	1979	1980	1981	1982	1983	1984	1985	1986
Canada	66.8	*70.5	72.7	75.5	77.9	80.3	82.6	83.1	84.5	86.1	87.9	89.6
Mexico												
United States	70.9	72.7	74.8	77.3	79.3	80.8	82.1	83.3	84.3	85.8	87.3	89.1
Australia	68.0	68.8	70.6	71.1	71.7	74.2	75.3	76.0	77.0	78.5	80.5	83.5
Japan	79.9	80.7	81.8	83.0	83.9	84.8	85.6	86.6	88.3	88.9	89.5	90.3
Korea	58.6	62.1	64.0	66.6	68.0	69.4	70.6	72.3	72.7	72.1	75.0	77.5
New Zealand	70.4	71.7	72.8	73.3	74.5	74.8	75.5	76.9	77.7	78.6	80.3	*93.1
Austria	77.3	77.5	78.4	79.5	80.5	80.8	81.8	*85.3	85.1	*86.8	86.6	87.5
Belgium	90.2	91.0	91.5	92.1	93.2	93.5	94.0	94.7	95.1	95.0	94.6	94.5
Czech Republic												
Denmark	88.8	89.2	90.7	92.0	94.0	96.1	95.7	96.6	97.8	97.3	98.5	100.8
Finland	90.9	94.8	94.9	94.9	96.0	97.7	99.0	100.5	101.2	101.9	102.7	102.8
France	87.7	88.8	90.1	90.8	91.7	92.3	93.0	93.9	94.2	94.8	95.1	95.7
Germany	68.2	67.8	67.8	68.2	69.0	70.1	71.0	71.7	71.8	72.0	72.5	73.3
Greece	77.0	77.6	78.1	78.6	79.4	81.2	86.6	87.5	90.4	91.1	91.6	91.5
Hungary												
Iceland	64.0	66.3	66.4	68.4	69.1	71.3	74.8	77.0	77.9	79.3	81.8	84.1
Ireland	79.0	79.7	80.9	82.3	83.9	85.0	86.7	88.3	89.2	89.2	88.6	89.3
Italy	91.1	92.5	93.8	94.2	95.7	96.8	97.4	97.8	98.9	100.0	100.7	102.2
Luxembourg	72.2	72.2	72.3	72.1	72.4	72.9	73.3	73.3	73.3	73.9	74.9	76.6
Netherlands	66.6	67.0	67.5	68.3	69.3	71.9	75.4	77.0	76.4	77.0	77.6	78.3
Norway	80.7	84.1	85.5	87.3	88.2	88.5	90.3	91.1	91.9	93.0	94.6	97.3
Poland												
Portugal	82.3	85.4	86.3	86.6	88.5	90.1	89.3	89.5	94.5	94.0	93.6	93.7
Spain	83.3	83.6	83.2	83.2	83.3	83.4	83.6	84.6	85.7	86.2	86.9	88.4
Sweden	95.6	96.2	96.6	97.5	98.8	100.0	100.3	100.9	101.3	101.7	102.4	*101.6
Switzerland	79.5	77.3	77.4	78.2	79.0	*80.6	82.5	83.1	83.5	84.4	85.9	87.0
Turkey	71.3	73.4	76.7	77.8	77.9	78.4	78.2	79.0	80.4	81.5	82.5	84.7
United Kingdom	89.7	90.4	90.9	91.4	92.3	93.0	92.7	92.5	92.2	94.5	96.1	96.4
OECD-Total												
Major seven	76.5	*77.7	79.2	80.7	82.2	83.4	84.3	85.2	86.1	87.2	88.3	89.5
Euro zone	80.0	80.7	81.2	81.7	82.6	83.6	84.4	*85.2	85.9	*86.4	86.8	87.7
EU15	82.1	82.8	83.4	83.9	84.8	85.8	86.5	*87.1	87.7	*88.5	89.1	*89.9

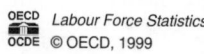

POPULATION ACTIVE CIVILE

Milliers

1987	1988	1989	1990	1991	1992	1993	1994	1995	1996	1997	1998	
13 631	13 900	14 151	14 329	14 408	14 482	14 663	14 832	14 928	15 145	15 354	15 632	Canada
	24 063	30 146	31 231	32 383	33 606	34 325	35 444	37 198	38 244			Mexique
119 865	121 669	123 869	*125 840	126 346	128 105	129 200	*131 056	132 304	133 943	136 297	137 673	États-Unis
7 694	7 892	8 273	8 483	8 517	8 607	8 631	8 776	9 001	9 119	9 208	9 343	Australie
60 840	61 660	62 700	63 840	65 050	65 780	66 150	66 450	66 660	67 110	67 870	67 690	Japon
16 873	17 305	18 023	18 539	19 049	19 426	19 803	20 326	20 796	21 188	21 604	21 390	Corée
1 623	1 597	1 581	1 606	1 628	1 636	1 653	1 698	1 728	1 841	1 859	1 864	Nouvelle-Zélande
3 430	3 433	3 450	3 526	3 607	3 679	3 734	3 876	3 873	3 839	3 849	3 854	Autriche
4 024	4 034	4 054	4 091	4 127	4 160	4 204	4 230	4 254	4 260	4 265	4 270	Belgique
			5 034	5 039	4 812	*5 067	5 134	5 137	5 117	5 196	5 513	République tchèque
2 799	2 846	2 844	2 878	2 878	2 879	2 858	2 730	2 763	2 788	2 823	2 814	Danemark
2 544	2 536	2 549	2 545	2 523	2 491	2 473	2 471	2 489	2 481	2 476	2 499	Finlande
23 895	23 984	24 169	24 302	24 469	24 608	24 668	24 829	24 844	25 107	25 259	25 432	France
28 855	29 082	29 275	29 871	*39 128	39 044	39 139	39 207	39 101	39 180	39 447	39 425	Allemagne
3 884	3 961	3 967	4 000	3 934	4 034	4 118	4 193	4 248	4 318	4 294	4 446	Grèce
					4 470	4 289	4 144	4 039	3 957	3 916	3 972	Hongrie
132	129	128	128	*141	143	144	145	149	148	148	152	Islande
1 306	1 297	1 278	1 294	1 321	1 359	1 388	1 417	1 450	1 498	1 531	*1 621	Irlande
23 416	23 687	23 700	23 966	24 063	24 069	*22 789	22 678	22 731	22 850	22 888	23 030	Italie
172	177	184	191	196	202	206	212	218	225	233	241	Luxembourg
6 395	6 543	6 623	6 784	6 934	7 054	7 009	7 124	7 361	7 472	7 629	7 761	Pays-Bas
2 135	2 148	2 120	2 104	2 089	2 096	2 097	2 119	2 154	2 212	2 258	2 291	Norvège
					17 516	17 321	17 135	17 068	17 078	17 103	17 162	Pologne
4 490	4 543	4 610	4 884	4 774	4 594	4 655	4 752	4 744	4 830	4 913	4 951	Portugal
14 332	14 633	14 822	15 021	15 074	15 150	15 308	15 501	15 636	15 936	16 120	16 256	Espagne
*4 421	4 471	4 527	4 540	4 516	4 429	4 320	4 266	4 319	4 310	4 264	4 255	Suède
3 465	3 503	3 536	3 581	3 969	3 952	3 960	3 941	3 936	3 967	3 969	3 989	Suisse
19 080	19 393	19 931	20 150	20 469	20 665	20 782	21 403	21 909	22 236	21 897	22 513	Turquie
27 661	27 939	28 119	28 195	28 249	28 440	28 317	28 315	28 499	28 632	28 758	28 832	Royaume-Uni
					489 113	*491 329	*496 566	500 664	506 231	512 625	*517 115	OCDE-Total
298 163	301 921	305 983	*310 343	*321 713	324 528	*324 926	*327 367	329 067	331 967	335 873	337 714	Sept grands
112 859	113 949	114 714	116 475	*126 216	126 410	*125 573	126 297	126 701	127 678	128 610	*129 340	Zone euro
*151 624	153 166	154 171	156 088	*165 793	166 192	*165 186	165 801	166 530	167 726	168 749	*169 687	UE15

1995=100

1987	1988	1989	1990	1991	1992	1993	1994	1995	1996	1997	1998	
91.3	93.1	94.8	96.0	96.5	97.0	98.2	99.4	100.0	101.5	102.9	104.7	Canada
			70.1	87.8	91.0	94.3	97.9	100.0	103.3	108.4	111.4	Mexique
90.6	92.0	93.6	*95.1	95.5	96.8	97.7	*99.1	100.0	101.2	103.0	104.1	États-Unis
85.5	87.7	91.9	94.2	94.6	95.6	95.9	97.5	100.0	101.3	102.3	103.8	Australie
91.3	92.5	94.1	95.8	97.6	98.7	99.2	99.7	100.0	100.7	101.8	101.5	Japon
81.1	83.2	86.7	89.1	91.6	93.4	95.2	97.7	100.0	101.9	103.9	102.9	Corée
93.9	92.4	91.5	92.9	94.2	94.7	95.7	98.3	100.0	106.5	107.6	107.9	Nouvelle-Zélande
88.6	88.6	89.1	91.0	93.1	95.0	96.4	100.1	100.0	99.1	99.4	99.5	Autriche
94.6	94.8	95.3	96.2	97.0	97.8	98.8	99.4	100.0	100.1	100.3	100.4	Belgique
			98.0	98.1	93.7	*98.6	99.9	100.0	99.6	101.1	107.3	République tchèque
101.3	103.0	102.9	104.2	104.2	104.2	103.4	98.8	100.0	100.9	102.2	101.8	Danemark
102.2	101.9	102.4	102.2	101.4	100.1	99.4	99.3	100.0	99.7	99.5	100.4	Finlande
96.2	96.5	97.3	97.8	98.5	99.1	99.3	99.9	100.0	101.1	101.7	102.4	France
73.8	74.4	74.9	76.4	*100.1	99.9	100.1	100.3	100.0	100.2	100.9	100.8	Allemagne
91.4	93.2	93.4	94.2	92.6	95.0	96.9	98.7	100.0	101.6	101.1	104.7	Grèce
					110.7	106.2	102.6	100.0	98.0	96.9	98.3	Hongrie
88.8	86.4	85.9	86.1	*94.6	96.0	96.6	97.3	100.0	99.0	99.2	102.1	Islande
90.1	89.4	88.1	89.2	91.1	93.7	95.7	97.7	100.0	103.3	105.6	*111.8	Irlande
103.0	104.2	104.3	105.4	105.9	105.9	*100.3	99.8	100.0	100.5	100.7	101.3	Italie
78.9	81.2	84.3	87.8	90.3	92.7	94.7	97.3	100.0	103.4	107.1	110.8	Luxembourg
86.9	88.9	90.0	92.2	94.2	95.8	95.2	96.8	100.0	101.5	103.6	105.4	Pays-Bas
99.1	99.7	98.4	97.7	97.0	97.3	97.4	98.4	100.0	102.7	104.8	106.4	Norvège
					102.6	101.5	100.4	100.0	100.1	100.2	100.6	Pologne
94.6	95.8	97.2	103.0	100.6	96.8	98.1	100.2	100.0	101.8	103.6	104.4	Portugal
91.7	93.6	94.8	96.1	96.4	96.9	97.9	99.1	100.0	101.9	103.1	104.0	Espagne
*102.4	103.5	104.8	105.1	104.6	102.5	100.0	98.8	100.0	99.8	98.7	98.5	Suède
88.0	89.0	89.8	91.0	100.8	100.4	100.6	100.1	100.0	100.8	100.8	101.3	Suisse
87.1	88.5	91.0	92.0	93.4	94.3	94.9	97.7	100.0	101.5	99.9	102.8	Turquie
97.1	98.0	98.7	98.9	99.1	99.8	99.4	99.4	100.0	100.5	100.9	101.2	Royaume-Uni
					97.7	*98.1	*99.2	100.0	101.1	102.4	*103.3	OCDE-Total
90.6	91.8	93.0	*94.3	*97.8	98.6	*98.7	*99.5	100.0	100.9	102.1	102.6	Sept grands
89.1	89.9	90.5	91.9	*99.6	99.8	*99.1	99.7	100.0	100.8	101.5	*102.1	Zone euro
*91.0	92.0	92.6	93.7	*99.6	99.8	*99.2	99.6	100.0	100.7	101.3	*101.9	UE15

Statistiques de la Population Active
OECD
© OCDE, 1999 OCDE

CIVILIAN LABOUR FORCE

Thousands

	1975	1976	1977	1978	1979	1980	1981	1982	1983	1984	1985	1986
Females												
Canada	3 680	*3 942	4 128	4 374	4 572	4 790	5 010	5 096	5 240	5 400	5 572	5 721
Mexico												
United States	37 475	38 983	40 613	42 631	44 235	45 487	46 696	47 755	48 503	49 709	51 050	52 413
Australia	2 160	2 198	2 298	2 331	2 337	2 483	2 516	2 545	2 595	2 671	2 788	2 964
Japan	19 870	20 100	20 700	21 250	21 600	21 850	22 090	22 520	23 240	23 470	23 670	23 950
Korea	4 371					5 412	5 479	5 767	5 814	5 658	5 975	6 296
New Zealand	384	397	411	417	435	438	446	459	470	481	504	*672
Austria	1 155	1 154	1 169	1 197	1 212	1 212	1 233	*1 280	1 276	*1 334	1 324	1 342
Belgium	1 344	1 386	1 415	1 446	1 485	1 510	1 540	1 570	1 596	1 613	1 628	1 648
Czech Republic												
Denmark	1 022	1 014	1 048	1 078	1 144		1 188	1 211	1 240	1 238	1 250	1 284
Finland	1 056	1 091	1 102	1 101	1 119	1 141	1 163	1 191	1 203	1 212	1 228	1 224
France	8 361	8 608	8 854	9 013	9 210	9 364	9 536	9 751	9 886	10 073	10 183	10 325
Germany	10 301	10 326	10 374	10 488	10 648	10 866	11 063	11 159	11 169	11 183	11 321	11 483
Greece			1 011	1 016	1 017	1 037	1 175	1 169	1 310	1 339	1 379	1 383
Hungary												
Iceland												
Ireland	315	317	321	330	343	358	370	382	389	385	385	393
Italy	6 388	6 666	7 013	7 058	7 316	7 515	7 608	7 678	7 881	8 064	8 189	8 473
Luxembourg	46	47	48	48	49	49	52	52	53	54	55	57
Netherlands	1 339	1 373	1 417	1 471	1 523	1 642	1 756	1 849	1 934	1 973	2 006	2 041
Norway	660	713	732	758	781	793	818	830	850	867	893	938
Poland												
Portugal	1 524	1 569	1 616	1 631	1 718	1 732	1 763	1 762	1 864	1 856	1 867	1 853
Spain	3 650	3 849	3 795	3 810	3 848	3 837	3 833	3 949	4 082	4 114	4 174	4 328
Sweden	1 756	1 787	1 824	1 863	1 909	1 951	1 991	2 015	2 038	2 060	2 082	*2 087
Switzerland	1 085	1 061	1 073	1 092	1 113	*1 148	1 190	1 204	1 211	1 232	1 252	1 268
Turkey												
United Kingdom	9 709	9 826	9 986	10 121	10 389	10 504	10 375	10 406	10 490	10 934	11 214	11 391
OECD-Total												
Major seven	95 784	*98 451	101 668	104 935	107 970	110 376	112 378	114 365	116 409	118 833	121 199	123 756
Euro zone	35 479	36 386	37 124	37 593	38 471	39 226	39 917	*40 623	41 333	*41 861	42 360	43 167
EU15			50 993	51 671	52 930	53 884	54 646	*55 424	56 411	*57 432	58 285	*59 312
Males												
Canada	6 294	*6 588	6 732	6 891	7 058	7 192	7 322	7 302	7 370	7 453	7 551	7 656
Mexico												
United States	56 299	57 174	58 396	59 620	60 726	61 453	61 974	62 450	63 047	63 835	64 411	65 422
Australia	3 959	3 993	4 057	4 073	4 119	4 192	4 258	4 296	4 333	4 399	4 460	4 552
Japan	33 360	33 680	33 810	34 060	34 370	34 650	34 980	35 220	35 640	35 800	35 960	36 260
Korea	10 107					9 019	9 204	9 266	9 305	9 338	9 617	9 819
New Zealand	833	843	847	850	852	855	860	869	872	877	883	*936
Austria	1 840	1 847	1 869	1 882	1 904	1 916	1 937	*2 022	2 018	*2 029	2 031	2 046
Belgium	2 493	2 487	2 478	2 472	2 479	2 469	2 460	2 457	2 450	2 429	2 395	2 371
Czech Republic												
Denmark	1 431	1 451	1 459	1 465	1 452		1 456	1 459	1 460	1 450	1 472	1 500
Finland	1 206	1 269	1 259	1 261	1 270	1 291	1 301	1 311	1 315	1 324	1 328	1 335
France	13 423	13 454	13 539	13 536	13 570	13 571	13 560	13 574	13 514	13 488	13 438	13 443
Germany	16 359	16 176	16 131	16 194	16 348	16 550	16 707	16 867	16 878	16 958	17 045	17 176
Greece			2 307	2 321	2 358	2 414	2 505	2 548	2 532	2 529	2 513	2 505
Hungary												
Iceland												
Ireland	830	838	852	864	874	874	887	899	904	908	900	902
Italy	14 329	14 366	14 316	14 365	14 427	14 482	14 521	14 542	14 609	14 657	14 701	14 752
Luxembourg	112	110	110	108	109	109	107	108	107	107	108	110
Netherlands	3 561	3 559	3 555	3 559	3 578	3 654	3 774	3 816	3 690	3 697	3 704	3 719
Norway	1 078	1 098	1 111	1 122	1 119	1 114	1 126	1 132	1 129	1 136	1 144	1 157
Poland												
Portugal	2 378	2 481	2 477	2 475	2 480	2 542	2 475	2 483	2 618	2 601	2 574	2 593
Spain	9 667	9 229	9 215	9 198	9 182	9 209	9 246	9 279	9 316	9 372	9 412	9 491
Sweden	2 373	2 368	2 350	2 346	2 359	2 367	2 342	2 342	2 337	2 330	2 341	*2 298
Switzerland	2 044	1 983	1 974	1 985	1 996	*2 024	2 057	2 067	2 074	2 092	2 130	2 155
Turkey												
United Kingdom	15 848	15 949	15 911	15 918	15 925	16 013	16 031	15 948	15 798	16 005	16 175	16 078
OECD-Total												
Major seven	155 912	*157 387	158 835	160 584	162 424	163 911	165 095	165 903	166 856	168 196	169 281	170 787
Euro zone	66 198	65 816	65 801	65 914	66 221	66 667	66 975	*67 358	67 419	*67 570	67 636	67 938
EU15			87 828	87 964	88 315	88 915	89 309	*89 655	89 546	*89 884	90 137	*90 319

POPULATION ACTIVE CIVILE

Milliers

Femmes

1987	1988	1989	1990	1991	1992	1993	1994	1995	1996	1997	1998	
5 893	6 075	6 217	6 359	6 438	6 485	6 585	6 658	6 730	6 844	6 926	7 102	Canada
			5 644	9 270	9 678	10 121	10 602	11 062	11 620	12 672	12 942	Mexique
53 658	54 742	56 030	*56 829	57 178	58 141	58 795	*60 239	60 944	61 857	63 036	63 714	États-Unis
3 070	3 204	3 409	3 538	3 569	3 618	3 637	3 725	3 857	3 922	3 972	4 044	Australie
24 290	24 730	25 330	25 930	26 510	26 790	26 810	26 940	27 000	27 190	27 600	27 660	Japon
6 735	6 891	7 286	7 509	7 684	7 799	7 913	8 159	8 363	8 568	8 843	8 507	Corée
685	680	675	697	710	714	721	747	763	775	778	778	Nouvelle-Zélande
1 376	1 392	1 405	1 445	1 481	1 532	1 567	1 661	1 668	1 653	1 668	1 674	Autriche
1 673	1 698	1 709	1 736	1 760	1 790	1 827	1 841	1 863	1 877	1 908	1 910	Belgique
			2 372	2 297	2 187	*2 268	2 303	2 304	2 273	2 311	2 458	République tchèque
1 296	1 311	1 310	1 336	1 346	1 352	1 343	1 268	1 272	1 289	1 311	1 315	Danemark
1 216	1 215	1 219	1 213	1 203	1 185	1 177	1 177	1 186	1 187	1 181	1 190	Finlande
10 482	10 571	10 686	10 764	10 905	11 062	11 147	11 260	11 286	11 394	11 464	11 563	France
11 608	11 792	11 968	12 404	*16 739	16 722	16 766	16 800	16 842	16 938	17 121	17 344	Allemagne
1 394	1 460	1 467	1 483	1 406	1 493	1 534	1 571	1 620	1 681	1 682	1 685	Grèce
					2 043	1 953	1 873	1 784	1 762	1 732	1 775	Hongrie
				64	66	67	68	70	69	69	71	Islande
407	400	397	412	429	490	513	531	550	582	601	*642	Irlande
8 669	8 790	8 875	9 028	9 075	9 160	8 371	8 373	8 490	8 615	8 685	8 855	Italie
59	61	64	66	68	71	73	77	80	83	86	89	Luxembourg
2 435	2 539	2 575	2 692	2 780	2 848	2 887	2 950	3 065	3 133	3 237	3 301	Pays-Bas
962	974	957	960	962	963	968	977	998	1 027	1 053	1 070	Norvège
					8 024	7 971	7 919	7 854	7 849	7 817	7 849	Pologne
1 905	1 952	1 984	2 115	2 119	2 067	2 105	2 131	2 139	2 200	2 248	2 266	Portugal
4 777	5 057	5 165	5 335	5 408	5 551	5 691	5 864	6 021	6 183	6 312	6 421	Espagne
*2 121	2 147	2 170	2 175	2 163	2 123	2 076	2 049	2 068	2 060	2 034	2 023	Suède
1 292	1 315	1 336	1 364	1 586	1 592	1 607	1 610	1 610	1 649	1 655	1 680	Suisse
	5 855	6 267	6 161	6 264	6 155	6 198	6 297	6 557	6 557	6 064	6 342	Turquie
11 611	11 867	12 092	12 222	12 219	12 383	12 420	12 431	12 560	12 663	12 758	12 819	Royaume-Uni
					204 083	*205 111	*208 101	210 605	213 500	216 824	219 089	OCDE-Total
126 211	128 567	131 198	*133 536	*139 064	140 743	140 894	*142 701	143 852	145 501	147 590	149 056	Sept grands
44 607	45 467	46 047	47 210	*51 967	52 477	52 124	52 665	53 189	53 845	54 511	55 255	Zone euro
*61 029	62 252	63 086	64 426	*69 101	69 828	69 497	69 984	70 709	71 538	72 296	73 097	UE15

Hommes

1987	1988	1989	1990	1991	1992	1993	1994	1995	1996	1997	1998	
7 737	7 826	7 934	7 970	7 970	7 997	8 078	8 174	8 198	8 301	8 428	8 530	Canada
			18 419	20 876	21 553	22 262	23 004	23 263	23 824	24 526	25 302	Mexique
66 207	66 927	67 840	*69 011	69 168	69 964	70 404	*70 817	71 360	72 087	73 261	73 959	États-Unis
4 624	4 688	4 864	4 945	4 948	4 989	4 994	5 051	5 144	5 197	5 236	5 299	Australie
36 550	36 930	37 370	37 910	38 540	38 990	39 350	39 510	39 660	39 920	40 270	40 030	Japon
10 138	10 414	10 737	11 030	11 364	11 627	11 890	12 167	12 433	12 620	12 761	12 883	Corée
938	917	906	909	918	922	932	951	965	954	958	948	Nouvelle-Zélande
2 054	2 041	2 045	2 081	2 126	2 147	2 167	2 215	2 205	2 186	2 181	2 179	Autriche
2 351	2 336	2 345	2 355	2 366	2 370	2 376	2 389	2 391	2 383	2 394	2 398	Belgique
			2 662	2 742	2 625	*2 799	2 831	2 833	2 842	2 885	3 055	République tchèque
1 503	1 535	1 534	1 543	1 531	1 527	1 515	1 462	1 490	1 499	1 512	1 499	Danemark
1 328	1 322	1 330	1 333	1 320	1 306	1 296	1 294	1 302	1 294	1 295	1 309	Finlande
13 414	13 413	13 483	13 538	13 564	13 546	13 521	13 570	13 558	13 713	13 797	13 869	France
17 252	17 284	17 307	17 467	*22 389	22 322	22 373	22 407	22 259	22 242	22 326	22 081	Allemagne
2 490	2 501	2 500	2 517	2 528	2 541	2 584	2 623	2 628	2 637	2 612	2 761	Grèce
					2 427	2 336	2 271	2 255	2 194	2 184	2 197	Hongrie
				76	77	77	77	79	79	79	81	Islande
898	897	881	882	893	869	875	887	900	916	929	*979	Irlande
14 747	14 897	14 825	14 938	14 988	14 909	14 418	14 305	14 241	14 235	14 203	14 175	Italie
113	116	120	125	129	131	133	136	139	143	147	152	Luxembourg
3 960	4 004	4 048	4 092	4 153	4 206	4 122	4 173	4 297	4 340	4 392	4 460	Pays-Bas
1 173	1 175	1 163	1 144	1 127	1 132	1 129	1 141	1 156	1 185	1 205	1 221	Norvège
					9 491	9 350	9 216	9 214	9 229	9 286	9 313	Pologne
2 585	2 591	2 626	2 769	2 655	2 527	2 550	2 621	2 605	2 630	2 665	2 685	Portugal
9 555	9 576	9 657	9 686	9 666	9 599	9 617	9 637	9 615	9 753	9 808	9 835	Espagne
*2 300	2 324	2 357	2 365	2 353	2 306	2 244	2 219	2 251	2 250	2 230	2 233	Suède
2 172	2 187	2 200	2 218	2 383	2 360	2 353	2 330	2 326	2 318	2 314	2 309	Suisse
	13 536	13 664	13 990	14 205	14 510	14 584	15 106	15 352	15 679	15 833	16 171	Turquie
16 049	16 071	16 027	15 973	16 029	16 056	15 897	15 885	15 940	15 969	16 000	16 013	Royaume-Uni
					285 026	*286 226	*288 469	290 059	292 620	295 717	297 925	OCDE-Total
171 956	173 348	174 786	*176 807	*182 648	183 784	184 041	*184 668	185 216	186 468	188 285	188 656	Sept grands
68 257	68 477	68 667	69 266	*74 248	73 932	73 448	73 634	73 512	73 834	74 137	74 122	Zone euro
*90 599	90 908	91 085	91 664	*96 689	96 362	95 688	95 823	95 821	96 190	96 491	96 627	UE15

Statistiques de la Population Active OECD
© OCDE, 1999 OCDE

CIVILIAN EMPLOYMENT

Thousands

	1975	1976	1977	1978	1979	1980	1981	1982	1983	1984	1985	1986
Canada	9 284	*9 776	9 978	10 320	10 761	11 082	11 398	11 035	11 106	11 402	11 742	12 095
Mexico						21 403						
United States	85 846	88 752	92 017	96 048	98 824	99 303	100 397	99 526	100 834	105 005	107 150	109 597
Australia	5 841	5 898	5 995	6 005	6 079	6 281	6 394	6 379	6 241	6 466	6 676	6 919
Japan	52 230	52 710	53 420	54 080	54 790	55 360	55 810	56 380	57 330	57 660	58 070	58 530
Korea	11 692	12 412	12 812	13 412	13 602	13 683	14 023	14 378	14 505	14 429	14 970	15 505
New Zealand	1 214	1 235	1 254	1 246	1 262	1 264	1 258	1 282	1 266	1 281	1 329	*1 544
Austria	2 942	2 947	2 989	3 015	3 051	3 070	3 090	*3 186	3 159	*3 235	3 234	3 282
Belgium	3 663	3 641	3 627	3 628	3 660	3 657	3 585	3 537	3 502	3 497	3 517	3 541
Czech Republic	5 020	5 031	5 042	5 070	5 097	5 110	5 118	5 129	5 144	5 180	5 208	5 225
Denmark	2 332	2 307	2 321	2 330	2 439	2 470	2 369	2 374	2 389	2 457	2 522	2 630
Finland	2 211	2 268	2 221	2 190	2 246	2 318	2 343	2 367	2 380	2 403	2 427	2 421
France	20 871	21 040	21 231	21 327	21 392	21 443	21 335	21 396	21 381	21 203	21 146	21 246
Germany	25 585	25 442	25 475	25 689	26 120	26 528	26 498	26 193	25 809	25 869	26 062	26 431
Greece	3 198	3 235	3 262	3 276	3 311	3 356	3 531	3 502	3 540	3 553	3 588	3 601
Hungary												
Iceland	95	98	99	102	103	106	111	114	115	117	121	125
Ireland	1 061	1 050	1 068	1 095	1 129	1 141	1 131	1 133	1 110	1 090	1 059	1 068
Italy	19 491	19 612	19 791	19 863	20 057	20 313	20 361	20 297	20 350	20 418	20 508	20 614
Luxembourg	157	157	157	156	156	158	158	158	157	158	160	164
Netherlands	4 640	4 654	4 701	4 757	4 821	4 970	5 072	5 010	4 950	4 980	5 076	5 155
Norway	1 698	1 779	1 815	1 846	1 862	1 875	1 904	1 910	1 910	1 939	1 984	2 053
Poland												
Portugal	3 724	3 789	3 784	3 772	3 854	3 940	3 918	3 928	4 128	4 075	4 057	4 064
Spain	12 442	12 477	12 330	12 095	11 902	11 551	11 216	11 098	11 047	10 748	10 637	10 875
Sweden	4 062	4 088	4 099	4 115	4 180	4 232	4 224	4 220	4 224	4 255	4 299	*4 269
Switzerland	3 117	3 024	3 036	3 067	3 100	*3 166	3 240	3 256	3 257	3 288	3 352	3 430
Turkey	14 458	14 666	15 145	15 352	15 582	15 780	15 917	16 085	16 249	16 501	16 782	17 094
United Kingdom	24 719	24 509	24 538	24 696	25 080	25 004	24 011	23 584	23 304	23 909	24 210	24 240
OECD-Total												
Major seven	238 026	*241 841	246 450	252 023	257 024	259 033	259 810	258 411	260 114	265 466	268 888	272 753
Euro zone	96 787	97 077	97 374	97 587	98 388	99 089	98 707	*98 303	97 973	*97 676	97 883	98 861
EU15	131 098	131 216	131 594	132 004	133 398	134 151	132 842	*131 983	131 430	*131 850	132 502	*133 601

					1995=100							
Canada	68.7	*72.4	73.9	76.4	79.7	82.1	84.4	81.7	82.2	84.4	86.9	89.6
Mexico						66.1						
United States	68.7	71.1	73.7	76.9	79.1	79.5	80.4	79.7	80.7	84.1	85.8	87.7
Australia	70.9	71.6	72.8	72.9	73.8	76.3	77.6	77.5	75.8	78.5	81.1	84.0
Japan	80.9	81.6	82.7	83.8	84.9	85.7	86.4	87.3	88.8	89.3	89.9	90.6
Korea	57.4	60.9	62.9	65.8	66.8	67.1	68.8	70.6	71.2	70.8	73.5	76.1
New Zealand	74.8	76.1	77.3	76.8	77.8	77.9	77.6	79.0	78.1	79.0	81.9	*95.2
Austria	78.9	79.0	80.2	80.9	81.8	82.3	82.9	*85.4	84.7	*86.8	86.7	88.0
Belgium	99.0	98.4	98.1	98.1	98.9	98.9	96.9	95.6	94.7	94.5	95.1	95.7
Czech Republic	101.9	102.1	102.3	102.9	103.5	103.7	103.9	104.1	104.4	105.1	105.7	106.0
Denmark	90.9	89.9	90.5	90.8	95.1	96.3	92.3	92.5	93.1	95.8	98.3	102.5
Finland	107.4	110.2	107.9	106.4	109.1	112.6	113.8	115.0	115.6	116.7	117.9	117.6
France	95.3	96.0	96.9	97.3	97.6	97.9	97.4	97.7	97.6	96.8	96.5	97.0
Germany	71.3	70.9	71.0	71.6	72.8	73.9	73.8	73.0	71.9	72.1	72.6	73.6
Greece	83.6	84.6	85.3	85.7	86.6	87.8	92.3	91.6	92.6	92.9	93.8	94.2
Hungary												
Iceland	66.8	69.2	69.4	71.5	72.2	74.6	78.2	80.2	80.9	82.1	85.1	87.7
Ireland	83.3	82.5	83.9	86.0	88.7	89.6	88.8	89.0	87.2	85.6	83.2	83.9
Italy	97.8	98.4	99.3	99.6	100.6	101.9	102.1	101.8	102.1	102.4	102.9	103.4
Luxembourg	73.3	73.2	73.2	72.8	73.2	73.7	73.9	73.7	73.5	73.9	74.9	76.9
Netherlands	67.9	68.1	68.7	69.6	70.5	72.7	74.2	73.3	72.4	72.8	74.2	75.4
Norway	83.0	86.9	88.7	90.2	91.0	91.6	93.0	93.3	93.3	94.7	96.9	100.3
Poland												
Portugal	84.6	86.0	85.9	85.6	87.5	89.5	89.0	89.2	93.7	92.5	92.1	92.3
Spain	103.3	103.6	102.3	100.4	98.8	95.9	93.1	92.1	91.7	89.2	88.3	90.3
Sweden	101.9	102.6	102.8	103.2	104.9	106.2	106.0	105.9	106.0	106.7	107.9	*107.1
Switzerland	82.0	79.6	79.9	80.7	81.6	*83.3	85.3	85.7	85.7	86.5	88.2	90.3
Turkey	70.9	71.9	74.3	75.3	76.4	77.4	78.0	78.9	79.7	80.9	82.3	83.8
United Kingdom	94.9	94.1	94.2	94.8	96.3	96.0	92.2	90.6	89.5	91.8	93.0	93.1
OECD-Total												
Major seven	77.6	*78.8	80.3	82.2	83.8	84.4	84.7	84.2	84.8	86.5	87.7	88.9
Euro zone	86.4	86.7	86.9	87.1	87.8	88.5	88.1	*87.8	87.5	*87.2	87.4	88.3
EU15	88.3	88.4	88.7	88.9	89.9	90.4	89.5	*88.9	88.5	*88.8	89.3	*90.0

POPULATION ACTIVE CIVILE OCCUPÉE

Milliers

1987	1988	1989	1990	1991	1992	1993	1994	1995	1996	1997	1998	
12 422	12 819	13 086	13 165	12 916	12 842	13 015	13 292	13 506	13 676	13 941	14 326	Canada
			..	29 227	30 259	31 342	32 439	32 385	33 902	35 943	37 137	Mexique
112 440	114 968	117 342	*118 793	117 718	118 492	120 259	*123 060	124 900	126 708	129 558	131 463	États-Unis
7 092	7 353	7 780	7 870	7 685	7 670	7 675	7 921	8 235	8 340	8 422	8 596	Australie
59 110	60 110	61 280	62 490	63 690	64 360	64 500	64 530	64 570	64 860	65 570	64 900	Japon
16 354	16 870	17 560	18 085	18 613	18 961	19 253	19 837	20 377	20 764	21 048	19 926	Corée
1 557	1 508	1 468	1 481	1 461	1 467	1 496	1 560	1 622	1 738	1 737	1 735	Nouvelle-Zélande
3 300	3 311	3 342	3 412	3 482	3 546	3 575	3 737	3 729	3 679	3 684	3 689	Autriche
3 558	3 610	3 670	3 726	3 735	3 724	3 676	3 699	3 715	3 719	3 720		Belgique
5 243	5 251	5 245	4 995	4 817	4 677	*4 861	4 932	4 927	4 916	4 951	5 156	République tchèque
2 646	2 660	2 610	2 638	2 612	2 613	2 552	2 508	2 566	2 593	2 648	2 658	Danemark
2 413	2 420	2 460	2 457	2 330	2 163	2 030	2 015	2 059	2 119	2 162	2 213	Finlande
21 328	21 528	21 907	22 082	22 120	22 017	21 739	21 723	21 908	21 961	22 052	22 382	France
26 626	26 835	27 237	27 988	*36 921	36 423	36 026	35 892	35 903	35 681	35 540	35 715	Allemagne
3 598	3 657	3 671	3 719	3 632	3 685	3 720	3 790	3 824	3 872	3 854	3 967	Grèce
					4 026	3 770	3 693	3 623	3 557	3 567	3 659	Hongrie
132	128	126	126	*137	137	137	138	142	142	142	148	Islande
1 074	1 078	1 076	1 115	1 113	1 150	1 168	1 207	1 273	1 319	1 372	1 495	Irlande
20 584	20 818	20 833	21 215	21 410	21 270	*20 317	20 000	19 934	20 032	20 038	20 157	Italie
169	174	181	189	194	199	203	208	214	220	227	236	Luxembourg
5 773	5 934	6 065	6 268	6 444	6 576	6 571	6 631	6 838	6 983	7 206	7 425	Pays-Bas
2 090	2 079	2 014	1 992	1 973	1 970	1 970	2 003	2 047	2 104	2 165	2 216	Norvège
					15 181	14 894	14 661	14 792	14 968	15 186	15 354	Pologne
4 171	4 280	4 377	4 658	4 568	4 400	4 393	4 425	4 404	4 477	4 579	4 703	Portugal
11 383	11 780	12 260	12 578	12 608	12 359	11 826	11 760	12 049	12 394	12 761	13 193	Espagne
*4 337	4 399	4 466	4 465	4 383	4 195	3 964	3 928	3 986	3 963	3 922	3 979	Suède
3 515	3 607	3 704	3 821	3 891	3 831	3 802	3 789	3 800	3 813	3 802	3 848	Suisse
17 488	17 755	18 222	18 538	18 860	19 002	19 181	19 663	20 396	20 895	20 505	21 084	Turquie
24 755	25 598	26 376	26 639	26 008	25 671	25 381	25 579	26 039	26 340	26 785	27 009	Royaume-Uni
					452 866	*453 312	*458 597	463 747	469 730	477 085	482 090	OCDE-Total
277 265	282 676	288 061	*292 372	*300 783	301 075	*301 237	*304 076	306 760	309 258	313 484	315 952	Sept grands
100 379	101 768	103 408	105 688	*114 925	113 827	*111 540	111 274	112 010	112 580	113 340	114 928	Zone euro
*135 715	138 082	140 531	143 149	*151 560	149 991	*147 157	147 079	148 425	149 348	150 549	152 541	UE15
					1995=100							
92.0	94.9	96.9	97.5	95.6	95.1	96.4	98.4	100.0	101.3	103.2	106.1	Canada
				90.2	93.4	96.8	100.2	100.0	104.7	111.0	114.7	Mexique
90.0	92.0	93.9	*95.1	94.2	94.9	96.3	*98.5	100.0	101.4	103.7	105.3	États-Unis
86.1	89.3	94.5	95.6	93.3	93.1	93.2	96.2	100.0	101.3	102.3	104.4	Australie
91.5	93.1	94.9	96.8	98.6	99.7	99.9	99.9	100.0	100.4	101.5	100.5	Japon
80.3	82.8	86.2	88.8	91.3	93.1	94.5	97.3	100.0	101.9	103.3	97.8	Corée
96.0	93.0	90.5	91.3	90.1	90.4	92.2	96.2	100.0	107.2	107.1	107.0	Nouvelle-Zélande
88.5	88.8	89.6	91.5	93.4	95.1	95.9	100.2	100.0	98.7	98.8	98.9	Autriche
96.2	97.6	99.2	100.7	101.0	100.7	99.8	99.4	100.0	100.4	100.5	100.6	Belgique
106.4	106.6	106.5	101.4	97.8	94.9	*98.7	100.1	100.0	99.8	100.5	104.6	République tchèque
103.1	103.7	101.7	102.8	101.8	101.8	99.5	97.7	100.0	101.1	103.2	103.6	Danemark
117.2	117.5	119.5	119.3	113.2	105.1	98.6	97.9	100.0	102.9	105.0	107.5	Finlande
97.4	98.3	100.0	100.8	101.0	100.5	99.2	99.2	100.0	100.2	100.7	102.2	France
74.2	74.7	75.9	78.0	*102.8	101.4	100.3	100.0	100.0	99.4	99.0	99.5	Allemagne
94.1	95.6	96.0	97.3	95.0	96.4	97.3	99.1	100.0	101.3	100.8	103.7	Grèce
					111.1	104.1	101.9	100.0	98.2	98.5	101.0	Hongrie
92.7	90.1	88.7	88.7	*96.5	96.5	96.5	97.2	100.0	100.0	100.0	104.2	Islande
84.4	84.7	84.5	87.6	87.4	90.3	91.8	94.8	100.0	103.6	107.8	117.4	Irlande
103.3	104.4	104.5	106.4	107.4	106.7	*101.9	100.3	100.0	100.5	100.5	101.1	Italie
79.0	81.5	84.8	88.4	90.8	93.1	94.7	97.4	100.0	102.7	105.9	110.4	Luxembourg
84.4	86.8	88.7	91.7	94.2	96.2	96.1	97.0	100.0	102.1	105.4	108.6	Pays-Bas
102.1	101.6	98.4	97.3	96.4	96.2	96.2	97.9	100.0	102.8	105.8	108.3	Norvège
					102.6	100.7	99.1	100.0	101.2	102.7	103.8	Pologne
94.7	97.2	99.4	105.8	103.7	99.9	99.8	100.5	100.0	101.7	104.0	106.8	Portugal
94.5	97.8	101.8	104.4	104.6	102.6	98.1	97.6	100.0	102.9	105.9	109.5	Espagne
*108.8	110.4	112.0	112.0	110.0	105.2	99.4	98.5	100.0	99.4	98.4	99.8	Suède
92.5	94.9	97.5	100.6	102.4	100.8	100.1	99.7	100.0	100.3	100.1	101.3	Suisse
85.7	87.1	89.3	90.9	92.5	93.2	94.0	96.4	100.0	102.4	100.5	103.4	Turquie
95.1	98.3	101.3	102.3	99.9	98.6	97.5	98.2	100.0	101.2	102.9	103.7	Royaume-Uni
					97.7	*97.7	*98.9	100.0	101.3	102.9	104.0	OCDE-Total
90.4	92.1	93.9	*95.3	*98.1	98.1	*98.2	*99.1	100.0	100.8	102.2	103.0	Sept grands
89.6	90.9	92.3	94.4	*102.6	101.6	*99.6	99.3	100.0	100.5	101.2	102.6	Zone euro
*91.4	93.0	94.7	96.4	*102.1	101.1	*99.1	99.1	100.0	100.6	101.4	102.8	UE15

Statistiques de la Population Active
OECD
© OCDE, 1999 OCDE

CIVILIAN EMPLOYMENT: FEMALES

Thousands

	1975	1976	1977	1978	1979	1980	1981	1982	1983	1984	1985	1986
Canada	3 381	*3 610	3 740	3 952	4 174	4 389	4 595	4 544	4 635	4 787	4 978	5 162
Mexico						5 971						
United States	33 989	35 615	37 289	39 569	41 217	42 117	43 000	43 256	44 047	45 915	47 259	48 706
Australia	2 021	2 062	2 129	2 154	2 158	2 298	2 336	2 355	2 337	2 448	2 565	2 716
Japan	19 530	19 760	20 330	20 830	21 170	21 420	21 620	22 000	22 630	22 820	23 040	23 270
Korea												
New Zealand	383	395	409	408	425	426	428	439	440	451	480	*641
Austria	1 128	1 126	1 143	1 163	1 175	1 178	1 189	*1 219	1 211	*1 286	1 277	1 302
Belgium	1 253	1 253	1 255	1 270	1 293	1 305	1 302	1 301	1 304	1 317	1 340	1 368
Czech Republic	2 355	2 353	2 353	2 362	2 371	2 381	2 392	2 400	2 411	2 438	2 456	2 468
Denmark	970	943	951	967	1 049		1 061	1 075	1 088	1 118	1 139	1 192
Finland	1 034	1 059	1 050	1 035	1 058	1 088	1 109	1 129	1 141	1 151	1 172	1 168
France	7 852	8 010	8 182	8 324	8 418	8 476	8 528	8 676	8 780	8 820	8 888	8 995
Germany	9 849	9 832	9 862	9 984	10 189	10 404	10 443	10 347	10 184	10 194	10 306	10 455
Greece			983	986	984	994	1 108	1 075	1 156	1 177	1 217	1 223
Hungary												
Iceland												
Ireland	297	296	299	310	321	333	337	345	346	338	332	339
Italy	5 718	5 867	6 145	6 183	6 354	6 539	6 586	6 609	6 679	6 747	6 831	6 977
Luxembourg	46	47	47	48	48	49	51	51	52	53	54	56
Netherlands	1 276	1 300	1 336	1 379	1 421	1 525	1 618	1 640	1 663	1 696	1 742	1 780
Norway	641	697	716	740	762	775	796	805	818	839	865	914
Poland												
Portugal	1 445	1 457	1 454	1 434	1 496	1 502	1 547	1 548	1 636	1 630	1 648	1 641
Spain	3 496	3 664	3 586	3 509	3 478	3 350	3 226	3 218	3 253	3 175	3 139	3 244
Sweden	1 720	1 751	1 785	1 818	1 865	1 906	1 938	1 947	1 966	1 993	2 022	*2 031
Switzerland	1 082	1 055	1 069	1 088	1 109	*1 145	1 187	1 198	1 200	1 216	1 238	1 256
Turkey												
United Kingdom	9 569	9 546	9 647	9 764	10 043	10 063	9 755	9 679	9 651	10 024	10 232	10 379
OECD-Total												
Major seven	89 888	*92 240	95 195	98 606	101 565	103 408	104 527	105 111	106 606	109 307	111 534	113 944
Euro zone	33 394	33 911	34 359	34 639	35 251	35 749	35 936	*36 083	36 249	*36 407	36 729	37 325
EU15			47 725	48 174	49 192	49 767	49 798	*49 859	50 110	*50 719	51 339	*52 150

As percentage of civilian employment

	1975	1976	1977	1978	1979	1980	1981	1982	1983	1984	1985	1986
Canada	36.4	*36.9	37.5	38.3	38.8	39.6	40.3	41.2	41.7	42.0	42.4	42.7
Mexico						27.9						
United States	39.6	40.1	40.5	41.2	41.7	42.4	42.8	43.5	43.7	43.7	44.1	44.4
Australia	34.6	35.0	35.5	35.9	35.5	36.6	36.5	36.9	37.4	37.9	38.4	39.3
Japan	37.4	37.5	38.1	38.5	38.6	38.7	38.7	39.0	39.5	39.6	39.7	39.8
Korea												
New Zealand	31.5	32.0	32.6	32.7	33.7	33.7	34.0	34.2	34.8	35.2	36.1	*41.5
Austria	38.3	38.2	38.2	38.6	38.5	38.4	38.5	*38.3	38.3	*39.8	39.5	39.7
Belgium	34.2	34.4	34.6	35.0	35.3	35.7	36.3	36.8	37.2	37.7	38.1	38.6
Czech Republic	46.9	46.8	46.7	46.6	46.5	46.6	46.7	46.8	46.9	47.1	47.2	47.2
Denmark	41.6	40.9	41.0	41.5	43.0		44.8	45.3	45.5	45.5	45.2	45.3
Finland	46.8	46.7	47.3	47.3	47.1	46.9	47.3	47.7	47.9	47.9	48.3	48.2
France	37.6	38.1	38.5	39.0	39.4	39.5	40.0	40.5	41.1	41.6	42.0	42.3
Germany	38.5	38.6	38.7	38.9	39.0	39.2	39.4	39.5	39.5	39.4	39.5	39.6
Greece			30.1	30.1	29.7	29.6	31.4	30.7	32.7	33.1	33.9	34.0
Hungary												
Iceland												
Ireland	28.0	28.2	28.0	28.3	28.4	29.2	29.8	30.5	31.2	31.0	31.4	31.7
Italy	29.3	29.9	31.0	31.1	31.7	32.2	32.3	32.6	32.8	33.0	33.3	33.8
Luxembourg	29.0	29.9	30.2	30.8	30.9	30.9	32.5	32.3	33.0	33.5	33.8	34.0
Netherlands	27.5	27.9	28.4	29.0	29.5	30.7	31.9	32.7	33.6	34.1	34.3	34.5
Norway	37.8	39.2	39.4	40.1	40.9	41.3	41.8	42.1	42.8	43.3	43.6	44.5
Poland												
Portugal	38.8	38.5	38.4	38.0	38.8	38.1	39.5	39.4	39.6	40.0	40.6	40.4
Spain	28.1	29.4	29.1	29.0	29.2	29.0	28.8	29.0	29.4	29.5	29.5	29.8
Sweden	42.3	42.8	43.5	44.2	44.6	45.0	45.9	46.1	46.5	46.8	47.0	*47.6
Switzerland	34.7	34.9	35.2	35.5	35.8	*36.2	36.6	36.8	36.8	37.0	36.9	36.6
Turkey												
United Kingdom	38.7	38.9	39.3	39.5	40.0	40.2	40.6	41.0	41.4	41.9	42.3	42.8
OECD-Total												
Major seven	37.8	*38.1	38.6	39.1	39.5	39.9	40.2	40.7	41.0	41.2	41.5	41.8
Euro zone	34.5	34.9	35.3	35.5	35.8	36.1	36.4	*36.7	37.0	*37.3	37.5	37.8
EU15			36.3	36.5	36.9	37.1	37.5	*37.8	38.1	*38.5	38.7	*39.0

POPULATION ACTIVE CIVILE OCCUPÉE : FEMMES

Milliers

1987	1988	1989	1990	1991	1992	1993	1994	1995	1996	1997	1998	
5 347	5 572	5 730	5 845	5 812	5 811	5 889	6 002	6 109	6 197	6 292	6 524	Canada
			5 521	8 878	9 310	9 721	10 120	10 403	11 062	12 099	12 483	Mexique
50 334	51 696	53 027	*53 689	53 496	54 052	54 910	*56 610	57 523	58 501	59 873	60 771	États-Unis
2 815	2 971	3 184	3 271	3 247	3 255	3 262	3 375	3 546	3 599	3 644	3 732	Australie
23 600	24 080	24 740	25 360	25 920	26 190	26 100	26 140	26 140	26 270	26 650	26 550	Japon
			7 376	7 535	7 639	7 738	8 005	8 224	8 434	8 639	8 030	Corée
656	643	629	646	643	646	657	689	715	776	779	779	Nouvelle-Zélande
1 320	1 336	1 355	1 393	1 427	1 474	1 496	1 594	1 596	1 579	1 590	1 597	Autriche
1 397	1 443	1 474	1 514	1 528	1 535	1 533	1 526	1 546	1 565	1 591	1 595	Belgique
2 485	2 490	2 478	2 352	2 169	2 109	*2 154	2 194	2 194	2 168	2 177	2 257	République tchèque
1 217	1 215	1 193	1 216	1 210	1 217	1 193	1 153	1 168	1 182	1 211	1 228	Danemark
1 163	1 166	1 178	1 179	1 134	1 060	993	981	988	1 011	1 027	1 048	Finlande
9 084	9 207	9 362	9 507	9 588	9 640	9 619	9 643	9 725	9 756	9 812	9 960	France
10 581	10 750	11 000	11 489	*15 561	15 309	15 161	15 129	15 262	15 277	15 309	15 555	Allemagne
1 236	1 278	1 285	1 310	1 226	1 281	1 301	1 337	1 372	1 402	1 415	1 420	Grèce
					1 865	1 750	1 697	1 629	1 606	1 597	1 651	Hongrie
				62	63	63	64	66	66	66	69	Islande
352	350	352	371	377	414	431	452	483	513	539	595	Irlande
7 065	7 153	7 228	7 454	7 564	7 587	7 082	7 030	7 054	7 173	7 216	7 353	Italie
58	60	63	65	67	70	71	75	77	80	84	88	Luxembourg
2 103	2 221	2 278	2 404	2 516	2 598	2 667	2 712	2 797	2 871	3 010	3 120	Pays-Bas
938	941	912	914	913	913	918	931	952	977	1 008	1 035	Norvège
					6 844	6 727	6 653	6 697	6 755	6 784	6 884	Pologne
1 724	1 796	1 841	1 977	1 989	1 965	1 967	1 964	1 968	2 020	2 078	2 127	Portugal
3 477	3 671	3 866	4 059	4 135	4 146	4 045	4 036	4 191	4 366	4 536	4 724	Espagne
*2 081	2 112	2 140	2 140	2 108	2 035	1 938	1 911	1 925	1 905	1 880	1 901	Suède
1 280	1 305	1 328	1 355	1 541	1 529	1 527	1 535	1 542	1 578	1 584	1 611	Suisse
	5 235	5 674	5 637	5 821	5 679	5 753	5 815	6 133	6 209	5 614	5 939	Turquie
10 729	11 159	11 605	11 821	11 686	11 479	11 471	11 520	11 708	11 856	12 015	12 117	Royaume-Uni
					187 714	*188 138	*190 893	193 733	196 754	200 118	202 742	OCDE-Total
116 740	119 617	122 692	*125 165	*129 627	130 068	130 232	*132 074	133 521	135 030	137 166	138 829	Sept grands
38 324	39 153	39 997	41 412	*45 886	45 797	45 066	45 142	45 687	46 211	46 792	47 761	Zone euro
*53 587	54 917	56 220	57 899	*62 116	61 809	60 969	61 063	61 860	62 556	63 312	64 427	UE15

En pourcentage de la population active civile occupée

1987	1988	1989	1990	1991	1992	1993	1994	1995	1996	1997	1998	
43.0	43.5	43.8	44.4	45.0	45.2	45.2	45.2	45.2	45.3	45.1	45.5	Canada
			..	30.4	30.8	31.0	31.2	32.1	32.6	33.7	33.6	Mexique
44.8	45.0	45.2	*45.2	45.4	45.6	45.7	*46.0	46.1	46.2	46.2	46.2	États-Unis
39.7	40.4	40.9	41.6	42.3	42.4	42.5	42.6	43.1	43.2	43.3	43.4	Australie
39.9	40.1	40.4	40.6	40.7	40.7	40.5	40.5	40.5	40.5	40.6	40.9	Japon
				40.8	40.5	40.3	40.2	40.4	40.4	40.6	41.0	40.3	Corée
42.1	42.6	42.8	43.6	44.0	44.0	43.9	44.2	44.1	44.7	44.9	44.9	Nouvelle-Zélande
40.0	40.4	40.5	40.8	41.0	41.6	41.8	42.7	42.8	42.9	43.2	43.3	Autriche
39.3	40.0	40.2	40.6	40.9	41.2	41.5	41.5	41.8	42.1	42.8	42.9	Belgique
47.4	47.4	47.2	47.1	45.0	45.1	*44.3	44.5	44.5	44.1	44.0	43.8	République tchèque
46.0	45.7	45.7	46.1	46.3	46.6	46.7	46.0	45.5	45.6	45.7	46.2	Danemark
48.2	48.2	47.9	48.0	48.7	49.0	48.9	48.7	48.0	47.7	47.5	47.4	Finlande
42.6	42.8	42.7	43.1	43.3	43.8	44.2	44.4	44.4	44.4	44.5	44.5	France
39.7	40.1	40.4	41.0	*42.1	42.0	42.1	42.2	42.5	42.8	43.1	43.6	Allemagne
34.4	34.9	35.0	35.2	33.8	34.8	35.0	35.3	35.9	36.2	36.7	35.8	Grèce
					46.3	46.4	46.0	45.0	45.2	44.8	45.1	Hongrie
				45.5	45.7	46.2	46.5	46.5	46.4	46.2	46.6	Islande
32.8	32.5	32.7	33.3	33.9	36.0	36.9	37.4	37.9	38.9	39.3	39.8	Irlande
34.3	34.4	34.7	35.1	35.3	35.7	*34.9	35.1	35.4	35.8	36.0	36.5	Italie
34.3	34.5	34.7	34.5	34.4	35.0	35.3	36.1	36.2	36.5	36.9	37.3	Luxembourg
36.4	37.4	37.6	38.4	39.0	39.5	40.6	40.9	40.9	41.1	41.8	42.0	Pays-Bas
44.9	45.3	45.3	45.9	46.3	46.3	46.6	46.5	46.5	46.4	46.6	46.7	Norvège
					45.1	45.2	45.4	45.3	45.1	44.7	44.8	Pologne
41.3	42.0	42.1	42.4	43.5	44.7	44.8	44.4	44.7	45.1	45.4	45.2	Portugal
30.5	31.2	31.5	32.3	32.8	33.5	34.2	34.3	34.8	35.2	35.5	35.8	Espagne
*48.0	48.0	47.9	47.9	48.1	48.5	48.9	48.7	48.3	48.1	47.9	47.8	Suède
36.4	36.2	35.9	35.5	39.6	39.9	40.2	40.5	40.6	41.4	41.7	41.9	Suisse
	29.5	31.1	30.4	30.9	29.9	30.0	29.6	30.1	29.7	27.4	28.2	Turquie
43.3	43.6	44.0	44.4	44.9	44.7	45.2	45.0	45.0	45.0	44.9	44.9	Royaume-Uni
					41.5	*41.5	*41.6	41.8	41.9	41.9	42.1	OCDE-Total
42.1	42.3	42.6	*42.8	*43.1	43.2	*43.2	*43.4	43.5	43.7	43.8	43.9	Sept grands
38.2	38.5	38.7	39.2	*39.9	40.2	*40.4	40.6	40.8	41.0	41.3	41.6	Zone euro
*39.5	39.8	40.0	40.4	*41.0	41.2	*41.4	41.5	41.7	41.9	42.1	42.2	UE15

Statistiques de la Population Active
OECD
© OCDE, 1999 OCDE

CIVILIAN EMPLOYMENT: MALES

Thousands

	1975	1976	1977	1978	1979	1980	1981	1982	1983	1984	1985	1986
Canada	5 903	*6 166	6 238	6 368	6 587	6 693	6 803	6 491	6 471	6 615	6 764	6 933
Mexico						15 432						
United States	51 857	53 138	54 728	56 479	57 607	57 186	57 397	56 271	56 787	59 091	59 891	60 892
Australia	3 821	3 836	3 867	3 851	3 921	3 983	4 058	4 024	3 904	4 018	4 111	4 203
Japan	32 700	32 940	33 090	33 250	33 630	33 940	34 190	34 380	34 690	34 850	35 030	35 260
Korea												
New Zealand	831	840	845	838	837	838	831	843	826	830	849	*903
Austria	1 814	1 821	1 846	1 852	1 876	1 892	1 901	*1 966	1 948	*1 949	1 957	1 981
Belgium	2 410	2 388	2 372	2 358	2 367	2 352	2 283	2 236	2 198	2 179	2 177	2 173
Czech Republic	2 664	2 678	2 690	2 708	2 726	2 729	2 726	2 729	2 733	2 741	2 752	2 757
Denmark	1 362	1 364	1 370	1 363	1 389		1 308	1 299	1 301	1 338	1 383	1 438
Finland	1 177	1 209	1 171	1 155	1 188	1 230	1 234	1 238	1 239	1 252	1 255	1 253
France	13 019	13 030	13 050	13 003	12 974	12 967	12 807	12 720	12 601	12 384	12 259	12 252
Germany	15 736	15 610	15 613	15 705	15 931	16 124	16 055	15 846	15 625	15 675	15 756	15 976
Greece			2 279	2 290	2 327	2 362	2 423	2 427	2 384	2 376	2 371	2 378
Hungary												
Iceland												
Ireland	764	754	769	785	808	808	794	788	764	752	727	729
Italy	13 773	13 745	13 646	13 680	13 703	13 774	13 775	13 688	13 671	13 670	13 677	13 638
Luxembourg	111	110	109	108	108	109	107	107	105	105	106	109
Netherlands	3 364	3 354	3 365	3 378	3 400	3 445	3 454	3 370	3 287	3 284	3 334	3 375
Norway	1 057	1 082	1 100	1 106	1 100	1 100	1 108	1 105	1 092	1 100	1 119	1 139
Poland												
Portugal	2 279	2 332	2 330	2 338	2 358	2 438	2 371	2 380	2 492	2 445	2 409	2 423
Spain	9 196	8 813	8 744	8 586	8 424	8 201	7 990	7 880	7 794	7 573	7 498	7 631
Sweden	2 342	2 338	2 314	2 297	2 315	2 327	2 286	2 273	2 258	2 261	2 276	*2 238
Switzerland	2 035	1 969	1 967	1 978	1 991	*2 021	2 053	2 059	2 056	2 073	2 114	2 142
Turkey												
United Kingdom	15 150	14 963	14 891	14 932	15 037	14 941	14 256	13 905	13 653	13 885	13 978	13 860
OECD-Total												
Major seven	148 138	*149 592	151 256	153 417	155 469	155 625	155 283	153 301	153 498	156 170	157 355	158 811
Euro zone	63 643	63 166	63 015	62 948	63 137	63 340	62 771	*62 219	61 724	*61 268	61 155	61 540
EU15			83 869	83 830	84 205	84 369	83 044	*82 123	81 320	*81 128	81 163	*81 454

As percentage of civilian employment

	1975	1976	1977	1978	1979	1980	1981	1982	1983	1984	1985	1986
Canada	63.6	*63.1	62.5	61.7	61.2	60.4	59.7	58.8	58.3	58.0	57.6	57.3
Mexico						72.1						
United States	60.4	59.9	59.5	58.8	58.3	57.6	57.2	56.5	56.3	56.3	55.9	55.6
Australia	65.4	65.0	64.5	64.1	64.5	63.4	63.5	63.1	62.6	62.1	61.6	60.7
Japan	62.6	62.5	61.9	61.5	61.4	61.3	61.3	61.0	60.5	60.4	60.3	60.2
Korea												
New Zealand	68.5	68.0	67.4	67.3	66.3	66.3	66.1	65.8	65.2	64.8	63.9	*58.5
Austria	61.7	61.8	61.8	61.4	61.5	61.6	61.5	*61.7	61.7	*60.2	60.5	60.4
Belgium	65.8	65.6	65.4	65.0	64.7	64.3	63.7	63.2	62.8	62.3	61.9	61.4
Czech Republic	53.1	53.2	53.4	53.4	53.5	53.4	53.3	53.2	53.1	52.9	52.8	52.8
Denmark	58.4	59.1	59.0	58.5	56.9		55.2	54.7	54.5	54.5	54.8	54.7
Finland	53.2	53.3	52.7	52.7	52.9	53.1	52.7	52.3	52.1	52.1	51.7	51.8
France	62.4	61.9	61.5	61.0	60.6	60.5	60.0	59.5	58.9	58.4	58.0	57.7
Germany	61.5	61.4	61.3	61.1	61.0	60.8	60.6	60.5	60.5	60.6	60.5	60.4
Greece			69.9	69.9	70.3	70.4	68.6	69.3	67.3	66.9	66.1	66.0
Hungary												
Iceland												
Ireland	72.0	71.8	72.0	71.7	71.6	70.8	70.2	69.5	68.8	69.0	68.6	68.3
Italy	70.7	70.1	69.0	68.9	68.3	67.8	67.7	67.4	67.2	67.0	66.7	66.2
Luxembourg	71.0	70.1	69.8	69.2	69.1	69.1	67.5	67.7	67.0	66.5	66.2	66.0
Netherlands	72.5	72.1	71.6	71.0	70.5	69.3	68.1	67.3	66.4	65.9	65.7	65.5
Norway	62.2	60.8	60.6	59.9	59.1	58.7	58.2	57.9	57.2	56.7	56.4	55.5
Poland												
Portugal	61.2	61.5	61.6	62.0	61.2	61.9	60.5	60.6	60.4	60.0	59.4	59.6
Spain	73.9	70.6	70.9	71.0	70.8	71.0	71.2	71.0	70.6	70.5	70.5	70.2
Sweden	57.7	57.2	56.5	55.8	55.4	55.0	54.1	53.9	53.5	53.1	52.9	*52.4
Switzerland	65.3	65.1	64.8	64.5	64.2	*63.8	63.4	63.2	63.1	63.0	63.1	62.4
Turkey												
United Kingdom	61.3	61.1	60.7	60.5	60.0	59.8	59.4	59.0	58.6	58.1	57.7	57.2
OECD-Total												
Major seven	62.2	*61.9	61.4	60.9	60.5	60.1	59.8	59.3	59.0	58.8	58.5	58.2
Euro zone	65.8	65.1	64.7	64.5	64.2	63.9	63.6	*63.3	63.0	*62.7	62.5	62.2
EU15			63.7	63.5	63.1	62.9	62.5	*62.2	61.9	*61.5	61.3	*61.0

OECD *Labour Force Statistics*
OCDE © OECD, 1999

POPULATION ACTIVE CIVILE OCCUPÉE : HOMMES

Milliers

1987	1988	1989	1990	1991	1992	1993	1994	1995	1996	1997	1998	
7 075	7 247	7 356	7 320	7 104	7 031	7 126	7 290	7 397	7 479	7 649	7 803	Canada
	17 882	20 349	20 949	21 621	22 319	21 982	22 840	23 844	24 654			Mexique
62 107	63 273	64 315	*65 104	64 223	64 440	65 349	*66 450	67 377	68 207	69 685	70 693	États-Unis
4 277	4 382	4 596	4 599	4 438	4 415	4 413	4 545	4 689	4 741	4 778	4 865	Australie
35 510	36 020	36 540	37 130	37 760	38 170	38 400	38 390	38 430	38 580	38 920	38 350	Japon
				10 709	11 076	11 316	11 575	11 832	12 153	12 330	12 409	11 897	Corée
901	866	840	835	818	821	838	871	907	962	966	956	Nouvelle-Zélande
1 980	1 975	1 987	2 019	2 055	2 072	2 079	2 143	2 133	2 099	2 094	2 091	Autriche
2 161	2 167	2 196	2 212	2 207	2 189	2 159	2 150	2 153	2 151	2 140	2 142	Belgique
2 758	2 762	2 767	2 643	2 648	2 568	*2 707	2 738	2 733	2 747	2 773	2 899	République tchèque
1 430	1 445	1 417	1 422	1 402	1 396	1 359	1 355	1 398	1 411	1 437	1 431	Danemark
1 250	1 254	1 282	1 279	1 196	1 103	1 037	1 034	1 071	1 108	1 135	1 166	Finlande
12 245	12 320	12 484	12 591	12 532	12 378	12 120	12 081	12 183	12 205	12 241	12 423	France
16 045	16 085	16 237	16 499	*21 360	21 114	20 865	20 763	20 641	20 404	20 231	20 160	Allemagne
2 362	2 380	2 386	2 409	2 407	2 403	2 419	2 452	2 452	2 470	2 439	2 547	Grèce
					2 161	2 020	1 996	1 994	1 951	1 970	2 008	Hongrie
				75	74	73	74	76	76	76	79	Islande
722	728	724	744	736	736	736	755	790	806	832	900	Irlande
13 519	13 665	13 605	13 761	13 846	13 683	13 235	12 970	12 880	12 859	12 822	12 804	Italie
111	114	118	124	127	129	131	133	136	139	143	153	Luxembourg
3 670	3 713	3 786	3 864	3 928	3 979	3 905	3 920	4 041	4 112	4 196	4 305	Pays-Bas
1 152	1 139	1 102	1 078	1 059	1 056	1 052	1 071	1 095	1 127	1 157	1 181	Norvège
					8 337	8 167	8 008	8 095	8 213	8 402	8 470	Pologne
2 447	2 484	2 536	2 681	2 579	2 435	2 426	2 461	2 436	2 457	2 501	2 576	Portugal
7 906	8 109	8 394	8 519	8 473	8 213	7 781	7 724	7 858	8 028	8 225	8 469	Espagne
*2 256	2 287	2 326	2 326	2 276	2 161	2 026	2 017	2 061	2 058	2 042	2 079	Suède
2 160	2 176	2 191	2 208	2 350	2 302	2 276	2 254	2 258	2 235	2 219	2 239	Suisse
	12 520	12 548	12 901	13 039	13 323	13 428	13 848	14 263	14 686	14 891	15 145	Turquie
14 026	14 439	14 771	14 818	14 322	14 191	13 911	14 059	14 331	14 485	14 770	14 892	Royaume-Uni
					265 145	*265 235	*267 702	270 014	272 966	276 987	279 377	OCDE-Total
160 527	163 049	165 308	*167 223	*171 147	171 007	171 006	*172 003	173 239	174 218	176 318	177 125	Sept grands
62 056	62 614	63 349	64 293	*69 039	68 031	66 474	66 134	66 323	66 369	66 560	67 189	Zone euro
*82 130	83 165	84 249	85 268	*89 446	88 182	86 189	86 017	86 565	86 792	87 248	88 138	UE15

En pourcentage de la population active civile occupée

1987	1988	1989	1990	1991	1992	1993	1994	1995	1996	1997	1998	
57.0	56.5	56.2	55.6	55.0	54.8	54.8	54.8	54.8	54.7	54.9	54.5	Canada
			..	69.6	69.2	69.0	68.8	67.9	67.4	66.3	66.4	Mexique
55.2	55.0	54.8	*54.8	54.6	54.4	54.3	*54.0	53.9	53.8	53.8	53.8	États-Unis
60.3	59.6	59.1	58.4	57.7	57.6	57.5	57.4	56.9	56.8	56.7	56.6	Australie
60.1	59.9	59.6	59.4	59.3	59.3	59.5	59.5	59.5	59.5	59.4	59.1	Japon
				59.2	59.5	59.7	60.1	59.6	59.6	59.4	59.0	59.7	Corée
57.9	57.4	57.2	56.4	56.0	56.0	56.0	55.8	55.9	55.4	55.6	55.1	Nouvelle-Zélande
60.0	59.6	59.5	59.2	59.0	58.4	58.2	57.3	57.2	57.1	56.8	56.7	Autriche
60.7	60.0	59.8	59.4	59.1	58.8	58.5	58.5	58.2	57.9	57.5	57.6	Belgique
52.6	52.6	52.8	52.9	55.0	54.9	*55.7	55.5	55.5	55.9	56.0	56.2	République tchèque
54.0	54.3	54.3	53.9	53.7	53.4	53.3	54.0	54.5	54.4	54.3	53.8	Danemark
51.8	51.8	52.1	52.1	51.3	51.0	51.1	51.3	52.0	52.3	52.5	52.7	Finlande
57.4	57.2	57.0	57.0	56.7	56.2	55.8	55.6	55.6	55.6	55.5	55.5	France
60.3	59.9	59.6	59.0	*57.9	58.0	57.9	57.8	57.5	57.2	56.9	56.4	Allemagne
65.6	65.1	65.0	64.8	66.3	65.2	65.0	64.7	64.1	63.8	63.3	64.2	Grèce
					53.7	53.6	54.0	55.0	54.8	55.2	54.9	Hongrie
				54.4	54.2	53.5	53.3	53.5	53.6	53.8	53.5	Islande
67.2	67.5	67.3	66.7	66.1	64.0	63.0	62.6	62.1	61.1	60.6	60.2	Irlande
65.7	65.6	65.3	64.9	64.7	64.3	*65.1	64.8	64.6	64.2	64.0	63.5	Italie
65.7	65.5	65.3	65.5	65.6	65.0	64.7	63.9	63.8	63.5	63.1	64.8	Luxembourg
63.6	62.6	62.4	61.6	61.0	60.5	59.4	59.1	59.1	58.9	58.2	58.0	Pays-Bas
55.1	54.8	54.7	54.1	53.7	53.6	53.4	53.5	53.5	53.6	53.4	53.3	Norvège
					54.9	54.8	54.6	54.7	54.9	55.3	55.2	Pologne
58.7	58.0	57.9	57.6	56.5	55.3	55.2	55.6	55.3	54.9	54.6	54.8	Portugal
69.5	68.8	68.5	67.7	67.2	66.5	65.8	65.7	65.2	64.8	64.5	64.2	Espagne
*52.0	52.0	52.1	52.1	51.9	51.5	51.1	51.3	51.7	51.9	52.1	52.2	Suède
61.5	60.3	59.2	57.8	60.4	60.1	59.9	59.5	59.4	58.6	58.4	58.2	Suisse
	70.5	68.9	69.6	69.1	70.1	70.0	70.4	69.9	70.3	72.6	71.8	Turquie
56.7	56.4	56.0	55.6	55.1	55.3	54.8	55.0	55.0	55.0	55.1	55.1	Royaume-Uni
					58.5	*58.5	*58.4	58.2	58.1	58.1	58.0	OCDE-Total
57.9	57.7	57.4	*57.2	*56.9	56.8	*56.8	*56.6	56.5	56.3	56.2	56.1	Sept grands
61.8	61.5	61.3	60.8	*60.1	59.8	*59.6	59.4	59.2	59.0	58.7	58.5	Zone euro
*60.5	60.2	60.0	59.6	*59.0	58.8	*58.6	58.5	58.3	58.1	58.0	57.8	UE15

Statistiques de la Population Active
© OCDE, 1999

UNEMPLOYMENT

Thousands

	1975	1976	1977	1978	1979	1980	1981	1982	1983	1984	1985	1986
Canada	690	*754	882	945	870	900	934	1 363	1 504	1 450	1 381	1 283
Mexico						673						
United States	7 929	7 406	6 991	6 202	6 137	7 637	8 273	10 678	10 717	8 539	8 312	8 237
Australia	279	293	359	398	378	395	381	461	687	604	573	598
Japan	1 000	1 080	1 100	1 240	1 170	1 140	1 260	1 360	1 560	1 610	1 560	1 670
Korea	501	499	504	437	540	748	660	654	613	568	622	611
New Zealand	3	4	4	21	25	29	47	47	76	78	58	*64
Austria	53	54	49	64	65	58	80	*116	135	*128	121	106
Belgium	175	233	266	290	304	322	416	490	545	546	506	478
Czech Republic												
Denmark	121	158	186	213	157	184	276	296	312	231	200	154
Finland	51	92	140	172	143	114	121	135	138	133	129	138
France	901	997	1 134	1 201	1 361	1 467	1 750	1 923	1 974	2 323	2 442	2 490
Germany	1 074	1 060	1 030	993	876	889	1 272	1 833	2 258	2 266	2 304	2 228
Greece	75	63	56	61	64	95	149	215	302	315	304	287
Hungary												
Iceland	0	1	0	0	0	0	0	1	1	1	1	1
Ireland	84	105	105	99	88	91	126	148	183	204	226	228
Italy	1 226	1 420	1 538	1 560	1 686	1 684	1 769	1 923	2 140	2 304	2 382	2 610
Luxembourg	0	1	1	1	1	1	2	2	3	3	3	2
Netherlands	260	278	271	273	280	326	480	655	674	689	634	605
Norway	40	32	27	34	38	32	40	52	69	64	53	42
Poland												
Portugal	178	260	309	334	344	335	320	317	355	381	385	382
Spain	581	601	681	913	1 129	1 495	1 862	2 130	2 351	2 739	2 949	2 944
Sweden	67	66	75	94	88	86	108	137	151	136	125	*117
Switzerland	13	20	11	10	10	*6	6	14	29	35	30	26
Turkey	1 163	1 409	1 653	1 686	1 482	1 393	1 223	1 214	1 360	1 360	1 290	1 471
United Kingdom	838	1 266	1 359	1 343	1 234	1 513	2 395	2 770	2 984	3 030	3 179	3 229
OECD-Total												
Major seven	13 658	*13 983	14 034	13 484	13 334	15 230	17 653	21 850	23 137	21 522	21 560	21 747
Euro zone	4 583	5 101	5 524	5 900	6 277	6 782	8 198	*9 672	10 756	*11 716	12 081	12 211
EU15	5 684	6 654	7 200	7 611	7 820	8 660	11 126	*13 090	14 505	*15 428	15 889	*15 998

As percentage of civilian labour force

	1975	1976	1977	1978	1979	1980	1981	1982	1983	1984	1985	1986
Canada	6.9	*7.2	8.1	8.4	7.5	7.5	7.6	11.0	11.9	11.3	10.5	9.6
Mexico												
United States	8.5	7.7	7.1	6.1	5.8	7.1	7.6	9.7	9.6	7.5	7.2	7.0
Australia	4.6	4.7	5.6	6.2	5.9	5.9	5.6	6.7	9.9	8.5	7.9	8.0
Japan	1.9	2.0	2.0	2.2	2.1	2.0	2.2	2.4	2.6	2.7	2.6	2.8
Korea	4.1	3.9	3.8	3.2	3.8	5.2	4.5	4.4	4.1	3.8	4.0	3.8
New Zealand	0.2	0.3	0.3	1.7	1.9	2.2	3.6	3.5	5.7	5.7	4.2	*4.0
Austria	1.8	1.8	1.6	2.1	2.1	1.9	2.5	*3.5	4.1	*3.8	3.6	3.1
Belgium	4.6	6.0	6.8	7.4	7.7	8.1	10.4	12.2	13.5	13.5	12.6	11.9
Czech Republic												
Denmark	4.9	6.4	7.4	8.4	6.0	6.9	10.4	11.1	11.6	8.6	7.3	5.5
Finland	2.3	3.9	5.9	7.3	6.0	4.7	4.9	5.4	5.5	5.2	5.0	5.4
France	4.1	4.5	5.1	5.3	6.0	6.4	7.6	8.2	8.4	9.9	10.3	10.5
Germany	4.0	4.0	3.9	3.7	3.2	3.2	4.6	6.5	8.0	8.1	8.1	7.8
Greece	2.3	1.9	1.7	1.8	1.9	2.8	4.0	5.8	7.9	8.1	7.8	7.4
Hungary												
Iceland	0.0	1.0	0.0	0.0	0.0	0.0	0.0	0.9	0.9	0.8	0.8	0.8
Ireland	7.3	9.1	9.0	8.3	7.2	7.4	10.0	11.6	14.2	15.8	17.6	17.6
Italy	5.9	6.8	7.2	7.3	7.8	7.7	8.0	8.7	9.5	10.1	10.4	11.2
Luxembourg	0.2	0.3	0.5	0.8	0.7	0.7	1.0	1.3	1.6	1.7	1.6	1.4
Netherlands	5.3	5.6	5.5	5.4	5.5	6.2	8.6	11.6	12.0	12.2	11.1	10.5
Norway	2.3	1.8	1.5	1.8	2.0	1.7	2.1	2.7	3.5	3.2	2.6	2.0
Poland												
Portugal	4.6	6.4	7.5	8.1	8.2	7.8	7.6	7.5	7.9	8.5	8.7	8.6
Spain	4.5	4.6	5.2	7.0	8.7	11.5	14.2	16.1	17.5	20.3	21.7	21.3
Sweden	1.6	1.6	1.8	2.2	2.1	2.0	2.5	3.1	3.5	3.1	2.8	*2.7
Switzerland	0.4	0.7	0.4	0.3	0.3	*0.2	0.2	0.4	0.9	1.1	0.9	0.8
Turkey	7.4	8.8	9.8	9.9	8.7	8.1	7.1	7.0	7.7	7.6	7.1	7.9
United Kingdom	3.3	4.9	5.2	5.2	4.7	5.7	9.1	10.5	11.4	11.2	11.6	11.8
OECD-Total												
Major seven	5.4	*5.5	5.4	5.1	4.9	5.6	6.4	7.8	8.2	7.5	7.4	7.4
Euro zone	4.5	5.0	5.4	5.7	6.0	6.4	7.7	*9.0	9.9	*10.7	11.0	11.0
EU15	4.2	4.8	5.2	5.5	5.5	6.1	7.7	*9.0	9.9	*10.5	10.7	*10.7

CHÔMAGE

Milliers

1987	1988	1989	1990	1991	1992	1993	1994	1995	1996	1997	1998	
1 208	1 082	1 065	1 164	1 492	1 640	1 649	1 541	1 422	1 469	1 414	1 305	Canada
			660	919	971	1 041	1 168	1 940	1 542	1 255	1 107	Mexique
7 425	6 701	6 528	*7 047	8 628	9 613	8 940	*7 996	7 404	7 236	6 739	6 201	États-Unis
602	539	493	613	832	937	956	856	766	779	787	747	Australie
1 730	1 550	1 420	1 340	1 360	1 420	1 660	1 920	2 100	2 250	2 300	2 790	Japon
519	435	463	454	436	465	550	489	419	424	556	1 463	Corée
66	89	113	125	167	169	157	138	107	112	123	139	Nouvelle-Zélande
130	122	108	114	125	133	159	139	144	160	165	165	Autriche
466	425	384	365	391	436	511	554	555	544	580	550	Belgique
			39	222	135	*206	202	211	199	245	357	République tchèque
153	186	234	242	265	262	309	222	197	195	174	155	Danemark
130	116	89	88	193	328	444	456	430	363	314	285	Finlande
2 532	2 410	2 285	2 205	2 349	2 591	2 929	3 106	2 936	3 146	3 207	3 050	France
2 229	2 242	2 038	1 883	*2 207	2 621	3 113	3 315	3 198	3 499	3 907	3 710	Allemagne
286	304	296	281	301	350	398	404	425	446	440	479	Grèce
					444	519	451	417	400	349	313	Hongrie
1	1	2	2	*4	6	8	8	7	6	6	4	Islande
232	219	202	179	209	209	220	210	177	179	159	127	Irlande
2 832	2 868	2 867	2 751	2 653	2 799	*2 472	2 678	2 797	2 818	2 850	2 873	Italie
3	3	2	2	2	3	4	5	5	6	6	6	Luxembourg
622	609	558	516	490	478	437	492	523	489	423	337	Pays-Bas
45	69	106	112	116	126	127	116	107	108	93	75	Norvège
					2 335	2 427	2 473	2 276	2 111	1 917	1 808	Pologne
319	262	233	225	206	193	262	338	342	352	334	248	Portugal
2 949	2 853	2 563	2 443	2 466	2 791	3 483	3 741	3 587	3 543	3 359	3 063	Espagne
*84	72	61	75	133	233	356	340	333	347	342	276	Suède
25	22	17	18	78	121	158	151	136	154	166	140	Suisse
1 592	1 638	1 709	1 612	1 609	1 663	1 601	1 740	1 514	1 342	1 392	1 429	Turquie
2 905	2 341	1 743	1 556	2 241	2 769	2 936	2 736	2 460	2 296	1 974	1 823	Royaume-Uni
					36 241	*38 032	*37 985	36 935	36 514	35 575	35 024	OCDE-Total
20 861	19 194	17 946	*17 946	*20 930	23 453	*23 699	*23 292	22 317	22 714	22 391	21 752	Sept grands
12 444	12 129	11 329	10 771	*11 291	12 582	*14 034	15 034	14 694	15 099	15 304	14 414	Zone euro
*15 872	15 032	13 663	12 925	*14 231	16 196	*18 033	18 736	18 109	18 383	18 234	17 147	UE15

En pourcentage de la population active civile

1987	1988	1989	1990	1991	1992	1993	1994	1995	1996	1997	1998	
8.9	7.8	7.5	8.1	10.4	11.3	11.2	10.4	9.5	9.7	9.2	8.3	Canada
			2.7	3.0	3.1	3.2	3.5	5.7	4.4	3.4	2.9	Mexique
6.2	5.5	5.3	*5.6	6.8	7.5	6.9	*6.1	5.6	5.4	4.9	4.5	États-Unis
7.8	6.8	6.0	7.2	9.8	10.9	11.1	9.8	8.5	8.5	8.5	8.0	Australie
2.8	2.5	2.3	2.1	2.1	2.2	2.5	2.9	3.2	3.4	3.4	4.1	Japon
3.1	2.5	2.6	2.4	2.3	2.4	2.8	2.4	2.0	2.0	2.6	6.8	Corée
4.1	5.6	7.1	7.8	10.3	10.3	9.5	8.1	6.2	6.1	6.6	7.5	Nouvelle-Zélande
3.8	3.6	3.1	3.2	3.5	3.6	4.3	3.6	3.7	4.2	4.3	4.3	Autriche
11.6	10.5	9.5	8.9	9.5	10.5	12.2	13.1	13.0	12.8	13.6	12.9	Belgique
			0.8	4.4	2.8	*4.1	3.9	4.1	3.9	4.7	6.5	République tchèque
5.5	6.5	8.2	8.4	9.2	9.1	10.8	8.1	7.1	7.0	6.2	5.5	Danemark
5.1	4.6	3.5	3.5	7.6	13.2	18.0	18.5	17.3	14.6	12.7	11.4	Finlande
10.6	10.0	9.5	9.1	9.6	10.5	11.9	12.5	11.8	12.5	12.7	12.0	France
7.7	7.7	7.0	6.3	*5.6	6.7	8.0	8.5	8.2	8.9	9.9	9.4	Allemagne
7.4	7.7	7.5	7.0	7.7	8.7	9.7	9.6	10.0	10.3	10.2	10.8	Grèce
					9.9	12.1	10.9	10.3	10.1	8.9	7.9	Hongrie
0.8	0.8	1.6	1.6	*2.8	4.2	5.6	5.5	4.7	3.7	3.9	2.8	Islande
17.8	16.9	15.8	13.8	15.8	15.4	15.9	14.8	12.2	11.9	10.4	*7.8	Irlande
12.1	12.1	12.1	11.5	11.0	11.6	*10.8	11.8	12.3	12.3	12.5	12.5	Italie
1.6	1.4	1.3	1.1	1.2	1.3	1.7	2.2	2.3	2.5	2.5	2.3	Luxembourg
9.7	9.3	8.4	7.6	7.1	6.8	6.2	6.9	7.1	6.5	5.5	4.3	Pays-Bas
2.1	3.2	5.0	5.3	5.6	6.0	6.1	5.5	5.0	4.9	4.1	3.3	Norvège
					13.3	14.0	14.4	13.3	12.4	11.2	10.5	Pologne
7.1	5.8	5.1	4.6	4.3	4.2	5.6	7.1	7.2	7.3	6.8	5.0	Portugal
20.6	19.5	17.3	16.3	16.4	18.4	22.8	24.1	22.9	22.2	20.8	18.8	Espagne
*1.9	1.6	1.3	1.7	2.9	5.3	8.2	8.0	7.7	8.1	8.0	6.5	Suède
0.7	0.6	0.5	0.5	2.0	3.1	4.0	3.8	3.5	3.9	4.2	3.5	Suisse
8.3	8.4	8.6	8.0	7.9	8.0	7.7	8.1	6.9	6.0	6.4	6.3	Turquie
10.5	8.4	6.2	5.5	7.9	9.7	10.4	9.7	8.6	8.0	6.9	6.3	Royaume-Uni
					7.4	*7.7	*7.6	7.4	7.2	6.9	*6.8	OCDE-Total
7.0	6.4	5.9	*5.8	*6.5	7.2	*7.3	*7.1	6.8	6.8	6.7	6.4	Sept grands
11.0	10.6	9.9	9.2	*8.9	10.0	*11.2	11.9	11.6	11.8	11.9	*11.1	Zone euro
*10.5	9.8	8.9	8.3	*8.6	9.7	*10.9	11.3	10.9	11.0	10.8	*10.1	UE15

Statistiques de la Population Active
OECD
OCDE
© OCDE, 1999

CIVILIAN EMPLOYMENT: AGRICULTURE

Thousands

	1975	1976	1977	1978	1979	1980	1981	1982	1983	1984	1985	1986
Canada	564	*573	565	584	602	597	612	576	604	603	584	583
Mexico						5 704						
United States	3 507	3 453	3 425	3 549	3 509	3 529	3 519	3 571	3 541	3 469	3 338	3 350
Australia	398	385	400	375	399	407	416	410	411	400	415	415
Japan	6 610	6 430	6 340	6 330	6 130	5 770	5 570	5 480	5 310	5 120	5 090	4 950
Korea	5 339	5 514	5 342	5 154	4 866	4 654	4 801	4 612	4 315	3 914	3 733	3 662
New Zealand	130	130	130	140	140	138	141	146	142	143	148	*164
Austria	369	363	353	329	326	323	317	*317	313	*304	291	283
Belgium	139	131	126	122	122	116	113	111	111	110	109	107
Czech Republic	680	666	648	642	638	637	633	626	623	625	629	627
Denmark	228	191	182	183	176	175	174	177	177	165	169	154
Finland	329	367	336	316	309	314	305	312	302	294	280	266
France	2 156	2 082	2 013	1 954	1 908	1 854	1 791	1 732	1 677	1 627	1 582	1 534
Germany	1 749	1 617	1 534	1 493	1 410	1 403	1 367	1 321	1 279	1 238	1 195	1 176
Greece	1 127	1 105	1 084	1 049	1 020	1 016	1 083	1 011	1 060	1 044	1 037	1 026
Hungary												
Iceland	15	15	14	14	14	14	14	14	14	13	14	14
Ireland	238	232	228	226	221	209	196	193	189	182	168	168
Italy	3 261	3 228	3 130	3 069	2 989	2 899	2 732	2 522	2 526	2 426	2 296	2 242
Luxembourg	11	11	10	10	9	9	8	8	7	8	7	7
Netherlands	263	261	248	256	257	244	247	249	247	247	248	249
Norway	159	168	165	161	161	159	159	154	148	143	147	151
Poland												
Portugal	1 264	1 284	1 246	1 179	1 177	1 074	1 017	991	957	969	969	891
Spain	2 745	2 757	2 604	2 510	2 380	2 228	2 108	2 061	2 068	1 988	1 950	1 758
Sweden	261	254	248	251	242	237	237	236	229	218	208	*179
Switzerland	237	235	230	224	222	218	213	210	208	204	203	202
Turkey	8 439	8 360	8 424	8 416	8 409	8 402	8 394	8 367	8 341	8 313	8 286	8 263
United Kingdom	687	685	684	680	666	654	639	632	622	616	568	538
OECD-Total												
Major seven	18 534	*18 068	17 691	17 659	17 214	16 706	16 230	15 834	15 559	15 099	14 653	14 373
Euro zone	12 524	12 333	11 828	11 464	11 108	10 673	10 201	*9 817	9 676	*9 393	9 095	8 681
EU15	14 827	14 568	14 026	13 627	13 212	12 755	12 334	*11 873	11 764	*11 436	11 077	*10 578

1995=100

	1975	1976	1977	1978	1979	1980	1981	1982	1983	1984	1985	1986
Canada	101.8	*103.4	102.0	105.4	108.7	107.8	110.5	104.0	109.0	108.8	105.4	105.2
Mexico						74.9						
United States	97.6	96.1	95.4	98.8	97.7	98.2	98.0	99.4	98.6	96.6	92.9	93.3
Australia	96.8	93.7	97.3	91.2	97.1	99.0	101.2	99.8	100.0	97.3	101.0	101.0
Japan	180.1	175.2	172.8	172.5	167.0	157.2	151.8	149.3	144.7	139.5	138.7	134.9
Korea	210.1	217.0	210.2	202.8	191.5	183.2	188.9	181.5	169.8	154.0	146.9	144.1
New Zealand	82.8	82.8	82.8	89.2	89.2	87.9	89.8	93.0	90.4	91.1	94.3	*104.5
Austria	132.7	130.6	127.0	118.3	117.3	116.2	114.0	*114.0	112.6	*109.4	104.7	101.8
Belgium	152.7	144.0	138.5	134.1	134.1	127.5	124.2	122.0	122.0	120.9	119.8	117.6
Czech Republic	208.6	204.3	198.8	196.9	195.7	195.4	194.2	192.0	191.1	191.7	192.9	192.3
Denmark	200.0	167.5	159.6	160.5	154.4	153.5	152.6	155.3	155.3	144.7	148.2	135.1
Finland	208.2	232.3	212.7	200.0	195.6	198.7	193.0	197.5	191.1	186.1	177.2	168.4
France	207.7	200.6	193.9	188.2	183.8	178.6	172.5	166.9	161.6	156.7	152.4	147.8
Germany	151.7	140.2	133.0	129.5	122.3	121.7	118.6	114.6	110.9	107.4	103.6	102.0
Greece	144.1	141.3	138.6	134.1	130.4	129.9	138.5	129.3	135.5	133.5	132.6	131.2
Hungary												
Iceland	113.3	114.1	110.2	110.2	107.8	109.4	107.8	108.6	107.0	103.1	105.5	105.5
Ireland	159.7	155.7	153.0	151.7	148.3	140.3	131.5	129.5	126.8	122.1	112.8	112.8
Italy	219.0	216.8	210.2	206.1	200.7	194.7	183.5	169.4	169.6	162.9	154.2	150.6
Luxembourg	182.8	181.0	172.4	167.2	156.9	146.6	139.7	134.5	127.6	129.3	120.7	119.0
Netherlands	103.1	102.4	97.3	100.4	100.8	95.7	96.9	97.6	96.9	96.9	97.3	97.6
Norway	150.0	158.5	155.7	151.9	151.9	150.0	150.0	145.3	139.6	134.9	138.7	142.5
Poland												
Portugal	254.3	258.4	250.7	237.2	236.8	216.1	204.6	199.4	192.6	195.0	195.0	179.3
Spain	248.0	249.1	235.2	226.7	215.0	201.3	190.4	186.2	186.8	179.6	176.2	158.8
Sweden	210.5	204.8	200.0	202.4	195.2	191.1	191.1	190.3	184.7	175.8	167.7	*144.4
Switzerland	141.1	139.9	136.9	133.3	132.1	129.8	126.8	125.0	123.8	121.4	120.8	120.2
Turkey	88.5	87.6	88.3	88.2	88.2	88.1	88.0	87.7	87.5	87.2	86.9	86.6
United Kingdom	128.7	128.3	128.1	127.3	124.7	122.5	119.7	118.4	116.5	115.4	106.4	100.7
OECD-Total												
Major seven	154.1	*150.2	147.1	146.8	143.1	138.9	134.9	131.6	129.3	125.5	121.8	119.5
Euro zone	201.3	198.2	190.1	184.3	178.6	171.6	164.0	*157.8	155.5	*151.0	146.2	139.5
EU15	190.7	187.4	180.4	175.3	169.9	164.0	158.6	*152.7	151.3	*147.1	142.5	*136.1

POPULATION ACTIVE CIVILE OCCUPÉE : AGRICULTURE

Milliers

1987	1988	1989	1990	1991	1992	1993	1994	1995	1996	1997	1998	
585	569	553	550	572	543	558	545	554	548	521	534	Canada
			..	7 532	7 772	8 044	8 361	7 613	7 314	8 343	7 195	Mexique
3 400	3 326	3 378	*3 394	3 429	3 425	3 300	*3 586	3 592	3 570	3 538	3 509	États-Unis
402	428	424	443	418	404	408	403	411	417	415	413	Australie
4 890	4 740	4 630	4 510	4 270	4 110	3 830	3 730	3 670	3 560	3 500	3 430	Japon
3 580	3 484	3 418	3 237	3 064	2 991	2 878	2 699	2 541	2 405	2 324	2 424	Corée
161	156	151	156	157	159	158	162	157	164	150	147	Nouvelle-Zélande
285	269	266	269	256	250	249	269	278	269	250	242	Autriche
105	102	101	100	98	95	92	92	91	89	87	88	Belgique
629	628	625	613	484	375	*383	345	326	308	288	286	République tchèque
151	153	148	147	149	136	132	127	114	103	99	97	Danemark
251	238	218	207	198	187	174	167	158	159	153	144	Finlande
1 479	1 425	1 368	1 262	1 214	1 170	1 119	1 071	1 038	1 010	992	977	France
1 124	1 076	1 025	990	*1 566	1 381	1 262	1 199	1 153	1 074	1 035	1 013	Allemagne
971	972	930	889	807	807	794	790	782	786	765	704	Grèce
					460	349	328	295	302	288	279	Hongrie
14	13	13	13	*12	12	12	13	13	14	12	13	Islande
164	166	163	167	154	157	148	146	149	141	142	136	Irlande
2 169	2 052	1 946	1 895	1 823	1 749	*1 619	1 550	1 489	1 400	1 370	1 338	Italie
7	6	6	6	6	6	6	6	6	6	6	6	Luxembourg
281	284	286	289	293	258	255	264	255	271	267	245	Pays-Bas
139	134	132	129	116	110	111	107	106	109	104	104	Norvège
						3 800	3 701	3 496	3 345	3 308	3 123	2 946	Pologne
926	885	830	833	789	498	499	510	497	546	623	640	Portugal
1 723	1 695	1 598	1 486	1 345	1 253	1 198	1 151	1 107	1 077	1 068	1 061	Espagne
*171	168	159	153	147	140	136	136	124	115	109	102	Suède
202	199	197	198	173	166	176	162	168	172	176	178	Suisse
8 238	8 249	8 639	8 691	8 949	8 263	8 541	8 809	9 538	9 380	8 585	8 919	Turquie
569	598	589	573	592	567	518	534	534	512	494	465	Royaume-Uni
					41 244	*40 650	*40 757	40 104	39 129	38 826	37 634	OCDE-Total
14 216	13 786	13 489	*13 174	*13 466	12 945	*12 206	*12 215	12 030	11 674	11 450	11 266	Sept grands
8 514	8 198	7 807	7 504	*7 742	7 004	*6 621	6 425	6 221	6 042	5 993	5 890	Zone euro
*10 376	10 089	9 633	9 266	*9 437	8 654	*8 201	8 012	7 775	7 558	7 460	7 258	UE15

1995=100

1987	1988	1989	1990	1991	1992	1993	1994	1995	1996	1997	1998	
105.6	102.7	99.8	99.3	103.2	98.0	100.7	98.4	100.0	98.9	94.0	96.4	Canada
				98.9	102.1	105.7	109.8	100.0	96.1	109.6	94.5	Mexique
94.7	92.6	94.0	*94.5	95.5	95.4	91.9	*99.8	100.0	99.4	98.5	97.7	États-Unis
97.8	104.1	103.2	107.8	101.7	98.3	99.3	98.1	100.0	101.5	100.9	100.4	Australie
133.2	129.2	126.2	122.9	116.3	112.0	104.4	101.6	100.0	97.0	95.4	93.5	Japon
140.9	137.1	134.5	127.4	120.6	117.7	113.3	106.2	100.0	94.6	91.5	95.4	Corée
102.5	99.4	96.2	99.4	100.0	101.3	100.6	103.2	100.0	104.5	95.5	93.6	Nouvelle-Zélande
102.5	96.8	95.7	96.8	92.1	89.9	89.6	96.8	100.0	96.8	89.9	87.1	Autriche
115.4	112.1	111.0	109.9	107.7	104.4	101.1	101.1	100.0	97.8	95.6	96.7	Belgique
192.9	192.6	191.7	188.0	148.5	115.0	*117.5	105.8	100.0	94.5	88.3	87.7	République tchèque
132.5	134.2	129.8	128.9	130.7	119.3	115.8	111.4	100.0	90.4	86.8	85.1	Danemark
158.9	150.6	138.0	131.0	125.3	118.4	110.1	105.7	100.0	100.6	96.8	91.1	Finlande
142.5	137.3	131.8	121.6	117.0	112.7	107.8	103.2	100.0	97.3	95.6	94.1	France
97.5	93.3	88.9	85.9	*135.8	119.8	109.5	104.0	100.0	93.1	89.8	87.9	Allemagne
124.2	124.3	118.9	113.7	103.2	103.2	101.5	101.0	100.0	100.5	97.8	90.0	Grèce
					155.9	118.3	111.2	100.0	102.5	97.6	94.5	Hongrie
107.8	102.3	101.6	101.6	*96.1	96.1	96.9	97.7	100.0	105.5	95.3	99.2	Islande
110.1	111.4	109.4	112.1	103.4	105.4	99.3	98.0	100.0	94.6	95.3	91.3	Irlande
145.7	137.8	130.7	127.3	122.4	117.5	*108.7	104.1	100.0	94.0	92.0	89.9	Italie
113.8	110.3	106.9	106.9	105.2	103.4	103.4	101.7	100.0	98.3	94.8	94.8	Luxembourg
110.2	111.4	112.2	113.3	114.9	101.2	100.0	103.5	100.0	106.3	104.7	96.1	Pays-Bas
131.1	126.4	124.5	121.7	109.4	103.8	104.7	100.9	100.0	102.8	98.1	98.1	Norvège
						113.6	110.6	104.5	100.0	98.9	93.4	88.1	Pologne
186.3	178.1	167.0	167.6	158.8	100.2	100.4	102.6	100.0	109.9	125.4	128.8	Portugal
155.6	153.1	144.4	134.2	121.5	113.2	108.2	104.0	100.0	97.3	96.5	95.8	Espagne
*137.9	135.5	128.2	123.4	118.5	112.9	109.7	109.7	100.0	92.7	87.9	82.3	Suède
120.2	118.5	117.3	117.9	103.0	98.8	104.8	96.4	100.0	102.4	104.8	106.0	Suisse
86.4	86.5	90.6	91.1	93.8	86.6	89.5	92.4	100.0	98.3	90.0	93.5	Turquie
106.6	112.0	110.3	107.3	110.9	106.2	97.0	100.0	100.0	95.9	92.5	87.1	Royaume-Uni
					102.8	*101.4	*101.6	100.0	97.6	96.8	93.8	OCDE-Total
118.2	114.6	112.1	*109.5	*111.9	107.6	*101.5	*101.5	100.0	97.0	95.2	93.6	Sept grands
136.9	131.8	125.5	120.6	*124.5	112.6	*106.4	103.3	100.0	97.1	96.3	94.7	Zone euro
*133.5	129.8	123.9	119.2	*121.4	111.3	*105.5	103.0	100.0	97.2	95.9	93.3	UE15

Statistiques de la Population Active
© OCDE, 1999

CIVILIAN EMPLOYMENT: INDUSTRY

Thousands

	1975	1976	1977	1978	1979	1980	1981	1982	1983	1984	1985	1986
Canada	2 720	*2 899	2 870	2 959	3 104	3 162	3 225	2 928	2 840	2 950	2 993	3 061
Mexico						4 519						
United States	26 288	27 354	28 401	29 887	30 918	30 315	30 190	28 257	28 253	29 892	30 048	30 339
Australia	1 959	1 959	1 945	1 875	1 898	1 939	1 935	1 883	1 750	1 806	1 825	1 858
Japan	18 730	18 880	18 890	18 930	19 140	19 560	19 700	19 650	19 930	20 080	20 250	20 180
Korea	2 684	3 170	3 386	3 804	3 934	3 798	3 735	3 862	4 083	4 253	4 415	4 715
New Zealand	435	442	450	426	424	427	406	419	408	411	430	*444
Austria	1 204	1 182	1 213	1 225	1 233	1 236	1 236	*1 269	1 226	*1 234	1 233	1 241
Belgium	1 452	1 410	1 369	1 324	1 299	1 269	1 194	1 138	1 101	1 077	1 062	1 048
Czech Republic	2 482	2 475	2 468	2 472	2 478	2 475	2 472	2 473	2 477	2 485	2 484	2 488
Denmark	735	773	756	744	793	750	695	673	678	659	709	742
Finland	798	790	775	757	779	803	821	801	789	784	777	774
France	8 055	7 984	7 951	7 831	7 725	7 664	7 459	7 395	7 220	6 970	6 768	6 668
Germany	11 606	11 430	11 369	11 385	11 534	11 592	11 383	11 029	10 689	10 645	10 684	10 771
Greece	893	930	954	974	994	1 015	1 023	1 021	1 013	989	983	1 012
Hungary												
Iceland	33	35	35	36	36	38	38	39	39	40	40	40
Ireland	337	325	336	350	365	371	363	355	330	318	306	306
Italy	7 636	7 526	7 617	7 577	7 583	7 699	7 647	7 527	7 352	7 043	6 896	6 821
Luxembourg	68	66	64	61	60	60	59	57	56	55	54	55
Netherlands	1 619	1 563	1 553	1 569	1 567	1 563	1 517	1 440	1 390	1 408	1 428	1 381
Norway	587	593	590	586	564	556	557	546	523	535	540	556
Poland												
Portugal	1 259	1 272	1 252	1 315	1 348	1 443	1 450	1 472	1 458	1 388	1 377	1 386
Spain	4 772	4 606	4 594	4 489	4 352	4 162	3 957	3 785	3 700	3 513	3 377	3 474
Sweden	1 481	1 448	1 407	1 360	1 359	1 364	1 323	1 277	1 263	1 268	1 283	*1 287
Switzerland	1 316	1 235	1 227	1 231	1 229	*1 207	1 227	1 202	1 173	1 174	1 194	1 214
Turkey	2 795	2 889	3 108	3 132	3 189	3 213	3 225	3 298	3 376	3 465	3 599	3 700
United Kingdom	9 987	9 699	9 673	9 653	9 693	9 412	8 592	8 153	7 770	8 410	8 430	8 319
OECD-Total												
Major seven	85 022	*85 772	86 771	88 222	89 697	89 404	88 196	84 939	84 054	85 990	86 069	86 159
Euro zone	38 806	38 154	38 093	37 883	37 845	37 862	37 086	*36 268	35 311	*34 435	33 962	33 925
EU15	51 902	51 004	50 883	50 614	50 684	50 403	48 719	*47 392	46 035	*45 761	45 367	*45 285
1995=100												
Canada	87.7	*93.5	92.6	95.5	100.1	102.0	104.0	94.5	91.6	95.2	96.5	98.7
Mexico						64.4						
United States	87.7	91.2	94.7	99.7	103.1	101.1	100.7	94.2	94.2	99.7	100.2	101.2
Australia	103.9	103.9	103.2	99.5	100.7	102.9	102.7	99.9	92.8	95.8	96.8	98.6
Japan	86.4	87.1	87.2	87.4	88.3	90.3	90.9	90.7	92.0	92.7	93.4	93.1
Korea	39.7	46.9	50.1	56.2	58.2	56.1	55.2	57.1	60.4	62.9	65.3	69.7
New Zealand	107.9	109.7	111.7	105.7	105.2	106.0	100.7	104.0	101.2	102.0	106.7	*110.2
Austria	100.1	98.3	100.8	101.8	102.5	102.7	102.7	*105.5	101.9	*102.6	102.5	103.2
Belgium	148.0	143.7	139.6	135.0	132.4	129.4	121.7	116.0	112.2	109.8	108.3	106.8
Czech Republic	119.5	119.2	118.8	119.0	119.3	119.2	119.0	119.1	119.3	119.6	119.6	119.8
Denmark	104.4	109.8	107.4	105.7	112.6	106.5	98.7	95.6	96.3	93.6	100.7	105.4
Finland	140.0	138.6	136.0	132.8	136.7	140.9	144.0	140.5	138.4	137.5	136.3	135.8
France	138.8	137.6	137.0	135.0	133.1	132.1	128.6	127.5	124.4	120.1	116.6	114.9
Germany	88.5	87.1	86.6	86.8	87.9	88.3	86.8	84.1	81.5	81.1	81.4	82.1
Greece	100.6	104.7	107.4	109.7	111.9	114.3	115.2	115.0	114.1	111.4	110.7	114.0
Hungary												
Iceland	95.4	99.1	99.4	101.4	102.9	107.1	109.4	111.4	112.3	114.0	114.0	114.3
Ireland	95.7	92.3	95.5	99.4	103.7	105.4	103.1	100.9	93.8	90.3	86.9	86.9
Italy	118.8	117.1	118.5	117.9	117.9	119.8	118.9	117.1	114.4	109.6	107.3	106.1
Luxembourg	117.7	113.1	110.3	105.0	103.6	103.3	101.2	98.6	95.7	94.3	93.1	94.8
Netherlands	104.9	101.2	100.6	101.6	101.5	101.2	98.3	93.3	90.0	91.2	92.5	89.4
Norway	122.5	123.8	123.2	122.3	117.7	116.1	116.3	114.0	109.2	111.7	112.7	116.1
Poland												
Portugal	88.5	89.5	88.0	92.5	94.8	101.5	102.0	103.5	102.5	97.6	96.8	97.5
Spain	131.7	127.1	126.8	123.9	120.1	114.9	109.2	104.5	102.1	97.0	93.2	95.9
Sweden	143.5	140.3	136.3	131.8	131.7	132.2	128.2	123.7	122.4	122.9	124.3	*124.7
Switzerland	118.6	111.3	110.5	110.9	110.7	*108.7	110.5	108.3	105.7	105.8	107.6	109.4
Turkey	65.2	67.3	72.4	73.0	74.3	74.9	75.2	76.9	78.7	80.8	83.9	86.2
United Kingdom	141.1	137.0	136.6	136.4	136.9	133.0	121.4	115.2	109.8	118.8	119.1	117.5
OECD-Total												
Major seven	97.5	*98.4	99.5	101.2	102.9	102.5	101.2	97.4	96.4	98.6	98.7	98.8
Euro zone	110.5	108.7	108.5	107.9	107.8	107.9	105.6	*103.3	100.6	*98.1	96.7	96.6
EU15	115.8	113.8	113.6	113.0	113.1	112.5	108.7	*105.8	102.7	*102.1	101.2	*101.1

POPULATION ACTIVE CIVILE OCCUPÉE : INDUSTRIE

Milliers

1987	1988	1989	1990	1991	1992	1993	1994	1995	1996	1997	1998	
3 143	3 303	3 375	3 259	3 010	2 914	2 889	3 000	3 100	3 000	3 108	3 208	Canada
			..	6 817	6 921	7 047	7 187	7 012	7 713	8 101	9 190	Mexique
30 475	30 964	31 291	*31 123	29 753	29 155	28 907	*29 535	29 984	30 215	30 950	31 071	États-Unis
1 861	1 942	2 038	1 963	1 788	1 795	1 804	1 856	1 885	1 879	1 857	1 884	Australie
19 970	20 520	20 990	21 290	21 930	22 270	22 110	21 960	21 670	21 580	21 700	20 870	Japon
5 336	5 691	6 025	6 406	6 676	6 615	6 454	6 583	6 765	6 743	6 581	5 542	Corée
426	393	373	364	343	335	351	390	403	427	413	414	Nouvelle-Zélande
1 245	1 237	1 237	1 260	1 284	1 261	1 255	1 239	1 203	1 203	1 165	1 172	Autriche
1 026	1 022	1 045	1 056	1 051	1 033	1 012	991	981	967	968	968	Belgique
2 493	2 488	2 470	2 275	2 213	2 111	*2 124	2 118	2 077	2 067	2 060	2 132	République tchèque
747	723	715	726	724	716	672	673	704	700	709	717	Danemark
753	741	763	761	682	603	548	540	570	578	594	614	Finlande
6 569	6 528	6 579	6 549	6 460	6 254	5 954	5 797	5 802	5 720	5 642	5 641	France
10 744	10 717	10 842	11 132	*15 061	14 387	13 912	13 474	13 121	12 627	12 373	12 334	Allemagne
1 007	996	1 011	1 032	1 001	1 000	900	896	888	886	866	914	Grèce
					1 432	1 292	1 237	1 199	1 190	1 208	1 264	Hongrie
42	39	38	38	*36	33	34	36	35	34	36	37	Islande
300	300	306	319	322	320	315	333	352	359	390	437	Irlande
6 715	6 750	6 753	6 845	6 915	6 850	*6 601	6 429	6 429	6 427	6 408	6 440	Italie
56	56	56	58	58	58	59	59	58	59	59	59	Luxembourg
1 548	1 566	1 607	1 646	1 645	1 587	1 574	1 525	1 544	1 562	1 598	1 608	Pays-Bas
565	548	510	494	466	462	455	468	479	488	513	519	Norvège
						4 690	4 723	4 728	4 740	4 850	4 922	Pologne
1 454	1 503	1 549	1 607	1 614	1 460	1 446	1 451	1 422	1 404	1 443	1 695	Portugal
3 681	3 829	4 035	4 203	4 168	4 003	3 632	3 536	3 623	3 678	3 825	4 017	Espagne
*1 290	1 297	1 315	1 291	1 231	1 112	1 008	986	1 032	1 034	1 018	1 024	Suède
1 216	1 220	1 235	1 224	1 208	1 139	1 095	1 094	1 110	1 067	1 017	1 009	Suisse
3 835	3 958	3 932	3 885	3 992	4 263	4 216	4 376	4 290	4 591	4 799	4 814	Turquie
8 146	8 458	8 680	8 667	8 183	7 708	7 473	7 089	7 079	7 152	7 139	7 161	Royaume-Uni
						129 829	*129 581	129 545	130 089	131 389	131 677	OCDE-Total
85 762	87 240	88 510	*88 865	*91 312	89 538	*87 846	*87 284	87 185	86 721	87 320	86 725	Sept grands
34 091	34 249	34 772	35 436	*39 260	37 816	*36 308	35 374	35 105	34 584	34 465	34 985	Zone euro
*45 281	45 723	46 493	47 152	*50 399	48 352	*46 361	45 018	44 808	44 355	44 197	44 801	UE15

1995=100

1987	1988	1989	1990	1991	1992	1993	1994	1995	1996	1997	1998	
101.4	106.5	108.9	105.1	97.1	94.0	93.2	96.8	100.0	96.8	100.3	103.5	Canada
				97.2	98.7	100.5	102.5	100.0	110.0	115.5	131.1	Mexique
101.6	103.3	104.4	*103.8	99.2	97.2	96.4	*98.5	100.0	100.8	103.2	103.6	États-Unis
98.7	103.0	108.1	104.1	94.9	95.2	95.7	98.5	100.0	99.7	98.5	99.9	Australie
92.2	94.7	96.9	98.2	101.2	102.8	102.0	101.3	100.0	99.6	100.1	96.3	Japon
78.9	84.1	89.1	94.7	98.7	97.8	95.4	97.3	100.0	99.7	97.3	81.9	Corée
105.7	97.5	92.6	90.3	85.1	83.1	87.1	96.8	100.0	106.0	102.5	102.7	Nouvelle-Zélande
103.5	102.8	102.8	104.7	106.7	104.8	104.3	103.0	100.0	100.0	96.8	97.4	Autriche
104.6	104.2	106.5	107.6	107.1	105.3	103.2	101.0	100.0	98.6	98.7	98.7	Belgique
120.0	119.8	118.9	109.5	106.5	101.6	*102.3	102.0	100.0	99.5	99.2	102.6	République tchèque
106.1	102.7	101.6	103.1	102.8	101.7	95.5	95.6	100.0	99.4	100.7	101.8	Danemark
132.1	130.0	133.9	133.5	119.6	105.8	96.1	94.7	100.0	101.4	104.2	107.7	Finlande
113.2	112.5	113.4	112.9	111.3	107.8	102.6	99.9	100.0	98.6	97.2	97.2	France
81.9	81.7	82.6	84.8	*114.8	109.6	106.0	102.7	100.0	96.2	94.3	94.0	Allemagne
113.4	112.2	113.9	116.2	112.7	112.6	101.4	100.9	100.0	99.8	97.5	102.9	Grèce
						119.4	107.8	103.2	100.0	99.3	100.7	105.5	Hongrie
119.4	110.3	108.3	108.3	*102.9	94.3	97.1	102.9	100.0	97.1	102.9	106.0	Islande
85.2	85.2	86.9	90.6	91.5	90.9	89.5	94.6	100.0	102.0	110.8	124.1	Irlande
104.4	105.0	105.0	106.5	107.6	106.5	*102.7	100.0	100.0	100.0	99.7	100.2	Italie
95.7	95.5	97.1	99.1	99.3	100.3	101.5	100.7	100.0	100.9	100.9	101.0	Luxembourg
100.3	101.4	104.1	106.6	106.5	102.8	101.9	98.8	100.0	101.2	103.5	104.1	Pays-Bas
118.0	114.4	106.5	103.1	97.3	96.5	95.0	97.7	100.0	101.9	107.1	108.4	Norvège
						99.2	99.9	100.0	100.2	102.6	104.1	Pologne
102.3	105.7	108.9	113.0	113.5	102.7	101.7	102.0	100.0	98.7	101.5	119.2	Portugal
101.6	105.7	111.4	116.0	115.0	110.5	100.2	97.6	100.0	101.5	105.6	110.9	Espagne
*125.0	125.7	127.4	125.1	119.3	107.8	97.7	95.5	100.0	100.2	98.6	99.2	Suède
109.5	109.9	111.3	110.3	108.8	102.6	98.6	98.6	100.0	96.1	91.6	90.9	Suisse
89.4	92.3	91.7	90.6	93.1	99.4	98.3	102.0	100.0	107.0	111.9	112.2	Turquie
115.1	119.5	122.6	122.4	115.6	108.9	105.6	100.1	100.0	101.0	100.8	101.2	Royaume-Uni
						100.2	*100.0	100.0	100.4	101.4	101.6	OCDE-Total
98.4	100.1	101.5	*101.9	*104.7	102.7	*100.8	*100.1	100.0	99.5	100.2	99.5	Sept grands
97.1	97.6	99.1	100.9	*111.8	107.7	*103.4	100.8	100.0	98.5	98.2	99.7	Zone euro
*101.1	102.0	103.8	105.2	*112.5	107.9	*103.5	100.5	100.0	99.0	98.6	100.0	UE15

Statistiques de la Population Active
© OCDE, 1999

CIVILIAN EMPLOYMENT: SERVICES

Thousands

	1975	1976	1977	1978	1979	1980	1981	1982	1983	1984	1985	1986
Canada	6 001	*6 303	6 544	6 777	7 054	7 322	7 561	7 532	7 663	7 849	8 165	8 450
Mexico						11 729						
United States	56 049	57 944	60 189	62 610	64 394	65 457	66 688	67 701	69 037	71 645	73 765	75 909
Australia	3 485	3 555	3 650	3 755	3 782	3 935	4 043	4 086	4 078	4 261	4 435	4 644
Japan	26 900	*27 410	28 200	28 820	29 540	30 020	30 540	31 260	32 080	32 460	32 730	33 410
Korea	3 669	3 728	4 084	4 454	4 802	5 231	5 487	5 905	6 107	6 262	6 822	7 128
New Zealand	649	663	671	680	699	699	711	717	716	726	751	*934
Austria	1 369	1 402	1 423	1 461	1 492	1 511	1 537	*1 599	1 620	*1 697	1 711	1 758
Belgium	2 071	2 100	2 132	2 183	2 239	2 272	2 279	2 287	2 290	2 310	2 347	2 387
Czech Republic	1 857	1 890	1 926	1 956	1 981	2 000	2 014	2 030	2 044	2 071	2 095	2 110
Denmark	1 370	1 344	1 382	1 403	1 471	1 485	1 499	1 524	1 535	1 631	1 644	1 734
Finland	1 084	1 111	1 110	1 117	1 158	1 201	1 217	1 254	1 288	1 327	1 371	1 381
France	10 653	10 950	11 222	11 478	11 672	11 816	11 953	12 310	12 520	12 647	12 848	13 099
Germany	12 230	12 395	12 572	12 811	13 176	13 534	13 749	13 844	13 842	13 986	14 186	14 484
Greece	1 178	1 200	1 224	1 253	1 297	1 325	1 425	1 469	1 466	1 520	1 569	1 562
Hungary												
Iceland	47	49	50	52	53	54	59	61	62	64	67	71
Ireland	486	493	504	519	543	561	572	585	590	589	585	594
Italy	8 594	8 858	9 044	9 217	9 485	9 715	9 982	10 248	10 472	10 949	11 315	11 551
Luxembourg	78	80	82	85	87	89	91	93	94	96	99	102
Netherlands	2 758	2 829	2 899	2 930	2 997	3 169	3 308	3 321	3 313	3 325	3 400	3 525
Norway	952	1 018	1 060	1 099	1 137	1 160	1 188	1 210	1 239	1 261	1 297	1 346
Poland												
Portugal	1 201	1 233	1 286	1 278	1 329	1 423	1 451	1 464	1 713	1 718	1 711	1 787
Spain	4 925	5 114	5 131	5 097	5 170	5 161	5 151	5 252	5 279	5 247	5 309	5 642
Sweden	2 320	2 384	2 442	2 506	2 579	2 631	2 666	2 707	2 733	2 771	2 807	*2 802
Switzerland	1 563	1 553	1 579	1 612	1 649	*1 741	1 801	1 844	1 876	1 910	1 955	1 983
Turkey	3 222	3 415	3 614	3 693	3 883	4 065	4 199	4 319	4 433	4 621	4 797	5 030
United Kingdom	14 049	14 120	14 181	14 364	14 719	14 938	14 779	14 799	14 913	14 828	15 252	15 523
OECD-Total												
Major seven	134 476	*137 980	141 952	146 077	150 040	152 802	155 252	157 694	160 527	164 364	168 261	172 426
Euro zone	45 449	46 565	47 405	48 176	49 348	50 452	51 290	*52 257	53 021	*53 891	54 882	56 310
EU15	64 366	65 613	66 634	67 702	69 414	70 831	71 659	*72 756	73 668	*74 641	76 154	*77 931

1995=100

	1975	1976	1977	1978	1979	1980	1981	1982	1983	1984	1985	1986
Canada	60.9	*64.0	66.4	68.8	71.6	74.3	76.7	76.4	77.8	79.7	82.9	85.8
Mexico						66.0						
United States	61.4	63.4	65.9	68.6	70.5	71.7	73.0	74.1	75.6	78.5	80.8	83.1
Australia	58.7	59.9	61.5	63.2	63.7	66.3	68.1	68.8	68.7	71.7	74.7	78.2
Japan	68.6	*69.9	71.9	73.5	75.3	76.5	77.9	79.7	81.8	82.8	83.5	85.2
Korea	33.1	33.7	36.9	40.2	43.4	47.2	49.6	53.3	55.2	56.6	61.6	64.4
New Zealand	61.1	62.4	63.2	64.0	65.8	65.8	66.9	67.5	67.4	68.4	70.7	*87.9
Austria	60.1	61.5	62.5	64.1	65.5	66.3	67.5	*70.2	71.1	*74.5	75.1	77.2
Belgium	78.8	79.9	81.2	83.1	85.2	86.5	86.8	87.1	87.2	87.9	89.3	90.9
Czech Republic	73.6	74.9	76.3	77.5	78.5	79.3	79.8	80.5	81.0	82.1	83.0	83.6
Denmark	78.4	76.9	79.1	80.3	84.2	85.0	85.8	87.2	87.8	93.3	94.1	99.2
Finland	81.4	83.5	83.4	83.9	87.0	90.2	91.4	94.2	96.8	99.7	103.0	103.8
France	70.7	72.7	74.5	76.2	77.5	78.4	79.3	81.7	83.1	83.9	85.3	86.9
Germany	56.5	57.3	58.1	59.2	60.9	62.6	63.6	64.0	64.0	64.7	65.6	67.0
Greece	54.7	55.7	56.8	58.1	60.2	61.5	66.1	68.2	68.0	70.5	72.8	72.5
Hungary												
Iceland	50.5	52.7	53.4	55.8	56.8	58.5	63.3	65.5	66.6	68.3	72.5	76.5
Ireland	63.0	63.9	65.3	67.2	70.3	72.7	74.1	75.8	76.4	76.3	75.8	76.9
Italy	71.5	73.7	75.3	76.7	78.9	80.9	83.1	85.3	87.2	91.1	94.2	96.1
Luxembourg	51.9	53.6	54.9	56.6	58.1	59.3	60.7	61.7	62.7	63.8	66.1	68.3
Netherlands	54.7	56.1	57.5	58.1	59.5	62.9	65.6	65.9	65.7	66.0	67.5	70.0
Norway	65.1	69.6	72.5	75.1	77.7	79.3	81.2	82.7	84.7	86.2	88.7	92.0
Poland												
Portugal	48.3	49.6	51.8	51.4	53.5	57.3	58.4	58.9	69.0	69.2	68.9	71.9
Spain	67.3	69.9	70.1	69.6	70.6	70.5	70.4	71.7	72.1	71.7	72.5	77.1
Sweden	81.9	84.2	86.3	88.5	91.1	92.9	94.2	95.6	96.5	97.9	99.2	*99.0
Switzerland	61.8	61.4	62.5	63.8	65.2	*68.9	71.2	72.9	74.2	75.6	77.3	78.4
Turkey	49.0	52.0	55.0	56.2	59.1	61.9	63.9	65.7	67.5	70.3	73.0	76.6
United Kingdom	77.1	77.5	77.8	78.8	80.8	82.0	81.1	81.2	81.8	81.4	83.7	85.2
OECD-Total												
Major seven	64.9	*66.5	68.5	70.5	72.4	73.7	74.9	76.1	77.4	79.3	81.2	83.2
Euro zone	64.3	65.9	67.0	68.1	69.8	71.3	72.5	*73.9	75.0	*76.2	77.6	79.6
EU15	67.3	68.6	69.6	70.8	72.6	74.0	74.9	*76.0	77.0	*78.0	79.6	*81.5

POPULATION ACTIVE CIVILE OCCUPÉE : SERVICES

Milliers

1987	1988	1989	1990	1991	1992	1993	1994	1995	1996	1997	1998	
8 695	8 945	9 159	9 356	9 334	9 385	9 567	9 747	9 853	10 128	10 312	10 585	Canada
			..	14 877	15 531	16 253	16 891	17 761	18 875	19 496	20 751	Mexique
78 566	80 678	82 673	*84 275	84 536	85 897	88 052	*89 939	91 325	92 923	95 069	96 883	États-Unis
4 829	4 983	5 333	5 480	5 490	5 479	5 462	5 661	5 939	6 044	6 151	6 299	Australie
34 250	34 840	35 670	36 680	37 470	37 980	38 540	38 830	39 220	39 710	40 380	40 590	Japon
7 438	7 694	8 117	8 441	8 869	9 355	9 965	10 556	11 071	11 616	12 142	11 960	Corée
968	958	945	960	960	973	988	1 008	1 062	1 138	1 172	1 163	Nouvelle-Zélande
1 771	1 805	1 839	1 883	1 942	2 035	2 072	2 229	2 278	2 291	2 351	2 275	Autriche
2 428	2 487	2 524	2 570	2 586	2 596	2 588	2 593	2 627	2 559	2 657	2 658	Belgique
2 121	2 136	2 148	2 107	2 121	2 191	*2 354	2 469	2 523	2 542	2 604	2 737	République tchèque
1 747	1 784	1 749	1 765	1 742	1 766	1 746	1 706	1 748	1 788	1 840	1 845	Danemark
1 409	1 442	1 479	1 489	1 450	1 373	1 308	1 308	1 331	1 382	1 415	1 455	Finlande
13 336	13 632	13 953	14 271	14 447	14 594	14 666	14 855	15 068	15 230	15 419	15 766	France
14 759	15 041	15 370	15 866	*20 294	20 655	20 852	21 219	21 629	21 980	22 132	22 368	Allemagne
1 619	1 690	1 730	1 799	1 825	1 878	2 027	2 104	2 155	2 200	2 223	2 349	Grèce
					2 134	2 129	2 128	2 129	2 114	2 058	2 086	Hongrie
76	76	75	75	*88	88	90	90	93	94	93	98	Islande
612	614	607	629	638	673	705	728	772	820	837	932	Irlande
11 699	12 016	12 134	12 475	12 672	12 670	*12 102	12 045	12 014	12 206	12 261	12 378	Italie
107	112	119	125	129	133	138	143	150	156	163	170	Luxembourg
3 944	4 083	4 172	4 332	4 506	4 673	4 742	4 842	5 039	5 150	5 342	5 571	Pays-Bas
1 386	1 396	1 372	1 371	1 389	1 396	1 405	1 429	1 463	1 507	1 548	1 593	Norvège
						6 381	6 545	6 719	6 920	7 214	7 486	Pologne
1 791	1 892	1 998	2 216	2 348	2 447	2 452	2 463	2 484	2 527	2 512	2 369	Portugal
5 978	6 257	6 627	6 891	7 095	7 103	6 996	7 075	7 320	7 639	7 869	8 115	Espagne
*2 876	2 935	2 993	3 003	2 995	2 941	2 820	2 807	2 831	2 814	2 798	2 854	Suède
2 022	2 061	2 087	2 121	2 519	2 530	2 544	2 538	2 528	2 574	2 609	2 660	Suisse
5 414	5 547	5 654	5 864	5 919	6 478	6 428	6 489	6 570	6 923	7 123	7 354	Turquie
16 039	16 652	17 280	17 578	17 527	17 396	17 390	17 956	18 226	18 426	18 931	19 383	Royaume-Uni
						282 762	*288 393	293 928	300 276	306 721	312 733	OCDE-Total
177 344	181 804	186 239	*190 501	*196 280	198 577	*201 169	*204 591	207 335	210 603	214 504	217 953	Sept grands
57 834	59 381	60 822	62 747	*68 107	68 952	*68 621	69 500	70 712	71 940	72 958	74 057	Zone euro
*80 115	82 442	84 574	86 892	*92 196	92 933	*92 604	94 073	95 672	97 168	98 750	100 488	UE15

1995=100

1987	1988	1989	1990	1991	1992	1993	1994	1995	1996	1997	1998	
88.2	90.8	93.0	95.0	94.7	95.3	97.1	98.9	100.0	102.8	104.7	107.4	Canada
				83.8	87.4	91.5	95.1	100.0	106.3	109.8	116.8	Mexique
86.0	88.3	90.5	*92.3	92.6	94.1	96.4	*98.5	100.0	101.7	104.1	106.1	États-Unis
81.3	83.9	89.8	92.3	92.4	92.3	92.0	95.3	100.0	101.8	103.6	106.1	Australie
87.3	88.8	90.9	93.5	95.5	96.8	98.3	99.0	100.0	101.2	103.0	103.5	Japon
67.2	69.5	73.3	76.2	80.1	84.5	90.0	95.3	100.0	104.9	109.7	108.0	Corée
91.1	90.2	89.0	90.4	90.4	91.6	93.0	94.9	100.0	107.2	110.4	109.5	Nouvelle-Zélande
77.7	79.2	80.7	82.7	85.3	89.3	91.0	97.8	100.0	100.6	103.2	99.9	Autriche
92.4	94.7	96.1	97.8	98.4	98.8	98.5	98.7	100.0	97.4	101.1	101.2	Belgique
84.1	84.7	85.1	83.5	84.1	86.8	*93.3	97.9	100.0	100.8	103.2	108.5	République tchèque
99.9	102.1	100.1	101.0	99.7	101.0	99.9	97.6	100.0	102.3	105.3	105.5	Danemark
105.9	108.3	111.1	111.9	108.9	103.2	98.3	98.3	100.0	103.8	106.3	109.3	Finlande
88.5	90.5	92.6	94.7	95.9	96.9	97.3	98.6	100.0	101.1	102.3	104.6	France
68.2	69.5	71.1	73.4	*93.8	95.5	96.4	98.1	100.0	101.6	102.3	103.4	Allemagne
75.1	78.4	80.3	83.5	84.7	87.1	94.1	97.6	100.0	102.1	103.2	109.0	Grèce
					100.2	100.0	100.0	100.0	99.3	96.7	98.0	Hongrie
81.8	81.9	80.8	80.9	*94.6	94.6	96.8	96.8	100.0	101.1	100.0	105.5	Islande
79.3	79.5	78.6	81.5	82.6	87.2	91.3	94.3	100.0	106.2	108.4	120.7	Irlande
97.4	100.0	101.0	103.8	105.5	105.5	*100.7	100.3	100.0	101.6	102.1	103.0	Italie
71.1	74.9	79.1	83.4	86.0	88.7	92.0	95.3	100.0	104.0	108.7	113.3	Luxembourg
78.3	81.0	82.8	86.0	89.4	92.7	94.1	96.1	100.0	102.2	106.0	110.6	Pays-Bas
94.7	95.4	93.8	93.7	94.9	95.4	96.0	97.7	100.0	103.0	105.8	108.9	Norvège
						95.0	97.4	100.0	103.0	107.4	111.4	Pologne
72.1	76.2	80.4	89.2	94.5	98.5	98.7	99.2	100.0	101.7	101.1	95.4	Portugal
81.7	85.5	90.5	94.1	96.9	97.0	95.6	96.7	100.0	104.4	107.5	110.9	Espagne
*101.6	103.7	105.7	106.1	105.8	103.9	99.6	99.2	100.0	99.4	98.8	100.8	Suède
80.0	81.5	82.6	83.9	99.6	100.1	100.6	100.4	100.0	101.8	103.2	105.2	Suisse
82.4	84.4	86.1	89.3	90.1	98.6	97.8	98.8	100.0	105.4	108.4	111.9	Turquie
88.0	91.4	94.8	96.4	96.2	95.4	95.4	98.5	100.0	101.1	103.9	106.3	Royaume-Uni
						96.2	*98.1	100.0	102.2	104.4	106.4	OCDE-Total
85.5	87.7	89.8	*91.9	*94.7	95.8	*97.0	*98.7	100.0	101.6	103.5	105.1	Sept grands
81.8	84.0	86.0	88.7	*96.3	97.5	*97.0	98.3	100.0	101.7	103.2	104.7	Zone euro
*83.7	86.2	88.4	90.8	*96.4	97.1	*96.8	98.3	100.0	101.6	103.2	105.0	UE15

Statistiques de la Population Active
© OCDE, 1999

CIVILIAN EMPLOYMENT BY SECTOR

	1975	1976	1977	1978	1979	1980	1981	1982	1983	1984	1985	1986
Agriculture as percentage of civilian employment												
Canada	6.1	*5.9	5.7	5.7	5.6	5.4	5.4	5.2	5.4	5.3	5.0	4.8
Mexico						26.7						
United States	4.1	3.9	3.7	3.7	3.6	3.6	3.5	3.6	3.5	3.3	3.1	3.1
Australia	6.8	6.5	6.7	6.2	6.6	6.5	6.5	6.4	6.6	6.2	6.2	6.0
Japan	12.7	12.2	11.9	11.7	11.2	10.4	10.0	9.7	9.3	8.9	8.8	8.5
Korea	45.7	44.4	41.7	38.4	35.8	34.0	34.2	32.1	29.7	27.1	24.9	23.6
New Zealand	10.7	10.5	10.4	11.2	11.1	10.9	11.2	11.4	11.2	11.2	11.1	*10.6
Austria	12.5	12.3	11.8	10.9	10.7	10.5	10.3	*9.9	9.9	*9.4	9.0	8.6
Belgium	3.8	3.6	3.5	3.4	3.3	3.2	3.2	3.1	3.2	3.1	3.1	3.0
Czech Republic	13.5	13.2	12.9	12.7	12.5	12.5	12.4	12.2	12.1	12.1	12.1	12.0
Denmark	9.8	8.3	7.8	7.9	7.2	7.1	7.3	7.5	7.4	6.7	6.7	5.9
Finland	14.9	16.2	15.1	14.4	13.8	13.5	13.0	13.2	12.7	12.2	11.5	11.0
France	10.3	9.9	9.5	9.2	8.9	8.6	8.4	8.1	7.8	7.7	7.5	7.2
Germany	6.8	6.4	6.0	5.8	5.4	5.3	5.2	5.0	5.0	4.8	4.6	4.4
Greece	35.2	34.2	33.2	32.0	30.8	30.3	30.7	28.9	29.9	29.4	28.9	28.5
Hungary												
Iceland	15.3	14.9	14.3	13.9	13.5	13.2	12.4	12.2	11.9	11.3	11.2	10.8
Ireland	22.4	22.1	21.3	20.6	19.6	18.3	17.3	17.0	17.0	16.7	15.9	15.7
Italy	16.7	16.5	15.8	15.5	14.9	14.3	13.4	12.4	12.4	11.9	11.2	10.9
Luxembourg	6.8	6.7	6.4	6.2	5.8	5.4	5.1	4.9	4.7	4.7	4.4	4.2
Netherlands	5.7	5.6	5.3	5.4	5.3	4.9	4.9	5.0	5.0	5.0	4.9	4.8
Norway	9.4	9.4	9.1	8.7	8.6	8.5	8.4	8.1	7.7	7.4	7.4	7.4
Poland												
Portugal	33.9	33.9	32.9	31.3	30.5	27.3	26.0	25.2	23.2	23.8	23.9	21.9
Spain	22.1	22.1	21.1	20.8	20.0	19.3	18.8	18.6	18.7	18.5	18.3	16.2
Sweden	6.4	6.2	6.1	6.1	5.8	5.6	5.6	5.6	5.4	5.1	4.8	*4.2
Switzerland	7.6	7.8	7.6	7.3	7.2	*6.9	6.6	6.4	6.4	6.2	6.1	5.9
Turkey	58.4	57.0	55.6	54.8	54.0	53.2	52.7	52.0	51.3	50.4	49.4	48.3
United Kingdom	2.8	2.8	2.8	2.8	2.7	2.6	2.7	2.7	2.7	2.6	2.3	2.2
OECD-Total												
Major seven	7.8	*7.5	7.2	7.0	6.7	6.4	6.2	6.1	6.0	5.7	5.4	5.3
Euro zone	12.9	12.7	12.1	11.7	11.3	10.8	10.3	*10.0	9.9	*9.6	9.3	8.8
EU15	11.3	11.1	10.7	10.3	9.9	9.5	9.3	*9.0	9.0	*8.7	8.4	*7.9
Industry as percentage of civilian employment												
Canada	29.3	*29.7	28.8	28.7	28.8	28.5	28.3	26.5	25.6	25.9	25.5	25.3
Mexico						21.1						
United States	30.6	30.8	30.9	31.1	31.3	30.5	30.1	28.4	28.0	28.5	28.0	27.7
Australia	33.5	33.2	32.4	31.2	31.2	30.9	30.3	29.5	28.0	27.9	27.3	26.9
Japan	35.9	35.8	35.4	35.0	34.9	35.3	35.3	34.9	34.8	34.8	34.9	34.5
Korea	23.0	25.5	26.4	28.4	28.9	27.8	26.6	26.9	28.1	29.5	29.5	30.4
New Zealand	35.8	35.8	35.9	34.2	33.6	33.8	32.3	32.7	32.2	32.1	32.4	*28.8
Austria	40.9	40.1	40.6	40.6	40.4	40.3	40.0	*39.8	38.8	*38.1	38.1	37.8
Belgium	39.6	38.7	37.7	36.5	35.5	34.7	33.3	32.2	31.4	30.8	30.2	29.6
Czech Republic	49.4	49.2	48.9	48.8	48.6	48.4	48.3	48.2	48.2	48.0	47.7	47.6
Denmark	31.5	33.5	32.6	31.9	32.5	30.4	29.3	28.3	28.4	26.8	28.1	28.2
Finland	36.1	34.8	34.9	34.6	34.7	34.6	35.0	33.8	33.2	32.6	32.0	32.0
France	38.6	37.9	37.4	36.7	36.1	35.7	35.0	34.6	33.8	32.9	32.0	31.4
Germany	45.4	44.9	44.6	44.3	44.2	43.7	43.0	42.1	41.4	41.1	41.0	40.8
Greece	27.9	28.7	29.2	29.7	30.0	30.2	29.0	29.2	28.6	27.8	27.4	28.1
Hungary												
Iceland	35.2	35.3	35.3	35.0	35.1	35.4	34.5	34.2	34.2	34.2	33.0	32.1
Ireland	31.8	31.0	31.5	32.0	32.3	32.5	32.1	31.3	29.7	29.2	28.9	28.7
Italy	39.2	38.4	38.5	38.1	37.8	37.9	37.6	37.1	36.1	34.5	33.6	33.1
Luxembourg	43.6	42.0	41.0	39.2	38.5	38.1	37.2	36.4	35.4	34.7	33.8	33.5
Netherlands	34.9	33.6	33.0	33.0	32.5	31.4	29.9	28.7	28.1	28.3	28.1	26.8
Norway	34.6	33.3	32.5	31.7	30.3	29.7	29.3	28.6	27.4	27.6	27.2	27.1
Poland												
Portugal	33.8	33.6	33.1	34.9	35.0	36.6	37.0	37.5	35.3	34.1	33.9	34.1
Spain	38.4	36.9	37.3	37.1	36.6	36.0	35.3	34.1	33.5	32.7	31.7	31.9
Sweden	36.5	35.4	34.3	33.0	32.5	32.2	31.3	30.3	29.9	29.8	29.8	*30.1
Switzerland	42.2	40.8	40.4	40.1	39.6	*38.1	37.9	36.9	36.0	35.7	35.6	35.4
Turkey	19.3	19.7	20.5	20.4	20.5	20.4	20.3	20.5	20.8	21.0	21.4	21.6
United Kingdom	40.4	39.6	39.4	39.1	38.6	37.6	35.8	34.6	33.3	35.2	34.8	34.3
OECD-Total												
Major seven	35.7	*35.5	35.2	35.0	34.9	34.5	33.9	32.9	32.3	32.4	32.0	31.6
Euro zone	40.1	39.3	39.1	38.8	38.5	38.2	37.6	*36.9	36.0	*35.3	34.7	34.3
EU15	39.6	38.9	38.7	38.3	38.0	37.6	36.7	*35.9	35.0	*34.7	34.2	*33.9

POPULATION ACTIVE CIVILE OCCUPÉE PAR SECTEUR

1987	1988	1989	1990	1991	1992	1993	1994	1995	1996	1997	1998	
colspan-agri												Agriculture en pourcentage de la population active civile occupée
4.7	4.4	4.2	4.2	4.4	4.2	4.3	4.1	4.1	4.0	3.7	3.7	Canada
			..	25.8	25.7	25.7	25.8	23.5	21.6	23.2	19.4	Mexique
3.0	2.9	2.9	*2.9	2.9	2.9	2.7	*2.9	2.9	2.8	2.7	2.7	États-Unis
5.7	5.8	5.4	5.6	5.4	5.3	5.3	5.1	5.0	5.0	4.9	4.8	Australie
8.3	7.9	7.6	7.2	6.7	6.4	5.9	5.8	5.7	5.5	5.3	5.3	Japon
21.9	20.7	19.5	17.9	16.5	15.8	14.9	13.6	12.5	11.6	11.0	12.2	Corée
10.3	10.3	10.3	10.5	10.7	10.8	10.6	10.4	9.7	9.4	8.6	8.5	Nouvelle-Zélande
8.6	8.1	8.0	7.9	7.4	7.1	7.0	7.2	7.5	7.3	6.8	6.6	Autriche
3.0	2.8	2.8	2.7	2.6	2.6	2.5	2.5	2.5	2.4	2.3	2.4	Belgique
12.0	12.0	11.9	12.3	10.0	8.0	*7.9	7.0	6.6	6.3	5.8	5.5	République tchèque
5.7	5.8	5.7	5.6	5.7	5.2	5.2	5.1	4.4	4.0	3.7	3.6	Danemark
10.4	9.8	8.9	8.4	8.5	8.6	8.6	8.3	7.7	7.5	7.1	6.5	Finlande
6.9	6.6	6.2	5.7	5.5	5.3	5.1	4.9	4.7	4.6	4.5	4.4	France
4.2	4.0	3.8	3.5	*4.2	3.8	3.5	3.3	3.2	3.0	2.9	2.8	Allemagne
27.0	26.6	25.3	23.9	22.2	21.9	21.3	20.8	20.4	20.3	19.8	17.7	Grèce
					11.4	9.3	8.9	8.1	8.5	8.1	7.6	Hongrie
10.5	10.2	10.3	10.3	*9.0	9.0	9.1	9.1	9.0	9.5	8.6	8.6	Islande
15.3	15.4	15.1	15.0	13.8	13.7	12.7	12.1	11.7	10.7	10.3	9.1	Irlande
10.5	9.9	9.3	8.9	8.5	8.2	*8.0	7.8	7.5	7.0	6.8	6.6	Italie
3.9	3.7	3.4	3.3	3.1	3.0	3.0	2.8	2.7	2.6	2.4	2.3	Luxembourg
4.9	4.8	4.7	4.6	4.5	3.9	3.9	4.0	3.7	3.9	3.7	3.3	Pays-Bas
6.7	6.4	6.6	6.5	5.9	5.6	5.6	5.3	5.2	5.2	4.8	4.7	Norvège
					25.0	24.8	23.8	22.6	22.1	20.6	19.2	Pologne
22.2	20.7	19.0	17.9	17.3	11.3	11.4	11.5	11.3	12.2	13.6	13.6	Portugal
15.1	14.4	13.0	11.8	10.7	10.1	10.1	9.8	9.2	8.7	8.4	8.0	Espagne
*3.9	3.8	3.6	3.4	3.4	3.3	3.4	3.5	3.1	2.9	2.8	2.6	Suède
5.7	5.5	5.3	5.2	4.4	4.3	4.6	4.3	4.4	4.5	4.6	4.6	Suisse
47.1	46.5	47.4	46.9	47.4	43.5	44.5	44.8	46.8	44.9	41.9	42.3	Turquie
2.3	2.3	2.2	2.2	2.3	2.2	2.0	2.1	2.1	1.9	1.8	1.7	Royaume-Uni
					9.1	*9.0	*8.9	8.6	8.3	8.1	7.8	OCDE-Total
5.1	4.9	4.7	*4.5	*4.5	4.3	*4.1	*4.0	3.9	3.8	3.7	3.6	Sept grands
8.5	8.1	7.5	7.1	*6.7	6.2	*5.9	5.8	5.6	5.4	5.3	5.1	Zone euro
*7.6	7.3	6.9	6.5	*6.2	5.8	*5.6	5.4	5.2	5.1	5.0	4.8	UE15
colspan-ind												Industrie en pourcentage de la population active civile occupée
25.3	25.8	25.8	24.8	23.3	22.7	22.2	22.6	23.0	21.9	22.3	22.4	Canada
			..	23.3	22.9	22.5	22.2	21.7	22.8	22.5	24.7	Mexique
27.1	26.9	26.7	*26.2	25.3	24.6	24.0	*24.0	24.0	23.8	23.9	23.6	États-Unis
26.2	26.4	26.2	24.9	23.3	23.4	23.5	23.4	22.9	22.5	22.1	21.9	Australie
33.8	34.1	34.3	34.1	34.4	34.6	34.3	34.0	33.6	33.3	33.1	32.2	Japon
32.6	33.7	34.3	35.4	35.9	34.9	33.5	33.2	33.2	32.5	31.3	27.8	Corée
27.4	26.1	25.4	24.6	23.5	22.8	23.5	25.0	24.8	24.6	23.8	23.9	Nouvelle-Zélande
37.7	37.4	37.0	36.9	36.9	35.6	35.1	33.2	32.3	32.7	31.6	31.8	Autriche
28.8	28.3	28.5	28.3	28.1	27.7	27.4	27.0	26.5	26.0	26.0	26.0	Belgique
47.5	47.4	47.1	45.5	45.9	45.1	*43.7	42.9	42.2	42.0	41.6	41.3	République tchèque
28.2	27.2	27.4	27.5	27.7	27.4	26.3	26.8	27.4	27.0	26.8	27.0	Danemark
31.2	30.6	31.0	31.0	29.3	27.9	27.0	26.8	27.7	27.3	27.5	27.7	Finlande
30.8	30.3	30.0	29.7	29.2	28.4	27.4	26.7	26.5	26.0	25.6	25.2	France
40.4	39.9	39.8	39.8	*40.8	39.5	38.6	37.5	36.5	35.4	34.8	34.5	Allemagne
28.0	27.2	27.5	27.7	27.6	27.1	24.2	23.6	23.2	22.9	22.5	23.0	Grèce
					35.6	34.3	33.5	33.1	33.5	33.9	34.6	Hongrie
31.7	30.2	30.1	30.1	*26.3	24.1	24.8	26.1	24.6	23.9	25.4	25.1	Islande
27.9	27.8	28.4	28.6	28.9	27.8	27.0	27.6	27.7	27.2	28.4	29.2	Irlande
32.6	32.4	32.4	32.3	32.3	32.2	*32.5	32.1	32.3	32.1	32.0	31.9	Italie
32.9	31.9	31.1	30.5	29.7	29.3	29.1	28.1	27.2	26.7	25.9	24.9	Luxembourg
26.8	26.4	26.5	26.3	25.5	24.1	24.0	23.0	22.6	22.4	22.2	21.7	Pays-Bas
27.0	26.4	25.3	24.8	23.6	23.5	23.1	23.4	23.4	23.2	23.7	23.4	Norvège
						31.5	32.2	32.0	31.7	31.9	32.1	Pologne
34.9	35.1	35.4	34.5	35.3	33.2	32.9	32.8	32.3	31.4	31.5	36.0	Portugal
32.3	32.5	32.9	33.4	33.1	32.4	30.7	30.1	30.1	29.7	30.0	30.4	Espagne
*29.7	29.5	29.4	28.9	28.1	26.5	25.4	25.1	25.9	26.1	26.0	25.7	Suède
34.6	33.8	33.3	32.0	31.0	29.7	28.8	28.9	29.2	28.0	26.7	26.2	Suisse
21.9	22.3	21.6	21.0	21.2	22.4	22.0	22.3	21.0	22.0	23.4	22.8	Turquie
32.9	33.0	32.9	32.5	31.5	30.0	29.4	27.7	27.2	27.2	26.7	26.5	Royaume-Uni
						28.6	*28.3	27.9	27.7	27.5	27.3	OCDE-Total
30.9	30.9	30.7	*30.4	*30.4	29.7	*29.2	*28.7	28.4	28.0	27.9	27.4	Sept grands
34.0	33.7	33.6	33.5	*34.2	33.2	*32.6	31.8	31.3	30.7	30.4	30.4	Zone euro
*33.4	33.1	33.1	32.9	*33.3	32.2	*31.5	30.6	30.2	29.7	29.4	29.4	UE15

Statistiques de la Population Active
© OCDE, 1999   OECD OCDE

CIVILIAN EMPLOYMENT BY SECTOR

	1975	1976	1977	1978	1979	1980	1981	1982	1983	1984	1985	1986
	Services as percentage of civilian employment											
Canada	64.6	*64.5	65.6	65.7	65.6	66.1	66.3	68.3	69.0	68.8	69.5	69.9
Mexico						54.8						
United States	65.3	65.3	65.4	65.2	65.2	65.9	66.4	68.0	68.5	68.2	68.8	69.3
Australia	59.7	60.3	60.9	62.5	62.2	62.6	63.2	64.1	65.3	65.9	66.4	67.1
Japan	51.5	*52.0	52.8	53.3	53.9	54.2	54.7	55.4	56.0	56.3	56.4	57.1
Korea	31.4	30.0	31.9	33.2	35.3	38.2	39.1	41.1	42.1	43.4	45.6	46.0
New Zealand	53.5	53.7	53.5	54.6	55.4	55.3	56.5	55.9	56.6	56.7	56.5	*60.5
Austria	46.5	47.6	47.6	48.5	48.9	49.2	49.7	*50.2	51.3	*52.5	52.9	53.6
Belgium	56.5	57.7	58.8	60.2	61.2	62.1	63.6	64.7	65.4	66.1	66.7	67.4
Czech Republic	37.0	37.6	38.2	38.6	38.9	39.1	39.4	39.6	39.7	40.0	40.2	40.4
Denmark	58.7	58.3	59.5	60.2	60.3	60.1	63.3	64.2	64.3	66.4	65.2	65.9
Finland	49.0	49.0	50.0	51.0	51.6	51.8	51.9	53.0	54.1	55.2	56.5	57.0
France	51.0	52.0	52.9	53.8	54.6	55.1	56.0	57.5	58.6	59.6	60.8	61.7
Germany	47.8	48.7	49.4	49.9	50.4	51.0	51.9	52.9	53.6	54.1	54.4	54.8
Greece	36.8	37.1	37.5	38.2	39.2	39.5	40.4	41.9	41.4	42.8	43.7	43.4
Hungary												
Iceland	49.5	49.8	50.4	51.1	51.5	51.4	53.1	53.5	53.9	54.5	55.8	57.1
Ireland	45.8	47.0	47.2	47.4	48.1	49.2	50.6	51.6	53.2	54.0	55.2	55.6
Italy	44.1	45.2	45.7	46.4	47.3	47.8	49.0	50.5	51.5	53.6	55.2	56.0
Luxembourg	49.6	51.3	52.7	54.6	55.7	56.5	57.7	58.7	59.9	60.6	61.9	62.3
Netherlands	59.4	60.8	61.7	61.6	62.2	63.8	65.2	66.3	66.9	66.8	67.0	68.4
Norway	56.1	57.2	58.4	59.5	61.1	61.9	62.4	63.4	64.9	65.0	65.4	65.6
Poland												
Portugal	32.3	32.5	34.0	33.9	34.5	36.1	37.0	37.3	41.5	42.2	42.2	44.0
Spain	39.6	41.0	41.6	42.1	43.4	44.7	45.9	47.3	47.8	48.8	49.9	51.9
Sweden	57.1	58.3	59.6	60.9	61.7	62.2	63.1	64.1	64.7	65.1	65.3	*65.6
Switzerland	50.1	51.4	52.0	52.6	53.2	*55.0	55.6	56.6	57.6	58.1	58.3	57.8
Turkey	22.3	23.3	23.9	24.1	24.9	25.8	26.4	26.9	27.3	28.0	28.6	29.4
United Kingdom	56.8	57.6	57.8	58.2	58.7	59.7	61.6	62.8	64.0	62.0	63.0	64.0
OECD-Total												
Major seven	56.5	*57.1	57.6	58.0	58.4	59.0	59.8	61.0	61.7	61.9	62.6	63.2
Euro zone	47.0	48.0	48.7	49.4	50.2	50.9	52.0	*53.2	54.1	*55.2	56.1	57.0
EU15	49.1	50.0	50.6	51.3	52.0	52.8	53.9	*55.1	56.1	*56.6	57.5	*58.3

POPULATION ACTIVE CIVILE OCCUPÉE PAR SECTEUR

1987	1988	1989	1990	1991	1992	1993	1994	1995	1996	1997	1998	
					Services en pourcentage de la population active civile occupée							
70.0	69.8	70.0	71.1	72.3	73.1	73.5	73.3	73.0	74.1	74.0	73.9	Canada
			..	50.9	51.3	51.9	52.1	54.8	55.7	54.2	55.9	Mexique
69.9	70.2	70.5	*70.9	71.8	72.5	73.2	*73.1	73.1	73.3	73.4	73.7	États-Unis
68.1	67.8	68.5	69.6	71.4	71.4	71.2	71.5	72.1	72.5	73.0	73.3	Australie
57.9	58.0	58.2	58.7	58.8	59.0	59.8	60.2	60.7	61.2	61.6	62.5	Japon
45.5	45.6	46.2	46.7	47.6	49.3	51.8	53.2	54.3	55.9	57.7	60.0	Corée
62.2	63.5	64.4	64.8	65.7	66.3	66.0	64.6	65.5	65.5	67.5	67.0	Nouvelle-Zélande
53.7	54.5	55.0	55.2	55.8	57.4	58.0	59.6	61.1	62.3	63.8	61.7	Autriche
68.2	68.9	68.8	69.0	69.2	69.7	70.1	70.5	71.0	68.9	71.4	71.5	Belgique
40.5	40.7	41.0	42.2	44.0	46.8	*48.4	50.1	51.2	51.7	52.6	53.1	République tchèque
66.0	67.1	67.0	66.9	66.7	67.6	68.4	68.0	68.1	69.0	69.5	69.4	Danemark
58.4	59.6	60.1	60.6	62.2	63.5	64.4	64.9	64.6	65.2	65.4	65.7	Finlande
62.5	63.3	63.7	64.6	65.3	66.3	67.5	68.4	68.8	69.4	69.9	70.4	France
55.4	56.0	56.4	56.7	*55.0	56.7	57.9	59.1	60.2	61.6	62.3	62.6	Allemagne
45.0	46.2	47.1	48.4	50.2	51.0	54.5	55.5	56.4	56.8	57.7	59.2	Grèce
						53.0	56.5	57.6	58.8	59.4	57.7	57.0	Hongrie
57.8	59.5	59.7	59.7	*64.2	64.2	65.7	65.2	65.5	66.2	66.5	66.3	Islande
57.0	57.0	56.4	56.4	57.3	58.5	60.4	60.3	60.6	62.2	61.0	62.3	Irlande
56.8	57.7	58.2	58.8	59.2	59.6	*59.6	60.2	60.3	60.9	61.2	61.4	Italie
63.2	64.5	65.5	66.2	66.5	66.8	68.1	68.7	70.2	71.0	72.0	72.0	Luxembourg
68.3	68.8	68.8	69.1	69.9	71.1	72.2	73.0	73.7	73.8	74.1	75.0	Pays-Bas
66.3	67.1	68.1	68.8	70.4	70.9	71.3	71.3	71.5	71.6	71.5	71.9	Norvège
						42.8	44.6	45.4	46.2	47.5	48.8	Pologne
42.9	44.2	45.6	47.6	51.4	55.6	55.8	55.7	56.4	56.4	54.9	50.4	Portugal
52.5	53.1	54.1	54.8	56.3	57.5	59.2	60.2	60.8	61.6	61.7	61.5	Espagne
*66.3	66.7	67.0	67.3	68.3	70.1	71.1	71.5	71.0	71.0	71.3	71.7	Suède
57.5	57.1	56.3	55.5	64.7	66.0	66.9	67.0	66.5	67.5	68.6	69.1	Suisse
31.0	31.2	31.0	31.6	31.4	34.1	33.5	33.0	32.2	33.1	34.7	34.9	Turquie
64.8	65.1	65.5	66.0	67.4	67.8	68.5	70.2	70.0	70.0	70.7	71.8	Royaume-Uni
						62.4	*62.9	63.4	63.9	64.3	64.9	OCDE-Total
64.0	64.3	64.7	*65.2	*65.3	66.0	*66.8	*67.3	67.6	68.1	68.4	69.0	Sept grands
57.6	58.3	58.8	59.4	*59.3	60.6	*61.5	62.5	63.1	63.9	64.4	64.4	Zone euro
*59.0	59.7	60.2	60.7	*60.8	62.0	*62.9	64.0	64.5	65.1	65.6	65.9	UE15

Statistiques de la Population Active
© OCDE, 1999

PART-TIME EMPLOYMENT

	1975	1976	1977	1978	1979	1980	1981	1982	1983	1984	1985	1986
Part-time as percentage of employment [1]												
Canada		*12.5	13.0	13.3	13.8	14.4	14.9	15.9	16.8	16.8	17.0	16.9
Mexico												
United States[2]					13.9	14.2	14.2	15.1	15.4	14.6	14.4	14.6
Australia[2]					17.2	18.1	18.5	19.2	19.0	18.9	20.4	21.1
Japan[2]						15.6	15.5	15.8	16.1	16.3	16.4	16.6
Korea[2]												
New Zealand												16.5
Austria												
Belgium									9.8	10.8	11.7	11.9
Czech Republic												
Denmark									20.6	21.2	20.3	19.6
Finland						6.7	7.4	7.7	8.3	8.4	8.3	8.1
France									9.7	10.6	11.2	12.2
Germany									13.4	11.0	11.0	11.2
Greece									7.0	6.7	5.8	6.8
Hungary												
Iceland												
Ireland									7.7	7.6	7.8	8.1
Italy									7.8	7.4	7.5	7.9
Luxembourg									7.3	7.0	7.2	7.3
Netherlands									18.5		19.5	
Norway												
Poland[2]												
Portugal												6.6
Spain												
Sweden												
Switzerland												
Turkey												
United Kingdom									18.4	19.6	19.7	20.2
Female share of part-time employment [1]												
Canada		70.2	70.1	70.9	71.0	71.4	71.1	70.7	69.8	69.3	70.3	69.7
Mexico												
United States[2]					68.3	68.4	68.6	68.3	68.0	68.9	68.5	68.4
Australia[2]					69.9	70.7	69.2	69.3	69.9	70.9	69.5	70.2
Japan[2]						70.5	71.0	72.0	72.5	73.3	72.5	73.1
Korea[2]												
New Zealand												79.7
Austria												
Belgium									78.8	78.0	77.6	78.3
Czech Republic												
Denmark									81.3	78.8	78.3	76.1
Finland						74.8	72.8	72.4	72.1	71.6	71.1	68.7
France									81.0	79.4	77.8	76.9
Germany									90.2	90.3	90.3	90.0
Greece									59.4	59.2	63.0	59.2
Hungary												
Iceland												
Ireland									71.6	70.7	73.3	70.6
Italy									67.4	68.9	68.3	68.4
Luxembourg									88.3	86.4	86.8	86.4
Netherlands									79.6		79.3	
Norway												
Poland[2]												
Portugal												74.1
Spain												
Sweden												
Switzerland												
Turkey												
United Kingdom									89.3	87.5	87.1	86.9

(1) Part-time employment refers to persons who work less than 30 hours per week in their main job. Data include only persons declaring usual hours worked.

(2) See the definition of part-time employment in Table II of Part II.

POPULATION ACTIVE OCCUPÉE À TEMPS PARTIEL

1987	1988	1989	1990	1991	1992	1993	1994	1995	1996	1997	1998	

Temps partiel en pourcentage de la population active occupée [1]

1987	1988	1989	1990	1991	1992	1993	1994	1995	1996	1997	1998	
16.6	16.8	16.6	17.0	18.1	18.5	19.1	18.8	18.6	18.9	19.0	18.7	Canada
								16.6	14.9	15.9	15.0	Mexique
14.4	14.2	14.1	13.8	14.4	14.4	14.4	14.3	14.1	14.0	13.6	13.4	États-Unis[2]
21.7	21.5	21.9	22.6	23.9	24.9	24.3	24.4	25.0	25.2	26.0	25.9	Australie[2]
16.5	16.8	17.4	19.1	19.9	20.3	21.0	21.4	20.1	21.8	23.2	23.6	Japon[2]
		5.2	4.5	4.7	4.9	4.6	4.6	4.4	4.4	5.1	6.8	Corée[2]
17.2	18.1	18.5	19.6	20.6	21.0	20.6	21.0	21.0	22.0	22.4	22.8	Nouvelle-Zélande
								11.1	10.9	10.8	11.5	Autriche
12.8	13.2	13.7	14.2	15.3	15.2	15.9	15.8	15.6	16.1	16.2	16.3	Belgique
								3.5	3.4	3.4	3.3	République tchèque
19.9	19.0	19.0	19.2	18.6	18.9	19.0	17.2	16.8	16.5	17.1	17.0	Danemark
8.1	7.4	7.7	7.6	8.0	8.2	8.9	9.0	8.7	8.4	9.3	9.7	Finlande
12.3	12.3	12.2	12.2	12.0	12.5	13.3	13.9	14.2	14.3	14.9	14.8	France
11.0	11.4	11.6	13.4	*11.8	12.3	12.8	13.5	14.2	14.9	15.8	16.6	Allemagne
6.4	6.9	6.6	6.7	6.8	7.1	7.0	7.8	7.7	8.0	8.2	9.2	Grèce
								3.2	3.1	3.3	3.4	Hongrie
				22.2	22.1	22.4	22.6	22.5	20.9	22.4	23.2	Islande
8.8	9.3	9.3	9.8	10.3	11.2	13.0	13.3	14.4	14.1	15.2		Irlande
8.1	8.3	8.8	8.8	8.8	10.0	10.0	10.0	10.5	10.5	11.3	11.8	Italie
8.1	7.1	7.6	7.6	8.8	9.5	9.9	10.7	11.4	10.4	11.1	12.8	Luxembourg
26.4	26.9	27.7	28.2	28.6	27.1	27.7	28.7	29.0	29.3	29.1	30.0	Pays-Bas
		21.1	21.3	21.6	21.7	21.8	21.2	21.2	21.4	21.2	21.0	Norvège
										11.9	11.8	Pologne[2]
6.4	6.7	7.1	6.8	7.8	8.8	8.8	9.5	8.6	9.2	10.2	9.9	Portugal
4.9	5.0	4.5	4.6	4.4	5.4	6.1	6.5	7.1	7.5	7.9	7.7	Espagne
16.9	16.0	15.2	14.5	14.6	15.0	15.4	15.8	15.1	14.8	14.2	13.5	Suède
				22.1	22.7	23.2	23.2	22.9	23.7	24.0	24.2	Suisse
	7.8	9.6	9.2	11.0	11.4	8.7	8.9	6.7	5.6	6.3	6.2	Turquie
20.8	20.5	20.2	20.1	20.7	21.5	22.1	22.4	22.3	22.9	22.9	23.0	Royaume-Uni

Part des femmes dans le temps partiel [1]

1987	1988	1989	1990	1991	1992	1993	1994	1995	1996	1997	1998	
70.4	70.9	70.6	70.1	69.5	69.0	68.3	68.8	68.8	69.1	69.7	69.5	Canada
								60.8	62.4	63.8	63.5	Mexique
68.3	68.3	68.7	68.2	67.7	67.2	67.2	68.3	68.7	68.8	68.4	68.0	États-Unis[2]
70.4	72.4	71.7	70.8	70.1	69.7	69.9	69.6	69.2	68.5	68.0	68.6	Australie[2]
73.6	73.3	73.7	70.7	69.9	69.4	67.7	67.4	70.1	68.1	67.0	67.5	Japon[2]
		57.1	58.6	58.8	60.4	60.8	60.6	61.2	63.5	62.4	54.8	Corée[2]
78.5	78.9	77.3	77.1	74.7	74.1	74.8	75.8	74.6	75.0	74.1	74.3	Nouvelle-Zélande
								84.2	86.4	86.3	86.9	Autriche
78.3	77.6	80.9	79.9	80.2	83.5	82.4	81.9	82.3	82.4	82.6	82.4	Belgique
								70.5	67.3	69.1	70.0	République tchèque
74.9	75.2	74.5	71.5	71.6	71.1	70.1	69.6	68.1	66.0	64.3	68.5	Danemark
68.9	68.4	66.7	66.8	64.5	64.0	62.6	62.4	64.2	64.0	63.2	63.1	Finlande
76.7	78.0	77.4	79.8	79.5	79.3	79.5	79.5	79.1	78.7	78.8	79.3	France
90.6	90.5	89.6	89.7	*89.4	88.8	88.5	87.1	86.3	85.8	85.1	84.1	Allemagne
63.2	62.5	61.8	61.1	59.9	59.7	60.4	59.2	61.4	62.5	63.0	63.6	Grèce
								67.7	69.4	71.3	69.2	Hongrie
				81.6	81.6	79.7	78.3	78.5	78.3	75.8	77.4	Islande
70.8	69.6	71.6	71.8	71.2	72.5	72.8	71.7	72.4	73.2	72.7		Irlande
69.4	69.8	71.1	70.8	71.9	69.2	71.0	72.6	70.8	71.5	71.0	70.4	Italie
87.8	88.3	86.4	86.5	89.9	85.8	87.4	88.6	89.2	87.3	89.0	87.3	Luxembourg
69.5	69.9	70.5	70.4	70.5	75.8	76.7	77.1	76.5	77.2	77.6	75.8	Pays-Bas
		84.1	82.9	82.5	81.4	80.8	81.2	80.9	80.1	80.0	79.1	Norvège
										61.1	62.2	Pologne[2]
75.5	76.4	76.8	74.0	73.1	73.0	72.6	71.3	75.3	72.9	72.6	70.9	Portugal
73.1	74.8	77.9	79.5	78.6	78.3	76.7	75.5	77.1	75.1	74.8	75.9	Espagne
84.8	83.2	81.9	81.1	80.4	79.1	78.0	76.8	76.8	76.5	76.3	78.1	Suède
				82.4	83.2	83.0	83.3	83.8	82.4	83.4	83.4	Suisse
	62.2	64.3	62.5	70.6	63.3	58.0	60.3	59.2	63.7	58.6	60.3	Turquie
85.5	84.7	86.2	85.1	85.1	84.4	83.6	82.9	81.8	81.4	80.4	80.4	Royaume-Uni

(1) L'emploi à temps partiel se réfère aux actifs travaillant moins de 30 heures par semaine dans leur emploi principal. Les données incluent uniquement les personnes déclarant des heures habituelles de travail.

(2) Voir la définition de l'emploi à temps partiel dans le tableau II de la partie II.

Statistiques de la Population Active
© OCDE, 1999

PART-TIME EMPLOYMENT

	1975	1976	1977	1978	1979	1980	1981	1982	1983	1984	1985	1986
Female part-time as percentage of female employment [1]												
Canada		23.7	24.4	24.6	25.3	25.9	26.3	27.4	28.1	27.7	28.2	27.7
Mexico												
United States [2]					21.7	21.9	21.8	22.7	22.9	22.0	21.5	21.5
Australia [2]					34.0	34.9	34.9	36.0	35.5	35.4	36.9	37.7
Japan [2]						28.4	28.4	29.0	29.5	30.1	29.9	30.4
Korea [2]												
New Zealand												31.7
Austria												
Belgium									22.4	24.2	25.8	26.2
Czech Republic												
Denmark									36.7	36.7	35.2	32.8
Finland						10.7	11.4	11.7	12.5	12.6	12.3	11.6
France									18.9	19.9	20.3	21.6
Germany									31.2	25.8	25.4	25.9
Greece									12.7	11.9	10.8	11.8
Hungary												
Iceland												
Ireland									17.4	16.7	17.8	17.6
Italy									16.5	16.0	16.0	16.5
Luxembourg									19.5	18.1	18.5	18.4
Netherlands									44.7		45.5	
Norway												
Poland [2]												
Portugal												12.2
Spain												
Sweden												
Switzerland												
Turkey												
United Kingdom									40.1	41.2	41.1	41.6
Male part-time as percentage of male employment [1]												
Canada		5.9	6.2	6.3	6.5	6.8	7.2	7.9	8.7	8.9	8.8	8.9
Mexico												
United States [2]					7.8	8.1	8.1	8.8	9.1	8.4	8.4	8.6
Australia [2]					8.0	8.3	9.0	9.3	9.2	8.9	10.1	10.4
Japan [2]						7.5	7.4	7.3	7.2	7.2	7.8	7.6
Korea [2]												
New Zealand												5.7
Austria												
Belgium									3.2	3.7	4.0	4.0
Czech Republic												
Denmark									7.1	8.2	8.0	8.6
Finland						3.2	3.8	4.1	4.5	4.6	4.7	5.0
France									3.2	3.8	4.3	5.0
Germany									2.1	1.7	1.7	1.8
Greece									4.2	4.1	3.2	4.2
Hungary												
Iceland												
Ireland									3.2	3.3	3.1	3.5
Italy									3.7	3.4	3.5	3.7
Luxembourg									1.3	1.4	1.5	1.5
Netherlands									5.6		6.1	
Norway												
Poland [2]												
Portugal												2.9
Spain												
Sweden												
Switzerland												
Turkey												
United Kingdom									3.3	4.2	4.3	4.6

(1)   Part-time employment refers to persons who work less than 30 hours per week in their main job. Data include only persons declaring usual hours worked.   (2)   See the definition of part-time employment in Table II of Part II.

POPULATION ACTIVE OCCUPÉE À TEMPS PARTIEL

Temps partiel des femmes en pourcentage de l'emploi des femmes [1]

1987	1988	1989	1990	1991	1992	1993	1994	1995	1996	1997	1998	
27.2	27.4	26.7	26.8	28.0	28.2	28.8	28.6	28.2	28.9	29.4	28.6	Canada
								31.3	28.5	30.2	28.3	Mexique
21.0	20.7	20.5	20.0	20.5	20.3	20.3	20.5	20.3	20.2	19.5	19.1	États-Unis[2]
38.5	38.4	38.4	38.5	39.7	40.9	40.1	40.1	40.2	40.0	41.0	40.7	Australie[2]
30.4	30.8	31.7	33.2	34.1	34.7	35.1	35.6	34.7	36.6	38.3	39.0	Japon[2]
		7.3	6.5	6.8	7.4	7.0	6.9	6.7	6.9	7.8	9.3	Corée[2]
32.2	33.7	33.5	34.6	35.1	35.3	35.2	36.0	35.5	36.8	37.0	37.6	Nouvelle-Zélande
								21.6	21.7	21.3	22.8	Autriche
27.8	27.7	29.5	29.8	31.4	31.6	32.0	31.6	31.5	32.1	32.3	32.2	Belgique
								5.7	5.3	5.5	5.4	République tchèque
32.4	31.4	30.8	29.6	28.6	29.0	28.5	26.2	25.6	24.2	24.2	25.4	Danemark
11.6	10.5	10.8	10.6	10.6	10.7	11.5	11.5	11.7	11.3	12.4	13.0	Finlande
21.7	21.8	21.4	21.7	21.3	22.0	23.1	24.0	24.3	24.1	25.2	25.0	France
25.4	26.4	26.6	29.8	*25.2	26.1	27.2	28.0	29.1	29.9	31.4	32.4	Allemagne
11.9	12.4	11.6	11.5	12.0	12.2	12.1	13.1	13.2	13.8	14.1	15.9	Grèce
								4.6	4.6	5.0	5.0	Hongrie
				39.7	39.4	38.6	37.9	37.8	35.3	36.8	38.6	Islande
18.3	19.4	19.5	20.5	20.8	22.1	24.8	24.6	26.6	26.4	27.2		Irlande
16.9	17.3	18.4	18.2	18.2	19.8	20.4	20.6	21.1	20.9	22.2	22.7	Italie
20.4	18.3	18.8	19.1	22.2	22.0	23.8	25.7	28.4	24.7	26.2	29.6	Luxembourg
51.0	51.2	52.8	52.5	52.6	52.1	53.2	54.3	54.7	55.5	54.8	54.8	Pays-Bas
	39.9	39.1	39.1	38.8	38.5	37.6	37.4	37.3	36.9	35.9		Norvège
										16.6	16.6	Pologne[2]
11.8	12.3	12.9	11.8	13.2	14.6	14.4	15.2	14.5	15.1	16.5	15.8	Portugal
12.1	12.1	11.1	11.5	10.7	12.8	13.9	14.4	15.9	16.2	16.8	16.6	Espagne
29.8	27.6	25.9	24.5	24.3	24.4	24.6	24.9	24.1	23.5	22.6	22.0	Suède
				42.6	44.0	45.0	44.9	44.9	44.9	45.7	45.8	Suisse
	16.5	19.8	18.8	25.1	24.2	16.9	18.2	13.2	12.0	13.5	13.3	Turquie
41.9	40.8	40.4	39.5	40.3	40.6	41.0	41.2	40.7	41.4	40.9	41.2	Royaume-Uni

Temps partiel des hommes en pourcentage de l'emploi des hommes [1]

1987	1988	1989	1990	1991	1992	1993	1994	1995	1996	1997	1998	
8.6	8.7	8.7	9.1	10.1	10.5	11.0	10.7	10.6	10.7	10.5	10.5	Canada
								9.6	8.3	8.7	8.2	Mexique
8.6	8.5	8.3	8.3	8.8	9.0	9.0	8.6	8.4	8.4	8.3	8.2	États-Unis[2]
10.6	9.9	10.5	11.3	12.4	13.1	12.7	12.9	13.5	14.0	14.6	14.4	Australie[2]
7.3	7.5	7.9	9.5	10.1	10.5	11.4	11.6	10.0	11.6	12.9	12.9	Japon[2]
		3.8	3.1	3.2	3.3	3.0	3.0	2.9	2.7	3.3	5.2	Corée[2]
6.4	6.6	7.4	7.9	9.3	9.7	9.3	9.1	9.5	9.9	10.5	10.6	Nouvelle-Zélande
								3.1	2.6	2.6	2.7	Autriche
4.3	4.7	4.2	4.6	5.0	4.2	4.8	4.8	4.7	4.8	4.8	4.9	Belgique
								1.8	2.0	1.9	1.7	République tchèque
9.2	8.6	9.0	10.2	9.9	10.2	10.7	9.7	9.7	10.2	11.1	9.9	Danemark
4.8	4.5	4.9	4.8	5.5	5.8	6.5	6.6	6.0	5.8	6.5	6.8	Finlande
5.1	4.9	4.9	4.4	4.5	4.7	5.1	5.3	5.6	5.7	5.9	5.8	France
1.7	1.8	2.0	2.3	*2.2	2.4	2.5	3.0	3.4	3.7	4.1	4.6	Allemagne
3.6	4.0	3.9	4.0	4.1	4.4	4.3	4.9	4.7	4.7	4.8	5.3	Grèce
								1.9	1.8	1.8	1.9	Hongrie
				7.5	7.5	8.5	9.2	9.1	8.4	10.1	9.8	Islande
3.9	4.3	4.0	4.2	4.6	4.8	5.7	6.2	6.5	6.2	7.0		Irlande
3.7	3.7	3.9	3.9	3.8	4.7	4.5	4.2	4.8	4.7	5.1	5.5	Italie
1.5	1.3	1.6	1.6	1.4	2.1	1.9	1.9	1.9	2.1	2.0	2.6	Luxembourg
12.5	12.8	13.0	13.4	13.7	10.8	10.8	11.1	11.4	11.3	11.1	12.4	Pays-Bas
		6.2	6.7	7.1	7.6	7.7	7.6	7.5	8.0	7.9	8.1	Norvège
										8.2	8.0	Pologne[2]
2.7	2.7	2.8	3.1	3.7	4.2	4.3	4.9	3.8	4.5	5.1	5.2	Portugal
1.9	1.8	1.4	1.4	1.4	1.7	2.1	2.4	2.5	2.9	3.1	2.9	Espagne
4.9	5.2	5.3	5.3	5.5	6.1	6.6	7.1	6.8	6.7	6.5	5.6	Suède
				6.8	6.7	6.9	6.8	6.5	7.3	7.1	7.2	Suisse
	4.2	5.0	4.9	4.7	6.0	5.2	5.0	3.9	2.9	3.6	3.4	Turquie
5.2	5.5	4.9	5.3	5.5	6.1	6.6	7.0	7.3	7.7	8.2	8.2	Royaume-Uni

(1) L'emploi à temps partiel se réfère aux actifs travaillant moins de 30 heures par semaine dans leur emploi principal. Les données incluent uniquement les personnes déclarant des heures habituelles de travail.

(2) Voir la définition de l'emploi à temps partiel dans le tableau II de la partie II.

Statistiques de la Population Active
© OCDE, 1999

DURATION OF UNEMPLOYMENT

	1975	1976	1977	1978	1979	1980	1981	1982	1983	1984	1985	1986
					Less than 1 month as percentage of unemployment [1]							
Canada		32.8	31.6	30.3	32.9	33.4	34.3	27.6	23.5	26.4	26.9	28.7
Mexico												
United States	37.1	38.4	41.7	46.2	48.1	43.2	41.7	36.4	33.3	39.2	42.1	41.9
Australia				21.3	20.2	19.3	19.8	21.0	11.9	15.1	16.5	17.4
Japan			24.4	21.0	17.5	20.0	26.2	18.8	20.2	15.1	16.9	17.2
Korea [2]												
New Zealand												30.3
Austria [2]												
Belgium									3.7	2.9	2.3	2.6
Czech Republic												
Denmark									4.9	5.8	5.5	6.9
Finland [2]						32.5		39.6	39.4	38.1	36.5	43.4
France	13.2	9.4	8.6	9.0	7.2	7.0	6.6	7.3	5.2	4.9	4.4	5.2
Germany									6.1	6.8	6.3	5.3
Greece									10.0	8.3	7.6	7.1
Hungary												
Iceland												
Ireland									7.1	5.1	3.0	3.5
Italy									2.5	2.1	2.2	1.9
Luxembourg									10.4	7.9	4.9	10.3
Netherlands									5.8		5.1	
Norway				42.9	41.4	47.8	51.7	35.7	31.7	25.4	35.0	43.3
Poland [2]												
Portugal												1.3
Spain			6.9	7.0	5.1	4.2	3.4	2.6	2.6	2.3	2.5	2.4
Sweden	37.7	38.1	34.8	33.7	34.5	33.8	29.2	26.3	26.5	25.9	27.1	26.3
Switzerland												
Turkey												
United Kingdom									6.8	7.2	6.7	6.8
					More than 1 month and less than 3 months as percentage of unemployment [1]							
Canada		32.2	32.0	31.1	31.2	31.4	30.6	30.2	26.5	26.6	26.8	27.4
Mexico												
United States	31.3	29.7	30.5	31.0	31.7	32.4	30.7	31.0	27.4	28.7	30.2	31.1
Australia				25.9	25.5	25.1	27.4	27.0	20.3	20.3	18.4	21.1
Japan			28.3	29.7	27.7	27.8	27.0	30.6	29.8	30.1	30.6	27.0
Korea [2]												
New Zealand												30.1
Austria [2]												
Belgium									4.2	4.4	4.1	3.6
Czech Republic												
Denmark									8.4	7.9	8.1	11.3
Finland [2]						0.0		0.0	0.0	0.0	0.0	0.0
France	23.6	21.4	21.1	20.0	18.3	18.2	18.0	11.5	11.2	11.9	9.5	10.0
Germany									11.2	12.3	11.9	10.8
Greece									9.7	9.9	8.5	9.4
Hungary												
Iceland												
Ireland									10.9	8.4	5.4	6.1
Italy									3.2	2.6	2.3	1.8
Luxembourg									12.5	10.5	7.3	10.3
Netherlands									5.1		4.2	
Norway				42.9	44.8	43.5	34.5	40.5	30.2	28.6	30.0	40.0
Poland [2]												
Portugal												12.5
Spain			24.4	21.0	19.6	17.7	14.9	12.6	11.8	11.5	10.5	10.9
Sweden	28.8	29.3	30.9	28.7	28.2	32.5	32.5	29.6	27.9	26.3	26.8	28.7
Switzerland												
Turkey												
United Kingdom									10.7	11.9	10.1	11.1

(1)   These percentages only take into account those persons for whom the duration of unemployment is known.

(2)   See information about duration of unemployment in Table II of Part II.

DURÉE DU CHÔMAGE

1987	1988	1989	1990	1991	1992	1993	1994	1995	1996	1997	1998	
					Moins de 1 mois en pourcentage du chômage [1]							
28.6	31.3	31.9	31.8	26.7	24.9	23.8	24.6	26.6	28.3	32.5	33.0	Canada
								28.9	26.7	33.4	38.3	Mexique
43.7	46.0	48.6	46.3	40.4	35.1	36.5	34.1	36.5	36.4	37.7	42.2	États-Unis
16.8	17.9	21.8	18.5	13.2	11.4	12.4	12.1	14.7	16.0	15.6	15.8	Australie
14.8	18.5	21.3	24.8	20.1	19.6	19.5	16.5	18.1	14.8	15.1	17.9	Japon
												Corée[2]
26.3	22.0	20.2	19.4	15.7	12.4	14.2	16.3	21.0	23.0	22.9	20.9	Nouvelle-Zélande
							..	11.7	12.7	11.7	9.4	Autriche[2]
1.8	1.6	2.1	4.0	4.3	8.8	10.1	9.2	9.7	8.4	8.1	9.1	Belgique
						17.7	14.3	11.6	11.2	10.3	9.9	République tchèque
9.2	7.2	8.8	7.1	5.9	20.5	22.7	18.1	23.4	22.9	24.1	23.3	Danemark
40.8		48.5		33.5		18.8		13.8	10.1	14.3	15.0	Finlande[2]
4.9	5.4	6.5	6.1	4.4	4.8	4.2	4.1	3.7	4.1	3.7	3.8	France
5.3	5.8	6.0	6.0	*9.2	10.6	12.3	10.7	7.6	7.3	6.5	9.6	Allemagne
5.7	6.0	5.4	4.3	5.0	6.9	6.3	5.5	5.3	5.4	5.2	5.8	Grèce
					12.5	11.9	11.4	5.7	5.1	4.9	4.4	Hongrie
				35.4	28.8	15.6	25.4	25.1	31.3	33.9	32.5	Islande
2.2	3.1	2.5	2.7	3.4	5.3	4.8	3.3	5.4	6.7	7.9		Irlande
2.3	2.5	2.5	2.0	2.4	8.1	6.3	4.0	3.9	3.6	3.6	4.1	Italie
10.8	3.4	5.0	4.8	15.8	16.7	16.2	16.4	13.5	12.3	12.6	11.7	Luxembourg
3.8	3.6	3.9	3.5	4.9	6.2	7.2	7.5	6.2	5.0	3.7	7.0	Pays-Bas
41.0	29.8	25.0	21.4	21.3	21.1	18.4	18.4	20.7	32.1	36.5	44.0	Norvège
						6.4	5.2	6.6	7.5	7.6	8.0	9.0	Pologne[2]
1.3	1.5	0.8	3.2	2.2	35.2	8.5	9.7	7.1	6.4	5.4	7.7	Portugal
1.1	1.0	1.5	1.8	2.4	4.2	3.5	3.2	3.3	3.6	3.8	3.9	Espagne
25.8	29.0	32.6	31.3	25.4	18.6	16.9	15.3	17.0	15.8	15.6	16.8	Suède
					29.5	15.7	8.6	12.8	9.6	13.4	12.0	15.6	Suisse
	0.0	0.0	0.0	0.0	0.0	0.0	0.0	0.0	0.0	0.0	0.0	Turquie
6.9	9.4	11.2	12.5	11.5	11.2	9.7	10.2	10.6	11.2	13.6	16.1	Royaume-Uni
					Plus de 1 mois et moins de 3 mois en pourcentage du chômage [1]							
27.5	28.1	28.4	29.4	28.2	25.9	25.1	25.2	26.6	25.8	25.3	27.1	Canada
								37.1	40.3	40.7	40.2	Mexique
29.6	29.9	30.3	32.0	32.4	29.4	28.9	30.1	31.6	31.6	31.7	31.4	États-Unis
20.7	20.6	24.0	26.5	21.1	16.6	17.8	18.2	20.3	22.4	20.5	19.5	Australie
26.2	25.0	28.0	23.4	28.4	30.4	30.5	27.8	29.1	27.4	26.7	25.9	Japon
			57.4	57.3	57.3	53.5	53.0	55.7	58.6	58.1	56.1	Corée[2]
28.5	28.7	26.3	23.8	21.1	17.8	17.7	18.5	21.2	23.5	24.1	24.4	Nouvelle-Zélande
							50.1	28.0	28.1	26.3	29.7	Autriche[2]
3.5	2.6	3.2	5.5	6.8	5.5	7.6	5.0	3.9	5.0	5.7	4.2	Belgique
						25.4	24.5	17.0	17.2	16.7	15.6	République tchèque
11.4	10.9	13.3	9.9	10.4	11.3	11.9	9.3	11.3	15.3	11.8	9.1	Danemark
0.0		0.0		0.0		0.0		10.2	11.9	16.3	17.8	Finlande[2]
12.5	12.9	12.8	18.8	18.6	17.3	16.3	14.1	14.0	14.7	14.5	13.9	France
11.8	12.0	12.4	12.3	*14.8	11.0	9.0	8.0	10.6	9.4	9.2	6.6	Allemagne
8.5	8.2	7.1	6.9	7.7	9.0	9.6	7.9	8.1	7.1	6.1	8.3	Grèce
					19.2	13.6	11.4	8.3	7.7	8.4	10.0	Hongrie
				25.3	26.4	20.6	15.6	17.2	22.0	18.7	21.5	Islande
5.4	5.6	5.8	6.3	7.0	5.8	5.8	5.6	6.2	5.7	6.3		Irlande
2.2	2.3	2.5	1.9	2.3	7.7	4.3	4.0	3.4	3.5	3.5	3.3	Italie
10.8	13.8	10.0	4.8	15.8	23.3	5.4	7.9	11.6	15.5	7.7	10.7	Luxembourg
15.4	14.3	14.9	17.8	18.7	6.2	4.6	6.0	4.5	4.2	3.4	4.3	Pays-Bas
33.3	36.8	26.1	22.4	22.4	21.0	21.1	22.5	21.8	22.6	28.2	25.3	Norvège
						14.0	14.0	12.5	13.3	12.5	13.7	14.1	Pologne[2]
11.2	15.1	15.3	14.4	16.3	11.2	23.0	14.0	11.5	11.7	11.8	7.6	Portugal
12.1	12.8	14.1	15.1	15.4	14.1	12.1	11.0	11.6	11.4	11.6	12.6	Espagne
26.8	27.1	25.5	30.3	30.0	29.3	23.2	19.5	19.8	18.1	17.1	18.2	Suède
				26.2	25.9	20.0	16.8	18.4	17.3	15.2	20.7	Suisse
	12.3	13.3	10.6	13.9	13.5	12.3	14.9	14.9	16.5	17.9	19.2	Turquie
11.4	14.2	15.7	17.5	19.3	13.2	11.2	12.4	12.7	14.5	16.2	17.2	Royaume-Uni

(1) Ces pourcentages ne prennent en compte que les personnes pour lesquelles la durée du chômage est connue.

(2) Voir les précisions sur la durée du chômage dans le tableau II de la partie II.

Statistiques de la Population Active OECD OCDE
© OCDE, 1999

DURATION OF UNEMPLOYMENT

	1975	1976	1977	1978	1979	1980	1981	1982	1983	1984	1985	1986
More than 3 months and less than 6 months as percentage of unemployment [1]												
Canada		20.8	21.1	21.6	20.3	19.7	18.9	21.9	21.6	20.4	20.2	19.9
Mexico												
United States	16.4	13.7	13.1	12.3	11.5	13.7	13.6	16.0	15.4	12.9	12.3	12.7
Australia				17.6	16.3	15.8	13.9	13.3	15.0	13.3	13.7	14.3
Japan			18.9	18.1	17.5	16.5	16.3	18.8	18.5	16.3	17.5	16.6
Korea												
New Zealand												17.7
Austria												
Belgium									9.5	10.0	10.4	10.0
Czech Republic												
Denmark									19.4	30.3	27.9	33.0
Finland						32.5		25.4	30.0	28.7	28.7	24.4
France	21.9	20.8	21.1	19.0	19.3	18.7	19.5	17.1	16.7	16.7	15.1	14.7
Germany									16.8	16.0	15.3	16.6
Greece									21.9	21.1	20.0	19.0
Hungary												
Iceland												
Ireland									18.0	14.5	10.0	9.8
Italy									11.7	11.0	10.7	10.4
Luxembourg									20.8	18.4	24.4	30.8
Netherlands									18.4		14.9	
Norway				14.3	13.8	8.7	10.3	16.7	23.8	17.5	17.5	16.7
Poland												
Portugal												13.9
Spain			23.6	21.2	21.1	19.6	17.0	14.6	12.9	13.2	12.1	11.9
Sweden	17.2	16.5	18.4	19.4	17.8	16.7	20.3	21.9	20.6	19.9	19.0	23.2
Switzerland												
Turkey												
United Kingdom									16.1	15.7	15.8	16.7
More than 6 months and less than 1 year as percentage of unemployment [1]												
Canada		11.5	12.2	13.1	11.7	11.7	11.7	15.0	18.8	16.5	15.9	15.0
Mexico												
United States	9.9	9.5	7.5	5.3	4.5	6.5	7.3	8.9	10.6	6.9	6.0	5.7
Australia				19.8	20.0	20.0	17.9	19.8	25.2	20.0	20.6	19.9
Japan			15.7	14.5	20.4	19.1	17.0	19.4	18.5	23.5	21.9	22.1
Korea												
New Zealand												13.9
Austria												
Belgium									17.8	15.1	14.3	14.2
Czech Republic												
Denmark									22.9	23.1	24.1	20.5
Finland						8.0		12.7	10.7	10.9	13.6	16.1
France	24.4	24.1	24.1	23.9	24.9	23.4	23.3	22.0	24.7	24.3	24.2	22.2
Germany									24.2	20.4	18.8	19.1
Greece									25.2	23.1	20.1	22.1
Hungary												
Iceland												
Ireland									27.3	26.1	18.4	16.6
Italy									24.3	20.4	18.6	18.8
Luxembourg									20.8	26.3	24.4	12.8
Netherlands									21.9		16.4	
Norway				0.0	0.0	0.0	3.4	7.1	9.5	14.3	7.5	0.0
Poland												
Portugal												18.7
Spain			24.4	25.3	24.8	25.6	24.5	21.7	20.4	19.4	18.2	17.2
Sweden	16.3	9.9	11.2	12.5	12.8	11.4	12.0	13.8	14.7	15.5	15.7	13.7
Switzerland												
Turkey												
United Kingdom									20.8	18.9	17.1	17.2

(1) These percentages only take into account those persons for whom the duration of unemployment is known.

DURÉE DU CHÔMAGE

Plus de 3 mois et moins de 6 mois en pourcentage du chômage [1]

1987	1988	1989	1990	1991	1992	1993	1994	1995	1996	1997	1998	
19.9	20.0	19.1	20.0	21.5	20.7	19.8	19.3	18.9	18.2	16.5	16.8	Canada
								26.1	23.1	19.0	18.2	Mexique
12.7	12.0	11.2	11.7	14.4	15.1	14.5	15.5	14.6	14.5	14.7	12.3	États-Unis
14.0	14.1	13.5	14.0	16.0	13.2	12.8	12.8	13.6	13.1	12.5	12.5	Australie
18.6	16.1	13.3	12.8	13.4	13.8	16.9	19.6	15.1	17.5	16.9	17.1	Japon
			28.7	29.5	27.9	29.2	27.5	27.4	26.3	26.6	29.4	Corée
17.7	16.6	16.8	17.3	18.0	16.6	15.5	15.1	14.5	16.9	16.6	16.8	Nouvelle-Zélande
							18.1	18.7	19.9	18.6	16.9	Autriche
8.8	7.4	8.2	9.1	11.1	10.9	11.9	10.5	8.7	9.3	9.0	9.2	Belgique
						20.5	20.3	19.0	19.2	19.9	20.0	République tchèque
31.2	36.7	32.4	29.7	29.4	18.3	19.9	18.5	18.7	17.3	18.4	24.0	Danemark
29.2		31.8		33.9		28.4		19.3	22.6	20.8	25.0	Finlande
16.2	17.1	17.0	19.7	19.0	19.8	21.3	20.1	18.3	19.8	18.0	18.1	France
19.1	17.9	15.2	17.1	*21.8	23.0	18.6	17.6	15.9	17.9	15.8	14.6	Allemagne
19.0	16.2	16.7	16.8	15.8	13.7	13.1	13.8	14.0	12.7	12.1	18.6	Grèce
					21.9	16.9	14.5	13.0	12.0	13.2	14.7	Hongrie
				25.7	29.8	30.6	26.8	28.2	24.0	20.4	23.2	Islande
10.9	10.5	10.5	10.1	12.0	11.5	12.5	10.4	10.4	11.9	12.2		Irlande
10.7	10.4	10.6	10.9	11.0	14.4	12.9	12.5	12.5	12.1	11.1	11.1	Italie
18.9	27.6	25.0	23.8	21.1	23.3	16.2	21.0	25.4	27.5	18.6	21.3	Luxembourg
17.2	19.0	18.6	15.1	16.1	10.7	9.1	9.1	9.0	9.0	12.6	5.0	Pays-Bas
20.5	17.5	21.7	15.3	17.1	16.8	14.9	15.4	16.1	14.2	11.8	10.7	Norvège
					16.8	16.2	15.8	16.1	17.0	16.1	16.5	Pologne
17.3	19.2	20.6	19.9	23.1	16.2	23.2	19.0	16.3	15.2	16.0	20.1	Portugal
11.2	11.2	11.7	12.9	13.9	15.6	14.7	12.4	12.3	12.9	12.8	13.1	Espagne
15.6	17.1	17.0	16.1	21.0	21.5	22.8	18.5	17.6	17.7	16.5	15.8	Suède
				18.0	19.4	22.9	20.1	21.6	18.5	23.4	14.8	Suisse
	14.2	16.7	16.7	20.1	19.2	18.6	16.6	24.7	17.6	19.4	20.5	Turquie
16.9	16.5	17.7	19.8	22.1	18.2	16.1	14.0	16.0	16.2	15.4	18.7	Royaume-Uni

Plus de 6 mois et moins de 1 an en pourcentage du chômage [1]

1987	1988	1989	1990	1991	1992	1993	1994	1995	1996	1997	1998	
14.6	13.3	13.9	13.1	16.4	17.3	17.3	15.7	13.7	13.8	13.2	13.0	Canada
								6.5	7.6	5.2	2.5	Mexique
5.9	4.7	4.2	4.5	6.6	9.3	8.6	8.1	7.6	8.0	7.1	6.1	États-Unis
20.0	19.1	17.6	19.3	24.7	24.2	20.6	20.5	20.6	20.1	20.8	18.6	Australie
20.2	20.2	18.7	19.9	20.1	20.3	17.5	18.6	19.6	20.2	19.6	18.7	Japon
			11.3	10.5	12.1	14.9	15.4	13.5	12.1	13.3	13.0	Corée
16.7	19.3	19.3	18.6	21.4	21.3	19.4	17.7	17.8	15.8	17.0	18.5	Nouvelle-Zélande
							13.3	15.0	16.1	17.4	13.7	Autriche
12.4	12.4	11.2	12.8	14.9	15.7	17.5	17.0	15.3	16.1	16.7	14.9	Belgique
						18.2	19.3	21.9	21.1	22.7	23.4	République tchèque
23.4	20.8	23.4	23.3	22.3	22.9	20.3	21.9	18.7	17.9	18.6	15.0	Danemark
11.0		18.2		23.4		22.2		19.1	21.0	18.8	14.7	Finlande
20.9	19.8	19.9	17.5	20.8	22.0	24.0	23.3	21.7	22.0	22.5	20.1	France
15.5	18.1	17.3	17.9	*22.6	21.9	19.7	19.5	17.2	17.5	18.3	17.0	Allemagne
22.4	23.5	20.4	22.2	23.9	20.7	20.2	22.4	21.2	18.0	20.9	15.1	Grèce
					26.0	24.2	21.3	22.4	20.8	22.2	21.2	Hongrie
				6.9	8.1	21.1	17.1	17.3	15.7	10.6	6.8	Islande
16.7	16.4	15.2	15.0	16.0	18.5	17.8	16.4	16.5	16.2	16.6		Irlande
18.5	16.1	14.9	15.4	16.2	11.5	18.8	18.0	16.7	15.1	15.5	14.9	Italie
21.6	17.2	20.0	23.8	21.1	23.3	29.7	25.1	25.8	17.0	26.5	24.4	Luxembourg
17.1	14.0	14.5	14.3	14.3	32.9	26.8	28.1	33.6	31.8	31.2	35.7	Pays-Bas
0.0	5.3	16.3	20.4	19.0	17.6	18.4	14.9	14.9	15.1	12.9	12.0	Norvège
					28.1	25.6	24.8	23.0	23.8	24.2	23.0	Pologne
16.2	15.9	17.8	17.6	19.8	6.5	1.8	13.9	14.2	13.6	11.1	19.9	Portugal
13.7	13.6	14.3	16.2	17.3	18.7	19.6	17.2	15.8	16.5	16.3	16.2	Espagne
13.5	11.9	11.1	10.2	12.4	17.2	21.0	21.0	17.8	18.3	17.4	15.7	Suède
				9.8	18.5	27.9	21.5	16.8	26.6	20.9	14.1	Suisse
	22.7	28.8	25.6	24.8	23.3	22.9	23.1	24.0	22.5	21.1	20.4	Turquie
16.9	16.8	16.2	15.9	18.3	21.9	20.4	18.0	17.2	18.3	16.1	14.8	Royaume-Uni

(1) Ces pourcentages ne prennent en compte que les personnes pour lesquelles la durée du chômage est connue.

Statistiques de la Population Active OECD
© OCDE, 1999 OCDE

DURATION OF UNEMPLOYMENT

	1975	1976	1977	1978	1979	1980	1981	1982	1983	1984	1985	1986
				1 year and over as percentage of unemployment [1]								
Canada		2.6	3.1	3.9	3.9	3.8	4.5	5.3	9.7	10.0	10.3	9.0
Mexico												
United States	5.3	8.7	7.2	5.1	4.2	4.3	6.7	7.7	13.3	12.3	9.5	8.7
Australia				15.5	18.1	19.8	21.0	19.0	27.5	31.2	30.9	27.4
Japan			12.6	16.7	16.8	16.5	13.5	12.5	12.9	15.1	13.1	17.2
Korea												
New Zealand												8.1
Austria												
Belgium									64.8	67.6	68.9	69.6
Czech Republic												
Denmark									44.3	32.9	34.4	28.3
Finland						27.0		22.3	19.8	22.3	21.1	16.0
France	17.0	24.3	25.2	28.1	30.3	32.6	32.5	42.1	42.2	42.3	46.8	47.8
Germany									41.6	44.5	47.8	48.3
Greece									33.2	37.5	43.8	42.4
Hungary												
Iceland												
Ireland									36.7	45.9	63.3	64.0
Italy									58.2	63.8	66.3	67.1
Luxembourg									35.4	36.8	39.0	35.9
Netherlands									48.8		59.4	
Norway				0.0	0.0	0.0	0.0	0.0	4.8	14.3	10.0	0.0
Poland												
Portugal												53.7
Spain			20.7	25.5	29.5	32.8	40.2	48.5	52.3	53.7	56.7	57.6
Sweden	0.0	6.2	4.7	5.7	6.8	5.5	6.0	8.4	10.3	12.4	11.4	8.0
Switzerland												
Turkey												
United Kingdom									45.6	46.3	50.3	48.2

(1)   These percentages only take into account those persons for whom the duration of
unemployment is known.

DURÉE DU CHÔMAGE

1987	1988	1989	1990	1991	1992	1993	1994	1995	1996	1997	1998	
					Plus de 1 an en pourcentage du chômage [1]							
9.4	7.3	6.7	5.7	7.3	11.2	14.0	15.2	14.1	13.9	12.5	10.1	Canada
								1.5	2.2	1.8	0.9	Mexique
8.1	7.4	5.7	5.5	6.3	11.1	11.5	12.2	9.7	9.5	8.7	8.0	États-Unis
28.6	28.4	23.1	21.6	24.9	34.5	36.5	36.3	30.8	28.4	30.7	33.6	Australie
20.2	20.2	18.7	19.1	17.9	15.9	15.6	17.5	18.1	20.2	21.8	20.3	Japon
			2.6	2.8	2.7	2.4	4.1	3.4	3.0	2.1	1.6	Corée
10.8	13.4	17.4	20.9	23.9	32.0	33.2	32.4	25.5	20.8	19.4	19.4	Nouvelle-Zélande
						18.5	26.5	23.1	26.0	30.3		Autriche
73.5	76.1	75.3	68.7	62.9	59.0	52.9	58.3	62.4	61.3	60.5	62.6	Belgique
						18.3	21.6	30.6	31.3	30.5	31.2	République tchèque
24.9	24.5	22.1	29.9	31.9	27.0	25.2	32.1	27.9	26.5	27.2	28.7	Danemark
19.0		1.5		9.2		30.6		37.6	34.5	29.8	27.5	Finlande
45.5	44.8	43.9	38.0	37.2	36.1	34.2	38.3	42.3	39.5	41.2	44.1	France
48.2	46.2	49.1	46.8	*31.6	33.5	40.3	44.3	48.7	47.8	50.1	52.2	Allemagne
44.4	46.1	50.4	49.8	47.6	49.7	50.9	50.5	51.4	56.7	55.7	52.2	Grèce
						20.4	33.5	41.3	50.6	54.4	51.3	49.8	Hongrie
				6.7	6.8	12.2	15.1	14.1	19.3	16.3	16.1	Islande
64.8	64.4	66.0	66.0	61.6	58.9	59.1	64.3	61.4	59.5	57.0		Irlande
66.3	68.7	69.5	69.8	68.1	58.2	57.7	61.5	63.6	65.6	66.3	66.7	Italie
37.8	37.9	40.0	42.9	26.3	13.3	32.4	29.6	23.8	27.6	34.6	32.0	Luxembourg
46.5	49.1	48.1	49.3	46.1	43.9	52.3	49.4	46.8	50.0	49.1	47.9	Pays-Bas
5.1	10.5	10.9	20.4	20.2	23.5	27.2	28.8	24.1	16.0	10.6	9.3	Norvège
						34.7	39.1	40.4	40.0	39.0	38.0	37.4	Pologne
54.0	48.3	45.6	44.8	38.7	31.0	43.4	43.4	50.9	53.1	55.6	44.6	Portugal
62.0	61.5	58.5	54.0	51.1	47.4	50.1	56.1	56.9	55.7	55.5	54.1	Espagne
18.3	14.9	13.8	12.1	11.2	13.5	15.8	25.7	27.8	30.1	33.4	33.5	Suède
				16.4	20.4	20.7	28.9	33.6	24.6	28.5	34.8	Suisse
	50.8	41.2	47.0	41.2	44.1	46.3	45.4	36.3	43.5	41.6	40.0	Turquie
47.9	43.0	39.1	34.4	28.8	35.4	42.5	45.4	43.6	39.8	38.6	33.1	Royaume-Uni

(1) Ces pourcentages ne prennent en compte que les personnes pour lesquelles la durée du
     chômage est connue.

Statistiques de la Population Active OECD
© OCDE, 1999 OCDE

Part 2

Country Tables
Tableaux par pays

Sources:

1. *Canada Yearbook* (Statistics Canada).
2. *Canadian Statistical Review* (Statistics Canada, monthly/mensuelle).
3. *The Labour Force* (Statistics Canada, monthly/mensuelle).
4. *Statistical Summary* (Bank of Canada, monthly/mensuelle).

I. POPULATION

Sources: National sources 1 and 2.

Coverage: Resident population (*de jure*).

Date of reference: lst June and from 1993 lst July.

Notes: Population data until 1995 have been adjusted to the 1991 census results. From 1996, data have been adjusted to the 1996 census.

II. TOTAL LABOUR FORCE
III. CIVILIAN EMPLOYMENT

General remark: The Labour Force Survey undergoes a redesign every ten years following the decennial Census.

Figures from 1976 have been revised in line with the 1991 Census.

Sources: National sources 1, 2, 3, 4 and data provided directly by Statistics Canada.

Date of reference: Average for the year.

Method of computation: Monthly labour force sample surveys.

Notes: The minimum age of persons in the Labour Force is 15 years. Data exclude residents of the Yukon and North-West territories, native North Americans living on reserves and inmates of institutions.

The distribution of civilian employment by economic activities refers to the national industrial classification of 1970 for the years previous to 1984; from 1984 it refers to the 1980 classification.

I. POPULATION

Sources : Sources nationales 1 et 2.

Champ couvert : Population résidante (*de jure*).

Date de référence : 1er juin et depuis 1993 1er juillet.

Notes : Les séries relatives à la population ont été alignées sur les résultats du recensement de 1991, jusqu'en 1995. A partir de 1996, les données sont alignées sur le recensement de 1996.

II. POPULATION ACTIVE
III. POPULATION ACTIVE CIVILE OCCUPÉE

Remarque générale : L'enquête sur la population active fait l'objet d'un remaniement tous les dix ans, à la suite de chaque recensement décennal.

A partir de 1976, les données ont été réajustées aux résultats du recensement 1991.

Sources : Sources nationales 1, 2, 3, 4 et données fournies directement par Statistiques Canada.

Date de référence : Moyenne pour l'année.

Méthode de calcul : Enquêtes mensuelles par sondage sur la population active.

Notes : L'âge minimum des personnes incluses dans la population active est de 15 ans. Les chiffres excluent les personnes résidant dans les territoires du Nord-Ouest et le Yukon, les amérindiens vivant dans les réserves et les internes des institutions.

La répartition de l'emploi civil par activités économiques se réfère à la classification industrielle de 1970 pour les années antérieures à 1984 ; à partir de 1984, elle se réfère à la classification de 1980.

CANADA

I - POPULATION

Thousands (mid-year estimates)

	1978	1979	1980	1981	1982	1983	1984	1985	1986	1987	1988
POPULATION - DISTRIBUTION BY AGE AND GENDER											
All persons											
Total	24 036	24 277	24 593	24 900	25 202	25 456	25 702	25 942	26 204	26 550	26 895
Under 15 years	5 766	5 657	5 585	5 543	5 536	5 533	5 528	5 515	5 497	5 541	5 596
From 15 to 64 years	16 112	16 387	16 700	16 978	17 222	17 420	17 605	17 773	17 965	18 166	18 369
65 years and over	2 159	2 233	2 308	2 380	2 445	2 503	2 569	2 654	2 742	2 843	2 929
Males											
Total	12 001	12 110	12 257	12 399	12 543	12 663	12 778	12 890	13 013	13 180	13 346
Under 15 years	2 957	2 902	2 866	2 844	2 840	2 839	2 835	2 828	2 816	2 837	2 865
From 15 to 64 years	8 106	8 242	8 398	8 537	8 662	8 762	8 858	8 946	9 047	9 153	9 255
65 years and over	938	966	993	1 018	1 041	1 061	1 085	1 117	1 149	1 190	1 226
Females											
Total	12 035	12 167	12 336	12 501	12 659	12 793	12 924	13 052	13 191	13 370	13 549
Under 15 years	2 809	2 755	2 720	2 699	2 696	2 694	2 693	2 687	2 680	2 704	2 731
From 15 to 64 years	8 006	8 145	8 302	8 440	8 560	8 658	8 747	8 827	8 918	9 014	9 114
65 years and over	1 220	1 267	1 315	1 361	1 403	1 441	1 484	1 538	1 593	1 653	1 703
POPULATION - PERCENTAGES											
All persons											
Total	100.0	100.0	100.0	100.0	100.0	100.0	100.0	100.0	100.0	100.0	100.0
Under 15 years	24.0	23.3	22.7	22.3	22.0	21.7	21.5	21.3	21.0	20.9	20.8
From 15 to 64 years	67.0	67.5	67.9	68.2	68.3	68.4	68.5	68.5	68.6	68.4	68.3
65 years and over	9.0	9.2	9.4	9.6	9.7	9.8	10.0	10.2	10.5	10.7	10.9
COMPONENTS OF CHANGE IN POPULATION											
a) Population at 1 January	23 922	24 146	24 422	24 744	25 062	25 330	25 575	25 818	26 065	26 362	26 708
b) Population at 31 December	24 146	24 422	24 744	25 062	25 330	25 575	25 818	26 065	26 362	26 708	27 137
c) Total increase (b-a)	224	276	322	318	268	245	243	247	297	346	429
d) Births	360	366	371	371	373	374	377	379	378	370	377
e) Deaths	168	168	171	171	174	174	176	178	186	185	190
f) Natural increase (d-e)	192	198	200	200	199	200	201	201	192	185	187
g) Net migration	32	78	122	118	69	44	43	45	105	161	242
h) Statistical adjustments	0	0	0	0	0	0	0	0	0	0	0
i) Total increase (=f+g+h=c)	224	276	322	318	268	244	244	246	297	346	429
(Components of change in population/ Average population) x1000											
Total increase rates	9.3	11.4	13.1	12.8	10.6	9.6	9.5	9.5	11.3	13.0	15.9
Crude birth rates	15.0	15.1	15.1	14.9	14.8	14.7	14.7	14.6	14.4	13.9	14.0
Crude death rates	7.0	6.9	7.0	6.9	6.9	6.8	6.8	6.9	7.1	7.0	7.1
Natural increase rates	8.0	8.2	8.1	8.0	7.9	7.9	7.8	7.7	7.3	7.0	6.9
Net migration rates	1.3	3.2	5.0	4.7	2.7	1.7	1.7	1.7	4.0	6.1	9.0

Prior to 1993, data refer to 1 June.

I - POPULATION

Milliers (estimations au milieu de l'année)

	1989	1990	1991	1992	1993	1994	1995	1996	1997	1998	
											POPULATION - RÉPARTITION SELON L'AGE ET LE SEXE
											Ensemble des personnes
	27 379	27 791	28 120	28 542	28 947	29 256	29 617	29 672	30 004	30 300	Total
	5 683	5 763	5 820	5 877	5 932	5 965	5 983	5 992	5 999	5 987	Moins de 15 ans
	18 671	18 910	19 090	19 365	19 626	19 819	20 076	20 098	20 344	20 578	De 15 à 64 ans
	3 025	3 117	3 211	3 301	3 389	3 472	3 558	3 582	3 661	3 736	65 ans et plus
											Hommes
	13 581	13 781	13 939	14 150	14 350	14 497	14 677	14 692	14 853	14 998	Total
	2 911	2 952	2 979	3 007	3 035	3 052	3 061	3 072	3 076	3 070	Moins de 15 ans
	9 405	9 523	9 613	9 756	9 888	9 981	10 111	10 105	10 224	10 339	De 15 à 64 ans
	1 266	1 306	1 348	1 387	1 426	1 464	1 505	1 515	1 553	1 589	65 ans et plus
											Femmes
	13 798	14 010	14 181	14 393	14 597	14 758	14 941	14 980	15 151	15 303	Total
	2 773	2 812	2 840	2 870	2 897	2 913	2 921	2 920	2 923	2 917	Moins de 15 ans
	9 266	9 387	9 477	9 609	9 738	9 838	9 966	9 993	10 119	10 238	De 15 à 64 ans
	1 759	1 811	1 863	1 914	1 963	2 008	2 054	2 067	2 108	2 147	65 ans et plus
											POPULATION - POURCENTAGES
											Ensemble des personnes
	100.0	100.0	100.0	100.0	100.0	100.0	100.0	100.0	100.0	100.0	Total
	20.8	20.7	20.7	20.6	20.5	20.4	20.2	20.2	20.0	19.8	Moins de 15 ans
	68.2	68.0	67.9	67.8	67.8	67.7	67.8	67.7	67.8	67.9	De 15 à 64 ans
	11.0	11.2	11.4	11.6	11.7	11.9	12.0	12.1	12.2	12.3	65 ans et plus
											COMPOSANTES DE L'ÉVOLUTION DÉMOGRAPHIQUE
	27 137	27 567	27 952	28 318	28 741	29 108	29 422				a) Population au 1er janvier
	27 567	27 952	28 318	28 741	29 108	29 422	29 820				b) Population au 31 décembre
	430	385	366	423	367	314	398				**c) Accroissement total (b-a)**
	393	405	403	399	388	385	378	366	362	341	d) Naissances
	191	192	196	197	205	207	211	213	217	222	e) Décès
	202	213	207	202	183	178	167	153	145	118	**f) Accroissement naturel (d-e)**
	228	172	159	221	184	136	231				g) Solde net des migrations
	0	0	0	0	0	0	0				h) Ajustements statistiques
	430	385	366	423	367	314	398				**i) Accroissement total (=f+g+h=c)**
											(Composition de l'évolution démographique/ Population moyenne) x1000
	15.7	13.9	13.0	14.8	12.7	10.7	13.4				Taux d'accroissement total
	14.4	14.6	14.3	14.0	13.4	13.2	12.8				Taux bruts de natalité
	7.0	6.9	7.0	6.9	7.1	7.1	7.1				Taux bruts de mortalité
	7.4	7.7	7.4	7.1	6.3	6.1	5.6				Taux d'accroissement naturel
	8.3	6.2	5.7	7.7	6.4	4.6	7.8				Taux du solde net des migrations

Avant 1993, les données se réfèrent au 1er juin.

Statistiques de la Population Active OECD
© OCDE, 1999 OCDE

CANADA

II - LABOUR FORCE

Thousands (annual average estimates)

	1978	1979	1980	1981	1982	1983	1984	1985	1986	1987	1988
Total labour force											
All persons	11 340	11 704	12 056	12 406	12 473	12 686	12 928	13 200	13 455	13 710	13 978
Males	6 960	7 127	7 260	7 390	7 371	7 439	7 521	7 620	7 725	7 808	7 896
Females	4 379	4 577	4 795	5 016	5 102	5 247	5 407	5 579	5 728	5 901	6 083
Armed forces											
All persons	75	74	73	74	75	76	75	77	77	79	78
Males	69	69	68	68	69	69	68	69	69	71	70
Females	5	5	5	6	6	7	7	7	8	8	8
Civilian labour force											
All persons	11 265	11 630	11 983	12 332	12 398	12 610	12 853	13 123	13 378	13 631	13 900
Males	6 891	7 058	7 192	7 322	7 302	7 370	7 453	7 551	7 656	7 737	7 826
Females	4 374	4 572	4 790	5 010	5 096	5 240	5 400	5 572	5 721	5 893	6 075
Unemployed											
All persons	945	870	900	934	1 363	1 504	1 450	1 381	1 283	1 208	1 082
Males	523	471	499	519	812	899	838	787	723	662	578
Females	421	399	401	415	551	605	612	594	560	546	503
Civilian employment											
All persons	10 320	10 761	11 082	11 398	11 035	11 106	11 402	11 742	12 095	12 422	12 819
Males	6 368	6 587	6 693	6 803	6 491	6 471	6 615	6 764	6 933	7 075	7 247
Females	3 952	4 174	4 389	4 595	4 544	4 635	4 787	4 978	5 162	5 347	5 572
Civilian employment (%)											
All persons	100.0	100.0	100.0	100.0	100.0	100.0	100.0	100.0	100.0	100.0	100.0
Males	61.7	61.2	60.4	59.7	58.8	58.3	58.0	57.6	57.3	57.0	56.5
Females	38.3	38.8	39.6	40.3	41.2	41.7	42.0	42.4	42.7	43.0	43.5
Unemployment rates (% of civilian labour force)											
All persons	8.4	7.5	7.5	7.6	11.0	11.9	11.3	10.5	9.6	8.9	7.8
Males	7.6	6.7	6.9	7.1	11.1	12.2	11.2	10.4	9.4	8.6	7.4
Females	9.6	8.7	8.4	8.3	10.8	11.5	11.3	10.7	9.8	9.3	8.3
Total labour force (% of total population)											
All persons	47.2	48.2	49.0	49.8	49.5	49.8	50.3	50.9	51.3	51.6	52.0
Males	58.0	58.9	59.2	59.6	58.8	58.7	58.9	59.1	59.4	59.2	59.2
Females	36.4	37.6	38.9	40.1	40.3	41.0	41.8	42.7	43.4	44.1	44.9
Total labour force (% of population from 15-64 years)[1]											
All persons	70.4	71.4	72.2	73.1	72.4	72.8	73.4	74.3	74.9	75.5	76.1
Males	85.9	86.5	86.4	86.6	85.1	84.9	84.9	85.2	85.4	85.3	85.3
Females	54.7	56.2	57.8	59.4	59.6	60.6	61.8	63.2	64.2	65.5	66.7
Civilian employment (% of total population)											
All persons	42.9	44.3	45.1	45.8	43.8	43.6	44.4	45.3	46.2	46.8	47.7
Part-time employment (%)[2]											
Part-time as % of employment	13.3	13.8	14.4	14.9	15.9	16.8	16.8	17.0	16.9	16.6	16.8
Male share of part-time employment	29.1	29.0	28.6	28.9	29.3	30.2	30.7	29.7	30.3	29.6	29.1
Female share of part-time employment	70.9	71.0	71.4	71.1	70.7	69.8	69.3	70.3	69.7	70.4	70.9
Male part-time as % of male employment	6.3	6.5	6.8	7.2	7.9	8.7	8.9	8.8	8.9	8.6	8.7
Female part-time as % of female employment	24.6	25.3	25.9	26.3	27.4	28.1	27.7	28.2	27.7	27.2	27.4
Duration of unemployment (% of total unemployment)[3]											
Less than 1 month	30.3	32.9	33.4	34.3	27.6	23.5	26.4	26.9	28.7	28.6	31.3
More than 1 month and less than 3 months	31.1	31.2	31.4	30.6	30.2	26.5	26.6	26.8	27.4	27.5	28.1
More than 3 months and less than 6 months	21.6	20.3	19.7	18.9	21.9	21.6	20.4	20.2	19.9	19.9	20.0
More than 6 months and less than 1 year	13.1	11.7	11.7	11.7	15.0	18.8	16.5	15.9	15.0	14.6	13.3
More than 1 year	3.9	3.9	3.8	4.5	5.3	9.7	10.0	10.3	9.0	9.4	7.3

(1) Participation rates calculated according to national definitions may differ from those published in this table, when the age group represented in the labour force survey is other than 15-64 years.

(2) Part-time employment refers to persons who work less than 30 hours per week in their main job. Data include only persons declaring usual hours worked.

(3) These percentages only take into account those persons for whom the duration of unemployment is known.

II - POPULATION ACTIVE

Milliers (estimations de moyennes annuelles)

1989	1990	1991	1992	1993	1994	1995	1996	1997	1998	
										Population active totale
14 230	14 408	14 486	14 558	14 738	14 905	14 998	15 209	15 415	15 692	Ensemble des personnes
8 004	8 040	8 039	8 065	8 144	8 239	8 260	8 358	8 483	8 584	Hommes
6 225	6 368	6 447	6 494	6 593	6 666	6 738	6 851	6 933	7 109	Femmes
										Forces armées
79	79	78	76	75	73	70	64	61	60	Ensemble des personnes
70	70	69	68	66	65	62	57	55	54	Hommes
8	9	9	9	8	8	8	7	7	7	Femmes
										Population active civile
14 151	14 329	14 408	14 482	14 663	14 832	14 928	15 145	15 354	15 632	Ensemble des personnes
7 934	7 970	7 970	7 997	8 078	8 174	8 198	8 301	8 428	8 530	Hommes
6 217	6 359	6 438	6 485	6 585	6 658	6 730	6 844	6 926	7 102	Femmes
										Chômeurs
1 065	1 164	1 492	1 640	1 649	1 541	1 422	1 469	1 414	1 305	Ensemble des personnes
578	649	866	966	952	885	801	823	779	727	Hommes
487	515	626	674	697	656	621	647	634	578	Femmes
										Population active civile occupée
13 086	13 165	12 916	12 842	13 015	13 292	13 506	13 676	13 941	14 326	Ensemble des personnes
7 356	7 320	7 104	7 031	7 126	7 290	7 397	7 479	7 649	7 803	Hommes
5 730	5 845	5 812	5 811	5 889	6 002	6 109	6 197	6 292	6 524	Femmes
										Population active civile occupée (%)
100.0	100.0	100.0	100.0	100.0	100.0	100.0	100.0	100.0	100.0	Ensemble des personnes
56.2	55.6	55.0	54.8	54.8	54.8	54.8	54.7	54.9	54.5	Hommes
43.8	44.4	45.0	45.2	45.2	45.2	45.2	45.3	45.1	45.5	Femmes
										Taux de chômage (% de la population active civile)
7.5	8.1	10.4	11.3	11.2	10.4	9.5	9.7	9.2	8.3	Ensemble des personnes
7.3	8.1	10.9	12.1	11.8	10.8	9.8	9.9	9.2	8.5	Hommes
7.8	8.1	9.7	10.4	10.6	9.9	9.2	9.5	9.2	8.1	Femmes
										Population active totale (% de la population totale)
52.0	51.8	51.5	51.0	50.9	50.9	50.6	51.3	51.4	51.8	Ensemble des personnes
58.9	58.3	57.7	57.0	56.8	56.8	56.3	56.9	57.1	57.2	Hommes
45.1	45.5	45.5	45.1	45.2	45.2	45.1	45.7	45.8	46.5	Femmes
										Population active totale (% de la population de 15-64 ans)[1]
76.2	76.2	75.9	75.2	75.1	75.2	74.7	75.7	75.8	76.3	Ensemble des personnes
85.1	84.4	83.6	82.7	82.4	82.5	81.7	82.7	83.0	83.0	Hommes
67.2	67.8	68.0	67.6	67.7	67.8	67.6	68.6	68.5	69.4	Femmes
										Population active civile occupée (% de la population totale)
47.8	47.4	45.9	45.0	45.0	45.4	45.6	46.1	46.5	47.3	Ensemble des personnes
										Emploi à temps partiel (%)[2]
16.6	17.0	18.1	18.5	19.1	18.8	18.6	18.9	19.0	18.7	Temps partiel en % de l'emploi
29.4	29.9	30.5	31.0	31.7	31.2	31.2	30.9	30.3	30.5	Part des hommes dans le temps partiel
70.6	70.1	69.5	69.0	68.3	68.8	68.8	69.1	69.7	69.5	Part des femmes dans le temps partiel
8.7	9.1	10.1	10.5	11.0	10.7	10.6	10.7	10.5	10.5	Temps partiel des hommes en % de l'emploi des hommes
26.7	26.8	28.0	28.2	28.8	28.6	28.2	28.9	29.4	28.6	Temps partiel des femmes en % de l'emploi des femmes
										Durée du chômage (% du chômage total)[3]
31.9	31.8	26.7	24.9	23.8	24.6	26.6	28.3	32.5	33.0	Moins de 1 mois
28.4	29.4	28.2	25.9	25.1	25.2	26.6	25.8	25.3	27.1	Plus de 1 mois et moins de 3 mois
19.1	20.0	21.5	20.7	19.8	19.3	18.9	18.2	16.5	16.8	Plus de 3 mois et moins de 6 mois
13.9	13.1	16.4	17.3	17.3	15.7	13.7	13.8	13.2	13.0	Plus de 6 mois et moins de 1 an
6.7	5.7	7.3	11.2	14.0	15.2	14.1	13.9	12.5	10.1	Plus de 1 an

(1) Les taux d'activité calculés selon les définitions nationales peuvent être différents de ceux publiés dans ce tableau si le groupe d'âges représenté dans l'enquête de la population active est différent de 15-64 ans.

(2) L'emploi à temps partiel se réfère aux actifs travaillant moins de 30 heures par semaine dans leur emploi principal. Les données incluent uniquement les personnes déclarant des heures habituelles de travail.

(3) Ces pourcentages ne prennent en compte que les personnes pour lesquelles la durée du chômage est connue.

Statistiques de la Population Active OECD ■ OCDE
© OCDE, 1999

CANADA

III - CIVILIAN EMPLOYMENT

Thousands (annual average estimates)

	1978	1979	1980	1981	1982	1983	1984	1985	1986	1987	1988
PROFESSIONAL STATUS											
All activities	10 320	10 761	11 082	11 398	11 035	11 106	11 402	11 742	12 095	12 422	12 819
Wage earners and salaried employees	9 263	9 665	10 003	10 300	9 941	9 968	10 222	10 543	10 916	11 216	11 587
Employers and persons working on own account	914	950	955	962	971	1 016	1 065	1 095	1 081	1 114	1 154
Unpaid family workers	143	145	124	137	123	121	115	103	98	93	77
Agriculture, hunting, forestry and fishing	748	778	799	827	753	774	789	777	769	770	758
Wage earners and salaried employees	382	405	444	456	399	414	429	435	432	443	438
Employers and persons working on own account	272	278	273	280	271	279	281	274	269	267	271
Unpaid family workers	94	94	81	91	82	81	78	69	68	59	49
Non-agricultural activities	9 572	9 983	10 283	10 571	10 282	10 332	10 613	10 965	11 326	11 652	12 061
Wage earners and salaried employees	8 881	9 260	9 559	9 844	9 542	9 554	9 793	10 108	10 484	10 773	11 149
Employers and persons working on own account	642	672	682	682	700	737	784	821	812	847	883
Unpaid family workers	49	51	43	46	41	40	37	34	30	34	28
All activities (%)	100.0	100.0	100.0	100.0	100.0	100.0	100.0	100.0	100.0	100.0	100.0
Wage earners and salaried employees	89.8	89.8	90.3	90.4	90.1	89.8	89.7	89.8	90.3	90.3	90.4
Others	10.2	10.2	9.7	9.6	9.9	10.2	10.3	10.2	9.7	9.7	9.6
BREAKDOWN BY ACTIVITIES											
I.S.I.C. Major Divisions											
1 to 0 All activities	10 320	10 761	11 082	11 398	11 035	11 106	11 402	11 742	12 094	12 422	12 819
1 Agriculture, hunting, forestry and fishing	584	602	597	612	576	604	603	584	583	585	569
2 Mining and quarrying	164	175	202	214	177	171	186	194	188	185	189
3 Manufacturing	2 021	2 145	2 187	2 204	2 010	1 961	2 046	2 064	2 098	2 127	2 214
4 Electricity, gas and water	123	122	129	132	125	123	126	127	124	123	135
5 Construction	651	662	644	675	616	585	592	608	651	708	765
6 Wholesale and retail trade; restaurants and hotels	2 290	2 404	2 499	2 566	2 510	2 530	2 638	2 752	2 883	2 942	3 026
7 Transport, storage and communication	766	814	812	812	791	778	762	792	812	820	816
8 Financing, insurance, real estate and business services	922	977	1 062	1 092	1 097	1 097	1 140	1 187	1 242	1 330	1 418
9 Community, social and personal services	2 799	2 859	2 949	3 091	3 134	3 258	3 309	3 434	3 513	3 603	3 685
0 Activities not adequately defined	0	0	0	0	0	0	0	0	0	0	0
WAGE EARNERS AND SALARIED EMPLOYEES BY ACTIVITIES											
I.S.I.C. Major Divisions											
1 to 0 All activities	9 263	9 665	10 003	10 300	9 941	9 968	10 222	10 543	10 916	11 216	11 587
1 Agriculture, hunting, forestry and fishing	382	405	444	456	399	414	429	435	432	443	438
2 Mining and quarrying											
3 Manufacturing	1 997	2 121	2 161	2 172	1 979	1 932	2 015	2 033	2 067	2 100	2 181
4 Electricity, gas and water											
5 Construction	545	553	543	572	519	488	489	508	544	588	638
6 Wholesale and retail trade; restaurants and hotels	1 602	1 674	1 712	1 755	1 719	1 727	1 791	1 880	1 972	2 014	2 081
7 Transport, storage and communication	846	895	895	898	871	852	837	868	879	883	896
8 Financing, insurance, real estate and business services	554	560	618	605	615	608	637	630	663	696	724
9 Community, social and personal services	2 604	2 730	2 861	3 049	3 045	3 139	3 201	3 360	3 530	3 644	3 779
0 Activities not adequately defined											

III - POPULATION ACTIVE CIVILE OCCUPÉE

Milliers (estimations de moyennes annuelles)

1989	1990	1991	1992	1993	1994	1995	1996	1997	1998	
										SITUATION DANS LA PROFESSION
13 086	13 165	12 916	12 842	13 015	13 292	13 506	13 676	13 941	14 326	**Toutes activités**
11 867	11 896	11 639	11 552	11 625	11 843	12 067	11 410	11 453	11 801	Salariés
1 151	1 202	1 212	1 227	1 317	1 393	1 382	2 209	2 421	2 464	Employeurs et personnes travaillant à leur compte
68	67	64	63	73	56	57	58	67	61	Travailleurs familiaux non rémunérés
742	739	752	704	710	702	726	729	708	716	**Agriculture, chasse, sylviculture et pêche**
436	426	440	410	407	417	449	383	360	371	Salariés
263	271	270	254	261	254	249	316	319	314	Employeurs et personnes travaillant à leur compte
43	41	41	41	43	31	29	30	29	30	Travailleurs familiaux non rémunérés
12 344	12 426	12 164	12 138	12 305	12 590	12 780	12 948	13 233	13 610	**Activités non agricoles**
11 431	11 470	11 199	11 142	11 218	11 426	11 618	11 027	11 092	11 430	Salariés
888	931	942	973	1 056	1 139	1 133	1 893	2 103	2 150	Employeurs et personnes travaillant à leur compte
25	26	23	22	30	25	28	28	37	31	Travailleurs familiaux non rémunérés
100.0	100.0	100.0	100.0	100.0	100.0	100.0	100.0	100.0	100.0	**Toutes activités (%)**
90.7	90.4	90.1	90.0	89.3	89.1	89.3	83.4	82.2	82.4	Salariés
9.3	9.6	9.9	10.0	10.7	10.9	10.7	16.6	17.8	17.6	Autres
										RÉPARTITION PAR BRANCHES D'ACTIVITÉS
										C.I.T.I. Branches
13 086	13 165	12 916	12 842	13 015	13 292	13 506	13 676	13 941	14 326	**1 à 0 Toutes activités**
553	550	572	543	558	545	554	548	521	534	1 Agriculture, chasse, sylviculture et pêche
189	188	180	162	152	157	172	181	188	182	2 Industries extractives
2 235	2 105	1 956	1 879	1 893	1 949	2 061	1 984	2 067	2 147	3 Industries manufacturières
142	142	142	156	150	144	143	123	116	117	4 Électricité, gaz et eau
809	824	732	717	694	750	724	713	737	762	5 Bâtiment et travaux publics
3 073	3 163	3 084	3 073	3 072	3 151	3 168	3 016	3 042	3 099	6 Commerce de gros et de détail; restaurants et hôtels
867	853	819	814	811	835	890	682	708	701	7 Transports, entrepôts et communications
1 468	1 527	1 542	1 519	1 554	1 612	1 677	2 018	2 113	2 235	8 Banques, assurances, affaires immobilières et services fournis aux entreprises
3 751	3 813	3 889	3 979	4 130	4 149	4 118	4 413	4 451	4 550	9 Services fournis à la collectivité, services sociaux et services personnels
0	0	0	0	0	0	0	0	0	0	0 Activités mal désignées
										SALARIÉS (OUVRIERS ET EMPLOYÉS) PAR ACTIVITÉS
										C.I.T.I. Branches
11 867	11 896	11 639	11 552	11 625	11 843	12 067	11 410	11 453	11 801	**1 à 0 Toutes activités**
436	426	440	410	407	417	277	213	190	204	1 Agriculture, chasse, sylviculture et pêche
187	186	178	160	150	154	169	169	170	168	2 Industries extractives
2 198	2 076	1 926	1 844	1 858	1 908	2 021	1 867	1 951	2 027	3 Industries manufacturières
140	141	142	156	149	143	142	123	116	117	4 Électricité, gaz et eau
676	682	598	580	558	600	573	476	478	496	5 Bâtiment et travaux publics
2 840	2 923	2 843	2 828	2 810	2 866	2 908	2 573	2 581	2 652	6 Commerce de gros et de détail; restaurants et hôtels
814	797	762	759	758	773	822	587	581	575	7 Transports, entrepôts et communications
1 330	1 366	1 372	1 345	1 365	1 402	1 449	1 516	1 535	1 620	8 Banques, assurances, affaires immobilières et services fournis aux entreprises
3 433	3 486	3 556	3 631	3 719	3 734	3 707	3 885	3 852	3 944	9 Services fournis à la collectivité, services sociaux et services personnels
										0 Activités mal désignées

Statistiques de la Population Active
© OCDE, 1999

Sources:

1. *Anuario Estadítico De Los Estados Unidos Mexicanos*
(Instituto Nacional de Estadistica, Geografía e Informática -
INEGI).
2. *Conte 95* (Estados Unidos Mexicanos, resultados
preliminares, INEGI).

I. POPULATION

Source: Answers to the annual questionnaire sent out by the
Directorate for Education, Employment, Labour and Social
Affairs of the OECD.

Coverage: Resident population or *de jure*.

Including the following categories: Merchant seamen at sea
and civilian aliens temporarily resident in the country.

Excluding the following categories: Diplomatic personnel
located abroad, foreign armed forces stationed in the
country, foreign diplomatic personnel located in the country
and civilian aliens temporarily in the country.

Date of reference: Second quarter.

Data for 1980 and 1990 are census data. Data for other years
are estimations based on the Labour Force Survey of 1991,
1993, 1995 and 1997.

Total population figures published in the first part of this
publication were provided by the National Accounts Services
at INEGI for the years 1990 to 1998.

II. TOTAL LABOUR FORCE

III. CIVILIAN EMPLOYMENT

Source: Answers to the annual questionnaire sent out by the
Directorate for Education, Labour and Social Affairs of the
OECD.

Coverage: The household survey does not collect information
in collective households such as hospitals, jails and armed
forces quarters. Thus the information delivered by the survey
only includes civilian labour force. Employment data include
unpaid family workers (in 1993 there were 71 125 unpaid
family workers).

Notes: Data for 1992 and 1994 are estimates based on the
Labour Force Survey of 1991 and 1993.

I. POPULATION

Sources : Réponses au questionnaire annuel de la Direction de
l'education, de l'emploi, de la main-d'oeuvre et des affaires
sociales de l'OCDE.

Champ couvert : Population résidante ou "de droit".

Catégories incluses : Marins marchands en mer et civils
étrangers résidant dans le pays.

Catégories exclues : Personnel diplomatique à l'étranger,
forces armées étrangères stationnées dans le pays, personnel
diplomatique étranger en poste dans le pays et civils
étrangers résidant temporairement dans le pays.

Date de référence : Deuxième trimestre.

Les données de 1980 et 1990 correspondent aux recensements
de la population. Les données pour les autres années sont des
estimations à partir des enquêtes sur la population active de
1991, 1993, 1995 et 1997.

Les chiffres de population totale publiés dans la première partie
de cet ouvrage ont été fournis par les services de comptabilité
Nationale de l'INEGI pour les années 1990 à 1998.

II. POPULATION ACTIVE

III. POPULATION ACTIVE CIVILE OCCUPÉE

Sources : Réponses au questionnaire annuel de la Direction de
l'education, de l'emploi, de la main-d'oeuvre et des affaires
sociales de l'OCDE.

Champ couvert : L'enquête auprès des ménages ne concernent
pas les ménages collectifs, c'est à dire les hôpitaux, les prisons
et les casernes. Les chiffres correspondent donc à la population
active civile. Les données de l'emploi incluent les travailleurs
familiaux non rémunérés (en 1993, il y avait 71 125 travailleurs
familiaux non rémunérés).

Notes : Les données pour les années 1992 et 1994 sont des
estimations à partir des Enquêtes sur la Population Active de
1991 et 1993.

MEXICO

I - POPULATION

Thousands (second quarter estimates)

	1978	1979	1980	1981	1982	1983	1984	1985	1986	1987	1988
POPULATION - DISTRIBUTION BY AGE AND GENDER											
All persons											
Total			66 957								
Under 15 years			28 791								
From 15 to 64 years			35 621								
65 years and over			2 544								
Males											
Total			33 094								
Under 15 years			14 495								
From 15 to 64 years			17 341								
65 years and over			1 258								
Females											
Total			33 863								
Under 15 years			14 290								
From 15 to 64 years			18 218								
65 years and over			1 354								
POPULATION - PERCENTAGES											
All persons											
Total			100.0								
Under 15 years			43.0								
From 15 to 64 years			53.2								
65 years and over			3.8								
COMPONENTS OF CHANGE IN POPULATION											
a) Population at 1 January			65 910								
b) Population at 31 December			67 722								
c) Total increase (b-a)			1 812								
d) Births											
e) Deaths											
f) Natural increase (d-e)											
g) Net migration											
h) Statistical adjustments											
i) Total increase (=f+g+h=c)											
(Components of change in population/ Average population) x1000											
Total increase rates											
Crude birth rates											
Crude death rates											
Natural increase rates											
Net migration rates											

I - POPULATION

Milliers (estimations au deuxième trimestre)

1989	1990	1991	1992	1993	1994	1995	1996	1997	1998	
										POPULATION - RÉPARTITION SELON L'AGE ET LE SEXE
										Ensemble des personnes
	81 250		84 902	86 613	88 402	90 195	92 159	93 939	95 675	Total
	31 146		31 621	32 102	32 592	32 623	32 682	32 800	32 926	Moins de 15 ans
	46 234		49 317	50 407	51 546	53 267	54 974	56 190	57 834	De 15 à 64 ans
	3 870		3 952	4 095	4 254	4 306	4 488	4 939	4 906	65 ans et plus
										Hommes
	39 894		41 615	42 560	44 855	44 276	45 003	45 646	46 698	Total
	15 729		16 123	16 356	16 595	16 583	16 601	16 583	16 764	Moins de 15 ans
	22 346		23 667	24 338	25 038	25 691	26 297	26 710	27 586	De 15 à 64 ans
	1 819		1 820	1 862	1 912	2 002	2 100	2 350	2 344	65 ans et plus
										Femmes
	41 356		43 287	44 054	44 855	45 920	47 156	48 293	48 977	Total
	15 417		15 498	15 746	15 998	16 040	16 081	16 218	16 162	Moins de 15 ans
	23 888		25 650	26 069	26 509	27 576	28 677	29 480	30 248	De 15 à 64 ans
	2 051		2 132	2 233	2 342	2 304	2 388	2 589	2 562	65 ans et plus
										POPULATION - POURCENTAGES
										Ensemble des personnes
	100.0		100.0	100.0	100.0	100.0	100.0	100.0	100.0	Total
	38.3		37.2	37.1	36.9	36.2	35.5	34.9	34.4	Moins de 15 ans
	56.9		58.1	58.2	58.3	59.1	59.7	59.8	60.4	De 15 à 64 ans
	4.8		4.7	4.7	4.8	4.8	4.9	5.3	5.1	65 ans et plus
										COMPOSANTES DE L'ÉVOLUTION DÉMOGRAPHIQUE
	80 881									a) Population au 1er janvier
	82 487									b) Population au 31 décembre
	1 606									**c) Accroissement total (b-a)**
	2 735	2 756	2 797	2 766	2 904	2 750	2 708	2 698		d) Naissances
	423	411	410	414	419	430	436	440		e) Décès
	2 312	2 345	2 387	2 352	2 485	2 320	2 271	2 258		**f) Accroissement naturel (d-e)**
	-706	0	0	0	0	0	0	0		g) Solde net des migrations
	0	0	0	0	0	0	0	0		h) Ajustements statistiques
	1 606	2 345	2 387	2 352	2 485	2 320	2 271	2 258		**i) Accroissement total (=f+g+h=c)**
										(Composition de l'évolution démographique/ Population moyenne) x1000
	19.7									Taux d'accroissement total
	33.5									Taux bruts de natalité
	5.2									Taux bruts de mortalité
	28.3									Taux d'accroissement naturel
	-8.6									Taux du solde net des migrations

MEXICO

II - LABOUR FORCE

Thousands (second quarter estimates)

	1978	1979	1980	1981	1982	1983	1984	1985	1986	1987	1988
Total labour force											
All persons			22 077								
Males			15 932								
Females			6 144								
Armed forces											
All persons											
Males											
Females											
Civilian labour force											
All persons											
Males											
Females											
Unemployed											
All persons			673								
Males			500								
Females			173								
Civilian employment											
All persons			21 403								
Males			15 432								
Females			5 971								
Civilian employment (%)											
All persons			100.0								
Males			72.1								
Females			27.9								
Unemployment rates (% of civilian labour force)											
All persons											
Males											
Females											
Total labour force (% of total population)											
All persons			33.0								
Males			48.1								
Females			18.1								
Total labour force (% of population from 15-64 years)[1]											
All persons			62.0								
Males			91.9								
Females			33.7								
Civilian employment (% of total population)											
All persons			32.0								
Part-time employment (%)[2]											
Part-time as % of employment											
Male share of part-time employment											
Female share of part-time employment											
Male part-time as % of male employment											
Female part-time as % of female employment											
Duration of unemployment (% of total unemployment)[3]											
Less than 1 month											
More than 1 month and less than 3 months											
More than 3 months and less than 6 months											
More than 6 months and less than 1 year											
More than 1 year											

(1) Participation rates calculated according to national definitions may differ from those published in this table, when the age group represented in the labour force survey is other than 15-64 years.

(2) Part-time employment refers to persons who work less than 30 hours per week in their main job. Data include only persons declaring usual hours worked.

(3) These percentages only take into account those persons for whom the duration of unemployment is known.

II - POPULATION ACTIVE

Milliers (estimations au deuxième trimestre)

1989	1990	1991	1992	1993	1994	1995	1996	1997	1998	
										Population active totale
	24 063	30 146	31 231	32 383	33 606	34 325	35 444	37 198	38 244	Ensemble des personnes
	18 419	20 876	21 553	22 262	23 004	23 263	23 824	24 526	25 301	Hommes
	5 644	9 270	9 678	10 121	10 602	11 062	11 620	12 672	12 942	Femmes
										Forces armées
						0	0	0	0	Ensemble des personnes
						0	0	0	0	Hommes
						0	0	0	0	Femmes
										Population active civile
	24 063	30 146	31 231	32 383	33 606	34 325	35 444	37 198	38 244	Ensemble des personnes
	18 419	20 876	21 553	22 262	23 004	23 263	23 824	24 526	25 301	Hommes
	5 644	9 270	9 678	10 121	10 602	11 062	11 620	12 672	12 942	Femmes
										Chômeurs
	660	919	971	1 041	1 168	1 940	1 542	1 255	1 107	Ensemble des personnes
	537	527	604	641	685	1 281	984	682	648	Hommes
	123	392	368	400	483	659	558	573	459	Femmes
										Population active civile occupée
	23 403	29 227	30 259	31 342	32 439	32 385	33 902	35 943	37 137	Ensemble des personnes
	17 882	20 349	20 950	21 621	22 319	21 982	22 841	23 844	24 653	Hommes
	5 521	8 878	9 310	9 721	10 120	10 403	11 062	12 099	12 483	Femmes
										Population active civile occupée (%)
	100.0	100.0	100.0	100.0	100.0	100.0	100.0	100.0	100.0	Ensemble des personnes
	76.4	69.6	69.2	69.0	68.8	67.9	67.4	66.3	66.4	Hommes
	23.6	30.4	30.8	31.0	31.2	32.1	32.6	33.7	33.6	Femmes
										Taux de chômage (% de la population active civile)
	2.7	3.0	3.1	3.2	3.5	5.7	4.3	3.4	2.9	Ensemble des personnes
	2.9	2.5	2.8	2.9	3.0	5.5	4.1	2.8	2.6	Hommes
	2.2	4.2	3.8	4.0	4.6	6.0	4.8	4.5	3.5	Femmes
										Population active totale (% de la population totale)
	29.6		36.8	37.4	38.0	38.1	38.5	39.6	40.0	Ensemble des personnes
	46.2		51.8	52.3	51.3	52.5	52.9	53.7	54.2	Hommes
	13.6		22.4	23.0	23.6	24.1	24.6	26.2	26.4	Femmes
										Population active totale (% de la population de 15-64 ans)[1]
	52.0		63.3	64.2	65.2	64.4	64.5	66.2	66.1	Ensemble des personnes
	82.4		91.1	91.5	91.9	90.5	90.6	91.8	91.7	Hommes
	23.6		37.7	38.8	40.0	40.1	40.5	43.0	42.8	Femmes
										Population active civile occupée (% de la population totale)
	28.8		35.6	36.2	36.7	35.9	36.8	38.3	38.8	Ensemble des personnes
										Emploi à temps partiel (%)[2]
						16.6	14.9	15.9	15.0	Temps partiel en % de l'emploi
						39.2	37.6	36.2	36.5	Part des hommes dans le temps partiel
						60.8	62.4	63.8	63.5	Part des femmes dans le temps partiel
						9.6	8.3	8.7	8.2	Temps partiel des hommes en % de l'emploi des hommes
						31.3	28.5	30.2	28.3	Temps partiel des femmes en % de l'emploi des femmes
										Durée du chômage (% du chômage total)[3]
						28.9	26.7	33.4	38.3	Moins de 1 mois
						37.1	40.3	40.7	40.2	Plus de 1 mois et moins de 3 mois
						26.1	23.1	19.0	18.2	Plus de 3 mois et moins de 6 mois
						6.5	7.6	5.2	2.5	Plus de 6 mois et moins de 1 an
						1.5	2.2	1.8	0.9	Plus de 1 an

(1) Les taux d'activité calculés selon les définitions nationales peuvent être différents de ceux publiés dans ce tableau si le groupe d'âges représenté dans l'enquête de la population active est différent de 15-64 ans.

(2) L'emploi à temps partiel se réfère aux actifs travaillant moins de 30 heures par semaine dans leur emploi principal. Les données incluent uniquement les personnes déclarant des heures habituelles de travail.

(3) Ces pourcentages ne prennent en compte que les personnes pour lesquelles la durée du chômage est connue.

Statistiques de la Population Active OCDE
© OCDE, 1999 OCDE

MEXICO

III - CIVILIAN EMPLOYMENT

Thousands (second quarter estimates)

	1978	1979	1980	1981	1982	1983	1984	1985	1986	1987	1988
PROFESSIONAL STATUS											
All activities			21 952								
Wage earners and salaried employees			9 771								
Employers and persons working on own account			4 756								
Unpaid family workers			7 425								
Agriculture, hunting, forestry and fishing			5 704								
Wage earners and salaried employees			1 316								
Employers and persons working on own account			2 427								
Unpaid family workers			1 961								
Non-agricultural activities			16 248								
Wage earners and salaried employees			8 455								
Employers and persons working on own account			2 329								
Unpaid family workers			5 464								
All activities (%)			100.0								
Wage earners and salaried employees			44.5								
Others			55.5								
BREAKDOWN BY ACTIVITIES											
I.S.I.C. Major Divisions											
1 to 0 All activities			21 952								
1 Agriculture, hunting, forestry and fishing			5 704								
2 Mining and quarrying			514								
3 Manufacturing			2 581								
4 Electricity, gas and water			116								
5 Construction			1 308								
6 Wholesale and retail trade; restaurants and hotels			1 751								
7 Transport, storage and communication			684								
8 Financing, insurance, real estate and business services			412								
9 Community, social and personal services			2 453								
0 Activities not adequately defined			6 429								
WAGE EARNERS AND SALARIED EMPLOYEES BY ACTIVITIES											
I.S.I.C. Major Divisions											
1 to 0 All activities											
1 Agriculture, hunting, forestry and fishing											
2 Mining and quarrying											
3 Manufacturing											
4 Electricity, gas and water											
5 Construction											
6 Wholesale and retail trade; restaurants and hotels											
7 Transport, storage and communication											
8 Financing, insurance, real estate and business services											
9 Community, social and personal services											
0 Activities not adequately defined											

III - POPULATION ACTIVE CIVILE OCCUPÉE

Milliers (estimations au deuxième trimestre)

	1989	1990	1991	1992	1993	1994	1995	1996	1997	1998	
											SITUATION DANS LA PROFESSION
		23 403	29 227	30 259	31 342	32 439	32 385	33 902	35 943	37 137	**Toutes activités**
		15 936	16 352	16 976	17 615	18 253	18 881	20 251	21 110	22 628	Salariés
		6 001	9 603	9 812	10 046	10 290	9 930	10 042	10 794	10 878	Employeurs et personnes travaillant à leur compte
		1 466	3 272	3 472	3 682	3 896	3 575	3 602	4 036	3 625	Travailleurs familiaux non rémunérés
		5 300	7 532	7 772	8 044	8 361	7 613	7 314	8 346	7 195	**Agriculture, chasse, sylviculture et pêche**
		2 185	1 834	1 673	1 530	1 408	2 201	2 121	2 580	2 129	Salariés
		2 401	3 949	4 080	4 206	4 337	3 370	3 190	3 553	3 175	Employeurs et personnes travaillant à leur compte
		714	1 749	2 019	2 308	2 616	2 042	2 003	2 213	1 890	Travailleurs familiaux non rémunérés
		18 103	21 695	22 487	23 298	24 078	24 772	26 588	27 597	29 942	**Activités non agricoles**
		13 751	14 518	15 303	16 085	16 845	16 680	18 131	18 530	20 498	Salariés
		3 600	5 654	5 732	5 840	5 953	6 560	6 852	7 241	7 703	Employeurs et personnes travaillant à leur compte
		752	1 523	1 453	1 374	1 280	1 533	1 599	1 823	1 735	Travailleurs familiaux non rémunérés
		100.0	100.0	100.0	100.0	100.0	100.0	100.0	100.0	100.0	**Toutes activités (%)**
		68.1	55.9	56.1	56.2	56.3	58.3	59.7	58.7	60.9	Salariés
		31.9	44.1	43.9	43.8	43.7	41.7	40.2	41.3	39.1	Autres
											RÉPARTITION PAR BRANCHES D'ACTIVITÉS
											C.I.T.I. Branches
		23 403	29 227	30 259	31 342	32 439	32 385	33 902	35 943	37 137	**1 à 0 Toutes activités**
		5 300	7 532	7 772	8 044	8 361	7 613	7 314	8 346	7 195	1 Agriculture, chasse, sylviculture et pêche
		99	215	186	167	152	239	131	108	151	2 Industries extractives
		4 493	4 642	4 798	4 960	5 127	4 932	5 634	6 091	6 796	3 Industries manufacturières
		316	151	122	99	80	80	202	187	182	4 Électricité, gaz et eau
		1 595	1 809	1 815	1 821	1 828	1 761	1 746	1 715	2 062	5 Bâtiment et travaux publics
		3 790	5 928	6 245	6 589	6 962	7 500	7 418	7 699	8 259	6 Commerce de gros et de détail; restaurants et hôtels
		1 045	1 138	1 238	1 348	1 467	1 443	1 434	1 509	1 675	7 Transports, entrepôts et communications
		360	938	997	1 069	1 111	1 098	393	446	379	8 Banques, assurances, affaires immobilières et services fournis aux entreprises
		4 070	6 851	7 032	7 230	7 337	7 691	9 606	9 831	10 414	9 Services fournis à la collectivité, services sociaux et services personnels
		2 335	22	19	17	14	29	24	11	25	0 Activités mal désignées
											SALARIÉS (OUVRIERS ET EMPLOYÉS) PAR ACTIVITÉS
											C.I.T.I. Branches
		10 625	16 352	16 903	17 615	18 560	18 881	20 251	21 110	22 628	**1 à 0 Toutes activités**
		2 185	1 834	1 658	1 530	1 509	2 201	2 121	2 580	2 129	1 Agriculture, chasse, sylviculture et pêche
		88	179	152	135	123	206	122	103	138	2 Industries extractives
		3 767	3 531	3 644	3 763	3 887	3 971	4 256	4 594	5 216	3 Industries manufacturières
		306	149	121	99	81	80	201	186	182	4 Électricité, gaz et eau
		1 259	1 228	1 285	1 345	1 408	1 253	1 223	1 196	1 477	5 Bâtiment et travaux publics
		540	2 574	2 826	3 109	3 425	3 230	3 437	3 378	3 865	6 Commerce de gros et de détail; restaurants et hôtels
		804	823	942	1 079	1 236	1 100	1 101	1 176	1 258	7 Transports, entrepôts et communications
		324	735	787	853	935	873	370	413	355	8 Banques, assurances, affaires immobilières et services fournis aux entreprises
		884	5 290	5 476	5 690	5 939	5 947	7 401	7 473	7 989	9 Services fournis à la collectivité, services sociaux et services personnels
		468	9	11	13	17	22	19	11	19	0 Activités mal désignées

Statistiques de la Population Active OECD
© OCDE, 1999 OCDE

UNITED STATES

ÉTATS-UNIS

Sources:

1. *Statistical Abstract Of The United States* (US Department of Commerce, Bureau of the Census).
2. *Current Population Reports* (US Department of Commerce, Bureau of the Census, monthly/mensuelle).
3. *Survey Of Current Business* (US Department of Commerce, Bureau of Economic Analysis, monthly/mensuelle).
4. *Monthly Labor Review* (US Department of Labor Statistics, Bureau of Labour Statistics (BLS)).
5. *Employment And Earnings* (BLS, monthly/mensuelle).
6. *Employment And Training Report Of The President.*

I. POPULATION

Sources: National sources 1 and 2.

Coverage: Resident population (*de jure*) including armed forces overseas.

Date of reference: 1 July.

General remark: From 1976 to 1979 data are in line with the 1980 census results. From 1980 data are in line with the 1990 census results.

II. TOTAL LABOUR FORCE

III. CIVILIAN EMPLOYMENT

Sources: National sources 1, 4, 5 and 6 and information provided directly.

Date of reference: Average for the year.

Method of computation: Monthly labour force survey (Current Population Survey of Households). Data refer to non-institutional population of 16 years and over.

Total Labour Force data include armed forces overseas; they differ from the corresponding data of the tables Total Labour Force and Total Employment in Part I and also from those in the *Quarterly Labour Force Statistics*, where only domestic armed forces are included.

Note: Due to the introduction of the 1990 population census adjusted for an estimated population undercount, data from 1990 forward are not directly comparable with those of previous years. Also, data for 1994 are not directly comparable with those of previous years, due to a major redesign of the Current Population Survey questionnaire and collection methodology.

WAGE EARNERS AND SALARIED EMPLOYEES

Sources: National sources 1, 3 and 4.

Date of reference: Average for the year (average of monthly data).

I. POPULATION :

Sources : Sources nationales 1 et 2.

Champ couvert : Population résidante (*de jure*) y compris les forces armées stationnées outre-mer.

Date de référence : 1er juillet.

Remarque générale : De 1976 à 1979, les données sont alignées sur les résultats du recensement de 1980. Depuis 1980, les données sont alignées sur les résultats de 1990.

II. POPULATION ACTIVE

III. POPULATION ACTIVE CIVILE OCCUPÉE

Sources : Sources nationales 1, 4, 5, 6 et information fournie directement.

Date de référence : Moyenne pour l'année.

Méthode de calcul : Enquêtes mensuelles sur la population active (auprès des ménages). Les données se réfèrent à la population non-institutionelle de 16 ans et plus.

Les données de la Population active totale incluent les Forces armées stationnées à l'étranger ; elles diffèrent de celles publiées dans les tableaux Population active totale et Population active occupée de la Partie I ainsi que des *Statistiques trimestrielles de la population active*, qui ne comprennent que les forces armées domiciliées au pays.

Note : En raison de l'introduction des résultats du recensement de la population de 1990, ajustés pour compenser une sous-évaluation précédente, les données de 1990 ne sont pas directement comparables avec celles des années antérieures. De même, les données de 1994 se sont pas directement comparables avec celles des années antérieures, en raison d'un réaménagement important du questionnaire de l'enquête *Current Population Survey of Households* et de la méthode de collecte.

SALARIÉS

Sources : Sources nationales 1, 3 et 4.

Date de référence : Moyenne annuelle (moyenne des données mensuelles).

Prior to 1990, data cover only employees in non-farm activities; they also exclude domestic service workers. Data are compiled from monthly reports based on a sample group of 340 000 establishments adjusted periodically to benchmarks representing a complete count or an estimate with a satisfactory degree of accuracy.

From 1990, data cover all activities and all types of workers. Data are complied from monthly labour force survey.

Avant 1990, les données ne comprennent que les salariés des activités non-agricoles. Elles excluent en outre les domestiques. Les données sont issues de rapports mensuels provenant d'un échantillon de 340 000 établissements. Les données obtenues sont périodiquement vérifiées à l'aide de repères correspondants à un total exhaustif ou à une estimation satisfaisante de ce total.

Depuis 1990, les données comprennent toutesles activités et tous les types de salariés. Les données proviennet de l'enquête mensuelle sur la population active.

UNITED STATES

I - POPULATION

Thousands (mid-year estimates)

	1978	1979	1980	1981	1982	1983	1984	1985	1986	1987	1988
POPULATION - DISTRIBUTION BY AGE AND GENDER											
All persons											
Total	222 585	225 056	227 726	229 966	232 188	234 307	236 348	238 466	240 651	242 804	245 021
Under 15 years	51 955	51 454	51 289	51 253	51 331	51 469	51 483	51 534	51 535	51 859	52 450
From 15 to 64 years	146 128	148 467	150 729	152 491	154 070	155 477	156 988	158 517	160 107	161 319	162 448
65 years and over	24 502	25 135	25 708	26 222	26 787	27 361	27 877	28 415	29 009	29 626	30 123
Males											
Total	108 424	109 584	110 859	111 956	113 052	114 113	115 142	116 217	117 324	118 416	119 550
Under 15 years	26 541	26 290	26 218	26 206	26 253	26 330	26 343	26 374	26 376	26 545	26 850
From 15 to 64 years	71 969	73 140	74 277	75 202	76 043	76 804	77 623	78 450	79 312	79 977	80 601
65 years and over	9 914	10 154	10 364	10 548	10 756	10 979	11 176	11 393	11 636	11 894	12 099
Females											
Total	114 161	115 472	116 867	118 010	119 135	120 195	121 206	122 249	123 327	124 388	125 472
Under 15 years	25 414	25 164	25 071	25 047	25 078	25 139	25 140	25 160	25 159	25 314	25 600
From 15 to 64 years	74 159	75 327	76 452	77 289	78 027	78 673	79 365	80 067	80 795	81 342	81 847
65 years and over	14 588	14 981	15 344	15 674	16 031	16 382	16 701	17 022	17 373	17 732	18 024
POPULATION - PERCENTAGES											
All persons											
Total	100.0	100.0	100.0	100.0	100.0	100.0	100.0	100.0	100.0	100.0	100.0
Under 15 years	23.3	22.9	22.5	22.3	22.1	22.0	21.8	21.6	21.4	21.4	21.4
From 15 to 64 years	65.7	66.0	66.2	66.3	66.4	66.4	66.4	66.5	66.5	66.4	66.3
65 years and over	11.0	11.2	11.3	11.4	11.5	11.7	11.8	11.9	12.1	12.2	12.3
COMPONENTS OF CHANGE IN POPULATION											
a) Population at 1 January	221 477	223 865	226 451	228 937	231 157	233 322	234 868	236 938	239 109	241 267	243 462
b) Population at 31 December	223 865	226 451	228 937	231 157	233 322	234 868	236 938	239 109	241 267	243 462	245 705
c) Total increase (b-a)	2 388	2 586	2 486	2 220	2 165	1 546	2 070	2 171	2 158	2 195	2 243
d) Births	3 333	3 494	3 612	3 629	3 681	3 639	3 669	3 761	3 757	3 809	3 910
e) Deaths	1 928	1 914	1 990	1 978	1 975	2 019	2 039	2 086	2 105	2 123	2 168
f) Natural increase (d-e)	1 405	1 580	1 622	1 651	1 706	1 620	1 630	1 675	1 652	1 686	1 742
g) Net migration	508	540	724	690	595	592	589	649	661	666	662
h) Statistical adjustments	475	466	140	-121	-136	-666	-149	-153	-155	-157	-161
i) Total increase (=f+g+h=c)	2 388	2 586	2 486	2 220	2 165	1 546	2 070	2 171	2 158	2 195	2 243
(Components of change in population/ Average population) x1000											
Total increase rates	10.7	11.5	10.9	9.7	9.3	6.6	8.8	9.1	9.0	9.1	9.2
Crude birth rates	15.0	15.5	15.9	15.8	15.9	15.5	15.6	15.8	15.6	15.7	16.0
Crude death rates	8.7	8.5	8.7	8.6	8.5	8.6	8.6	8.8	8.8	8.8	8.9
Natural increase rates	6.3	7.0	7.1	7.2	7.3	6.9	6.9	7.0	6.9	7.0	7.1
Net migration rates	2.3	2.4	3.2	3.0	2.6	2.5	2.5	2.7	2.8	2.7	2.7

I - POPULATION

Milliers (estimations au milieu de l'année)

1989	1990	1991	1992	1993	1994	1995	1996	1997	1998	
										POPULATION - RÉPARTITION SELON L'AGE ET LE SEXE
										Ensemble des personnes
247 342	249 911	252 643	255 407	258 120	260 682	263 168	265 557	266 792	269 092	Total
53 222	54 100	55 098	55 953	56 741	57 142	57 468	57 708	59 557	59 803	Moins de 15 ans
163 438	164 577	165 780	167 183	168 605	170 378	172 156	173 988	175 357	177 207	De 15 à 64 ans
30 682	31 235	31 765	32 272	32 773	33 162	33 544	33 861	31 878	32 082	65 ans et plus
										Hommes
120 739	122 041	123 399	124 763	126 096	127 533	128 813	130 049	130 634	131 705	Total
27 245	27 696	28 207	28 642	29 047	29 261	29 427	29 549	30 477	30 582	Moins de 15 ans
81 161	81 783	82 392	83 084	83 768	84 780	85 683	86 619	86 754	87 599	De 15 à 64 ans
12 333	12 562	12 801	13 037	13 280	13 492	13 703	13 881	13 403	13 524	65 ans et plus
										Femmes
126 603	127 870	129 243	130 644	132 024	133 149	134 355	135 508	136 156	137 389	Total
25 976	26 403	26 892	27 311	27 694	27 881	28 041	28 159	29 080	29 222	Moins de 15 ans
82 277	82 794	83 388	84 098	84 837	85 598	86 474	87 369	88 602	89 607	De 15 à 64 ans
18 349	18 673	18 964	19 235	19 494	19 670	19 841	19 980	18 474	18 558	65 ans et plus
										POPULATION - POURCENTAGES
										Ensemble des personnes
100.0	100.0	100.0	100.0	100.0	100.0	100.0	100.0	100.0	100.0	Total
21.5	21.6	21.8	21.9	22.0	21.9	21.8	21.7	22.3	22.2	Moins de 15 ans
66.1	65.9	65.6	65.5	65.3	65.4	65.4	65.5	65.7	65.9	De 15 à 64 ans
12.4	12.5	12.6	12.6	12.7	12.7	12.7	12.8	11.9	11.9	65 ans et plus
										COMPOSANTES DE L'ÉVOLUTION DÉMOGRAPHIQUE
245 705	248 143	251 370	254 024	256 836	259 417	261 577	264 021	266 503	269 067	a) Population au 1er janvier
248 143	251 370	*254 024	256 836	259 417	261 577	264 021	266 503	269 067	271 626	b) Population au 31 décembre
2 438	3 227	*2 654	2 812	2 581	2 160	2 444	2 482	2 564	2 559	**c) Accroissement total (b-a)**
4 041	4 179	4 111	4 065	4 000	3 953	3 900	3 891	3 895	3 888	d) Naissances
2 150	2 155	2 170	2 176	2 269	2 279	2 312	2 315	2 315	2 308	e) Décès
1 891	2 024	1 941	1 889	1 731	1 674	1 588	1 576	1 580	1 580	**f) Accroissement naturel (d-e)**
712	539	962	1 004	880	803	848	884	868	820	g) Solde net des migrations
-165	664	*-249	-81	-30	-317	8	22	116	159	h) Ajustements statistiques
2 438	3 227	*2 654	2 812	2 581	2 160	2 444	2 482	2 564	2 559	**i) Accroissement total (=f+g+h=c)**
										(Composition de l'évolution démographique/ Population moyenne) x1000
9.9	12.9	*10.5	11.0	10.0	8.3	9.3	9.4	9.6	9.5	Taux d'accroissement total
16.4	16.7	*16.3	15.9	15.5	15.2	14.8	14.7	14.5	14.4	Taux bruts de natalité
8.7	8.6	*8.6	8.5	8.8	8.7	8.8	8.7	8.6	8.5	Taux bruts de mortalité
7.7	8.1	*7.7	7.4	6.7	6.4	6.0	5.9	5.9	5.8	Taux d'accroissement naturel
2.9	2.2	*3.8	3.9	3.4	3.1	3.2	3.3	3.2	3.0	Taux du solde net des migrations

Statistiques de la Population Active OECD
© OCDE, 1999 OCDE

UNITED STATES

II - LABOUR FORCE

Thousands (annual average estimates)

	1978	1979	1980	1981	1982	1983	1984	1985	1986	1987	1988
Total labour force											
All persons	104 368	107 050	109 042	110 812	112 384	113 749	115 763	117 695	120 078	122 122	123 893
Males	61 613	62 676	63 396	63 939	64 440	65 051	65 855	66 440	67 452	68 243	68 930
Females	42 755	44 375	45 646	46 873	47 944	48 698	49 908	51 255	52 626	53 879	54 963
Armed forces											
All persons	2 117	2 088	2 102	2 142	2 179	2 199	2 219	2 234	2 244	2 257	2 224
Males	1 992	1 949	1 943	1 965	1 990	2 004	2 020	2 029	2 030	2 036	2 003
Females	125	139	159	177	189	195	199	205	214	221	221
Civilian labour force											
All persons	102 251	104 962	106 940	108 670	110 204	111 550	113 544	115 461	117 834	119 865	121 669
Males	59 620	60 726	61 453	61 974	62 450	63 047	63 835	64 411	65 422	66 207	66 927
Females	42 631	44 235	45 487	46 696	47 755	48 503	49 709	51 050	52 413	53 658	54 742
Unemployed											
All persons	6 202	6 137	7 637	8 273	10 678	10 717	8 539	8 312	8 237	7 425	6 701
Males	3 142	3 120	4 267	4 577	6 179	6 260	4 744	4 521	4 530	4 101	3 655
Females	3 061	3 018	3 370	3 696	4 499	4 457	3 794	3 791	3 707	3 324	3 046
Civilian employment											
All persons	96 048	98 824	99 303	100 397	99 526	100 834	105 005	107 150	109 597	112 440	114 968
Males	56 479	57 607	57 186	57 397	56 271	56 787	59 091	59 891	60 892	62 107	63 273
Females	39 569	41 217	42 117	43 000	43 256	44 047	45 915	47 259	48 706	50 334	51 696
Civilian employment (%)											
All persons	100.0	100.0	100.0	100.0	100.0	100.0	100.0	100.0	100.0	100.0	100.0
Males	58.8	58.3	57.6	57.2	56.5	56.3	56.3	55.9	55.6	55.2	55.0
Females	41.2	41.7	42.4	42.8	43.5	43.7	43.7	44.1	44.4	44.8	45.0
Unemployment rates (% of civilian labour force)											
All persons	6.1	5.8	7.1	7.6	9.7	9.6	7.5	7.2	7.0	6.2	5.5
Males	5.3	5.1	6.9	7.4	9.9	9.9	7.4	7.0	6.9	6.2	5.5
Females	7.2	6.8	7.4	7.9	9.4	9.2	7.6	7.4	7.1	6.2	5.6
Total labour force (% of total population)											
All persons	46.9	47.6	47.9	48.2	48.4	48.5	49.0	49.4	49.9	50.3	50.6
Males	56.8	57.2	57.2	57.1	57.0	57.0	57.2	57.2	57.5	57.6	57.7
Females	37.5	38.4	39.1	39.7	40.2	40.5	41.2	41.9	42.7	43.3	43.8
Total labour force (% of population from 15-64 years)[1]											
All persons	71.4	72.1	72.3	72.7	72.9	73.2	73.7	74.2	75.0	75.7	76.3
Males	85.6	85.7	85.4	85.0	84.7	84.7	84.8	84.7	85.0	85.3	85.5
Females	57.7	58.9	59.7	60.6	61.4	61.9	62.9	64.0	65.1	66.2	67.2
Civilian employment (% of total population)											
All persons	43.2	43.9	43.6	43.7	42.9	43.0	44.4	44.9	45.5	46.3	46.9
Part-time employment (%)[2]											
Part-time as % of employment		13.9	14.2	14.2	15.1	15.4	14.6	14.4	14.6	14.4	14.2
Male share of part-time employment		31.7	31.6	31.4	31.7	32.0	31.1	31.5	31.6	31.7	31.7
Female share of part-time employment		68.3	68.4	68.6	68.3	68.0	68.9	68.5	68.4	68.3	68.3
Male part-time as % of male employment		7.8	8.1	8.1	8.8	9.1	8.4	8.4	8.6	8.6	8.5
Female part-time as % of female employment		21.7	21.9	21.8	22.7	22.9	22.0	21.5	21.5	21.0	20.7
Duration of unemployment (% of total unemployment)[3]											
Less than 1 month	46.2	48.1	43.2	41.7	36.4	33.3	39.2	42.1	41.9	43.7	46.0
More than 1 month and less than 3 months	31.0	31.7	32.4	30.7	31.0	27.4	28.7	30.2	31.1	29.6	29.9
More than 3 months and less than 6 months	12.3	11.5	13.7	13.6	16.0	15.4	12.9	12.3	12.7	12.7	12.0
More than 6 months and less than 1 year	5.3	4.5	6.5	7.3	8.9	10.6	6.9	6.0	5.7	5.9	4.7
More than 1 year	5.1	4.2	4.3	6.7	7.7	13.3	12.3	9.5	8.7	8.1	7.4

(1) Participation rates calculated according to national definitions may differ from those published in this table, when the age group represented in the labour force survey is other than 15-64 years.

(2) Part-time employment refers to wage and salary workers who usually work less than 30 hours per week in their main job. Data include only persons declaring usual hours worked.

(3) These percentages only take into account those persons for whom the duration of unemployment is known.

II - POPULATION ACTIVE

Milliers (estimations de moyennes annuelles)

1989	1990	1991	1992	1993	1994	1995	1996	1997	1998	
										Population active totale
126 077	*128 007	128 464	130 071	130 960	*132 773	133 924	135 503	*137 810	139 163	Ensemble des personnes
69 821	*70 950	71 086	71 733	71 974	*72 329	72 778	73 447	*74 571	75 244	Hommes
56 256	*57 057	57 378	58 338	58 985	*60 444	61 146	62 057	*63 238	63 919	Femmes
										Forces armées
2 208	*2 167	2 118	1 966	1 760	*1 717	1 620	1 560	*1 513	1 490	Ensemble des personnes
1 981	*1 939	1 918	1 769	1 570	*1 512	1 418	1 360	*1 310	1 285	Hommes
226	*228	200	197	190	*205	202	200	*202	205	Femmes
										Population active civile
123 869	*125 840	126 346	128 105	129 200	*131 056	132 304	133 943	*136 297	137 673	Ensemble des personnes
67 840	*69 011	69 168	69 964	70 404	*70 817	71 360	72 087	*73 261	73 959	Hommes
56 030	*56 829	57 178	58 141	58 795	*60 239	60 944	61 857	*63 036	63 714	Femmes
										Chômeurs
6 528	*7 047	8 628	9 613	8 940	*7 996	7 404	7 236	*6 739	6 210	Ensemble des personnes
3 525	*3 906	4 946	5 523	5 055	*4 367	3 983	3 880	*3 577	3 266	Hommes
3 003	*3 140	3 683	4 090	3 885	*3 629	3 421	3 356	*3 162	2 944	Femmes
										Population active civile occupée
117 342	*118 793	117 718	118 492	120 259	*123 060	124 900	126 708	*129 558	131 463	Ensemble des personnes
64 315	*65 104	64 223	64 440	65 349	*66 450	67 377	68 207	*69 685	70 693	Hommes
53 027	*53 689	53 496	54 052	54 910	*56 610	57 523	58 501	*59 873	60 771	Femmes
										Population active civile occupée (%)
100.0	*100.0	100.0	100.0	100.0	*100.0	100.0	100.0	*100.0	100.0	Ensemble des personnes
54.8	*54.8	54.6	54.4	54.3	*54.0	53.9	53.8	*53.8	53.8	Hommes
45.2	*45.2	45.4	45.6	45.7	*46.0	46.1	46.2	*46.2	46.2	Femmes
										Taux de chômage (% de la population active civile)
5.3	*5.6	6.8	7.5	6.9	*6.1	5.6	5.4	*4.9	4.5	Ensemble des personnes
5.2	*5.7	7.2	7.9	7.2	*6.2	5.6	5.4	*4.9	4.4	Hommes
5.4	*5.5	6.4	7.0	6.6	*6.0	5.6	5.4	*5.0	4.6	Femmes
										Population active totale (% de la population totale)
51.0	*51.2	50.8	50.9	50.7	*50.9	50.9	51.0	*51.7	51.7	Ensemble des personnes
57.8	*58.1	57.6	57.5	57.1	*56.7	56.5	56.5	*57.1	57.1	Hommes
44.4	*44.6	44.4	44.7	44.7	*45.4	45.5	45.8	*46.4	46.5	Femmes
										Population active totale (% de la population de 15-64 ans)[1]
77.1	*77.8	77.5	77.8	77.7	*77.9	77.8	77.9	*78.6	78.5	Ensemble des personnes
86.0	*86.8	86.3	86.3	85.9	*85.3	84.9	84.8	*86.0	85.9	Hommes
68.4	*68.9	68.8	69.4	69.5	*70.6	70.7	71.0	*71.4	71.3	Femmes
										Population active civile occupée (% de la population totale)
47.4	*47.5	46.6	46.4	46.6	*47.2	47.5	47.7	*48.6	48.9	Ensemble des personnes
										Emploi à temps partiel (%)[2]
14.1	13.8	14.4	14.4	14.4	14.3	14.1	14.0	13.6	13.4	Temps partiel en % de l'emploi
31.3	31.8	32.3	32.8	32.8	31.7	31.3	31.2	31.6	32.0	Part des hommes dans le temps partiel
68.7	68.2	67.7	67.2	67.2	68.3	68.7	68.8	68.4	68.0	Part des femmes dans le temps partiel
8.3	8.3	8.8	9.0	9.0	8.6	8.4	8.4	8.3	8.2	Temps partiel des hommes en % de l'emploi des hommes
20.5	20.0	20.5	20.3	20.3	20.5	20.3	20.2	19.5	19.1	Temps partiel des femmes en % de l'emploi des femmes
										Durée du chômage (% du chômage total)[3]
48.6	46.3	40.4	35.1	36.5	34.1	36.5	36.4	37.7	42.2	Moins de 1 mois
30.3	32.0	32.4	29.4	28.9	30.1	31.6	31.6	31.7	31.4	Plus de 1 mois et moins de 3 mois
11.2	11.7	14.4	15.1	14.5	15.5	14.6	14.5	14.7	12.3	Plus de 3 mois et moins de 6 mois
4.2	4.5	6.6	9.3	8.6	8.1	7.6	8.0	7.1	6.1	Plus de 6 mois et moins de 1 an
5.7	5.5	6.3	11.1	11.5	12.2	9.7	9.5	8.7	8.0	Plus de 1 an

(1) Les taux d'activité calculés selon les définitions nationales peuvent être différents de ceux publiés dans ce tableau si le groupe d'âges représenté dans l'enquête de la population active est différent de 15-64 ans.

(2) L'emploi à temps partiel se réfère aux salariés travaillant habituellement moins de 30 heures par semaine dans leur emploi principal. Les données incluent uniquement les personnes déclarant des heures habituelles de travail.

(3) Ces pourcentages ne prennent en compte que les personnes pour lesquelles la durée du chômage est connue.

Statistiques de la Population Active
© OCDE, 1999

UNITED STATES

III - CIVILIAN EMPLOYMENT

Thousands (annual average estimates)

	1978	1979	1980	1981	1982	1983	1984	1985	1986	1987	1988
PROFESSIONAL STATUS											
All activities	96 048	98 824	99 303	100 397	99 526	100 834	105 005	107 150	109 597	112 440	114 968
Wage earners and salaried employees	87 205	89 674	89 950	91 007	89 967	91 075	95 120	97 406	99 847	102 403	104 642
Employers and persons working on own account	8 047	8 384	8 643	8 735	8 898	9 143	9 338	9 269	9 327	9 624	9 917
Unpaid family workers	795	767	711	656	662	616	548	474	423	413	410
Agriculture, hunting, forestry and fishing	3 549	3 509	3 529	3 519	3 571	3 541	3 469	3 338	3 350	3 400	3 326
Wage earners and salaried employees	1 568	1 571	1 544	1 572	1 628	1 699	1 666	1 653	1 685	1 762	1 731
Employers and persons working on own account	1 662	1 633	1 687	1 680	1 681	1 603	1 590	1 498	1 494	1 483	1 443
Unpaid family workers	320	306	299	267	262	240	214	186	171	155	152
Non-agricultural activities	92 499	95 315	95 774	96 878	95 955	97 293	101 536	103 812	106 247	109 040	111 642
Wage earners and salaried employees	85 637	88 103	88 406	89 435	88 339	89 376	93 454	95 753	98 162	100 641	102 911
Employers and persons working on own account	6 385	6 751	6 956	7 055	7 217	7 540	7 748	7 771	7 833	8 141	8 474
Unpaid family workers	475	461	412	389	400	376	334	288	252	258	258
All activities (%)	100.0	100.0	100.0	100.0	100.0	100.0	100.0	100.0	100.0	100.0	100.0
Wage earners and salaried employees	90.8	90.7	90.6	90.6	90.4	90.3	90.6	90.9	91.1	91.1	91.0
Others	9.2	9.3	9.4	9.4	9.6	9.7	9.4	9.1	8.9	8.9	9.0
BREAKDOWN BY ACTIVITIES											
I.S.I.C. Major Divisions											
1 to 0 All activities	96 048	98 824	99 303	100 397	99 526	100 834	105 005	107 150	109 597	112 440	114 968
1 Agriculture, hunting, forestry and fishing	3 549	3 509	3 529	3 519	3 571	3 541	3 469	3 338	3 350	3 400	3 326
2 Mining and quarrying	859	900	979	1 118	1 028	921	957	939	880	818	753
3 Manufacturing	21 784	22 458	21 942	21 817	20 286	19 946	20 995	20 879	20 962	20 935	21 320
4 Electricity, gas and water	1 078	1 123	1 179	1 195	1 187	1 237	1 275	1 243	1 209	1 266	1 288
5 Construction	6 166	6 437	6 215	6 060	5 756	6 149	6 665	6 987	7 288	7 456	7 603
6 Wholesale and retail trade; restaurants and hotels	20 746	21 238	21 339	21 721	22 028	22 444	23 326	23 747	24 336	24 989	25 365
7 Transport, storage and communication	5 464	5 677	5 619	5 673	5 594	5 302	5 628	5 825	5 943	6 062	6 233
8 Financing, insurance, real estate and business services	7 686	8 149	8 351	8 651	9 066	9 738	10 381	11 005	11 707	12 469	12 972
9 Community, social and personal services	28 714	29 330	30 148	30 643	31 013	31 553	32 310	33 188	33 923	35 046	36 108
0 Activities not adequately defined	0	0	0	0	0	0	0	0	0	0	0
WAGE EARNERS AND SALARIED EMPLOYEES BY ACTIVITIES											
I.S.I.C. Major Divisions											
1 to 0 All activities	86 697	89 823	90 406	91 156	89 566	90 200	94 496	97 519	99 525	102 200	105 536
1 Agriculture, hunting, forestry and fishing											
2 Mining and quarrying	851	958	1 027	1 139	1 128	952	966	927	777	717	713
3 Manufacturing	20 505	21 040	20 285	20 170	18 781	18 434	19 378	19 260	18 965	19 024	19 350
4 Electricity, gas and water	778	807	829	854	877	887	902	917	922	926	932
5 Construction	4 229	4 463	4 346	4 188	3 905	3 948	4 383	4 673	4 816	4 967	5 110
6 Wholesale and retail trade; restaurants and hotels	20 530	21 252	21 386	21 666	21 591	22 053	23 366	24 409	25 067	25 800	26 687
7 Transport, storage and communication	4 145	4 329	4 317	4 311	4 205	4 068	4 257	4 321	4 333	4 446	4 595
8 Financing, insurance, real estate and business services	6 905	7 385	7 724	7 998	8 065	8 420	9 050	9 646	10 257	10 848	11 318
9 Community, social and personal services	28 756	29 589	30 492	30 831	31 015	31 438	32 195	33 366	34 388	35 472	36 834
0 Activities not adequately defined											

III - POPULATION ACTIVE CIVILE OCCUPÉE

Milliers (estimations de moyennes annuelles)

	1989	1990	1991	1992	1993	1994	1995	1996	1997	1998
SITUATION DANS LA PROFESSION										
Toutes activités	117 342	*118 793	117 718	118 492	120 259	*123 060	124 900	126 708	*129 558	131 463
Salariés	106 924	*108 338	107 101	108 187	109 656	*112 232	114 262	116 040	*118 873	121 019
Employeurs et personnes travaillant à leur compte	10 008	*10 097	10 274	9 960	10 280	*10 648	10 482	10 490	*10 513	10 303
Travailleurs familiaux non rémunérés	410	*358	343	345	324	*180	156	178	*171	141
Agriculture, chasse, sylviculture et pêche	3 378	*3 394	3 429	3 425	3 300	*3 586	3 592	3 570	*3 538	3 509
Salariés	1 799	*1 860	1 837	1 880	1 824	*1 844	1 914	1 953	*1 990	2 092
Employeurs et personnes travaillant à leur compte	1 447	*1 428	1 473	1 432	1 369	*1 693	1 632	1 561	*1 496	1 379
Travailleurs familiaux non rémunérés	132	*106	119	113	107	*49	45	56	*51	38
Activités non agricoles	113 964	*115 399	114 289	115 067	116 959	*119 474	121 308	123 138	*126 020	127 954
Salariés	105 125	*106 478	105 264	106 307	107 832	*110 388	112 348	114 087	*116 883	118 927
Employeurs et personnes travaillant à leur compte	8 561	*8 669	8 801	8 528	8 911	*8 955	8 850	8 929	*9 017	8 924
Travailleurs familiaux non rémunérés	278	*252	224	232	217	*131	111	122	*120	103
Toutes activités (%)	100.0	*100.0	100.0	100.0	100.0	*100.0	100.0	100.0	*100.0	100.0
Salariés	91.1	*91.2	91.0	91.3	91.2	*91.2	91.5	91.6	*91.8	92.1
Autres	8.9	*8.8	9.0	8.7	8.8	*8.8	8.5	8.4	*8.2	7.9
RÉPARTITION PAR BRANCHES D'ACTIVITÉS										
C.I.T.I. Branches										
1 à 0 Toutes activités	117 342	*118 793	117 718	118 492	120 259	*123 060	124 900	126 708	*129 558	131 463
1 Agriculture, chasse, sylviculture et pêche	3 378	*3 394	3 429	3 425	3 300	*3 586	3 592	3 570	*3 538	3 509
2 Industries extractives	719	*724	732	667	672	*669	627	569	*634	620
3 Industries manufacturières	21 652	*21 346	20 580	20 120	19 711	*20 157	20 493	20 518	*20 835	20 733
4 Électricité, gaz et eau	1 240	*1 289	1 301	1 302	1 248	*1 216	1 196	1 185	*1 179	1 200
5 Bâtiment et travaux publics	7 680	*7 764	7 140	7 066	7 276	*7 493	7 668	7 943	*8 302	8 518
6 Commerce de gros et de détail; restaurants et hôtels	25 925	*26 440	26 268	26 171	26 615	*27 163	27 566	28 001	*28 326	28 722
7 Transports, entrepôts et communications	6 333	*6 340	6 378	6 272	6 531	*6 750	6 772	6 885	*7 213	7 332
8 Banques, assurances, affaires immobilières et services fournis aux entreprises	13 277	*13 421	13 235	12 573	13 054	*13 566	13 689	14 180	*14 768	15 452
9 Services fournis à la collectivité, services sociaux et services personnels	37 138	*38 074	38 655	40 881	41 852	*42 460	43 298	43 857	*44 762	45 377
0 Activités mal désignées	0	*0	0	0	0	*0	0	0	*0	0
SALARIÉS (OUVRIERS ET EMPLOYÉS) PAR ACTIVITÉS										
C.I.T.I. Branches										
1 à 0 Toutes activités	108 329	*108 338	107 101	108 187	109 655	*112 232	114 262	116 040	*118 873	121 019
1 Agriculture, chasse, sylviculture et pêche		1 860	1 837	1 880	1 824	*1 844	1 914	1 953	*1 990	2 092
2 Industries extractives	693	*699	708	643	654	*655	611	554	*620	599
3 Industries manufacturières	19 442	*20 902	20 147	19 715	19 259	*19 725	20 041	20 101	*20 405	20 300
4 Électricité, gaz et eau	940	*1 286	1 297	1 300	1 243	*1 213	1 193	1 182	*1 176	1 198
5 Bâtiment et travaux publics	5 187	*6 274	5 675	5 577	5 699	*5 972	6 196	6 430	*6 791	6 986
6 Commerce de gros et de détail; restaurants et hôtels	27 380	*24 130	23 921	24 264	24 587	*25 147	25 703	26 138	*26 467	26 995
7 Transports, entrepôts et communications	4 704	*6 047	6 069	5 941	6 166	*6 378	6 397	6 464	*6 782	6 916
8 Banques, assurances, affaires immobilières et services fournis aux entreprises	11 677	*11 873	11 707	11 290	11 684	*12 178	12 277	12 690	*13 355	13 992
9 Services fournis à la collectivité, services sociaux et services personnels	38 305	*35 267	35 741	37 571	38 539	*39 120	39 931	40 526	*41 287	41 941
0 Activités mal désignées										

Statistiques de la Population Active OECD
© OCDE, 1999 OCDE

Sources:

1. *Yearbook Australia* (Australian Bureau of Statistics (ABS)).
2. *Labour Report* (ABS, and monthly supplements).
3. *Quarterly Summary Of Australian Statistics* (ABS).
4. *Australian Economic Indicators* (ABS, monthly/mensuelle).

I. POPULATION

Sources: National source 1 and answers to the annual questionnaire sent out by the Directorate for Education, Employment, Labour and Social Affairs of the OECD.

Coverage: Population present in area (*de facto*), excluding national armed forces stationed abroad.

Date of reference: Official mid-year and end of the year estimates.

II. TOTAL LABOUR FORCE
III. CIVILIAN EMPLOYMENT

Sources: National sources 1, 2 and 3 and answers to the annual questionnaire sent out by the Directorate for Education, Employment, Labour and Social Affairs of the OECD.

Date of reference: August of each year.

Method of computation: All data in Table II and III refer to the labour force survey; the sample used represents all persons in the population aged 15 years and over. From February 1978 the surveys have been conducted monthly but data for employed persons in industry are available for February, May, August and November only. Data shown in Tables II and III refer to the month of August.

I. POPULATION

Sources : Source nationale 1 et réponses au questionnaire annuel de la Direction de l'education, de l'emploi, de la main-d'oeuvre et des affaires sociales de l'OCDE.

Champ couvert : Population présente (*de facto*), non compris les militaires stationnés hors du pays.

Date de référence : Estimations officielles au milieu et en fin d'année.

II. POPULATION ACTIVE
III. POPULATION ACTIVE CIVILE OCCUPÉE

Sources : Sources nationales 1, 2 et 3 et réponses au questionnaire annuel de la Direction de l'education, de l'emploi, de la main-d'oeuvre et des affaires sociales de l'OCDE.

Date de référence : Mois d'août de chaque année.

Méthode de calcul : Toutes les données relatives aux tableaux II et III proviennent des enquêtes sur la population active ; le plan du sondage représente toutes les personnes âgées de 15 ans et plus. Depuis le mois de février 1978, l'enquête est devenue mensuelle ; par contre la distribution de l'emploi civil dans l'industrie est disponible seulement pour les mois de février, mai, août et novembre. Les données publiées dans les tableaux II et III se réfèrent au mois d'août.

AUSTRALIA

I - POPULATION

Thousands (mid-year estimates)

	1978	1979	1980	1981	1982	1983	1984	1985	1986	1987	1988
POPULATION - DISTRIBUTION BY AGE AND GENDER[1]											
All persons											
Total	14 359	14 516	14 695	14 923	15 184	15 393	15 579	15 788	16 018	16 264	16 538
Under 15 years	3 743	3 718	3 711	3 726	3 745	3 751	3 736	3 726	3 700	3 683	3 691
From 15 to 64 years	9 289	9 428	9 571	9 743	9 940	10 107	10 270	10 442	10 637	10 839	11 049
65 years and over	1 327	1 370	1 413	1 455	1 499	1 536	1 574	1 621	1 682	1 742	1 798
Males											
Total	7 181	7 254	7 338	7 448	7 581	7 686	7 778	7 883	8 000	8 121	8 257
Under 15 years	1 915	1 901	1 898	1 905	1 916	1 920	1 913	1 908	1 896	1 888	1 892
From 15 to 64 years	4 709	4 777	4 846	4 932	5 035	5 122	5 205	5 294	5 395	5 496	5 603
65 years and over	557	576	595	612	630	645	660	681	709	737	762
Females											
Total	7 178	7 262	7 357	7 475	7 603	7 707	7 801	7 906	8 018	8 143	8 281
Under 15 years	1 828	1 817	1 813	1 821	1 829	1 831	1 823	1 818	1 803	1 795	1 799
From 15 to 64 years	4 580	4 651	4 725	4 811	4 905	4 985	5 065	5 148	5 242	5 343	5 446
65 years and over	770	794	819	843	869	891	914	940	973	1 005	1 036
POPULATION - PERCENTAGES											
All persons											
Total	100.0	100.0	100.0	100.0	100.0	100.0	100.0	100.0	100.0	100.0	100.0
Under 15 years	26.1	25.6	25.3	25.0	24.7	24.4	24.0	23.6	23.1	22.6	22.3
From 15 to 64 years	64.7	64.9	65.1	65.3	65.5	65.7	65.9	66.1	66.4	66.6	66.8
65 years and over	9.2	9.4	9.6	9.8	9.9	10.0	10.1	10.3	10.5	10.7	10.9
COMPONENTS OF CHANGE IN POPULATION											
a) Population at 1 January	14 282	14 431	14 602	14 807	15 054	15 289	15 484	15 677	15 901	16 139	16 375
b) Population at 31 December	14 431	14 602	14 807	15 054	15 289	15 484	15 677	15 901	16 139	16 375	16 687
c) Total increase (b-a)	149	171	205	247	235	195	193	224	238	236	312
d) Births	224	223	226	236	240	243	238	243	243	243	246
e) Deaths	108	107	109	109	115	110	112	117	115	116	113
f) Natural increase (d-e)	116	116	117	127	125	133	126	126	128	127	133
g) Net migration	47	69	101	123	103	55	60	89	110	126	149
h) Statistical adjustments	-14	-14	-13	-3	7	8	7	9	0	-17	30
i) Total increase (=f+g+h=c)	149	171	205	247	235	196	193	224	238	236	312
(Components of change in population/ Average population) x1000											
Total increase rates	10.4	11.8	13.9	16.5	15.5	12.7	12.4	14.2	14.9	14.5	18.9
Crude birth rates	15.6	15.4	15.4	15.8	15.8	15.8	15.3	15.4	15.2	14.9	14.9
Crude death rates	7.5	7.4	7.4	7.3	7.6	7.1	7.2	7.4	7.2	7.1	6.8
Natural increase rates	8.1	8.0	8.0	8.5	8.2	8.6	8.1	8.0	8.0	7.8	8.0
Net migration rates	3.3	4.8	6.9	8.2	6.8	3.6	3.9	5.6	6.9	7.8	9.0

(1)   Data refer to the civilian labour force.

I - POPULATION

Milliers (estimations au milieu de l'année)

1989	1990	1991	1992	1993	1994	1995	1996	1997	1998	
										POPULATION - RÉPARTITION SELON L'AGE ET LE SEXE[1]
										Ensemble des personnes
16 833	17 085	17 284	17 489	17 657	17 838	18 072	18 311	18 524	18 751	Total
3 715	3 742	3 786	3 810	3 827	3 842	3 888	3 911	3 920	3 922	Moins de 15 ans
11 262	11 438	11 548	11 675	11 772	11 888	12 032	12 196	12 361	12 545	De 15 à 64 ans
1 857	1 905	1 951	2 004	2 059	2 108	2 151	2 203	2 244	2 283	65 ans et plus
										Hommes
8 405	8 532	8 615	8 715	8 796	8 885	8 994	9 108	9 214	9 330	Total
1 904	1 918	1 943	1 955	1 964	1 972	1 993	2 005	2 010	2 011	Moins de 15 ans
5 713	5 803	5 836	5 897	5 944	6 001	6 066	6 144	6 225	6 319	De 15 à 64 ans
789	811	836	862	889	913	934	959	980	999	65 ans et plus
										Femmes
8 428	8 554	8 669	8 774	8 861	8 954	9 078	9 203	9 310	9 421	Total
1 811	1 824	1 842	1 855	1 863	1 871	1 895	1 906	1 910	1 911	Moins de 15 ans
5 549	5 636	5 712	5 778	5 828	5 888	5 966	6 053	6 136	6 226	De 15 à 64 ans
1 068	1 094	1 114	1 142	1 170	1 195	1 217	1 244	1 264	1 284	65 ans et plus
										POPULATION - POURCENTAGES
										Ensemble des personnes
100.0	100.0	100.0	100.0	100.0	100.0	100.0	100.0	100.0	100.0	Total
22.1	21.9	21.9	21.8	21.7	21.5	21.5	21.4	21.2	20.9	Moins de 15 ans
66.9	66.9	66.8	66.8	66.7	66.6	66.6	66.6	66.7	66.9	De 15 à 64 ans
11.0	11.2	11.3	11.5	11.7	11.8	11.9	12.0	12.1	12.2	65 ans et plus
										COMPOSANTES DE L'ÉVOLUTION DÉMOGRAPHIQUE
16 687	16 937	17 170	17 384	17 581	17 760	17 952	18 196	18 424	18 618	a) Population au 1er janvier
16 937	17 170	17 384	17 581	17 760	17 952	18 196	18 424	18 618	18 851	b) Population au 31 décembre
250	233	214	197	179	192	245	228	195	233	**c) Accroissement total (b-a)**
251	263	257	264	259	258	255	253	251	250	d) Naissances
124	120	119	124	121	127	125	158	129	129	e) Décès
127	143	138	140	138	131	130	95	122	121	**f) Accroissement naturel (d-e)**
157	125	86	69	35	56	107	97	72	112	g) Solde net des migrations
-34	-35	-10	-12	6	5	8	36	0	0	h) Ajustements statistiques
250	233	214	197	179	192	245	228	195	233	**i) Accroissement total (=f+g+h=c)**
										(Composition de l'évolution démographique/ Population moyenne) x1000
14.9	13.7	12.4	11.3	10.1	10.7	13.5	12.5	10.5	12.4	Taux d'accroissement total
14.9	15.4	14.9	15.1	14.6	14.5	14.1	13.8	13.6	13.3	Taux bruts de natalité
7.4	7.0	6.9	7.1	6.8	7.1	6.9	8.6	7.0	6.9	Taux bruts de mortalité
7.6	8.4	8.0	8.0	7.8	7.4	7.2	5.2	6.6	6.5	Taux d'accroissement naturel
9.3	7.3	5.0	3.9	2.0	3.1	5.9	5.3	3.9	6.0	Taux du solde net des migrations

(1) Les données se réfèrent à la population active civile.

Statistiques de la Population Active
© OCDE, 1999

AUSTRALIA

II - LABOUR FORCE

Thousands (estimates for August of each year)

	1978	1979	1980	1981	1982	1983	1984	1985	1986	1987	1988
Total labour force											
All persons	6 474	6 526	6 748	6 847	6 913	7 000	7 141	7 319	7 585	7 765	7 962
Males	4 139	4 185	4 260	4 327	4 365	4 401	4 465	4 526	4 616	4 688	4 753
Females	2 335	2 341	2 488	2 520	2 549	2 599	2 676	2 793	2 970	3 077	3 209
Armed forces											
All persons	70	70	72	72	73	73	71	71	70	70	70
Males	66	66	68	68	68	68	66	66	64	64	65
Females	4	4	4	4	5	5	5	5	6	6	5
Civilian labour force											
All persons	6 404	6 456	6 676	6 774	6 841	6 928	7 070	7 248	7 516	7 694	7 892
Males	4 073	4 119	4 192	4 258	4 296	4 333	4 399	4 460	4 552	4 624	4 688
Females	2 331	2 337	2 483	2 516	2 545	2 595	2 671	2 788	2 964	3 070	3 204
Unemployed											
All persons	398	378	395	381	461	687	604	573	598	602	539
Males	222	198	210	201	272	430	381	349	349	347	306
Females	176	180	185	180	190	257	223	224	248	255	233
Civilian employment											
All persons	6 005	6 079	6 281	6 394	6 379	6 241	6 466	6 676	6 919	7 092	7 353
Males	3 851	3 921	3 983	4 058	4 024	3 904	4 018	4 111	4 203	4 277	4 382
Females	2 154	2 158	2 298	2 336	2 355	2 337	2 448	2 565	2 716	2 815	2 971
Civilian employment (%)											
All persons	100.0	100.0	100.0	100.0	100.0	100.0	100.0	100.0	100.0	100.0	100.0
Males	64.1	64.5	63.4	63.5	63.1	62.6	62.1	61.6	60.7	60.3	59.6
Females	35.9	35.5	36.6	36.5	36.9	37.4	37.9	38.4	39.3	39.7	40.4
Unemployment rates (% of civilian labour force)											
All persons	6.2	5.9	5.9	5.6	6.7	9.9	8.5	7.9	8.0	7.8	6.8
Males	5.5	4.8	5.0	4.7	6.3	9.9	8.7	7.8	7.7	7.5	6.5
Females	7.6	7.7	7.5	7.2	7.5	9.9	8.3	8.0	8.4	8.3	7.3
Total labour force (% of total population)											
All persons	45.1	45.0	45.9	45.9	45.5	45.5	45.8	46.4	47.4	47.7	48.1
Males	57.6	57.7	58.1	58.1	57.6	57.3	57.4	57.4	57.7	57.7	57.6
Females	32.5	32.2	33.8	33.7	33.5	33.7	34.3	35.3	37.0	37.8	38.8
Total labour force (% of population from 15-64 years)[1]											
All persons	69.7	69.2	70.5	70.3	69.5	69.3	69.5	70.1	71.3	71.6	72.1
Males	87.9	87.6	87.9	87.7	86.7	85.9	85.8	85.5	85.6	85.3	84.8
Females	51.0	50.3	52.7	52.4	52.0	52.1	52.8	54.3	56.7	57.6	58.9
Civilian employment (% of total population)											
All persons	41.8	41.9	42.7	42.8	42.0	40.5	41.5	42.3	43.2	43.6	44.5
Part-time employment (%)[2]											
Part-time as % of employment		17.2	18.1	18.5	19.2	19.0	18.9	20.4	21.1	21.7	21.5
Male share of part-time employment		30.1	29.3	30.8	30.7	30.1	29.1	30.5	29.8	29.6	27.6
Female share of part-time employment		69.9	70.7	69.2	69.3	69.9	70.9	69.5	70.2	70.4	72.4
Male part-time as % of male employment		8.0	8.3	9.0	9.3	9.2	8.9	10.1	10.4	10.6	9.9
Female part-time as % of female employment		34.0	34.9	34.9	36.0	35.5	35.4	36.9	37.7	38.5	38.4
Duration of unemployment (% of total unemployment)[3]											
Less than 1 month	21.3	20.2	19.3	19.8	21.0	11.9	15.1	16.5	17.4	16.8	17.9
More than 1 month and less than 3 months	25.9	25.5	25.1	27.4	27.0	20.3	20.3	18.4	21.1	20.7	20.6
More than 3 months and less than 6 months	17.6	16.3	15.8	13.9	13.3	15.0	13.3	13.7	14.3	14.0	14.1
More than 6 months and less than 1 year	19.8	20.0	20.0	17.9	18.8	25.2	20.0	20.6	19.9	20.0	19.1
More than 1 year	15.5	18.1	19.8	21.0	19.0	27.5	31.2	30.9	27.4	28.6	28.4

From 1995, data refer to annual averages.

(1) Participation rates calculated according to national definitions may differ from those published in this table, when the age group represented in the labour force survey is other than 15-64 years.

(2) Part-time employment refers to persons who work less than 30 hours per week at all jobs. Data include only persons declaring actual hours worked.

(3) These percentages only take into account those persons for whom the duration of unemployment is known.

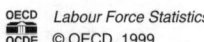

II - POPULATION ACTIVE

Milliers (estimations pour le mois d'août de chaque année)

1989	1990	1991	1992	1993	1994	1995	1996	1997	1998	
										Population active totale
8 342	8 551	8 586	8 674	8 694	8 835	9 059	9 177	9 266	9 399	Ensemble des personnes
4 926	5 005	5 009	5 048	5 049	5 103	5 195	5 247	5 236	5 299	Hommes
3 416	3 546	3 577	3 626	3 645	3 732	3 864	3 929	3 972	4 044	Femmes
										Forces armées
69	68	69	67	63	59	58	57	58	56	Ensemble des personnes
62	60	61	59	55	52	51	50	50	49	Hommes
7	8	8	8	8	7	7	7	6	7	Femmes
										Population active civile
8 273	8 483	8 517	8 607	8 631	8 776	9 001	9 119	9 208	9 343	Ensemble des personnes
4 864	4 945	4 948	4 989	4 994	5 051	5 144	5 197	5 236	5 299	Hommes
3 409	3 538	3 569	3 618	3 637	3 725	3 857	3 922	3 972	4 044	Femmes
										Chômeurs
493	613	832	937	956	856	766	779	787	747	Ensemble des personnes
268	346	510	574	581	506	455	456	458	435	Hommes
225	267	322	363	375	350	311	323	329	312	Femmes
										Population active civile occupée
7 780	7 870	7 685	7 670	7 675	7 921	8 235	8 340	8 422	8 596	Ensemble des personnes
4 596	4 599	4 438	4 415	4 413	4 545	4 689	4 741	4 778	4 865	Hommes
3 184	3 271	3 247	3 255	3 262	3 375	3 546	3 599	3 644	3 732	Femmes
										Population active civile occupée (%)
100.0	100.0	100.0	100.0	100.0	100.0	100.0	100.0	100.0	100.0	Ensemble des personnes
59.1	58.4	57.7	57.6	57.5	57.4	56.9	56.8	56.7	56.6	Hommes
40.9	41.6	42.3	42.4	42.5	42.6	43.1	43.2	43.3	43.4	Femmes
										Taux de chômage (% de la population active civile)
6.0	7.2	9.8	10.9	11.1	9.8	8.5	8.5	8.5	8.0	Ensemble des personnes
5.5	7.0	10.3	11.5	11.6	10.0	8.8	8.8	8.7	8.2	Hommes
6.6	7.5	9.0	10.0	10.3	9.4	8.1	8.2	8.3	7.7	Femmes
										Population active totale (% de la population totale)
49.6	50.0	49.7	49.6	49.2	49.5	50.1	50.1	50.0	50.1	Ensemble des personnes
58.6	58.7	58.1	57.9	57.4	57.4	57.8	57.6	56.8	56.8	Hommes
40.5	41.5	41.3	41.3	41.1	41.7	42.6	42.7	42.7	42.9	Femmes
										Population active totale (% de la population de 15-64 ans)[1]
74.1	74.8	74.4	74.3	73.9	74.3	75.3	75.2	75.0	74.9	Ensemble des personnes
86.2	86.2	85.8	85.6	84.9	85.0	85.6	85.4	84.1	83.9	Hommes
61.6	62.9	62.6	62.8	62.5	63.4	64.8	64.9	64.7	64.9	Femmes
										Population active civile occupée (% de la population totale)
46.2	46.1	44.5	43.9	43.5	44.4	45.6	45.5	45.5	45.8	Ensemble des personnes
										Emploi à temps partiel (%)[2]
21.9	22.6	23.9	24.9	24.3	24.4	25.0	25.2	26.0	25.9	Temps partiel en % de l'emploi
28.3	29.2	29.9	30.3	30.1	30.4	30.8	31.5	32.0	31.4	Part des hommes dans le temps partiel
71.7	70.8	70.1	69.7	69.9	69.6	69.2	68.5	68.0	68.6	Part des femmes dans le temps partiel
10.5	11.3	12.4	13.1	12.7	12.9	13.5	14.0	14.6	14.4	Temps partiel des hommes en % de l'emploi des hommes
38.4	38.5	39.7	40.9	40.1	40.1	40.2	40.0	41.0	40.7	Temps partiel des femmes en % de l'emploi des femmes
										Durée du chômage (% du chômage total)[3]
21.8	18.5	13.2	11.4	12.4	12.1	14.7	16.0	15.6	15.8	Moins de 1 mois
24.0	26.5	21.1	16.6	17.8	18.2	20.3	22.4	20.5	19.5	Plus de 1 mois et moins de 3 mois
13.5	14.0	16.0	13.2	12.8	12.8	13.6	13.1	12.5	12.5	Plus de 3 mois et moins de 6 mois
17.6	19.3	24.7	24.2	20.6	20.5	20.6	20.1	20.8	18.6	Plus de 6 mois et moins de 1 an
23.1	21.6	24.9	34.5	36.5	36.3	30.8	28.4	30.7	33.6	Plus de 1 an

Depuis 1995, les données se réfèrent à la moyenne annuelle.

(1) Les taux d'activité calculés selon les définitions nationales peuvent être différents de ceux publiés dans ce tableau si le groupe d'âges représenté dans l'enquête de la population active est différent de 15-64 ans.

(2) L'emploi à temps partiel se réfère aux actifs travaillant moins de 30 heures par semaine dans tous leurs emplois. Les données incluent uniquement les personnes déclarant des heures effectives de travail.

(3) Ces pourcentages ne prennent en compte que les personnes pour lesquelles la durée du chômage est connue.

Statistiques de la Population Active
© OCDE, 1999

AUSTRALIA

III - CIVILIAN EMPLOYMENT

Thousands (estimates for August of each year)

	1978	1979	1980	1981	1982	1983	1984	1985	1986	1987	1988
PROFESSIONAL STATUS											
All activities	6 005	6 079	6 281	6 394	6 379	6 241	6 466	6 676	6 919	7 092	7 353
Wage earners and salaried employees	5 057	5 097	5 242	5 379	5 354	5 243	5 426	5 583	5 757	5 938	6 162
Employers and persons working on own account	923	957	1 015	988	1 000	974	1 019	1 065	1 096	1 095	1 125
Unpaid family workers	26	25	25	27	25	25	21	28	66	59	66
Agriculture, hunting, forestry and fishing	375	399	407	416	410	411	400	415	415	402	428
Wage earners and salaried employees	120	135	125	138	130	133	127	129	122	122	141
Employers and persons working on own account	239	251	267	262	266	267	264	275	270	258	262
Unpaid family workers	16	13	15	17	14	12	9	11	24	23	25
Non-agricultural activities	5 630	5 680	5 874	5 978	5 969	5 830	6 066	6 261	6 504	6 690	6 925
Wage earners and salaried employees	4 937	4 962	5 117	5 241	5 224	5 110	5 299	5 454	5 635	5 816	6 021
Employers and persons working on own account	684	706	748	726	734	707	755	790	826	837	863
Unpaid family workers	10	12	10	10	11	13	12	17	42	36	41
All activities (%)	100.0	100.0	100.0	100.0	100.0	100.0	100.0	100.0	100.0	100.0	100.0
Wage earners and salaried employees	84.2	83.8	83.5	84.1	83.9	84.0	83.9	83.6	83.2	83.7	83.8
Others	15.8	16.2	16.6	15.9	16.1	16.0	16.1	16.4	16.8	16.3	16.2
BREAKDOWN BY ACTIVITIES											
I.S.I.C. Major Divisions											
1 to 0 All activities	6 005	6 079	6 281	6 394	6 379	6 241	6 466	6 676	6 919	7 092	7 353
1 Agriculture, hunting, forestry and fishing	375	399	407	416	410	412	400	415	415	402	428
2 Mining and quarrying	79	82	84	99	91	94	92	102	96	99	95
3 Manufacturing	1 194	1 228	1 240	1 236	1 196	1 132	1 142	1 113	1 132	1 154	1 204
4 Electricity, gas and water	115	119	129	125	129	136	148	139	137	120	114
5 Construction	487	469	486	475	467	388	424	471	493	488	529
6 Wholesale and retail trade; restaurants and hotels	1 437	1 430	1 489	1 477	1 456	1 420	1 490	1 540	1 630	1 624	1 742
7 Transport, storage and communication	459	473	459	482	505	505	487	526	545	515	514
8 Financing, insurance, real estate and business services	470	488	515	559	587	574	620	668	703	771	805
9 Community, social and personal services	1 389	1 391	1 472	1 525	1 538	1 579	1 664	1 701	1 766	1 919	1 922
0 Activities not adequately defined											
WAGE EARNERS AND SALARIED EMPLOYEES BY ACTIVITIES											
I.S.I.C. Major Divisions											
1 to 0 All activities	5 057	5 097	5 242	5 379	5 354	5 243	5 426	5 583	5 757	5 938	6 162
1 Agriculture, hunting, forestry and fishing	120	135	125	138	130	133	127	129	122	122	141
2 Mining and quarrying	75	78	81	95	90	93	90	98	94	96	94
3 Manufacturing	1 145	1 177	1 185	1 186	1 144	1 077	1 079	1 055	1 066	1 092	1 128
4 Electricity, gas and water	115	119	128	125	129	136	148	139	137	120	114
5 Construction	340	314	321	305	302	242	269	308	307	307	339
6 Wholesale and retail trade; restaurants and hotels	1 154	1 148	1 183	1 203	1 179	1 151	1 212	1 241	1 324	1 322	1 440
7 Transport, storage and communication	393	406	397	420	442	440	419	454	467	446	438
8 Financing, insurance, real estate and business services	406	411	443	477	502	488	529	568	596	649	686
9 Community, social and personal services	1 308	1 311	1 378	1 430	1 437	1 483	1 554	1 593	1 644	1 786	1 782
0 Activities not adequately defined											

III - POPULATION ACTIVE CIVILE OCCUPÉE

Milliers (estimations pour le mois d'août de chaque année)

1989	1990	1991	1992	1993	1994	1995	1996	1997	1998	
										SITUATION DANS LA PROFESSION
7 780	7 870	7 685	7 670	7 675	7 921	8 217	8 310	8 307	8 537	**Toutes activités**
6 518	6 567	6 434	6 346	6 330	6 635	6 950	7 075	6 974	7 301	Salariés
1 209	1 237	1 181	1 250	1 276	1 173	1 190	1 158	1 255	1 169	Employeurs et personnes travaillant à leur compte
53	67	70	75	69	78	78	77	77	68	Travailleurs familiaux non rémunérés
424	443	418	404	408	403	411	417	415	413	**Agriculture, chasse, sylviculture et pêche**
145	142	145	135	138	147	157	164	157	185	Salariés
262	279	251	248	245	230	226	224	240	211	Employeurs et personnes travaillant à leur compte
17	22	22	21	25	27	28	29	19	17	Travailleurs familiaux non rémunérés
7 356	7 427	7 267	7 266	7 267	7 518	7 806	7 893	7 892	8 125	**Activités non agricoles**
6 373	6 425	6 289	6 211	6 192	6 488	6 793	6 911	6 818	7 116	Salariés
947	958	930	1 002	1 031	943	964	933	1 016	958	Employeurs et personnes travaillant à leur compte
36	45	48	54	44	51	50	49	58	51	Travailleurs familiaux non rémunérés
100.0	100.0	100.0	100.0	100.0	100.0	100.0	100.0	100.0	100.0	**Toutes activités (%)**
83.8	83.4	83.7	82.7	82.5	83.8	84.6	85.1	84.0	85.5	Salariés
16.2	16.6	16.3	17.3	17.5	15.8	15.4	14.9	16.0	14.5	Autres
										RÉPARTITION PAR BRANCHES D'ACTIVITÉS
										C.I.T.I. Branches
7 780	7 870	7 685	7 670	7 675	7 921	8 235	8 311	8 306	8 537	**1 à 0 Toutes activités**
424	443	418	404	408	403	411	417	415	413	1 Agriculture, chasse, sylviculture et pêche
105	95	94	90	90	86	85	90	81	87	2 Industries extractives
1 217	1 177	1 082	1 077	1 062	1 111	1 115	1 118	1 143	1 104	3 Industries manufacturières
113	104	103	104	95	90	84	68	66	69	4 Électricité, gaz et eau
603	587	509	524	557	569	601	602	567	624	5 Bâtiment et travaux publics
1 887	1 913	1 909	1 914	1 917	2 013	2 095	2 108	2 060	2 164	6 Commerce de gros et de détail; restaurants et hôtels
543	542	524	484	476	511	536	558	543	531	7 Transports, entrepôts et communications
939	974	966	963	920	1 010	1 099	1 127	1 200	1 262	8 Banques, assurances, affaires immobilières et services fournis aux entreprises
1 898	1 989	2 035	2 065	2 095	2 092	2 191	2 221	2 233	2 283	9 Services fournis à la collectivité, services sociaux et services personnels
66	62	56	53	54	35	18	0	0	0	0 Activités mal désignées
										SALARIÉS (OUVRIERS ET EMPLOYÉS) PAR ACTIVITÉS
										C.I.T.I. Branches
6 519	6 567	6 434	6 346	6 330	6 635	6 950	6 504	6 411	6 719	**1 à 0 Toutes activités**
145	142	145	135	138	147	157	164	157	185	1 Agriculture, chasse, sylviculture et pêche
102	94	93	89	83	81	82	85	76	85	2 Industries extractives
1 144	1 103	1 007	1 003	978	1 033	1 041	1 047	1 043	1 019	3 Industries manufacturières
113	104	102	104	95	90	84	68	66	69	4 Électricité, gaz et eau
373	377	324	300	317	346	372	382	349	405	5 Bâtiment et travaux publics
1 599	1 597	1 596	1 584	1 603	1 710	1 790	1 811	1 760	1 886	6 Commerce de gros et de détail; restaurants et hôtels
469	461	448	405	404	435	460	482	453	456	7 Transports, entrepôts et communications
814	838	830	820	779	861	940	980	1 014	1 085	8 Banques, assurances, affaires immobilières et services fournis aux entreprises
1 760	1 851	1 890	1 905	1 934	1 932	2 024	1 485	1 493	1 529	9 Services fournis à la collectivité, services sociaux et services personnels
										0 Activités mal désignées

Sources:

1. *Japan Statistical Yearbook* (Statistics Bureau, Management and Coordination Agency (MCA)).
2. *Yearbook Of Labour Statistics* (Policy Planning and Research Department, Ministry of Labour).
3. *Monthly Report On The Labour Force Survey* (Statistics Bureau, MCA, monthly/mensuelle).

General remark: Data for all tables include Okinawa prefecture (Ryu-Kyu islands) which was returned to Japan in 1972; consequently total population figures increased by about 990 000 persons and 370 000 persons have been added to the labour force.

Remarque générale : Toutes les données pour tous les tableaux incluent la préfecture d'Okinawa (Iles Ryu-Kyu) qui a été rattachée au Japon en 1972 ; par conséquent, les données de la population totale ont été augmentées de 990 000 personnes et 370 000 personnes ont été ajoutées à la population active totale.

I. POPULATION

1. Breakdown by age and gender

Sources: National sources 1, 2, 3 and answers to the annual questionnaire sent out by the Directorate for Education, Employment, Labour and Social Affairs of the OECD.

Date of Reference: 1 October of each year.

Coverage: Present in area population – excluding allied military and civilian personnel and their dependants.

Method of computation: Monthly labour force sample survey, using census results as benchmarks.

Note: Data published in Table I are non-adjusted between censuses. Total population data shown in the first part of this publication are adjusted between two censuses.

2. Components of change in population

Source: National source 1.

Coverage: Cf. 1 above.

Method of computation: Official estimates at lst January.

I. POPULATION

1. Répartition selon l'âge et le genre

Sources : Sources nationales 1, 2, 3 et réponses au questionnaire annuel de la Direction de l'education, de l'emploi, de la main-d'oeuvre et des affaires sociales de l'OCDE.

Date de référence : 1er octobre de chaque année.

Champ couvert : Population présente – non compris les militaires et les civils alliés ainsi que les personnes à leur charge.

Méthode de calcul : Enquête mensuelle par sondage de la population active, reliée aux résultats des recensements.

Note : Les données publiées dans le Tableau I correspondent aux données non ajustées entre deux recensements. Les données de population totale publiées dans la première partie de cet ouvrage correspondent aux données ajustées entre deux recensements.

2. Composantes de l'évolution démographique

Sources : Source nationale 1.

Champ couvert : Cf. 1 ci-dessus.

Méthode de calcul : Chiffres officiels au 1er janvier.

II. TOTAL LABOUR FORCE

III. CIVILIAN EMPLOYMENT

Sources: National sources 1, 2, 3 and answers to the annual questionnaire sent out by the Directorate for Education, Employment, Labour and Social Affairs of the OECD.

Date of reference: 12 month averages for the year.

Method of computation: Monthly labour force sample survey.

General remark: National Self-Defence Forces are included in Civilian Employment and in Total Employees.

II. POPULATION ACTIVE

III. POPULATION ACTIVE CIVILE OCCUPÉE

Sources : Sources nationales 1, 2, 3 et réponses au questionnaire annuel de la Direction de l'education, de l'emploi, de la main-d'oeuvre et des affaires sociales de l'OCDE.

Date de référence : Moyenne annuelle des 12 mois.

Méthode de calcul : Enquête mensuelle par sondage de la population active.

Remarque générale : Les Forces nationales d'autodéfense sont incluses dans la Population active civile occupée et dans le Total des salariés.

JAPAN

I - POPULATION

Thousands (estimates at 1 October)

	1978	1979	1980	1981	1982	1983	1984	1985	1986	1987	1988
POPULATION - DISTRIBUTION BY AGE AND GENDER											
All persons											
Total	115 174	116 133	117 060	117 884	118 693	119 483	120 235	121 049	121 672	122 264	122 783
Under 15 years	27 708	27 664	27 524	27 603	27 254	26 907	26 504	26 042	25 434	24 753	23 985
From 15 to 64 years	77 545	78 161	78 884	79 272	80 089	80 904	81 776	82 535	83 368	84 189	85 013
65 years and over	9 921	10 309	10 653	11 009	11 350	11 672	11 956	12 472	12 870	13 322	13 785
Males											
Total	56 704	57 180	57 594	58 002	58 402	58 790	59 155	59 497	59 805	60 091	60 352
Under 15 years	14 211	14 192	14 115	14 158	13 980	13 802	13 594	13 345	13 034	12 685	12 296
From 15 to 64 years	38 254	38 603	38 976	39 215	39 676	40 137	40 624	41 050	41 547	42 037	42 530
65 years and over	4 239	4 385	4 503	4 630	4 746	4 851	4 936	5 102	5 223	5 368	5 526
Females											
Total	58 470	58 953	59 467	59 882	60 291	60 694	61 080	61 552	61 867	62 173	62 431
Under 15 years	13 497	13 472	13 409	13 445	13 274	13 106	12 910	12 697	12 399	12 067	11 690
From 15 to 64 years	39 290	39 558	39 908	40 057	40 413	40 767	41 151	41 485	41 821	42 152	42 483
65 years and over	5 682	5 923	6 150	6 379	6 604	6 821	7 019	7 370	7 647	7 953	8 259
POPULATION - PERCENTAGES											
All persons											
Total	100.0	100.0	100.0	100.0	100.0	100.0	100.0	100.0	100.0	100.0	100.0
Under 15 years	24.1	23.8	23.5	23.4	23.0	22.5	22.0	21.5	20.9	20.2	19.5
From 15 to 64 years	67.3	67.3	67.4	67.2	67.5	67.7	68.0	68.2	68.5	68.9	69.2
65 years and over	8.6	8.9	9.1	9.3	9.6	9.8	9.9	10.3	10.6	10.9	11.2
COMPONENTS OF CHANGE IN POPULATION											
a) Population at 1 January	114 376	115 378	116 332	117 201	118 048	118 885	119 672	120 429	121 126	121 735	122 306
b) Population at 31 December	115 378	116 332	117 201	118 048	118 885	119 672	120 429	121 126	121 735	122 306	122 814
c) Total increase (b-a)	1 002	954	869	847	837	787	757	697	609	571	508
d) Births	1 722	1 655	1 589	1 542	1 528	1 521	1 502	1 439	1 389	1 354	1 314
e) Deaths	700	694	727	725	716	744	745	757	755	755	793
f) Natural increase (d-e)	1 022	961	862	817	812	777	757	682	634	599	521
g) Net migration	-24	-12	0	13	9	-6	-17	1	-25	-28	-13
h) Statistical adjustments	4	-5	7	17	-16	-16	17	14	0	0	0
i) Total increase (=f+g+h=c)	1 002	944	869	847	805	755	757	697	609	571	508
(Components of change in population/ Average population) x1000											
Total increase rates	8.7	8.1	7.4	7.2	6.8	6.3	6.3	5.8	5.0	4.7	4.1
Crude birth rates	15.0	14.3	13.6	13.1	12.9	12.8	12.5	11.9	11.4	11.1	10.7
Crude death rates	6.1	6.0	6.2	6.2	6.0	6.2	6.2	6.3	6.2	6.2	6.5
Natural increase rates	8.9	8.3	7.4	6.9	6.9	6.5	6.3	5.6	5.2	4.9	4.3
Net migration rates	-0.2	-0.1	0.0	0.1	0.1	-0.1	-0.1	0.0	-0.2	-0.2	-0.1

JAPON

I - POPULATION

Milliers (estimations au 1ᵉʳ octobre)

1989	1990	1991	1992	1993	1994	1995	1996	1997	1998	
										POPULATION - RÉPARTITION SELON L'AGE ET LE SEXE
										Ensemble des personnes
123 255	123 611	124 043	124 452	124 764	125 034	125 570	125 864	126 166	126 486	Total
23 201	22 544	21 904	21 364	20 841	20 415	20 014	19 686	19 366	19 059	Moins de 15 ans
85 745	86 140	86 557	86 845	87 023	87 034	87 165	87 161	87 042	86 920	De 15 à 64 ans
14 309	14 928	15 582	16 242	16 900	17 585	18 261	19 017	19 758	20 508	65 ans et plus
										Hommes
60 581	60 697	60 905	61 096	61 228	61 328	61 574	61 687	61 805	61 919	Total
11 893	11 558	11 230	10 954	10 688	10 469	10 247	10 083	9 919	9 764	Moins de 15 ans
42 951	43 132	43 377	43 547	43 647	43 656	43 735	43 756	43 703	43 638	De 15 à 64 ans
5 737	6 007	6 298	6 594	6 893	7 203	7 504	7 848	8 182	8 516	65 ans et plus
										Femmes
62 673	62 914	63 139	63 356	63 536	63 706	63 996	64 177	64 361	64 568	Total
11 308	10 986	10 674	10 410	10 153	9 946	9 767	9 603	9 446	9 295	Moins de 15 ans
42 794	43 008	43 180	43 298	43 376	43 379	43 430	43 405	43 339	43 282	De 15 à 64 ans
8 572	8 920	9 285	9 648	10 007	10 381	10 757	11 169	11 576	11 991	65 ans et plus
										POPULATION - POURCENTAGES
										Ensemble des personnes
100.0	100.0	100.0	100.0	100.0	100.0	100.0	100.0	100.0	100.0	Total
18.8	18.2	17.7	17.2	16.7	16.3	15.9	15.6	15.3	15.1	Moins de 15 ans
69.6	69.7	69.8	69.8	69.8	69.6	69.4	69.3	69.0	68.7	De 15 à 64 ans
11.6	12.1	12.6	13.1	13.5	14.1	14.5	15.1	15.7	16.2	65 ans et plus
										COMPOSANTES DE L'ÉVOLUTION DÉMOGRAPHIQUE
122 814	123 264	123 590	124 000	124 400	124 680	125 000	125 649	125 760	126 269	a) Population au 1ᵉʳ janvier
123 264	123 590	124 000	124 400	124 680	125 000	125 649	125 760	126 269	126 580	b) Population au 31 décembre
450	326	410	400	280	320	649	111	509	311	**c) Accroissement total (b-a)**
1 247	1 222	1 223	1 209	1 188	1 238	1 187	1 207	1 192	1 206	d) Naissances
789	820	830	857	879	876	922	896	913	932	e) Décès
458	402	393	352	309	362	265	311	279	274	**f) Accroissement naturel (d-e)**
-8	2	38	34	-10	-82	-50	-13	14	38	g) Solde net des migrations
0	78	21	-14	19	-40	-434	187	-216	1	h) Ajustements statistiques
450	482	452	372	318	240	-219	485	77	313	**i) Accroissement total (=f+g+h=c)**
										(Composition de l'évolution démographique/ Population moyenne) x1000
3.7	3.9	3.7	3.0	2.6	1.9	-1.7	3.9	0.6	2.5	Taux d'accroissement total
10.1	9.9	9.9	9.7	9.5	9.9	9.5	9.6	9.5	9.5	Taux bruts de natalité
6.4	6.6	6.7	6.9	7.1	7.0	7.4	7.1	7.2	7.4	Taux bruts de mortalité
3.7	3.3	3.2	2.8	2.5	2.9	2.1	2.5	2.2	2.2	Taux d'accroissement naturel
-0.1	0.0	0.3	0.3	-0.1	-0.7	-0.4	-0.1	0.1	0.3	Taux du solde net des migrations

Statistiques de la Population Active
© OCDE, 1999

JAPAN

II - LABOUR FORCE

Thousands (annual average estimates)

	1978	1979	1980	1981	1982	1983	1984	1985	1986	1987	1988
Total labour force											
All persons	55 320	55 960	56 500	57 070	57 740	58 890	59 270	59 630	60 200	60 840	61 660
Males	34 060	34 370	34 650	34 980	35 220	35 640	35 800	35 960	36 260	36 550	36 930
Females	21 250	21 600	21 850	22 090	22 520	23 240	23 470	23 670	23 950	24 290	24 730
Armed forces											
All persons											
Males											
Females											
Civilian labour force											
All persons	55 320	55 960	56 500	57 070	57 740	58 890	59 270	59 630	60 200	60 840	61 660
Males	34 060	34 370	34 650	34 980	35 220	35 640	35 800	35 960	36 260	36 550	36 930
Females	21 250	21 600	21 850	22 090	22 520	23 240	23 470	23 670	23 950	24 290	24 730
Unemployed											
All persons	1 240	1 170	1 140	1 260	1 360	1 560	1 610	1 560	1 670	1 730	1 550
Males	810	740	710	790	840	950	960	930	990	1 040	910
Females	430	430	430	470	520	610	650	630	670	690	640
Civilian employment											
All persons	54 080	54 790	55 360	55 810	56 380	57 330	57 660	58 070	58 530	59 110	60 110
Males	33 250	33 630	33 940	34 190	34 380	34 690	34 850	35 030	35 260	35 510	36 020
Females	20 830	21 170	21 420	21 620	22 000	22 630	22 820	23 040	23 270	23 600	24 080
Civilian employment (%)											
All persons	100.0	100.0	100.0	100.0	100.0	100.0	100.0	100.0	100.0	100.0	100.0
Males	61.5	61.4	61.3	61.3	61.0	60.5	60.4	60.3	60.2	60.1	59.9
Females	38.5	38.6	38.7	38.7	39.0	39.5	39.6	39.7	39.8	39.9	40.1
Unemployment rates (% of civilian labour force)											
All persons	2.2	2.1	2.0	2.2	2.4	2.6	2.7	2.6	2.8	2.8	2.5
Males	2.4	2.2	2.0	2.3	2.4	2.7	2.7	2.6	2.7	2.8	2.5
Females	2.0	2.0	2.0	2.1	2.3	2.6	2.8	2.7	2.8	2.8	2.6
Total labour force (% of total population)											
All persons	48.0	48.2	48.3	48.4	48.6	49.3	49.3	49.3	49.5	49.8	50.2
Males	60.1	60.1	60.2	60.3	60.3	60.6	60.5	60.4	60.6	60.8	61.2
Females	36.3	36.6	36.7	36.9	37.4	38.3	38.4	38.5	38.7	39.1	39.6
Total labour force (% of population from 15-64 years)[1]											
All persons	71.3	71.6	71.6	72.0	72.1	72.8	72.5	72.2	72.2	72.3	72.5
Males	89.0	89.0	88.9	89.2	88.8	88.8	88.1	87.6	87.3	86.9	86.8
Females	54.1	54.6	54.8	55.1	55.7	57.0	57.0	57.1	57.3	57.6	58.2
Civilian employment (% of total population)											
All persons	47.0	47.2	47.3	47.3	47.5	48.0	48.0	48.0	48.1	48.3	49.0
Part-time employment (%)[2]											
Part-time as % of employment			15.6	15.5	15.8	16.1	16.3	16.4	16.6	16.5	16.8
Male share of part-time employment			29.3	29.1	28.1	26.9	26.6	28.6	27.7	26.5	26.8
Female share of part-time employment			70.5	71.0	72.0	72.5	73.3	72.5	73.1	73.6	73.3
Male part-time as % of male employment			7.5	7.4	7.3	7.2	7.2	7.8	7.6	7.3	7.5
Female part-time as % of female employment			28.4	28.4	29.0	29.5	30.1	29.9	30.4	30.4	30.8
Duration of unemployment (% of total unemployment)[3]											
Less than 1 month	21.0	17.5	20.0	26.2	18.8	20.2	15.1	16.9	17.2	14.8	18.5
More than 1 month and less than 3 months	29.7	27.7	27.8	27.0	30.6	29.8	30.1	30.6	27.0	26.2	25.0
More than 3 months and less than 6 months	18.1	17.5	16.5	16.3	18.8	18.5	16.3	17.5	16.6	18.6	16.1
More than 6 months and less than 1 year	14.5	20.4	19.1	17.0	19.4	18.5	23.5	21.9	22.1	20.2	20.2
More than 1 year	16.7	16.8	16.5	13.5	12.5	12.9	15.1	13.1	17.2	20.2	20.2

(1) Participation rates calculated according to national definitions may differ from those published in this table, when the age group represented in the labour force survey is other than 15-64 years.

(2) Part-time employment refers to persons who work less than 35 hours per week in their main job. Data include only persons declaring actual hours worked.

(3) These percentages only take into account those persons for whom the duration of unemployment is known.

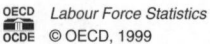

II - POPULATION ACTIVE

Milliers (estimations de moyennes annuelles)

1989	1990	1991	1992	1993	1994	1995	1996	1997	1998	
										Population active totale
62 700	63 840	65 050	65 780	66 150	66 450	66 660	67 110	67 870	67 690	Ensemble des personnes
37 370	37 910	38 540	38 990	39 350	39 510	39 660	39 920	40 270	40 030	Hommes
25 330	25 930	26 510	26 790	26 810	26 940	27 000	27 190	27 600	27 660	Femmes
										Forces armées
										Ensemble des personnes
										Hommes
										Femmes
										Population active civile
62 700	63 840	65 050	65 780	66 150	66 450	66 660	67 110	67 870	67 690	Ensemble des personnes
37 370	37 910	38 540	38 990	39 350	39 510	39 660	39 920	40 270	40 030	Hommes
25 330	25 930	26 510	26 790	26 810	26 940	27 000	27 190	27 600	27 660	Femmes
										Chômeurs
1 420	1 340	1 360	1 420	1 660	1 920	2 100	2 250	2 300	2 790	Ensemble des personnes
830	770	780	820	950	1 120	1 230	1 340	1 350	1 680	Hommes
590	570	590	600	710	800	870	910	950	1 110	Femmes
										Population active civile occupée
61 280	62 490	63 690	64 360	64 500	64 530	64 570	64 860	65 570	64 900	Ensemble des personnes
36 540	37 130	37 760	38 170	38 400	38 390	38 430	38 580	38 920	38 350	Hommes
24 740	25 360	25 920	26 190	26 100	26 140	26 140	26 270	26 650	26 550	Femmes
										Population active civile occupée (%)
100.0	100.0	100.0	100.0	100.0	100.0	100.0	100.0	100.0	100.0	Ensemble des personnes
59.6	59.4	59.3	59.3	59.5	59.5	59.5	59.5	59.4	59.1	Hommes
40.4	40.6	40.7	40.7	40.5	40.5	40.5	40.5	40.6	40.9	Femmes
										Taux de chômage (% de la population active civile)
2.3	2.1	2.1	2.2	2.5	2.9	3.2	3.4	3.4	4.1	Ensemble des personnes
2.2	2.0	2.0	2.1	2.4	2.8	3.1	3.4	3.4	4.2	Hommes
2.3	2.2	2.2	2.2	2.6	3.0	3.2	3.3	3.4	4.0	Femmes
										Population active totale (% de la population totale)
50.9	51.6	52.4	52.9	53.0	53.1	53.1	53.3	53.8	53.5	Ensemble des personnes
61.7	62.5	63.3	63.8	64.3	64.4	64.4	64.7	65.2	64.6	Hommes
40.4	41.2	42.0	42.3	42.2	42.3	42.2	42.4	42.9	42.8	Femmes
										Population active totale (% de la population de 15-64 ans)[1]
73.1	74.1	75.2	75.7	76.0	76.3	76.5	77.0	78.0	77.9	Ensemble des personnes
87.0	87.9	88.8	89.5	90.2	90.5	90.7	91.2	92.1	91.7	Hommes
59.2	60.3	61.4	61.9	61.8	62.1	62.2	62.6	63.7	63.9	Femmes
										Population active civile occupée (% de la population totale)
49.7	50.6	51.3	51.7	51.7	51.6	51.4	51.5	52.0	51.3	Ensemble des personnes
										Emploi à temps partiel (%)[2]
17.4	19.1	19.9	20.3	21.0	21.4	20.1	21.8	23.2	23.6	Temps partiel en % de l'emploi
27.2	29.5	30.0	30.7	32.3	32.4	29.7	31.8	33.0	32.5	Part des hommes dans le temps partiel
73.7	70.7	69.9	69.4	67.7	67.4	70.1	68.1	67.0	67.5	Part des femmes dans le temps partiel
7.9	9.5	10.1	10.5	11.4	11.6	10.0	11.6	12.9	12.9	Temps partiel des hommes en % de l'emploi des hommes
31.7	33.2	34.1	34.7	35.1	35.6	34.7	36.6	38.3	39.0	Temps partiel des femmes en % de l'emploi des femmes
										Durée du chômage (% du chômage total)[3]
21.3	24.8	20.1	19.6	19.5	16.5	18.1	14.8	15.1	17.9	Moins de 1 mois
28.0	23.4	28.4	30.4	30.5	27.8	29.1	27.4	26.7	25.9	Plus de 1 mois et moins de 3 mois
13.3	12.8	13.4	13.8	16.9	19.6	15.1	17.5	16.9	17.1	Plus de 3 mois et moins de 6 mois
18.7	19.9	20.1	20.3	17.5	18.6	19.6	20.2	19.6	18.7	Plus de 6 mois et moins de 1 an
18.7	19.1	17.9	15.9	15.6	17.5	18.1	20.2	21.8	20.3	Plus de 1 an

(1) Les taux d'activité calculés selon les définitions nationales peuvent être différents de ceux publiés dans ce tableau si le groupe d'âges représenté dans l'enquête de la population active est différent de 15-64 ans.

(2) L'emploi à temps partiel se réfère aux actifs travaillant moins de 35 heures par semaine dans leur emploi principal. Les données incluent uniquement les personnes déclarant des heures effectives de travail.

(3) Ces pourcentages ne prennent en compte que les personnes pour lesquelles la durée du chômage est connue.

JAPAN

III - CIVILIAN EMPLOYMENT

Thousands (annual average estimates)

	1978	1979	1980	1981	1982	1983	1984	1985	1986	1987	1988
PROFESSIONAL STATUS											
All activities	54 080	54 790	55 360	55 810	56 380	57 330	57 660	58 070	58 530	59 110	60 110
Wage earners and salaried employees	37 990	38 760	39 710	40 370	40 980	42 080	42 650	43 130	43 790	44 280	45 380
Employers and persons working on own account	9 640	9 670	9 510	9 430	9 430	9 380	9 190	9 160	9 120	9 150	9 100
Unpaid family workers	6 360	6 270	6 030	5 920	5 870	5 740	5 650	5 590	5 460	5 490	5 430
Agriculture, hunting, forestry and fishing	6 330	6 130	5 770	5 570	5 480	5 310	5 120	5 090	4 950	4 890	4 740
Wage earners and salaried employees	460	440	450	460	440	490	430	430	440	440	450
Employers and persons working on own account	3 000	2 880	2 700	2 620	2 580	2 470	2 360	2 350	2 290	2 270	2 210
Unpaid family workers	2 880	2 810	2 620	2 500	2 450	2 350	2 320	2 310	2 210	2 180	2 090
Non-agricultural activities	47 750	48 660	49 590	50 240	50 900	52 020	52 540	52 980	53 580	54 220	55 370
Wage earners and salaried employees	37 530	38 320	39 260	39 910	40 540	41 590	42 220	42 700	43 350	43 840	44 930
Employers and persons working on own account	6 640	6 790	6 810	6 810	6 850	6 910	6 830	6 810	6 830	6 880	6 890
Unpaid family workers	3 480	3 460	3 410	3 420	3 420	3 390	3 330	3 280	3 250	3 310	3 340
All activities (%)	100.0	100.0	100.0	100.0	100.0	100.0	100.0	100.0	100.0	100.0	100.0
Wage earners and salaried employees	70.2	70.7	71.7	72.3	72.7	73.4	74.0	74.3	74.8	74.9	75.5
Others	29.6	29.1	28.1	27.5	27.1	26.4	25.7	25.4	24.9	24.8	24.2
BREAKDOWN BY ACTIVITIES											
I.S.I.C. Major Divisions											
1 to 0 All activities	54 080	54 790	55 360	55 810	56 380	57 330	57 660	58 070	58 530	59 110	60 110
1 Agriculture, hunting, forestry and fishing	6 330	6 130	5 770	5 570	5 480	5 310	5 120	5 090	4 950	4 890	4 740
2 Mining and quarrying	150	120	110	100	100	100	80	90	80	80	70
3 Manufacturing	13 260	13 330	13 670	13 850	13 800	14 060	14 380	14 530	14 440	14 250	14 540
4 Electricity, gas and water	320	330	300	310	340	360	350	330	320	310	310
5 Construction	5 200	5 360	5 480	5 440	5 410	5 410	5 270	5 300	5 340	5 330	5 600
6 Wholesale and retail trade; restaurants and hotels	12 100	12 280	12 480	12 740	12 960	13 130	13 190	13 180	13 390	13 660	13 890
7 Transport, storage and communication	3 420	3 490	3 500	3 440	3 490	3 500	3 410	3 430	3 530	3 480	3 530
8 Financing, insurance, real estate and business services	2 960	3 100	3 170	3 320	3 490	3 660	3 830	3 920	4 150	4 380	4 530
9 Community, social and personal services	10 240	10 560	10 740	10 920	11 170	11 640	11 820	11 970	12 120	12 490	12 610
0 Activities not adequately defined	100	110	130	120	150	150	210	230	220	240	280
WAGE EARNERS AND SALARIED EMPLOYEES BY ACTIVITIES											
I.S.I.C. Major Divisions											
1 to 0 All activities	37 990	38 760	39 710	40 370	40 980	42 080	42 650	43 130	43 790	44 280	45 380
1 Agriculture, hunting, forestry and fishing	460	440	450	460	440	490	430	430	440	440	450
2 Mining and quarrying	150	120	100	90	100	90	80	80	80	80	70
3 Manufacturing	11 090	11 070	11 350	11 520	11 510	11 750	12 120	12 350	12 290	12 150	12 450
4 Electricity, gas and water	320	330	300	310	340	360	350	330	320	310	310
5 Construction	4 030	4 170	4 270	4 240	4 230	4 220	4 110	4 140	4 150	4 120	4 360
6 Wholesale and retail trade; restaurants and hotels	7 760	7 950	8 250	8 480	8 700	8 940	9 110	9 120	9 380	9 620	9 900
7 Transport, storage and communication	3 240	3 310	3 310	3 260	3 310	3 320	3 220	3 240	3 330	3 280	3 310
8 Financing, insurance, real estate and business services	2 720	2 840	2 900	3 020	3 160	3 320	3 470	3 530	3 750	3 940	4 040
9 Community, social and personal services	8 200	8 510	8 740	8 970	9 150	9 550	9 710	9 850	9 980	10 280	10 400
0 Activities not adequately defined	20	20	30	30	40	40	50	60	70	70	90

III - POPULATION ACTIVE CIVILE OCCUPÉE

Milliers (estimations de moyennes annuelles)

1989	1990	1991	1992	1993	1994	1995	1996	1997	1998	
										SITUATION DANS LA PROFESSION
61 280	62 490	63 690	64 360	64 500	64 530	64 570	64 860	65 570	64 900	**Toutes activités**
46 790	48 350	50 020	51 190	52 020	52 360	52 630	53 220	53 910	53 440	Salariés
8 960	8 780	8 590	8 430	8 140	7 960	7 840	7 650	7 720	7 610	Employeurs et personnes travaillant à leur compte
5 310	5 170	4 890	4 560	4 180	4 070	3 970	3 820	3 760	3 670	Travailleurs familiaux non rémunérés
4 630	4 510	4 270	4 110	3 830	3 730	3 670	3 560	3 500	3 430	**Agriculture, chasse, sylviculture et pêche**
450	420	430	460	440	420	440	450	420	410	Salariés
2 140	2 110	2 000	1 960	1 880	1 830	1 800	1 710	1 720	1 670	Employeurs et personnes travaillant à leur compte
2 040	1 990	1 840	1 700	1 530	1 470	1 430	1 400	1 350	1 340	Travailleurs familiaux non rémunérés
56 650	57 980	59 420	60 250	60 670	60 800	60 900	61 300	62 070	61 470	**Activités non agricoles**
46 340	47 930	49 590	50 730	51 580	51 940	52 190	52 770	53 490	53 030	Salariés
6 820	6 670	6 590	6 470	6 260	6 130	6 040	5 940	6 000	5 940	Employeurs et personnes travaillant à leur compte
3 270	3 180	3 050	2 860	2 650	2 600	2 540	2 420	2 410	2 330	Travailleurs familiaux non rémunérés
100.0	100.0	100.0	100.0	100.0	100.0	100.0	100.0	100.0	100.0	**Toutes activités (%)**
76.4	77.4	78.5	79.5	80.7	81.1	81.5	82.1	82.2	82.3	Salariés
23.3	22.3	21.2	20.2	19.1	18.6	18.3	17.7	17.5	17.4	Autres
										RÉPARTITION PAR BRANCHES D'ACTIVITÉS
										C.I.T.I. Branches
61 280	62 490	63 690	64 360	64 500	64 530	64 570	64 860	65 570	64 900	**1 à 0 Toutes activités**
4 630	4 510	4 270	4 110	3 830	3 730	3 670	3 560	3 500	3 430	1 Agriculture, chasse, sylviculture et pêche
70	60	60	60	60	60	60	60	70	60	2 Industries extractives
14 840	15 050	15 500	15 690	15 300	14 960	14 560	14 450	14 420	13 820	3 Industries manufacturières
300	300	330	330	350	390	420	370	360	370	4 Électricité, gaz et eau
5 780	5 880	6 040	6 190	6 400	6 550	6 630	6 700	6 850	6 620	5 Bâtiment et travaux publics
14 000	14 150	14 330	14 360	14 480	14 430	14 490	14 630	14 750	14 830	6 Commerce de gros et de détail; restaurants et hôtels
3 680	3 750	3 780	3 850	3 940	3 920	4 020	4 110	4 120	4 050	7 Transports, entrepôts et communications
4 800	5 160	5 370	5 460	5 470	5 490	5 550	5 610	5 750	2 570	8 Banques, assurances, affaires immobilières et services fournis aux entreprises
12 880	13 320	13 710	14 010	14 380	14 700	14 910	15 070	15 420	18 780	9 Services fournis à la collectivité, services sociaux et services personnels
310	300	280	300	270	290	250	290	340	360	0 Activités mal désignées
										SALARIÉS (OUVRIERS ET EMPLOYÉS) PAR ACTIVITÉS
										C.I.T.I. Branches
46 790	48 350	50 020	51 190	52 020	52 360	52 630	53 220	53 910	53 430	**1 à 0 Toutes activités**
450	420	430	460	440	420	440	450	420	410	1 Agriculture, chasse, sylviculture et pêche
70	60	60	60	60	60	50	60	60	60	2 Industries extractives
12 760	13 060	13 570	13 820	13 670	13 400	13 080	13 070	13 070	12 580	3 Industries manufacturières
300	300	330	330	350	390	420	370	360	370	4 Électricité, gaz et eau
4 510	4 620	4 790	4 970	5 230	5 360	5 440	5 510	5 630	5 480	5 Bâtiment et travaux publics
10 160	10 470	10 800	11 020	11 210	11 260	11 380	11 600	11 720	11 880	6 Commerce de gros et de détail; restaurants et hôtels
3 470	3 530	3 560	3 630	3 710	3 710	3 810	3 890	3 900	3 850	7 Transports, entrepôts et communications
4 310	4 670	4 850	4 960	5 000	5 010	5 080	5 150	5 250	2 380	8 Banques, assurances, affaires immobilières et services fournis aux entreprises
10 670	11 110	11 520	11 830	12 250	12 590	12 810	12 990	13 490	16 250	9 Services fournis à la collectivité, services sociaux et services personnels
100	110	110	110	120	164	120	130	10	170	0 Activités mal désignées

Statistiques de la Population Active
© OCDE, 1999

Sources :

1. *The Korean Population Project* (National Statistical Office).
2. *Annual Report On The Economically Active Population Survey* (National Statistical Office).
3. *Survey Report On Establishment Labour Conditions* (Ministry of Labour).

I. POPULATION

Sources: National Source 1 (data provided directly by National Statistical Office) with additional data from "Major Statistics of the Korean Economy" (National Statistical Office). Data are based on Population Censuses and Vital Statistics.

Date of reference: Mid-year estimates.

General remark: End-of-year estimates are not available.

II. TOTAL LABOUR FORCE

III. CIVILIAN EMPLOYMENT

Sources: National Source 2 (data provided directly by National Statistical Office), with additional Active Population data published in "Major Statistics of the Korean Economy" (National Statistical Office).

Coverage: Active Labour Force Survey covers all persons aged 15 years and over during the survey week. Total labour force figures exclude the armed forces.

Notes: Unpaid family workers who have work for 18 hours and over during the reference period are considered as employed. Those working less than 18 hours are either considered as unemployed or not in the labour force, depending on their responses to the survey.

I. POPULATION

Sources : Source nationale 1 (les données ont été directement fournies par le Bureau national de statistiques), avec des données supplémentaires issues de la publication "Major Statistics of the Korean Economy" (Bureau national de statistiques). Les données proviennent des recensements de la population et des statistiques de l'état-civil.

Date de référence : Estimations en milieu d'année.

Remarque générale : Les estimations en fin d'année ne sont pas disponibles.

II. POPULATION ACTIVE

III. POPULATION ACTIVE CIVILE OCCUPÉE

Source : Source nationale 2 (les données ont été directement fournies par le Bureau national de statistiques), avec des données supplémentaires sur la Population active issues de la publication "Major Statistics of the Korean Economy" (Bureau national de statistiques).

Champ couvert : L'Enquête sur la population active concerne toutes les personnes âgées de 15 ans et plus au cours de la semaine de l'enquête. Les chiffres sur la Population active totale excluent les Forces armées.

Notes : Les travailleurs familiaux non rémunérés qui ont un emploi pendant 18 heures et plus pendant la période de référence sont considérés comme employés. Ceux qui travaillent moins de 18 heures sont considérés comme chômeurs ou bien sont exclus de la Population active, selon leurs réponses au cours de l'enquête.

KOREA

I - POPULATION

Thousands (mid-year estimates)

	1978	1979	1980	1981	1982	1983	1984	1985	1986	1987	1988
POPULATION - DISTRIBUTION BY AGE AND GENDER											
All persons											
Total	36 969	37 534	38 124	38 723	39 326	39 910	40 406	40 806	41 214	41 622	42 031
Under 15 years					12 886	12 801	12 592	12 305	12 030	11 746	11 487
From 15 to 64 years					24 878	25 496	26 140	26 759	27 383	28 000	28 583
65 years and over					1 560	1 614	1 673	1 741	1 800	1 876	1 962
Males											
Total	18 637	18 929	19 236	19 536	19 837	20 129	20 375	20 576	20 772	20 960	21 155
Under 15 years					6 662	6 618	6 511	6 358	6 226	6 080	5 953
From 15 to 64 years					12 591	12 903	13 235	13 560	13 867	14 173	14 461
65 years and over					586	607	631	657	679	707	741
Females											
Total	18 332	18 605	18 888	19 187	19 489	19 781	20 031	20 230	20 442	20 662	20 876
Under 15 years					6 224	6 183	6 081	5 947	5 804	5 666	5 534
From 15 to 64 years					12 287	12 593	12 905	13 199	13 516	13 827	14 122
65 years and over					974	1 007	1 042	1 084	1 121	1 169	1 221
POPULATION - PERCENTAGES											
All persons											
Total	100.0	100.0	100.0	100.0	100.0	100.0	100.0	100.0	100.0	100.0	100.0
Under 15 years					32.8	32.1	31.2	30.2	29.2	28.2	27.3
From 15 to 64 years					63.3	63.9	64.7	65.6	66.4	67.3	68.0
65 years and over					4.0	4.0	4.1	4.3	4.4	4.5	4.7
COMPONENTS OF CHANGE IN POPULATION											
a) Population at 1 January											
b) Population at 31 December											
c) Total increase (b-a)											
d) Births											
e) Deaths											
f) Natural increase (d-e)											
g) Net migration											
h) Statistical adjustments											
i) Total increase (=f+g+h=c)											
(Components of change in population/ Average population) x1000											
Total increase rates											
Crude birth rates											
Crude death rates											
Natural increase rates											
Net migration rates											

I - POPULATION

Milliers (estimations au milieu de l'année)

	1989	1990	1991	1992	1993	1994	1995	1996	1997	1998	
											POPULATION - RÉPARTITION SELON L'AGE ET LE SEXE
											Ensemble des personnes
	42 449	42 869	43 268	43 664	44 056	44 642	45 093	45 545	45 991	46 430	Total
	11 261	11 078	10 948	10 833	10 727	10 653	10 537	10 410	10 292	10 217	Moins de 15 ans
	29 135	29 648	30 108	30 548	30 966	31 446	31 900	32 360	32 791	33 162	De 15 à 64 ans
	2 053	2 144	2 212	2 283	2 362	2 542	2 657	2 776	2 908	3 050	65 ans et plus
											Hommes
	21 357	21 568	21 775	21 979	22 177	22 472	22 706	22 939	23 170	23 396	Total
	5 845	5 761	5 705	5 654	5 603	5 586	5 537	5 483	5 433	5 404	Moins de 15 ans
	14 737	14 998	15 242	15 474	15 695	15 944	16 182	16 424	16 650	16 843	De 15 à 64 ans
	776	809	828	851	879	943	986	1 032	1 087	1 149	65 ans et plus
											Femmes
	21 092	21 301	21 493	21 685	21 879	22 169	22 388	22 606	22 821	23 034	Total
	5 416	5 317	5 243	5 179	5 124	5 068	5 000	4 927	4 859	4 813	Moins de 15 ans
	14 398	14 650	14 866	15 074	15 271	15 502	15 717	15 936	16 142	16 319	De 15 à 64 ans
	1 277	1 335	1 384	1 432	1 483	1 599	1 670	1 743	1 821	1 901	65 ans et plus
											POPULATION - POURCENTAGES
											Ensemble des personnes
	100.0	100.0	100.0	100.0	100.0	100.0	100.0	100.0	100.0	100.0	Total
	26.5	25.8	25.3	24.8	24.3	23.9	23.4	22.9	22.4	22.0	Moins de 15 ans
	68.6	69.2	69.6	70.0	70.3	70.4	70.7	71.1	71.3	71.4	De 15 à 64 ans
	4.8	5.0	5.1	5.2	5.4	5.7	5.9	6.1	6.3	6.6	65 ans et plus
											COMPOSANTES DE L'ÉVOLUTION DÉMOGRAPHIQUE
											a) Population au 1er janvier
											b) Population au 31 décembre
											c) Accroissement total (b-a)
				721	711	729	722	725	723	718	d) Naissances
				235	233	248	248	249	253	258	e) Décès
				486	478	481	474	476	470	460	**f) Accroissement naturel (d-e)**
				0	0	0	0	0	0	0	g) Solde net des migrations
				0	0	0	0	0	0	0	h) Ajustements statistiques
				486	478	481	474	476	470	460	**i) Accroissement total (=f+g+h=c)**
											(Composition de l'évolution démographique/ Population moyenne) x1000
											Taux d'accroissement total
											Taux bruts de natalité
											Taux bruts de mortalité
											Taux d'accroissement naturel
											Taux du solde net des migrations

Statistiques de la Population Active OECD
© OCDE, 1999 OCDE

KOREA

II - LABOUR FORCE

Thousands (annual average estimates)

	1978	1979	1980	1981	1982	1983	1984	1985	1986	1987	1988
Total labour force											
All persons	13 849	14 142	14 431	14 683	15 032	15 118	14 997	15 592	16 116	16 873	17 305
Males			9 019	9 204	9 266	9 305	9 338	9 617	9 819	10 138	10 414
Females			5 412	5 479	5 767	5 814	5 658	5 975	6 296	6 735	6 891
Armed forces											
All persons											
Males											
Females											
Civilian labour force											
All persons	13 849	14 142	14 431	14 683	15 032	15 118	14 997	15 592	16 116	16 873	17 305
Males			9 019	9 204	9 266	9 305	9 338	9 617	9 819	10 138	10 414
Females			5 412	5 479	5 767	5 814	5 658	5 975	6 296	6 735	6 891
Unemployed											
All persons	437	540	748	660	654	613	568	622	611	519	435
Males											
Females											
Civilian employment											
All persons	13 412	13 602	13 683	14 023	14 378	14 505	14 429	14 970	15 505	16 354	16 870
Males											
Females											
Civilian employment (%)											
All persons	100.0	100.0	100.0	100.0	100.0	100.0	100.0	100.0	100.0	100.0	100.0
Males											
Females											
Unemployment rates (% of civilian labour force)											
All persons	3.2	3.8	5.2	4.5	4.4	4.1	3.8	4.0	3.8	3.1	2.5
Males											
Females											
Total labour force (% of total population)											
All persons	37.5	37.7	37.9	37.9	38.2	37.9	37.1	38.2	39.1	40.5	41.2
Males			46.9	47.1	46.7	46.2	45.8	46.7	47.3	48.4	49.2
Females			28.7	28.6	29.6	29.4	28.2	29.5	30.8	32.6	33.0
Total labour force (% of population from 15-64 years)[1]											
All persons					60.4	59.3	57.4	58.3	58.9	60.3	60.5
Males					73.6	72.1	70.6	70.9	70.8	71.5	72.0
Females					46.9	46.2	43.8	45.3	46.6	48.7	48.8
Civilian employment (% of total population)											
All persons	36.3	36.2	35.9	36.2	36.6	36.3	35.7	36.7	37.6	39.3	40.1
Part-time employment (%)[2]											
Part-time as % of employment											
Male share of part-time employment											
Female share of part-time employment											
Male part-time as % of male employment											
Female part-time as % of female employment											
Duration of unemployment (% of total unemployment)[3]											
Less than 3 months											
More than 3 months and less than 6 months											
More than 6 months and less than 1 year											
More than 1 year											

(1) Participation rates calculated according to national definitions may differ from those published in this table, when the age group represented in the labour force survey is other than 15-64 years.

(2) Part-time employment refers to civilians who work less than 30 hours per week in their main job. Data only include persons declaring actual hours worked.

(3) These percentages only take into account those persons for whom the duration of unemployment is known. Data on persons unemployed for less than one month are not separately available.

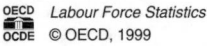

II - POPULATION ACTIVE

Milliers (estimations de moyennes annuelles)

1989	1990	1991	1992	1993	1994	1995	1996	1997	1998	
										Population active totale
18 023	18 539	19 049	19 426	19 803	20 326	20 796	21 188	21 604	21 390	Ensemble des personnes
10 737	11 030	11 364	11 627	11 890	12 167	12 433	12 620	12 761	12 883	Hommes
7 286	7 509	7 684	7 799	7 913	8 159	8 363	8 568	8 843	8 507	Femmes
										Forces armées
										Ensemble des personnes
										Hommes
										Femmes
										Population active civile
18 023	18 539	19 049	19 426	19 803	20 326	20 796	21 188	21 604	21 390	Ensemble des personnes
10 737	11 030	11 364	11 627	11 890	12 167	12 433	12 620	12 761	12 883	Hommes
7 286	7 509	7 684	7 799	7 913	8 159	8 363	8 568	8 843	8 507	Femmes
										Chômeurs
463	454	436	465	550	489	419	425	556	1 463	Ensemble des personnes
	321	288	305	315	334	280	290	352	986	Hommes
	133	149	160	175	155	139	134	204	477	Femmes
										Population active civile occupée
17 560	18 085	18 613	18 961	19 253	19 837	20 377	20 764	21 048	19 926	Ensemble des personnes
	10 709	11 076	11 316	11 575	11 832	12 153	12 330	12 409	11 897	Hommes
	7 376	7 535	7 639	7 738	8 005	8 224	8 434	8 639	8 030	Femmes
										Population active civile occupée (%)
100.0	100.0	100.0	100.0	100.0	100.0	100.0	100.0	100.0	100.0	Ensemble des personnes
	59.2	59.5	59.7	60.1	59.6	59.6	59.4	59.0	59.7	Hommes
	40.8	40.5	40.3	40.2	40.4	40.4	40.6	41.0	40.3	Femmes
										Taux de chômage (% de la population active civile)
2.6	2.4	2.3	2.4	2.8	2.4	2.0	2.0	2.6	6.8	Ensemble des personnes
	2.9	2.5	2.6	2.6	2.7	2.3	2.3	2.8	7.7	Hommes
	1.8	1.9	2.1	2.2	1.9	1.7	1.6	2.3	5.6	Femmes
										Population active totale (% de la population totale)
42.5	43.2	44.0	44.5	44.9	45.5	46.1	46.5	47.0	46.1	Ensemble des personnes
50.3	51.1	52.2	52.9	53.6	54.1	54.8	55.0	55.1	55.1	Hommes
34.5	35.3	35.8	36.0	36.2	36.8	37.4	37.9	38.7	36.9	Femmes
										Population active totale (% de la population de 15-64 ans)[1]
61.9	62.5	63.3	63.6	64.0	64.6	65.2	65.5	65.9	64.5	Ensemble des personnes
72.9	73.5	74.6	75.1	75.8	76.3	76.8	76.8	76.6	76.5	Hommes
50.6	51.3	51.7	51.7	51.8	52.6	53.2	53.8	54.8	52.1	Femmes
										Population active civile occupée (% de la population totale)
41.4	42.2	43.0	43.4	43.7	44.4	45.2	45.6	45.8	42.9	Ensemble des personnes
										Emploi à temps partiel (%)[2]
5.2	4.5	4.7	4.9	4.6	4.6	4.4	4.4	5.1	6.8	Temps partiel en % de l'emploi
										Part des hommes dans le temps partiel
57.1	58.6	58.8	60.4	60.8	60.6	61.2	63.5	62.4	54.8	Part des femmes dans le temps partiel
3.8	3.1	3.2	3.3	3.0	3.0	2.9	2.7	3.3	5.2	Temps partiel des hommes en % de l'emploi des hommes
7.3	6.5	6.8	7.4	7.0	6.9	6.7	6.9	7.8	9.3	Temps partiel des femmes en % de l'emploi des femmes
										Durée du chômage (% du chômage total)[3]
	57.4	57.3	57.3	53.5	53.0	55.7	58.6	58.1	56.1	Moins de 3 mois
	28.7	29.5	27.9	29.2	27.5	27.4	26.3	26.6	29.4	Plus de 3 mois et moins de 6 mois
	11.3	10.5	12.1	14.9	15.4	13.5	12.1	13.3	13.0	Plus de 6 mois et moins de 1 an
	2.6	2.8	2.7	2.4	4.1	3.4	3.0	2.1	1.6	Plus de 1 an

(1) Les taux d'activité calculés selon les définitions nationales peuvent être différents de ceux publiés dans ce tableau si le groupe d'âges représenté dans l'enquête de la population active est différent de 15-64 ans.

(2) L'emploi à temps partiel se réfère aux actifs civils travaillant moins de 30 heures par semaine dans leur emploi principal. Les données incluent uniquement les personnes déclarant des heures effectives de travail.

(3) Ces pourcentages ne prennent en compte que les personnes pour lesquelles la durée du chômage est connue. Les chiffres concernant les personnes au chômage pour une durée de moins d'un mois ne sont pas disponibles.

Statistiques de la Population Active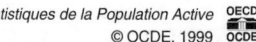
© OCDE, 1999

KOREA

III - CIVILIAN EMPLOYMENT

Thousands (annual average estimates)

	1978	1979	1980	1981	1982	1983	1984	1985	1986	1987	1988
PROFESSIONAL STATUS											
All activities	13 412	13 602	13 683	14 023	14 379	14 505	14 429	14 970	15 505	16 354	16 869
Wage earners and salaried employees			6 464	6 605	6 839	7 171	7 632	8 104	8 433	9 191	9 610
Employers and persons working on own account			4 651	4 735	4 910	4 897	4 578	4 679	4 868	4 994	5 092
Unpaid family workers			2 568	2 683	2 630	2 437	2 219	2 187	2 204	2 169	2 167
Agriculture, hunting, forestry and fishing	5 154	4 866	4 654	4 801	4 612	4 315	3 914	3 733	3 662	3 580	3 484
Wage earners and salaried employees											
Employers and persons working on own account											
Unpaid family workers											
Non-agricultural activities	8 258	8 736	9 029	9 222	9 767	10 190	10 515	11 237	11 843	12 774	13 385
Wage earners and salaried employees											
Employers and persons working on own account											
Unpaid family workers											
All activities (%)	100.0	100.0	100.0	100.0	100.0	100.0	100.0	100.0	100.0	100.0	100.0
Wage earners and salaried employees			47.2	47.1	47.6	49.4	52.9	54.1	54.4	56.2	57.0
Others			52.8	52.9	52.4	50.6	47.1	45.9	45.6	43.8	43.0
BREAKDOWN BY ACTIVITIES											
I.S.I.C. Major Divisions											
1 to 0 All activities	13 412	13 602	13 683	14 023	14 379	14 505	14 429	14 970	15 505	16 354	16 869
1 Agriculture, hunting, forestry and fishing	5 154	4 866	4 654	4 801	4 612	4 315	3 914	3 733	3 662	3 580	3 484
2 Mining and quarrying	0	0	0	0	0	0	0	0	0	0	0
3 Manufacturing	2 986	3 099	2 955	2 859	3 033	3 266	3 348	3 504	3 826	4 416	4 667
4 Electricity, gas and water	0	0	0	0	0	0	0	0	0	0	0
5 Construction	818	835	843	876	829	817	905	911	889	920	1 024
6 Wholesale and retail trade; restaurants and hotels	0	0	0	0	0	0	0	0	0	0	0
7 Transport, storage and communication	0	0	0	0	0	0	0	0	0	0	0
8 Financing, insurance, real estate and business services	0	0	0	0	0	0	0	0	0	0	0
9 Community, social and personal services	0	0	0	0	0	0	0	0	0	0	0
0 Activities not adequately defined	4 454	4 802	5 231	5 487	5 905	6 107	6 262	6 822	7 128	7 438	7 694
WAGE EARNERS AND SALARIED EMPLOYEES BY ACTIVITIES											
I.S.I.C. Major Divisions											
1 to 0 All activities											
1 Agriculture, hunting, forestry and fishing											
2 Mining and quarrying											
3 Manufacturing											
4 Electricity, gas and water											
5 Construction											
6 Wholesale and retail trade; restaurants and hotels											
7 Transport, storage and communication											
8 Financing, insurance, real estate and business services											
9 Community, social and personal services											
0 Activities not adequately defined											

III - POPULATION ACTIVE CIVILE OCCUPÉE

Milliers (estimations de moyennes annuelles)

1989	1990	1991	1992	1993	1994	1995	1996	1997	1998	
										SITUATION DANS LA PROFESSION
17 560	18 085	18 612	18 961	19 253	19 837	20 377	20 764	21 048	19 926	**Toutes activités**
10 354	10 950	11 349	11 568	11 751	12 297	12 736	13 043	13 228	12 191	Salariés
5 052	5 068	5 231	5 411	5 432	5 520	5 692	5 797	5 951	5 740	Employeurs et personnes travaillant à leur compte
2 154	2 067	2 033	1 983	2 070	2 020	1 950	1 923	1 869	1 995	Travailleurs familiaux non rémunérés
3 418	3 237	3 064	2 991	2 878	2 699	2 541	2 405	2 324	2 424	**Agriculture, chasse, sylviculture et pêche**
	252	224	216	195	181	180	159	158	161	Salariés
	1 835	1 768	1 745	1 633	1 571	1 489	1 426	1 389	1 383	Employeurs et personnes travaillant à leur compte
	1 150	1 071	1 032	1 000	948	872	821	777	880	Travailleurs familiaux non rémunérés
14 142	14 848	15 548	15 970	16 375	17 138	17 836	18 359	18 724	17 502	**Activités non agricoles**
	10 698	11 125	11 352	11 556	12 116	12 556	12 884	13 070	12 030	Salariés
	3 233	3 463	3 666	3 799	3 949	4 203	4 371	4 562	4 357	Employeurs et personnes travaillant à leur compte
	917	962	951	1 070	1 072	1 078	1 102	1 092	1 115	Travailleurs familiaux non rémunérés
100.0	100.0	100.0	100.0	100.0	100.0	100.0	100.0	100.0	100.0	**Toutes activités (%)**
59.0	60.5	61.0	61.0	61.0	62.0	62.5	62.8	62.8	61.2	Salariés
41.0	39.5	39.0	39.0	39.0	38.0	37.5	37.2	37.2	38.8	Autres
										RÉPARTITION PAR BRANCHES D'ACTIVITÉS
										C.I.T.I. Branches
17 560	18 085	18 612	18 961	19 253	19 837	20 377	20 764	21 048	19 926	**1 à 0 Toutes activités**
3 418	3 237	3 064	2 991	2 828	2 699	2 541	2 405	2 324	2 424	1 Agriculture, chasse, sylviculture et pêche
0	79	66	63	52	40	27	24	27	20	2 Industries extractives
4 882	4 911	4 994	4 828	4 652	4 695	4 773	4 677	4 474	3 884	3 Industries manufacturières
0	70	66	66	65	71	69	74	76	61	4 Électricité, gaz et eau
1 143	1 346	1 550	1 658	1 685	1 777	1 896	1 968	2 004	1 577	5 Bâtiment et travaux publics
0	3 935	4 086	4 419	4 831	5 198	5 358	5 628	5 798	5 565	6 Commerce de gros et de détail; restaurants et hôtels
0	923	983	1 004	1 005	1 006	1 068	1 111	1 165	1 168	7 Transports, entrepôts et communications
0	945	1 023	1 227	1 360	1 495	1 635	1 772	1 907	1 868	8 Banques, assurances, affaires immobilières et services fournis aux entreprises
0	2 638	2 777	2 704	2 769	2 857	3 010	3 105	3 272	3 359	9 Services fournis à la collectivité, services sociaux et services personnels
8 117	0	0	0	0	0	0	0	0	0	0 Activités mal désignées
										SALARIÉS (OUVRIERS ET EMPLOYÉS) PAR ACTIVITÉS
										C.I.T.I. Branches
			11 568	11 751	12 297	12 736	13 043	13 228	12 191	**1 à 0 Toutes activités**
			216	195	180	180	159	158	161	1 Agriculture, chasse, sylviculture et pêche
			60	45	33	21	20	22	18	2 Industries extractives
			4 081	3 946	3 993	4 039	3 936	3 715	3 217	3 Industries manufacturières
			66	64	70	68	73	76	61	4 Électricité, gaz et eau
			1 382	1 396	1 467	1 556	1 603	1 617	1 233	5 Bâtiment et travaux publics
			1 842	2 003	2 252	2 388	2 562	2 684	2 472	6 Commerce de gros et de détail; restaurants et hôtels
			738	739	740	769	780	795	841	7 Transports, entrepôts et communications
			998	1 128	1 252	1 364	1 499	1 627	1 578	8 Banques, assurances, affaires immobilières et services fournis aux entreprises
			2 188	2 232	2 309	2 349	2 412	2 533	2 611	9 Services fournis à la collectivité, services sociaux et services personnels
										0 Activités mal désignées

Statistiques de la Population Active
© OCDE, 1999

Sources:

1. *New Zealand Official Yearbook* (Statistics New Zealand).
2. *Key Statistics* (Statistics New Zealand, monthly/mensuelle).
3. *Labour and Employment Gazette* (Department of Labour, quarterly/trimestrielle).

I. POPULATION

Sources: National sources 1, 2 and 3 replies to the annual questionnaire and direct information.

Coverage: Population present in area (*de facto*), including civilian aliens resident in the country, displaced persons, foreign diplomatic personnel and civilian aliens temporarily in the country; excluding diplomatic personnel located abroad, other civilian nationals temporarily abroad, foreign armed forces stationed in the country, national armed forces stationed abroad, merchant seamen at sea.

The resident population concept was adopted by Statistics New Zealand as its concept for all population estimates following the 1996 Census of Population and Dwellings.

Date of reference: Prior to 1995, averages for the year. From 1995, population as at 30 June.

II. TOTAL LABOUR FORCE
III. CIVILIAN EMPLOYMENT

Sources: *Cf.* Table I
Prior to 1986.

Date of reference: Late February from 1980. Mid-April prior to 1980.

Method of computation: Data are adjusted every five years to the latest population census. Estimates are based on the quarterly employment survey. Unemployment data refer to registered unemployed and are collected by the Ministry of Labour.

From 1986, data are from the Labour Force Survey and are not comparable with previous years. From 1986 to 1994 data are averages of quarterly figures. Data for 1995 to 1998 refer to the second quarter. The data do not include revisions based on the 1996 Census.

WAGE EARNERS AND SALARIED EMPLOYEES

Source: National source 1 and the International Labour Organisation.

Date of reference and method of computation: 1971, 1976 and 1981 censuses. Since 1986 data are compiled from the Labour Force Surveys.

I. POPULATION

Sources : Sources nationales 1, 2 et 3 ; réponses au questionnaire annuel et renseignements fournis directement.

Champ couvert : Population présente (*de facto*) y compris les civils étrangers résidents, les personnes déplacées, le personnel diplomatique étranger dans le pays, les civils étrangers temporairement présents. Non compris le personnel diplomatique à l'étranger, les autres nationaux civils temporairement à l'étranger, les forces armées étrangères stationnées dans le pays, les forces armées nationales stationnées à l'étranger, les marins marchands en mer.

Le concept de population résidante a été adopté par Statistics New Zealand pour toutes les séries de population à la suite du recensement de la population et des logements de 1996. Les données publiées dans le Tableau 1 représentent la population résidante au 30 juin depuis 1995.

Date de référence : Avant 1995, estimations de moyenne annuelle et à la fin de l'année. A partir de 1995, population au 30 juin.

II. POPULATION ACTIVE
III. POPULATION ACTIVE CIVILE OCCUPÉE

Source : *Cf.* Tableau I.
Avant 1986.

Date de référence : Depuis 1980 à la fin du mois de février. Avant 1980 à la mi-avril de chaque année.

Méthode de calcul : Les données sont ajustées tous les cinq ans sur les résultats du dernier recensement de la population. Estimations basées sur les enquêtes trimestrielles sur l'emploi. Les données du chômage se réfèrent aux chômeurs enregistrés et sont collectées par le Ministère du travail.

Depuis 1986, ces chiffres ne sont pas comparables à ceux des années antérieures. De 1986 à 1994, les données sont les moyennes des chiffres trimestriels des enquêtes sur la population active. Les données de 1995 à 1998 correspondent au deuxième trimestre (juin) des enquêtes sur la population active. Les données ne tiennent pas compte des révisions liées au recensement de 1996.

SALARIÉS

Source : Source nationale 1 et le Bureau International du Travail.

Date de référence et méthode de calcul : Résultats des recensements 1971, 1976 et 1981. Depuis 1986, les séries indiquées proviennent des enquêtes sur la population active.

NEW ZEALAND

I - POPULATION

Thousands (annual average estimates)

	1978	1979	1980	1981	1982	1983	1984	1985	1986	1987	1988
POPULATION - DISTRIBUTION BY AGE AND GENDER											
All persons											
Total	3 129	3 124	3 144	3 157	3 183	3 226	3 258	3 272	3 277	3 304	3 317
Under 15 years	886	867	855	843	833	826	818	806	794	785	777
From 15 to 64 years	1 952	1 960	1 985	2 002	2 031	2 075	2 110	2 130	2 140	2 167	2 182
65 years and over	291	298	305	312	319	324	330	336	344	351	358
Males											
Total	1 563	1 559	1 564	1 570	1 581	1 603	1 618	1 621	1 623	1 634	1 638
Under 15 years	453	443	435	430	426	423	418	411	405	401	397
From 15 to 64 years	985	989	999	1 007	1 021	1 044	1 062	1 070	1 073	1 086	1 092
65 years and over	125	127	129	132	135	136	138	140	144	147	149
Females											
Total	1 566	1 565	1 580	1 587	1 602	1 623	1 640	1 651	1 654	1 670	1 679
Under 15 years	433	424	420	413	407	403	400	395	388	384	380
From 15 to 64 years	967	971	985	995	1 010	1 031	1 048	1 060	1 066	1 081	1 090
65 years and over	166	171	175	180	185	188	192	196	200	204	209
POPULATION - PERCENTAGES											
All persons											
Total	100.0	100.0	100.0	100.0	100.0	100.0	100.0	100.0	100.0	100.0	100.0
Under 15 years	28.3	27.8	27.2	26.7	26.2	25.6	25.1	24.6	24.2	23.8	23.4
From 15 to 64 years	62.4	62.7	63.1	63.4	63.8	64.3	64.8	65.1	65.3	65.6	65.8
65 years and over	9.3	9.5	9.7	9.9	10.0	10.0	10.1	10.3	10.5	10.6	10.8
COMPONENTS OF CHANGE IN POPULATION											
a) Population at 1 January	3 166	3 165	3 164	3 176	3 196	3 230	3 270	3 300	3 303	3 314	3 342
b) Population at 31 December	3 165	3 164	3 176	3 196	3 230	3 270	3 300	3 311	3 314	3 342	3 345
c) Total increase (b-a)	-1	-1	12	20	34	40	30	11	11	28	3
d) Births	51	52	51	51	50	50	52	52	53	55	58
e) Deaths	25	25	27	25	26	26	25	27	27	27	27
f) Natural increase (d-e)	26	27	24	26	24	24	27	25	26	28	31
g) Net migration	-26	-26	-12	-7	11	16	3	-14	-15	0	-28
h) Statistical adjustments	-1	-2	0	1	-1	0	0	0	0	0	0
i) Total increase (=f+g+h=c)	-1	-1	12	20	34	40	30	11	11	28	3
(Components of change in population/ Average population) x1000											
Total increase rates	-0.3	-0.3	3.8	6.3	10.6	12.3	9.1	3.3	3.3	8.4	0.9
Crude birth rates	16.1	16.4	16.1	16.0	15.6	15.4	15.8	15.7	16.0	16.5	17.3
Crude death rates	7.9	7.9	8.5	7.8	8.1	8.0	7.6	8.2	8.2	8.1	8.1
Natural increase rates	8.2	8.5	7.6	8.2	7.5	7.4	8.2	7.6	7.9	8.4	9.3
Net migration rates	-8.2	-8.2	-3.8	-2.2	3.4	4.9	0.9	-4.2	-4.5	0.0	-8.4

From 1995, population as at 30 June.

I - POPULATION

Milliers (estimations de moyennes annuelles)

1989	1990	1991	1992	1993	1994	1995	1996	1997	1998	
										POPULATION - RÉPARTITION SELON L'AGE ET LE SEXE
										Ensemble des personnes
3 330	3 363	3 406	3 443	3 480	3 526	*3 656	3 714	3 761	3 792	Total
775	780	790	797	806	820	*834	846	856	862	Moins de 15 ans
2 190	2 209	2 232	2 251	2 271	2 295	*2 398	2 438	2 469	2 487	De 15 à 64 ans
365	374	384	395	403	411	*423	430	436	443	65 ans et plus
										Hommes
1 641	1 656	1 678	1 699	1 717	1 738	*1 800	1 830	1 854	1 868	Total
396	398	404	409	414	418	*429	435	440	443	Moins de 15 ans
1 091	1 101	1 112	1 122	1 130	1 144	*1 190	1 210	1 225	1 233	De 15 à 64 ans
154	158	162	168	172	177	*182	186	189	192	65 ans et plus
										Femmes
1 689	1 706	1 728	1 744	1 764	1 788	*1 855	1 884	1 907	1 924	Total
379	382	386	388	393	402	*405	411	416	419	Moins de 15 ans
1 099	1 108	1 120	1 129	1 140	1 152	*1 209	1 229	1 244	1 254	De 15 à 64 ans
211	216	222	226	231	234	*241	244	247	251	65 ans et plus
										POPULATION - POURCENTAGES
										Ensemble des personnes
100.0	100.0	100.0	100.0	100.0	100.0	*100.0	100.0	100.0	100.0	Total
23.3	23.2	23.2	23.1	23.2	23.3	*22.8	22.8	22.8	22.7	Moins de 15 ans
65.8	65.7	65.5	65.4	65.3	65.1	*65.6	65.6	65.6	65.6	De 15 à 64 ans
11.0	11.1	11.3	11.5	11.6	11.7	*11.6	11.6	11.6	11.7	65 ans et plus
										COMPOSANTES DE L'ÉVOLUTION DÉMOGRAPHIQUE
3 345	3 370	3 410	3 450	3 485	3 525	3 577	3 643	3 717	3 781	a) Population au 1er janvier
3 370	3 410	3 450	3 485	3 525	3 577	3 643	3 717	3 781	3 804	b) Population au 31 décembre
25	40	40	35	40	52	66	74	64	23	**c) Accroissement total (b-a)**
58	60	60	59	59	57	58	57	57	57	d) Naissances
27	27	27	27	27	27	28	28	28	27	e) Décès
31	33	33	32	32	30	30	29	30	30	**f) Accroissement naturel (d-e)**
-6	7	7	3	8	16	36	45	34	3	g) Solde net des migrations
0	0	0	0	0	6	0	0	0	-9	h) Ajustements statistiques
25	40	40	35	40	52	66	74	64	23	**i) Accroissement total (=f+g+h=c)**
										(Composition de l'évolution démographique/ Population moyenne) x1000
7.4	11.8	11.7	10.1	11.4	14.6	18.3	20.1	16.9	6.1	Taux d'accroissement total
17.3	17.7	17.5	17.0	16.8	16.1	16.1	15.5	15.3	14.9	Taux bruts de natalité
8.0	8.0	7.9	7.8	7.7	7.6	7.8	7.7	7.4	7.2	Taux bruts de mortalité
9.2	9.7	9.6	9.2	9.1	8.4	8.3	7.8	7.9	7.8	Taux d'accroissement naturel
-1.8	2.1	2.0	0.9	2.3	4.5	10.0	12.2	9.1	0.7	Taux du solde net des migrations

Depuis 1995, population au 30 juin.

Statistiques de la Population Active OECD
© OCDE, 1999 OCDE

NEW ZEALAND

II - LABOUR FORCE

Thousands (estimates for April of each year)

	1978	1979	1980	1981	1982	1983	1984	1985	1986	1987	1988
Total labour force											
All persons	1 278	1 300	1 303	1 319	1 340	1 355	1 371	1 399	*1 619	1 634	1 608
Males	860	863	864	872	880	884	889	894	*948	949	928
Females	419	437	439	447	460	471	482	505	*672	685	680
Armed forces											
All persons	12	13	10	14	11	13	13	12	*11	11	11
Males	10	12	9	12	10	12	12	11	*11	11	11
Females	1	1	1	2	1	1	1	1			
Civilian labour force											
All persons	1 267	1 287	1 293	1 305	1 329	1 342	1 358	1 387	*1 608	1 623	1 597
Males	850	852	855	860	869	872	877	883	*936	938	917
Females	417	435	438	446	459	470	481	504	*672	685	680
Unemployed											
All persons	21	25	29	47	47	76	78	58	*64	66	89
Males	12	15	17	28	26	46	47	34	*33	37	51
Females	9	10	12	19	21	30	31	24	*31	29	38
Civilian employment											
All persons	1 246	1 262	1 264	1 258	1 282	1 266	1 281	1 329	*1 544	1 557	1 508
Males	838	837	838	831	843	826	830	849	*903	901	866
Females	408	425	426	428	439	440	451	480	*641	656	643
Civilian employment (%)											
All persons	100.0	100.0	100.0	100.0	100.0	100.0	100.0	100.0	*100.0	100.0	100.0
Males	67.3	66.3	66.3	66.1	65.8	65.2	64.8	63.9	*58.5	57.9	57.4
Females	32.7	33.7	33.7	34.0	34.2	34.8	35.2	36.1	*41.5	42.1	42.6
Unemployment rates (% of civilian labour force)											
All persons	1.7	1.9	2.2	3.6	3.5	5.7	5.7	4.2	*4.0	4.1	5.6
Males	1.4	1.8	2.0	3.3	3.0	5.3	5.4	3.9	*3.5	3.9	5.6
Females	2.2	2.3	2.7	4.3	4.6	6.4	6.4	4.8	*4.6	4.2	5.6
Total labour force (% of total population)											
All persons	40.8	41.6	41.4	41.8	42.1	42.0	42.1	42.8	*49.4	49.5	48.5
Males	55.0	55.4	55.2	55.5	55.7	55.1	54.9	55.2	*58.4	58.1	56.7
Females	26.8	27.9	27.8	28.2	28.7	29.0	29.4	30.6	*40.6	41.0	40.5
Total labour force (% of population from 15-64 years)[1]											
All persons	65.5	66.3	65.6	65.9	66.0	65.3	65.0	65.7	*75.7	75.4	73.7
Males	87.3	87.3	86.5	86.6	86.2	84.7	83.7	83.6	*88.4	87.4	85.0
Females	43.3	45.0	44.6	44.9	45.5	45.7	46.0	47.6	*63.0	63.4	62.4
Civilian employment (% of total population)											
All persons	39.8	40.4	40.2	39.8	40.3	39.2	39.3	40.6	*47.1	47.1	45.5
Part-time employment (%)[2]											
Part-time as % of employment									16.5	17.2	18.1
Male share of part-time employment									20.3	21.5	21.1
Female share of part-time employment									79.7	78.5	78.9
Male part-time as % of male employment									5.7	6.4	6.6
Female part-time as % of female employment									31.7	32.2	33.7
Duration of unemployment (% of total unemployment)[3]											
Less than 1 month									30.3	26.3	22.0
More than 1 month and less than 3 months									30.1	28.5	28.7
More than 3 months and less than 6 months									17.7	17.7	16.6
More than 6 months and less than 1 year									13.9	16.7	19.3
More than 1 year									8.1	10.8	13.4

(1) Participation rates calculated according to national definitions may differ from those published in this table, when the age group represented in the labour force survey is other than 15-64 years.

(2) Part-time employment refers to persons who work less than 30 hours per week in their main job. Data include only persons declaring usual hours worked.

(3) These percentages only take into account those persons for whom the duration of unemployment is known.

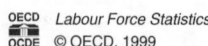

II - POPULATION ACTIVE

Milliers (estimations pour le mois d'avril de chaque année)

1989	1990	1991	1992	1993	1994	1995	1996	1997	1998	
										Population active totale
1 592	1 616	1 638	1 645	1 662	1 708	1 738	1 850	1 869	1 874	Ensemble des personnes
917	919	928	931	941	960	973	1 024	1 034	1 033	Hommes
675	697	710	714	721	748	765	827	835	841	Femmes
										Forces armées
11	10	10	9	9	10	10	9	10	10	Ensemble des personnes
11	10	10	9	9	9	9	8	8	8	Hommes
					1	1	1	1	1	Femmes
										Population active civile
1 581	1 606	1 628	1 636	1 653	1 698	1 728	1 841	1 859	1 864	Ensemble des personnes
906	909	918	922	932	951	965	1 016	1 026	1 025	Hommes
675	697	710	714	721	747	763	826	833	839	Femmes
										Chômeurs
113	125	167	169	157	138	107	112	123	139	Ensemble des personnes
66	74	100	101	93	81	58	62	68	77	Hommes
47	51	68	68	64	58	49	50	56	62	Femmes
										Population active civile occupée
1 468	1 481	1 461	1 467	1 496	1 560	1 622	1 729	1 736	1 725	Ensemble des personnes
840	835	818	821	838	871	907	954	958	848	Hommes
629	646	643	646	657	689	715	775	778	778	Femmes
										Population active civile occupée (%)
100.0	100.0	100.0	100.0	100.0	100.0	100.0	100.0	100.0	100.0	Ensemble des personnes
57.2	56.4	56.0	56.0	56.0	55.8	55.9	55.2	55.2	49.2	Hommes
42.8	43.6	44.0	44.0	43.9	44.2	44.1	44.8	44.8	45.1	Femmes
										Taux de chômage (% de la population active civile)
7.1	7.8	10.3	10.3	9.5	8.1	6.2	6.1	6.6	7.5	Ensemble des personnes
7.3	8.1	10.9	11.0	10.0	8.5	6.0	6.1	6.6	7.6	Hommes
7.0	7.3	9.6	9.5	8.9	7.8	6.4	6.1	6.7	7.4	Femmes
										Population active totale (% de la population totale)
47.8	48.1	48.1	47.8	47.8	48.4	*47.5	49.8	49.7	49.4	Ensemble des personnes
55.9	55.5	55.3	54.8	54.8	55.2	*54.1	55.9	55.8	55.3	Hommes
40.0	40.9	41.1	40.9	40.9	41.8	*41.2	43.9	43.8	43.7	Femmes
										Population active totale (% de la population de 15-64 ans)[1]
72.7	73.2	73.4	73.1	73.2	74.4	*72.5	75.9	75.7	75.3	Ensemble des personnes
84.1	83.5	83.5	83.0	83.3	83.9	*81.8	84.7	84.4	83.8	Hommes
61.4	62.9	63.4	63.2	63.2	64.9	*63.3	67.3	67.1	67.1	Femmes
										Population active civile occupée (% de la population totale)
44.1	44.0	42.9	42.6	43.0	44.2	*44.4	46.6	46.2	45.5	Ensemble des personnes
										Emploi à temps partiel (%)[2]
18.5	19.6	20.6	21.0	20.6	21.0	21.0	22.0	22.4	22.8	Temps partiel en % de l'emploi
22.7	22.9	25.3	25.9	25.2	24.2	25.4	25.0	25.9	25.7	Part des hommes dans le temps partiel
77.3	77.1	74.7	74.1	74.8	75.8	74.6	75.0	74.1	74.3	Part des femmes dans le temps partiel
7.4	7.9	9.3	9.7	9.3	9.1	9.5	9.9	10.5	10.6	Temps partiel des hommes en % de l'emploi des hommes
33.5	34.6	35.1	35.3	35.2	36.0	35.5	36.8	37.0	37.6	Temps partiel des femmes en % de l'emploi des femmes
										Durée du chômage (% du chômage total)[3]
20.2	19.4	15.7	12.4	14.2	16.3	21.0	23.0	22.9	20.9	Moins de 1 mois
26.3	23.8	21.1	17.8	17.7	18.5	21.2	23.5	24.1	24.4	Plus de 1 mois et moins de 3 mois
16.8	17.3	18.0	16.6	15.5	15.1	14.5	16.9	16.6	16.8	Plus de 3 mois et moins de 6 mois
19.3	18.6	21.4	21.3	19.4	17.7	17.8	15.8	17.0	18.5	Plus de 6 mois et moins de 1 an
17.4	20.9	23.9	32.0	33.2	32.4	25.5	20.8	19.4	19.4	Plus de 1 an

(1) Les taux d'activité calculés selon les définitions nationales peuvent être différents de ceux publiés dans ce tableau si le groupe d'âges représenté dans l'enquête de la population active est différent de 15-64 ans.

(2) L'emploi à temps partiel se réfère aux actifs travaillant moins de 30 heures par semaine dans leur emploi principal. Les données incluent uniquement les personnes déclarant des heures habituelles de travail.

(3) Ces pourcentages ne prennent en compte que les personnes pour lesquelles la durée du chômage est connue.

Statistiques de la Population Active
OECD
© OCDE, 1999 OCDE

NEW ZEALAND

III - CIVILIAN EMPLOYMENT

Thousands (estimates for April of each year)

	1978	1979	1980	1981	1982	1983	1984	1985	1986	1987	1988
PROFESSIONAL STATUS											
All activities	1 246	1 262	1 264	1 258	1 282	1 266	1 281	1 329	*1 544	1 557	1 508
Wage earners and salaried employees		1 025	1 033						1 257	1 268	1 216
Employers and persons working on own account		237	231						265	272	278
Unpaid family workers		0	0						15	10	10
Agriculture, hunting, forestry and fishing	140	140	138	141	146	142	143	148	*164	161	156
Wage earners and salaried employees		9	8						74	67	63
Employers and persons working on own account		131	130						81	88	86
Unpaid family workers									10	6	6
Non-agricultural activities	1 106	1 122	1 126	1 117	1 136	1 124	1 138	1 181	*1 380	1 396	1 352
Wage earners and salaried employees		1 016	1 025						1 183	1 201	1 153
Employers and persons working on own account		106	101						184	184	192
Unpaid family workers									5	4	4
All activities (%)	100.0	100.0	100.0	100.0	100.0	100.0	100.0	100.0	*100.0	100.0	100.0
Wage earners and salaried employees		81.2	81.7						81.4	81.4	80.6
Others		18.8	18.3						18.1	18.1	19.1
BREAKDOWN BY ACTIVITIES											
I.S.I.C. Major Divisions											
1 to 0 All activities	1 246	1 262	1 264	1 258	1 282	1 266	1 281	1 329	*1 544	1 557	1 508
1 Agriculture, hunting, forestry and fishing	140	140	138	141	146	142	143	148	*167	164	157
2 Mining and quarrying	5	5	5	5	5	5	5	5	*6	5	4
3 Manufacturing	299	305	318	303	313	302	302	318	*318	302	275
4 Electricity, gas and water	16	16	14	15	15	15	16	16	*17	17	16
5 Construction	106	98	90	83	86	86	88	91	*103	102	98
6 Wholesale and retail trade; restaurants and hotels	218	224	216	212	217	217	221	231	*296	310	300
7 Transport, storage and communication	111	112	108	106	106	104	103	104	*109	111	108
8 Financing, insurance, real estate and business services	84	86	88	90	95	96	99	104	*134	141	149
9 Community, social and personal services	267	277	287	285	299	299	303	312	*390	403	399
0 Activities not adequately defined				18					5	3	2
WAGE EARNERS AND SALARIED EMPLOYEES BY ACTIVITIES											
I.S.I.C. Major Divisions											
1 to 0 All activities				1 089					1 263	1 275	1 220
1 Agriculture, hunting, forestry and fishing				66					75	69	65
2 Mining and quarrying				4					6	4	4
3 Manufacturing				291					291	280	253
4 Electricity, gas and water				15					17	17	16
5 Construction				61					69	67	63
6 Wholesale and retail trade; restaurants and hotels				183					236	252	239
7 Transport, storage and communication				101					100	100	95
8 Financing, insurance, real estate and business services				79					112	121	123
9 Community, social and personal services				280					354	363	362
0 Activities not adequately defined				9					4	3	2

III - POPULATION ACTIVE CIVILE OCCUPÉE

Milliers (estimations pour le mois d'avril de chaque année)

1989	1990	1991	1992	1993	1994	1995	1996	1997	1998	
										SITUATION DANS LA PROFESSION
1 468	1 481	1 461	1 467	1 496	1 560	1 621	1 729	1 736	1 725	**Toutes activités**
1 177	1 182	1 156	1 149	1 173	1 225	1 277	1 363	1 388	1 373	Salariés
275	277	281	295	301	312	324	330	326	336	Employeurs et personnes travaillant à leur compte
11	19	19	18	22	17	16	21	16	16	Travailleurs familiaux non rémunérés
151	156	157	159	158	162	157	164	150	147	**Agriculture, chasse, sylviculture et pêche**
62	63	60	62	58	62	62	70	65	71	Salariés
82	84	87	89	91	91	87	84	77	70	Employeurs et personnes travaillant à leur compte
7	11	10	9	9	8	8	10	9	7	Travailleurs familiaux non rémunérés
1 317	1 325	1 304	1 308	1 338	1 398	1 464	1 565	1 586	1 578	**Activités non agricoles**
1 115	1 119	1 096	1 087	1 115	1 163	1 215	1 293	1 323	1 302	Salariés
193	193	194	206	210	221	237	246	249	266	Employeurs et personnes travaillant à leur compte
4	8	9	9	13	9	8	11	7	8	Travailleurs familiaux non rémunérés
100.0	100.0	100.0	100.0	100.0	100.0	100.0	100.0	100.0	100.0	**Toutes activités (%)**
80.2	79.8	79.1	78.3	78.4	78.5	78.8	78.8	79.9	79.6	Salariés
19.5	20.0	20.5	21.3	21.6	21.1	21.0	20.3	19.7	20.4	Autres
										RÉPARTITION PAR BRANCHES D'ACTIVITÉS
										C.I.T.I. Branches
										1 à 0 Toutes activités
1 468	1 481	1 461	1 467	1 496	1 560	1 622	1 729	1 736	1 725	
152	157	157	159	158	162	157	164	150	147	1 Agriculture, chasse, sylviculture et pêche
5	5	4	4	4	5	5	5	4	4	2 Industries extractives
259	253	250	240	255	283	288	295	283	290	3 Industries manufacturières
12	14	13	11	11	10	12	14	11	10	4 Électricité, gaz et eau
97	92	76	80	81	92	98	113	115	111	5 Bâtiment et travaux publics
290	312	301	308	316	327	346	367	376	370	6 Commerce de gros et de détail; restaurants et hôtels
99	93	95	89	91	92	100	101	103	103	7 Transports, entrepôts et communications
144	146	152	158	149	159	171	193	216	215	8 Banques, assurances, affaires immobilières et services fournis aux entreprises
409	404	408	416	429	428	443	471	472	471	9 Services fournis à la collectivité, services sociaux et services personnels
3	5	4	2	3	2	2	6	5	5	0 Activités mal désignées
										SALARIÉS (OUVRIERS ET EMPLOYÉS) PAR ACTIVITÉS
										C.I.T.I. Branches
										1 à 0 Toutes activités
1 183	1 186	1 161	1 154	1 173	1 225	1 277	1 349	1 389	1 373	
63	63	60	62	58	62	62	57	65	62	1 Agriculture, chasse, sylviculture et pêche
5	5	3	3	4	4	4	5	5	4	2 Industries extractives
236	228	222	215	226	247	255	257	250	256	3 Industries manufacturières
12	14	13	11	11	10	12	14	10	10	4 Électricité, gaz et eau
62	57	43	44	44	54	54	68	71	63	5 Bâtiment et travaux publics
233	252	242	244	252	262	277	300	315	307	6 Commerce de gros et de détail; restaurants et hôtels
89	83	83	76	76	78	86	83	88	87	7 Transports, entrepôts et communications
115	117	120	121	112	119	129	144	161	158	8 Banques, assurances, affaires immobilières et services fournis aux entreprises
366	364	371	377	388	387	397	419	421	423	9 Services fournis à la collectivité, services sociaux et services personnels
3	4	3	2	1	1	1	2	3	3	0 Activités mal désignées

Statistiques de la Population Active OECD OCDE
© OCDE, 1999

Sources:

1. *Statistisches Jahrbuch für die Republik Österreich*
(Osterreichisches Statistisches Zentralamt).
2. *Statistische Nachrichten* (Österreichisches Statistisches
Zentralamt, monthly/mensuelle).
3. *Monatsberichte* (Österreichisches Institut für
Wirtschaftsforschung, monthly/mensuelle).

I. POPULATION

Sources: National sources and answers to the annual questionnaire sent out by the Directorate for Education, Employment, Labour and Social Affairs of the OECD.

Coverage: Resident population (*de jure*).

Method of computation: Mid-year and end of year estimates.

II. TOTAL LABOUR FORCE

III. CIVILIAN EMPLOYMENT

Source: Replies to the annual OECD questionnaire and data provided directly by the Central Statistical Office of Austria.

Date of reference: Average for the year.

Method of computation: Quarterly labour force sample surveys (*Mikrozensus*).

Notes: The definitions used are such that the Armed Forces cannot be excluded from the figures of total labour force. Armed Forces are included in wage earners and salaried employees (as regards professional status) and in services (as refers to the distribution of employment by economic activities).

Owing to survey redefinitions in 1982 and 1984 data are not strictly comparable with those of previous years.

I. POPULATION

Sources : Sources nationales et réponses au questionnaire annuel de la Direction de l'education, de l'emploi, de la main-d'oeuvre et des affaires sociales de l'OCDE.

Champ couvert : Population résidante (*de jure*).

Méthodes de calcul : Estimations en milieu et en fin d'année.

II. POPULATION ACTIVE

III. POPULATION ACTIVE CIVILE OCCUPÉE

Source : Réponses au questionnaire annuel de l'OCDE et données communiquées directement par l'Office central de Statistique autrichien.

Date de référence : Moyenne pour l'année.

Méthode de calcul : Enquêtes trimestrielles par sondage sur la population active (*Mikrozensus*).

Notes : Les définitions utilisées ne permettent pas d'exclure les forces armées des chiffres de la population active. Les forces armées sont incluses dans les salariés (en ce qui concerne la situation dans la profession) et dans les services (en ce qui concerne la répartition de l'emploi par branches d'activité).

Les définitions de l'enquête ayant été modifiées en 1982 et 1984, les données ne sont pas strictement comparables avec celles des années antérieures.

AUSTRIA

I - POPULATION

Thousands (mid-year estimates)

	1978	1979	1980	1981	1982	1983	1984	1985	1986	1987	1988
POPULATION - DISTRIBUTION BY AGE AND GENDER											
All persons											
Total	7 562	7 549	7 549	7 564	7 571	7 552	7 553	7 558	7 566	7 576	7 596
Under 15 years	1 631	1 582	1 541	1 510	1 477	1 439	1 405	1 378	1 357	1 339	1 331
From 15 to 64 years	4 771	4 800	4 845	4 912	4 977	5 023	5 071	5 099	5 113	5 123	5 132
65 years and over	1 160	1 167	1 163	1 143	1 117	1 090	1 077	1 081	1 096	1 114	1 133
Males											
Total	3 572	3 566	3 567	3 578	3 584	3 575	3 578	3 584	3 592	3 601	3 616
Under 15 years	832	808	788	772	755	735	717	704	693	685	681
From 15 to 64 years	2 315	2 333	2 358	2 396	2 431	2 454	2 482	2 502	2 517	2 529	2 542
65 years and over	425	425	421	410	398	386	379	378	382	388	394
Females											
Total	3 993	3 983	3 982	3 987	3 987	3 977	3 975	3 974	3 974	3 975	3 980
Under 15 years	799	774	754	738	722	704	687	674	663	655	650
From 15 to 64 years	2 456	2 467	2 487	2 516	2 546	2 569	2 589	2 597	2 597	2 594	2 591
65 years and over	735	742	742	733	719	704	698	703	714	726	739
POPULATION - PERCENTAGES											
All persons											
Total	100.0	100.0	100.0	100.0	100.0	100.0	100.0	100.0	100.0	100.0	100.0
Under 15 years	21.6	21.0	20.4	20.0	19.5	19.1	18.6	18.2	17.9	17.7	17.5
From 15 to 64 years	63.1	63.6	64.2	64.9	65.7	66.5	67.1	67.5	67.6	67.6	67.6
65 years and over	15.3	15.5	15.4	15.1	14.8	14.4	14.3	14.3	14.5	14.7	14.9
COMPONENTS OF CHANGE IN POPULATION											
a) Population at 1 January	7 565	7 556	7 549	7 557	7 587	7 556	7 551	7 556	7 561	7 570	7 586
b) Population at 31 December	7 556	7 549	7 557	7 587	7 556	7 551	7 556	7 561	7 570	7 586	7 602
c) Total increase (b-a)	-9	-7	8	30	-31	-5	5	5	9	16	16
d) Births	85	86	91	94	95	90	89	87	87	87	88
e) Deaths	95	92	92	93	91	93	89	90	87	85	83
f) Natural increase (d-e)	-10	-6	-1	1	4	-3	0	-3	0	2	5
g) Net migration	1	-1	9	29	-35	-2	5	8	9	15	11
h) Statistical adjustments	0	0	0	0	0	0	0	0	0	0	0
i) Total increase (=f+g+h=c)	-9	-7	8	30	-31	-5	5	5	9	17	16
(Components of change in population/ Average population) x1000											
Total increase rates	-1.2	-0.9	1.1	4.0	-4.1	-0.7	0.7	0.7	1.2	2.2	2.1
Crude birth rates	11.2	11.4	12.0	12.4	12.5	11.9	11.8	11.5	11.5	11.5	11.6
Crude death rates	12.6	12.2	12.2	12.3	12.0	12.3	11.8	11.9	11.5	11.2	10.9
Natural increase rates	-1.3	-0.8	-0.1	0.1	0.5	-0.4	0.0	-0.4	0.0	0.3	0.7
Net migration rates	0.1	-0.1	1.2	3.8	-4.6	-0.3	0.7	1.1	1.2	2.0	1.4

I - POPULATION

Milliers (estimations au milieu de l'année)

1989	1990	1991	1992	1993	1994	1995	1996	1997	1998	
										POPULATION - RÉPARTITION SELON L'AGE ET LE SEXE
										Ensemble des personnes
7 624	7 718	7 823	7 884	7 993	8 031	8 047	8 059	8 072	8 078	Total
1 329	1 344	1 365	1 381	1 404	1 413	1 412	1 403	1 393	1 380	Moins de 15 ans
5 145	5 206	5 272	5 302	5 395	5 411	5 417	5 427	5 440	5 451	De 15 à 64 ans
1 150	1 168	1 186	1 200	1 194	1 206	1 218	1 229	1 240	1 247	65 ans et plus
										Hommes
3 635	3 694	3 757	3 795	3 869	3 892	3 902	3 910	3 917	3 920	Total
680	689	702	711	721	725	724	719	713	707	Moins de 15 ans
2 556	2 598	2 641	2 662	2 725	2 735	2 738	2 741	2 745	2 747	De 15 à 64 ans
399	406	414	422	422	432	441	451	459	466	65 ans et plus
										Femmes
3 988	4 025	4 065	4 089	4 124	4 138	4 144	4 149	4 155	4 158	Total
649	655	663	671	683	688	688	684	679	673	Moins de 15 ans
2 589	2 608	2 630	2 640	2 670	2 676	2 679	2 686	2 695	2 704	De 15 à 64 ans
750	762	772	777	772	774	777	779	780	781	65 ans et plus
										POPULATION - POURCENTAGES
										Ensemble des personnes
100.0	100.0	100.0	100.0	100.0	100.0	100.0	100.0	100.0	100.0	Total
17.4	17.4	17.4	17.5	17.6	17.6	17.5	17.4	17.3	17.1	Moins de 15 ans
67.5	67.5	67.4	67.3	67.5	67.4	67.3	67.3	67.4	67.5	De 15 à 64 ans
15.1	15.1	15.2	15.2	14.9	15.0	15.1	15.3	15.4	15.4	65 ans et plus
										COMPOSANTES DE L'ÉVOLUTION DÉMOGRAPHIQUE
7 602	7 760	7 791	7 861	7 910	8 015					a) Population au 1er janvier
7 660	7 791	7 861	7 910	8 015	8 040					b) Population au 31 décembre
58	31	70	49	105	25					**c) Accroissement total (b-a)**
89	90	95	95	95	92	89	89	83	81	d) Naissances
83	83	83	83	83	81	81	81	79	78	e) Décès
6	7	12	12	12	11	8	8	4	3	**f) Accroissement naturel (d-e)**
52	24	58	37	93	14					g) Solde net des migrations
0	0	0	0	0	0					h) Ajustements statistiques
58	31	70	49	105	25					**i) Accroissement total (=f+g+h=c)**
										(Composition de l'évolution démographique/ Population moyenne) x1000
7.6	4.0	8.9	6.2	13.2	3.1					Taux d'accroissement total
11.7	11.6	12.1	12.0	11.9	11.5					Taux bruts de natalité
10.9	10.7	10.6	10.5	10.4	10.1					Taux bruts de mortalité
0.8	0.9	1.5	1.5	1.5	1.4					Taux d'accroissement naturel
6.8	3.1	7.4	4.7	11.7	1.7					Taux du solde net des migrations

AUSTRIA

II - LABOUR FORCE

Thousands (annual average estimates)

	1978	1979	1980	1981	1982	1983	1984	1985	1986	1987	1988
Total labour force											
All persons	3 079	3 116	3 128	3 170	*3 302	3 294	*3 363	3 355	3 388	3 430	3 433
Males	1 882	1 904	1 916	1 937	*2 022	2 018	*2 029	2 031	2 046	2 054	2 041
Females	1 197	1 212	1 212	1 233	*1 280	1 276	*1 334	1 324	1 342	1 376	1 392
Armed forces											
All persons											
Males											
Females											
Civilian labour force											
All persons	3 079	3 116	3 128	3 170	*3 302	3 294	*3 363	3 355	3 388	3 430	3 433
Males	1 882	1 904	1 916	1 937	*2 022	2 018	*2 029	2 031	2 046	2 054	2 041
Females	1 197	1 212	1 212	1 233	*1 280	1 276	*1 334	1 324	1 342	1 376	1 392
Unemployed											
All persons	64	65	58	80	*116	135	*128	121	106	130	122
Males	30	28	24	36	*56	70	*80	74	65	74	66
Females	34	37	34	44	*61	65	*48	47	41	56	56
Civilian employment											
All persons	3 015	3 051	3 070	3 090	*3 186	3 159	*3 235	3 234	3 282	3 300	3 311
Males	1 852	1 876	1 892	1 901	*1 966	1 948	*1 949	1 957	1 981	1 980	1 975
Females	1 163	1 175	1 178	1 189	*1 219	1 211	*1 286	1 277	1 302	1 320	1 336
Civilian employment (%)											
All persons	100.0	100.0	100.0	100.0	*100.0	100.0	*100.0	100.0	100.0	100.0	100.0
Males	61.4	61.5	61.6	61.5	*61.7	61.7	*60.2	60.5	60.4	60.0	59.6
Females	38.6	38.5	38.4	38.5	*38.3	38.3	*39.8	39.5	39.7	40.0	40.4
Unemployment rates (% of civilian labour force)											
All persons	2.1	2.1	1.9	2.5	*3.5	4.1	*3.8	3.6	3.1	3.8	3.6
Males	1.6	1.5	1.3	1.9	*2.8	3.5	*3.9	3.6	3.2	3.6	3.2
Females	2.8	3.1	2.8	3.6	*4.8	5.1	*3.6	3.5	3.1	4.1	4.0
Total labour force (% of total population)											
All persons	40.7	41.3	41.4	41.9	*43.6	43.6	*44.5	44.4	44.8	45.3	45.2
Males	52.7	53.4	53.7	54.1	*56.4	56.4	*56.7	56.7	57.0	57.0	56.4
Females	30.0	30.4	30.4	30.9	*32.1	32.1	*33.6	33.3	33.8	34.6	35.0
Total labour force (% of population from 15-64 years)[1]											
All persons	64.5	64.9	64.6	64.5	*66.3	65.6	*66.3	65.8	66.3	67.0	66.9
Males	81.3	81.6	81.3	80.8	*83.2	82.2	*81.7	81.2	81.3	81.2	80.3
Females	48.7	49.1	48.7	49.0	*50.3	49.7	*51.5	51.0	51.7	53.0	53.7
Civilian employment (% of total population)											
All persons	39.9	40.4	40.7	40.9	*42.1	41.8	*42.8	42.8	43.4	43.6	43.6
Part-time employment (%)[2]											
Part-time as % of employment											
Male share of part-time employment											
Female share of part-time employment											
Male part-time as % of male employment											
Female part-time as % of female employment											
Duration of unemployment (% of total unemployment)[3]											
Less than 1 month											
More than 1 month and less than 3 months[4]											
More than 3 months and less than 6 months											
More than 6 months and less than 1 year											
More than 1 year											

(1) Participation rates calculated according to national definitions may differ from those published in this table, when the age group represented in the labour force survey is other than 15-64 years.

(2) Part-time employment refers to persons who work less than 30 hours per week in their main job. Data include only persons declaring usual hours worked.

(3) These percentages only take into account those persons for whom the duration of unemployment is known.

(4) Less than 3 months in 1994.

II - POPULATION ACTIVE

Milliers (estimations de moyennes annuelles)

1989	1990	1991	1992	1993	1994	1995	1996	1997	1998	
										Population active totale
3 450	3 526	3 607	3 679	3 734	3 876	3 903	3 870	3 884	3 888	Ensemble des personnes
2 045	2 081	2 126	2 147	2 167	2 215	2 234	2 217	2 216	2 214	Hommes
1 405	1 445	1 481	1 532	1 567	1 661	1 668	1 635	1 668	1 674	Femmes
										Forces armées
						29	31	35	35	Ensemble des personnes
						29	31	35	35	Hommes
										Femmes
										Population active civile
3 450	3 526	3 607	3 679	3 734	3 876	3 873	3 839	3 849	3 854	Ensemble des personnes
2 045	2 081	2 126	2 147	2 167	2 215	2 205	2 186	2 181	2 179	Hommes
1 405	1 445	1 481	1 532	1 567	1 661	1 668	1 653	1 668	1 674	Femmes
										Chômeurs
108	114	125	133	159	139	144	160	165	165	Ensemble des personnes
58	63	71	75	88	72	71	87	77	88	Hommes
50	51	54	58	71	67	72	74	77	77	Femmes
										Population active civile occupée
3 342	3 412	3 482	3 546	3 575	3 737	3 729	3 679	3 684	3 689	Ensemble des personnes
1 987	2 019	2 055	2 072	2 079	2 143	2 133	2 099	2 094	2 091	Hommes
1 355	1 393	1 427	1 474	1 496	1 594	1 596	1 579	1 590	1 597	Femmes
										Population active civile occupée (%)
100.0	100.0	100.0	100.0	100.0	100.0	100.0	100.0	100.0	100.0	Ensemble des personnes
59.5	59.2	59.0	58.4	58.2	57.3	57.2	57.1	56.8	56.7	Hommes
40.5	40.8	41.0	41.6	41.8	42.7	42.8	42.9	43.2	43.3	Femmes
										Taux de chômage (% de la population active civile)
3.1	3.2	3.5	3.6	4.3	3.6	3.7	4.2	4.3	4.3	Ensemble des personnes
2.8	3.0	3.3	3.5	4.1	3.3	3.2	4.0	3.5	4.0	Hommes
3.6	3.5	3.6	3.8	4.5	4.0	4.3	4.5	4.6	4.6	Femmes
										Population active totale (% de la population totale)
45.3	45.7	46.1	46.7	46.7	48.3	48.5	48.0	48.1	48.1	Ensemble des personnes
56.3	56.3	56.6	56.6	56.0	56.9	57.3	56.7	56.6	56.5	Hommes
35.2	35.9	36.4	37.5	38.0	40.1	40.3	39.4	40.1	40.3	Femmes
										Population active totale (% de la population de 15-64 ans)[1]
67.1	67.7	68.4	69.4	69.2	71.6	72.1	71.3	71.4	71.3	Ensemble des personnes
80.0	80.1	80.5	80.7	79.5	81.0	81.6	80.9	80.7	80.6	Hommes
54.3	55.4	56.3	58.0	58.7	62.1	62.3	60.9	61.9	61.9	Femmes
										Population active civile occupée (% de la population totale)
43.8	44.2	44.5	45.0	44.7	46.5	46.3	45.7	45.6	45.7	Ensemble des personnes
										Emploi à temps partiel (%)[2]
						11.1	10.9	10.8	11.5	Temps partiel en % de l'emploi
						15.8	13.6	13.7	13.1	Part des hommes dans le temps partiel
						84.2	86.4	86.3	86.9	Part des femmes dans le temps partiel
						3.1	2.6	2.6	2.7	Temps partiel des hommes en % de l'emploi des hommes
						21.6	21.7	21.3	22.8	Temps partiel des femmes en % de l'emploi des femmes
										Durée du chômage (% du chômage total)[3]
					..	11.7	12.7	11.7	9.4	Moins de 1 mois
					50.1	28.0	28.1	26.3	29.7	Plus de 1 mois et moins de 3 mois[4]
					18.1	18.7	19.9	18.6	16.9	Plus de 3 mois et moins de 6 mois
					13.3	15.0	16.1	17.4	13.7	Plus de 6 mois et moins de 1 an
					18.5	26.5	23.1	26.0	30.3	Plus de 1 an

(1) Les taux d'activité calculés selon les définitions nationales peuvent être différents de ceux publiés dans ce tableau si le groupe d'âges représenté dans l'enquête de la population active est différent de 15-64 ans.

(2) L'emploi à temps partiel se réfère aux actifs travaillant moins de 30 heures par semaine dans leur emploi principal. Les données incluent uniquement les personnes déclarant des heures habituelles de travail.

(3) Ces pourcentages ne prennent en compte que les personnes pour lesquelles la durée du chômage est connue.

(4) Moins de 3 mois en 1994.

Statistiques de la Population Active
© OCDE, 1999

AUSTRIA

III - CIVILIAN EMPLOYMENT

Thousands (annual average estimates)

	1978	1979	1980	1981	1982	1983	1984	1985	1986	1987	1988
PROFESSIONAL STATUS											
All activities	3 015	3 051	3 070	3 090	*3 186	3 159	*3 235	3 234	3 282	3 300	3 311
Wage earners and salaried employees	2 470	2 524	2 545	2 575	*2 677	2 654	*2 740	2 751	2 795	2 809	2 822
Employers and persons working on own account	545	527	525	515	*509	505	*495	341	341	342	345
Unpaid family workers								142	146	150	143
Agriculture, hunting, forestry and fishing	329	326	323	317	*317	313	*304	291	283	285	269
Wage earners and salaried employees	37	41	40	40	*37	38	*41	37	36	35	34
Employers and persons working on own account	292	285	283	277	*280	275	*263	165	157	155	152
Unpaid family workers							0	89	89	94	83
Non-agricultural activities	2 686	2 725	2 747	2 773	*2 869	2 846	*2 931	2 943	2 999	3 015	3 042
Wage earners and salaried employees	2 433	2 483	2 505	2 535	*2 640	2 616	*2 699	2 714	2 759	2 774	2 788
Employers and persons working on own account	253	242	242	238	*229	230	*232	176	184	187	193
Unpaid family workers								53	57	56	60
All activities (%)	100.0	100.0	100.0	100.0	*100.0	100.0	*100.0	100.0	100.0	100.0	100.0
Wage earners and salaried employees	81.9	82.7	82.9	83.3	*84.0	84.0	*84.7	85.1	85.2	85.1	85.2
Others								14.9	14.8	14.9	14.7
BREAKDOWN BY ACTIVITIES											
I.S.I.C. Major Divisions											
1 to 0 All activities	3 015	3 051	3 070	3 090	*3 186	3 159	*3 235	3 234	3 282	3 300	3 311
1 Agriculture, hunting, forestry and fishing	329	326	323	317	*317	313	*304	291	283	285	269
2 Mining and quarrying	19	19	18	15	*17	15	*17	14	14	14	16
3 Manufacturing	895	900	907	918	*946	895	*921	911	925	932	915
4 Electricity, gas and water	36	38	40	35	*37	42	*40	42	40	41	38
5 Construction	275	276	271	268	*269	274	*256	266	262	258	268
6 Wholesale and retail trade; restaurants and hotels	518	518	524	543	*548	539	*587	579	600	582	596
7 Transport, storage and communication	196	196	192	198	*209	206	*205	208	219	218	208
8 Financing, insurance, real estate and business services	149	157	155	159	*169	174	*171	178	186	193	199
9 Community, social and personal services	595	619	638	635	*670	699	*725	736	741	767	785
0 Activities not adequately defined	3	2	2	2	*3	2	*9	10	12	11	17
WAGE EARNERS AND SALARIED EMPLOYEES BY ACTIVITIES											
I.S.I.C. Major Divisions											
1 to 0 All activities	2 470	2 524	2 545	2 575	*2 677	2 654	*2 740	2 751	2 795	2 811	2 822
1 Agriculture, hunting, forestry and fishing	37	41	40	40	*37	38	*41	37	36	36	34
2 Mining and quarrying	19	18	17	15	*17	15	*17	14	14	14	15
3 Manufacturing	837	850	855	862	*890	844	*871	866	876	883	866
4 Electricity, gas and water	36	38	40	35	*37	42	*40	42	40	40	38
5 Construction	259	258	254	254	*253	256	*239	246	245	241	251
6 Wholesale and retail trade; restaurants and hotels	395	405	411	431	*446	431	*483	472	490	476	481
7 Transport, storage and communication	186	183	180	185	*197	196	*194	197	205	207	199
8 Financing, insurance, real estate and business services	134	141	139	145	*155	161	*157	165	168	174	179
9 Community, social and personal services	564	588	607	606	*643	671	*692	703	708	730	745
0 Activities not adequately defined	3	2	2	2	*2	0	*6	9	11	10	15

III - POPULATION ACTIVE CIVILE OCCUPÉE

Milliers (estimations de moyennes annuelles)

1989	1990	1991	1992	1993	1994	1995	1996	1997	1998	
										SITUATION DANS LA PROFESSION
3 342	3 412	3 482	3 546	3 575	3 737	3 759	3 679	3 684	3 689	**Toutes activités**
2 866	2 929	2 997	3 072	3 108	3 226	3 222	3 165	3 182	3 184	Salariés
351	359	356	360	358	388	407	393	392	398	Employeurs et personnes travaillant à leur compte
125	124	129	114	109	123	130	121	110	107	Travailleurs familiaux non rémunérés
266	269	256	250	249	269	278	269	250	242	**Agriculture, chasse, sylviculture et pêche**
34	33	33	35	36	37	38	39	36	38	Salariés
149	151	147	151	149	158	159	158	150	144	Employeurs et personnes travaillant à leur compte
83	85	77	64	63	74	81	72	64	60	Travailleurs familiaux non rémunérés
3 076	3 143	3 226	3 296	3 326	3 468	3 481	3 410	3 434	3 447	**Activités non agricoles**
2 832	2 896	2 964	3 037	3 072	3 189	3 184	3 126	3 146	3 146	Salariés
202	208	209	209	209	230	248	235	242	254	Employeurs et personnes travaillant à leur compte
42	39	52	50	46	49	49	49	46	47	Travailleurs familiaux non rémunérés
100.0	100.0	100.0	100.0	100.0	100.0	100.0	100.0	100.0	100.0	**Toutes activités (%)**
85.8	85.8	86.1	86.6	86.9	86.3	85.7	86.0	86.4	86.3	Salariés
14.2	14.2	13.9	13.4	13.1	13.7	14.3	14.0	13.6	13.7	Autres
										RÉPARTITION PAR BRANCHES D'ACTIVITÉS
										C.I.T.I. Branches
3 342	3 412	3 482	3 546	3 575	3 737	3 759	3 679	3 684	3 689	**1 à 0 Toutes activités**
266	269	256	250	249	269	278	269	250	242	1 Agriculture, chasse, sylviculture et pêche
13	12	12	13	10	9	11	10	9	12	2 Industries extractives
910	922	935	922	903	835	818	838	805	806	3 Industries manufacturières
41	40	40	38	36	36	38	35	38	36	4 Électricité, gaz et eau
273	286	297	288	306	359	336	320	313	318	5 Bâtiment et travaux publics
610	634	661	667	674	712	781	726	749	749	6 Commerce de gros et de détail; restaurants et hôtels
213	218	224	234	232	251	238	231	232	242	7 Transports, entrepôts et communications
206	221	232	264	265	354	353	371	381	372	8 Banques, assurances, affaires immobilières et services fournis aux entreprises
801	810	806	849	882	912	906	879	907	912	9 Services fournis à la collectivité, services sociaux et services personnels
9	0	19	21	19	0	0	0	0	0	0 Activités mal désignées
										SALARIÉS (OUVRIERS ET EMPLOYÉS) PAR ACTIVITÉS
										C.I.T.I. Branches
2 866	2 929	2 997	3 072	3 108	3 226	3 222	3 165	3 182	3 184	**1 à 0 Toutes activités**
34	33	33	35	36	37	38	39	36	38	1 Agriculture, chasse, sylviculture et pêche
13	12	12	12	10	9	11	10	9	11	2 Industries extractives
862	875	885	879	859	789	774	795	766	761	3 Industries manufacturières
41	40	40	38	36	36	37	35	38	36	4 Électricité, gaz et eau
257	267	279	271	291	334	314	302	295	298	5 Bâtiment et travaux publics
497	522	551	559	565	610	661	612	631	630	6 Commerce de gros et de détail; restaurants et hôtels
202	207	215	223	222	236	226	221	219	228	7 Transports, entrepôts et communications
183	196	204	228	231	318	309	324	335	325	8 Banques, assurances, affaires immobilières et services fournis aux entreprises
757	762	761	806	841	857	851	828	853	857	9 Services fournis à la collectivité, services sociaux et services personnels
20	15	18	20	18	0	0	0	0	0	0 Activités mal désignées

Sources:

1. *Annuaire statistique de la belgique* (Institut National de Statistique, Ministère des Affaires Économiques).
2. B*ulletin de statistique* (Institut National de Statistique, Ministère des Affaires Économiques, monthly/mensuelle).
3. R*evue du travail* (Ministère de l'Emploi et du Travail, monthly/mensuelle).
4. A*perçu de l'évolution de la population active belge pour la période 1948-1960* (Ministère de l'Emploi et du Travail - cet ouvrage est tenu à jour par des suppléments statistiques).

I. POPULATION

Sources: National sources 1 and 2.

Coverage: Resident population (*de jure*).

Method of computation: Mid-year estimates obtained by averaging official estimates at 31 December for two consecutive years.

II. TOTAL LABOUR FORCE

III. CIVILIAN EMPLOYMENT

Sources: National sources 3 and 4, replies to the questionnaire.

Date of reference: 30 June.

Method of computation: Social Insurance Statistics. Foreign commuters are included in I.S.I.C. Major Division: 0.

Notes: Registered unemployed refer to:

a) Fully unemployed persons entitled to benefits;

b) Other unemployed persons who are required to register;

c) Voluntarily registered persons (without work and seeking work).

I. POPULATION

Sources : Sources nationales 1 et 2.

Champ couvert : Population résidante (*de jure*).

Méthode de calcul : Estimations en milieu d'année obtenues en faisant la moyenne des estimations officielles au 31 décembre de deux années consécutives.

II. POPULATION ACTIVE

III. POPULATION ACTIVE CIVILE OCCUPÉE

Sources : Sources nationales 3 et 4, réponses au questionnaire.

Date de référence : 30 juin.

Méthode de calcul : Statistiques provenant des Assurances Sociales. Les frontaliers figurent dans la Branche C.I.T.I. : 0.

Notes : Les chômeurs enregistrés se réfèrent aux :

a) Chômeurs complets indemnisés ;

b) Autres chômeurs inscrits obligatoirement ;

c) Demandeurs d'emploi libres inoccupés (personnes sans travail et à la recherche d'un emploi).

BELGIUM

I - POPULATION

Thousands (mid-year estimates)

	1978	1979	1980	1981	1982	1983	1984	1985	1986	1987	1988
POPULATION - DISTRIBUTION BY AGE AND GENDER											
All persons											
Total	9 830	9 837	9 847	9 853	9 856	9 855	9 855	9 858	9 862	9 870	9 921
Under 15 years	2 003	1 970	1 972	1 974	1 932	1 907	1 876	1 859	1 823	1 807	1 805
From 15 to 64 years	6 422	6 454	6 460	6 464	6 535	6 586	6 629	6 636	6 650	6 654	6 678
65 years and over	1 405	1 413	1 415	1 415	1 389	1 362	1 350	1 363	1 389	1 410	1 437
Males											
Total	4 807	4 808	4 811	4 812	4 813	4 811	4 811	4 812	4 814	4 819	4 846
Under 15 years	1 030	1 010	1 010	1 010	989	976	960	953	933	925	925
From 15 to 64 years	3 222	3 239	3 241	3 242	3 278	3 303	3 325	3 328	3 338	3 342	3 357
65 years and over	555	559	560	560	546	532	526	531	543	552	564
Females											
Total	5 023	5 029	5 036	5 041	5 043	5 044	5 045	5 046	5 048	5 051	5 075
Under 15 years	973	961	962	963	943	931	916	906	890	882	880
From 15 to 64 years	3 200	3 214	3 219	3 222	3 257	3 283	3 305	3 308	3 312	3 312	3 322
65 years and over	850	854	855	856	843	830	824	832	846	857	873
POPULATION - PERCENTAGES											
All persons											
Total	100.0	100.0	100.0	100.0	100.0	100.0	100.0	100.0	100.0	100.0	100.0
Under 15 years	20.4	20.0	20.0	20.0	19.6	19.4	19.0	18.9	18.5	18.3	18.2
From 15 to 64 years	65.3	65.6	65.6	65.6	66.3	66.8	67.3	67.3	67.4	67.4	67.3
65 years and over	14.3	14.4	14.4	14.4	14.1	13.8	13.7	13.8	14.1	14.3	14.5
COMPONENTS OF CHANGE IN POPULATION											
a) Population at 1 January	9 828	9 831	9 843	9 850	9 855	9 858	9 853	9 857	9 859	9 865	9 876
b) Population at 31 December	9 842	9 855	9 863	9 855	9 858	9 853	9 857	9 859	9 865	9 876	9 928
c) Total increase (b-a)	14	24	20	5	3	-5	4	2	6	11	52
d) Births	122	124	125	125	120	117	116	114	117	117	119
e) Deaths	115	112	114	113	113	115	111	113	112	106	105
f) Natural increase (d-e)	7	12	11	12	7	2	5	1	5	11	14
g) Net migration	-3	2	-2	-20	-4	-8	-1	0	0	-1	38
h) Statistical adjustments	0	-1	0	0	0	0	0	0	0	-1	0
i) Total increase (=f+g+h=c)	4	13	9	-8	3	-6	5	1	5	9	52
(Components of change in population/ Average population) x1000											
Total increase rates	0.4	1.3	0.9	-0.8	0.3	-0.6	0.5	0.1	0.5	1.0	5.3
Crude birth rates	12.4	12.6	12.7	12.7	12.2	11.9	11.8	11.6	11.9	11.9	12.0
Crude death rates	11.7	11.4	11.6	11.5	11.5	11.7	11.3	11.5	11.4	10.7	10.6
Natural increase rates	0.7	1.2	1.1	1.2	0.7	0.2	0.5	0.1	0.5	1.1	1.4
Net migration rates	-0.3	0.2	-0.2	-2.0	-0.4	-0.8	-0.1	0.0	0.0	-0.1	3.8

I - POPULATION

Milliers (estimations au milieu de l'année)

1989	1990	1991	1992	1993	1994	1995	1996	1997	1998	
										POPULATION - RÉPARTITION SELON L'AGE ET LE SEXE
										Ensemble des personnes
9 938	9 967	10 005	10 045	10 084	10 116	10 157	10 170			Total
1 801	1 806	1 816	1 825	1 830	1 829	1 814	1 811			Moins de 15 ans
6 675	6 674	6 675	6 682	6 694	6 703	6 703	6 704			De 15 à 64 ans
1 462	1 487	1 513	1 538	1 561	1 584	1 639	1 653			65 ans et plus
										Hommes
4 855	4 870	4 890	4 911	4 932	4 947	4 965	4 972			Total
923	925	930	935	937	937	929	927			Moins de 15 ans
3 357	3 358	3 361	3 365	3 372	3 378	3 376	3 378			De 15 à 64 ans
575	587	599	611	622	633	660	667			65 ans et plus
										Femmes
5 083	5 097	5 115	5 134	5 153	5 168	5 191	5 198			Total
878	881	886	890	893	892	885	884			Moins de 15 ans
3 318	3 316	3 315	3 317	3 321	3 325	3 327	3 328			De 15 à 64 ans
887	900	914	927	939	951	979	986			65 ans et plus
										POPULATION - POURCENTAGES
										Ensemble des personnes
100.0	100.0	100.0	100.0	100.0	100.0	100.0	100.0			Total
18.1	18.1	18.2	18.2	18.1	18.1	17.9	17.8			Moins de 15 ans
67.2	67.0	66.7	66.5	66.4	66.3	66.0	65.9			De 15 à 64 ans
14.7	14.9	15.1	15.3	15.5	15.7	16.1	16.3			65 ans et plus
										COMPOSANTES DE L'ÉVOLUTION DÉMOGRAPHIQUE
9 928	9 948	9 987	10 022	10 068	10 101	10 131	10 143	10 170	10 192	a) Population au 1er janvier
9 948	9 987	10 022	10 068	10 101	10 131	10 143	10 170	10 192	10 214	b) Population au 31 décembre
20	39	35	46	33	30	12	27	22	22	**c) Accroissement total (b-a)**
121	124	125	124	120	115	114	115	116	114	d) Naissances
107	105	104	104	107	104	105	104	104	105	e) Décès
14	19	21	20	13	11	9	11	12	9	**f) Accroissement naturel (d-e)**
7	20	14	25	19	18	3	16	10	12	g) Solde net des migrations
0	0	0	0	0	0	0	0	0	0	h) Ajustements statistiques
21	39	35	45	32	29	12	27	22	21	**i) Accroissement total (=f+g+h=c)**
										(Composition de l'évolution démographique/ Population moyenne) x1000
2.1	3.9	3.5	4.5	3.2	2.9	1.2	2.7	2.2	2.1	Taux d'accroissement total
12.2	12.4	12.5	12.3	11.9	11.4	11.2	11.3	11.4	11.2	Taux bruts de natalité
10.8	10.5	10.4	10.4	10.6	10.3	10.4	10.2	10.2	10.3	Taux bruts de mortalité
1.4	1.9	2.1	2.0	1.3	1.1	0.9	1.1	1.2	0.9	Taux d'accroissement naturel
0.7	2.0	1.4	2.5	1.9	1.8	0.3	1.6	1.0	1.2	Taux du solde net des migrations

BELGIUM

II - LABOUR FORCE

Thousands (mid-year estimates)

	1978	1979	1980	1981	1982	1983	1984	1985	1986	1987	1988
Total labour force											
All persons	4 008	4 056	4 070	4 094	4 120	4 138	4 132	4 112	4 109	4 115	4 127
Males	2 559	2 568	2 556	2 550	2 546	2 538	2 515	2 481	2 457	2 439	2 425
Females	1 449	1 488	1 513	1 543	1 573	1 600	1 617	1 631	1 652	1 676	1 701
Armed forces											
All persons	90	92	90	93	93	91	89	89	89	91	92
Males	87	89	87	90	89	87	86	86	86	88	89
Females	3	3	3	4	4	4	3	3	3	3	3
Civilian labour force											
All persons	3 918	3 964	3 979	4 000	4 027	4 047	4 042	4 023	4 019	4 024	4 034
Males	2 472	2 479	2 469	2 460	2 457	2 450	2 429	2 395	2 371	2 351	2 336
Females	1 446	1 485	1 510	1 540	1 570	1 596	1 613	1 628	1 648	1 673	1 698
Unemployed											
All persons	290	304	322	416	490	545	546	506	478	466	425
Males	114	113	118	178	222	253	250	218	198	191	170
Females	176	191	204	238	268	292	296	288	280	275	255
Civilian employment											
All persons	3 628	3 660	3 657	3 585	3 537	3 502	3 497	3 517	3 541	3 558	3 610
Males	2 358	2 367	2 352	2 283	2 236	2 198	2 179	2 177	2 173	2 161	2 167
Females	1 270	1 293	1 305	1 302	1 301	1 304	1 317	1 340	1 368	1 397	1 443
Civilian employment (%)											
All persons	100.0	100.0	100.0	100.0	100.0	100.0	100.0	100.0	100.0	100.0	100.0
Males	65.0	64.7	64.3	63.7	63.2	62.8	62.3	61.9	61.4	60.7	60.0
Females	35.0	35.3	35.7	36.3	36.8	37.2	37.7	38.1	38.6	39.3	40.0
Unemployment rates (% of civilian labour force)											
All persons	7.4	7.7	8.1	10.4	12.2	13.5	13.5	12.6	11.9	11.6	10.5
Males	4.6	4.6	4.8	7.2	9.0	10.3	10.3	9.1	8.4	8.1	7.3
Females	12.2	12.9	13.5	15.5	17.1	18.3	18.4	17.7	17.0	16.4	15.0
Total labour force (% of total population)											
All persons	40.8	41.2	41.3	41.6	41.8	42.0	41.9	41.7	41.7	41.7	41.6
Males	53.2	53.4	53.1	53.0	52.9	52.8	52.3	51.6	51.0	50.6	50.0
Females	28.8	29.6	30.0	30.6	31.2	31.7	32.1	32.3	32.7	33.2	33.5
Total labour force (% of population from 15-64 years)[1]											
All persons	62.4	62.8	63.0	63.3	63.0	62.8	62.3	62.0	61.8	61.8	61.8
Males	79.4	79.3	78.9	78.7	77.7	76.8	75.6	74.5	73.6	73.0	72.2
Females	45.3	46.3	47.0	47.9	48.3	48.7	48.9	49.3	49.9	50.6	51.2
Civilian employment (% of total population)											
All persons	36.9	37.2	37.1	36.4	35.9	35.5	35.5	35.7	35.9	36.0	36.4
Part-time employment (%)[2]											
Part-time as % of employment						9.8	10.8	11.7	11.9	12.8	13.2
Male share of part-time employment											
Female share of part-time employment						78.8	78.0	77.6	78.3	78.3	77.6
Male part-time as % of male employment						3.2	3.7	4.0	4.0	4.3	4.7
Female part-time as % of female employment						22.4	24.2	25.8	26.2	27.8	27.7
Duration of unemployment (% of total unemployment)[3]											
Less than 1 month						3.7	2.9	2.3	2.6	1.8	1.6
More than 1 month and less than 3 months						4.2	4.4	4.1	3.6	3.5	2.6
More than 3 months and less than 6 months						9.5	10.0	10.4	10.0	8.8	7.4
More than 6 months and less than 1 year						17.8	15.1	14.3	14.2	12.4	12.4
More than 1 year						64.8	67.6	68.9	69.6	73.5	76.1

(1) Participation rates calculated according to national definitions may differ from those published in this table, when the age group represented in the labour force survey is other than 15-64 years.

(2) Part-time employment refers to persons who work less than 30 hours per week in their main job. Data include only persons declaring usual hours worked.

(3) These percentages only take into account those persons for whom the duration of unemployment is known.

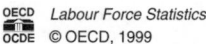

II - POPULATION ACTIVE

Milliers (estimations au milieu de l'année)

1989	1990	1991	1992	1993	1994	1995	1996	1997	1998	
										Population active totale
4 144	4 179	4 210	4 237	4 273	4 280	4 301	4 306	4 348		Ensemble des personnes
2 432	2 440	2 447	2 444	2 442	2 436	2 435	2 426	2 437		Hommes
1 712	1 739	1 763	1 793	1 830	1 844	1 866	1 880	1 911		Femmes
										Forces armées
90	89	84	78	69	51	47	46	46		Ensemble des personnes
87	86	81	75	66	48	44	43			Hommes
3	3	3	3	3	3	3	3			Femmes
										Population active civile
4 054	4 091	4 127	4 160	4 204	4 230	4 254	4 260			Ensemble des personnes
2 345	2 355	2 366	2 370	2 376	2 389	2 391	2 383			Hommes
1 709	1 736	1 760	1 790	1 827	1 841	1 863	1 877			Femmes
										Chômeurs
384	365	391	436	511	554	555	545			Ensemble des personnes
149	143	159	181	217	239	238	233			Hommes
235	222	232	255	294	315	317	312			Femmes
										Population active civile occupée
3 670	3 726	3 735	3 724	3 692	3 676	3 699	3 715			Ensemble des personnes
2 196	2 212	2 207	2 189	2 159	2 150	2 153	2 151			Hommes
1 474	1 514	1 528	1 535	1 533	1 526	1 546	1 565			Femmes
										Population active civile occupée (%)
100.0	100.0	100.0	100.0	100.0	100.0	100.0	100.0			Ensemble des personnes
59.8	59.4	59.1	58.8	58.5	58.5	58.2	57.9			Hommes
40.2	40.6	40.9	41.2	41.5	41.5	41.8	42.1			Femmes
										Taux de chômage (% de la population active civile)
9.5	8.9	9.5	10.5	12.2	13.1	13.0	12.8			Ensemble des personnes
6.4	6.1	6.7	7.6	9.1	10.0	10.0	9.8			Hommes
13.8	12.8	13.2	14.2	16.1	17.1	17.0	16.6			Femmes
										Population active totale (% de la population totale)
41.7	41.9	42.1	42.2	42.4	42.3	42.3	42.3			Ensemble des personnes
50.1	50.1	50.0	49.8	49.5	49.2	49.0	48.8			Hommes
33.7	34.1	34.5	34.9	35.5	35.7	35.9	36.2			Femmes
										Population active totale (% de la population de 15-64 ans)[1]
62.1	62.6	63.1	63.4	63.8	63.9	64.2	64.2			Ensemble des personnes
72.4	72.7	72.8	72.6	72.4	72.1	72.1	71.8			Hommes
51.6	52.4	53.2	54.1	55.1	55.5	56.1	56.5			Femmes
										Population active civile occupée (% de la population totale)
36.9	37.4	37.3	37.1	36.6	36.3	36.4	36.5			Ensemble des personnes
										Emploi à temps partiel (%)[2]
13.7	14.2	15.3	15.2	15.9	15.8	15.6	16.1	16.2	16.3	Temps partiel en % de l'emploi
										Part des hommes dans le temps partiel
80.9	79.9	80.2	83.5	82.4	81.9	82.3	82.4	82.6	82.4	Part des femmes dans le temps partiel
4.2	4.6	5.0	4.2	4.8	4.8	4.7	4.8	4.8	4.9	Temps partiel des hommes en % de l'emploi des hommes
29.5	29.8	31.4	31.6	32.0	31.6	31.5	32.1	32.3	32.2	Temps partiel des femmes en % de l'emploi des femmes
										Durée du chômage (% du chômage total)[3]
2.1	4.0	4.3	8.8	10.1	9.2	9.7	8.4	8.1	9.1	Moins de 1 mois
3.2	5.5	6.8	5.5	7.6	5.0	3.9	5.0	5.7	4.2	Plus de 1 mois et moins de 3 mois
8.2	9.1	11.1	10.9	11.9	10.5	8.7	9.3	9.0	9.2	Plus de 3 mois et moins de 6 mois
11.2	12.8	14.9	15.7	17.5	17.0	15.3	16.1	16.7	14.9	Plus de 6 mois et moins de 1 an
75.3	68.7	62.9	59.0	52.9	58.3	62.4	61.3	60.5	62.6	Plus de 1 an

(1) Les taux d'activité calculés selon les définitions nationales peuvent être différents de ceux publiés dans ce tableau si le groupe d'âges représenté dans l'enquête de la population active est différent de 15-64 ans.

(2) L'emploi à temps partiel se réfère aux actifs travaillant moins de 30 heures par semaine dans leur emploi principal. Les données incluent uniquement les personnes déclarant des heures habituelles de travail.

(3) Ces pourcentages ne prennent en compte que les personnes pour lesquelles la durée du chômage est connue.

Statistiques de la Population Active
© OCDE, 1999

BELGIUM

III - CIVILIAN EMPLOYMENT

Thousands (mid-year estimates)

	1978	1979	1980	1981	1982	1983	1984	1985	1986	1987	1988
PROFESSIONAL STATUS											
All activities	3 628	3 660	3 657	3 585	3 537	3 502	3 497	3 517	3 541	3 558	3 610
Wage earners and salaried employees	3 021	3 050	3 051	2 976	2 924	2 879	2 867	2 883	2 901	2 911	2 955
Employers and persons working on own account	481	481	481	483	486	493	498	501	506	512	518
Unpaid family workers	126	129	125	126	127	130	132	133	135	135	137
Agriculture, hunting, forestry and fishing	122	122	116	113	111	111	110	109	107	105	102
Wage earners and salaried employees	16	15	15	15	15	15	15	16	16	16	17
Employers and persons working on own account	86	84	82	80	78	77	76	74	72	71	68
Unpaid family workers	21	23	19	18	18	19	19	19	19	18	17
Non-agricultural activities	3 506	3 538	3 541	3 472	3 426	3 391	3 387	3 408	3 434	3 453	3 508
Wage earners and salaried employees	3 005	3 035	3 036	2 961	2 909	2 864	2 852	2 867	2 885	2 895	2 938
Employers and persons working on own account	395	397	399	403	408	416	422	427	434	441	450
Unpaid family workers	105	106	106	108	109	111	113	114	116	117	120
All activities (%)	100.0	100.0	100.0	100.0	100.0	100.0	100.0	100.0	100.0	100.0	100.0
Wage earners and salaried employees	83.3	83.3	83.4	83.0	82.7	82.2	82.0	82.0	81.9	81.8	81.9
Others	16.7	16.7	16.6	17.0	17.3	17.8	18.0	18.0	18.1	18.2	18.1
BREAKDOWN BY ACTIVITIES											
I.S.I.C. Major Divisions											
1 to 0 All activities	3 628	3 660	3 657	3 585	3 537	3 502	3 497	3 517	3 541	3 558	3 610
1 Agriculture, hunting, forestry and fishing	122	122	116	113	111	111	110	109	107	105	102
2 Mining and quarrying	30	29	28	28	27	27	26	24	23	20	13
3 Manufacturing	967	941	921	874	842	824	815	803	790	771	766
4 Electricity, gas and water	33	33	33	33	33	32	32	32	31	31	31
5 Construction	294	296	287	259	236	218	204	203	204	204	212
6 Wholesale and retail trade; restaurants and hotels	585	585	583	579	580	579	584	587	589	600	616
7 Transport, storage and communication	266	270	275	275	273	265	261	260	257	254	254
8 Financing, insurance, real estate and business services	218	221	226	226	227	237	243	256	265	284	301
9 Community, social and personal services	1 067	1 117	1 141	1 152	1 160	1 163	1 176	1 199	1 229	1 241	1 267
0 Activities not adequately defined	47	46	47	47	47	46	46	45	47	49	49
WAGE EARNERS AND SALARIED EMPLOYEES BY ACTIVITIES											
I.S.I.C. Major Divisions											
1 to 0 All activities	3 021	3 050	3 051	2 976	2 924	2 879	2 867	2 883	2 901	2 911	2 955
1 Agriculture, hunting, forestry and fishing	16	16	15	15	15	15	15	16	16	16	17
2 Mining and quarrying	30	29	28	27	27	27	25	24	22	20	13
3 Manufacturing	916	891	872	825	794	776	767	756	744	725	720
4 Electricity, gas and water	33	32	33	33	32	32	32	31	31	31	31
5 Construction	250	251	242	214	191	173	158	158	159	158	165
6 Wholesale and retail trade; restaurants and hotels	327	328	327	322	321	317	321	323	326	337	349
7 Transport, storage and communication	251	255	260	261	259	251	247	246	244	241	241
8 Financing, insurance, real estate and business services	179	181	184	183	182	188	191	201	207	222	235
9 Community, social and personal services	974	1 022	1 043	1 050	1 056	1 055	1 064	1 084	1 106	1 113	1 136
0 Activities not adequately defined	47	46	47	47	47	46	46	45	47	49	49

III - POPULATION ACTIVE CIVILE OCCUPÉE

Milliers (estimations au milieu de l'année)

1989	1990	1991	1992	1993	1994	1995	1996	1997	1998		
											SITUATION DANS LA PROFESSION
3 670	3 726	3 735	3 724	3 692	3 676	3 699	3 715				**Toutes activités**
3 005	3 051	3 051	3 039	2 994	2 981	3 000	3 012				Salariés
526	533	539	540	550	554	557	564				Employeurs et personnes travaillant à leur compte
140	142	145	146	149	141	142	139				Travailleurs familiaux non rémunérés
101	100	98	95	92	92	91	89				**Agriculture, chasse, sylviculture et pêche**
17	18	18	18	17	19	20	21				Salariés
66	64	62	59	58	56	54	52				Employeurs et personnes travaillant à leur compte
17	18	18	18	17	17	17	16				Travailleurs familiaux non rémunérés
3 569	3 626	3 637	3 629	3 600	3 584	3 608	3 626				**Activités non agricoles**
2 988	3 033	3 033	3 021	2 977	2 962	2 980	2 991				Salariés
460	469	477	481	492	498	503	512				Employeurs et personnes travaillant à leur compte
123	124	127	128	132	124	125	123				Travailleurs familiaux non rémunérés
100.0	100.0	100.0	100.0	100.0	100.0	100.0	100.0				**Toutes activités (%)**
81.9	81.9	81.7	81.6	81.1	81.1	81.1	81.1				Salariés
18.1	18.1	18.3	18.4	18.9	18.9	18.9	18.9				Autres
											RÉPARTITION PAR BRANCHES D'ACTIVITÉS
											C.I.T.I. Branches
3 670	3 726	3 735	3 724	3 692	3 677	3 696	3 710				**1 à 0 Toutes activités**
101	100	98	95		92	91	89				1 Agriculture, chasse, sylviculture et pêche
11	8	7	7		6	6	5				2 Industries extractives
779	782	771	752	729	699	694	683				3 Industries manufacturières
30	30	30	29		29	28	28				4 Électricité, gaz et eau
225	236	243	245		257	253	251				5 Bâtiment et travaux publics
628	634	637	634		679	677	675				6 Commerce de gros et de détail; restaurants et hôtels
253	257	259	257		241	245	247				7 Transports, entrepôts et communications
315	328	336	342		394	409	418				8 Banques, assurances, affaires immobilières et services fournis aux entreprises
1 279	1 300	1 305	1 315		1 184	1 195	1 208				9 Services fournis à la collectivité, services sociaux et services personnels
49	50	50	49		95	98	106				0 Activités mal désignées
											SALARIÉS (OUVRIERS ET EMPLOYÉS) PAR ACTIVITÉS
											C.I.T.I. Branches
3 005	3 051	3 051	3 039	3 014	2 982	2 996	3 007				**1 à 0 Toutes activités**
17	18	18	18	18	18	20	21				1 Agriculture, chasse, sylviculture et pêche
11	8	7	6	6	6	5	5				2 Industries extractives
733	736	724	706	674	649	645	634				3 Industries manufacturières
30	30	29	29	29	29	28	28				4 Électricité, gaz et eau
176	184	189	191	196	196	191	186				5 Bâtiment et travaux publics
360	367	371	373	407	405	406	408				6 Commerce de gros et de détail; restaurants et hôtels
240	244	246	244	228	226	229	231				7 Transports, entrepôts et communications
245	253	256	257	292	295	304	308				8 Banques, assurances, affaires immobilières et services fournis aux entreprises
1 143	1 160	1 161	1 167	1 074	1 062	1 070	1 079				9 Services fournis à la collectivité, services sociaux et services personnels
48	50	50	49	89	95	98	106				0 Activités mal désignées

Sources:

1. *Statistical Yearbook of the Czech Republic* (Czech Statistical Office).
2. *Casove Rady Zakladnich Ukazatelu Statistiky Prace, 1948-1994* (annual time series on employment and wages, Czech Statistical Office, 1995).
3. *Labour Force Survey* (data provided directly by Czech Statistical Office).

I. POPULATION

Sources: National source 1.

Date of reference: Mid-year estimates.

Note: Data provided directly by Czech Statistical Office but correspond to data in National Source 1.

II. TOTAL LABOUR FORCE
III. CIVILIAN EMPLOYMENT

Sources: National Sources 2 (1973-1992) and 3 (1993 onwards). For the period 1973 to 1992, series are derived from establishment surveys and administrative data. For example, unemployment data are registered unemployment data. For 1992 additional data for Wage Earners and Salaried Employees have been provided by the Czech Statistical Office.

For the period 1993 onwards, the data are from labour force surveys. The data shown have been provided directly by the Czech Statistical Office.

Coverage: Employment figures include those on maternity leave but exclude those on parental leave. The nature of parental leave arrangements in the Czech Republic are considered sufficiently different from OECD standards such that exclusion of these individuals from employment estimates is preferable.

Figures for the Armed Forces in 1992 include members of the security forces as well as regular and temporary members of the armed forces. From 1993, the figures represent temporary members of the armed forces only; security forces and permanent members of the armed forces are included in Civilian Employment.

Method of computation: The quarterly establishment survey only covers enterprises above a certain size. Annual data derived from this survey are augmented by information from other sources to provide more complete coverage. The figures shown are end of year estimates.

I. POPULATION

Sources : Source nationale 1.

Date de référence : Estimations de milieu d'année.

Notes : Les données proviennent directement des du Bureau statistique de la Répubique tchèque mais correspondent aux données de Source Nationale 1.

II. POPULATION ACTIVE
III. POPULATION ACTIVE CIVILE OCCUPÉE

Sources : Sources nationales 2 (1973-1992) et 3 (à partir de 1993). Pour la période de 1973 à 1992, les séries proviennent des enquêtes d'entreprises et des données administratives. Par exemple, les données du chômage sont celles des chômeurs inscrits. Pour 1992, les données additionnelles des salariés (ouvriers et employés) sont fournies par le Bureau statistique.

A partir de 1993, les données proviennent de l'enquête sur la population active. Les données présentées ont été fournies directement par le Bureau statistique.

Champ couvert : Les chiffres de l'emploi incluent les personnes en congé maternité et excluent celles en congé parental. Les dispositions relatives au congé parental en République tchèque sont jugées suffisamment différentes des normes OCDE pour que l'exclusion des personnes en congé parental des chiffres de l'emploi soit préférable.

En 1992, les chiffres pour les forces armées comprennent les membres des forces de sécurité ainsi que les membres réguliers ou permanents des forces armées. A partir de 1993, les chiffres comprennent seulement les membres des forces armées ; les forces de sécurité et les membres permanents sont inclus dans l'emploi civil.

Méthode de calcul : L'enquête trimestrielle des entreprises ne couvre que les entreprises d'une certaine taille. Les données annuelles dérivées de cette enquête sont enrichis d'information d'autres sources pour fournir une couverture plus complète. Les données se rapportent à la fin de l'année.

The labour force survey covers all persons living in households continuously for at least 3 months. These results are then weighted by estimates of the frequency of the individual age groups of men and women from demographic projections. The quarterly data are based on seasons: March to May (spring), June to August (summer), September to November (autumn) and December to February (winter). The annual data are averages based on the winter quarter through to the autumn quarter of the following year.

Notes: Those classified as working in co-operatives in the labour force survey have been classified as wage earners and salaried employees. Although standard definitions imply that such individuals should be classified as self-employed, co-operative enterprises in the Czech Republic are different from those existing in other OECD countries such that this classification is more appropriate.

L'enquête sur la population active concerne toutes les personnes vivant dans un foyer de façon continuelle pour au moins trois mois. Les résultats finaux sont pondérés par l'estimation de la fréquence de chaque groupe individuel d'âge d'hommes et de femmes provenant des projections démographiques. Les données trimestrielles sont basées sur les saisons : mars à mai (printemps), juin à août (été), septembre à novembre (automne) et décembre à février (hiver). Les données annuelles sont moyennes du trimestre hiver de l'année en cours à celui de l'automne de l'année suivante.

Notes : Les personnes classées au cours de l'enquête de la population active comme travaillant dans les coopératives sont comptabilisées comme salariés. Bien que la norme soit de les compter comme personnes travaillant à leur compte, cette pratique est jugée préférable dans la mesure ou les coopératives sont en République tchèque différentes de celles existant dans les autres pays de l'OCDE.

CZECH REPUBLIC

I - POPULATION

Thousands (mid-year estimates)

	1978	1979	1980	1981	1982	1983	1984	1985	1986	1987	1988
POPULATION - DISTRIBUTION BY AGE AND GENDER											
All persons											
Total	10 246	10 297	10 327	10 303	10 314	10 323	10 331	10 337	10 341	10 349	10 356
Under 15 years	2 373	2 398	2 411	2 417	2 422	2 426	2 425	2 417	2 402	2 378	2 340
From 15 to 64 years	6 491	6 501	6 525	6 537	6 587	6 640	6 680	6 697	6 706	6 719	6 752
65 years and over	1 382	1 398	1 390	1 349	1 305	1 257	1 226	1 222	1 232	1 252	1 265
Males											
Total	4 968	4 995	5 011	4 995	5 001	5 007	5 012	5 016	5 021	5 026	5 031
Under 15 years	1 215	1 228	1 235	1 237	1 240	1 242	1 241	1 237	1 230	1 218	1 198
From 15 to 64 years	3 214	3 222	3 236	3 300	3 262	3 287	3 308	3 319	3 323	3 332	3 356
65 years and over	539	545	541	458	500	478	463	461	468	476	478
Females											
Total	5 277	5 302	5 316	5 309	5 313	5 316	5 319	5 320	5 320	5 323	5 325
Under 15 years	1 157	1 170	1 177	1 180	1 183	1 184	1 184	1 180	1 173	1 161	1 142
From 15 to 64 years	3 277	3 279	3 289	3 237	3 325	3 352	3 372	3 379	3 383	3 387	3 397
65 years and over	843	853	850	892	806	780	763	762	764	776	787
POPULATION - PERCENTAGES											
All persons											
Total	100.0	100.0	100.0	100.0	100.0	100.0	100.0	100.0	100.0	100.0	100.0
Under 15 years	23.2	23.3	23.3	23.5	23.5	23.5	23.5	23.4	23.2	23.0	22.6
From 15 to 64 years	63.4	63.1	63.2	63.4	63.9	64.3	64.7	64.8	64.8	64.9	65.2
65 years and over	13.5	13.6	13.5	13.1	12.7	12.2	11.9	11.8	11.9	12.1	12.2
COMPONENTS OF CHANGE IN POPULATION											
a) Population at 1 January	10 215	10 269	10 316	10 293	10 308	10 321	10 327	10 334	10 340	10 344	10 351
b) Population at 31 December	10 269	10 316	10 293	10 308	10 321	10 327	10 334	10 340	10 344	10 351	10 360
c) Total increase (b-a)	54	47	-23	15	13	6	7	6	4	7	9
d) Births	179	172	154	144	142	137	137	136	133	131	133
e) Deaths	127	128	136	130	131	135	132	132	133	127	126
f) Natural increase (d-e)	52	44	18	14	11	2	5	4	0	4	7
g) Net migration	2	3	-41	2	4	3	2	2	4	2	3
h) Statistical adjustments	0	0	0	0	0	0	0	0	0	0	0
i) Total increase (=f+g+h=c)	54	47	-23	16	15	5	7	6	4	6	10
(Components of change in population/ Average population) x1000											
Total increase rates	5.3	4.6	-2.2	1.6	1.5	0.5	0.7	0.6	0.4	0.6	1.0
Crude birth rates	17.5	16.7	14.9	14.0	13.8	13.3	13.3	13.2	12.9	12.7	12.8
Crude death rates	12.4	12.4	13.2	12.6	12.7	13.1	12.8	12.8	12.9	12.3	12.2
Natural increase rates	5.1	4.3	1.7	1.4	1.1	0.2	0.5	0.4	0.0	0.4	0.7
Net migration rates	0.2	0.3	-4.0	0.2	0.4	0.3	0.2	0.2	0.4	0.2	0.3

RÉPUBLIQUE TCHÈQUE

I - POPULATION

Milliers (estimations au milieu de l'année)

1989	1990	1991	1992	1993	1994	1995	1996	1997	1998	
										POPULATION - RÉPARTITION SELON L'AGE ET LE SEXE
										Ensemble des personnes
10 362	10 363	10 309	10 318	10 331	10 336	10 331	10 316	10 304	10 295	Total
2 285	2 223	2 148	2 092	2 037	1 979	1 921	1 868	1 819	1 774	Moins de 15 ans
6 793	6 843	6 851	6 903	6 957	7 006	7 044	7 068	7 090	7 114	De 15 à 64 ans
1 284	1 296	1 310	1 323	1 337	1 351	1 366	1 380	1 395	1 407	65 ans et plus
										Hommes
5 035	5 037	5 004	5 009	5 017	5 021	5 020	5 015	5 011	5 008	Total
1 169	1 138	1 100	1 072	1 044	1 014	984	957	933	909	Moins de 15 ans
3 382	3 411	3 411	3 440	3 469	3 496	3 518	3 533	3 545	3 560	De 15 à 64 ans
484	488	493	498	504	511	518	525	533	539	65 ans et plus
										Femmes
5 327	5 326	5 305	5 309	5 314	5 315	5 311	5 301	5 293	5 287	Total
1 116	1 086	1 048	1 020	993	965	937	911	886	865	Moins de 15 ans
3 411	3 433	3 440	3 464	3 487	3 510	3 526	3 535	3 545	3 554	De 15 à 64 ans
800	808	817	825	833	840	848	855	862	868	65 ans et plus
										POPULATION - POURCENTAGES
										Ensemble des personnes
100.0	100.0	100.0	100.0	100.0	100.0	100.0	100.0	100.0	100.0	Total
22.1	21.5	20.8	20.3	19.7	19.1	18.6	18.1	17.7	17.2	Moins de 15 ans
65.6	66.0	66.5	66.9	67.3	67.8	68.2	68.5	68.8	69.1	De 15 à 64 ans
12.4	12.5	12.7	12.8	12.9	13.1	13.2	13.4	13.5	13.7	65 ans et plus
										COMPOSANTES DE L'ÉVOLUTION DÉMOGRAPHIQUE
10 360	10 362	10 305	10 313	10 326	10 334	10 333	10 321	10 309	10 299	a) Population au 1er janvier
10 362	10 305	10 313	10 326	10 334	10 333	10 321	10 309	10 299	10 290	b) Population au 31 décembre
2	-57	8	13	8	-1	-12	-12	-10	-9	**c) Accroissement total (b-a)**
128	131	129	122	121	107	96	90	91	91	d) Naissances
128	129	124	120	118	117	118	113	113	110	e) Décès
0	2	5	2	3	-10	-22	-23	-22	-19	**f) Accroissement naturel (d-e)**
2	-59	3	11	5	10	10	10	12	9	g) Solde net des migrations
0	0	0	0	0	0	0	0	0	0	h) Ajustements statistiques
2	-57	8	13	8	0	-12	-13	-10	-10	**i) Accroissement total (=f+g+h=c)**
										(Composition de l'évolution démographique/ Population moyenne) x1000
0.2	-5.5	0.8	1.3	0.8	0.0	-1.2	-1.3	-1.0	-1.0	Taux d'accroissement total
12.4	12.7	12.5	11.8	11.7	10.4	9.3	8.7	8.8	8.8	Taux bruts de natalité
12.4	12.5	12.0	11.6	11.4	11.3	11.4	11.0	11.0	10.7	Taux bruts de mortalité
0.0	0.2	0.5	0.2	0.3	-1.0	-2.1	-2.2	-2.1	-1.8	Taux d'accroissement naturel
0.2	-5.7	0.3	1.1	0.5	1.0	1.0	1.0	1.2	0.9	Taux du solde net des migrations

Statistiques de la Population Active OCDE
© OCDE, 1999 OCDE

CZECH REPUBLIC

II - LABOUR FORCE

Thousands (end of year estimates)

	1978	1979	1980	1981	1982	1983	1984	1985	1986	1987	1988
Total labour force											
All persons											
Males											
Females											
Armed forces											
All persons											
Males											
Females											
Civilian labour force											
All persons											
Males											
Females											
Unemployed											
All persons											
Males											
Females											
Civilian employment											
All persons	5 070	5 097	5 110	5 118	5 129	5 144	5 180	5 208	5 225	5 243	5 251
Males	2 708	2 726	2 729	2 726	2 729	2 733	2 741	2 752	2 757	2 758	2 762
Females	2 362	2 371	2 381	2 392	2 400	2 411	2 438	2 456	2 468	2 485	2 490
Civilian employment (%)											
All persons	100.0	100.0	100.0	100.0	100.0	100.0	100.0	100.0	100.0	100.0	100.0
Males	53.4	53.5	53.4	53.3	53.2	53.1	52.9	52.8	52.8	52.6	52.6
Females	46.6	46.5	46.6	46.7	46.8	46.9	47.1	47.2	47.2	47.4	47.4
Unemployment rates (% of civilian labour force)											
All persons											
Males											
Females											
Total labour force (% of total population)											
All persons											
Males											
Females											
Total labour force (% of population from 15-64 years)[1]											
All persons											
Males											
Females											
Civilian employment (% of total population)											
All persons	49.5	49.5	49.5	49.7	49.7	49.8	50.1	50.4	50.5	50.7	50.7
Part-time employment (%)[2]											
Part-time as % of employment											
Male share of part-time employment											
Female share of part-time employment											
Male part-time as % of male employment											
Female part-time as % of female employment											
Duration of unemployment (% of total unemployment)[3]											
Less than 1 month											
More than 1 month and less than 3 months											
More than 3 months and less than 6 months											
More than 6 months and less than 1 year											
More than 1 year											

(1) Participation rates calculated according to national definitions may differ from those published in this table, when the age group represented in the labour force survey is other than 15-64 years.

(2) Part-time employment refers to persons who work less than 30 hours per week in their main job. Data include only persons declaring usual hours worked.

(3) These percentages only take into account those persons for whom the duration of unemployment is known.

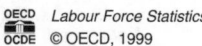

II - POPULATION ACTIVE

Milliers (estimations à la fin de l'année)

1989	1990	1991	1992	1993	1994	1995	1996	1997	1998	
										Population active totale
	5 034	5 039	5 018	*5 117	5 179	5 172	5 173	5 249	5 565	Ensemble des personnes
	2 662	2 742	2 799	*2 849	2 876	2 867	2 898	2 937	3 106	Hommes
	2 372	2 297	2 219	*2 268	2 303	2 305	2 275	2 312	2 459	Femmes
										Forces armées
			206	*50	45	35	58	53	51	Ensemble des personnes
			174	*50	45	34	56	52	51	Hommes
			32			*1	1	1	1	Femmes
										Population active civile
	5 034	5 039	4 812	*5 067	5 134	5 137	5 115	5 196	5 513	Ensemble des personnes
	2 662	2 742	2 625	*2 799	2 831	2 833	2 842	2 885	3 055	Hommes
	2 372	2 297	2 187	*2 268	2 303	2 304	2 273	2 311	2 458	Femmes
										Chômeurs
	39	222	135	*206	202	211	199	245	357	Ensemble des personnes
	19	95	57	*92	93	100	94	112	156	Hommes
	20	127	78	*114	109	111	105	133	201	Femmes
										Population active civile occupée
5 245	4 995	4 817	4 677	*4 861	4 932	4 927	4 916	4 951	5 156	Ensemble des personnes
2 767	2 643	2 648	2 568	*2 707	2 738	2 733	2 747	2 773	2 899	Hommes
2 478	2 352	2 169	2 109	*2 154	2 194	2 194	2 168	2 177	2 257	Femmes
										Population active civile occupée (%)
100.0	100.0	100.0	100.0	*100.0	100.0	100.0	100.0	100.0	100.0	Ensemble des personnes
52.8	52.9	55.0	54.9	*55.7	55.5	55.5	55.9	56.0	56.2	Hommes
47.2	47.1	45.0	45.1	*44.3	44.5	44.5	44.1	44.0	43.8	Femmes
										Taux de chômage (% de la population active civile)
	0.8	4.4	2.8	*4.1	3.9	4.1	3.9	4.7	6.5	Ensemble des personnes
	0.7	3.5	2.2	*3.3	3.3	3.5	3.3	3.9	5.1	Hommes
	0.8	5.5	3.6	*5.0	4.7	4.8	4.6	5.8	8.2	Femmes
										Population active totale (% de la population totale)
	48.6	48.9	48.6	*49.5	50.1	50.1	50.1	50.9	54.1	Ensemble des personnes
	52.8	54.8	55.9	*56.8	57.3	57.1	57.8	58.6	62.0	Hommes
	44.5	43.3	41.8	*42.7	43.3	43.4	42.9	43.7	46.5	Femmes
										Population active totale (% de la population de 15-64 ans)[1]
	73.6	73.6	72.7	*73.6	73.9	73.4	73.2	74.0	78.2	Ensemble des personnes
	78.0	80.4	81.4	*82.1	82.3	81.5	82.0	82.9	87.2	Hommes
	69.1	66.8	64.1	*65.0	65.6	65.4	64.3	65.2	69.2	Femmes
										Population active civile occupée (% de la population totale)
50.6	48.2	46.7	45.3	*47.1	47.7	47.7	47.7	48.0	50.1	Ensemble des personnes
										Emploi à temps partiel (%)[2]
						3.5	3.4	3.4	3.3	Temps partiel en % de l'emploi
										Part des hommes dans le temps partiel
						70.5	67.3	69.1	70.0	Part des femmes dans le temps partiel
						1.8	2.0	1.9	1.7	Temps partiel des hommes en % de l'emploi des hommes
						5.7	5.3	5.5	5.4	Temps partiel des femmes en % de l'emploi des femmes
										Durée du chômage (% du chômage total)[3]
				17.7	14.3	11.6	11.2	10.3	9.9	Moins de 1 mois
				25.4	24.5	17.0	17.2	16.7	15.6	Plus de 1 mois et moins de 3 mois
				20.5	20.3	19.0	19.2	19.9	20.0	Plus de 3 mois et moins de 6 mois
				18.2	19.3	21.9	21.1	22.7	23.4	Plus de 6 mois et moins de 1 an
				18.3	21.6	30.6	31.3	30.5	31.2	Plus de 1 an

(1) Les taux d'activité calculés selon les définitions nationales peuvent être différents de ceux publiés dans ce tableau si le groupe d'âges représenté dans l'enquête de la population active est différent de 15-64 ans.

(2) L'emploi à temps partiel se réfère aux actifs travaillant moins de 30 heures par semaine dans leur emploi principal. Les données incluent uniquement les personnes déclarant des heures habituelles de travail.

(3) Ces pourcentages ne prennent en compte que les personnes pour lesquelles la durée du chômage est connue.

CZECH REPUBLIC

III - CIVILIAN EMPLOYMENT

Thousands (end of year estimates)

	1978	1979	1980	1981	1982	1983	1984	1985	1986	1987	1988
PROFESSIONAL STATUS											
All activities	5 070	5 097	5 110	5 118	5 129	5 144	5 180	5 208	5 225	5 243	5 251
Wage earners and salaried employees											
Employers and persons working on own account											
Unpaid family workers											
Agriculture, hunting, forestry and fishing	642	638	637	633	626	623	625	629	627	629	628
Wage earners and salaried employees											
Employers and persons working on own account											
Unpaid family workers											
Non-agricultural activities	4 428	4 459	4 473	4 485	4 503	4 521	4 555	4 579	4 598	4 614	4 623
Wage earners and salaried employees											
Employers and persons working on own account											
Unpaid family workers											
All activities (%)	100.0	100.0	100.0	100.0	100.0	100.0	100.0	100.0	100.0	100.0	100.0
Wage earners and salaried employees											
Others											
BREAKDOWN BY ACTIVITIES											
I.S.I.C. Major Divisions											
1 to 0 All activities	5 070	5 097	5 110	5 118	5 129	5 144	5 180	5 208	5 225	5 243	5 251
1 Agriculture, hunting, forestry and fishing	642	638	637	633	626	623	625	629	627	629	628
2 Mining and quarrying	0	0	182	183	188	191	192	193	194	196	198
3 Manufacturing	2 069	2 075	1 819	1 820	1 821	1 821	1 824	1 824	1 824	1 825	1 815
4 Electricity, gas and water	0	0	72	70	71	72	73	72	72	73	74
5 Construction	403	403	402	399	393	393	396	395	398	399	401
6 Wholesale and retail trade; restaurants and hotels	546	551	556	559	563	571	582	586	590	592	595
7 Transport, storage and communication	337	341	338	341	341	340	341	343	340	342	341
8 Financing, insurance, real estate and business services	347	348	359	356	361	362	368	373	379	376	377
9 Community, social and personal services	726	741	747	758	765	771	780	793	801	811	823
0 Activities not adequately defined	0	0	0	0	0	0	0	0	0	0	0
WAGE EARNERS AND SALARIED EMPLOYEES BY ACTIVITIES											
I.S.I.C. Major Divisions											
1 to 0 All activities											
1 Agriculture, hunting, forestry and fishing											
2 Mining and quarrying											
3 Manufacturing											
4 Electricity, gas and water											
5 Construction											
6 Wholesale and retail trade; restaurants and hotels											
7 Transport, storage and communication											
8 Financing, insurance, real estate and business services											
9 Community, social and personal services											
0 Activities not adequately defined											

III - POPULATION ACTIVE CIVILE OCCUPÉE

Milliers (estimations à la fin de l'année)

1989	1990	1991	1992	1993	1994	1995	1996	1997	1998	
										SITUATION DANS LA PROFESSION
5 245	4 995	4 817	4 677	*4 861	4 932	4 927	4 916	4 951	5 156	**Toutes activités**
			3 540	*4 421	4 429	4 343	4 314	4 338	4 449	Salariés
				426	484	558	579	592	683	Employeurs et personnes travaillant à leur compte
				14	19	26	23	20	24	Travailleurs familiaux non rémunérés
625	613	484	375	*383	345	327	308	288	286	**Agriculture, chasse, sylviculture et pêche**
			349	*355	313	285	264	247	242	Salariés
				26	30	38	40	38	41	Employeurs et personnes travaillant à leur compte
				2	2	4	4	3	3	Travailleurs familiaux non rémunérés
4 620	4 382	4 333	4 302	*4 478	4 587	4 600	4 608	4 662	4 870	**Activités non agricoles**
			3 191	*4 066	4 116	4 058	4 049	4 091	4 207	Salariés
				400	454	520	539	554	642	Employeurs et personnes travaillant à leur compte
				12	17	22	19	17	21	Travailleurs familiaux non rémunérés
100.0	100.0	100.0	100.0	*100.0	100.0	100.0	100.0	100.0	100.0	**Toutes activités (%)**
			75.7	*90.9	89.8	88.1	87.7	87.6	86.3	Salariés
				9.1	10.2	11.9	12.2	12.4	13.7	Autres
										RÉPARTITION PAR BRANCHES D'ACTIVITÉS
										C.I.T.I. Branches
5 245	4 995	4 817	4 677	*4 861	4 932	4 927	4 916	4 951	5 156	**1 à 0 Toutes activités**
625	613	484	375	*383	345	326	308	288	286	1 Agriculture, chasse, sylviculture et pêche
196	186	168	116	*128	100	97	89	90	92	2 Industries extractives
1 804	1 663	1 588	1 519	*1 471	1 466	1 424	1 410	1 390	1 435	3 Industries manufacturières
75	77	73	89	*100	97	102	100	93	100	4 Électricité, gaz et eau
395	349	384	387	*425	455	454	467	486	505	5 Bâtiment et travaux publics
593	582	575	634	*664	740	775	792	835	872	6 Commerce de gros et de détail; restaurants et hôtels
342	335	363	354	*390	374	382	388	387	405	7 Transports, entrepôts et communications
382	353	360	350	*282	319	336	350	354	372	8 Banques, assurances, affaires immobilières et services fournis aux entreprises
831	837	823	853	*1 018	1 034	1 028	1 009	1 024	1 089	9 Services fournis à la collectivité, services sociaux et services personnels
0	0	0	0	*0	2	2	3	4	0	0 Activités mal désignées
										SALARIÉS (OUVRIERS ET EMPLOYÉS) PAR ACTIVITÉS
										C.I.T.I. Branches
			3 540	*4 421	4 429	4 343	4 314	4 338	4 449	**1 à 0 Toutes activités**
			349	*355	313	285	264	247	242	1 Agriculture, chasse, sylviculture et pêche
			116	*128	99	96	88	89	90	2 Industries extractives
			1 238	*1 404	1 390	1 341	1 330	1 306	1 340	3 Industries manufacturières
			91	*97	93	97	97	91	96	4 Électricité, gaz et eau
			206	*355	376	367	373	383	372	5 Bâtiment et travaux publics
			226	*525	577	583	593	641	660	6 Commerce de gros et de détail; restaurants et hôtels
			304	*360	341	347	352	353	362	7 Transports, entrepôts et communications
			200	*227	253	254	262	262	277	8 Banques, assurances, affaires immobilières et services fournis aux entreprises
			810	*970	985	969	952	963	1 007	9 Services fournis à la collectivité, services sociaux et services personnels
			0	*0	2	2	2	2	1	0 Activités mal désignées

Statistiques de la Population Active
© OCDE, 1999

Sources:

1. *Statistik Arbog Danmark* (Danmarks Statistik)
2. *Statistike Efterretninger* (Danmarks Statistik)
3. *Industristatistik* (Danmarks Statistik)

I. POPULATION

Sources: National sources 1 and 2.

Coverage: Resident population (*de jure*), excluding Faeroe islands and Greenland.

Method of computation: Mid-year estimates obtained by averaging official estimates at 31 December for two consecutive years.

II. TOTAL LABOUR FORCE
III. CIVILIAN EMPLOYMENT

Sources: National source 2 and answers to the annual questionnaire sent out by the Directorate for Education, Employment, Labour and Social Affairs of the OECD.

Dates of reference and method of computation: Since 1976 the Danish authorities provided data computed from their survey conducted in April or May each year. No data have been transmitted for 1980 and 1982.

I. POPULATION

Sources : Sources nationales 1 et 2.

Champ couvert : Population résidante (*de jure*), non compris le Groenland et les Iles Féroé.

Méthode de calcul : Estimations en milieu d'année obtenues en faisant la moyenne des estimations officielles au 31 décembre de deux années consécutives.

II. POPULATION ACTIVE
III. POPULATION ACTIVE CIVILE OCCUPÉE

Sources : Source nationale 2 et réponses au questionnaire annuel de la Direction de l'education, de l'emploi, de la main-d'oeuvre et des affaires sociales de l'OCDE.

Dates de référence et méthode de calcul : Les autorités nationales ont fourni depuis 1976 des séries provenant des enquêtes effectuées en avril ou en mai de chaque année. Aucune donnée n'a été transmise pour les années 1980 et 1982.

DENMARK

I - POPULATION

Thousands (mid-year estimates)

	1978	1979	1980	1981	1982	1983	1984	1985	1986	1987	1988
POPULATION - DISTRIBUTION BY AGE AND GENDER											
All persons											
Total	5 104	5 117	5 123	5 122	5 119	5 114	5 112	5 114	5 121	5 127	5 130
Under 15 years	1 111	1 092	1 069	1 038	1 007	980	960	943	927	910	896
From 15 to 64 years	3 275	3 296	3 316	3 339	3 360	3 375	3 388	3 399	3 413	3 429	3 440
65 years and over	718	729	738	745	752	759	764	772	781	788	794
Males											
Total	2 522	2 527	2 529	2 526	2 523	2 519	2 518	2 519	2 523	2 527	2 528
Under 15 years	569	559	547	531	515	500	490	482	473	465	458
From 15 to 64 years	1 647	1 659	1 670	1 682	1 693	1 702	1 709	1 716	1 726	1 736	1 742
65 years and over	306	309	311	313	315	317	319	321	324	326	328
Females											
Total	2 582	2 590	2 594	2 596	2 596	2 595	2 594	2 595	2 598	2 600	2 602
Under 15 years	542	533	522	507	492	480	470	461	454	445	438
From 15 to 64 years	1 628	1 637	1 646	1 657	1 667	1 673	1 679	1 683	1 687	1 693	1 698
65 years and over	412	420	427	432	437	442	445	451	457	462	466
POPULATION - PERCENTAGES											
All persons											
Total	100.0	100.0	100.0	100.0	100.0	100.0	100.0	100.0	100.0	100.0	100.0
Under 15 years	21.8	21.3	20.9	20.3	19.7	19.2	18.8	18.4	18.1	17.7	17.5
From 15 to 64 years	64.2	64.4	64.7	65.2	65.6	66.0	66.3	66.5	66.6	66.9	67.1
65 years and over	14.1	14.2	14.4	14.5	14.7	14.8	14.9	15.1	15.3	15.4	15.5
COMPONENTS OF CHANGE IN POPULATION											
a) Population at 1 January	5 097	5 112	5 122	5 124	5 119	5 116	5 112	5 111	5 116	5 125	5 130
b) Population at 31 December	5 112	5 122	5 124	5 119	5 116	5 112	5 111	5 116	5 125	5 130	5 130
c) Total increase (b-a)	15	10	2	-5	-3	-4	-1	5	9	5	0
d) Births	62	60	57	53	53	51	52	54	55	56	59
e) Deaths	53	55	56	56	55	57	57	58	58	58	59
f) Natural increase (d-e)	9	5	1	-3	-2	-6	-5	-4	-3	-2	0
g) Net migration	5	5	1	-2	-1	2	4	9	12	7	
h) Statistical adjustments	1	0	0	0	0	0	0	0	0	0	0
i) Total increase (=f+g+h=c)	15	10	2	-5	-3	-4	-1	5	9	5	
(Components of change in population/ Average population) x1000											
Total increase rates	2.9	2.0	0.4	-1.0	-0.6	-0.8	-0.2	1.0	1.8	1.0	
Crude birth rates	12.1	11.7	11.1	10.3	10.4	10.0	10.2	10.6	10.7	10.9	11.5
Crude death rates	10.4	10.7	10.9	10.9	10.7	11.1	11.2	11.3	11.3	11.3	11.5
Natural increase rates	1.8	1.0	0.2	-0.6	-0.4	-1.2	-1.0	-0.8	-0.6	-0.4	0.0
Net migration rates	1.0	1.0	0.2	-0.4	-0.2	0.4	0.8	1.8	2.3	1.4	

I - POPULATION

Milliers (estimations au milieu de l'année)

1989	1990	1991	1992	1993	1994	1995	1996	1997	1998	
										POPULATION - RÉPARTITION SELON L'AGE ET LE SEXE
										Ensemble des personnes
5 133	5 141	5 154	5 171	5 189	5 205	5 228	5 262	5 284	5 301	Total
885	877	874	879	885	893	907	927	944	959	Moins de 15 ans
3 450	3 463	3 477	3 489	3 501	3 510	3 523	3 540	3 548	3 551	De 15 à 64 ans
798	801	803	804	803	801	798	794	793	791	65 ans et plus
										Hommes
2 529	2 533	2 540	2 550	2 559	2 568	2 580	2 598	2 610	2 619	Total
453	449	447	450	453	457	465	475	484	492	Moins de 15 ans
1 747	1 754	1 762	1 768	1 775	1 779	1 786	1 795	1 798	1 799	De 15 à 64 ans
330	331	331	331	331	331	330	328	328	328	65 ans et plus
										Femmes
2 603	2 607	2 614	2 622	2 630	2 637	2 648	2 664	2 674	2 682	Total
433	428	427	429	432	436	443	452	460	467	Moins de 15 ans
1 703	1 709	1 715	1 721	1 726	1 731	1 737	1 746	1 750	1 752	De 15 à 64 ans
468	471	472	472	472	470	468	466	465	463	65 ans et plus
										POPULATION - POURCENTAGES
										Ensemble des personnes
100.0	100.0	100.0	100.0	100.0	100.0	100.0	100.0	100.0	100.0	Total
17.2	17.1	17.0	17.0	17.1	17.2	17.3	17.6	17.9	18.1	Moins de 15 ans
67.2	67.4	67.5	67.5	67.5	67.4	67.4	67.3	67.1	67.0	De 15 à 64 ans
15.5	15.6	15.6	15.5	15.5	15.4	15.3	15.1	15.0	14.9	65 ans et plus
										COMPOSANTES DE L'ÉVOLUTION DÉMOGRAPHIQUE
5 130	5 135	5 146	5 162	5 181	5 196	5 215	5 251	5 275	5 295	a) Population au 1er janvier
5 135	5 146	5 162	5 181	5 196	5 215	5 251	5 275	5 295	5 314	b) Population au 31 décembre
5	11	16	19	15	19	36	24	20	19	**c) Accroissement total (b-a)**
61	63	64	68	67	70	70	68	68	66	d) Naissances
59	61	60	61	63	61	63	61	60	58	e) Décès
2	2	4	7	4	9	7	7	8	8	**f) Accroissement naturel (d-e)**
3	8	12	12	11	10	29	17	12	11	g) Solde net des migrations
0	0	0	0	0	0	0	0	0	0	h) Ajustements statistiques
5	10	16	19	15	19	36	24	20	19	**i) Accroissement total (=f+g+h=c)**
										(Composition de l'évolution démographique/ Population moyenne) x1000
1.0	1.9	3.1	3.7	2.9	3.6	6.9	4.5	3.7	3.5	Taux d'accroissement total
11.9	12.3	12.4	13.1	12.9	13.4	13.4	12.9	12.8	12.5	Taux bruts de natalité
11.5	11.9	11.6	11.8	12.1	11.7	12.0	11.6	11.3	11.0	Taux bruts de mortalité
0.4	0.4	0.8	1.4	0.8	1.7	1.3	1.3	1.5	1.4	Taux d'accroissement naturel
0.6	1.6	2.3	2.3	2.1	1.9	5.5	3.2	2.3	2.1	Taux du solde net des migrations

Statistiques de la Population Active OECD
© OCDE, 1999 OCDE

DENMARK

II - LABOUR FORCE

Thousands

	1978	1979	1980	1981	1982	1983	1984	1985	1986	1987	1988
Total labour force											
All persons	2 578	2 631	2 685	2 674	2 700	2 732	2 720	2 753	2 816	2 831	2 881
Males	1 500	1 487		1 486	1 489	1 491	1 481	1 499	1 526	1 531	1 564
Females	1 079	1 144		1 189	1 211	1 241	1 239	1 254	1 290	1 301	1 318
Armed forces											
All persons	35	35	31	30	30	31	32	31	32	33	35
Males	35	35	31	30	30	31	31	27	26	28	29
Females						1	1	4	6	5	6
Civilian labour force											
All persons	2 543	2 596	2 654	2 645	2 670	2 701	2 688	2 722	2 784	2 799	2 846
Males	1 465	1 452		1 456	1 459	1 460	1 450	1 472	1 500	1 503	1 535
Females	1 078	1 144		1 188	1 211	1 240	1 238	1 250	1 284	1 296	1 311
Unemployed											
All persons	213	157	184	276	296	312	231	200	154	153	186
Males	102	62	100	149	160	159	112	89	62	73	90
Females	112	95	84	127	136	153	119	111	92	79	96
Civilian employment											
All persons	2 330	2 439	2 470	2 369	2 374	2 389	2 457	2 522	2 630	2 646	2 660
Males	1 363	1 389		1 308	1 299	1 301	1 338	1 383	1 438	1 430	1 445
Females	967	1 049		1 061	1 075	1 088	1 118	1 139	1 192	1 217	1 215
Civilian employment (%)											
All persons	100.0	100.0	100.0	100.0	100.0	100.0	100.0	100.0	100.0	100.0	100.0
Males	58.5	56.9		55.2	54.7	54.5	54.5	54.8	54.7	54.0	54.3
Females	41.5	43.0		44.8	45.3	45.5	45.5	45.2	45.3	46.0	45.7
Unemployment rates (% of civilian labour force)											
All persons	8.4	6.0	6.9	10.4	11.1	11.6	8.6	7.3	5.5	5.5	6.5
Males	7.0	4.3		10.2	11.0	10.9	7.7	6.0	4.1	4.9	5.9
Females	10.4	8.3		10.7	11.2	12.3	9.6	8.9	7.2	6.1	7.3
Total labour force (% of total population)											
All persons	50.5	51.4	52.4	52.2	52.7	53.4	53.2	53.8	55.0	55.2	56.2
Males	59.5	58.8		58.8	59.0	59.2	58.8	59.5	60.5	60.6	61.9
Females	41.8	44.2		45.8	46.6	47.8	47.8	48.3	49.7	50.0	50.7
Total labour force (% of population from 15-64 years)[1]											
All persons	78.7	79.8	81.0	80.1	80.4	80.9	80.3	81.0	82.5	82.6	83.8
Males	91.1	89.6		88.3	88.0	87.6	86.7	87.4	88.4	88.2	89.8
Females	66.3	69.9		71.8	72.6	74.2	73.8	74.5	76.5	76.8	77.6
Civilian employment (% of total population)											
All persons	45.7	47.7	48.2	46.3	46.4	46.7	48.1	49.3	51.4	51.6	51.9
Part-time employment (%)[2]											
Part-time as % of employment						20.6	21.2	20.3	19.6	19.9	19.0
Male share of part-time employment						18.7	21.2	21.7	23.9	25.1	24.8
Female share of part-time employment						81.3	78.8	78.3	76.1	74.9	75.2
Male part-time as % of male employment						7.1	8.2	8.0	8.6	9.2	8.6
Female part-time as % of female employment						36.7	36.7	35.2	32.8	32.4	31.4
Duration of unemployment (% of total unemployment)[3]											
Less than 1 month						4.9	5.8	5.5	6.9	9.2	7.2
More than 1 month and less than 3 months						8.4	7.9	8.1	11.3	11.4	10.9
More than 3 months and less than 6 months						19.4	30.3	27.9	33.0	31.2	36.7
More than 6 months and less than 1 year						22.9	23.1	24.1	20.5	23.4	20.8
More than 1 year						44.3	32.9	34.4	28.3	24.9	24.5

(1) Participation rates calculated according to national definitions may differ from those published in this table, when the age group represented in the labour force survey is other than 15-64 years.

(2) Part-time employment refers to persons who work less than 30 hours per week in their main job. Data include only persons declaring usual hours worked.

(3) These percentages only take into account those persons for whom the duration of unemployment is known.

II - POPULATION ACTIVE

Milliers

	1989	1990	1991	1992	1993	1994	1995	1996	1997	1998	
Population active totale											
	2 879	2 912	2 912	2 914	2 893	2 777	2 798	2 822	2 856	2 848	Ensemble des personnes
	1 564	1 571	1 559	1 555	1 542	1 499	1 519	1 528	1 541	1 529	Hommes
	1 316	1 341	1 353	1 359	1 351	1 278	1 279	1 293	1 315	1 319	Femmes
Forces armées											
	35	34	34	35	35	47	36	34	33	34	Ensemble des personnes
	29	28	28	28	27	37	29	29	29	29	Hommes
	6	6	7	6	8	10	7	5	4	5	Femmes
Population active civile											
	2 844	2 878	2 878	2 879	2 858	2 730	2 763	2 788	2 823	2 814	Ensemble des personnes
	1 534	1 543	1 531	1 527	1 515	1 462	1 490	1 499	1 512	1 499	Hommes
	1 310	1 336	1 346	1 352	1 343	1 268	1 272	1 289	1 311	1 315	Femmes
Chômeurs											
	234	242	265	262	309	222	197	195	174	155	Ensemble des personnes
	117	121	129	128	159	107	93	88	75	68	Hommes
	117	120	135	134	150	115	104	107	99	87	Femmes
Population active civile occupée											
	2 610	2 638	2 612	2 613	2 552	2 508	2 566	2 593	2 648	2 659	Ensemble des personnes
	1 417	1 422	1 402	1 396	1 359	1 355	1 398	1 411	1 437	1 431	Hommes
	1 193	1 216	1 210	1 217	1 193	1 153	1 168	1 182	1 211	1 228	Femmes
Population active civile occupée (%)											
	100.0	100.0	100.0	100.0	100.0	100.0	100.0	100.0	100.0	100.0	Ensemble des personnes
	54.3	53.9	53.7	53.4	53.3	54.0	54.5	54.4	54.3	53.8	Hommes
	45.7	46.1	46.3	46.6	46.7	46.0	45.5	45.6	45.7	46.2	Femmes
Taux de chômage (% de la population active civile)											
	8.2	8.4	9.2	9.1	10.8	8.1	7.1	7.0	6.2	5.5	Ensemble des personnes
	7.6	7.8	8.4	8.4	10.5	7.3	6.2	5.9	5.0	4.5	Hommes
	8.9	9.0	10.0	9.9	11.2	9.1	8.2	8.3	7.6	6.6	Femmes
Population active totale (% de la population totale)											
	56.1	56.6	56.5	56.4	55.8	53.4	53.5	53.6	54.0	53.7	Ensemble des personnes
	61.8	62.0	61.4	61.0	60.3	58.4	58.9	58.8	59.0	58.4	Hommes
	50.6	51.4	51.8	51.8	51.4	48.5	48.3	48.5	49.2	49.2	Femmes
Population active totale (% de la population de 15-64 ans)[1]											
	83.4	84.1	83.8	83.5	82.6	79.1	79.4	79.7	80.5	80.2	Ensemble des personnes
	89.5	89.6	88.5	88.0	86.9	84.3	85.1	85.1	85.7	85.0	Hommes
	77.3	78.5	78.9	79.0	78.3	73.8	73.6	74.1	75.2	75.3	Femmes
Population active civile occupée (% de la population totale)											
	50.8	51.3	50.7	50.5	49.2	48.2	49.1	49.3	50.1	50.2	Ensemble des personnes
Emploi à temps partiel (%)[2]											
	19.0	19.2	18.6	18.9	19.0	17.2	16.8	16.5	17.1	17.0	Temps partiel en % de l'emploi
	25.5	28.5	28.4	28.9	29.9	30.4	31.9	34.0	35.7	31.5	Part des hommes dans le temps partiel
	74.5	71.5	71.6	71.1	70.1	69.6	68.1	66.0	64.3	68.5	Part des femmes dans le temps partiel
	9.0	10.2	9.9	10.2	10.7	9.7	9.7	10.2	11.1	9.9	Temps partiel des hommes en % de l'emploi des hommes
	30.8	29.6	28.6	29.0	28.5	26.2	25.6	24.2	24.2	25.4	Temps partiel des femmes en % de l'emploi des femmes
Durée du chômage (% du chômage total)[3]											
	8.8	7.1	5.9	20.5	22.7	18.1	23.4	22.9	24.1	23.3	Moins de 1 mois
	13.3	9.9	10.4	11.3	11.9	9.3	11.3	15.3	11.8	9.1	Plus de 1 mois et moins de 3 mois
	32.4	29.7	29.4	18.3	19.9	18.5	18.7	17.3	18.4	24.0	Plus de 3 mois et moins de 6 mois
	23.4	23.3	22.3	22.9	20.3	21.9	18.7	17.9	18.6	15.0	Plus de 6 mois et moins de 1 an
	22.1	29.9	31.9	27.0	25.2	32.1	27.9	26.5	27.2	28.7	Plus de 1 an

(1) Les taux d'activité calculés selon les définitions nationales peuvent être différents de ceux publiés dans ce tableau si le groupe d'âges représenté dans l'enquête de la population active est différent de 15-64 ans.

(2) L'emploi à temps partiel se réfère aux actifs travaillant moins de 30 heures par semaine dans leur emploi principal. Les données incluent uniquement les personnes déclarant des heures habituelles de travail.

(3) Ces pourcentages ne prennent en compte que les personnes pour lesquelles la durée du chômage est connue.

Statistiques de la Population Active
© OCDE, 1999

DENMARK

III - CIVILIAN EMPLOYMENT

Thousands

	1978	1979	1980	1981	1982	1983	1984	1985	1986	1987	1988
PROFESSIONAL STATUS											
All activities	2 330	2 439	2 470	2 369	2 374	2 389	2 457	2 522	2 630	2 646	2 660
Wage earners and salaried employees	1 957	2 059		2 023		2 037	2 138	2 209	2 324	2 337	2 365
Employers and persons working on own account	302	305		280		279	255	250	248	246	237
Unpaid family workers	71	75		66		73	64	63	57	62	58
Agriculture, hunting, forestry and fishing	183	176		174	177	177	165	169	154	151	153
Wage earners and salaried employees	54	53		48		53	61	63	56	50	51
Employers and persons working on own account	103	97		99		91	80	81	75	76	79
Unpaid family workers	26	26		28		33	24	26	23	25	23
Non-agricultural activities	2 147	2 263		2 195	2 197	2 212	2 292	2 353	2 476	2 495	2 507
Wage earners and salaried employees	1 903	2 006		1 975		1 984	2 077	2 146	2 268	2 287	2 314
Employers and persons working on own account	199	208		181		188	175	169	173	170	158
Unpaid family workers	45	49		38		40	40	37	34	37	35
All activities (%)	100.0	100.0	100.0	100.0	100.0	100.0	100.0	100.0	100.0	100.0	100.0
Wage earners and salaried employees	84.0	84.4		85.4		85.3	87.0	87.6	88.4	88.3	88.9
Others	16.0	15.6		14.6		14.7	13.0	12.4	11.6	11.6	11.1
BREAKDOWN BY ACTIVITIES											
I.S.I.C. Major Divisions											
1 to 0 All activities	2 330	2 439	2 470	2 369	2 374	2 389	2 457	2 522	2 630	2 646	2 660
1 Agriculture, hunting, forestry and fishing	183	176		174	177	177	165	169	154	151	153
2 Mining and quarrying	2	3		2		3	3	4	3	3	3
3 Manufacturing	532	568		505	673	503	482	516	533	521	519
4 Electricity, gas and water	14	16		16		14	17	18	18	19	19
5 Construction	196	206		172		158	157	171	188	204	182
6 Wholesale and retail trade; restaurants and hotels	353	358		337		324	368	392	380	380	386
7 Transport, storage and communication	167	169		163		178	178	180	188	188	197
8 Financing, insurance, real estate and business services	133	140		157	1 524	156	185	193	224	239	259
9 Community, social and personal services	728	779		824		861	889	868	913	920	914
0 Activities not adequately defined	22	25		18		16	11	11	29	20	28
WAGE EARNERS AND SALARIED EMPLOYEES BY ACTIVITIES											
I.S.I.C. Major Divisions											
1 to 0 All activities	1 957	2 059		2 023		2 037	2 138	2 209	2 324	2 337	2 365
1 Agriculture, hunting, forestry and fishing	54	53		48		53	61	63	56	50	51
2 Mining and quarrying	2	3		2		3	3	4	4	3	3
3 Manufacturing	487	522		470		464	453	485	503	491	496
4 Electricity, gas and water	14	16		16		14	17	19	17	19	19
5 Construction	160	164		139		126	128	143	153	168	151
6 Wholesale and retail trade; restaurants and hotels	270	273		263		247	294	323	320	319	332
7 Transport, storage and communication	147	148		146		158	162	162	169	170	180
8 Financing, insurance, real estate and business services	117	122		139		137	164	172	204	218	234
9 Community, social and personal services	685	734		784		820	845	827	871	882	877
0 Activities not adequately defined	22	25		18		16	10	11	26	16	25

III - POPULATION ACTIVE CIVILE OCCUPÉE

Milliers

1989	1990	1991	1992	1993	1994	1995	1996	1997	1998	
										SITUATION DANS LA PROFESSION
2 610	2 638	2 612	2 613	2 552	2 508	2 565	2 593	2 649	2 659	**Toutes activités**
2 317	2 330	2 326	2 326	2 274	2 257	2 319	2 347	2 409	2 410	Salariés
243	253	238	233	231	214	215	220	212	221	Employeurs et personnes travaillant à leur compte
49	55	47	50	45	36	31	26	28	28	Travailleurs familiaux non rémunérés
148	147	149	136	132	127	114	103	99	97	**Agriculture, chasse, sylviculture et pêche**
57	52	61	49	53	60	56	50	48	44	Salariés
73	74	67	67	61	53	47	43	41	43	Employeurs et personnes travaillant à leur compte
19	21	21	20	18	15	11	10	9	10	Travailleurs familiaux non rémunérés
2 462	2 491	2 463	2 477	2 420	2 381	2 451	2 490	2 550	2 562	**Activités non agricoles**
2 260	2 278	2 265	2 277	2 221	2 197	2 263	2 297	2 361	2 366	Salariés
170	179	171	166	170	161	168	177	171	178	Employeurs et personnes travaillant à leur compte
30	34	26	30	27	21	20	16	19	18	Travailleurs familiaux non rémunérés
100.0	100.0	100.0	100.0	100.0	100.0	100.0	100.0	100.0	100.0	**Toutes activités (%)**
88.8	88.3	89.1	89.0	89.1	90.0	90.4	90.5	90.9	90.6	Salariés
11.2	11.7	10.9	10.8	10.8	10.0	9.6	9.5	9.1	9.4	Autres
										RÉPARTITION PAR BRANCHES D'ACTIVITÉS
										C.I.T.I. Branches
2 610	2 638	2 612	2 613	2 552	2 508	2 566	2 593	2 649	2 658	**1 à 0 Toutes activités**
148	147	149	136	132	127	114	103	99	97	1 Agriculture, chasse, sylviculture et pêche
2	2	2	3	2	3	4	3	3	3	2 Industries extractives
506	532	535	531	506	493	516	510	513	516	3 Industries manufacturières
20	20	20	19	16	19	18	17	17	20	4 Électricité, gaz et eau
187	172	167	163	148	158	166	170	176	178	5 Bâtiment et travaux publics
370	391	381	377	403	413	414	428	440	439	6 Commerce de gros et de détail; restaurants et hôtels
196	189	182	186	184	169	184	184	185	182	7 Transports, entrepôts et communications
256	247	239	240	259	286	275	272	289	307	8 Banques, assurances, affaires immobilières et services fournis aux entreprises
894	909	911	941	883	832	870	899	921	912	9 Services fournis à la collectivité, services sociaux et services personnels
33	29	29	22	17	6	5	5	5	5	0 Activités mal désignées
										SALARIÉS (OUVRIERS ET EMPLOYÉS) PAR ACTIVITÉS
										C.I.T.I. Branches
2 317	2 330	2 328	2 326	2 274	2 257	2 319	2 346	2 409	2 410	**1 à 0 Toutes activités**
57	52	61	49	53	60	56	50	48	44	1 Agriculture, chasse, sylviculture et pêche
2	2	2	2	2	3	4	3	3	3	2 Industries extractives
483	503	505	504	478	469	492	488	492	495	3 Industries manufacturières
20	20	20	19	16	19	18	17	17	20	4 Électricité, gaz et eau
154	140	134	131	119	132	139	144	150	148	5 Bâtiment et travaux publics
314	327	324	327	343	357	356	369	385	381	6 Commerce de gros et de détail; restaurants et hôtels
180	171	169	168	166	154	168	170	169	166	7 Transports, entrepôts et communications
229	223	215	216	228	253	242	237	252	267	8 Banques, assurances, affaires immobilières et services fournis aux entreprises
851	870	872	896	850	805	839	864	888	880	9 Services fournis à la collectivité, services sociaux et services personnels
29	25	26	20	17	6	5	4	5	5	0 Activités mal désignées

Statistiques de la Population Active
OCDE
© OCDE, 1999

Sources:

1. *Statistical Yearbook of Finland* (Statistics Finland).
2. *Bulletin of Statistics* (Statistics Finland, monthly/mensuelle).
3. *Labour Reports* (Ministry of Labour, quarterly/trimestrielle)

I. POPULATION

Sources: National sources 1 and 2 and data provided directly by the Finnish authorities.

Coverage: Resident population (*de jure*).

Method of computation: Mid-year estimates obtained by averaging official estimates at 31 December for two consecutive years.

II. TOTAL LABOUR FORCE

III. CIVILIAN EMPLOYMENT

Data are compiled from the monthly Labour Force Survey. The labour survey has been revised in 1997 and again in 1998 (ILO/EU definition). The data or 1996 to 1998 have been correceted according to the revised survey. Prior data are not comparable.

Reference date: One week a month. Monthly averages for yearly data.

WAGE EARNERS AND SALARIED EMPLOYEES

Notes: The size of the sample per quarter is 36 000 persons (and refers to persons aged 15 to 74 years) divided into three monthly sub-samples of 12 000 persons; the survey is carried out each month for two consecutive weeks.

Sources: National sources 2 and 3 and data obtained directly from the Finnish authorities.

Date of reference: Averages for the year.

Method of computation: Monthly labour force sample surveys.

Notes: Labour force data include estimated total net migration. Unemployment data have been revised since 1984 and are not strictly comparable with previous years. The revised data exclude unemployed persons of 55 years and over receiving a pre-retirement allocation. Since 1987, the professional status of employees has been redefined. Figures previous to 1983 include persons of unspecified status.

I. POPULATION

Sources : Sources nationales 1 et 2 et données fournies directement par les autorités finlandaises.

Champ couvert : Population résidante (*de jure*).

Méthode de calcul : Estimations au milieu de l'année obtenues en faisant la moyenne des estimations officielles au 31 décembre de deux années consécutives.

II. POPULATION ACTIVE

III. POPULATION ACTIVE CIVILE OCCUPÉE

Les données proviennent de l'Enquête mensuelle par sondage de la population active. L'enquête a été révisée en 1997 et en 1998 (définition BIT/UE). Les données pour 1996 à 1998 sont en lignbe avec l'enquête révisée. Les données précédentess ne sont pas comparables.

Date de référence : Une semaine par mois, les données annuelles sont des moyennes des données mensuelles.

SALARIÉS

Notes : La taille de l'échantillon par trimestre est de 36 000 personnes (représentant les personnes de 15 à 74 ans), divisée en trois sous-échantillons mensuels de 12 000 personnes ; l'enquête est effectuée mensuellement durant deux semaines consécutives.

Sources : Sources nationales 2 et 3 et données fournies directement par les autorités finlandaises.

Date de référence : Moyennes pour l'année.

Méthode de calcul : Enquête mensuelle par sondage sur la population active.

Notes : Les chiffres de la population active incluent des estimations sur la totalité du mouvement migratoire net. Depuis 1984, les données du chômage ont été révisées et ne sont pas strictement comparables à celles des années antérieures. Les séries révisées excluent les personnes en chômage âgées de 55 ans et plus, recevant une indemnité de préretraite. Depuis 1987, la définition du statut des salariés a été modifiée. Les données antérieures à 1983 incluent les personnes à statut non-spécifié.

Statistiques de la Population Active OECD
© OCDE, 1999 OCDE

FINLAND

I - POPULATION

Thousands (mid-year estimates)

	1978	1979	1980	1981	1982	1983	1984	1985	1986	1987	1988
POPULATION - DISTRIBUTION BY AGE AND GENDER											
All persons											
Total	4 753	4 765	4 779	4 800	4 827	4 856	4 882	4 902	4 918	4 932	4 947
Under 15 years	998	983	972	961	954	951	951	951	952	952	957
From 15 to 64 years	3 207	3 221	3 235	3 257	3 282	3 305	3 326	3 339	3 343	3 346	3 346
65 years and over	548	561	572	582	591	600	605	612	623	634	645
Males											
Total	2 299	2 304	2 311	2 321	2 335	2 350	2 363	2 373	2 382	2 388	2 397
Under 15 years	510	502	497	491	488	486	486	486	487	487	489
From 15 to 64 years	1 589	1 598	1 608	1 621	1 636	1 651	1 663	1 672	1 676	1 679	1 682
65 years and over	200	204	206	209	211	213	214	215	219	222	227
Females											
Total	2 454	2 461	2 468	2 479	2 492	2 506	2 519	2 529	2 536	2 544	2 550
Under 15 years	488	481	475	470	466	465	465	465	465	465	468
From 15 to 64 years	1 618	1 623	1 627	1 636	1 646	1 654	1 663	1 667	1 666	1 667	1 664
65 years and over	348	357	366	373	380	387	391	397	405	412	418
POPULATION - PERCENTAGES											
All persons											
Total	100.0	100.0	100.0	100.0	100.0	100.0	100.0	100.0	100.0	100.0	100.0
Under 15 years	21.0	20.6	20.3	20.0	19.8	19.6	19.5	19.4	19.4	19.3	19.3
From 15 to 64 years	67.5	67.6	67.7	67.9	68.0	68.1	68.1	68.1	68.0	67.8	67.6
65 years and over	11.5	11.8	12.0	12.1	12.2	12.4	12.4	12.5	12.7	12.9	13.0
COMPONENTS OF CHANGE IN POPULATION											
a) Population at 1 January	4 747	4 758	4 771	4 788	4 812	4 842	4 870	4 894	4 911	4 926	4 939
b) Population at 31 December	4 758	4 771	4 788	4 812	4 842	4 870	4 894	4 911	4 926	4 939	4 954
c) Total increase (b-a)	11	13	17	24	30	28	24	17	15	13	15
d) Births	64	63	63	63	66	67	65	63	61	60	63
e) Deaths	44	44	44	44	43	45	45	48	47	48	49
f) Natural increase (d-e)	20	19	19	19	23	22	20	15	14	12	14
g) Net migration	-9	-7	-1	5	7	6	4	3	2	1	1
h) Statistical adjustments	0	0	-1	0	0	0	0	-1	-1	0	0
i) Total increase (=f+g+h=c)	11	12	17	24	30	28	24	17	15	13	15
(Components of change in population/ Average population) x1000											
Total increase rates	2.3	2.5	3.6	5.0	6.2	5.8	4.9	3.5	3.0	2.6	3.0
Crude birth rates	13.5	13.2	13.2	13.1	13.7	13.8	13.3	12.9	12.4	12.2	12.7
Crude death rates	9.3	9.2	9.2	9.2	8.9	9.3	9.2	9.8	9.6	9.7	9.9
Natural increase rates	4.2	4.0	4.0	4.0	4.8	4.5	4.1	3.1	2.8	2.4	2.8
Net migration rates	-1.9	-1.5	-0.2	1.0	1.5	1.2	0.8	0.6	0.4	0.2	0.2

I - POPULATION

Milliers (estimations au milieu de l'année)

1989	1990	1991	1992	1993	1994	1995	1996	1997	1998	
										POPULATION - RÉPARTITION SELON L'AGE ET LE SEXE
										Ensemble des personnes
4 964	4 986	5 029	5 042	5 066	5 088	5 108	5 125	5 140	5 153	Total
961	963	966	967	970	971	971	971	964	956	Moins de 15 ans
3 347	3 356	3 379	3 385	3 396	3 404	3 410	3 417	3 427	3 442	De 15 à 64 ans
656	667	685	690	701	713	726	738	748	756	65 ans et plus
										Hommes
2 407	2 419	2 443	2 450	2 464	2 476	2 487	2 496	2 505	2 513	Total
491	492	493	494	495	496	496	495	493	488	Moins de 15 ans
1 685	1 691	1 704	1 708	1 714	1 719	1 722	1 726	1 732	1 739	De 15 à 64 ans
231	236	245	248	254	261	268	275	281	286	65 ans et plus
										Femmes
2 557	2 567	2 586	2 592	2 603	2 612	2 621	2 628	2 635	2 641	Total
470	471	472	473	474	475	475	475	473	468	Moins de 15 ans
1 662	1 665	1 674	1 677	1 682	1 685	1 687	1 691	1 696	1 703	De 15 à 64 ans
425	431	439	442	447	452	458	463	467	470	65 ans et plus
										POPULATION - POURCENTAGES
										Ensemble des personnes
100.0	100.0	100.0	100.0	100.0	100.0	100.0	100.0	100.0	100.0	Total
19.4	19.3	19.2	19.2	19.1	19.1	19.0	18.9	18.8	18.6	Moins de 15 ans
67.4	67.3	67.2	67.1	67.0	66.9	66.8	66.7	66.7	66.8	De 15 à 64 ans
13.2	13.4	13.6	13.7	13.8	14.0	14.2	14.4	14.6	14.7	65 ans et plus
										COMPOSANTES DE L'ÉVOLUTION DÉMOGRAPHIQUE
4 954	4 974	4 999	5 014	5 055	5 078	5 099	5 117	5 132	5 147	a) Population au 1er janvier
4 974	4 999	5 014	5 055	5 078	5 099	5 117	5 132	5 147	5 160	b) Population au 31 décembre
20	25	15	41	23	21	18	15	15	13	**c) Accroissement total (b-a)**
63	66	65	67	65	65	63	61	59	57	d) Naissances
49	50	49	50	51	48	49	49	49	49	e) Décès
14	16	16	17	14	17	14	12	10	8	**f) Accroissement naturel (d-e)**
6	9	-1	24	9	4	4	3	4	3	g) Solde net des migrations
0	0	0	0	0	0	0	0	1	2	h) Ajustements statistiques
20	25	15	41	23	21	18	15	15	13	**i) Accroissement total (=f+g+h=c)**
										(Composition de l'évolution démographique/ Population moyenne) x1000
4.0	5.0	3.0	8.1	4.5	4.1	3.5	2.9	2.9	2.5	Taux d'accroissement total
12.7	13.2	13.0	13.3	12.8	12.8	12.3	11.9	11.5	11.1	Taux bruts de natalité
9.9	10.0	9.8	9.9	10.1	9.4	9.6	9.6	9.5	9.5	Taux bruts de mortalité
2.8	3.2	3.2	3.4	2.8	3.3	2.7	2.3	1.9	1.6	Taux d'accroissement naturel
1.2	1.8	-0.2	4.8	1.8	0.8	0.8	0.6	0.8	0.6	Taux du solde net des migrations

Statistiques de la Population Active OECD
© OCDE, 1999 OCDE

FINLAND

II - LABOUR FORCE

Thousands (annual average estimates)

	1978	1979	1980	1981	1982	1983	1984	1985	1986	1987	1988
Total labour force											
All persons	2 404	2 432	2 473	2 506	2 542	2 557	2 575	2 596	2 596	2 583	2 574
Males	1 303	1 313	1 332	1 343	1 351	1 354	1 363	1 368	1 372	1 367	1 359
Females	1 101	1 119	1 141	1 163	1 191	1 203	1 212	1 228	1 224	1 216	1 215
Armed forces											
All persons	42	43	41	42	40	39	39	40	37	39	38
Males	42	43	41	42	40	39	39	40	37	39	38
Females	0	0	0	0	0	0	0	0	0	0	0
Civilian labour force											
All persons	2 362	2 389	2 432	2 464	2 502	2 518	2 536	2 556	2 559	2 544	2 536
Males	1 261	1 270	1 291	1 301	1 311	1 315	1 324	1 328	1 335	1 328	1 322
Females	1 101	1 119	1 141	1 163	1 191	1 203	1 212	1 228	1 224	1 216	1 215
Unemployed											
All persons	172	143	114	121	135	138	133	129	138	130	116
Males	106	82	61	67	73	76	72	73	82	78	68
Females	66	61	53	54	62	62	61	56	56	52	48
Civilian employment											
All persons	2 190	2 246	2 318	2 343	2 367	2 380	2 403	2 427	2 421	2 413	2 420
Males	1 155	1 188	1 230	1 234	1 238	1 239	1 252	1 255	1 253	1 250	1 254
Females	1 035	1 058	1 088	1 109	1 129	1 141	1 151	1 172	1 168	1 163	1 166
Civilian employment (%)											
All persons	100.0	100.0	100.0	100.0	100.0	100.0	100.0	100.0	100.0	*100.0	100.0
Males	52.7	52.9	53.1	52.7	52.3	52.1	52.1	51.7	51.8	51.8	51.8
Females	47.3	47.1	46.9	47.3	47.7	47.9	47.9	48.3	48.2	48.2	48.2
Unemployment rates (% of civilian labour force)											
All persons	7.3	6.0	4.7	4.9	5.4	5.5	5.2	5.0	5.4	5.1	4.6
Males	8.4	6.5	4.7	5.1	5.6	5.8	5.4	5.5	6.1	5.9	5.1
Females	6.0	5.5	4.6	4.6	5.2	5.2	5.0	4.6	4.6	4.3	4.0
Total labour force (% of total population)											
All persons	50.6	51.0	51.7	52.2	52.7	52.7	52.7	53.0	52.8	52.4	52.0
Males	56.7	57.0	57.6	57.9	57.9	57.6	57.7	57.6	57.6	57.2	56.7
Females	44.9	45.5	46.2	46.9	47.8	48.0	48.1	48.6	48.3	47.8	47.6
Total labour force (% of population from 15-64 years)[1]											
All persons	75.0	75.5	76.4	76.9	77.5	77.4	77.4	77.7	77.7	77.2	76.9
Males	82.0	82.2	82.8	82.9	82.6	82.0	82.0	81.8	81.9	81.4	80.8
Females	68.0	68.9	70.1	71.1	72.4	72.7	72.9	73.7	73.5	72.9	73.0
Civilian employment (% of total population)											
All persons	46.1	47.1	48.5	48.8	49.0	49.0	49.2	49.5	49.2	48.9	48.9
Part-time employment (%)[2]											
Part-time as % of employment			6.7	7.4	7.7	8.3	8.4	8.3	8.1	8.1	7.4
Male share of part-time employment			25.2	27.2	28.2	28.4	28.4	28.9	31.8	31.1	31.6
Female share of part-time employment			74.8	72.8	72.4	72.1	71.6	71.1	68.7	68.9	68.4
Male part-time as % of male employment			3.2	3.8	4.1	4.5	4.6	4.7	5.0	4.8	4.5
Female part-time as % of female employment			10.7	11.4	11.7	12.5	12.6	12.3	11.6	11.6	10.5
Duration of unemployment (% of total unemployment)[3]											
Less than 1 month			32.5		39.6	39.4	38.1	36.5	43.4	40.8	
More than 1 month and less than 3 months[4]			0.0		0.0	0.0	0.0	0.0	0.0	0.0	
More than 3 months and less than 6 months			32.5		25.4	30.0	28.7	28.7	24.4	29.2	
More than 6 months and less than 1 year			8.0		12.7	10.7	10.9	13.6	16.1	11.0	
More than 1 year			27.0		22.3	19.8	22.3	21.1	16.0	19.0	

(1) Participation rates calculated according to national definitions may differ from those published in this table, when the age group represented in the labour force survey is other than 15-64 years.

(2) Part-time employment refers to persons who work less than 30 hours per week in their main job. Data include only persons declaring usual hours worked.

(3) These percentages only take into account those persons for whom the duration of unemployment is known.

(4) Prior to 1993, less than 3 months.

II - POPULATION ACTIVE

Milliers (estimations de moyennes annuelles)

1989	1990	1991	1992	1993	1994	1995	1996	1997	1998	
										Population active totale
2 583	2 576	2 559	2 527	2 508	2 502	2 522	*2 521	2 508	2 532	Ensemble des personnes
1 364	1 363	1 356	1 341	1 330	1 325	1 335	*1 333	1 327	1 342	Hommes
1 219	1 213	1 203	1 185	1 178	1 177	1 186	*1 188	1 181	1 190	Femmes
										Forces armées
34	30	36	35	35	31	33	*39	32	33	Ensemble des personnes
34	30	36	35	34	31	33	*39	32	33	Hommes
0	0	0	0	1	0	0	*1	1	1	Femmes
										Population active civile
2 549	2 545	2 523	2 491	2 473	2 471	2 489	*2 481	2 476	2 499	Ensemble des personnes
1 330	1 333	1 320	1 306	1 296	1 294	1 302	*1 294	1 295	1 309	Hommes
1 219	1 213	1 203	1 185	1 177	1 177	1 186	*1 187	1 181	1 190	Femmes
										Chômeurs
89	88	193	328	444	456	430	*363	314	285	Ensemble des personnes
48	54	124	203	259	259	231	*186	160	143	Hommes
41	34	69	125	185	196	198	*176	154	142	Femmes
										Population active civile occupée
2 460	2 457	2 330	2 163	2 030	2 015	2 059	*2 119	2 162	2 213	Ensemble des personnes
1 282	1 279	1 196	1 103	1 037	1 034	1 071	*1 108	1 135	1 166	Hommes
1 178	1 179	1 134	1 060	993	981	988	*1 011	1 027	1 048	Femmes
										Population active civile occupée (%)
100.0	100.0	100.0	100.0	100.0	100.0	100.0	*100.0	100.0	100.0	Ensemble des personnes
52.1	52.1	51.3	51.0	51.1	51.3	52.0	*52.3	52.5	52.7	Hommes
47.9	48.0	48.7	49.0	48.9	48.7	48.0	*47.7	47.5	47.4	Femmes
										Taux de chômage (% de la population active civile)
3.5	3.5	7.6	13.2	18.0	18.5	17.3	*14.6	12.7	11.4	Ensemble des personnes
3.6	4.1	9.4	15.5	20.0	20.0	17.7	*14.4	12.4	10.9	Hommes
3.4	2.8	5.7	10.5	15.7	16.7	16.7	*14.8	13.0	11.9	Femmes
										Population active totale (% de la population totale)
52.0	51.7	50.9	50.1	49.5	49.2	49.4	*49.2	48.8	49.1	Ensemble des personnes
56.7	56.3	55.5	54.7	54.0	53.5	53.7	*53.4	53.0	53.4	Hommes
47.7	47.3	46.5	45.7	45.3	45.1	45.2	*45.2	44.8	45.1	Femmes
										Population active totale (% de la population de 15-64 ans)[1]
77.2	76.8	75.7	74.7	73.9	73.5	74.0	*73.8	73.2	73.6	Ensemble des personnes
80.9	80.6	79.6	78.5	77.6	77.1	77.5	*77.2	76.6	77.2	Hommes
73.3	72.9	71.9	70.7	70.0	69.9	70.3	*70.3	69.6	69.9	Femmes
										Population active civile occupée (% de la population totale)
49.6	49.3	46.3	42.9	40.1	39.6	40.3	*41.3	42.1	42.9	Ensemble des personnes
										Emploi à temps partiel (%)[2]
7.7	7.6	8.0	8.2	8.9	9.0	8.7	8.4	9.3	9.7	Temps partiel en % de l'emploi
33.3	33.2	35.5	36.0	37.4	37.6	35.8	36.0	36.8	36.9	Part des hommes dans le temps partiel
66.7	66.8	64.5	64.0	62.6	62.4	64.2	64.0	63.2	63.1	Part des femmes dans le temps partiel
4.9	4.8	5.5	5.8	6.5	6.6	6.0	5.8	6.5	6.8	Temps partiel des hommes en % de l'emploi des hommes
10.8	10.6	10.6	10.7	11.5	11.5	11.7	11.3	12.4	13.0	Temps partiel des femmes en % de l'emploi des femmes
										Durée du chômage (% du chômage total)[3]
48.5		33.5		18.8		13.8	10.1	14.3	15.0	Moins de 1 mois
0.0		0.0		0.0		10.2	11.9	16.3	17.8	Plus de 1 mois et moins de 3 mois[4]
31.8		33.9		28.4		19.3	22.6	20.8	25.0	Plus de 3 mois et moins de 6 mois
18.2		23.4		22.2		19.1	21.0	18.8	14.7	Plus de 6 mois et moins de 1 an
1.5		9.2		30.6		37.6	34.5	29.8	27.5	Plus de 1 an

(1)   Les taux d'activité calculés selon les définitions nationales peuvent être différents de ceux publiés dans ce tableau si le groupe d'âges représenté dans l'enquête de la population active est différent de 15-64 ans.

(2)   L'emploi à temps partiel se réfère aux actifs travaillant moins de 30 heures par semaine dans leur emploi principal. Les données incluent uniquement les personnes déclarant des heures habituelles de travail.

(3)   Ces pourcentages ne prennent en compte que les personnes pour lesquelles la durée du chômage est connue.

(4)   Moins de 3 mois jusqu'en 1993.

FINLAND

III - CIVILIAN EMPLOYMENT

Thousands (annual average estimates)

	1978	1979	1980	1981	1982	1983	1984	1985	1986	1987	1988
PROFESSIONAL STATUS											
All activities	2 190	2 246	2 318	2 343	2 367	2 380	2 404	2 427	2 421	*2 413	2 420
Wage earners and salaried employees	1 802	1 855	1 920	1 953	1 980	1 994	2 025	2 066	2 061	*2 041	2 052
Employers and persons working on own account	301	309	311	302	300	341	340	325	327	*344	344
Unpaid family workers	87	82	87	88	87	45	39	36	33	*28	24
Agriculture, hunting, forestry and fishing	316	309	314	305	312	302	294	280	266	*251	238
Wage earners and salaried employees	57	59	62	61	68	70	67	64	59	*57	57
Employers and persons working on own account	192	191	190	179	178	195	195	186	180	*171	160
Unpaid family workers	67	59	62	65	66	37	32	30	27	*23	20
Non-agricultural activities	1 874	1 937	2 004	2 038	2 055	2 078	2 110	2 147	2 155	*2 162	2 182
Wage earners and salaried employees	1 745	1 796	1 858	1 892	1 912	1 924	1 958	2 002	2 002	*1 984	1 995
Employers and persons working on own account	109	118	121	123	122	146	145	139	147	*173	184
Unpaid family workers	20	23	25	23	21	8	7	6	6	*5	4
All activities (%)	100.0	100.0	100.0	100.0	100.0	100.0	100.0	100.0	100.0	*100.0	100.0
Wage earners and salaried employees	82.3	82.6	82.8	83.4	83.7	83.8	84.2	85.1	85.1	*84.6	84.8
Others	17.7	17.4	17.2	16.6	16.3	16.2	15.8	14.9	14.9	*15.4	15.2
BREAKDOWN BY ACTIVITIES											
I.S.I.C. Major Divisions											
1 to 0 All activities	2 190	2 246	2 318	2 343	2 367	2 380	2 404	2 427	2 421	*2 413	2 420
1 Agriculture, hunting, forestry and fishing	316	309	314	305	312	302	294	280	266	*251	238
2 Mining and quarrying	0	0	0	0	0	10	11	10	9	*7	6
3 Manufacturing	579	601	627	636	618	571	563	557	550	*534	519
4 Electricity, gas and water	0	0	0	0	0	25	27	32	30	*28	28
5 Construction	178	178	176	185	183	183	183	178	185	*184	188
6 Wholesale and retail trade; restaurants and hotels	313	318	328	326	326	337	343	355	355	*348	354
7 Transport, storage and communication	174	179	184	184	180	177	180	186	183	*182	182
8 Financing, insurance, real estate and business services	117	120	127	130	136	135	148	156	160	*177	190
9 Community, social and personal services	507	532	552	571	606	636	654	671	680	*700	714
0 Activities not adequately defined	6	9	10	6	6	3	2	3	3	*2	2
WAGE EARNERS AND SALARIED EMPLOYEES BY ACTIVITIES											
I.S.I.C. Major Divisions											
1 to 0 All activities	1 802	1 855	1 920	1 952	1 980	1 994	2 025	2 066	2 061	*2 041	2 052
1 Agriculture, hunting, forestry and fishing	57	59	62	61	68	70	67	64	59	*57	57
2 Mining and quarrying	0	0	0	0	0	0	10	9	8	*7	6
3 Manufacturing	565	584	608	616	599	582	540	537	532	*511	493
4 Electricity, gas and water	0	0	0	0	0	0	27	31	30	*28	28
5 Construction	164	163	160	169	166	163	163	159	163	*159	160
6 Wholesale and retail trade; restaurants and hotels	271	275	287	286	285	294	302	312	307	*296	299
7 Transport, storage and communication	152	157	160	159	157	156	159	166	163	*160	160
8 Financing, insurance, real estate and business services	113	114	121	124	130	126	137	146	148	*162	173
9 Community, social and personal services	479	502	521	536	574	600	618	639	648	*659	674
0 Activities not adequately defined	1	1	1	1	1	2	2	3	2	*2	2

III - POPULATION ACTIVE CIVILE OCCUPÉE

Milliers (estimations de moyennes annuelles)

	1989	1990	1991	1992	1993	1994	1995	1996	1997	1998	
											SITUATION DANS LA PROFESSION
	2 460	2 457	2 330	2 163	2 030	2 015	2 059	*2 119	2 162	2 213	**Toutes activités**
	2 094	2 098	1 990	1 838	1 718	1 703	1 756	*1 794	1 839	1 896	Salariés
	344	339	321	307	294	297	289	*299	303	302	Employeurs et personnes travaillant à leur compte
	23	20	19	18	18	15	14	*25	18	15	Travailleurs familiaux non rémunérés
	218	207	198	187	174	167	158	*159	153	144	**Agriculture, chasse, sylviculture et pêche**
	50	50	51	47	43	41	44	*39	37	39	Salariés
	150	141	132	127	117	114	104	*98	102	95	Employeurs et personnes travaillant à leur compte
	18	15	14	13	14	12	10	*22	13	10	Travailleurs familiaux non rémunérés
	2 242	2 250	2 132	1 976	1 856	1 848	1 901	*1 960	2 009	2 069	**Activités non agricoles**
	2 044	2 048	1 939	1 791	1 675	1 662	1 712	*1 755	1 802	1 857	Salariés
	194	198	189	180	177	183	185	*201	201	207	Employeurs et personnes travaillant à leur compte
	5	5	5	5	4	3	4	*3	5	5	Travailleurs familiaux non rémunérés
	100.0	100.0	100.0	100.0	100.0	100.0	100.0	*100.0	100.0	100.0	**Toutes activités (%)**
	85.1	85.4	85.4	85.0	84.6	84.5	85.3	*84.7	85.1	85.7	Salariés
	14.9	14.6	14.6	15.0	15.4	15.5	14.7	*15.3	14.8	14.3	Autres
											RÉPARTITION PAR BRANCHES D'ACTIVITÉS
											C.I.T.I. Branches
	2 460	2 457	2 330	2 163	2 030	2 015	2 059	*2 119	2 162	2 213	**1 à 0 Toutes activités**
	218	207	198	187	174	167	158	*159	153	144	1 Agriculture, chasse, sylviculture et pêche
	6	4	4	4	4	5	4	*4	6	6	2 Industries extractives
	528	524	471	424	396	398	427	*433	436	447	3 Industries manufacturières
	28	28	28	26	23	23	24	*23	22	22	4 Électricité, gaz et eau
	201	205	179	149	125	114	115	*118	130	139	5 Bâtiment et travaux publics
	385	392	359	321	301	294	298	*313	326	335	6 Commerce de gros et de détail; restaurants et hôtels
	178	178	175	164	158	161	163	*159	164	169	7 Transports, entrepôts et communications
	199	203	199	191	180	168	198	*218	218	227	8 Banques, assurances, affaires immobilières et services fournis aux entreprises
	715	714	715	694	665	679	666	*684	702	717	9 Services fournis à la collectivité, services sociaux et services personnels
	2	2	2	3	4	6	6	*8	5	7	0 Activités mal désignées
											SALARIÉS (OUVRIERS ET EMPLOYÉS) PAR ACTIVITÉS
											C.I.T.I. Branches
	2 094	2 098	1 990	1 838	1 718	1 703	1 756	*1 794	1 839	1 896	**1 à 0 Toutes activités**
	50	50	51	47	43	41	44	*38	37	39	1 Agriculture, chasse, sylviculture et pêche
	6	3	4	3	3	4	3	*4	4	4	2 Industries extractives
	501	495	443	398	372	375	401	*407	410	419	3 Industries manufacturières
	28	28	28	26	23	23	24	*23	22	22	4 Électricité, gaz et eau
	169	171	149	122	100	90	89	*93	104	112	5 Bâtiment et travaux publics
	322	328	301	268	247	238	243	*256	264	277	6 Commerce de gros et de détail; restaurants et hôtels
	157	157	153	143	137	140	141	*137	141	147	7 Transports, entrepôts et communications
	180	182	177	168	157	143	172	*188	189	195	8 Banques, assurances, affaires immobilières et services fournis aux entreprises
	679	681	683	661	631	644	634	*643	663	676	9 Services fournis à la collectivité, services sociaux et services personnels
	2	2	2	2	5	5	5	*5	5	5	0 Activités mal désignées

Statistiques de la Population Active
© OCDE, 1999

Sources:

1. *Annuaire statistique de la France* (Institut national de la statistique et des études économiques).
2. *Bulletin mensuel de statistique* (Institut national de la statistique et des études économiques, monthly/mensuelle).
3. *Études statistiques* (Institut national de la statistique et des études économiques, quarterly/trimestrielle).
4. *Économie et statistique* (Institut national de la statistique et des études économiques, monthly/mensuelle).

I. POPULATION

Sources: National sources 1 and 2.

Coverage: Resident population, including armed forces temporarily stationed abroad.

Method of computation: Mid-year estimates obtained by averaging official estimates at 31 December for two consecutive years.

Notes: Total population series and the distribution by gender and age have been estimated until 1981 in line with the 1982 census results. Since 1982, data have been estimated in line with the 1990 census results.

II. TOTAL LABOUR FORCE
III. CIVILIAN EMPLOYMENT

Sources: Replies to the annual questionnaire and direct information provided by the national authorities.

Notes: Unemployment data shown in Table II have been estimated according to the International Labour Organisation definition by the Institut National de la Statistique et des Études Économiques; these figures are based on the census results, on the annual labour force survey and on the monthly series published by the Ministry of Labour referring to job applicants still registered at the end of the month.

Date of reference: Estimated averages for the year.

I. POPULATION

Sources : Sources nationales 1 et 2.

Champ couvert : Population résidante, y compris les forces armées temporairement stationnées hors du pays.

Méthode de calcul : Estimations au milieu de l'année obtenues en faisant la moyenne des estimations officielles au 31 décembre de deux années consécutives.

Notes : Les séries de la population totale et de sa répartition selon l'âge et le genre sont estimées jusqu'en 1981 d'après les résultats du Recensement général de 1982. Depuis 1982, les données sont ajustées sur les résultats du Recensement général de la population de 1990.

II. POPULATION ACTIVE
III. POPULATION ACTIVE CIVILE OCCUPÉE

Sources : Réponses au questionnaire annuel et renseignements fournis par les autorités nationales.

Notes : Les données relatives au chômage indiquées au Tableau II sont estimées par l'Institut National de la Statistique et des Études Économiques selon les définitions du Bureau International du Travail ; les données sont établies à partir des résultats des recensements, des enquêtes annuelles sur la population active et des séries mensuelles publiées par le Ministère du travail qui se réfèrent aux demandes d'emploi non satisfaites à la fin du mois.

Date de référence : Moyennes pour l'année.

FRANCE

I - POPULATION

Thousands (mid-year estimates)

	1978	1979	1980	1981	1982	1983	1984	1985	1986	1987	1988
POPULATION - DISTRIBUTION BY AGE AND GENDER											
All persons											
Total	53 376	53 606	53 880	54 182	54 493	54 772	55 026	55 284	55 547	55 824	56 118
Under 15 years	12 278	12 149	12 056	11 995	11 953	11 899	11 823	11 739	11 646	11 542	11 452
From 15 to 64 years	33 702	33 963	34 320	34 796	35 285	35 728	36 130	36 405	36 589	36 805	37 027
65 years and over	7 396	7 494	7 504	7 391	7 255	7 145	7 073	7 140	7 312	7 477	7 639
Males											
Total	26 091	26 189	26 313	26 456	26 601	26 724	26 834	26 946	27 064	27 191	27 327
Under 15 years	6 287	6 224	6 178	6 147	6 126	6 097	6 056	6 012	5 962	5 908	5 860
From 15 to 64 years	16 920	17 043	17 215	17 444	17 674	17 875	18 057	18 181	18 268	18 374	18 484
65 years and over	2 884	2 922	2 920	2 865	2 801	2 752	2 721	2 753	2 834	2 909	2 983
Females											
Total	27 285	27 417	27 567	27 726	27 882	28 048	28 192	28 338	28 483	28 633	28 791
Under 15 years	5 991	5 925	5 878	5 848	5 817	5 802	5 765	5 727	5 684	5 634	5 591
From 15 to 64 years	16 782	16 920	17 105	17 352	17 611	17 853	18 074	18 224	18 321	18 431	18 544
65 years and over	4 512	4 572	4 584	4 526	4 454	4 393	4 353	4 387	4 478	4 568	4 656
POPULATION - PERCENTAGES											
All persons											
Total	100.0	100.0	100.0	100.0	100.0	100.0	100.0	100.0	100.0	100.0	100.0
Under 15 years	23.0	22.7	22.4	22.1	21.9	21.7	21.5	21.2	21.0	20.7	20.4
From 15 to 64 years	63.1	63.4	63.7	64.2	64.8	65.2	65.7	65.9	65.9	65.9	66.0
65 years and over	13.9	14.0	13.9	13.6	13.3	13.0	12.9	12.9	13.2	13.4	13.6
COMPONENTS OF CHANGE IN POPULATION											
a) Population at 1 January	53 272	53 481	53 731	54 029	54 335	54 650	54 895	55 157	55 411	55 682	55 966
b) Population at 31 December	53 481	53 731	54 029	54 335	54 650	54 895	55 157	55 411	55 682	55 966	56 270
c) Total increase (b-a)	209	250	298	306	315	245	262	254	271	284	304
d) Births	737	757	800	806	797	749	760	768	779	768	771
e) Deaths	547	542	547	555	543	560	543	553	547	528	525
f) Natural increase (d-e)	190	215	253	251	254	189	217	215	232	240	246
g) Net migration	19	35	44	56	61	56	45	38	39	44	57
h) Statistical adjustments	0	0	1	-1	0	0	0	1	0	0	1
i) Total increase (=f+g+h=c)	209	250	298	306	315	245	262	254	271	284	304
(Components of change in population/ Average population) x1000											
Total increase rates	3.9	4.7	5.5	5.6	5.8	4.5	4.8	4.6	4.9	5.1	5.4
Crude birth rates	13.8	14.1	14.8	14.9	14.6	13.7	13.8	13.9	14.0	13.8	13.7
Crude death rates	10.2	10.1	10.2	10.2	10.0	10.2	9.9	10.0	9.8	9.5	9.4
Natural increase rates	3.6	4.0	4.7	4.6	4.7	3.5	3.9	3.9	4.2	4.3	4.4
Net migration rates	0.4	0.7	0.8	1.0	1.1	1.0	0.8	0.7	0.7	0.8	1.0

I - POPULATION

Milliers (estimations au milieu de l'année)

	1989	1990	1991	1992	1993	1994	1995	1996	1997	1998	
											POPULATION - RÉPARTITION SELON L'AGE ET LE SEXE
											Ensemble des personnes
	56 423	56 735	57 055	57 374	57 654	57 900	58 143	58 380	58 608	58 845	Total
	11 400	11 400	11 434	11 458	11 445	11 409	11 349	11 279	11 212	11 178	Moins de 15 ans
	37 227	37 381	37 503	37 635	37 769	37 889	38 021	38 161	38 302	38 432	De 15 à 64 ans
	7 796	7 954	8 118	8 281	8 440	8 601	8 773	8 939	9 094	9 234	65 ans et plus
											Hommes
	27 471	27 623	27 784	27 942	28 079	28 195	28 311	28 424	28 533	28 650	Total
	5 833	5 832	5 852	5 863	5 856	5 837	5 806	5 768	5 733	5 717	Moins de 15 ans
	18 583	18 662	18 726	18 797	18 865	18 924	18 990	19 060	19 130	19 195	De 15 à 64 ans
	3 055	3 129	3 206	3 282	3 358	3 435	3 516	3 595	3 669	3 737	65 ans et plus
											Femmes
	28 952	29 112	29 272	29 432	29 575	29 704	29 832	29 956	30 075	30 195	Total
	5 568	5 567	5 583	5 595	5 589	5 573	5 544	5 511	5 479	5 462	Moins de 15 ans
	18 644	18 720	18 777	18 839	18 904	18 965	19 031	19 101	19 172	19 237	De 15 à 64 ans
	4 740	4 825	4 912	4 998	5 082	5 167	5 257	5 344	5 425	5 497	65 ans et plus
											POPULATION - POURCENTAGES
											Ensemble des personnes
	100.0	100.0	100.0	100.0	100.0	100.0	100.0	100.0	100.0	100.0	Total
	20.2	20.1	20.0	20.0	19.9	19.7	19.5	19.3	19.1	19.0	Moins de 15 ans
	66.0	65.9	65.7	65.6	65.5	65.4	65.4	65.4	65.4	65.3	De 15 à 64 ans
	13.8	14.0	14.2	14.4	14.6	14.9	15.1	15.3	15.5	15.7	65 ans et plus
											COMPOSANTES DE L'ÉVOLUTION DÉMOGRAPHIQUE
	56 270	56 577	56 893	57 218	57 530	57 779	58 020	58 265	58 494	58 723	a) Population au 1er janvier
	56 577	56 893	57 218	57 530	57 779	58 020	58 265	58 494	58 723	58 967	b) Population au 31 décembre
	307	316	325	312	249	241	245	229	229	244	**c) Accroissement total (b-a)**
	765	762	759	744	712	711	730	734	726	740	d) Naissances
	529	526	525	522	532	520	532	536	531	540	e) Décès
	236	236	234	222	180	191	198	199	195	200	**f) Accroissement naturel (d-e)**
	71	80	91	90	70	50	40	35	40		g) Solde net des migrations
	0	0	0	0	0	0	0	0	0		h) Ajustements statistiques
	307	316	325	312	250	241	238	234	235		**i) Accroissement total (=f+g+h=c)**
											(Composition de l'évolution démographique/ Population moyenne) x1000
	5.4	5.6	5.7	5.4	4.3	4.2	4.1	4.0	4.0		Taux d'accroissement total
	13.6	13.4	13.3	13.0	12.3	12.3	12.6	12.6	12.4	12.6	Taux bruts de natalité
	9.4	9.3	9.2	9.1	9.2	9.0	9.1	9.2	9.1	9.2	Taux bruts de mortalité
	4.2	4.2	4.1	3.9	3.1	3.3	3.4	3.4	3.3	3.4	Taux d'accroissement naturel
	1.3	1.4	1.6	1.6	1.2	0.9	0.7	0.6	0.7		Taux du solde net des migrations

Statistiques de la Population Active OECD OCDE
© OCDE, 1999

FRANCE

II - LABOUR FORCE

Thousands (annual average estimates)

	1978	1979	1980	1981	1982	1983	1984	1985	1986	1987	1988
Total labour force											
All persons	23 148	23 356	23 504	23 673	23 905	23 972	24 123	24 180	24 322	24 448	24 550
Males	14 124	14 133	14 130	14 127	14 143	14 070	14 033	13 979	13 979	13 947	13 960
Females	9 024	9 223	9 374	9 546	9 762	9 902	10 090	10 201	10 343	10 501	10 590
Armed forces											
All persons	599	577	569	577	580	572	563	560	554	554	563
Males	588	564	559	567	569	556	546	542	536	535	544
Females	11	13	10	10	11	16	17	18	18	19	19
Civilian labour force											
All persons	22 549	22 779	22 935	23 096	23 325	23 400	23 560	23 620	23 766	23 895	23 984
Males	13 536	13 570	13 571	13 560	13 574	13 514	13 488	13 438	13 443	13 414	13 413
Females	9 013	9 210	9 364	9 536	9 751	9 886	10 073	10 183	10 325	10 482	10 571
Unemployed											
All persons	1 222	1 387	1 492	1 761	1 929	2 019	2 357	2 474	2 520	2 567	2 456
Males	533	596	604	753	854	913	1 104	1 179	1 190	1 169	1 092
Females	689	792	888	1 008	1 075	1 106	1 253	1 295	1 330	1 398	1 364
Civilian employment											
All persons	21 327	21 392	21 443	21 335	21 396	21 381	21 203	21 146	21 246	21 328	21 528
Males	13 003	12 974	12 967	12 807	12 720	12 601	12 384	12 259	12 252	12 245	12 320
Females	8 324	8 418	8 476	8 528	8 676	8 780	8 820	8 888	8 995	9 084	9 207
Civilian employment (%)											
All persons	100.0	100.0	100.0	100.0	100.0	100.0	100.0	100.0	100.0	100.0	100.0
Males	61.0	60.6	60.5	60.0	59.5	58.9	58.4	58.0	57.7	57.4	57.2
Females	39.0	39.4	39.5	40.0	40.5	41.1	41.6	42.0	42.3	42.6	42.8
Unemployment rates (% of civilian labour force)											
All persons	5.4	6.1	6.5	7.6	8.3	8.6	10.0	10.5	10.6	10.7	10.2
Males	3.9	4.4	4.5	5.6	6.3	6.8	8.2	8.8	8.9	8.7	8.1
Females	7.6	8.6	9.5	10.6	11.0	11.2	12.4	12.7	12.9	13.3	12.9
Total labour force (% of total population)											
All persons	43.4	43.6	43.6	43.7	43.9	43.8	43.8	43.7	43.8	43.8	43.7
Males	54.1	54.0	53.7	53.4	53.2	52.6	52.3	51.9	51.7	51.3	51.1
Females	33.1	33.6	34.0	34.4	35.0	35.3	35.8	36.0	36.3	36.7	36.8
Total labour force (% of population from 15-64 years)[1]											
All persons	68.7	68.8	68.5	68.0	67.7	67.1	66.8	66.4	66.5	66.4	66.3
Males	83.5	82.9	82.1	81.0	80.0	78.7	77.7	76.9	76.5	75.9	75.5
Females	53.8	54.5	54.8	55.0	55.4	55.5	55.8	56.0	56.5	57.0	57.1
Civilian employment (% of total population)											
All persons	40.0	39.9	39.8	39.4	39.3	39.0	38.5	38.2	38.2	38.2	38.4
Part-time employment (%)[2]											
Part-time as % of employment						9.7	10.6	11.2	12.2	12.3	12.3
Male share of part-time employment						19.0	20.6	22.2	23.1	23.3	22.0
Female share of part-time employment						81.0	79.4	77.8	76.9	76.7	78.0
Male part-time as % of male employment						3.2	3.8	4.3	5.0	5.1	4.9
Female part-time as % of female employment						18.9	19.9	20.3	21.6	21.7	21.8
Duration of unemployment (% of total unemployment)[3]											
Less than 1 month	9.0	7.2	7.0	6.6	7.3	5.2	4.9	4.4	5.2	4.9	5.4
More than 1 month and less than 3 months	20.0	18.3	18.2	18.0	11.5	11.2	11.9	9.5	10.0	12.5	12.9
More than 3 months and less than 6 months	19.0	19.3	18.7	19.5	17.1	16.7	16.7	15.1	14.7	16.2	17.1
More than 6 months and less than 1 year	23.9	24.9	23.4	23.3	22.0	24.7	24.3	24.2	22.2	20.9	19.8
More than 1 year	28.1	30.3	32.6	32.5	42.1	42.2	42.3	46.8	47.8	45.5	44.8

(1) Participation rates calculated according to national definitions may differ from those published in this table, when the age group represented in the labour force survey is other than 15-64 years.

(2) Part-time employment refers to persons who work less than 30 hours per week in their main job. Data include only persons declaring usual hours worked.

(3) These percentages only take into account those persons for whom the duration of unemployment is known.

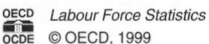

II - POPULATION ACTIVE

Milliers (estimations de moyennes annuelles)

1989	1990	1991	1992	1993	1994	1995	1996	1997	1998	
										Population active totale
24 724	24 853	25 009	25 133	25 189	25 342	25 349	25 607	25 732	25 869	Ensemble des personnes
14 018	14 069	14 083	14 049	14 020	14 060	14 041	14 190	14 246	14 281	Hommes
10 706	10 784	10 926	11 083	11 169	11 282	11 308	11 417	11 487	11 587	Femmes
										Forces armées
555	550	540	525	521	513	505	500	473	437	Ensemble des personnes
535	530	519	503	499	490	483	477	449	412	Hommes
20	20	21	22	22	22	23	23	23	24	Femmes
										Population active civile
24 169	24 302	24 469	24 608	24 668	24 829	24 844	25 107	25 259	25 432	Ensemble des personnes
13 483	13 538	13 564	13 546	13 521	13 570	13 558	13 713	13 797	13 869	Hommes
10 686	10 764	10 905	11 062	11 147	11 260	11 286	11 394	11 464	11 563	Femmes
										Chômeurs
2 323	2 205	2 349	2 591	2 929	3 106	2 936	3 146	3 207	3 050	Ensemble des personnes
999	948	1 032	1 168	1 401	1 489	1 375	1 508	1 554	1 446	Hommes
1 324	1 257	1 317	1 422	1 528	1 617	1 561	1 638	1 652	1 603	Femmes
										Population active civile occupée
21 907	22 082	22 120	22 017	21 739	21 723	21 908	21 961	22 055	22 388	Ensemble des personnes
12 484	12 591	12 532	12 378	12 120	12 081	12 183	12 205	12 241	12 423	Hommes
9 362	9 507	9 588	9 640	9 619	9 643	9 725	9 756	9 812	9 960	Femmes
										Population active civile occupée (%)
100.0	*100.0	100.0	100.0	100.0	100.0	100.0	100.0	100.0	100.0	Ensemble des personnes
57.0	57.0	56.7	56.2	55.8	55.6	55.6	55.6	55.5	55.5	Hommes
42.7	43.1	43.3	43.8	44.2	44.4	44.4	44.4	44.5	44.5	Femmes
										Taux de chômage (% de la population active civile)
9.6	9.1	9.6	10.5	11.9	12.5	11.8	12.5	12.7	12.0	Ensemble des personnes
7.4	7.0	7.6	8.6	10.4	11.0	10.1	11.0	11.3	10.4	Hommes
12.4	11.7	12.1	12.9	13.7	14.4	13.8	14.4	14.4	13.9	Femmes
										Population active totale (% de la population totale)
43.8	43.8	43.8	43.8	43.7	43.8	43.6	43.9	43.9	44.0	Ensemble des personnes
51.0	50.9	50.7	50.3	49.9	49.9	49.6	49.9	49.9	49.8	Hommes
37.0	37.0	37.3	37.7	37.8	38.0	37.9	38.1	38.2	38.4	Femmes
										Population active totale (% de la population de 15-64 ans)[1]
66.4	66.5	66.7	66.8	66.7	66.9	66.7	67.1	67.2	67.3	Ensemble des personnes
75.4	75.4	75.2	74.7	74.3	74.3	73.9	74.4	74.5	74.4	Hommes
57.4	57.6	58.2	58.8	59.1	59.5	59.4	59.8	59.9	60.2	Femmes
										Population active civile occupée (% de la population totale)
38.8	38.9	38.8	38.4	37.7	37.5	37.7	37.6	37.6	38.0	Ensemble des personnes
										Emploi à temps partiel (%)[2]
12.2	12.2	12.0	12.5	13.3	13.9	14.2	14.3	14.9	14.8	Temps partiel en % de l'emploi
22.6	20.2	20.5	20.7	20.5	20.5	20.9	21.3	21.2	20.7	Part des hommes dans le temps partiel
77.4	79.8	79.5	79.3	79.5	79.5	79.1	78.7	78.8	79.3	Part des femmes dans le temps partiel
4.9	4.4	4.5	4.7	5.1	5.3	5.6	5.7	5.9	5.8	Temps partiel des hommes en % de l'emploi des hommes
21.4	21.7	21.3	22.0	23.1	24.0	24.3	24.1	25.2	25.0	Temps partiel des femmes en % de l'emploi des femmes
										Durée du chômage (% du chômage total)[3]
6.5	6.1	4.4	4.8	4.2	4.1	3.7	4.1	3.7	3.8	Moins de 1 mois
12.8	18.8	18.6	17.3	16.3	14.1	14.0	14.7	14.5	13.9	Plus de 1 mois et moins de 3 mois
17.0	19.7	19.0	19.8	21.3	20.1	18.3	19.8	18.0	18.1	Plus de 3 mois et moins de 6 mois
19.9	17.5	20.8	22.0	24.0	23.3	21.7	22.0	22.5	20.1	Plus de 6 mois et moins de 1 an
43.9	38.0	37.2	36.1	34.2	38.3	42.3	39.5	41.2	44.1	Plus de 1 an

(1) Les taux d'activité calculés selon les définitions nationales peuvent être différents de ceux publiés dans ce tableau si le groupe d'âges représenté dans l'enquête de la population active est différent de 15-64 ans.

(2) L'emploi à temps partiel se réfère aux actifs travaillant moins de 30 heures par semaine dans leur emploi principal. Les données incluent uniquement les personnes déclarant des heures habituelles de travail.

(3) Ces pourcentages ne prennent en compte que les personnes pour lesquelles la durée du chômage est connue.

Statistiques de la Population Active OECD
© OCDE, 1999 OCDE

FRANCE

III - CIVILIAN EMPLOYMENT

Thousands (annual average estimates)

	1978	1979	1980	1981	1982	1983	1984	1985	1986	1987	1988
PROFESSIONAL STATUS											
All activities	21 263	21 305	21 334	21 203	21 240	21 168	20 981	20 915	20 955	21 023	21 196
Wage earners and salaried employees	17 610	17 686	17 752	17 663	17 752	17 737	17 605	17 578	17 649	17 740	17 940
Employers and persons working on own account	3 653	3 619	3 582	3 539	3 488	3 431	3 376	3 336	3 307	3 283	3 256
Unpaid family workers	0	0	0	0	0	0	0	0	0	0	0
Agriculture, hunting, forestry and fishing	1 954	1 908	1 854	1 791	1 732	1 677	1 627	1 582	1 534	1 479	1 425
Wage earners and salaried employees	353	340	326	310	301	293	284	278	274	269	267
Employers and persons working on own account	1 601	1 568	1 528	1 480	1 431	1 384	1 343	1 304	1 260	1 210	1 158
Unpaid family workers	0	0	0	0	0	0	0	0	0	0	0
Non-agricultural activities	19 309	19 397	19 480	19 412	19 508	19 491	19 354	19 333	19 421	19 544	19 771
Wage earners and salaried employees	17 257	17 346	17 426	17 353	17 451	17 444	17 321	17 300	17 375	17 471	17 673
Employers and persons working on own account	2 052	2 051	2 054	2 059	2 057	2 047	2 033	2 032	2 047	2 073	2 098
Unpaid family workers	0	0	0	0	0	0	0	0	0	0	0
All activities (%)	100.0	100.0	100.0	100.0	100.0	100.0	100.0	100.0	100.0	100.0	100.0
Wage earners and salaried employees	82.8	83.0	83.2	83.3	83.6	83.8	83.9	84.0	84.2	84.4	84.6
Others	17.2	17.0	16.8	16.7	16.4	16.2	16.1	16.0	15.8	15.6	15.4
BREAKDOWN BY ACTIVITIES											
I.S.I.C. Major Divisions											
1 to 0 All activities	21 263	21 305	21 334	21 203	21 240	21 168	20 981	20 915	20 955	21 023	21 196
1 Agriculture, hunting, forestry and fishing	1 954	1 908	1 854	1 791	1 732	1 677	1 627	1 582	1 534	1 479	1 425
2 Mining and quarrying	153	144	138	134	131	130	124	116	109	102	95
3 Manufacturing	5 640	5 556	5 495	5 321	5 249	5 136	4 997	4 853	4 749	4 638	4 569
4 Electricity, gas and water	181	185	189	193	202	209	210	210	209	208	207
5 Construction	1 857	1 840	1 842	1 811	1 759	1 675	1 571	1 516	1 507	1 522	1 542
6 Wholesale and retail trade; restaurants and hotels	3 370	3 392	3 413	3 434	3 473	3 488	3 475	3 454	3 478	3 551	3 622
7 Transport, storage and communication	1 314	1 321	1 319	1 319	1 348	1 369	1 375	1 369	1 370	1 371	1 375
8 Financing, insurance, real estate and business services	1 487	1 540	1 591	1 620	1 631	1 641	1 670	1 705	1 759	1 836	1 954
9 Community, social and personal services	5 307	5 419	5 493	5 580	5 715	5 842	5 932	6 111	6 242	6 316	6 407
0 Activities not adequately defined											
WAGE EARNERS AND SALARIED EMPLOYEES BY ACTIVITIES											
I.S.I.C. Major Divisions											
1 to 0 All activities	17 610	17 686	17 752	17 663	17 752	17 737	17 605	17 578	17 649	17 740	17 940
1 Agriculture, hunting, forestry and fishing	353	340	326	310	301	293	284	278	274	269	267
2 Mining and quarrying	151	142	136	132	130	126	120	112	105	98	91
3 Manufacturing	5 368	5 291	5 235	5 062	4 991	4 882	4 747	4 608	4 506	4 398	4 331
4 Electricity, gas and water	178	182	187	192	201	209	210	209	209	208	207
5 Construction	1 535	1 507	1 497	1 461	1 412	1 337	1 243	1 194	1 186	1 200	1 219
6 Wholesale and retail trade; restaurants and hotels	2 616	2 624	2 628	2 625	2 653	2 671	2 664	2 644	2 661	2 723	2 785
7 Transport, storage and communication	1 278	1 281	1 272	1 262	1 288	1 308	1 312	1 305	1 306	1 306	1 308
8 Financing, insurance, real estate and business services	1 269	1 336	1 401	1 452	1 476	1 481	1 508	1 541	1 593	1 666	1 777
9 Community, social and personal services	4 863	4 984	5 071	5 168	5 301	5 430	5 518	5 688	5 809	5 872	5 954
0 Activities not adequately defined	0	0	0	0	0	0	0	0	0	0	0

III - POPULATION ACTIVE CIVILE OCCUPÉE

Milliers (estimations de moyennes annuelles)

	1989	1990	1991	1992	1993	1994	1995	1996	1997	1998	
											SITUATION DANS LA PROFESSION
	21 458	*22 082	22 120	22 017	21 739	21 723	21 908	21 961	22 055	22 388	**Toutes activités**
	18 251	*19 168	19 281	19 222	19 070	19 105	19 335	19 444	19 534	19 941	Salariés
	3 207	*2 914	2 839	2 795	2 669	2 618	2 573	2 517	2 518	2 441	Employeurs et personnes travaillant à leur compte
	0	0	0	0	0	0	0	0	0	0	Travailleurs familiaux non rémunérés
											Agriculture, chasse, sylviculture et pêche
	1 368	*1 262	1 214	1 170	1 119	1 071	1 038	1 011	992	976	
	265	*274	274	275	272	270	273	277	282	286	Salariés
	1 103	*988	940	895	847	801	765	734	710	691	Employeurs et personnes travaillant à leur compte
	0	0	0	0	0	0	0	0	0	0	Travailleurs familiaux non rémunérés
											Activités non agricoles
	20 090	*20 820	20 906	20 847	20 621	20 652	20 870	20 950	21 063	21 412	
	17 986	*18 895	19 008	18 947	18 798	18 835	19 063	19 167	19 253	19 655	Salariés
	2 104	*1 926	1 899	1 900	1 822	1 817	1 808	1 783	1 808	1 750	Employeurs et personnes travaillant à leur compte
	0	0	0	0	0	0	0	0	0	0	Travailleurs familiaux non rémunérés
	100.0	*100.0	100.0	100.0	100.0	100.0	100.0	100.0	100.0	100.0	**Toutes activités (%)**
	85.1	*86.8	87.2	87.3	87.7	87.9	88.3	88.5	88.6	89.1	Salariés
	14.9	*13.2	12.8	12.7	12.3	12.1	11.7	11.5	11.4	10.9	Autres
											RÉPARTITION PAR BRANCHES D'ACTIVITÉS
											C.I.T.I. Branches
	21 458	*22 082	22 120	22 017	21 739	21 723	21 908	21 961	22 055	22 388	1 à 0 Toutes activités
	1 368	1 262	1 214	1 170	1 119	1 071	1 038	1 011	992	977	1 Agriculture, chasse, sylviculture et pêche
	89										2 Industries extractives
	4 588										3 Industries manufacturières
	207										4 Électricité, gaz et eau
	1 569										5 Bâtiment et travaux publics
	3 697										6 Commerce de gros et de détail; restaurants et hôtels
	1 387										7 Transports, entrepôts et communications
	2 081										8 Banques, assurances, affaires immobilières et services fournis aux entreprises
	6 471										9 Services fournis à la collectivité, services sociaux et services personnels
											0 Activités mal désignées
											SALARIÉS (OUVRIERS ET EMPLOYÉS) PAR ACTIVITÉS
											C.I.T.I. Branches
	18 251	*19 453	19 560	19 552	19 371	19 421	19 652	19 750	19 874	20 225	1 à 0 Toutes activités
	265	*274	274	275	272	270	273	277	282	286	1 Agriculture, chasse, sylviculture et pêche
	86	*76	70	66	61	57	56	54	50	48	2 Industries extractives
	4 356	*4 410	4 347	4 208	4 012	3 899	3 902	3 861	3 824	3 834	3 Industries manufacturières
	206	*205	204	204	204	207	207	206	206	205	4 Électricité, gaz et eau
	1 247	*1 335	1 330	1 287	1 215	1 187	1 188	1 152	1 120	1 116	5 Bâtiment et travaux publics
	2 859	*3 105	3 104	3 082	3 042	3 046	3 089	3 119	3 155	3 211	6 Commerce de gros et de détail; restaurants et hôtels
	1 319	*1 366	1 378	1 383	1 375	1 361	1 368	1 377	1 370	1 393	7 Transports, entrepôts et communications
	1 901	*2 503	2 544	2 572	2 562	2 647	2 695	2 735	2 836	2 992	8 Banques, assurances, affaires immobilières et services fournis aux entreprises
	6 014	*6 179	6 310	6 475	6 628	6 747	6 874	6 970	7 031	7 139	9 Services fournis à la collectivité, services sociaux et services personnels
	0	0	0	0	0	0	0	0	0	0	0 Activités mal désignées

Statistiques de la Population Active OECD
© OCDE, 1999 OCDE

GERMANY

ALLEMAGNE

The statistics for Germany in this publication refer to western Germany (Federal Republic of Germany before the unification of Germany) until 1990 and, since 1991, to Germany.

Les statistiques concernant l'Allemagne dans cette publication se réfèrent à l'Allemagne occidentale (République Fédérale d'Allemagne avant l'unification de l'Allemagne) jusqu'en 1990 et, depuis 1991, à l'Allemagne.

Sources:

1. *Statistisches Jahrbuch fur die Bundesrepublik Deutschland* (Statistisches Bundesamt).
2. *Wirtschaft und Statistik* (Statistisches Bundesamt, monthly/mensuelle).
3. *Bevolkerung und Kultur-Reihe 1-Bevölkerungsstand und Entwicklung* (Statistisches Bundesamt).
4. *Arbeits und Sozialstatistische Mitteilungen* (monthly/mensuelle).

I. POPULATION

Sources: National sources 1, 2 and 3.

Coverage: Resident population (*de jure*) (*Wohnbevölkerung*).

Method of computation: Estimates of average population. The age breakdown is computed by averaging official estimates at 31 December for two consecutive years.

Notes: Data for years previous to 1987 have been adjusted to the 1970 census results. Since 1987 data have been adjusted to the 1987 census results.

II. TOTAL LABOUR FORCE
III. CIVILIAN EMPLOYMENT

Before 1991.

General remark: The national authorities provided historical Labour Force data, revised in line with the 1987 General Population Census for Tables II and III.

Source: National source 1 and direct information provided by the Federal Statistical Office.

Date of reference: Estimates of average for the year.

Method of computation: Official estimates based on various statistics available, including sample surveys (*Mikrozensus*).

Unemployed: Unemployment series refer to registered unemployed at the end of month.

From 1991 the figures on employment and unemployment are based on the annual Labour Force Survey.

I. POPULATION

Sources : Sources nationales 1, 2 et 3.

Champ couvert : Population résidante (*de jure*) (*Wohnbevölkerung*).

Méthode de calcul : Estimations de la population moyenne. La ventilation par âge est calculée à partir des estimations officielles au 31 décembre de deux années consécutives.

Notes : Les données pour les années antérieures à 1987 ont été ajustées sur les résultats du recensement de 1970. Les données depuis 1987 sont ajustées sur les résultats du recensement de 1987.

II. POPULATION ACTIVE
III. POPULATION ACTIVE CIVILE OCCUPÉE

Avant 1991.

Remarque générale : Les autorités nationales ont transmis des données historiques de la Population active, alignées sur les résultats du Recensement général de la population de 1987 pour les Tableaux II et III.

Source : Source nationale 1 complétée par les renseignements fournis directement par l'Office fédéral de Statistique.

Date de référence : Estimations de moyennes pour l'année.

Méthode de calcul : Estimations officielles à partir des divers éléments statistiques disponibles, y compris des enquêtes par sondages (*Mikrozensus*).

Chômage : Les séries du chômage se réfèrent aux chômeurs enregistrés en fin de mois.

A partir de 1991 les données de l'emploi et du chômage sont basées entièrement sur l'enquête annuelle de la population active.

GERMANY

I - POPULATION

Thousands (annual average estimates)

	1978	1979	1980	1981	1982	1983	1984	1985	1986	1987	1988
POPULATION - DISTRIBUTION BY AGE AND GENDER											
All persons											
Total	61 327	61 359	61 566	61 682	61 638	61 423	61 175	61 024	61 066	*61 077	61 450
Under 15 years	12 009	11 572	11 186	10 803	10 392	9 957	9 539	9 232	9 070	*8 903	9 028
From 15 to 64 years	39 945	40 287	40 828	41 427	41 973	42 390	42 655	42 740	42 798	*42 826	42 960
65 years and over	9 374	9 499	9 551	9 452	9 273	9 077	8 980	9 052	9 198	*9 348	9 462
Males											
Total	29 211	29 252	29 417	29 501	29 482	29 365	29 241	29 181	29 233	*29 323	29 544
Under 15 years	6 145	5 922	5 729	5 533	5 322	5 095	4 877	4 719	4 636	*4 567	4 634
From 15 to 64 years	19 635	19 883	20 251	20 603	20 892	21 104	21 259	21 355	21 454	*21 553	21 678
65 years and over	3 431	3 447	3 435	3 365	3 268	3 166	3 104	3 108	3 143	*3 203	3 232
Females											
Total	32 116	32 106	32 149	32 181	32 156	32 058	31 934	31 843	31 833	*31 754	31 905
Under 15 years	5 864	5 650	5 457	5 270	5 070	4 862	4 662	4 514	4 434	*4 336	4 395
From 15 to 64 years	20 310	20 404	20 577	20 824	21 081	21 286	21 396	21 385	21 344	*21 273	21 282
65 years and over	5 943	6 052	6 116	6 087	6 005	5 911	5 876	5 944	6 055	*6 145	6 229
POPULATION - PERCENTAGES											
All persons											
Total	100.0	100.0	100.0	100.0	100.0	100.0	100.0	100.0	100.0	*100.0	100.0
Under 15 years	19.6	18.9	18.2	17.5	16.9	16.2	15.6	15.1	14.9	*14.6	14.7
From 15 to 64 years	65.1	65.7	66.3	67.2	68.1	69.0	69.7	70.0	70.1	*70.1	69.9
65 years and over	15.3	15.5	15.5	15.3	15.0	14.8	14.7	14.8	15.1	*15.3	15.4
COMPONENTS OF CHANGE IN POPULATION											
a) Population at 1 January	61 353	61 322	61 439	61 658	61 713	61 546	61 307	61 049	61 020	*61 140	61 242
b) Population at 31 December	61 322	61 439	61 658	61 713	61 546	61 307	61 049	61 020	61 140	*61 315	61 715
c) Total increase (b-a)	-31	117	219	55	-167	-239	-258	-29	120	*175	473
d) Births	576	582	621	625	621	594	584	586	626	*642	677
e) Deaths	723	712	714	722	716	718	696	704	702	*687	688
f) Natural increase (d-e)	-147	-130	-93	-97	-95	-124	-112	-118	-76	*-45	-11
g) Net migration	115	246	312	152	-72	-115	-146	89	196	*220	484
h) Statistical adjustments	1	1	0	0	0	0	0	0	0	*0	0
i) Total increase (=f+g+h=c)	-31	117	219	55	-167	-239	-258	-29	120	*175	473
(Components of change in population/ Average population) x1000											
Total increase rates	-0.5	1.9	3.6	0.9	-2.7	-3.9	-4.2	-0.5	2.0	*2.9	7.7
Crude birth rates	9.4	9.5	10.1	10.1	10.1	9.7	9.5	9.6	10.2	*10.5	11.0
Crude death rates	11.8	11.6	11.6	11.7	11.6	11.7	11.4	11.5	11.5	*11.2	11.2
Natural increase rates	-2.4	-2.1	-1.5	-1.6	-1.5	-2.0	-1.8	-1.9	-1.2	*-0.7	-0.2
Net migration rates	1.9	4.0	5.1	2.5	-1.2	-1.9	-2.4	1.5	3.2	*3.6	7.9

I - POPULATION

Milliers (estimations de moyennes annuelles)

1989	1990	1991	1992	1993	1994	1995	1996	1997	1998	
										POPULATION - RÉPARTITION SELON L'AGE ET LE SEXE
										Ensemble des personnes
62 063	63 254	*79 984	80 594	81 179	81 422	81 661	81 896	82 052	82 024	Total
9 260	9 621	*13 012	13 166	13 278	12 981	13 025	13 004	12 763	12 698	Moins de 15 ans
43 258	43 947	*55 302	55 149	55 244	55 549	55 452	55 618	55 778	55 722	De 15 à 64 ans
9 545	9 686	*11 670	12 279	12 657	12 892	13 184	13 274	13 511	13 604	65 ans et plus
										Hommes
29 891	30 583	*38 658	39 060	39 433	39 556	38 718	39 863	39 976	39 912	Total
4 751	4 940	*6 678	6 756	6 816	6 708	5 726	6 717	6 539	6 499	Moins de 15 ans
21 888	22 337	*27 962	27 999	28 117	28 244	28 172	28 230	28 333	28 226	De 15 à 64 ans
3 251	3 306	*4 018	4 305	4 500	4 604	4 820	4 916	5 104	5 187	65 ans et plus
										Femmes
32 171	32 671	*41 327	41 534	41 746	41 866	42 943	42 033	42 076	42 112	Total
4 508	4 681	*6 335	6 409	6 462	6 273	7 299	6 287	6 224	6 199	Moins de 15 ans
21 370	21 610	*27 340	27 151	27 127	27 305	27 280	27 388	27 445	27 496	De 15 à 64 ans
6 293	6 380	*7 652	7 974	8 157	8 288	8 364	8 358	8 407	8 417	65 ans et plus
										POPULATION - POURCENTAGES
										Ensemble des personnes
100.0	100.0	*100.0	100.0	100.0	100.0	100.0	100.0	100.0	100.0	Total
14.9	15.2	*16.3	16.3	16.4	15.9	16.0	15.9	15.6	15.5	Moins de 15 ans
69.7	69.5	*69.1	68.4	68.1	68.2	67.9	67.9	68.0	67.9	De 15 à 64 ans
15.4	15.3	*14.6	15.2	15.6	15.8	16.1	16.2	16.5	16.6	65 ans et plus
										COMPOSANTES DE L'ÉVOLUTION DÉMOGRAPHIQUE
61 715	62 679		*80 275	80 975	81 338	81 539	81 818	82 012	82 057	a) Population au 1er janvier
62 679	63 726		*80 975	81 338	81 539	81 818	82 012	82 057	82 037	b) Population au 31 décembre
964	1 047		*700	363	201	279	194	45	-20	**c) Accroissement total (b-a)**
682	727	*830	809	798	770	765	796	812	785	d) Naissances
698	713	*911	885	897	885	885	883	860	852	e) Décès
-16	14	*-81	-76	-99	-115	-120	-87	-48	-67	**f) Accroissement naturel (d-e)**
977	1 033		*776	462	316	398	282	94	47	g) Solde net des migrations
3	0		*0	0	0	0	0	0	0	h) Ajustements statistiques
964	1 047		*700	363	201	278	195	46	-20	**i) Accroissement total (=f+g+h=c)**
										(Composition de l'évolution démographique/ Population moyenne) x1000
15.5	16.6		*8.7	4.5	2.5	3.4	2.4	0.6	-0.2	Taux d'accroissement total
11.0	11.5		*10.0	9.8	9.5	9.4	9.7	9.9	9.6	Taux bruts de natalité
11.2	11.3		*11.0	11.1	10.9	10.8	10.8	10.5	10.4	Taux bruts de mortalité
-0.3	0.2		*-0.9	-1.2	-1.4	-1.5	-1.1	-0.6	-0.8	Taux d'accroissement naturel
15.7	16.3		*9.6	5.7	3.9	4.9	3.4	1.1	0.6	Taux du solde net des migrations

Statistiques de la Population Active
© OCDE, 1999

GERMANY

II - LABOUR FORCE

Thousands (annual average estimates)

	1978	1979	1980	1981	1982	1983	1984	1985	1986	1987	1988
Total labour force											
All persons	27 212	27 528	27 948	28 305	28 558	28 605	28 659	28 897	29 188	29 386	29 607
Males	16 724	16 880	17 081	17 242	17 399	17 436	17 476	17 576	17 705	17 783	17 815
Females	10 488	10 648	10 866	11 063	11 159	11 169	11 183	11 321	11 483	11 602	11 792
Armed forces											
All persons	530	532	531	535	532	538	524	531	529	531	529
Males	530	532	531	535	532	538	524	531	529	531	529
Females											
Civilian labour force											
All persons	26 682	26 996	27 417	27 770	28 026	28 067	28 135	28 366	28 659	28 855	29 082
Males	16 194	16 348	16 550	16 707	16 867	16 878	16 958	17 045	17 176	17 252	17 284
Females	10 488	10 648	10 866	11 063	11 159	11 169	11 183	11 321	11 483	11 608	11 792
Unemployed											
All persons	993	876	889	1 272	1 833	2 258	2 266	2 304	2 228	2 229	2 242
Males	489	417	426	652	1 021	1 273	1 277	1 289	1 200	1 207	1 199
Females	504	459	462	619	812	985	989	1 015	1 028	1 022	1 043
Civilian employment											
All persons	25 689	26 120	26 528	26 498	26 193	25 809	25 869	26 062	26 431	26 626	26 835
Males	15 705	15 931	16 124	16 055	15 846	15 625	15 675	15 756	15 976	16 045	16 085
Females	9 984	10 189	10 404	10 443	10 347	10 184	10 194	10 306	10 455	10 581	10 750
Civilian employment (%)											
All persons	100.0	100.0	100.0	100.0	100.0	100.0	100.0	100.0	100.0	100.0	100.0
Males	61.1	61.0	60.8	60.6	60.5	60.5	60.6	60.5	60.4	60.3	59.9
Females	38.9	39.0	39.2	39.4	39.5	39.5	39.4	39.5	39.6	39.7	40.1
Unemployment rates (% of civilian labour force)											
All persons	3.7	3.2	3.2	4.6	6.5	8.0	8.1	8.1	7.8	7.7	7.7
Males	3.0	2.6	2.6	3.9	6.1	7.5	7.5	7.6	7.0	7.0	6.9
Females	4.8	4.3	4.3	5.6	7.3	8.8	8.8	9.0	9.0	8.8	8.8
Total labour force (% of total population)											
All persons	44.4	44.9	45.4	45.9	46.3	46.6	46.8	47.4	47.8	*48.1	48.2
Males	57.3	57.7	58.1	58.4	59.0	59.4	59.8	60.2	60.6	*60.6	60.3
Females	32.7	33.2	33.8	34.4	34.7	34.8	35.0	35.6	36.1	*36.5	37.0
Total labour force (% of population from 15-64 years)[1]											
All persons	68.1	68.3	68.5	68.3	68.0	67.5	67.2	67.6	68.2	*68.6	68.9
Males	85.2	84.9	84.3	83.7	83.3	82.6	82.2	82.3	82.5	*82.5	82.2
Females	51.6	52.2	52.8	53.1	52.9	52.5	52.3	52.9	53.8	*54.5	55.4
Civilian employment (% of total population)											
All persons	41.9	42.6	43.1	43.0	42.5	42.0	42.3	42.7	43.3	*43.6	43.7
Part-time employment (%)[2]											
Part-time as % of employment						13.4	11.0	11.0	11.2	11.0	11.4
Male share of part-time employment											
Female share of part-time employment						90.2	90.3	90.3	90.0	90.6	90.5
Male part-time as % of male employment						2.1	1.7	1.7	1.8	1.7	1.8
Female part-time as % of female employment						31.2	25.8	25.4	25.9	25.4	26.4
Duration of unemployment (% of total unemployment)[3]											
Less than 1 month						6.1	6.8	6.3	5.3	5.3	5.8
More than 1 month and less than 3 months						11.2	12.3	11.9	10.8	11.8	12.0
More than 3 months and less than 6 months						16.8	16.0	15.3	16.6	19.1	17.9
More than 6 months and less than 1 year						24.2	20.4	18.8	19.1	15.5	18.1
More than 1 year						41.6	44.5	47.8	48.3	48.2	46.2

(1) Participation rates calculated according to national definitions may differ from those published in this table, when the age group represented in the labour force survey is other than 15-64 years.

(2) Part-time employment refers to persons who work less than 30 hours per week in their main job. Data include only persons declaring usual hours worked.

(3) These percentages only take into account those persons for whom the duration of unemployment is known.

II - POPULATION ACTIVE

Milliers (estimations de moyennes annuelles)

1989	1990	1991	1992	1993	1994	1995	1996	1997	1998	
										Population active totale
29 799	30 369	*39 623	39 526	39 591	39 628	39 507	39 588	39 836	39 804	Ensemble des personnes
17 831	17 965	*22 884	22 804	22 825	22 828	22 665	22 650	22 715	22 460	Hommes
11 968	12 404	*16 739	16 722	16 766	16 800	16 842	16 938	17 121	17 344	Femmes
										Forces armées
524	498	*495	482	452	421	406	408	389	379	Ensemble des personnes
524	498	*495	482	452	421	406	408	389	379	Hommes
										Femmes
										Population active civile
29 275	29 871	*39 128	39 044	39 139	39 207	39 101	39 180	39 447	39 425	Ensemble des personnes
17 307	17 467	*22 389	22 322	22 373	22 407	22 259	22 242	22 326	22 081	Hommes
11 968	12 404	*16 739	16 722	16 766	16 800	16 842	16 938	17 121	17 344	Femmes
										Chômeurs
2 038	1 883	*2 207	2 621	3 113	3 315	3 198	3 499	3 907	3 710	Ensemble des personnes
1 070	968	*1 029	1 208	1 508	1 644	1 618	1 838	2 095	1 921	Hommes
968	915	*1 178	1 413	1 605	1 671	1 580	1 661	1 812	1 789	Femmes
										Population active civile occupée
27 237	27 988	*36 921	36 423	36 026	35 892	35 903	35 681	35 540	35 715	Ensemble des personnes
16 237	16 499	*21 360	21 114	20 865	20 763	20 641	20 404	20 231	20 160	Hommes
11 000	11 489	*15 561	15 309	15 161	15 129	15 262	15 277	15 309	15 555	Femmes
										Population active civile occupée (%)
100.0	100.0	*100.0	100.0	100.0	100.0	100.0	100.0	100.0	100.0	Ensemble des personnes
59.6	59.0	*57.9	58.0	57.9	57.8	57.5	57.2	56.9	56.4	Hommes
40.4	41.0	*42.1	42.0	42.1	42.2	42.5	42.8	43.1	43.6	Femmes
										Taux de chômage (% de la population active civile)
7.0	6.3	*5.6	6.7	8.0	8.5	8.2	8.9	9.9	9.4	Ensemble des personnes
6.2	5.5	*4.6	5.4	6.7	7.3	7.3	8.3	9.4	8.7	Hommes
8.1	7.4	*7.0	8.4	9.6	9.9	9.4	9.8	10.6	10.3	Femmes
										Population active totale (% de la population totale)
48.0	48.0	*49.5	49.0	48.8	48.7	48.4	48.3	48.5	48.5	Ensemble des personnes
59.7	58.7	*59.2	58.4	57.9	57.7	58.5	56.8	56.8	56.3	Hommes
37.2	38.0	*40.5	40.3	40.2	40.1	39.2	40.3	40.7	41.2	Femmes
										Population active totale (% de la population de 15-64 ans)[1]
68.9	69.1	*71.6	71.7	71.7	71.3	71.2	71.2	71.4	71.4	Ensemble des personnes
81.5	80.4	*81.8	81.4	81.2	80.8	80.5	80.2	80.2	79.6	Hommes
56.0	57.4	*61.2	61.6	61.8	61.5	61.7	61.8	62.4	63.1	Femmes
										Population active civile occupée (% de la population totale)
43.9	44.2	*46.2	45.2	44.4	44.1	44.0	43.6	43.3	43.5	Ensemble des personnes
										Emploi à temps partiel (%)[2]
11.6	13.4	*11.8	12.3	12.8	13.5	14.2	14.9	15.8	16.6	Temps partiel en % de l'emploi
										Part des hommes dans le temps partiel
89.6	89.7	*89.4	88.8	88.5	87.1	86.3	85.8	85.1	84.1	Part des femmes dans le temps partiel
2.0	2.3	*2.2	2.4	2.5	3.0	3.4	3.7	4.1	4.6	Temps partiel des hommes en % de l'emploi des hommes
26.6	29.8	*25.2	26.1	27.2	28.0	29.1	29.9	31.4	32.4	Temps partiel des femmes en % de l'emploi des femmes
										Durée du chômage (% du chômage total)[3]
6.0	6.0	*9.2	10.6	12.3	10.7	7.6	7.3	6.5	9.6	Moins de 1 mois
12.4	12.3	*14.8	11.0	9.0	8.0	10.6	9.4	9.2	6.6	Plus de 1 mois et moins de 3 mois
15.2	17.1	*21.8	23.0	18.6	17.6	15.9	17.9	15.8	14.6	Plus de 3 mois et moins de 6 mois
17.3	17.9	*22.6	21.9	19.7	19.5	17.2	17.5	18.3	17.0	Plus de 6 mois et moins de 1 an
49.1	46.8	*31.6	33.5	40.3	44.3	48.7	47.8	50.1	52.2	Plus de 1 an

(1) Les taux d'activité calculés selon les définitions nationales peuvent être différents de ceux publiés dans ce tableau si le groupe d'âges représenté dans l'enquête de la population active est différent de 15-64 ans.

(2) L'emploi à temps partiel se réfère aux actifs travaillant moins de 30 heures par semaine dans leur emploi principal. Les données incluent uniquement les personnes déclarant des heures habituelles de travail.

(3) Ces pourcentages ne prennent en compte que les personnes pour lesquelles la durée du chômage est connue.

Statistiques de la Population Active OECD
© OCDE, 1999 OCDE

GERMANY

III - CIVILIAN EMPLOYMENT

Thousands (annual average estimates)

	1978	1979	1980	1981	1982	1983	1984	1985	1986	1987	1988
PROFESSIONAL STATUS											
All activities	25 689	26 120	26 528	26 498	26 193	25 809	25 869	26 062	26 431	26 626	26 835
Wage earners and salaried employees	22 431	22 940	23 366	23 372	23 107	22 755	22 827	23 028	23 381	23 610	23 834
Employers and persons working on own account	3 258	3 180	2 255	2 260	2 273	2 288	2 314	2 336	2 365	2 367	2 389
Unpaid family workers			907	866	813	766	728	698	685	649	612
Agriculture, hunting, forestry and fishing	1 493	1 410	1 403	1 367	1 321	1 279	1 238	1 195	1 176	1 124	1 076
Wage earners and salaried employees	252	254	254	249	249	248	250	247	242	232	228
Employers and persons working on own account	1 241	1 156	502	493	479	467	455	440	433	418	405
Unpaid family workers			647	625	593	564	533	508	501	474	443
Non-agricultural activities	24 196	24 710	25 125	25 131	24 872	24 530	24 631	24 867	25 255	25 502	25 759
Wage earners and salaried employees	22 179	22 686	23 112	23 123	22 858	22 507	22 577	22 781	23 139	23 378	23 606
Employers and persons working on own account	2 017	2 024	1 753	1 767	1 794	1 821	1 859	1 896	1 932	1 949	1 984
Unpaid family workers			260	241	220	202	195	190	184	175	169
All activities (%)	100.0	100.0	100.0	100.0	100.0	100.0	100.0	100.0	100.0	100.0	100.0
Wage earners and salaried employees	87.3	87.8	88.1	88.2	88.2	88.2	88.2	88.4	88.5	88.7	88.8
Others			11.9	11.8	11.8	11.8	11.8	11.6	11.5	11.3	11.2
BREAKDOWN BY ACTIVITIES											
I.S.I.C. Major Divisions											
1 to 0 All activities	25 689	26 120	26 528	26 498	26 193	25 809	25 869	26 062	26 431	26 626	26 835
1 Agriculture, hunting, forestry and fishing	1 493	1 410	1 403	1 367	1 321	1 279	1 238	1 195	1 176	1 124	1 076
2 Mining and quarrying			249	250	247	243	232	226	222	218	210
3 Manufacturing	11 385	11 534	9 001	8 831	8 570	8 287	8 288	8 406	8 518	8 508	8 481
4 Electricity, gas and water			215	217	219	212	241	243	246	248	251
5 Construction			2 127	2 085	1 993	1 947	1 884	1 809	1 785	1 770	1 775
6 Wholesale and retail trade; restaurants and hotels			4 083	4 122	4 103	4 125	4 188	4 227	4 278	4 308	4 373
7 Transport, storage and communication			1 572	1 575	1 562	1 534	1 522	1 530	1 548	1 565	1 577
8 Financing, insurance, real estate and business services	12 811	13 176	1 540	1 610	1 649	1 811	1 764	1 880	1 987	2 030	2 074
9 Community, social and personal services			6 339	6 442	6 530	6 372	6 512	6 549	6 671	6 856	7 017
0 Activities not adequately defined			0	0	0	0	0	0	0	0	0
WAGE EARNERS AND SALARIED EMPLOYEES BY ACTIVITIES											
I.S.I.C. Major Divisions											
1 to 0 All activities	22 431	22 940	23 366	23 372	23 107	22 755	22 827	23 028	23 381	23 610	23 834
1 Agriculture, hunting, forestry and fishing	252	254	254	249	249	248	250	247	242	232	228
2 Mining and quarrying			248	249	246	242	231	226	222	218	208
3 Manufacturing	10 844	10 987	8 603	8 449	8 196	7 917	7 913	8 026	8 139	8 149	8 124
4 Electricity, gas and water			215	215	219	212	241	242	244	248	250
5 Construction			1 931	1 889	1 795	1 760	1 704	1 624	1 604	1 588	1 589
6 Wholesale and retail trade; restaurants and hotels			3 268	3 310	3 302	3 289	3 325	3 347	3 400	3 425	3 493
7 Transport, storage and communication			1 491	1 496	1 484	1 456	1 444	1 452	1 467	1 482	1 494
8 Financing, insurance, real estate and business services	11 335	11 699	1 308	1 370	1 394	1 556	1 488	1 572	1 657	1 693	1 712
9 Community, social and personal services			6 048	6 144	6 221	6 076	6 230	6 293	6 406	6 576	6 736
0 Activities not adequately defined											

III - POPULATION ACTIVE CIVILE OCCUPÉE

Milliers (estimations de moyennes annuelles)

1989	1990	1991	1992	1993	1994	1995	1996	1997	1998	
										SITUATION DANS LA PROFESSION
27 237	27 988	*36 917	36 425	36 022	35 892	35 903	35 681	35 540	35 715	**Toutes activités**
24 226	24 962	*33 351	32 807	32 357	32 095	32 046	31 844	31 671	31 791	Salariés
2 431	2 481	*3 042	3 089	3 182	3 308	3 370	3 447	3 516	3 566	Employeurs et personnes travaillant à leur compte
580	545	*524	529	483	489	487	390	353	358	Travailleurs familiaux non rémunérés
1 025	990	*1 566	1 381	1 262	1 199	1 153	1 074	1 035	1 013	**Agriculture, chasse, sylviculture et pêche**
223	226	*794	637	553	537	528	546	545	531	Salariés
394	389	*413	400	395	374	366	335	325	319	Employeurs et personnes travaillant à leur compte
408	375	*359	344	314	288	259	193	165	163	Travailleurs familiaux non rémunérés
26 212	26 998	*35 351	35 044	34 760	34 693	34 750	34 607	34 505	34 702	**Activités non agricoles**
24 003	24 736	*32 557	32 170	31 804	31 558	31 518	31 298	31 126	31 260	Salariés
2 037	2 092	*2 629	2 689	2 787	2 934	3 004	3 112	3 191	3 247	Employeurs et personnes travaillant à leur compte
172	170	*165	185	169	201	228	197	188	195	Travailleurs familiaux non rémunérés
100.0	100.0	*100.0	100.0	100.0	100.0	100.0	100.0	100.0	100.0	**Toutes activités (%)**
88.9	89.2	*90.3	90.1	89.8	89.4	89.3	89.2	89.1	89.0	Salariés
11.1	10.8	*9.7	9.9	10.2	10.6	10.7	10.8	10.9	11.0	Autres
										RÉPARTITION PAR BRANCHES D'ACTIVITÉS
										C.I.T.I. Branches
27 237	27 988	*36 921	36 423	36 026	35 892	35 903	35 681	35 540	35 715	**1 à 0 Toutes activités**
1 025	990	*1 566	1 381	1 262	1 199	1 153	1 074	1 035	1 013	1 Agriculture, chasse, sylviculture et pêche
200	190	*391	353	307	267	262	223	208	196	2 Industries extractives
8 596	8 841	*11 631	10 807	10 253	9 700	9 140	8 653	8 527	8 605	3 Industries manufacturières
251	254	*404	402	394	376	363	340	330	329	4 Électricité, gaz et eau
1 795	1 847	*2 635	2 825	2 958	3 131	3 356	3 411	3 308	3 204	5 Bâtiment et travaux publics
4 450	4 636	*5 305	5 349	5 321	5 418	6 153	6 253	6 253	6 275	6 Commerce de gros et de détail; restaurants et hôtels
1 596	1 620	*2 302	2 257	2 225	2 184	2 114	1 982	1 935	1 934	7 Transports, entrepôts et communications
2 172	2 375	*2 802	2 934	3 074	3 180	3 603	3 628	3 732	3 840	8 Banques, assurances, affaires immobilières et services fournis aux entreprises
7 152	7 235	*9 885	10 115	10 232	10 437	9 759	10 117	10 212	10 319	9 Services fournis à la collectivité, services sociaux et services personnels
0	0	*0	0	0	0	0	0	0	0	0 Activités mal désignées
										SALARIÉS (OUVRIERS ET EMPLOYÉS) PAR ACTIVITÉS
										C.I.T.I. Branches
24 226	24 962	*33 367	32 806	32 354	32 095	32 046	31 844	31 671	31 791	**1 à 0 Toutes activités**
223	226	*794	637	553	537	528	546	545	531	1 Agriculture, chasse, sylviculture et pêche
199	189	*388	352	304	265	257	219	204	193	2 Industries extractives
8 225	8 462	*11 165	10 321	9 757	9 190	8 659	8 203	8 080	8 157	3 Industries manufacturières
251	254	*402	399	391	373	358	336	328	325	4 Électricité, gaz et eau
1 606	1 661	*2 383	2 545	2 670	2 824	3 031	3 048	2 940	2 832	5 Bâtiment et travaux publics
3 572	3 735	*4 424	4 465	4 434	4 502	5 167	5 229	5 226	5 248	6 Commerce de gros et de détail; restaurants et hôtels
1 512	1 535	*2 173	2 127	2 092	2 040	1 969	1 846	1 794	1 788	7 Transports, entrepôts et communications
1 799	1 949	*2 327	2 425	2 532	2 587	2 987	2 992	3 058	3 137	8 Banques, assurances, affaires immobilières et services fournis aux entreprises
6 840	6 951	*9 311	9 535	9 621	9 777	9 090	9 425	9 496	9 580	9 Services fournis à la collectivité, services sociaux et services personnels
										0 Activités mal désignées

Sources:

1. *Stastical Yearbook of Greece* (National Statistical Service of Greece).
2. *Monthly Statistical Bulletin* (National Statistical Service of Greece, monthly/mensuelle).
3. *Annual Industrial Survey for the Year* (National Statistical Service of Greece).
4. Center of Planning and Economic Research.

I. POPULATION

Sources: National sources 1 and 2 and answers to the annual questionnaire sent out by the Directorate for Education, Employment, Labour and Social Affairs of the OECD.

Coverage: Present in area population (*de facto*) at the time of the census; including civilian aliens resident in the country, foreign diplomatic personnel located in the country and foreign armed forces stationed in the country; excluding national armed forces stationed abroad, merchant seamen at sea, diplomatic personnel located abroad and other civilian nations temporarily abroad.

Date of reference: Official mid-year estimates.

Notes: Figures have been adjusted in line with the censuses taken in 1971 (l4th March), in 1981 (5th April) and in 1991 (17th March).

II. TOTAL LABOUR FORCE

III. CIVILIAN EMPLOYMENT

Sources: National sources 1 and 3, answers to the annual questionnaire sent out by the Directorate for Education, Employment, Labour and Social Affairs of the OECD and data transmitted directly to the OECD.

Data since 1977:

Sources: National source 3; direct information and corresponding estimates provided to the Statistical office of the EU.

Method of computation: Estimates computed from the annual labour force sample surveys; the figures are completed or revised following the last census results.

I. POPULATION

Sources : Sources nationales 1 et 2 et réponses au questionnaire annuel de la Direction de l'education, de l'emploi, de la main-d'oeuvre et des affaires sociales de l'OCDE.

Champ couvert : Population présente (*de facto*) à la date du recensement ; y compris les civils étrangers résidents dans le pays, le personnel diplomatique étranger et les forces armées étrangères stationnées dans le pays ; non compris les forces armées nationales stationnées à l'étranger, les marins marchands sur mer, le personnel diplomatique à l'étranger et les nationaux civils temporairement à l'étranger.

Date de référence : Estimations officielles en milieu d'année.

Notes : Les données ont été établies en fonction des résultats des recensements effectués en 1971 (4 mars), en 1981 (5 avril) et en 1991 (17 mars).

II. POPULATION ACTIVE

III. POPULATION ACTIVE CIVILE OCCUPÉE

Sources : Sources nationales 1 et 3, réponses au questionnaire annuel de la Direction de l'education, de l'emploi, de la main-d'oeuvre et des affaires sociales de l'OCDE et données transmises directement à l'OCDE.

Données depuis 1977:

Sources : Source nationale 3 ; information directe et estimations correspondantes fournies à l'Office statistique de la UE.

Méthode de calcul : Estimations établies d'après les enquêtes annuelles par sondages sur la population active ; ces estimations sont complétées ou ajustées d'après les résultats du dernier recensement.

GREECE

I - POPULATION

Thousands (mid-year estimates)

	1978	1979	1980	1981	1982	1983	1984	1985	1986	1987	1988
POPULATION - DISTRIBUTION BY AGE AND GENDER											
All persons											
Total	9 430	9 548	9 642	9 730	9 790	9 847	9 896	9 934	9 964	9 984	10 005
Under 15 years	2 205	2 214	2 200	2 178	2 156	2 131	2 107	2 075	2 041	2 011	1 980
From 15 to 64 years	6 011	6 088	6 175	6 268	6 337	6 409	6 473	6 531	6 580	6 618	6 658
65 years and over	1 214	1 246	1 267	1 284	1 297	1 307	1 316	1 328	1 343	1 355	1 366
Males											
Total	4 620	4 682	4 733	4 781	4 813	4 842	4 867	4 887	4 902	4 912	4 922
Under 15 years	1 139	1 143	1 137	1 125	1 114	1 101	1 088	1 072	1 055	1 040	1 024
From 15 to 64 years	2 941	2 984	3 032	3 085	3 123	3 164	3 201	3 234	3 259	3 278	3 301
65 years and over	540	555	562	571	576	577	578	581	588	593	597
Females											
Total	4 810	4 866	4 909	4 949	4 977	5 005	5 029	5 047	5 062	5 072	5 083
Under 15 years	1 067	1 071	1 063	1 053	1 042	1 030	1 019	1 003	986	971	956
From 15 to 64 years	3 069	3 104	3 143	3 183	3 214	3 245	3 272	3 297	3 321	3 340	3 357
65 years and over	674	691	703	713	721	730	738	747	755	761	769
POPULATION - PERCENTAGES											
All persons											
Total	100.0	100.0	100.0	100.0	100.0	100.0	100.0	100.0	100.0	100.0	100.0
Under 15 years	23.4	23.2	22.8	22.4	22.0	21.6	21.3	20.9	20.5	20.1	19.8
From 15 to 64 years	63.7	63.8	64.0	64.4	64.7	65.1	65.4	65.7	66.0	66.3	66.5
65 years and over	12.9	13.0	13.1	13.2	13.2	13.3	13.3	13.4	13.5	13.6	13.7
COMPONENTS OF CHANGE IN POPULATION											
a) Population at 1 January	9 350	9 480	9 588	9 698	9 760	9 821	9 872	9 920	9 950	9 985	10 016
b) Population at 31 December	9 480	9 589	9 698	9 760	9 821	9 872	9 920	9 949	9 985	10 016	10 058
c) Total increase (b-a)	130	109	110	62	61	51	48	29	35	31	42
d) Births	147	148	148	140	137	132	126	117	113	106	108
e) Deaths	82	82	87	86	86	91	88	93	92	95	93
f) Natural increase (d-e)	65	66	61	54	51	41	38	24	21	11	15
g) Net migration	65	43	50	7	10	9	10	6	15	20	27
h) Statistical adjustments	0	0	-1	1	0	1	0	-1	-1	0	0
i) Total increase (=f+g+h=c)	130	109	110	62	61	51	48	29	35	31	42
(Components of change in population/ Average population) x1000											
Total increase rates	13.8	11.4	11.4	6.4	6.2	5.2	4.9	2.9	3.5	3.1	4.2
Crude birth rates	15.6	15.5	15.3	14.4	14.0	13.4	12.7	11.8	11.3	10.6	10.8
Crude death rates	8.7	8.6	9.0	8.8	8.8	9.2	8.9	9.4	9.2	9.5	9.3
Natural increase rates	6.9	6.9	6.3	5.6	5.2	4.2	3.8	2.4	2.1	1.1	1.5
Net migration rates	6.9	4.5	5.2	0.7	1.0	0.9	1.0	0.6	1.5	2.0	2.7

I - POPULATION

Milliers (estimations au milieu de l'année)

1989	1990	1991	1992	1993	1994	1995	1996	1997	1998	
										POPULATION - RÉPARTITION SELON L'AGE ET LE SEXE
										Ensemble des personnes
10 038	10 089	10 200	10 322	10 380	10 426	10 454	10 465	10 497		Total
1 947	1 912	1 881	1 891	1 851	1 808	1 761	1 737			Moins de 15 ans
6 705	6 761	6 866	6 940	6 993	7 036	7 064	7 075			De 15 à 64 ans
1 386	1 416	1 453	1 491	1 536	1 582	1 629	1 653			65 ans et plus
										Hommes
4 941	4 968	5 024	5 091	5 124	5 148	5 160	5 165			Total
1 007	988	971	973	952	930	906	894			Moins de 15 ans
3 330	3 363	3 420	3 459	3 491	3 516	3 531	3 537			De 15 à 64 ans
604	617	634	659	681	702	724	734			65 ans et plus
										Femmes
5 097	5 120	5 176	5 231	5 256	5 278	5 294	5 300			Total
941	924	910	919	899	878	855	843			Moins de 15 ans
3 375	3 398	3 446	3 481	3 501	3 520	3 533	3 539			De 15 à 64 ans
781	799	819	831	856	880	905	918			65 ans et plus
										POPULATION - POURCENTAGES
										Ensemble des personnes
100.0	100.0	100.0	100.0	100.0	100.0	100.0	100.0	100.0		Total
19.4	19.0	18.4	18.3	17.8	17.3	16.8	16.6			Moins de 15 ans
66.8	67.0	67.3	67.2	67.4	67.5	67.6	67.6			De 15 à 64 ans
13.8	14.0	14.2	14.4	14.8	15.2	15.6	15.8			65 ans et plus
										COMPOSANTES DE L'ÉVOLUTION DÉMOGRAPHIQUE
10 058	10 121	10 200	10 295	10 349	10 410	10 443	10 465	10 487	10 508	a) Population au 1er janvier
10 121	10 200	10 295	10 349	10 410	10 443	10 465	10 487	10 508		b) Population au 31 décembre
63	79	95	54	61	33	22	22	21		**c) Accroissement total (b-a)**
102	102	103	104	102	104	101	102			d) Naissances
93	94	95	98	97	98	100	101			e) Décès
9	8	8	6	5	6	1	1			**f) Accroissement naturel (d-e)**
54	71	87	49	56	27	21	22			g) Solde net des migrations
0	0	0	-1	0	0	0	-1			h) Ajustements statistiques
63	79	95	54	61	33	22	22			**i) Accroissement total (=f+g+h=c)**
										(Composition de l'évolution démographique/ Population moyenne) x1000
6.2	7.8	9.3	5.2	5.9	3.2	2.1	2.1			Taux d'accroissement total
10.1	10.0	10.1	10.1	9.8	10.0	9.7	9.7			Taux bruts de natalité
9.2	9.3	9.3	9.5	9.3	9.4	9.6	9.6			Taux bruts de mortalité
0.9	0.8	0.8	0.6	0.5	0.6	0.1	0.1			Taux d'accroissement naturel
5.4	7.0	8.5	4.7	5.4	2.6	2.0	2.1			Taux du solde net des migrations

Statistiques de la Population Active
© OCDE, 1999

GREECE

II - LABOUR FORCE

Thousands

	1978	1979	1980	1981	1982	1983	1984	1985	1986	1987	1988
Total labour force											
All persons	3 337	3 375	3 451	3 680	3 717	3 842	3 868	3 892	3 888	3 884	3 961
Males	2 321	2 358	2 414	2 505	2 548	2 532	2 529	2 513	2 505	2 490	2 501
Females	1 016	1 017	1 037	1 175	1 169	1 310	1 339	1 379	1 383	1 394	1 460
Armed forces											
All persons											
Males											
Females											
Civilian labour force											
All persons	3 337	3 375	3 451	3 680	3 717	3 842	3 868	3 892	3 888	3 884	3 961
Males	2 321	2 358	2 414	2 505	2 548	2 532	2 529	2 513	2 505	2 490	2 501
Females	1 016	1 017	1 037	1 175	1 169	1 310	1 339	1 379	1 383	1 394	1 460
Unemployed											
All persons	61	64	95	149	215	302	315	304	287	286	304
Males	31	31	52	82	121	148	152	142	127	128	122
Females	30	33	43	67	94	154	163	162	160	158	182
Civilian employment											
All persons	3 276	3 311	3 356	3 531	3 502	3 540	3 553	3 588	3 601	3 598	3 657
Males	2 290	2 327	2 362	2 423	2 427	2 384	2 376	2 371	2 378	2 362	2 380
Females	986	984	994	1 108	1 075	1 156	1 177	1 217	1 223	1 236	1 278
Civilian employment (%)											
All persons	100.0	100.0	100.0	100.0	100.0	100.0	100.0	100.0	100.0	100.0	100.0
Males	69.9	70.3	70.4	68.6	69.3	67.3	66.9	66.1	66.0	65.6	65.1
Females	30.1	29.7	29.6	31.4	30.7	32.7	33.1	33.9	34.0	34.4	34.9
Unemployment rates (% of civilian labour force)											
All persons	1.8	1.9	2.8	4.0	5.8	7.9	8.1	7.8	7.4	7.4	7.7
Males	1.3	1.3	2.2	3.3	4.7	5.8	6.0	5.7	5.1	5.1	4.9
Females	3.0	3.2	4.1	5.7	8.0	11.8	12.2	11.7	11.6	11.3	12.5
Total labour force (% of total population)											
All persons	35.4	35.3	35.8	37.8	38.0	39.0	39.1	39.2	39.0	38.9	39.6
Males	50.2	50.4	51.0	52.4	52.9	52.3	52.0	51.4	51.1	50.7	50.8
Females	21.1	20.9	21.1	23.7	23.5	26.2	26.6	27.3	27.3	27.5	28.7
Total labour force (% of population from 15-64 years)[1]											
All persons	55.5	55.4	55.9	58.7	58.7	59.9	59.8	59.6	59.1	58.7	59.5
Males	78.9	79.0	79.6	81.2	81.6	80.0	79.0	77.7	76.9	76.0	75.8
Females	33.1	32.8	33.0	36.9	36.4	40.4	40.9	41.8	41.6	41.7	43.5
Civilian employment (% of total population)											
All persons	34.7	34.7	34.8	36.3	35.8	36.0	35.9	36.1	36.1	36.0	36.6
Part-time employment (%)[2]											
Part-time as % of employment						7.0	6.7	5.8	6.8	6.4	6.9
Male share of part-time employment						40.6	40.8	37.0	40.8	36.8	37.5
Female share of part-time employment						59.4	59.2	63.0	59.2	63.2	62.5
Male part-time as % of male employment						4.2	4.1	3.2	4.2	3.6	4.0
Female part-time as % of female employment						12.7	11.9	10.8	11.8	11.9	12.4
Duration of unemployment (% of total unemployment)[3]											
Less than 1 month						10.0	8.3	7.6	7.1	5.7	6.0
More than 1 month and less than 3 months						9.7	9.9	8.5	9.4	8.5	8.2
More than 3 months and less than 6 months						21.9	21.1	20.0	19.0	19.0	16.2
More than 6 months and less than 1 year						25.2	23.1	20.1	22.1	22.4	23.5
More than 1 year						33.2	37.5	43.8	42.4	44.4	46.1

See notes for dates of reference.
Data since 1977: estimates computed from the annual labour force survey, conducted at the
second quarter of each year.

(1) Participation rates calculated according to national definitions may differ from those published in this table, when the age group represented in the labour force survey is other than 15-64 years.

(2) Part-time employment refers to persons who work less than 30 hours per week in their main job. Data include only persons declaring usual hours worked.

(3) These percentages only take into account those persons for whom the duration of unemployment is known.

GRÈCE

II - POPULATION ACTIVE

Milliers

1989	1990	1991	1992	1993	1994	1995	1996	1997	1998	
										Population active totale
3 967	4 000	3 934	4 034	4 118	4 193	4 248	4 318	4 294		Ensemble des personnes
2 500	2 517	2 528	2 541	2 584	2 623	2 628	2 637	2 612		Hommes
1 467	1 483	1 406	1 493	1 534	1 571	1 620	1 681	1 682		Femmes
										Forces armées
										Ensemble des personnes
										Hommes
										Femmes
										Population active civile
3 967	4 000	3 934	4 034	4 118	4 193	4 248	4 318	4 294		Ensemble des personnes
2 500	2 517	2 528	2 541	2 584	2 623	2 628	2 637	2 612		Hommes
1 467	1 483	1 406	1 493	1 534	1 571	1 620	1 681	1 682		Femmes
										Chômeurs
296	281	301	350	398	404	425	446	440		Ensemble des personnes
115	107	121	138	164	170	176	167	173		Hommes
181	174	180	212	234	234	249	279	267		Femmes
										Population active civile occupée
3 671	3 719	3 632	3 685	3 720	3 790	3 824	3 872	3 854		Ensemble des personnes
2 386	2 409	2 407	2 403	2 419	2 452	2 452	2 470	2 439		Hommes
1 285	1 310	1 226	1 281	1 301	1 337	1 372	1 402	1 415		Femmes
										Population active civile occupée (%)
100.0	100.0	100.0	100.0	100.0	100.0	100.0	100.0	100.0		Ensemble des personnes
65.0	64.8	66.3	65.2	65.0	64.7	64.1	63.8	63.3		Hommes
35.0	35.2	33.8	34.8	35.0	35.3	35.9	36.2	36.7		Femmes
										Taux de chômage (% de la population active civile)
7.5	7.0	7.7	8.7	9.7	9.6	10.0	10.3	10.3		Ensemble des personnes
4.6	4.3	4.8	5.4	6.3	6.5	6.7	6.3	6.6		Hommes
12.3	11.7	12.8	14.2	15.3	14.9	15.4	16.6	15.9		Femmes
										Population active totale (% de la population totale)
39.5	39.6	38.6	39.1	39.7	40.2	40.6	41.3	40.9		Ensemble des personnes
50.6	50.7	50.3	49.9	50.4	51.0	50.9	51.1			Hommes
28.8	29.0	27.2	28.5	29.2	29.8	30.6	31.7			Femmes
										Population active totale (% de la population de 15-64 ans)[1]
59.2	59.2	57.3	58.1	58.9	59.6	60.1	61.0			Ensemble des personnes
75.1	74.8	73.9	73.5	74.0	74.6	74.4	74.6			Hommes
43.5	43.6	40.8	42.9	43.8	44.6	45.9	47.5			Femmes
										Population active civile occupée (% de la population totale)
36.6	36.9	35.6	35.7	35.8	36.4	36.6	37.0	36.7		Ensemble des personnes
										Emploi à temps partiel (%)[2]
6.6	6.7	6.8	7.1	7.0	7.8	7.7	8.0	8.2	9.2	Temps partiel en % de l'emploi
38.2	38.9	40.1	40.3	39.6	40.8	38.6	37.5	37.0	36.4	Part des hommes dans le temps partiel
61.8	61.1	59.9	59.7	60.4	59.2	61.4	62.5	63.0	63.6	Part des femmes dans le temps partiel
3.9	4.0	4.1	4.4	4.3	4.9	4.7	4.7	4.8	5.3	Temps partiel des hommes en % de l'emploi des hommes
11.6	11.5	12.0	12.2	12.1	13.1	13.2	13.8	14.1	15.9	Temps partiel des femmes en % de l'emploi des femmes
										Durée du chômage (% du chômage total)[3]
5.4	4.3	5.0	6.9	6.3	5.5	5.3	5.4	5.2	5.8	Moins de 1 mois
7.1	6.9	7.7	9.0	9.6	7.9	8.1	7.1	6.1	8.3	Plus de 1 mois et moins de 3 mois
16.7	16.8	15.8	13.7	13.1	13.8	14.0	12.7	12.1	18.6	Plus de 3 mois et moins de 6 mois
20.4	22.2	23.9	20.7	20.2	22.4	21.2	18.0	20.9	15.1	Plus de 6 mois et moins de 1 an
50.4	49.8	47.6	49.7	50.9	50.5	51.4	56.7	55.7	52.2	Plus de 1 an

Voir les notes pour les dates de référence.
Données depuis 1977 : estimations établies d'après les enquêtes annuelles par sondage sur la population active effectuées au cours du deuxième trimestre de chaque année.

(1) Les taux d'activité calculés selon les définitions nationales peuvent être différents de ceux publiés dans ce tableau si le groupe d'âges représenté dans l'enquête de la population active est différent de 15-64 ans.

(2) L'emploi à temps partiel se réfère aux actifs travaillant moins de 30 heures par semaine dans leur emploi principal. Les données incluent uniquement les personnes déclarant des heures habituelles de travail.

(3) Ces pourcentages ne prennent en compte que les personnes pour lesquelles la durée du chômage est connue.

Statistiques de la Population Active
© OCDE, 1999

GREECE

III - CIVILIAN EMPLOYMENT

Thousands

	1978	1979	1980	1981	1982	1983	1984	1985	1986	1987	1988
PROFESSIONAL STATUS											
All activities	3 276	3 311	3 356	3 531	3 502	3 540	3 553	3 588	3 601	3 598	3 657
Wage earners and salaried employees	1 574	1 608	1 668	1 699	1 720	1 713	1 744	1 770	1 774	1 794	1 845
Employers and persons working on own account	1 702	1 703	1 688	1 337	1 363	1 294	1 271	1 290	1 272	1 275	1 287
Unpaid family workers				495	419	534	538	528	554	529	526
Agriculture, hunting, forestry and fishing	1 049	1 020	1 016	1 083	1 011	1 060	1 044	1 037	1 026	971	972
Wage earners and salaried employees	57	49	51	35	32	44	39	42	40	38	36
Employers and persons working on own account	992	971	965	657	670	603	587	597	564	547	550
Unpaid family workers				391	309	413	417	398	422	386	386
Non-agricultural activities	2 227	2 291	2 340	2 448	2 491	2 480	2 509	2 551	2 575	2 627	2 685
Wage earners and salaried employees	1 517	1 559	1 617	1 664	1 688	1 669	1 705	1 728	1 734	1 756	1 809
Employers and persons working on own account	710	732	723	680	693	691	684	693	708	728	737
Unpaid family workers				104	110	121	121	130	132	143	140
All activities (%)	100.0	100.0	100.0	100.0	100.0	100.0	100.0	100.0	100.0	100.0	100.0
Wage earners and salaried employees	48.0	48.6	49.7	48.1	49.1	48.4	49.1	49.3	49.3	49.9	50.5
Others				51.9	50.9	51.6	50.9	50.7	50.7	50.1	49.6
BREAKDOWN BY ACTIVITIES											
I.S.I.C. Major Divisions											
1 to 0 All activities	3 276	3 311	3 356	3 531	3 502	3 541	3 553	3 588	3 601	3 598	3 657
1 Agriculture, hunting, forestry and fishing	1 049	1 020	1 016	1 083	1 011	1 060	1 044	1 037	1 026	971	972
2 Mining and quarrying				19	17	29	26	29	24	24	22
3 Manufacturing				681	674	679	679	679	718	716	707
4 Electricity, gas and water				30	35	29	30	32	35	35	35
5 Construction				293	295	276	254	243	235	232	232
6 Wholesale and retail trade; restaurants and hotels				529	525	536	548	571	562	592	601
7 Transport, storage and communication				274	275	250	261	250	237	244	242
8 Financing, insurance, real estate and business services				117	129	123	128	133	139	145	160
9 Community, social and personal services				504	538	556	582	614	623	637	686
0 Activities not adequately defined				1	2	1	1	1	1	1	1
WAGE EARNERS AND SALARIED EMPLOYEES BY ACTIVITIES											
I.S.I.C. Major Divisions											
1 to 0 All activities	1 574	1 608	1 668	1 699	1 720	1 713	1 744	1 770	1 774	1 794	1 845
1 Agriculture, hunting, forestry and fishing	57	49	51	35	32	44	39	42	40	38	36
2 Mining and quarrying	15	16	15	18	16	28	24	28	23	23	22
3 Manufacturing	438	448	467	485	473	470	475	471	500	492	489
4 Electricity, gas and water	27	26	29	30	35	29	29	31	35	35	35
5 Construction	221	231	234	217	218	195	186	170	164	163	155
6 Wholesale and retail trade; restaurants and hotels	163	166	172	188	182	193	197	205	194	208	215
7 Transport, storage and communication	189	190	194	202	204	183	196	185	172	176	177
8 Financing, insurance, real estate and business services	67	69	91	73	85	76	78	83	88	91	101
9 Community, social and personal services	397	413	415	450	471	494	519	554	557	567	614
0 Activities not adequately defined	0	0		1	2	1	1	1	1	1	1

III - POPULATION ACTIVE CIVILE OCCUPÉE

Milliers

1989	1990	1991	1992	1993	1994	1995	1996	1997	1998	
										SITUATION DANS LA PROFESSION
3 671	3 719	3 632	3 685	3 720	3 790	3 824	3 872	3 854		**Toutes activités**
1 888	1 947	1 931	1 938	1 981	2 018	2 060	2 101	2 111		Salariés
1 259	1 293	1 279	1 302	1 288	1 304	1 290	1 304	1 283		Employeurs et personnes travaillant à leur compte
524	480	423	446	451	468	474	466	460		Travailleurs familiaux non rémunérés
930	889	807	807	794	790	782	786	765		**Agriculture, chasse, sylviculture et pêche**
39	35	30	29	36	29	39	35	31		Salariés
514	518	487	486	463	464	447	457	449		Employeurs et personnes travaillant à leur compte
377	337	290	292	295	297	296	294	285		Travailleurs familiaux non rémunérés
2 741	2 830	2 825	2 878	2 926	3 000	3 042	3 086	3 089		**Activités non agricoles**
1 849	1 912	1 901	1 909	1 945	1 989	2 021	2 066	2 081		Salariés
745	775	792	816	825	840	843	848	834		Employeurs et personnes travaillant à leur compte
147	143	133	154	156	171	178	172	175		Travailleurs familiaux non rémunérés
100.0	100.0	100.0	100.0	100.0	100.0	100.0	100.0	100.0		**Toutes activités (%)**
51.4	52.4	53.2	52.6	53.3	53.2	53.9	54.3	54.8		Salariés
48.6	47.7	46.9	47.4	46.7	46.8	46.1	45.7	45.2		Autres
										RÉPARTITION PAR BRANCHES D'ACTIVITÉS
										C.I.T.I. Branches
3 671	3 719	3 632	3 685	3 720	3 790	3 824	3 872	3 854		**1 à 0 Toutes activités**
930	889	807	807	794	790	782	786	765		1 Agriculture, chasse, sylviculture et pêche
21	23	19	18	19	16	16	17	17		2 Industries extractives
715	720	699	699	580	578	578	576	559		3 Industries manufacturières
36	37	37	37	40	41	42	41	41		4 Électricité, gaz et eau
239	252	246	246	261	261	252	252	249		5 Bâtiment et travaux publics
624	654	660	687	792	814	849	858	872		6 Commerce de gros et de détail; restaurants et hôtels
241	249	252	250	249	252	248	254	247		7 Transports, entrepôts et communications
169	184	193	201	221	231	241	249	257		8 Banques, assurances, affaires immobilières et services fournis aux entreprises
695	710	720	740	765	807	817	839	847		9 Services fournis à la collectivité, services sociaux et services personnels
1	2	0	0	0	0	0	0	0		0 Activités mal désignées
										SALARIÉS (OUVRIERS ET EMPLOYÉS) PAR ACTIVITÉS
										C.I.T.I. Branches
1 888	1 947	1 931	1 938	1 981	2 018	2 060	2 101	2 111		**1 à 0 Toutes activités**
39	35	30	29	36	29	39	35	31		1 Agriculture, chasse, sylviculture et pêche
21	22	19	17	17	14	15	16	17		2 Industries extractives
492	493	473	467	403	403	398	400	386		3 Industries manufacturières
36	37	36	37	40	40	41	41	41		4 Électricité, gaz et eau
161	168	163	155	161	158	155	152	153		5 Bâtiment et travaux publics
234	258	267	281	323	326	354	373	382		6 Commerce de gros et de détail; restaurants et hôtels
176	185	184	182	178	181	179	183	179		7 Transports, entrepôts et communications
105	114	117	119	140	146	153	156	165		8 Banques, assurances, affaires immobilières et services fournis aux entreprises
625	636	642	652	690	719	726	744	758		9 Services fournis à la collectivité, services sociaux et services personnels
1	2	0	0	0	0	0	0	0		0 Activités mal désignées

Sources:

1. *Statistical Yearbook of Hungary.*
2. *Labour Force Survey* (Yearly/Annuelle).

I. POPULATION

Sources: National source 1.

Coverage: Resident population including civilian aliens temporarily in the country.

Date of reference: Mid-year estimates.

Notes: The nature of the census data and other sources from which the components of change in population are derived precludes the calculation of net migration. Consequently, the change in population should match the natural increase. The large statistical discrepancy 1981 to 1989 is due to the fact that population figures were revised; the natural increase and change in population are no longer comparable.

II. TOTAL LABOUR FORCE
III. CIVILIAN EMPLOYMENT

Sources: National source 2.

Coverage: All employment figures exclude those on child care leave. The nature of child care leave is rather different from practice in other OECD countries and is therefore excluded from employment to improve the international comparability of data.

Date of reference: Annual averages.

Notes: Civilian labour force includes permanent members of the armed forces from 1992 to 1995 inclusive.

Those classified as working in co-operatives in the labour force survey have been classified as wage earners and salaried employees. Although standard definitions imply that such individuals should be classified as self-employed, co-operative enterprises in Hungary differ from those existing in other OECD countries to such an extent that this classification is more appropriate.

Those classified as members of partnerships in the labour force survey are included as employers and persons working on own account.

I. POPULATION

Sources : Source nationale 1.

Champ couvert : Population résidante y compris les civils étrangers temporairement présents.

Date de référence : Estimations en milieu d'année.

Notes : La nature des données de recensements et celles d'autres sources à partir desquelles sont calculées l'évolution des composantes de la population empêche le calcul de la migration nette. Par conséquent la variation de la population doit coïncider avec l'accroissement naturel. L'importante divergence statistique de 1981 à 1989 est due au fait que les chiffres de population ont été révisés rétrospectivement de telle manière qu'il n'est plus possible de faire coïncider l'accroissement naturel avec l'évolution de la population.

II. POPULATION ACTIVE
III. POPULATION ACTIVE CIVILE OCCUPÉE

Sources : Source nationale 2.

Champ couvert : Les données d'emploi excluent les personnes en congé parental. La nature du congé parental diffère des normes OCDE, les personnes en congé parental ont donc été exclues de données de l'emploi pour améliorer la comparabilité internationale des données.

Date de référence : Moyennes annuelles.

Notes : La population active civile inclut les militaires de carrière de 1992 à 1995 inclus.

Les personnes classées au cours de l'enquête de la population active comme travaillant dans les coopératives sont comptabilisées comme salariés. Bien que la norme soit de les compter comme personnes travaillant à leur compte, cette pratique est jugée préférable dans la mesure ou les coopératives sont en Hongrie différentes de celles existant dans les autres pays de l'OCDE.

Les personnes classées au cours de l'enquête de la population active comme membres d'associations sont comptabilisées comme employeurs et personnes travaillant à leur compte.

HUNGARY

I - POPULATION

Thousands (mid-year estimates)

	1978	1979	1980	1981	1982	1983	1984	1985	1986	1987	1988
POPULATION - DISTRIBUTION BY AGE AND GENDER											
All persons											
Total											
Under 15 years											
From 15 to 64 years											
65 years and over											
Males											
Total											
Under 15 years											
From 15 to 64 years											
65 years and over											
Females											
Total											
Under 15 years											
From 15 to 64 years											
65 years and over											
POPULATION - PERCENTAGES											
All persons											
Total											
Under 15 years											
From 15 to 64 years											
65 years and over											
COMPONENTS OF CHANGE IN POPULATION											
a) Population at 1 January	10 660	10 687	10 709	10 705	10 695	10 671	10 640	10 599	10 560	10 509	10 464
b) Population at 31 December	10 687	10 709	10 705	10 695	10 671	10 640	10 599	10 560	10 509	10 464	10 421
c) Total increase (b-a)	27	22	-4	-10	-24	-31	-41	-39	-51	-45	-43
d) Births	168	160	149	143	134	127	125	130	128	126	124
e) Deaths	140	137	145	145	144	149	147	148	147	143	140
f) Natural increase (d-e)	28	23	4	-2	-10	-22	-22	-18	-19	-17	-16
g) Net migration	0	0	0	0	0	0	0	0	0	0	0
h) Statistical adjustments	-1	-2	-7	-8	-13	-10	-20	-22	-32	-28	-27
i) Total increase (=f+g+h=c)	27	21	-3	-10	-23	-32	-42	-40	-51	-45	-43
(Components of change in population/ Average population) x1000											
Total increase rates	2.5	2.0	-0.3	-0.9	-2.2	-3.0	-4.0	-3.8	-4.8	-4.3	-4.1
Crude birth rates	15.7	15.0	13.9	13.4	12.5	11.9	11.8	12.3	12.2	12.0	11.9
Crude death rates	13.1	12.8	13.5	13.6	13.5	14.0	13.8	14.0	14.0	13.6	13.4
Natural increase rates	2.6	2.1	0.4	-0.2	-0.9	-2.1	-2.1	-1.7	-1.8	-1.6	-1.5
Net migration rates	0.0	0.0	0.0	0.0	0.0	0.0	0.0	0.0	0.0	0.0	0.0

I - POPULATION

Milliers (estimations au milieu de l'année)

	1989	1990	1991	1992	1993	1994	1995	1996	1997	1998	
											POPULATION - RÉPARTITION SELON L'AGE ET LE SEXE
											Ensemble des personnes
				10 324	10 294	10 261	10 229	10 193	10 155	10 114	Total
				1 984	1 934	1 891	1 853	1 819	1 787	1 758	Moins de 15 ans
				6 928	6 938	6 940	6 933	6 922	6 909	6 890	De 15 à 64 ans
				1 412	1 421	1 432	1 443	1 452	1 459	1 465	65 ans et plus
											Hommes
				4 952	4 933	4 913	4 894	4 874	4 853	4 830	Total
				1 014	989	967	948	931	915	900	Moins de 15 ans
				3 400	3 405	3 406	3 402	3 397	3 392	3 383	De 15 à 64 ans
				538	539	541	544	546	546	547	65 ans et plus
											Femmes
				5 372	5 360	5 348	5 335	5 320	5 302	5 284	Total
				969	945	924	905	888	872	858	Moins de 15 ans
				3 528	3 533	3 534	3 531	3 525	3 518	3 507	De 15 à 64 ans
				874	882	890	899	906	912	918	65 ans et plus
											POPULATION - POURCENTAGES
											Ensemble des personnes
				100.0	100.0	100.0	100.0	100.0	100.0	100.0	Total
				19.2	18.8	18.4	18.1	17.8	17.6	17.4	Moins de 15 ans
				67.1	67.4	67.6	67.8	67.9	68.0	68.1	De 15 à 64 ans
				13.7	13.8	14.0	14.1	14.2	14.4	14.5	65 ans et plus
											COMPOSANTES DE L'ÉVOLUTION DÉMOGRAPHIQUE
	10 421	10 375	10 355	10 337	10 310	10 277	10 246	10 212	10 174	10 135	a) Population au 1er janvier
	10 375	10 355	10 337	10 310	10 277	10 246	10 212	10 174	10 135	10 092	b) Population au 31 décembre
	-46	-20	-18	-27	-33	-31	-34	-38	-39	-43	**c) Accroissement total (b-a)**
	123	126	127	122	117	116	113	105	100	97	d) Naissances
	145	146	145	149	150	147	145	143	139	141	e) Décès
	-22	-20	-18	-27	-33	-31	-32	-38	-39	-44	**f) Accroissement naturel (d-e)**
	0	0	0	0	0	0	0	0	0	0	g) Solde net des migrations
	-25	0	0	0	0	0	0	0	0	0	h) Ajustements statistiques
	-47	-20	-18	-27	-33	-31	-32	-38	-39	-44	**i) Accroissement total (=f+g+h=c)**
											(Composition de l'évolution démographique/ Population moyenne) x1000
	-4.5	-1.9	-1.7	-2.6	-3.2	-3.0	-3.1	-3.7	-3.8	-4.4	Taux d'accroissement total
	11.8	12.2	12.3	11.8	11.4	11.3	11.0	10.3	9.8	9.6	Taux bruts de natalité
	13.9	14.1	14.0	14.4	14.6	14.3	14.2	14.0	13.7	13.9	Taux bruts de mortalité
	-2.1	-1.9	-1.7	-2.6	-3.2	-3.0	-3.1	-3.7	-3.8	-4.4	Taux d'accroissement naturel
	0.0	0.0	0.0	0.0	0.0	0.0	0.0	0.0	0.0	0.0	Taux du solde net des migrations

Statistiques de la Population Active
© OCDE, 1999

HUNGARY

II - LABOUR FORCE

Thousands (annual average estimates)

	1978	1979	1980	1981	1982	1983	1984	1985	1986	1987	1988
Total labour force											
All persons											
Males											
Females											
Armed forces											
All persons											
Males											
Females											
Civilian labour force											
All persons											
Males											
Females											
Unemployed											
All persons											
Males											
Females											
Civilian employment											
All persons											
Males											
Females											
Civilian employment (%)											
All persons											
Males											
Females											
Unemployment rates (% of civilian labour force)											
All persons											
Males											
Females											
Total labour force (% of total population)											
All persons											
Males											
Females											
Total labour force (% of population from 15-64 years)[1]											
All persons											
Males											
Females											
Civilian employment (% of total population)											
All persons											
Part-time employment (%)[2]											
Part-time as % of employment											
Male share of part-time employment											
Female share of part-time employment											
Male part-time as % of male employment											
Female part-time as % of female employment											
Duration of unemployment (% of total unemployment)[3]											
Less than 1 month											
More than 1 month and less than 3 months											
More than 3 months and less than 6 months											
More than 6 months and less than 1 year											
More than 1 year											

(1) Participation rates calculated according to national definitions may differ from those published in this table, when the age group represented in the labour force survey is other than 15-64 years.

(2) Part-time employment refers to persons who work less than 30 hours per week in their main job. Data include only persons declaring usual hours worked.

(3) These percentages only take into account those persons for whom the duration of unemployment is known.

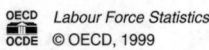

II - POPULATION ACTIVE

Milliers (estimations de moyennes annuelles)

1989	1990	1991	1992	1993	1994	1995	1996	1997	1998	
										Population active totale
			4 527	4 346	4 203	4 095	*4 048	3 995	4 011	Ensemble des personnes
			2 484	2 393	2 330	2 311	*2 280	2 258	2 231	Hommes
			2 043	1 953	1 873	1 784	*1 768	1 738	1 780	Femmes
										Forces armées
			57	57	59	56	*91	79	79	Ensemble des personnes
			57	57	59	56	*86	74	73	Hommes
			0	0			6	6	6	Femmes
										Population active civile
			4 470	4 289	4 144	4 039	*3 957	3 916	3 932	Ensemble des personnes
			2 427	2 336	2 271	2 255	*2 194	2 184	2 156	Hommes
			2 043	1 953	1 873	1 784	*1 762	1 732	1 774	Femmes
										Chômeurs
			444	519	451	417	400	349	313	Ensemble des personnes
			266	316	275	262	244	214	189	Hommes
			178	203	176	155	156	135	124	Femmes
										Population active civile occupée
			4 026	3 770	3 693	3 623	*3 557	3 567	3 619	Ensemble des personnes
			2 161	2 020	1 996	1 994	*1 951	1 970	2 008	Hommes
			1 865	1 750	1 697	1 629	*1 606	1 597	1 651	Femmes
										Population active civile occupée (%)
			100.0	100.0	100.0	100.0	*100.0	100.0	100.0	Ensemble des personnes
			53.7	53.6	54.0	55.0	*54.8	55.2	55.5	Hommes
			46.3	46.4	46.0	45.0	*45.2	44.8	45.6	Femmes
										Taux de chômage (% de la population active civile)
			9.9	12.1	10.9	10.3	*10.1	8.9	8.0	Ensemble des personnes
			11.0	13.5	12.1	11.6	*11.1	9.8	8.8	Hommes
			8.7	10.4	9.4	8.7	*8.9	7.8	7.0	Femmes
										Population active totale (% de la population totale)
			43.8	42.2	41.0	40.0	*39.7	39.3	39.7	Ensemble des personnes
			50.2	48.5	47.4	47.2	*46.8	46.5	46.2	Hommes
			38.0	36.4	35.0	33.4	*33.2	32.8	33.7	Femmes
										Population active totale (% de la population de 15-64 ans)[1]
			65.3	62.6	60.6	59.1	*58.5	57.8	58.2	Ensemble des personnes
			73.1	70.3	68.4	67.9	*67.1	66.6	65.9	Hommes
			57.9	55.3	53.0	50.5	*50.2	49.4	50.7	Femmes
										Population active civile occupée (% de la population totale)
			39.0	36.6	36.0	35.4	*34.9	35.1	35.8	Ensemble des personnes
										Emploi à temps partiel (%)[2]
						3.2	3.1	3.3	3.4	Temps partiel en % de l'emploi
						32.3	30.6	28.7	30.8	Part des hommes dans le temps partiel
						67.7	69.4	71.3	69.2	Part des femmes dans le temps partiel
						1.9	1.8	1.8	1.9	Temps partiel des hommes en % de l'emploi des hommes
						4.6	4.6	5.0	5.0	Temps partiel des femmes en % de l'emploi des femmes
										Durée du chômage (% du chômage total)[3]
			12.5	11.9	11.4	5.7	5.1	4.9	4.4	Moins de 1 mois
			19.2	13.6	11.4	8.3	7.7	8.4	10.0	Plus de 1 mois et moins de 3 mois
			21.9	16.9	14.5	13.0	12.0	13.2	14.7	Plus de 3 mois et moins de 6 mois
			26.0	24.2	21.3	22.4	20.8	22.2	21.2	Plus de 6 mois et moins de 1 an
			20.4	33.5	41.3	50.6	54.4	51.3	49.8	Plus de 1 an

(1) Les taux d'activité calculés selon les définitions nationales peuvent être différents de ceux publiés dans ce tableau si le groupe d'âges représenté dans l'enquête de la population active est différent de 15-64 ans.

(2) L'emploi à temps partiel se réfère aux actifs travaillant moins de 30 heures par semaine dans leur emploi principal. Les données incluent uniquement les personnes déclarant des heures habituelles de travail.

(3) Ces pourcentages ne prennent en compte que les personnes pour lesquelles la durée du chômage est connue.

Statistiques de la Population Active
© OCDE, 1999

HUNGARY

III - CIVILIAN EMPLOYMENT

Thousands (annual average estimates)

	1978	1979	1980	1981	1982	1983	1984	1985	1986	1987	1988
PROFESSIONAL STATUS											
All activities											
Wage earners and salaried employees											
Employers and persons working on own account											
Unpaid family workers											
Agriculture, hunting, forestry and fishing											
Wage earners and salaried employees											
Employers and persons working on own account											
Unpaid family workers											
Non-agricultural activities											
Wage earners and salaried employees											
Employers and persons working on own account											
Unpaid family workers											
All activities (%)											
Wage earners and salaried employees											
Others											
BREAKDOWN BY ACTIVITIES											
I.S.I.C. Major Divisions											
1 to 0 All activities											
1 Agriculture, hunting, forestry and fishing											
2 Mining and quarrying											
3 Manufacturing											
4 Electricity, gas and water											
5 Construction											
6 Wholesale and retail trade; restaurants and hotels											
7 Transport, storage and communication											
8 Financing, insurance, real estate and business services											
9 Community, social and personal services											
0 Activities not adequately defined											
WAGE EARNERS AND SALARIED EMPLOYEES BY ACTIVITIES											
I.S.I.C. Major Divisions											
1 to 0 All activities											
1 Agriculture, hunting, forestry and fishing											
2 Mining and quarrying											
3 Manufacturing											
4 Electricity, gas and water											
5 Construction											
6 Wholesale and retail trade; restaurants and hotels											
7 Transport, storage and communication											
8 Financing, insurance, real estate and business services											
9 Community, social and personal services											
0 Activities not adequately defined											

III - POPULATION ACTIVE CIVILE OCCUPÉE

Milliers (estimations de moyennes annuelles)

1989	1990	1991	1992	1993	1994	1995	1996	1997	1998	
										SITUATION DANS LA PROFESSION
			4 026	3 770	3 693	3 623	*3 557	3 567	3 619	**Toutes activités**
			3 428	3 222	3 324	3 231	*2 992	3 015	3 088	Salariés
			548	506	329	352	*524	511	502	Employeurs et personnes travaillant à leur compte
			49	42	40	40	*41	41	29	Travailleurs familiaux non rémunérés
			460	349	328	295	*302	288	279	**Agriculture, chasse, sylviculture et pêche**
					259	228	*222	203	201	Salariés
					55	54	*67	70	65	Employeurs et personnes travaillant à leur compte
					14	10	*13	15	13	Travailleurs familiaux non rémunérés
			3 566	3 421	3 365	3 328	*3 254	3 279	3 340	**Activités non agricoles**
					3 065	3 003	*2 770	2 812	2 887	Salariés
					274	298	*457	440	437	Employeurs et personnes travaillant à leur compte
					26	30	*28	27	16	Travailleurs familiaux non rémunérés
			100.0	100.0	100.0	100.0	*100.0	100.0	100.0	**Toutes activités (%)**
			85.1	85.5	90.0	89.2	*84.1	84.5	85.3	Salariés
			14.8	14.5	10.0	10.8	*15.9	15.5	14.7	Autres
										RÉPARTITION PAR BRANCHES D'ACTIVITÉS
										C.I.T.I. Branches
			4 026	3 770	3 693	3 623	*3 557	3 567	3 619	**1 à 0 Toutes activités**
			460	349	328	295	*302	288	279	1 Agriculture, chasse, sylviculture et pêche
			53	42	40	34	*33	27	26	2 Industries extractives
			1 054	938	888	850	*851	864	902	3 Industries manufacturières
			108	105	108	97	*89	97	97	4 Électricité, gaz et eau
			217	207	201	218	*218	219	230	5 Bâtiment et travaux publics
			596	580	578	577	*601	618	594	6 Commerce de gros et de détail; restaurants et hôtels
			346	336	314	320	*321	310	302	7 Transports, entrepôts et communications
			209	210	198	213	*211	230	245	8 Banques, assurances, affaires immobilières et services fournis aux entreprises
			979	1 001	1 038	1 019	*930	914	945	9 Services fournis à la collectivité, services sociaux et services personnels
			4	2			0	0	0	0 Activités mal désignées
										SALARIÉS (OUVRIERS ET EMPLOYÉS) PAR ACTIVITÉS
										C.I.T.I. Branches
					3 324	3 231	*2 992	3 015	3 088	**1 à 0 Toutes activités**
					259	228	*162	152	159	1 Agriculture, chasse, sylviculture et pêche
					39	34	*31	25	24	2 Industries extractives
					834	799	*743	768	817	3 Industries manufacturières
					108	96	*86	94	94	4 Électricité, gaz et eau
					169	180	*159	163	174	5 Bâtiment et travaux publics
					425	412	*419	440	438	6 Commerce de gros et de détail; restaurants et hôtels
					284	283	*272	266	267	7 Transports, entrepôts et communications
					71	80	*168	180	186	8 Banques, assurances, affaires immobilières et services fournis aux entreprises
					996	984	*873	858	892	9 Services fournis à la collectivité, services sociaux et services personnels
					139	135	*79	69	56	0 Activités mal désignées

Statistiques de la Population Active
© OCDE, 1999

Source:

1. *Statistical Bulletin* (Statistics Iceland and the Central Bank of Iceland, monthly/mensuelle).

I. POPULATION

Sources: National source 1 and data provided directly by the Economic Institute of Iceland.

Coverage: Resident population (*de jure*).

Date of reference: Mid-year estimates.

II. TOTAL LABOUR FORCE

III. CIVILIAN EMPLOYMENT

Source: Data provided directly by the Economic Institute of Iceland.

Date of reference: Estimates of average for the year.

Method of computation: Employment data calculated in thousand man-years, compiled from accident insurance statistics.

Note: Beginning with 1991, the concept of man-years has been replaced by that of persons. Due to this change, no data were provided for 1989 and 1990. The new figures are therefore not comparable with those before 1989.

I. POPULATION

Sources : Source nationale 1 et données transmises directement par l'Institut Économique d'Islande.

Champ couvert : Population résidante (*de jure*).

Date de référence : Estimations au milieu de l'année.

II. POPULATION ACTIVE

III. POPULATION ACTIVE CIVILE OCCUPÉE

Source : Données transmises directement par l'Institut Économique d'Islande.

Date de référence : Estimations des moyennes pour l'année.

Méthode de calcul : Les chiffres calculés en milliers d'hommes-années proviennent des statistiques d'assurances-accidents.

Note : A partir de 1991, le concept d'hommes-années a été remplacé par celui de personnes. A cause de ce changement, des données pour 1989 et 1990 n'ont pas été fournies. Les nouveaux chiffres ne sont pas comparables avec ceux antérieurs à 1989.

ICELAND

I - POPULATION

Thousands (mid-year estimates)

	1978	1979	1980	1981	1982	1983	1984	1985	1986	1987	1988
POPULATION - DISTRIBUTION BY AGE AND GENDER											
All persons											
Total	223.5	225.7	228.1	230.8	234.0	237.0	239.5	241.4	243.2	246.0	249.9
Under 15 years	63.4	62.9	62.7	62.7	62.9	63.2	63.4	63.2	63.0	62.8	63.0
From 15 to 64 years	138.5	140.8	142.9	145.3	147.9	150.2	152.1	153.7	155.1	157.5	160.7
65 years and over	21.6	22.0	22.5	22.8	23.2	23.6	24.1	24.5	25.1	25.7	26.2
Males											
Total	112.7	113.8	115.0	116.3	117.9	119.4	120.5	121.4	122.2	123.6	125.5
Under 15 years	32.4	32.2	32.1	32.1	32.3	32.4	32.5	32.4	32.2	32.1	32.3
From 15 to 64 years	70.5	71.7	72.8	74.0	75.2	76.4	77.3	78.1	78.8	80.0	81.6
65 years and over	9.8	9.9	10.1	10.2	10.5	10.6	10.7	10.9	11.2	11.5	11.6
Females											
Total	110.8	111.9	113.1	114.5	116.1	117.7	119.0	120.0	121.0	122.4	124.4
Under 15 years	31.0	30.7	30.6	30.6	30.6	30.8	30.9	30.9	30.8	30.7	30.7
From 15 to 64 years	68.0	69.1	70.1	71.3	72.7	73.8	74.7	75.5	76.3	77.5	79.1
65 years and over	11.8	12.1	12.4	12.6	12.8	13.1	13.4	13.6	13.9	14.2	14.5
POPULATION - PERCENTAGES											
All persons											
Total	100.0	100.0	100.0	100.0	100.0	100.0	100.0	100.0	100.0	100.0	100.0
Under 15 years	28.4	27.9	27.5	27.2	26.9	26.7	26.5	26.2	25.9	25.5	25.2
From 15 to 64 years	62.0	62.4	62.6	63.0	63.2	63.4	63.5	63.7	63.8	64.0	64.3
65 years and over	9.7	9.7	9.9	9.9	9.9	10.0	10.1	10.1	10.3	10.4	10.5
COMPONENTS OF CHANGE IN POPULATION											
a) Population at 1 January	222.6	224.5	226.9	229.3	232.2	235.5	238.4	240.6	242.2	244.2	247.4
b) Population at 31 December	224.5	226.9	229.3	232.2	235.5	238.4	240.6	242.2	244.2	247.4	251.9
c) Total increase (b-a)	1.9	2.4	2.4	2.9	3.3	2.9	2.2	1.6	2.0	3.2	4.5
d) Births	4.2	4.5	4.5	4.4	4.3	4.4	4.1	3.9	3.9	4.2	4.7
e) Deaths	1.4	1.5	1.5	1.7	1.6	1.7	1.6	1.7	1.6	1.7	1.8
f) Natural increase (d-e)	2.8	3.0	3.0	2.7	2.7	2.7	2.5	2.2	2.3	2.5	2.9
g) Net migration	-0.9	-0.6	-0.5	0.2	0.6	0.2	-0.3	-0.5	-0.3	0.8	1.6
h) Statistical adjustments			-0.1					-0.1		-0.1	
i) Total increase (=f+g+h=c)			2.4					1.6		3.2	
(Components of change in population/ Average population) x1000											
Total increase rates			10.5					6.6		13.0	
Crude birth rates	18.8	19.9	19.7	19.1	18.4	18.6	17.1	16.2	16.0	17.1	18.8
Crude death rates	6.3	6.6	6.6	7.4	6.8	7.2	6.7	7.0	6.6	6.9	7.2
Natural increase rates	12.5	13.3	13.2	11.7	11.5	11.4	10.4	9.1	9.5	10.2	11.6
Net migration rates	-4.0	-2.7	-2.2	0.9	2.6	0.8	-1.3	-2.1	-1.2	3.3	6.4

I - POPULATION

Milliers (estimations au milieu de l'année)

1989	1990	1991	1992	1993	1994	1995	1996	1997	1998	
										POPULATION - RÉPARTITION SELON L'AGE ET LE SEXE
										Ensemble des personnes
252.7	254.8	258.0	261.1	263.8	266.0	267.4	268.9	270.9	273.8	Total
63.3	63.6	64.0	64.8	65.5	65.7	65.3	64.6	64.6	64.5	Moins de 15 ans
162.8	164.1	166.3	168.1	169.4	170.9	172.0	173.5	175.1	177.7	De 15 à 64 ans
26.6	27.1	27.7	28.2	28.8	29.4	30.1	30.9	31.2	31.6	65 ans et plus
										Hommes
126.9	127.9	129.4	130.9	132.3	133.4	134.0	134.8	135.8	137.1	Total
32.4	32.5	32.7	33.1	33.6	33.7	33.5	33.1	33.1	32.9	Moins de 15 ans
82.7	83.3	84.4	85.2	85.8	86.5	87.0	87.8	88.7	89.9	De 15 à 64 ans
11.8	12.1	12.3	12.6	12.9	13.2	13.5	13.9	14.0	14.2	65 ans et plus
										Femmes
125.8	126.9	128.6	130.2	131.5	132.6	133.3	134.1	135.1	136.7	Total
30.9	31.1	31.3	31.6	32.0	32.0	31.8	31.4	31.5	31.5	Moins de 15 ans
80.1	80.8	82.0	82.9	83.6	84.4	85.0	85.7	87.1	87.7	De 15 à 64 ans
14.8	15.0	15.3	15.6	15.9	16.2	16.6	17.0	17.3	17.4	65 ans et plus
										POPULATION - POURCENTAGES
										Ensemble des personnes
100.0	100.0	100.0	100.0	100.0	100.0	100.0	100.0	100.0	100.0	Total
25.0	25.0	24.8	24.8	24.8	24.7	24.4	24.0	23.9	23.5	Moins de 15 ans
64.4	64.4	64.5	64.4	64.2	64.2	64.3	64.5	64.6	64.9	De 15 à 64 ans
10.5	10.6	10.7	10.8	10.9	11.1	11.3	11.5	11.5	11.6	65 ans et plus
										COMPOSANTES DE L'ÉVOLUTION DÉMOGRAPHIQUE
251.9	253.8	255.9	259.7	262.4	265.1	267.0	269.0	271.0	272.1	a) Population au 1er janvier
253.8	255.9	259.7	262.4	265.1	267.0	269.0	271.0	272.1	275.3	b) Population au 31 décembre
1.9	2.1	3.8	2.7	2.7	1.9	2.0	2.0	1.1	3.2	**c) Accroissement total (b-a)**
4.6	4.8	4.5	4.6	4.6	4.4	4.6	4.3	4.2	4.2	d) Naissances
1.7	1.7	1.8	1.7	1.8	1.7	1.6	1.9	1.8	1.8	e) Décès
2.9	3.1	2.7	2.9	2.8	2.7	3.0	2.5	2.3	2.4	**f) Accroissement naturel (d-e)**
-1.0	-1.0	1.1	-0.2	-0.1	-0.7	-0.7	-0.7	0.1	0.9	g) Solde net des migrations
										h) Ajustements statistiques
										i) Accroissement total (=f+g+h=c)
										(Composition de l'évolution démographique/ Population moyenne) x1000
										Taux d'accroissement total
18.2	18.8	17.5	17.6	17.4	16.5	17.2	16.0	15.3	15.3	Taux bruts de natalité
6.7	6.7	7.0	6.5	6.8	6.4	6.0	7.0	6.8	6.7	Taux bruts de mortalité
11.5	12.2	10.5	11.1	10.6	10.1	11.2	9.1	8.5	8.6	Taux d'accroissement naturel
-4.0	-3.9	4.3	-0.8	-0.4	-2.6	-2.6	-2.6	0.3	3.2	Taux du solde net des migrations

Statistiques de la Population Active OECD
© OCDE, 1999 OCDE

ICELAND

II - LABOUR FORCE

Thousands (man-years until 1990)

	1978	1979	1980	1981	1982	1983	1984	1985	1986	1987	1988
Total labour force											
All persons	101.9	102.9	106.2	111.4	114.7	116.1	118.1	121.9	125.3	132.3	128.8
Males											
Females											
Armed forces											
All persons											
Males											
Females											
Civilian labour force											
All persons	101.9	102.9	106.2	111.4	114.7	116.1	118.1	121.9	125.3	132.3	128.8
Males											
Females											
Unemployed											
All persons	0.4	0.4	0.3	0.4	0.8	1.2	1.5	1.1	0.8	0.6	0.8
Males	0.2	0.2	0.1	0.2	0.4	0.6	0.7	0.5	0.4	0.2	0.3
Females	0.2	0.2	0.2	0.2	0.4	0.6	0.8	0.6	0.4	0.4	0.5
Civilian employment											
All persons	101.5	102.5	105.9	111.0	113.9	114.9	116.6	120.8	124.5	131.7	128.0
Males											
Females											
Civilian employment (%)											
All persons	100.0	100.0	100.0	100.0	100.0	100.0	100.0	100.0	100.0	100.0	100.0
Males											
Females											
Unemployment rates (% of civilian labour force)											
All persons	0.4	0.4	0.3	0.4	0.7	1.0	1.3	0.9	0.6	0.5	0.6
Males											
Females											
Total labour force (% of total population)											
All persons	45.6	45.6	46.6	48.3	49.0	49.0	49.3	50.5	51.5	53.8	51.5
Males											
Females											
Total labour force (% of population from 15-64 years)[1]											
All persons	73.6	73.1	74.3	76.7	77.6	77.3	77.6	79.3	80.8	84.0	80.1
Males											
Females											
Civilian employment (% of total population)											
All persons	45.4	45.4	46.4	48.1	48.7	48.5	48.7	50.0	51.2	53.5	51.2
Part-time employment (%)[2]											
Part-time as % of employment											
Male share of part-time employment											
Female share of part-time employment											
Male part-time as % of male employment											
Female part-time as % of female employment											
Duration of unemployment (% of total unemployment)[3]											
Less than 1 month											
More than 1 month and less than 3 months											
More than 3 months and less than 6 months											
More than 6 months and less than 1 year											
More than 1 year											

(1)   Participation rates calculated according to national definitions may differ from those published in this table, when the age group represented in the labour force survey is other than 15-64 years.

(2)   Part-time employment refers to persons who work less than 30 hours per week in their main job. Data include only persons declaring usual hours worked.

(3)   These percentages only take into account those persons for whom the duration of unemployment is known.

II - POPULATION ACTIVE

Milliers (hommes-années jusqu'en 1990)

1989	1990	1991	1992	1993	1994	1995	1996	1997	1998	
										Population active totale
128.0	128.3	*140.5	143.0	144.2	145.4	149.0	147.5	147.8	152.1	Ensemble des personnes
		76.2	77.2	77.2	77.4	79.0	78.8	79.1	80.9	Hommes
		64.3	65.9	67.0	68.0	70.0	68.7	68.7	71.2	Femmes
										Forces armées
										Ensemble des personnes
										Hommes
										Femmes
										Population active civile
128.0	128.3	*140.5	143.0	144.2	145.4	149.0	147.5	147.8	152.1	Ensemble des personnes
		76.2	77.2	77.2	77.4	79.0	78.8	79.1	80.9	Hommes
		64.3	65.9	67.0	68.0	70.0	68.7	68.7	71.2	Femmes
										Chômeurs
2.1	2.3	*3.6	6.2	7.6	7.7	7.0	5.5	5.7	4.2	Ensemble des personnes
0.9	1.1	*1.7	2.9	3.8	4.0	4.0	2.7	2.6	1.8	Hommes
1.2	1.2	*1.9	3.2	3.8	3.8	3.0	2.8	3.1	2.3	Femmes
										Population active civile occupée
125.9	126.0	*136.9	136.9	136.6	137.7	142.0	142.0	142.0	147.9	Ensemble des personnes
		74.5	74.3	73.3	73.5	76.0	76.1	76.4	79.1	Hommes
		62.4	62.6	63.3	64.2	66.0	65.9	65.6	68.9	Femmes
										Population active civile occupée (%)
100.0	100.0	*100.0	100.0	100.0	100.0	100.0	100.0	100.0	100.0	Ensemble des personnes
		54.4	54.3	53.7	53.4	53.5	53.6	53.8	53.4	Hommes
		45.6	45.7	46.3	46.6	46.5	46.4	46.2	46.6	Femmes
										Taux de chômage (% de la population active civile)
1.6	1.8	*2.6	4.3	5.3	5.3	4.7	3.7	3.9	2.7	Ensemble des personnes
		2.2	3.8	4.9	5.2	5.1	3.4	3.3	2.3	Hommes
		3.0	4.9	5.7	5.6	4.3	4.1	4.5	3.3	Femmes
										Population active totale (% de la population totale)
50.7	50.4	*54.5	54.8	54.7	54.7	55.7	54.9	54.5	55.5	Ensemble des personnes
		58.9	59.0	58.4	58.0	59.0	58.5	58.2	59.0	Hommes
		50.0	50.6	51.0	51.3	52.5	51.2	50.8	52.1	Femmes
										Population active totale (% de la population de 15-64 ans)[1]
78.6	78.2	*84.5	85.1	85.1	85.1	86.6	85.0	84.4	85.6	Ensemble des personnes
		90.3	90.6	90.0	89.5	90.8	89.8	89.2	89.9	Hommes
		78.4	79.5	80.1	80.6	82.4	80.1	78.8	81.1	Femmes
										Population active civile occupée (% de la population totale)
49.8	49.5	*53.1	52.4	51.8	51.8	53.1	52.8	52.4	54.0	Ensemble des personnes
										Emploi à temps partiel (%)[2]
		22.2	22.1	22.4	22.6	22.5	20.9	22.4	23.2	Temps partiel en % de l'emploi
		18.4	18.4	20.3	21.7	21.5	21.7	24.2	22.6	Part des hommes dans le temps partiel
		81.6	81.6	79.7	78.3	78.5	78.3	75.8	77.4	Part des femmes dans le temps partiel
		7.5	7.5	8.5	9.2	9.1	8.4	10.1	9.8	Temps partiel des hommes en % de l'emploi des hommes
		39.7	39.4	38.6	37.9	37.8	35.3	36.8	38.6	Temps partiel des femmes en % de l'emploi des femmes
										Durée du chômage (% du chômage total)[3]
		35.4	28.8	15.6	25.4	25.1	31.3	33.9	32.5	Moins de 1 mois
		25.3	26.4	20.6	15.6	17.2	22.0	18.7	21.5	Plus de 1 mois et moins de 3 mois
		25.7	29.8	30.6	26.8	28.2	24.0	20.4	23.2	Plus de 3 mois et moins de 6 mois
		6.9	8.1	21.1	17.1	17.3	15.7	10.6	6.8	Plus de 6 mois et moins de 1 an
		6.7	6.8	12.2	15.1	14.1	19.3	16.3	16.1	Plus de 1 an

(1) Les taux d'activité calculés selon les définitions nationales peuvent être différents de ceux publiés dans ce tableau si le groupe d'âges représenté dans l'enquête de la population active est différent de 15-64 ans.

(2) L'emploi à temps partiel se réfère aux actifs travaillant moins de 30 heures par semaine dans leur emploi principal. Les données incluent uniquement les personnes déclarant des heures habituelles de travail.

(3) Ces pourcentages ne prennent en compte que les personnes pour lesquelles la durée du chômage est connue.

Statistiques de la Population Active
© OCDE, 1999

ICELAND

III - CIVILIAN EMPLOYMENT

Thousands (man-years until 1990)

	1978	1979	1980	1981	1982	1983	1984	1985	1986	1987	1988
PROFESSIONAL STATUS											
All activities	101.5	102.5	105.9	111.0	113.9	114.9	116.6	120.8	124.5	131.7	128.0
Wage earners and salaried employees	86.7	88.9	92.1	97.1	99.6	100.5	101.8	105.7	107.7	111.6	108.5
Employers and persons working on own account	14.8	13.7	13.9	13.9	14.3	14.4	14.8	15.1	16.8	20.1	19.5
Unpaid family workers											
Agriculture, hunting, forestry and fishing	14.1	13.8	14.0	13.8	13.9	13.7	13.2	13.5	13.5	13.8	13.1
Wage earners and salaried employees	6.7	6.3	6.6	6.7	6.7	6.7	6.4	7.1	7.2	7.4	6.8
Employers and persons working on own account	7.4	7.4	7.4	7.1	7.2	7.0	6.8	6.4	6.3	6.4	6.3
Unpaid family workers											
Non-agricultural activities	87.4	88.7	91.9	97.2	100.0	101.2	103.4	107.3	111.0	117.9	114.9
Wage earners and salaried employees	80.0	82.6	85.5	90.4	92.9	93.8	95.4	98.6	100.5	104.2	101.7
Employers and persons working on own account	7.4	6.3	6.5	6.8	7.1	7.4	8.0	8.7	10.5	13.7	13.2
Unpaid family workers											
All activities (%)	100.0	100.0	100.0	100.0	100.0	100.0	100.0	100.0	100.0	100.0	100.0
Wage earners and salaried employees	85.4	86.7	87.0	87.5	87.4	87.5	87.3	87.5	86.5	84.7	84.8
Others											
BREAKDOWN BY ACTIVITIES											
I.S.I.C. Major Divisions											
1 to 0 All activities	101.5	102.5	105.9	111.0	113.9	114.9	116.6	120.8	124.5	131.7	128.0
1 Agriculture, hunting, forestry and fishing	14.1	13.8	14.0	13.8	13.9	13.7	13.2	13.5	13.5	13.8	13.1
2 Mining and quarrying											
3 Manufacturing	23.6	24.8	25.9	26.4	26.3	26.6	27.2	27.3	27.6	28.4	25.6
4 Electricity, gas and water	0.9	0.9	0.9	1.0	1.0	1.0	1.1	1.1	1.1	1.1	1.2
5 Construction	11.0	10.3	10.7	10.9	11.7	11.7	11.6	11.5	11.3	12.3	11.8
6 Wholesale and retail trade; restaurants and hotels	13.6	13.8	14.2	14.6	15.5	16.0	16.9	18.1	19.1	20.8	20.4
7 Transport, storage and communication	8.0	7.6	7.7	7.8	8.0	8.0	7.9	8.2	8.2	8.6	8.4
8 Financing, insurance, real estate and business services	5.3	5.3	5.7	6.5	6.4	6.8	7.6	8.3	8.9	9.8	10.1
9 Community, social and personal services	25.0	26.1	26.8	30.0	31.0	31.1	31.1	32.8	34.9	36.8	37.3
0 Activities not adequately defined										0.1	
WAGE EARNERS AND SALARIED EMPLOYEES BY ACTIVITIES											
I.S.I.C. Major Divisions											
1 to 0 All activities	86.7	88.8	92.1	97.1	99.6	100.5	101.8	105.7	107.7	111.6	108.5
1 Agriculture, hunting, forestry and fishing	6.7	6.4	6.6	6.7	6.7	6.7	6.4	7.1	7.2	7.4	6.8
2 Mining and quarrying											
3 Manufacturing	22.8	24.1	25.2	25.7	25.7	26.0	26.5	26.5	26.1	26.7	24.1
4 Electricity, gas and water	0.9	0.9	0.9	1.0	1.0	1.0	1.1	1.1	1.1	1.0	1.0
5 Construction	9.6	9.1	9.4	9.4	10.2	10.1	9.9	9.6	9.2	9.3	9.0
6 Wholesale and retail trade; restaurants and hotels	12.4	12.8	13.1	13.5	14.4	14.8	15.6	16.8	16.9	17.8	17.7
7 Transport, storage and communication	6.1	6.0	6.0	6.1	6.2	6.2	6.1	6.4	6.2	6.0	6.4
8 Financing, insurance, real estate and business services	4.5	4.7	5.2	5.9	5.7	6.0	6.7	7.2	7.3	7.9	8.5
9 Community, social and personal services	23.8	25.0	25.6	28.8	29.7	29.8	29.6	31.1	32.9	34.9	34.4
0 Activities not adequately defined									0.8	0.6	0.5

III - POPULATION ACTIVE CIVILE OCCUPÉE

Milliers (hommes-années jusqu'en 1990)

1989	1990	1991	1992	1993	1994	1995	1996	1997	1998	
										SITUATION DANS LA PROFESSION
125.9	126.0	*136.9	136.9	136.6	137.7	142.0	142.0	142.0	147.9	**Toutes activités**
107.0	107.0	*109.2	110.5	112.0	112.3	115.0	116.2	116.8	121.4	Salariés
18.9	19.0	*24.3	22.9	20.8	23.0	26.0	25.2	24.5	26.1	Employeurs et personnes travaillant à leur compte
			3.5	3.5	3.8	2.4	2.0	0.6	0.7	0.4	Travailleurs familiaux non rémunérés
										Agriculture, chasse, sylviculture et pêche
13.0	13.0	*13.9	14.3	12.5	12.5	14.0	14.0	12.0	12.7	
6.8	6.8	*6.2	6.0	5.9	6.1	7.0	7.0	6.0	6.3	Salariés
6.2	6.2	*5.6	6.1	4.5	4.9	6.0	6.0	6.0	6.1	Employeurs et personnes travaillant à leur compte
		2.1	2.2	2.2	1.5	1.0				Travailleurs familiaux non rémunérés
										Activités non agricoles
112.9	113.0	*123.0	122.6	124.1	125.2	128.0	128.0	130.0	135.2	
100.2	100.2	*103.0	104.5	106.1	106.2	108.0	109.2	110.8	115.1	Salariés
12.7	12.8	*18.7	16.8	16.3	18.1	20.0	19.2	18.5	20.0	Employeurs et personnes travaillant à leur compte
		1.4	1.3	1.6	0.9	1.0				Travailleurs familiaux non rémunérés
										Toutes activités (%)
100.0	100.0	*100.0	100.0	100.0	100.0	100.0	100.0	100.0	100.0	
85.0	84.9	*79.8	80.7	82.0	81.6	81.0	81.8	82.3	82.1	Salariés
		20.3	19.3	18.0	18.4	19.7	18.2	17.7	17.9	Autres
										RÉPARTITION PAR BRANCHES D'ACTIVITÉS
										C.I.T.I. Branches
										1 à 0 Toutes activités
125.9	126.0	*136.9	136.9	136.6	137.7	142.0	142.0	142.0	147.9	
13.0	13.0	*13.9	14.3	12.6	12.5	14.0	13.5	12.2	12.7	1 Agriculture, chasse, sylviculture et pêche
		0.1	0.2				0.1	0.1	0.1	2 Industries extractives
24.4	24.4	*23.6	22.3	22.9	24.0	24.0	24.0	24.6	24.5	3 Industries manufacturières
1.1	1.1	*1.6	1.4	1.4	1.5	1.0	1.1	1.2	1.5	4 Électricité, gaz et eau
12.4	12.4	*10.2	9.9	10.0	10.1	10.0	9.2	10.1	10.9	5 Bâtiment et travaux publics
18.7	18.7	*22.9	23.4	22.4	20.8	22.0	22.5	23.2	23.6	6 Commerce de gros et de détail; restaurants et hôtels
8.6	8.6	*8.9	8.6	9.1	8.9	9.0	10.2	10.0	10.9	7 Transports, entrepôts et communications
10.3	10.3	*11.1	10.3	10.6	10.5	11.0	11.0	11.3	12.3	8 Banques, assurances, affaires immobilières et services fournis aux entreprises
37.5	37.6	*44.5	46.4	47.6	49.4	51.0	50.3	49.1	51.3	9 Services fournis à la collectivité, services sociaux et services personnels
		0.1	0.1	0.1	0.1		0.1	0.2	0.1	0 Activités mal désignées
										SALARIÉS (OUVRIERS ET EMPLOYÉS) PAR ACTIVITÉS
										C.I.T.I. Branches
										1 à 0 Toutes activités
107.0	107.0	*109.2	110.5	112.0	112.3	115.0	116.2	116.8	121.4	
		6.2	6.0	5.9	6.1	7.0	7.3	6.3	6.3	1 Agriculture, chasse, sylviculture et pêche
		0.1	0.1				0.1	0.1	0.1	2 Industries extractives
		20.8	19.9	20.7	21.4	21.0	21.4	22.1	21.8	3 Industries manufacturières
		1.6	1.4	1.3	1.4	1.0	1.1	1.2	1.5	4 Électricité, gaz et eau
		6.8	6.6	6.0	5.8	6.0	5.5	6.0	5.8	5 Bâtiment et travaux publics
		18.4	18.9	18.5	17.1	18.0	17.7	18.8	20.0	6 Commerce de gros et de détail; restaurants et hôtels
		6.9	7.0	7.6	7.3	8.0	8.4	8.2	9.1	7 Transports, entrepôts et communications
		8.4	8.2	8.6	8.1	9.0	8.8	9.0	10.3	8 Banques, assurances, affaires immobilières et services fournis aux entreprises
		40.1	42.2	43.2	45.0	46.0	45.8	44.9	46.3	9 Services fournis à la collectivité, services sociaux et services personnels
		0.1					0.1	0.1	0.1	0 Activités mal désignées

Sources:

1. *Statistical Abstract of Ireland* (Central Statistics Office).
2. *Economic Statistics* (Central Statistics Office, monthly/mensuelle).

I. POPULATION

Sources: National source 1, answers to the annual questionnaire sent out by the Directorate for Education, Employment, Labour and Social Affairs of the OECD and information transmitted directly to OECD by the Irish authorities.

Coverage: Present in area population (*de facto*).

General remark: Population data for 1979, 1981 and 1986 are census results.

II. TOTAL LABOUR FORCE

III. CIVILIAN EMPLOYMENT

Sources: National source 2, replies to the annual questionnaire, information transmitted directly to OECD by the Irish authorities.

Method of computation: Figures derived from the annual labour force surveys.

Date of reference: April.

I. POPULATION

Sources : Source nationale 1, réponses au questionnaire annuel de la Direction de l'education, de l'emploi, de la main-d'oeuvre et des affaires sociales de l'OCDE et renseignements fournis directement à l'OCDE par les autorités irlandaises.

Champ couvert : Population présente (*de facto*).

Remarque générale : Les données concernant la population pour 1979, 1981 et 1986 sont dérivées du recensement.

II. POPULATION ACTIVE

III. POPULATION ACTIVE CIVILE OCCUPÉE

Sources : Source nationale 2, réponses au questionnaire annuel, renseignements fournis directement par les autorités irlandaises.

Méthode de calcul : Chiffres dérivés des enquêtes annuelles sur la population active.

Date de référence : avril.

IRELAND

I - POPULATION

Thousands (annual average estimates)

	1978	1979	1980	1981	1982	1983	1984	1985	1986	1987	1988
POPULATION - DISTRIBUTION BY AGE AND GENDER											
All persons											
Total	3 314	3 368	3 401	3 443	3 480	3 505	3 529	3 540	3 541	3 543	3 538
Under 15 years	1 016	1 030	1 035	1 044	1 054	1 043	1 041	1 034	1 025	1 012	998
From 15 to 64 years	1 941	1 977	2 001	2 031	2 056	2 084	2 108	2 123	2 131	2 142	2 149
65 years and over	357	362	365	369	370	377	381	383	384	389	391
Males											
Total	1 666	1 693	1 709	1 729	1 747	1 757	1 767	1 771	1 770	1 771	1 767
Under 15 years	520	527	531	535	540	535	534	531	526	520	512
From 15 to 64 years	984	1 003	1 015	1 029	1 041	1 054	1 065	1 072	1 075	1 081	1 085
65 years and over	161	163	164	165	165	168	169	169	169	170	170
Females											
Total	1 648	1 675	1 692	1 714	1 733	1 748	1 762	1 769	1 771	1 772	1 771
Under 15 years	496	503	505	508	514	508	507	504	499	492	486
From 15 to 64 years	957	974	986	1 002	1 015	1 030	1 043	1 051	1 056	1 061	1 064
65 years and over	196	199	201	204	205	210	212	214	216	219	221
POPULATION - PERCENTAGES											
All persons											
Total	100.0	100.0	100.0	100.0	100.0	100.0	100.0	100.0	100.0	100.0	100.0
Under 15 years	30.7	30.6	30.4	30.3	30.3	29.8	29.5	29.2	28.9	28.6	28.2
From 15 to 64 years	58.6	58.7	58.8	59.0	59.1	59.5	59.7	60.0	60.2	60.5	60.7
65 years and over	10.8	10.7	10.7	10.7	10.6	10.8	10.8	10.8	10.8	11.0	11.1
COMPONENTS OF CHANGE IN POPULATION											
a) Population at 1 January	3 304	3 355	3 393	3 433	3 471	3 498	3 523	3 537	3 540	3 543	3 542
b) Population at 31 December	3 355	3 393	3 433	3 471	3 498	3 523	3 537	3 540	3 543	3 542	3 522
c) Total increase (b-a)	51	38	40	38	27	25	14	3	3	-1	-20
d) Births	70	73	74	72	71	67	64	62	62	59	54
e) Deaths	34	34	33	32	33	33	32	33	34	31	32
f) Natural increase (d-e)	36	39	41	40	38	34	32	29	28	28	22
g) Net migration	15	-1	-1	-2	-11	-11	-18	-26	-25	-29	-42
h) Statistical adjustments	0	0	0	0	0	0	0	0	0	0	0
i) Total increase (=f+g+h=c)	51	38	40	38	27	23	14	3	3	-1	-20
(Components of change in population/ Average population) x1000											
Total increase rates	15.3	11.3	11.7	11.0	7.7	6.6	4.0	0.8	0.8	-0.3	-5.7
Crude birth rates	21.0	21.6	21.7	20.9	20.4	19.1	18.1	17.5	17.5	16.7	15.3
Crude death rates	10.2	10.1	9.7	9.3	9.5	9.4	9.1	9.3	9.6	8.8	9.1
Natural increase rates	10.8	11.6	12.0	11.6	10.9	9.7	9.1	8.2	7.9	7.9	6.2
Net migration rates	4.5	-0.3	-0.3	-0.6	-3.2	-3.1	-5.1	-7.3	-7.1	-8.2	-11.9

I - POPULATION

Milliers (estimations de moyennes annuelles)

1989	1990	1991	1992	1993	1994	1995	1996	1997	1998	
										POPULATION - RÉPARTITION SELON L'AGE ET LE SEXE
										Ensemble des personnes
3 515	3 503	3 524	3 549	3 563	3 583	3 601	3 626	3 661	3 705	Total
977	957	943	931	918	901	878	859	846	835	Moins de 15 ans
2 142	2 147	2 178	2 212	2 238	2 272	2 312	2 353	2 399	2 449	De 15 à 64 ans
396	399	403	406	408	409	411	414	416	421	65 ans et plus
										Hommes
1 755	1 749	1 759	1 765	1 771	1 781	1 788	1 800	1 817	1 839	Total
502	491	484	478	471	463	451	441	434	429	Moins de 15 ans
1 082	1 087	1 104	1 113	1 125	1 143	1 161	1 182	1 204	1 230	De 15 à 64 ans
171	171	172	175	175	175	176	177	179	181	65 ans et plus
										Femmes
1 760	1 754	1 765	1 784	1 792	1 802	1 813	1 826	1 843	1 866	Total
475	466	460	453	447	438	427	418	411	407	Moins de 15 ans
1 060	1 060	1 074	1 100	1 112	1 130	1 151	1 171	1 195	1 220	De 15 à 64 ans
225	228	231	231	233	234	235	237	238	240	65 ans et plus
										POPULATION - POURCENTAGES
										Ensemble des personnes
100.0	100.0	100.0	100.0	100.0	100.0	100.0	100.0	100.0	100.0	Total
27.8	27.3	26.8	26.2	25.8	25.1	24.4	23.7	23.1	22.5	Moins de 15 ans
60.9	61.3	61.8	62.3	62.8	63.4	64.2	64.9	65.5	66.1	De 15 à 64 ans
11.3	11.4	11.4	11.4	11.5	11.4	11.4	11.4	11.4	11.3	65 ans et plus
										COMPOSANTES DE L'ÉVOLUTION DÉMOGRAPHIQUE
3 522	3 506	3 519	3 542	3 556	3 567					a) Population au 1er janvier
3 506	3 519	3 542	3 556	3 567	3 599					b) Population au 31 décembre
-16	13	23	14	11	32					**c) Accroissement total (b-a)**
52	53	53	52	49	48	49	50	52		d) Naissances
32	31	31	31	32	31	32	32	32		e) Décès
20	22	22	21	17	17	17	18	20		**f) Accroissement naturel (d-e)**
-36	-9	1	-7	-6	-8					g) Solde net des migrations
0	0	0	0	0	0					h) Ajustements statistiques
-16	13	23	14	11	9					**i) Accroissement total (=f+g+h=c)**
										(Composition de l'évolution démographique/ Population moyenne) x1000
-4.6	3.7	6.5	3.9	3.1	2.5					Taux d'accroissement total
14.8	15.1	15.0	14.7	13.8	13.4					Taux bruts de natalité
9.1	8.8	8.8	8.7	9.0	8.7					Taux bruts de mortalité
5.7	6.3	6.2	5.9	4.8	4.7					Taux d'accroissement naturel
-10.2	-2.6	0.3	-2.0	-1.7	-2.2					Taux du solde net des migrations

Statistiques de la Population Active
© OCDE, 1999

IRELAND

II - LABOUR FORCE

Thousands (estimates for April of each year)

	1978	1979	1980	1981	1982	1983	1984	1985	1986	1987	1988
Total labour force											
All persons	1 209	1 233	1 247	1 272	1 296	1 307	1 307	1 302	1 308	1 319	1 310
Males	879	890	889	902	914	918	922	917	915	911	910
Females	330	343	358	370	382	389	385	385	393	408	400
Armed forces											
All persons	15	16	15	15	15	14	14	17	13	14	13
Males	15	16	15	15	15	14	14	17	13	13	13
Females										1	
Civilian labour force											
All persons	1 194	1 217	1 232	1 257	1 281	1 293	1 293	1 285	1 295	1 306	1 297
Males	864	874	874	887	899	904	908	900	902	898	897
Females	330	343	358	370	382	389	385	385	393	407	400
Unemployed											
All persons	99	88	91	126	148	183	204	226	228	232	219
Males	79	66	66	93	111	140	157	173	174	177	170
Females	20	22	25	33	37	43	47	53	54	55	49
Civilian employment											
All persons	1 095	1 129	1 141	1 131	1 133	1 110	1 090	1 059	1 068	1 074	1 078
Males	785	808	808	794	788	764	752	727	729	722	728
Females	310	321	333	337	345	346	338	332	339	352	350
Civilian employment (%)											
All persons	100.0	100.0	100.0	100.0	100.0	100.0	100.0	100.0	100.0	100.0	100.0
Males	71.7	71.6	70.8	70.2	69.5	68.8	69.0	68.6	68.3	67.2	67.5
Females	28.3	28.4	29.2	29.8	30.5	31.2	31.0	31.4	31.7	32.8	32.5
Unemployment rates (% of civilian labour force)											
All persons	8.3	7.2	7.4	10.0	11.6	14.2	15.8	17.6	17.6	17.8	16.9
Males	9.1	7.6	7.6	10.5	12.3	15.5	17.3	19.2	19.3	19.7	19.0
Females	6.1	6.4	7.0	8.9	9.7	11.1	12.2	13.8	13.7	13.5	12.3
Total labour force (% of total population)											
All persons	36.5	36.6	36.7	36.9	37.2	37.3	37.0	36.8	36.9	37.2	37.0
Males	52.8	52.6	52.0	52.2	52.3	52.2	52.2	51.8	51.7	51.4	51.5
Females	20.0	20.5	21.2	21.6	22.0	22.3	21.9	21.8	22.2	23.0	22.6
Total labour force (% of population from 15-64 years)[1]											
All persons	62.3	62.4	62.3	62.6	63.0	62.7	62.0	61.3	61.4	61.6	61.0
Males	89.3	88.7	87.6	87.7	87.8	87.1	86.6	85.5	85.1	84.3	83.9
Females	34.5	35.2	36.3	36.9	37.6	37.8	36.9	36.6	37.2	38.5	37.6
Civilian employment (% of total population)											
All persons	33.0	33.5	33.5	32.8	32.6	31.7	30.9	29.9	30.2	30.3	30.5
Part-time employment (%)[2]											
Part-time as % of employment						7.7	7.6	7.8	8.1	8.8	9.3
Male share of part-time employment						28.4	29.3	26.7	29.4	29.2	30.4
Female share of part-time employment						71.6	70.7	73.3	70.6	70.8	69.6
Male part-time as % of male employment						3.2	3.3	3.1	3.5	3.9	4.3
Female part-time as % of female employment						17.4	16.7	17.8	17.6	18.3	19.4
Duration of unemployment (% of total unemployment)[3]											
Less than 1 month						7.1	5.1	3.0	3.5	2.2	3.1
More than 1 month and less than 3 months						10.9	8.4	5.4	6.1	5.4	5.6
More than 3 months and less than 6 months						18.0	14.5	10.0	9.8	10.9	10.5
More than 6 months and less than 1 year						27.3	26.1	18.4	16.6	16.7	16.4
More than 1 year						36.7	45.9	63.3	64.0	64.8	64.4

(1) Participation rates calculated according to national definitions may differ from those published in this table, when the age group represented in the labour force survey is other than 15-64 years.

(2) Part-time employment refers to persons who work less than 30 hours per week in their main job. Data include only persons declaring usual hours worked.

(3) These percentages only take into account those persons for whom the duration of unemployment is known.

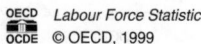

II - POPULATION ACTIVE

Milliers (estimations pour le mois d'avril de chaque année)

1989	1990	1991	1992	1993	1994	1995	1996	1997	1998	
										Population active totale
1 292	1 305	1 334	1 369	1 397	1 425	1 459	1 508	1 539		Ensemble des personnes
895	893	904	879	884	894	909	925	937		Hommes
397	412	429	490	513	531	550	582	602		Femmes
										Forces armées
14	11	12	10	9	8	9	9	8		Ensemble des personnes
14	11	12	10	9	8	9	9	8		Hommes
										Femmes
										Population active civile
1 278	1 294	1 321	1 359	1 388	1 417	1 450	1 498	1 531	*1 621	Ensemble des personnes
881	882	893	869	875	887	900	916	929	*979	Hommes
397	412	429	490	513	531	550	582	601	*642	Femmes
										Chômeurs
202	179	209	209	220	210	177	179	159	127	Ensemble des personnes
157	138	156	134	138	131	110	110	97	79	Hommes
45	41	52	76	81	79	67	69	62	48	Femmes
										Population active civile occupée
1 076	1 115	1 113	1 150	1 168	1 207	1 273	1 319	1 372	1 495	Ensemble des personnes
724	744	736	736	736	755	790	806	832	900	Hommes
352	371	377	414	431	452	483	513	539	595	Femmes
										Population active civile occupée (%)
100.0	100.0	100.0	100.0	100.0	100.0	100.0	100.0	100.0	100.0	Ensemble des personnes
67.3	66.7	66.1	64.0	63.0	62.6	62.1	61.1	60.7	60.2	Hommes
32.7	33.3	33.9	36.0	36.9	37.4	37.9	38.9	39.3	39.8	Femmes
										Taux de chômage (% de la population active civile)
15.8	13.8	15.8	15.4	15.9	14.8	12.2	11.9	10.4	*7.8	Ensemble des personnes
17.8	15.6	17.5	15.4	15.8	14.8	12.2	12.0	10.4	*8.0	Hommes
11.3	10.0	12.1	15.5	15.8	14.9	12.2	11.9	10.3	*7.4	Femmes
										Population active totale (% de la population totale)
36.8	37.3	37.9	38.6	39.2	39.8	40.5	41.6	42.0		Ensemble des personnes
51.0	51.1	51.4	49.8	49.9	50.2	50.8	51.4	51.6		Hommes
22.6	23.5	24.3	27.5	28.6	29.5	30.3	31.9	32.6		Femmes
										Population active totale (% de la population de 15-64 ans)[1]
60.3	60.8	61.2	61.9	62.4	62.7	63.1	64.1	64.2		Ensemble des personnes
82.7	82.2	81.9	79.0	78.6	78.2	78.3	78.3	77.8		Hommes
37.5	38.9	39.9	44.5	46.1	47.0	47.8	49.7	50.4		Femmes
										Population active civile occupée (% de la population totale)
30.6	31.8	31.6	32.4	32.8	33.7	35.4	36.4	37.5	40.3	Ensemble des personnes
										Emploi à temps partiel (%)[2]
9.3	9.8	10.3	11.2	13.0	13.3	14.4	14.1	15.2		Temps partiel en % de l'emploi
28.4	28.2	28.8	27.5	27.2	28.3	27.6	26.8	27.3		Part des hommes dans le temps partiel
71.6	71.8	71.2	72.5	72.8	71.7	72.4	73.2	72.7		Part des femmes dans le temps partiel
4.0	4.2	4.6	4.8	5.7	6.2	6.5	6.2	7.0		Temps partiel des hommes en % de l'emploi des hommes
19.5	20.5	20.8	22.1	24.8	24.6	26.6	26.4	27.2		Temps partiel des femmes en % de l'emploi des femmes
										Durée du chômage (% du chômage total)[3]
2.5	2.7	3.4	5.3	4.8	3.3	5.4	6.7	7.9		Moins de 1 mois
5.8	6.3	7.0	5.8	5.8	5.6	6.2	5.7	6.3		Plus de 1 mois et moins de 3 mois
10.5	10.1	12.0	11.5	12.5	10.4	10.4	11.9	12.2		Plus de 3 mois et moins de 6 mois
15.2	15.0	16.0	18.5	17.8	16.4	16.5	16.2	16.6		Plus de 6 mois et moins de 1 an
66.0	66.0	61.6	58.9	59.1	64.3	61.4	59.5	57.0		Plus de 1 an

(1) Les taux d'activité calculés selon les définitions nationales peuvent être différents de ceux publiés dans ce tableau si le groupe d'âges représenté dans l'enquête de la population active est différent de 15-64 ans.

(2) L'emploi à temps partiel se réfère aux actifs travaillant moins de 30 heures par semaine dans leur emploi principal. Les données incluent uniquement les personnes déclarant des heures habituelles de travail.

(3) Ces pourcentages ne prennent en compte que les personnes pour lesquelles la durée du chômage est connue.

Statistiques de la Population Active
© OCDE, 1999

IRELAND

III - CIVILIAN EMPLOYMENT

Thousands (estimates for April of each year)

	1978	1979	1980	1981	1982	1983	1984	1985	1986	1987	1988
PROFESSIONAL STATUS											
All activities	1 095	1 129	1 141	1 131	1 133	1 110	1 090	1 059	1 068	1 074	1 078
Wage earners and salaried employees	801	836	859	862	861	835	818	802	818	815	810
Employers and persons working on own account	255	253	245	232	236	236	237	228	232	234	244
Unpaid family workers	39	40	38	36	36	39	34	29	18	25	24
Agriculture, hunting, forestry and fishing	226	221	209	196	193	189	182	168	168	164	166
Wage earners and salaried employees	28	28	27	23	23	21	21	23	23	22	23
Employers and persons working on own account	166	159	149	142	139	137	133	122	130	123	125
Unpaid family workers	32	34	33	32	31	31	28	23	15	19	18
Non-agricultural activities	869	908	932	935	940	921	908	891	900	910	912
Wage earners and salaried employees	773	808	832	839	838	814	797	779	795	793	787
Employers and persons working on own account	89	94	96	90	97	99	104	106	102	111	119
Unpaid family workers	7	6	5	4	5	8	6	6	3	6	6
All activities (%)	100.0	100.0	100.0	100.0	100.0	100.0	100.0	100.0	100.0	100.0	100.0
Wage earners and salaried employees	73.2	74.0	75.3	76.2	76.0	75.2	75.0	75.7	76.6	75.9	75.1
Others	26.8	26.0	24.8	23.7	24.0	24.8	24.9	24.3	23.4	24.1	24.9
BREAKDOWN BY ACTIVITIES											
I.S.I.C. Major Divisions											
1 to 0 All activities	1 095	1 129	1 141	1 131	1 133	1 110	1 090	1 059	1 068	1 074	1 078
1 Agriculture, hunting, forestry and fishing	226	221	209	196	193	189	182	168	168	164	166
2 Mining and quarrying	10	11	11	11	11	10	10	10	8	7	7
3 Manufacturing	231	239	243	237	233	218	208	203	211	208	207
4 Electricity, gas and water	13	14	14	14	15	15	15	15	15	14	14
5 Construction	96	101	103	101	96	87	85	78	72	71	72
6 Wholesale and retail trade; restaurants and hotels	185	188	187	187	186	186	187	191	188	189	193
7 Transport, storage and communication	67	68	70	70	70	70	69	68	65	66	64
8 Financing, insurance, real estate and business services	52	59	65	69	75	78	77	77	78	81	84
9 Community, social and personal services	210	221	231	237	248	252	252	244	257	271	268
0 Activities not adequately defined	5	7	8	9	6	4	4	5	6	5	5
WAGE EARNERS AND SALARIED EMPLOYEES BY ACTIVITIES											
I.S.I.C. Major Divisions											
1 to 0 All activities	801	836	859	862	861	835	818	802	818	815	810
1 Agriculture, hunting, forestry and fishing	28	28	27	23	23	21	21	23	23	22	23
2 Mining and quarrying	10	11	11	11	11	9	10	10	8	7	7
3 Manufacturing	219	228	232	228	222	208	198	191	200	194	195
4 Electricity, gas and water	13	14	14	14	15	15	15	15	15	14	14
5 Construction	81	83	85	83	78	68	64	59	56	54	52
6 Wholesale and retail trade; restaurants and hotels	137	141	143	145	140	138	140	143	142	139	141
7 Transport, storage and communication	62	62	63	63	63	63	62	61	58	58	56
8 Financing, insurance, real estate and business services	46	52	59	64	69	70	68	67	69	70	71
9 Community, social and personal services	202	211	218	222	237	237	236	228	241	253	248
0 Activities not adequately defined	3	6	7	9	4	4	4	5	6	4	4

III - POPULATION ACTIVE CIVILE OCCUPÉE

Milliers (estimations pour le mois d'avril de chaque année)

1989	1990	1991	1992	1993	1994	1995	1996	1997	1998	
										SITUATION DANS LA PROFESSION
1 076	1 115	1 113	1 150	1 168	1 207	1 272	1 319	1 372	1 495	**Toutes activités**
811	838	853	875	894	933	990	1 044	1 087	1 193	Salariés
242	254	242	257	254	255	265	261	268	282	Employeurs et personnes travaillant à leur compte
23	23	18	18	20	19	17	14	18	20	Travailleurs familiaux non rémunérés
163	167	154	157	148	146	149	141	142	136	**Agriculture, chasse, sylviculture et pêche**
22	23	23	23	22	22	24	22	21	26	Salariés
124	127	117	121	112	111	113	110	108	100	Employeurs et personnes travaillant à leur compte
17	17	14	13	14	13	12	10	12	11	Travailleurs familiaux non rémunérés
913	948	959	993	1 020	1 061	1 123	1 178	1 230	1 358	**Activités non agricoles**
789	815	830	852	872	911	966	1 022	1 066	1 167	Salariés
118	127	125	136	142	144	152	151	159	182	Employeurs et personnes travaillant à leur compte
6	6	4	5	6	6	5	4	5	9	Travailleurs familiaux non rémunérés
100.0	100.0	100.0	100.0	100.0	100.0	100.0	100.0	100.0	100.0	**Toutes activités (%)**
75.4	75.2	76.6	76.1	76.5	77.3	77.8	79.1	79.2	79.8	Salariés
24.6	24.8	23.4	23.9	23.5	22.7	22.2	20.9	20.8	20.2	Autres
										RÉPARTITION PAR BRANCHES D'ACTIVITÉS
										C.I.T.I. Branches
1 076	1 115	1 113	1 150	1 168	1 207	1 272	1 319	1 372	1 495	**1 à 0 Toutes activités**
163	167	154	157	149	146	149	141	142	136	1 Agriculture, chasse, sylviculture et pêche
7	8	7	6	5	5	6	5	6	5	2 Industries extractives
213	220	221	227	227	236	250	252	274	284	3 Industries manufacturières
14	13	14	13	12	14	13	14	12	12	4 Électricité, gaz et eau
72	78	80	74	71	78	83	88	98	136	5 Bâtiment et travaux publics
192	194	200	220	235	235	246	256	265	301	6 Commerce de gros et de détail; restaurants et hôtels
66	68	65	68	70	74	77	81	85	80	7 Transports, entrepôts et communications
86	91	95	99	100	99	113	121	119	165	8 Banques, assurances, affaires immobilières et services fournis aux entreprises
261	272	273	283	297	313	332	356	363	374	9 Services fournis à la collectivité, services sociaux et services personnels
2	4	5	3	3	7	4	5	5	12	0 Activités mal désignées
										SALARIÉS (OUVRIERS ET EMPLOYÉS) PAR ACTIVITÉS
										C.I.T.I. Branches
811	838	853	875	894	933	990	1 044	1 087	1 193	**1 à 0 Toutes activités**
22	23	23	23	22	22	24	22	21	26	1 Agriculture, chasse, sylviculture et pêche
7	8	6	6	5	5	5	5	6	5	2 Industries extractives
202	206	209	211	208	218	230	235	255	262	3 Industries manufacturières
13	13	14	13	11	14	13	14	12	12	4 Électricité, gaz et eau
52	57	59	53	51	57	60	64	70	101	5 Bâtiment et travaux publics
142	143	151	164	175	177	188	201	212	241	6 Commerce de gros et de détail; restaurants et hôtels
57	58	57	58	60	62	64	68	69	63	7 Transports, entrepôts et communications
74	76	79	82	83	82	93	101	110	134	8 Banques, assurances, affaires immobilières et services fournis aux entreprises
240	251	251	263	277	296	308	331	336	251	9 Services fournis à la collectivité, services sociaux et services personnels
3	4	5	3	3	7	4	4	4	11	0 Activités mal désignées

Sources:

1. *Annuario Statistico Italiano* (Nazionale di Statistica (ISTAT))
2. *Bollettino Mensile di Statistica* (ISTAT, monthly/mensuelle).
3. *Annuario di Statistiche del Lavoro* (ISTAT).
4. *Rilevazione Nazionale Delle Forze di Lavoro* (ISTAT, quarterly/trimestrielle).
5. *Relazione Generale Sulla Situazione Economica del Paese.*

I. POPULATION

Sources: National sources 3, 4 and 5.

Coverage: For population two types of series are given:

a) Total resident population (*de jure*). This type is used for the components of change in population;

b) Present population (*de facto*). This type is used for the Population by age and gender; annual figures correspond to the averages of ISTAT's quarterly sample surveys. Temporarily emigrated persons are excluded.

II. TOTAL LABOUR FORCE
III. CIVILIAN EMPLOYMENT

Sources: National sources 4, 5 and 6 and data provided directly by ISTAT.

Coverage: Persons in the Labour force including permanent inmates of institutions.

Method of computation: Quarterly labour force sample surveys (households).

Date of reference: Average for the year.

Note: All data refer to the resident population concept, including active permanent inmates of institutions being included.

I. POPULATION

Sources : Sources nationales 3, 4 et 5.

Champ couvert : Pour la population deux types de séries sont fournis :

a) Population résidante totale (*de jure*). Ce type de série est utilisé pour les composantes de l'évolution démographique ;

b) Population présente (*de facto*). Ce type de série est utilisé pour la répartition selon l'âge et le genre ; les chiffres annuels correspondent à la moyenne des enquêtes trimestrielles par sondage effectuées par l'ISTAT. Les personnes temporairement émigrées sont exclues.

II. POPULATION ACTIVE
III. POPULATION ACTIVE CIVILE OCCUPÉE

Sources : Sources nationales 4, 5 et 6 et renseignements fournis directement par l'ISTAT.

Champ couvert : Population active, y compris les membres permanents des institutions.

Méthode de calcul : Enquêtes trimestrielles par sondage sur la population active (auprès des ménages).

Date de référence : Moyenne pour l'année.

Note : Toutes les données se référent au concept de la Population résidante, y compris les membres actifs permanents des institutions.

ITALY

I - POPULATION

Thousands (annual average estimates)

	1978	1979	1980	1981	1982	1983	1984	1985	1986	1987	1988
POPULATION - DISTRIBUTION BY AGE AND GENDER[1]											
All persons											
Total	55 446	55 602	55 657	55 774	55 995	56 228	56 344	56 498	56 576	56 664	56 763
Under 15 years	12 073	11 775	11 384	11 206	10 763	10 417	10 090	9 920	9 529	9 262	8 555
From 15 to 64 years	36 754	37 023	37 121	37 351	37 879	38 375	39 000	39 286	39 405	39 396	39 823
65 years and over	6 619	6 804	7 152	7 217	7 354	7 436	7 254	7 293	7 642	8 006	8 385
Males											
Total	26 997	27 068	27 085	27 142	27 251	27 362	27 426	27 493	27 538	27 586	27 635
Under 15 years	6 117	5 987	5 768	5 683	5 486	5 322	5 125	5 048	4 879	4 759	4 374
From 15 to 64 years	17 980	18 108	18 163	18 311	18 584	18 818	19 188	19 313	19 385	19 437	19 718
65 years and over	2 900	2 973	3 154	3 148	3 181	3 222	3 113	3 132	3 274	3 390	3 543
Females											
Total	28 449	28 534	28 572	28 632	28 744	28 866	28 918	29 005	29 038	29 077	29 127
Under 15 years	5 956	5 788	5 616	5 523	5 277	5 095	4 966	4 871	4 650	4 503	4 181
From 15 to 64 years	18 774	18 915	18 958	19 040	19 295	19 557	19 812	19 973	20 020	19 958	20 104
65 years and over	3 719	3 831	3 998	4 069	4 173	4 214	4 140	4 161	4 368	4 616	4 842
POPULATION - PERCENTAGES											
All persons											
Total	100.0	100.0	100.0	100.0	100.0	100.0	100.0	100.0	100.0	100.0	100.0
Under 15 years	21.8	21.2	20.5	20.1	19.2	18.5	17.9	17.6	16.8	16.3	15.1
From 15 to 64 years	66.3	66.6	66.7	67.0	67.6	68.2	69.2	69.5	69.6	69.5	70.2
65 years and over	11.9	12.2	12.9	12.9	13.1	13.2	12.9	12.9	13.5	14.1	14.8
COMPONENTS OF CHANGE IN POPULATION											
a) Population at 1 January	56 035	56 219	56 364	56 468	56 537	56 742	56 929	57 080	57 202	57 291	57 399
b) Population at 31 December	56 219	56 364	56 468	56 537	56 742	56 929	57 080	57 202	57 291	57 399	57 505
c) Total increase (b-a)	184	145	104	69	205	187	151	122	89	108	106
d) Births	721	683	658	628	635	613	598	589	562	560	578
e) Deaths	540	542	559	541	538	564	536	550	545	535	538
f) Natural increase (d-e)	181	141	99	87	97	49	62	39	17	25	40
g) Net migration	3	4	5	-18	108	138	89	83	72	83	66
h) Statistical adjustments	0	0	0	0	0	0	0	0	0	0	0
i) Total increase (=f+g+h=c)	184	145	104	69	205	187	151	122	89	108	106
(Components of change in population/ Average population) x1000											
Total increase rates	3.3	2.6	1.8	1.2	3.6	3.3	2.6	2.1	1.6	1.9	1.8
Crude birth rates	12.8	12.1	11.7	11.1	11.2	10.8	10.5	10.3	9.8	9.8	10.1
Crude death rates	9.6	9.6	9.9	9.6	9.5	9.9	9.4	9.6	9.5	9.3	9.4
Natural increase rates	3.2	2.5	1.8	1.5	1.7	0.9	1.1	0.7	0.3	0.4	0.7
Net migration rates	0.1	0.1	0.1	-0.3	1.9	2.4	1.6	1.5	1.3	1.4	1.1

(1) Prior to 1990, the age groups refer to less than 14, from 14 to 64 years and 65 years and over.

I - POPULATION

Milliers (estimations de moyennes annuelles)

	1989	1990	1991	1992	1993	1994	1995	1996	1997	1998	
											POPULATION - RÉPARTITION SELON L'AGE ET LE SEXE[1]
											Ensemble des personnes
	56 837	*56 737	56 760	56 859	*56 406	56 540	56 638	56 747	56 868	56 979	Total
	8 747	*9 350	9 117	8 943	*8 808	8 656	8 679	8 700	8 724	8 643	Moins de 15 ans
	39 609	*39 076	39 135	39 203	*38 876	38 959	39 088	39 180	39 262	39 126	De 15 à 64 ans
	8 481	*8 311	8 507	8 712	*8 721	8 924	8 871	8 867	8 882	9 210	65 ans et plus
											Hommes
	27 669	*27 572	27 592	27 639	*27 409	27 473	27 558	27 623	27 684	27 680	Total
	4 468	*4 805	4 688	4 599	*4 526	4 448	4 466	4 478	4 491	4 428	Moins de 15 ans
	19 594	*19 424	19 477	19 524	*19 301	19 353	19 458	19 518	19 560	19 442	De 15 à 64 ans
	3 607	*3 343	3 428	3 516	*3 580	3 669	3 634	3 627	3 633	3 810	65 ans et plus
											Femmes
	29 168	*29 166	29 168	29 220	*28 997	29 066	29 080	29 124	29 184	29 299	Total
	4 279	*4 545	4 429	4 344	*4 281	4 208	4 213	4 222	4 233	4 215	Moins de 15 ans
	20 015	*19 652	19 659	19 679	*19 575	19 607	19 630	19 662	19 702	19 684	De 15 à 64 ans
	4 874	*4 968	5 080	5 197	*5 142	5 254	5 237	5 240	5 249	5 400	65 ans et plus
											POPULATION - POURCENTAGES
											Ensemble des personnes
	100.0	*100.0	100.0	100.0	*100.0	100.0	100.0	100.0	100.0	100.0	Total
	15.4	*16.5	16.1	15.7	*15.6	15.3	15.3	15.3	15.3	15.2	Moins de 15 ans
	69.7	*68.9	68.9	68.9	*68.9	68.9	69.0	69.0	69.0	68.7	De 15 à 64 ans
	14.9	*14.6	15.0	15.3	*15.5	15.8	15.7	15.6	15.6	16.2	65 ans et plus
											COMPOSANTES DE L'ÉVOLUTION DÉMOGRAPHIQUE
	57 505		*56 763	56 757	*56 960	57 138	57 269	57 332	57 460	57 563	a) Population au 1er janvier
	57 576		*56 757	56 960	*57 138	57 269	57 332	57 460	57 563	57 612	b) Population au 31 décembre
	71		*-6	203	*178	131	63	128	103	49	**c) Accroissement total (b-a)**
	561	569	563	568	549	537	526	536	540	533	d) Naissances
	532	544	554	547	552	557	555	558	565	577	e) Décès
	29	25	9	21	-3	-20	-29	-22	-25	-44	**f) Accroissement naturel (d-e)**
	42	0	-15	183	183	151	94	149	127	93	g) Solde net des migrations
	0	0	0	0	0	0	0	0	0	0	h) Ajustements statistiques
	71	25	-6	204	180	131	65	127	102	49	**i) Accroissement total (=f+g+h=c)**
											(Composition de l'évolution démographique/ Population moyenne) x1000
	1.2		*-0.1	3.6	*3.2	2.3	1.1	2.2	1.8	0.9	Taux d'accroissement total
	9.7		*9.9	10.0	*9.6	9.4	9.2	9.3	9.4	9.3	Taux bruts de natalité
	9.2		*9.8	9.6	*9.7	9.7	9.7	9.7	9.8	10.0	Taux bruts de mortalité
	0.5		*0.2	0.4	*-0.1	-0.3	-0.5	-0.4	-0.4	-0.8	Taux d'accroissement naturel
	0.7		*-0.3	3.2	*3.2	2.6	1.6	2.6	2.2	1.6	Taux du solde net des migrations

(1) Jusqu'en 1990, les groupe d'âges se réfèrent à moins de 14 ans, de 14 à 64 ans et de 65 ans et plus.

Statistiques de la Population Active OECD
© OCDE, 1999 OCDE

ITALY

II - LABOUR FORCE

Thousands (annual average estimates)

	1978	1979	1980	1981	1982	1983	1984	1985	1986	1987	1988
Total labour force											
All persons	21 950	22 276	22 553	22 693	22 798	23 061	23 323	23 495	23 851	24 031	24 243
Males	14 892	14 960	15 038	15 085	15 120	15 180	15 259	15 306	15 379	15 362	15 453
Females	7 058	7 316	7 515	7 608	7 678	7 881	8 064	8 189	8 473	8 669	8 790
Armed forces											
All persons	527	533	556	564	578	571	601	605	626	615	556
Males	527	533	556	564	578	571	601	605	626	615	556
Females											
Civilian labour force											
All persons	21 423	21 743	21 997	22 129	22 220	22 490	22 722	22 890	23 225	23 416	23 687
Males	14 365	14 427	14 482	14 521	14 542	14 609	14 657	14 701	14 752	14 747	14 897
Females	7 058	7 316	7 515	7 608	7 678	7 881	8 064	8 189	8 473	8 669	8 790
Unemployed											
All persons	1 560	1 686	1 684	1 769	1 923	2 140	2 304	2 382	2 610	2 832	2 868
Males	685	724	708	747	854	938	987	1 024	1 115	1 228	1 232
Females	875	962	976	1 022	1 069	1 202	1 317	1 358	1 495	1 604	1 637
Civilian employment											
All persons	19 863	20 057	20 313	20 361	20 297	20 350	20 418	20 508	20 614	20 584	20 818
Males	13 680	13 703	13 774	13 775	13 688	13 671	13 670	13 677	13 638	13 519	13 665
Females	6 183	6 354	6 539	6 586	6 609	6 679	6 747	6 831	6 977	7 065	7 153
Civilian employment (%)											
All persons	100.0	100.0	100.0	100.0	100.0	100.0	100.0	100.0	100.0	100.0	100.0
Males	68.9	68.3	67.8	67.7	67.4	67.2	67.0	66.7	66.2	65.7	65.6
Females	31.1	31.7	32.2	32.3	32.6	32.8	33.0	33.3	33.8	34.3	34.4
Unemployment rates (% of civilian labour force)											
All persons	7.3	7.8	7.7	8.0	8.7	9.5	10.1	10.4	11.2	12.1	12.1
Males	4.8	5.0	4.9	5.1	5.9	6.4	6.7	7.0	7.6	8.3	8.3
Females	12.4	13.1	13.0	13.4	13.9	15.3	16.3	16.6	17.6	18.5	18.6
Total labour force (% of total population)											
All persons	39.6	40.1	40.5	40.7	40.7	41.0	41.4	41.6	42.2	42.4	42.7
Males	55.2	55.3	55.5	55.6	55.5	55.5	55.6	55.7	55.8	55.7	55.9
Females	24.8	25.6	26.3	26.6	26.7	27.3	27.9	28.2	29.2	29.8	30.2
Total labour force (% of population from 15-64 years)[1]											
All persons	59.7	60.2	60.8	60.8	60.2	60.1	59.8	59.8	60.5	61.0	60.9
Males	82.8	82.6	82.8	82.4	81.4	80.7	79.5	79.3	79.3	79.0	78.4
Females	37.6	38.7	39.6	40.0	39.8	40.3	40.7	41.0	42.3	43.4	43.7
Civilian employment (% of total population)											
All persons	35.8	36.1	36.5	36.5	36.2	36.2	36.2	36.3	36.4	36.3	36.7
Part-time employment (%)[2]											
Part-time as % of employment						7.8	7.4	7.5	7.9	8.1	8.3
Male share of part-time employment						32.6	31.1	31.7	31.6	30.6	30.2
Female share of part-time employment						67.4	68.9	68.3	68.4	69.4	69.8
Male part-time as % of male employment						3.7	3.4	3.5	3.7	3.7	3.7
Female part-time as % of female employment						16.5	16.0	16.0	16.5	16.9	17.3
Duration of unemployment (% of total unemployment)[3]											
Less than 1 month						2.5	2.1	2.2	1.9	2.3	2.5
More than 1 month and less than 3 months						3.2	2.6	2.3	1.8	2.2	2.3
More than 3 months and less than 6 months						11.7	11.0	10.7	10.4	10.7	10.4
More than 6 months and less than 1 year						24.3	20.4	18.6	18.8	18.5	16.1
More than 1 year						58.2	63.8	66.3	67.1	66.3	68.7

(1) Participation rates calculated according to national definitions may differ from those published in this table, when the age group represented in the labour force survey is other than 15-64 years.

(2) Part-time employment refers to persons who work less than 30 hours per week in their main job. Data include only persons declaring usual hours worked.

(3) These percentages only take into account those persons for whom the duration of unemployment is known.

II - POPULATION ACTIVE

Milliers (estimations de moyennes annuelles)

1989	1990	1991	1992	1993	1994	1995	1996	1997	1998	
										Population active totale
24 258	24 515	24 599	24 612	*23 343	23 225	23 271	23 382	23 434	23 549	Ensemble des personnes
15 383	15 487	15 524	15 452	*14 972	14 852	14 781	14 767	14 749	14 694	Hommes
8 875	9 028	9 075	9 160	*8 371	8 373	8 490	8 615	8 685	8 855	Femmes
										Forces armées
558	549	536	543	554	547	540	532	546	519	Ensemble des personnes
558	549	536	543	554	547	540	532	546	519	Hommes
										Femmes
										Population active civile
23 700	23 966	24 063	24 069	*22 789	22 678	22 731	22 850	22 888	23 030	Ensemble des personnes
14 825	14 938	14 988	14 909	*14 418	14 305	14 241	14 235	14 203	14 175	Hommes
8 875	9 028	9 075	9 160	*8 371	8 373	8 490	8 615	8 685	8 855	Femmes
										Chômeurs
2 867	2 751	2 653	2 799	*2 472	2 678	2 797	2 818	2 850	2 873	Ensemble des personnes
1 220	1 177	1 142	1 226	*1 183	1 335	1 361	1 376	1 381	1 371	Hommes
1 647	1 574	1 511	1 573	*1 289	1 343	1 436	1 442	1 469	1 502	Femmes
										Population active civile occupée
20 833	21 215	21 410	21 270	*20 317	20 000	19 934	20 032	20 038	20 157	Ensemble des personnes
13 605	13 761	13 846	13 683	*13 235	12 970	12 880	12 859	12 822	12 804	Hommes
7 228	7 454	7 564	7 587	*7 082	7 030	7 054	7 173	7 216	7 353	Femmes
										Population active civile occupée (%)
100.0	100.0	100.0	100.0	*100.0	100.0	100.0	100.0	100.0	100.0	Ensemble des personnes
65.3	64.9	64.7	64.3	*65.1	64.8	64.6	64.2	64.0	63.5	Hommes
34.7	35.1	35.3	35.7	*34.9	35.1	35.4	35.8	36.0	36.5	Femmes
										Taux de chômage (% de la population active civile)
12.1	11.5	11.0	11.6	*10.8	11.8	12.3	12.3	12.5	12.5	Ensemble des personnes
8.2	7.9	7.6	8.2	*8.2	9.3	9.6	9.7	9.7	9.7	Hommes
18.6	17.4	16.7	17.2	*15.4	16.0	16.9	16.7	16.9	17.0	Femmes
										Population active totale (% de la population totale)
42.7	*43.2	43.3	43.3	*41.4	41.1	41.1	41.2	41.2	41.3	Ensemble des personnes
55.6	*56.2	56.3	55.9	*54.6	54.1	53.6	53.5	53.3	53.1	Hommes
30.4	*31.0	31.1	31.3	*28.9	28.8	29.2	29.6	29.8	30.2	Femmes
										Population active totale (% de la population de 15-64 ans)[1]
61.2	*62.7	62.9	62.8	*60.0	59.6	59.5	59.7	59.7	60.2	Ensemble des personnes
78.5	*79.7	79.7	79.1	*77.6	76.7	76.0	75.7	75.4	75.6	Hommes
44.3	*45.9	46.2	46.5	*42.8	42.7	43.3	43.8	44.1	45.0	Femmes
										Population active civile occupée (% de la population totale)
36.7	*37.4	37.7	37.4	*36.0	35.4	35.2	35.3	35.2	35.4	Ensemble des personnes
										Emploi à temps partiel (%)[2]
8.8	8.8	8.8	10.0	10.0	10.0	10.5	10.5	11.3	11.8	Temps partiel en % de l'emploi
28.9	29.2	28.1	30.8	29.0	27.4	29.2	28.5	29.0	29.6	Part des hommes dans le temps partiel
71.1	70.8	71.9	69.2	71.0	72.6	70.8	71.5	71.0	70.4	Part des femmes dans le temps partiel
3.9	3.9	3.8	4.7	4.5	4.2	4.8	4.7	5.1	5.5	Temps partiel des hommes en % de l'emploi des hommes
18.4	18.2	18.2	19.8	20.4	20.6	21.1	20.9	22.2	22.7	Temps partiel des femmes en % de l'emploi des femmes
										Durée du chômage (% du chômage total)[3]
2.5	2.0	2.4	8.1	6.3	4.0	3.9	3.6	3.6	4.1	Moins de 1 mois
2.5	1.9	2.3	7.7	4.3	4.0	3.4	3.5	3.5	3.3	Plus de 1 mois et moins de 3 mois
10.6	10.9	11.0	14.4	12.9	12.5	12.5	12.1	11.1	11.1	Plus de 3 mois et moins de 6 mois
14.9	15.4	16.2	11.5	18.8	18.0	16.7	15.1	15.5	14.9	Plus de 6 mois et moins de 1 an
69.5	69.8	68.1	58.2	57.7	61.5	63.6	65.6	66.3	66.7	Plus de 1 an

(1) Les taux d'activité calculés selon les définitions nationales peuvent être différents de ceux publiés dans ce tableau si le groupe d'âges représenté dans l'enquête de la population active est différent de 15-64 ans.

(2) L'emploi à temps partiel se réfère aux actifs travaillant moins de 30 heures par semaine dans leur emploi principal. Les données incluent uniquement les personnes déclarant des heures habituelles de travail.

(3) Ces pourcentages ne prennent en compte que les personnes pour lesquelles la durée du chômage est connue.

Statistiques de la Population Active
© OCDE, 1999

ITALY

III - CIVILIAN EMPLOYMENT

Thousands (annual average estimates)

	1978	1979	1980	1981	1982	1983	1984	1985	1986	1987	1988
PROFESSIONAL STATUS											
All activities	19 863	20 057	20 313	20 361	20 297	20 350	20 418	20 508	20 614	20 584	20 818
Wage earners and salaried employees	14 107	14 338	14 499	14 495	14 472	14 360	14 253	14 418	14 460	14 457	14 696
Employers and persons working on own account	4 645	4 664	4 724	4 788	4 796	4 929	5 031	4 986	5 054	5 073	5 108
Unpaid family workers	1 111	1 055	1 090	1 078	1 029	1 061	1 134	1 104	1 100	1 054	1 014
Agriculture, hunting, forestry and fishing	3 069	2 989	2 899	2 732	2 522	2 526	2 426	2 296	2 242	2 169	2 052
Wage earners and salaried employees	1 124	1 106	1 088	1 008	964	930	873	857	828	795	778
Employers and persons working on own account	1 451	1 430	1 380	1 323	1 203	1 246	1 184	1 098	1 078	1 069	999
Unpaid family workers	494	453	431	401	355	350	369	341	336	305	275
Non-agricultural activities	16 794	17 068	17 414	17 629	17 775	17 824	17 992	18 212	18 372	18 415	18 766
Wage earners and salaried employees	12 983	13 232	13 411	13 487	13 508	13 430	13 380	13 561	13 632	13 662	13 918
Employers and persons working on own account	3 194	3 234	3 344	3 465	3 593	3 683	3 847	3 888	3 976	4 004	4 109
Unpaid family workers	617	602	659	677	674	711	765	763	764	749	739
All activities (%)	100.0	100.0	100.0	100.0	100.0	100.0	100.0	100.0	100.0	100.0	100.0
Wage earners and salaried employees	71.0	71.5	71.4	71.2	71.3	70.6	69.8	70.3	70.1	70.2	70.6
Others	29.0	28.5	28.6	28.8	28.7	29.4	30.2	29.7	29.9	29.8	29.4
BREAKDOWN BY ACTIVITIES											
I.S.I.C. Major Divisions											
1 to 0 All activities	19 863	20 057	20 313	20 361	20 297	20 350	20 418	20 508	20 614	20 584	20 818
1 Agriculture, hunting, forestry and fishing	3 069	2 989	2 899	2 732	2 522	2 526	2 426	2 296	2 242	2 169	2 052
2 Mining and quarrying	196	210	220	221	216	210	206	209	220	227	228
3 Manufacturing	5 386	5 371	5 438	5 333	5 233	5 080	4 881	4 766	4 719	4 639	4 699
4 Electricity, gas and water											
5 Construction	1 995	2 002	2 041	2 093	2 078	2 062	1 956	1 921	1 882	1 849	1 823
6 Wholesale and retail trade; restaurants and hotels	3 614	3 736	3 798	3 915	3 989	4 100	4 293	4 365	4 407	4 465	4 500
7 Transport, storage and communication	1 120	1 118	1 134	1 151	1 131	1 114	1 069	1 091	1 120	1 148	1 157
8 Financing, insurance, real estate and business services	463	489	522	559	598	640	658	716	749	793	831
9 Community, social and personal services	4 020	4 142	4 261	4 357	4 530	4 618	4 929	5 143	5 275	5 293	5 528
0 Activities not adequately defined											
WAGE EARNERS AND SALARIED EMPLOYEES BY ACTIVITIES											
I.S.I.C. Major Divisions											
1 to 0 All activities	14 107	14 338	14 499	14 495	14 472	14 360	14 253	14 418	14 460	14 457	14 696
1 Agriculture, hunting, forestry and fishing	1 124	1 106	1 088	1 008	964	930	873	857	828	795	778
2 Mining and quarrying	180	193	199	201	198	190	205	208	219	226	228
3 Manufacturing	4 698	4 716	4 744	4 639	4 535	4 404	4 205	4 101	4 038	3 986	4 030
4 Electricity, gas and water											
5 Construction	1 611	1 593	1 592	1 627	1 594	1 554	1 475	1 444	1 402	1 357	1 339
6 Wholesale and retail trade; restaurants and hotels	1 590	1 674	1 679	1 713	1 749	1 748	1 824	1 871	1 920	1 933	1 931
7 Transport, storage and communication	950	952	966	979	957	940	890	912	940	975	987
8 Financing, insurance, real estate and business services	426	449	475	503	535	571	619	669	691	731	760
9 Community, social and personal services	3 528	3 655	3 756	3 825	3 940	4 023	4 162	4 357	4 425	4 454	4 643
0 Activities not adequately defined											

III - POPULATION ACTIVE CIVILE OCCUPÉE

Milliers (estimations de moyennes annuelles)

1989	1990	1991	1992	1993	1994	1995	1996	1997	1998	
										SITUATION DANS LA PROFESSION
20 833	21 215	21 410	21 270	*20 317	20 024	19 935	20 032	20 039	20 157	**Toutes activités**
14 766	15 133	15 297	15 193	*14 517	14 280	14 164	14 246	14 306	14 419	Salariés
5 163	5 204	5 228	5 214	*4 870	4 835	4 921	4 977	4 930	4 935	Employeurs et personnes travaillant à leur compte
904	878	885	863	*934	909	850	809	803	803	Travailleurs familiaux non rémunérés
1 946	1 895	1 823	1 749	*1 619	1 550	1 489	1 400	1 369	1 338	**Agriculture, chasse, sylviculture et pêche**
788	791	744	748	*604	554	545	521	501	496	Salariés
934	908	887	818	*759	718	709	697	685	656	Employeurs et personnes travaillant à leur compte
224	196	192	183	*256	278	235	182	183	186	Travailleurs familiaux non rémunérés
18 887	19 320	19 587	19 521	*18 698	18 474	18 446	18 632	18 670	18 819	**Activités non agricoles**
13 978	14 342	14 553	14 445	*13 913	13 726	13 619	13 725	13 805	13 923	Salariés
4 229	4 296	4 341	4 396	*4 111	4 117	4 212	4 280	4 245	4 279	Employeurs et personnes travaillant à leur compte
680	682	693	680	*678	631	615	627	620	617	Travailleurs familiaux non rémunérés
100.0	100.0	100.0	100.0	*100.0	100.0	100.0	100.0	100.0	100.0	**Toutes activités (%)**
70.9	71.3	71.4	71.4	*71.5	71.3	71.1	71.1	71.4	71.5	Salariés
29.1	28.7	28.6	28.6	*28.6	28.7	28.9	28.9	28.6	28.5	Autres
										RÉPARTITION PAR BRANCHES D'ACTIVITÉS
										C.I.T.I. Branches
20 833	21 215	21 410	21 270	*20 317	20 024	19 932	20 033	20 039	20 156	1 à 0 Toutes activités
1 946	1 895	1 823	1 749	*1 619	1 550	1 489	1 400	1 370	1 338	1 Agriculture, chasse, sylviculture et pêche
224	229	227	237	*106	88	88	86	91	98	2 Industries extractives
4 729	4 757	4 731	4 679	*4 567	4 521	4 531	4 563	4 548	4 601	3 Industries manufacturières
				202	185	204	187	184	188	4 Électricité, gaz et eau
1 800	1 859	1 957	1 934	*1 726	1 635	1 606	1 591	1 585	1 553	5 Bâtiment et travaux publics
4 474	4 537	4 660	4 616	*4 275	4 241	4 218	4 275	4 229	3 730	6 Commerce de gros et de détail; restaurants et hôtels
1 155	1 146	1 149	1 151	*1 168	1 128	1 058	1 082	1 092	1 085	7 Transports, entrepôts et communications
859	895	1 003	1 079	*1 560	1 514	1 598	1 691	1 754	1 791	8 Banques, assurances, affaires immobilières et services fournis aux entreprises
5 646	5 897	5 860	5 824	*5 099	5 162	5 140	5 158	5 186	5 772	9 Services fournis à la collectivité, services sociaux et services personnels
				0	0	0	0	0	0	0 Activités mal désignées
										SALARIÉS (OUVRIERS ET EMPLOYÉS) PAR ACTIVITÉS
										C.I.T.I. Branches
14 766	15 133	15 297	15 192	*14 517	14 280	14 163	14 249	14 307	14 416	1 à 0 Toutes activités
788	791	744	748	*604	554	546	521	502	496	1 Agriculture, chasse, sylviculture et pêche
222	227	225	236	*86	70	72	68	71	80	2 Industries extractives
4 054	4 081	4 063	4 033	*3 996	3 959	3 954	3 979	3 973	4 026	3 Industries manufacturières
				195	178	198	183	179	180	4 Électricité, gaz et eau
1 318	1 371	1 438	1 404	*1 134	1 065	1 007	980	980	938	5 Bâtiment et travaux publics
1 948	2 007	2 104	2 079	*1 768	1 770	1 800	1 849	1 872	1 645	6 Commerce de gros et de détail; restaurants et hôtels
978	972	978	961	*961	937	863	892	904	901	7 Transports, entrepôts et communications
777	808	904	965	*1 140	1 075	1 098	1 147	1 169	1 192	8 Banques, assurances, affaires immobilières et services fournis aux entreprises
4 681	4 876	4 841	4 766	*4 633	4 673	4 625	4 630	4 657	4 958	9 Services fournis à la collectivité, services sociaux et services personnels
										0 Activités mal désignées

Sources:

1. *Annuaire Statistique du Luxembourg* (Service central de la statistique et des études économiques (STATEC)).
2. *Bulletin Statistique* (STATEC, monthly/mensuelle).

I. POPULATION

Sources: National sources 1 and 2 and data provided by the Central Statistical Office.

Coverage: Resident population (*de jure*).

Method of computation: Official estimates at 31 December; data based on the censuses.

Notes: Totals and breakdown by gender and age groups refer to the end of the year.

II. TOTAL LABOUR FORCE

III. CIVILIAN EMPLOYMENT

Source: Replies to the annual OECD questionnaire, the Department of Employment, STATEC and other national sources.

Date of reference: Average for the year.

General remark: Employment figures include foreign commuters working in Luxembourg. Unemployment data refer to persons resident in Luxembourg.

I. POPULATION

Sources : Sources nationales 1 et 2 et renseignements fournis par le Bureau central de la Statistique.

Champ couvert : Population résidante (*de jure*).

Méthode de calcul : Estimations officielles au 31 décembre ; données basées sur les résultats des recensements.

Notes : Les totaux et la répartition par genre et groupes d'âge se réfèrent à la fin de l'année.

II. POPULATION ACTIVE

III. POPULATION ACTIVE CIVILE OCCUPÉE

Sources : Réponses au questionnaire de l'OCDE, l'Office du travail, STATEC et autres sources nationales.

Date de référence : Moyenne pour l'année.

Remarque générale : Les données relatives à l'emploi incluent les frontaliers. Les chiffres du chômage se réfèrent aux personnes résidant au Luxembourg.

LUXEMBOURG

I - POPULATION

Thousands (estimates at 31 December)

	1978	1979	1980	1981	1982	1983	1984	1985	1986	1987	1988
POPULATION - DISTRIBUTION BY AGE AND GENDER											
All persons											
Total	362.3	363.7	365.1	365.7	365.5	365.8	366.2	367.2	369.5	371.7	374.9
Under 15 years	67.1	69.2	67.8	66.6	65.7	64.4	63.5	62.8	62.5	62.8	64.0
From 15 to 64 years	246.1	245.5	247.5	249.7	250.9	253.1	254.4	256.0	257.8	259.3	260.6
65 years and over	49.1	49.0	49.8	49.4	48.9	48.3	48.3	48.4	49.2	49.5	50.2
Males											
Total	178.3	178.1	178.4	178.1	177.8	177.8	178.1	178.8	179.7	180.9	182.6
Under 15 years	34.4	35.4	34.7	34.1	33.6	32.9	32.5	32.2	32.1	32.2	32.8
From 15 to 64 years	124.3	123.0	124.0	124.7	125.1	126.1	126.8	127.8	129.0	130.1	131.1
65 years and over	19.6	19.7	19.7	19.3	19.1	18.8	18.7	18.8	18.6	18.5	18.6
Females											
Total	184.0	185.6	186.7	187.6	187.7	188.0	188.1	188.4	189.8	190.8	192.3
Under 15 years	32.7	33.8	33.1	32.5	32.1	31.5	30.9	30.6	30.4	30.6	31.2
From 15 to 64 years	121.8	122.5	123.5	125.0	125.8	127.0	127.6	128.2	128.8	129.2	129.4
65 years and over	29.5	29.3	30.1	30.1	29.8	29.5	29.6	29.6	30.6	31.0	31.7
POPULATION - PERCENTAGES											
All persons											
Total	100.0	100.0	100.0	100.0	100.0	100.0	100.0	100.0	100.0	100.0	100.0
Under 15 years	18.5	19.0	18.6	18.2	18.0	17.6	17.3	17.1	16.9	16.9	17.1
From 15 to 64 years	67.9	67.5	67.8	68.3	68.6	69.2	69.5	69.7	69.8	69.8	69.5
65 years and over	13.6	13.5	13.6	13.5	13.4	13.2	13.2	13.2	13.3	13.3	13.4
COMPONENTS OF CHANGE IN POPULATION											
a) Population at 1 January	361.9	362.3	363.7	365.1	365.7	365.5	365.8	366.2	367.2	369.5	371.7
b) Population at 31 December	362.3	363.7	365.1	365.7	365.5	365.8	366.2	367.2	369.5	371.7	374.9
c) Total increase (b-a)	0.4	1.4	1.4	0.6	-0.2	0.3	0.4	1.0	2.3	2.2	3.2
d) Births	4.1	4.1	4.2	4.4	4.3	4.2	4.2	4.1	4.3	4.2	4.6
e) Deaths	4.2	4.0	4.1	4.1	4.1	4.1	4.1	4.0	4.0	4.0	3.8
f) Natural increase (d-e)	-0.1	0.1	0.1	0.3	0.2	0.1	0.1	0.1	0.3	0.2	0.8
g) Net migration	0.6	1.2	1.4	0.4	-0.3	0.0	0.5	0.9	2.0	2.4	3.1
h) Statistical adjustments	0.0	0.0	0.0	0.0	0.0	0.0	0.0	0.0	0.0	0.0	0.0
i) Total increase (=f+g+h=c)	0.5	1.3	1.5	0.7	-0.1	0.1	0.6	1.0	2.3	2.6	3.9
(Components of change in population/ Average population) x1000											
Total increase rates	1.4	3.6	4.1	1.9	-0.3	0.4	1.6	2.7	6.2	7.0	10.4
Crude birth rates	11.3	11.3	11.5	12.0	11.8	11.5	11.5	11.2	11.7	11.3	12.3
Crude death rates	11.6	11.0	11.3	11.2	11.2	11.2	11.2	10.9	10.9	10.8	10.2
Natural increase rates	-0.3	0.3	0.3	0.8	0.5	0.3	0.3	0.3	0.8	0.5	2.1
Net migration rates	1.7	3.3	3.8	1.1	-0.8	0.1	1.4	2.5	5.4	6.5	8.3

I - POPULATION

Milliers (estimations au 31 décembre)

1989	1990	1991	1992	1993	1994	1995	1996	1997	1998	
										POPULATION - RÉPARTITION SELON L'AGE ET LE SEXE
										Ensemble des personnes
378.4	384.4	389.8	395.2	400.9	406.6	412.8	415.8	421.0	426.4	Total
	67.1	68.9	70.8	72.7	74.6	76.3	77.0	78.5	80.0	Moins de 15 ans
262.3	265.6	268.1	270.5	273.0	275.4	278.4	279.7	282.5	285.5	De 15 à 64 ans
	51.7	52.8	53.9	55.2	56.6	58.2	59.1	60.0	60.9	65 ans et plus
										Hommes
184.6	188.3	191.3	194.1	196.9	199.6	202.6	204.0	206.8	209.7	Total
	34.4	35.3	36.2	37.3	38.2	39.1	39.5	40.3	41.2	Moins de 15 ans
132.5	134.9	136.5	137.7	138.8	139.8	141.1	141.8	143.2	144.7	De 15 à 64 ans
	19.0	19.5	20.2	20.8	21.6	22.3	22.7	23.3	23.8	65 ans et plus
										Femmes
193.8	196.1	198.5	201.1	204.0	207.0	210.2	211.6	214.2	216.7	Total
	32.7	33.6	34.5	35.4	36.4	37.1	37.5	38.2	38.8	Moins de 15 ans
129.8	130.7	131.6	132.9	134.2	135.6	137.3	137.9	139.4	140.8	De 15 à 64 ans
	32.6	33.3	33.7	34.4	35.0	35.8	36.1	36.7	37.1	65 ans et plus
										POPULATION - POURCENTAGES
										Ensemble des personnes
100.0	100.0	100.0	100.0	100.0	100.0	100.0	100.0	100.0	100.0	Total
	17.5	17.7	17.9	18.1	18.3	18.5	18.5	18.6	18.8	Moins de 15 ans
69.3	69.1	68.8	68.4	68.1	67.7	67.4	67.3	67.1	67.0	De 15 à 64 ans
	13.4	13.5	13.6	13.8	13.9	14.1	14.2	14.2	14.3	65 ans et plus
										COMPOSANTES DE L'ÉVOLUTION DÉMOGRAPHIQUE
374.9	378.4	384.4	389.8	395.2	400.9	406.6	412.8	418.3		a) Population au 1er janvier
378.4	384.4	389.8	395.2	400.9	406.6	412.8	418.3	423.7		b) Population au 31 décembre
3.5	6.0	5.4	5.4	5.7	5.7	6.2	5.5	5.4		**c) Accroissement total (b-a)**
4.7	4.9	5.0	5.1	5.4	5.5	5.4	5.7	5.5	5.4	d) Naissances
4.0	3.8	3.7	4.0	3.9	3.8	3.8	3.9	3.9	3.9	e) Décès
0.7	1.1	1.3	1.1	1.5	1.7	1.6	1.8	1.6	1.5	**f) Accroissement naturel (d-e)**
2.9	3.9	4.2	4.3	4.2	4.0	4.6	3.7	3.8		g) Solde net des migrations
0.0	0.0	0.0	0.0	0.0	0.0	0.0	0.0	0.0		h) Ajustements statistiques
3.6	5.0	5.5	5.4	5.7	5.7	6.2	5.5	5.4		**i) Accroissement total (=f+g+h=c)**
										(Composition de l'évolution démographique/ Population moyenne) x1000
9.6	13.1	14.2	13.8	14.3	14.1	15.1	13.2	12.8		Taux d'accroissement total
12.5	12.8	12.9	13.0	13.6	13.6	13.2	13.7	13.1		Taux bruts de natalité
10.6	10.0	9.6	10.2	9.8	9.4	9.3	9.4	9.3		Taux bruts de mortalité
1.9	2.9	3.4	2.8	3.8	4.2	3.9	4.3	3.8		Taux d'accroissement naturel
7.7	10.2	10.8	11.0	10.6	9.9	11.2	8.9	9.0		Taux du solde net des migrations

Statistiques de la Population Active
© OCDE, 1999

LUXEMBOURG

II - LABOUR FORCE

Thousands (annual average estimates)

	1978	1979	1980	1981	1982	1983	1984	1985	1986	1987	1988
Total labour force											
All persons	157.5	158.2	159.3	160.3	160.3	160.3	161.4	163.6	167.4	172.3	177.4
Males	109.1	109.4	110.0	107.9	108.5	107.3	107.2	108.2	110.4	113.2	116.3
Females	48.4	48.8	49.3	52.4	51.8	53.0	54.2	55.4	57.0	59.1	61.1
Armed forces											
All persons	0.7	0.7	0.7	0.7	0.7	0.7	0.7	0.7	0.7	0.7	0.7
Males	0.7	0.7	0.7	0.7	0.7	0.7	0.7	0.7	0.7	0.7	0.7
Females											
Civilian labour force											
All persons	156.8	157.5	158.6	159.6	159.6	159.6	160.7	162.9	166.7	171.6	176.7
Males	108.4	108.7	109.3	107.2	107.8	106.6	106.5	107.5	109.7	112.5	115.6
Females	48.4	48.8	49.3	52.4	51.8	53.0	54.2	55.4	57.0	59.1	61.1
Unemployed											
All persons	1.2	1.1	1.1	1.6	2.0	2.5	2.7	2.6	2.3	2.7	2.5
Males	0.7	0.6	0.5	0.9	1.1	1.4	1.4	1.4	1.2	1.5	1.5
Females	0.5	0.5	0.6	0.7	0.9	1.1	1.3	1.2	1.1	1.2	1.0
Civilian employment											
All persons	155.6	156.4	157.5	158.0	157.6	157.1	158.0	160.3	164.4	168.9	174.2
Males	107.7	108.1	108.8	106.6	106.7	105.2	105.1	106.1	108.5	110.9	114.1
Females	47.9	48.3	48.7	51.4	50.9	51.9	52.9	54.2	55.9	58.0	60.1
Civilian employment (%)											
All persons	100.0	100.0	100.0	100.0	100.0	100.0	100.0	100.0	100.0	100.0	100.0
Males	69.2	69.1	69.1	67.5	67.7	67.0	66.5	66.2	66.0	65.7	65.5
Females	30.8	30.9	30.9	32.5	32.3	33.0	33.5	33.8	34.0	34.3	34.5
Unemployment rates (% of civilian labour force)											
All persons	0.8	0.7	0.7	1.0	1.3	1.6	1.7	1.6	1.4	1.6	1.4
Males	0.6	0.6	0.5	0.8	1.0	1.3	1.3	1.3	1.1	1.3	1.3
Females	1.0	1.0	1.2	1.3	1.7	2.1	2.4	2.2	1.9	2.0	1.6
Total labour force (% of total population)											
All persons	43.5	43.5	43.6	43.8	43.9	43.8	44.1	44.6	45.3	46.4	47.3
Males	61.2	61.4	61.7	60.6	61.0	60.3	60.2	60.5	61.4	62.6	63.7
Females	26.3	26.3	26.4	27.9	27.6	28.2	28.8	29.4	30.0	31.0	31.8
Total labour force (% of population from 15-64 years)[1]											
All persons	64.0	64.4	64.4	64.2	63.9	63.3	63.4	63.9	64.9	66.4	68.1
Males	87.8	88.9	88.7	86.5	86.7	85.1	84.5	84.7	85.6	87.0	88.6
Females	39.7	39.8	39.9	41.9	41.2	41.7	42.5	43.2	44.3	45.7	47.2
Civilian employment (% of total population)											
All persons	42.9	43.0	43.1	43.2	43.1	42.9	43.1	43.7	44.5	45.4	46.5
Part-time employment (%)[2]											
Part-time as % of employment						7.3	7.0	7.2	7.3	8.1	7.1
Male share of part-time employment											
Female share of part-time employment						88.3	86.4	86.8	86.4	87.8	88.3
Male part-time as % of male employment						1.3	1.4	1.5	1.5	1.5	1.3
Female part-time as % of female employment						19.5	18.1	18.5	18.4	20.4	18.3
Duration of unemployment (% of total unemployment)[3]											
Less than 1 month						10.4	7.9	4.9	10.3	10.8	3.4
More than 1 month and less than 3 months						12.5	10.5	7.3	10.3	10.8	13.8
More than 3 months and less than 6 months						20.8	18.4	24.4	30.8	18.9	27.6
More than 6 months and less than 1 year						20.8	26.3	24.4	12.8	21.6	17.2
More than 1 year						35.4	36.8	39.0	35.9	37.8	37.9

(1) Participation rates calculated according to national definitions may differ from those published in this table, when the age group represented in the labour force survey is other than 15-64 years.

(2) Part-time employment refers to persons who work less than 30 hours per week in their main job. Data include only persons declaring usual hours worked.

(3) These percentages only take into account those persons for whom the duration of unemployment is known. Data are based on small sample sizes and therefore must be treated with care.

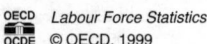

II - POPULATION ACTIVE

Milliers (estimations de moyennes annuelles)

1989	1990	1991	1992	1993	1994	1995	1996	1997	1998	
										Population active totale
184.2	191.7	197.1	202.5	206.8	213.3	219.3	225.7	233.3		Ensemble des personnes
120.3	125.5	129.5	131.6	133.8	136.2	139.7	143.0	147.0		Hommes
63.9	66.2	67.6	70.9	73.0	77.1	79.6	82.7	85.9		Femmes
										Forces armées
0.7	0.7	0.7	0.7	0.7	0.4	0.4	0.4	0.4		Ensemble des personnes
0.7	0.7	0.7	0.7	0.7	0.4	0.4	0.4	0.4		Hommes
										Femmes
										Population active civile
183.5	191.0	196.4	201.8	206.1	212.9	218.9	225.3	232.9		Ensemble des personnes
119.6	124.8	128.8	130.9	133.1	135.8	139.3	142.6	147.0		Hommes
63.9	66.2	67.6	70.9	73.0	77.1	79.6	82.7	85.9		Femmes
										Chômeurs
2.3	2.1	2.3	2.7	3.5	4.6	5.1	5.7	6.4		Ensemble des personnes
1.3	1.1	1.4	1.6	2.0	2.7	2.9	3.2	4.0		Hommes
1.0	1.1	0.9	1.1	1.5	1.9	2.2	2.5	2.4		Femmes
										Population active civile occupée
181.2	188.9	194.1	199.0	202.5	208.3	213.8	219.6	226.5		Ensemble des personnes
118.3	123.7	127.4	129.3	131.1	133.1	136.4	139.4	143.0		Hommes
62.9	65.2	66.7	69.7	71.4	75.2	77.4	80.2	83.5		Femmes
										Population active civile occupée (%)
100.0	100.0									Ensemble des personnes
65.3	65.5	65.6	65.0	64.7	63.9	63.8	63.5	63.1		Hommes
34.7	34.5	34.4	35.0	35.3	36.1	36.2	36.5	36.9		Femmes
										Taux de chômage (% de la population active civile)
1.3	1.1	1.2	1.3	1.7	2.2	2.3	2.5	2.7		Ensemble des personnes
1.1	0.9	1.1	1.2	1.5	2.0	2.1	2.2	2.7		Hommes
1.6	1.7	1.3	1.6	2.1	2.5	2.8	3.0	2.8		Femmes
										Population active totale (% de la population totale)
48.7	49.9	50.6	51.2	51.6	52.5	53.1	54.3	55.4		Ensemble des personnes
65.2	66.6	67.7	67.8	68.0	68.2	69.0	70.1	71.1		Hommes
33.0	33.8	34.1	35.3	35.8	37.2	37.9	39.1	40.1		Femmes
										Population active totale (% de la population de 15-64 ans)[1]
70.2	72.2	73.5	74.9	75.8	77.5	78.8	80.7	82.6		Ensemble des personnes
90.8	93.0	94.9	95.6	96.4	97.4	99.0	100.8	102.7		Hommes
49.2	50.7	51.4	53.3	54.4	56.9	58.0	59.9	61.6		Femmes
										Population active civile occupée (% de la population totale)
47.9	49.1	49.8	50.4	50.5	51.2	51.8	52.8	53.8		Ensemble des personnes
										Emploi à temps partiel (%)[2]
7.6	7.6	8.8	9.5	9.9	10.7	11.4	10.4	11.1	12.8	Temps partiel en % de l'emploi
										Part des hommes dans le temps partiel
86.4	86.5	89.9	85.8	87.4	88.6	89.2	87.3	89.0	87.3	Part des femmes dans le temps partiel
1.6	1.6	1.4	2.1	1.9	1.9	1.9	2.1	2.0	2.6	Temps partiel des hommes en % de l'emploi des hommes
18.8	19.1	22.2	22.0	23.8	25.7	28.4	24.7	26.2	29.6	Temps partiel des femmes en % de l'emploi des femmes
										Durée du chômage (% du chômage total)[3]
5.0	4.8	15.8	16.7	16.2	16.4	13.5	12.3	12.6	11.7	Moins de 1 mois
10.0	4.8	15.8	23.3	5.4	7.9	11.6	15.5	7.7	10.7	Plus de 1 mois et moins de 3 mois
25.0	23.8	21.1	23.3	16.2	21.0	25.4	27.5	18.6	21.3	Plus de 3 mois et moins de 6 mois
20.0	23.8	21.1	23.3	29.7	25.1	25.8	17.0	26.5	24.4	Plus de 6 mois et moins de 1 an
40.0	42.9	26.3	13.3	32.4	29.6	23.8	27.6	34.6	32.0	Plus de 1 an

(1) Les taux d'activité calculés selon les définitions nationales peuvent être différents de ceux publiés dans ce tableau si le groupe d'âges représenté dans l'enquête de la population active est différent de 15-64 ans.

(2) L'emploi à temps partiel se réfère aux actifs travaillant moins de 30 heures par semaine dans leur emploi principal. Les données incluent uniquement les personnes déclarant des heures habituelles de travail.

(3) Ces pourcentages ne prennent en compte que les personnes pour lesquelles la durée du chômage est connue. Les données sont basées sur un trés petit échantillon et doivent de ce fait être interprétées avec prudence.

Statistiques de la Population Active
OECD
OCDE
© OCDE, 1999

LUXEMBOURG

III - CIVILIAN EMPLOYMENT

Thousands (annual average estimates)

	1978	1979	1980	1981	1982	1983	1984	1985	1986	1987	1988
PROFESSIONAL STATUS											
All activities	155.6	156.4	157.5	158.0	157.6	157.1	158.0	160.2	164.4	168.9	174.2
Wage earners and salaried employees	132.6	134.4	136.3	138.0	138.0	137.7	138.8	141.4	145.9	150.7	156.2
Employers and persons working on own account	23.0	22.0	21.2	20.0	19.6	19.4	19.2	18.8	18.5	18.2	18.0
Unpaid family workers											
Agriculture, hunting, forestry and fishing	9.7	9.1	8.5	8.1	7.8	7.4	7.5	7.0	6.9	6.6	6.4
Wage earners and salaried employees	1.0	1.0	1.0	1.2	1.2	1.2	1.4	1.2	1.3	1.3	1.4
Employers and persons working on own account	8.7	8.1	7.5	6.9	6.6	6.2	6.1	5.8	5.6	5.3	5.0
Unpaid family workers											
Non-agricultural activities	145.9	147.3	149.0	149.9	149.8	149.7	150.5	153.2	157.5	162.3	167.8
Wage earners and salaried employees	131.6	133.4	135.3	136.8	136.8	136.5	137.4	140.2	144.6	149.4	154.8
Employers and persons working on own account	14.3	13.9	13.7	13.1	13.0	13.2	13.1	13.0	12.9	12.9	13.0
Unpaid family workers											
All activities (%)	100.0	100.0	100.0	100.0	100.0	100.0	100.0	100.0	100.0	100.0	100.0
Wage earners and salaried employees	85.2	85.9	86.5	87.3	87.6	87.7	87.8	88.3	88.7	89.2	89.7
Others											
BREAKDOWN BY ACTIVITIES											
I.S.I.C. Major Divisions											
1 to 0 All activities	155.6	156.4	157.5	158.0	157.6	157.1	158.0	160.2	164.4	168.9	174.2
1 Agriculture, hunting, forestry and fishing	9.7	9.1	8.5	8.1	7.8	7.4	7.5	7.0	6.9	6.6	6.4
2 Mining and quarrying											
3 Manufacturing	44.6	43.2	42.1	41.5	40.6	39.2	38.8	38.7	39.4	38.8	37.4
4 Electricity, gas and water	1.4	1.4	1.5	1.4	1.4	1.3	1.3	1.4	1.3	1.4	1.4
5 Construction	15.0	15.6	16.4	15.9	15.3	15.1	14.7	14.0	14.4	15.4	16.7
6 Wholesale and retail trade; restaurants and hotels											
7 Transport, storage and communication											
8 Financing, insurance, real estate and business services	84.9	87.1	89.0	91.1	92.5	94.1	95.7	99.1	102.4	106.7	112.3
9 Community, social and personal services											
0 Activities not adequately defined											
WAGE EARNERS AND SALARIED EMPLOYEES BY ACTIVITIES											
I.S.I.C. Major Divisions											
1 to 0 All activities	132.6	134.4	136.3	138.0	138.0	137.7	138.8	141.4	145.9	150.7	156.2
1 Agriculture, hunting, forestry and fishing	1.0	1.0	1.0	1.2	1.2	1.2	1.4	1.2	1.3	1.3	1.4
2 Mining and quarrying											
3 Manufacturing	43.5	57.9	57.7	56.5	55.1	53.3	52.5	51.9	53.0	53.5	53.5
4 Electricity, gas and water	1.4										
5 Construction	13.6										
6 Wholesale and retail trade; restaurants and hotels											
7 Transport, storage and communication											
8 Financing, insurance, real estate and business services	73.1	75.5	77.6	80.3	81.7	83.2	84.9	88.3	91.6	95.9	101.3
9 Community, social and personal services											
0 Activities not adequately defined											

III - POPULATION ACTIVE CIVILE OCCUPÉE

Milliers (estimations de moyennes annuelles)

1989	1990	1991	1992	1993	1994	1995	1996	1997	1998	
										SITUATION DANS LA PROFESSION
181.2	188.9	194.1	199.0	202.5	208.3	213.8	219.6	226.5		**Toutes activités**
163.4	171.2	177.7	182.7	186.3	192.2	197.5	203.1	209.9		Salariés
17.8	17.7	16.4	16.3	16.2	16.1	16.3	16.4	16.6		Employeurs et personnes travaillant à leur compte
										Travailleurs familiaux non rémunérés
6.2	6.2	6.1	6.0	6.0	5.9	5.8				**Agriculture, chasse, sylviculture et pêche**
1.4	1.5	1.5	1.5	1.6						Salariés
4.8	4.7	4.6	4.5	4.4						Employeurs et personnes travaillant à leur compte
										Travailleurs familiaux non rémunérés
175.0	182.7	188.0	193.0	196.5	202.4	208.0				**Activités non agricoles**
162.0	169.7	176.2	181.2	184.7						Salariés
13.0	13.0	11.8	11.8	11.8						Employeurs et personnes travaillant à leur compte
										Travailleurs familiaux non rémunérés
100.0	100.0	100.0	100.0	100.0	100.0	100.0	100.0	100.0		**Toutes activités (%)**
90.2	90.6	91.6	91.8	92.0	92.3	92.4	92.5	92.7		Salariés
										Autres
										RÉPARTITION PAR BRANCHES D'ACTIVITÉS
										C.I.T.I. Branches
181.2	188.9									**1 à 0 Toutes activités**
6.2	6.2									1 Agriculture, chasse, sylviculture et pêche
										2 Industries extractives
37.4	37.4									3 Industries manufacturières
1.4	1.4									4 Électricité, gaz et eau
17.6	18.8									5 Bâtiment et travaux publics
										6 Commerce de gros et de détail; restaurants et hôtels
										7 Transports, entrepôts et communications
118.6	125.1									8 Banques, assurances, affaires immobilières et services fournis aux entreprises
										9 Services fournis à la collectivité, services sociaux et services personnels
										0 Activités mal désignées
										SALARIÉS (OUVRIERS ET EMPLOYÉS) PAR ACTIVITÉS
										C.I.T.I. Branches
163.4	171.2	178.4	183.4	187.0	191.8	197.1	202.6	209.4		**1 à 0 Toutes activités**
1.4	1.5	1.5	1.5	1.6	1.2	1.1	1.3	1.2		1 Agriculture, chasse, sylviculture et pêche
		0.2	0.3	0.3	0.3	0.3	0.3	0.3		2 Industries extractives
54.5	55.7	35.6	34.5	32.9	33.0	32.8	32.8	33.5		3 Industries manufacturières
		1.4	1.4	1.4	1.6	1.7	1.7	0.9		4 Électricité, gaz et eau
		18.7	20.3	22.0	22.3	22.6	22.9	23.3		5 Bâtiment et travaux publics
		33.9	34.9	36.3	37.0	37.1	37.9	39.1		6 Commerce de gros et de détail; restaurants et hôtels
		12.9	13.3	13.7	14.0	14.3	14.8	15.8		7 Transports, entrepôts et communications
107.5	114.0	31.4	32.8	33.5	33.5	35.0	36.7	44.5		8 Banques, assurances, affaires immobilières et services fournis aux entreprises
		42.8	44.4	45.3	47.3	49.0	50.6	47.8		9 Services fournis à la collectivité, services sociaux et services personnels
					1.5	3.2	3.6	3.0		0 Activités mal désignées

Statistiques de la Population Active OECD
© OCDE, 1999 OCDE

II. POPULATION ACTIVE CIVILE OCCUPÉE

Sources:

1. *Statistisch Zakboek* (Centraal Bureau voor de Statistiek).
2. *Maandschrift van het Centraal Bureau voor de Statistiek* (Monthly/Mensuelle).
3. *Maandstatistiek van de Bevolking* (Centraal Bureau voor de Statistiek, monthly/mensuelle).
4. *Arbeidsvolume en Geregistreerde Arbeidreserve 1947-1966* (Centraal Bureau voor de Statistiek).

I. POPULATION

Sources: National sources 1, 2 and 3.

Coverage: Resident population (*de jure*).

Method of computation: Averages for the year.

II. TOTAL LABOUR FORCE

III. CIVILIAN EMPLOYMENT

A. Data prior to 1987:

Sources: Statistics Netherlands and direct information.

Date of reference: 1 January.

Method of computation: Estimates by Statistics Netherlands.

Unemployment data prior to 1983: In order to maintain the consistency with other related statistical series, the figures referring to the unemployed are yearly averages (excluding part-time unemployment) of the monthly registered unemployed series.

Unemployment data since 1983: Unemployment data established at 1 January and derived from the Labour Force Survey; the new series are not comparable with those of previous years.

B. Data for 1987 to 1991:

All labour force series have been compiled from the new continuous Labour Force Survey which started in 1987. All data are yearly averages. Figures for previous years are not comparable with the new estimates. Estimates for the year 1987 based on the old methodology are given in the 1989 edition of this publication.

Note: Data refer to persons of 15 years and over residing in the Netherlands.

C. Data since 1992:

Data are based on new definitions introduced in the survey in 1992.

I. POPULATION

Sources : Sources nationales 1, 2 et 3.

Champ couvert : Population résidante (*de jure*).

Méthode de calcul : Moyennes pour l'année.

II. POPULATION ACTIVE

III. POPULATION ACTIVE CIVILE OCCUPÉE

A. Données antérieures à 1987 :

Sources : Statistics Netherlands et renseignements directs.

Date de référence : 1er janvier.

Méthode de calcul : Estimations faites par Statistics Netherlands.

Données du chômage antérieures à 1983 : Afin de maintenir la comparabilité par rapport à d'autres séries statistiques étroitement liées, les chiffres relatifs au chômage sont les moyennes annuelles des séries des chômeurs enregistrés (non compris les personnes en chômage partiel).

Données du chômage depuis 1983 : Les séries du chômage sont établies au 1er janvier et dérivées de l'enquête sur la population active ; les nouvelles données ne sont pas comparables à celles des années antérieures.

B. Données depuis 1987 à 1991

Toutes les séries relatives à la population active ont été établies d'après une nouvelle enquête continue sur ensemble de l'année, introduite en 1987. Toutes les estimations sont des moyennes annuelles. Les nouvelles données ne sont pas comparables à celles des années antérieures. Les estimations pour l'année 1987 basées sur l'ancienne méthodologie sont contenues dans l'édition 1989 de cet annuaire.

Note : Les données se référent aux personnes de 15 ans et plus résidant aux Pays-Bas.

C. Données depuis 1992:

Les données sont basées sur des nouvelles définitions introduites dans l'enquête de 1992.

NETHERLANDS

I - POPULATION

Thousands (annual average estimates)

	1978	1979	1980	1981	1982	1983	1984	1985	1986	1987	1988
POPULATION - DISTRIBUTION BY AGE AND GENDER											
All persons											
Total	13 942	14 038	14 150	14 247	14 313	14 367	14 424	14 491	14 572	14 665	14 760
Under 15 years	3 281	3 216	3 159	3 104	3 038	2 967	2 890	2 819	2 767	2 732	2 714
From 15 to 64 years	9 095	9 224	9 362	9 488	9 594	9 702	9 816	9 922	10 018	10 111	10 188
65 years and over	1 565	1 598	1 629	1 655	1 680	1 698	1 718	1 750	1 787	1 822	1 858
Males											
Total	6 926	6 970	7 021	7 065	7 092	7 113	7 137	7 167	7 204	7 249	7 295
Under 15 years	1 679	1 645	1 616	1 588	1 554	1 518	1 478	1 441	1 414	1 396	1 388
From 15 to 64 years	4 596	4 664	4 735	4 800	4 855	4 908	4 967	5 023	5 075	5 124	5 164
65 years and over	651	661	670	677	684	687	692	703	715	729	742
Females											
Total	7 015	7 068	7 128	7 182	7 221	7 254	7 287	7 324	7 368	7 416	7 465
Under 15 years	1 602	1 571	1 543	1 516	1 485	1 450	1 412	1 378	1 353	1 335	1 326
From 15 to 64 years	4 499	4 560	4 627	4 688	4 740	4 794	4 849	4 899	4 943	4 987	5 023
65 years and over	914	937	959	978	996	1 011	1 026	1 047	1 072	1 093	1 116
POPULATION - PERCENTAGES											
All persons											
Total	100.0	100.0	100.0	100.0	100.0	100.0	100.0	100.0	100.0	100.0	100.0
Under 15 years	23.5	22.9	22.3	21.8	21.2	20.7	20.0	19.5	19.0	18.6	18.4
From 15 to 64 years	65.2	65.7	66.2	66.6	67.0	67.5	68.1	68.5	68.7	68.9	69.0
65 years and over	11.2	11.4	11.5	11.6	11.7	11.8	11.9	12.1	12.3	12.4	12.6
COMPONENTS OF CHANGE IN POPULATION											
a) Population at 1 January	13 898	13 986	14 091	14 209	14 286	14 339	14 395	14 454	14 529	14 615	14 715
b) Population at 31 December	13 986	14 091	14 209	14 286	14 339	14 395	14 454	14 529	14 615	14 715	14 805
c) Total increase (b-a)	88	105	118	77	53	56	59	75	86	100	90
d) Births	176	175	181	179	172	170	174	178	185	187	187
e) Deaths	114	113	114	116	117	118	120	123	125	122	124
f) Natural increase (d-e)	62	62	67	63	55	52	54	55	60	65	63
g) Net migration	28	45	53	17	-2	4	8	24	33	44	35
h) Statistical adjustments	-2	-2	-2	-3	0	0	-3	-4	-7	-9	-9
i) Total increase (=f+g+h=c)	88	105	118	77	53	56	59	75	86	100	89
(Components of change in population/ Average population) x1000											
Total increase rates	6.3	7.5	8.3	5.4	3.7	3.9	4.1	5.2	5.9	6.8	6.0
Crude birth rates	12.6	12.5	12.8	12.6	12.0	11.8	12.1	12.3	12.7	12.8	12.7
Crude death rates	8.2	8.0	8.1	8.1	8.2	8.2	8.3	8.5	8.6	8.3	8.4
Natural increase rates	4.4	4.4	4.7	4.4	3.8	3.6	3.7	3.8	4.1	4.4	4.3
Net migration rates	2.0	3.2	3.7	1.2	-0.1	0.3	0.6	1.7	2.3	3.0	2.4

I - POPULATION

Milliers (estimations de moyennes annuelles)

	1989	1990	1991	1992	1993	1994	1995	1996	1997	1998	
											POPULATION - RÉPARTITION SELON L'AGE ET LE SEXE
											Ensemble des personnes
	14 849	14 951	15 070	15 184	15 290	15 383	15 459	15 531	15 611	15 698	Total
	2 711	2 727	2 751	2 778	2 803	2 827	2 843	2 855	2 872		Moins de 15 ans
	10 246	10 305	10 371	10 433	10 490	10 535	10 569	10 604	10 642		De 15 à 64 ans
	1 892	1 919	1 948	1 973	1 997	2 021	2 047	2 072	2 097		65 ans et plus
											Hommes
	7 337	7 389	7 450	7 508	7 561	7 607	7 645	7 680	7 718		Total
	1 386	1 394	1 406	1 421	1 438	1 445	1 453	1 460	1 469		Moins de 15 ans
	5 197	5 230	5 267	5 300	5 330	5 353	5 370	5 385	5 402		De 15 à 64 ans
	754	765	777	787	793	809	822	835	847		65 ans et plus
											Femmes
	7 511	7 562	7 620	7 676	7 730	7 776	7 814	7 851	7 892		Total
	1 325	1 333	1 345	1 358	1 370	1 382	1 390	1 395	1 403		Moins de 15 ans
	5 049	5 075	5 104	5 133	5 160	5 182	5 199	5 218	5 240		De 15 à 64 ans
	1 137	1 154	1 171	1 185	1 200	1 212	1 225	1 238	1 249		65 ans et plus
											POPULATION - POURCENTAGES
											Ensemble des personnes
	100.0	100.0	100.0	100.0	100.0	100.0	100.0	100.0	100.0	100.0	Total
	18.3	18.2	18.3	18.3	18.3	18.4	18.4	18.4	18.4		Moins de 15 ans
	69.0	68.9	68.8	68.7	68.6	68.5	68.4	68.3	68.2		De 15 à 64 ans
	12.7	12.8	12.9	13.0	13.1	13.1	13.2	13.3	13.4		65 ans et plus
											COMPOSANTES DE L'ÉVOLUTION DÉMOGRAPHIQUE
	14 805	14 893	15 010	15 129	15 239	15 342	15 423	15 494	15 567	15 654	a) Population au 1er janvier
	14 893	15 010	15 129	15 239	15 342	15 423	15 494	15 567	15 654	15 760	b) Population au 31 décembre
	88	117	119	110	103	81	71	73	87	106	**c) Accroissement total (b-a)**
	189	198	199	197	196	196	190	190	192	199	d) Naissances
	129	129	130	130	138	133	136	138	136	137	e) Décès
	60	69	69	67	58	63	54	52	57	62	**f) Accroissement naturel (d-e)**
	39	60	50	43	52	37	33	43	48	62	g) Solde net des migrations
	-11	-12	0	0	0	-17	-18	-22	-17	-18	h) Ajustements statistiques
	88	117	119	110	110	83	69	73	88	106	**i) Accroissement total (=f+g+h=c)**
											(Composition de l'évolution démographique/ Population moyenne) x1000
	5.9	7.8	7.9	7.2	7.2	5.4	4.5	4.7	5.6	6.7	Taux d'accroissement total
	12.7	13.2	13.2	13.0	12.8	12.7	12.3	12.2	12.3	12.7	Taux bruts de natalité
	8.7	8.6	8.6	8.6	9.0	8.6	8.8	8.9	8.7	8.7	Taux bruts de mortalité
	4.0	4.6	4.6	4.4	3.8	4.1	3.5	3.3	3.6	3.9	Taux d'accroissement naturel
	2.6	4.0	3.3	2.8	3.4	2.4	2.1	2.8	3.1	3.9	Taux du solde net des migrations

NETHERLANDS

II - LABOUR FORCE

Thousands (annual average estimates)

	1978	1979	1980	1981	1982	1983	1984	1985	1986	1987	1988
Total labour force											
All persons	5 132	5 207	5 403	5 660	5 774	*5 729	5 773	5 812	5 863	*6 486	6 641
Males	3 661	3 684	3 761	3 882	3 925	*3 795	3 800	3 806	3 822	*4 050	4 100
Females	1 471	1 523	1 642	1 778	1 849	*1 934	1 973	2 006	2 041	*2 436	2 541
Armed forces											
All persons	102	106	107	108	109	105	104	102	103	91	98
Males	102	106	107	108	109	105	104	102	103	90	97
Females	0	0	0	0	0	0	0	0	0	1	2
Civilian labour force											
All persons	5 030	5 101	5 296	5 552	5 665	*5 624	5 669	5 710	5 760	*6 395	6 543
Males	3 559	3 578	3 654	3 774	3 816	*3 690	3 697	3 704	3 719	*3 960	4 004
Females	1 471	1 523	1 642	1 756	1 849	*1 934	1 973	2 006	2 041	*2 435	2 539
Unemployed											
All persons	273	280	326	480	655	*674	689	634	605	*622	609
Males	181	178	209	320	446	*403	413	370	344	*290	291
Females	92	102	117	160	209	*271	277	263	261	*332	318
Civilian employment											
All persons	4 757	4 821	4 970	5 072	5 010	*4 950	4 980	5 076	5 155	*5 773	5 934
Males	3 378	3 400	3 445	3 454	3 370	*3 287	3 284	3 334	3 375	*3 670	3 713
Females	1 379	1 421	1 525	1 618	1 640	*1 663	1 696	1 742	1 780	*2 103	2 221
Civilian employment (%)											
All persons	100.0	100.0	100.0	*100.0	100.0	100.0	100.0	100.0	100.0	*100.0	100.0
Males	71.0	70.5	69.3	68.1	67.3	*66.4	65.9	65.7	65.5	*63.6	62.6
Females	29.0	29.5	30.7	31.9	32.7	*33.6	34.1	34.3	34.5	*36.4	37.4
Unemployment rates (% of civilian labour force)											
All persons	5.4	5.5	6.2	8.6	11.6	*12.0	12.2	11.1	10.5	*9.7	9.3
Males	5.1	5.0	5.7	8.5	11.7	*10.9	11.2	10.0	9.2	*7.3	7.3
Females	6.3	6.7	7.1	9.1	11.3	*14.0	14.0	13.1	12.8	*13.6	12.5
Total labour force (% of total population)											
All persons	36.8	37.1	38.2	39.7	40.3	*39.9	40.0	40.1	40.2	*44.2	45.0
Males	52.9	52.9	53.6	54.9	55.3	*53.4	53.2	53.1	53.1	*55.9	56.2
Females	21.0	21.5	23.0	24.8	25.6	*26.7	27.1	27.4	27.7	*32.8	34.0
Total labour force (% of population from 15-64 years)[1]											
All persons	56.4	56.5	57.7	59.7	60.2	*59.0	58.8	58.6	58.5	*64.1	65.2
Males	79.7	79.0	79.4	80.9	80.8	*77.3	76.5	75.8	75.3	*79.0	79.4
Females	32.7	33.4	35.5	37.9	39.0	*40.3	40.7	40.9	41.3	*48.8	50.6
Civilian employment (% of total population)											
All persons	34.1	34.3	35.1	35.6	35.0	*34.5	34.5	35.0	35.4	*39.4	40.2
Part-time employment (%)[2]											
Part-time as % of employment						18.5		19.5		26.4	26.9
Male share of part-time employment						20.4		20.7		30.5	30.1
Female share of part-time employment						79.6		79.3		69.5	69.9
Male part-time as % of male employment						5.6		6.1		12.5	12.8
Female part-time as % of female employment						44.7		45.5		51.0	51.2
Duration of unemployment (% of total unemployment)[3]											
Less than 1 month						5.8		5.1		3.8	3.6
More than 1 month and less than 3 months						5.1		4.2		15.4	14.3
More than 3 months and less than 6 months						18.4		14.9		17.2	19.0
More than 6 months and less than 1 year						21.9		16.4		17.1	14.0
More than 1 year						48.8		59.4		46.5	49.1

(1) Participation rates calculated according to national definitions may differ from those published in this table, when the age group represented in the labour force survey is other than 15-64 years.

(2) Part-time employment refers to persons who work less than 30 hours per week in their main job. Data include only persons declaring usual hours worked.

(3) These percentages only take into account those persons for whom the duration of unemployment is known.

II - POPULATION ACTIVE

Milliers (estimations de moyennes annuelles)

1989	1990	1991	1992	1993	1994	1995	1996	1997	1998	
										Population active totale
6 713	6 872	7 011	7 133	*7 085	7 184	7 410	7 517	7 673	7 797	Ensemble des personnes
4 137	4 179	4 230	4 283	*4 197	4 232	4 344	4 382	4 433	4 494	Hommes
2 576	2 693	2 782	2 850	*2 888	2 952	3 066	3 135	3 240	3 303	Femmes
										Forces armées
90	88	78	79	76	61	49	44	44	36	Ensemble des personnes
89	87	76	77	75	59	48	42	41	34	Hommes
1	1	2	2	1	2	1	2	3	2	Femmes
										Population active civile
6 623	6 784	6 934	7 054	*7 009	7 124	7 361	7 472	7 629	7 761	Ensemble des personnes
4 048	4 092	4 153	4 206	*4 122	4 173	4 297	4 340	4 392	4 460	Hommes
2 575	2 692	2 780	2 848	*2 887	2 950	3 065	3 133	3 237	3 301	Femmes
										Chômeurs
558	516	490	478	*437	492	523	489	423	337	Ensemble des personnes
261	228	226	227	*217	254	255	228	196	155	Hommes
297	288	264	251	*220	239	268	262	227	181	Femmes
										Population active civile occupée
6 065	6 268	6 444	6 576	*6 571	6 631	6 838	6 983	7 206	7 425	Ensemble des personnes
3 786	3 864	3 928	3 979	*3 905	3 920	4 041	4 112	4 196	4 305	Hommes
2 278	2 404	2 516	2 598	*2 667	2 712	2 797	2 871	3 010	3 120	Femmes
										Population active civile occupée (%)
100.0	100.0	100.0	100.0	*100.0	100.0	100.0	100.0	100.0	100.0	Ensemble des personnes
62.4	61.6	61.0	60.5	*59.4	59.1	59.1	58.9	58.2	58.0	Hommes
37.6	38.4	39.0	39.5	*40.6	40.9	40.9	41.1	41.8	42.0	Femmes
										Taux de chômage (% de la population active civile)
8.4	7.6	7.1	6.8	*6.2	6.9	7.1	6.5	5.5	4.3	Ensemble des personnes
6.4	5.6	5.4	5.4	*5.3	6.1	5.9	5.3	4.5	3.5	Hommes
11.5	10.7	9.5	8.8	*7.6	8.1	8.7	8.4	7.0	5.5	Femmes
										Population active totale (% de la population totale)
45.2	46.0	46.5	47.0	*46.3	46.7	47.9	48.4	49.2	49.7	Ensemble des personnes
56.4	56.6	56.8	57.0	*55.5	55.6	56.8	57.1	57.4		Hommes
34.3	35.6	36.5	37.1	*37.4	38.0	39.2	39.9	41.1		Femmes
										Population active totale (% de la population de 15-64 ans)[1]
65.5	66.7	67.6	68.4	*67.5	68.2	70.1	70.9	72.1		Ensemble des personnes
79.6	79.9	80.3	80.8	*78.7	79.1	80.9	81.4	82.1		Hommes
51.0	53.1	54.5	55.5	*56.0	57.0	59.0	60.1	61.8		Femmes
										Population active civile occupée (% de la population totale)
40.8	41.9	42.8	43.3	*43.0	43.1	44.2	45.0	46.2	47.3	Ensemble des personnes
										Emploi à temps partiel (%)[2]
27.7	28.2	28.6	27.1	27.7	28.7	29.0	29.3	29.1	30.0	Temps partiel en % de l'emploi
29.5	29.6	29.5	24.2	23.3	22.9	23.5	22.8	22.4	24.2	Part des hommes dans le temps partiel
70.5	70.4	70.5	75.8	76.7	77.1	76.5	77.2	77.6	75.8	Part des femmes dans le temps partiel
13.0	13.4	13.7	10.8	10.8	11.1	11.4	11.3	11.1	12.4	Temps partiel des hommes en % de l'emploi des hommes
52.8	52.5	52.6	52.1	53.2	54.3	54.7	55.5	54.8	54.8	Temps partiel des femmes en % de l'emploi des femmes
										Durée du chômage (% du chômage total)[3]
3.9	3.5	4.9	6.2	7.2	7.5	6.2	5.0	3.7	7.0	Moins de 1 mois
14.9	17.8	18.7	6.2	4.6	6.0	4.5	4.2	3.4	4.3	Plus de 1 mois et moins de 3 mois
18.6	15.1	16.1	10.7	9.1	9.1	9.0	9.0	12.6	5.0	Plus de 3 mois et moins de 6 mois
14.5	14.3	14.3	32.9	26.8	28.1	33.6	31.8	31.2	35.7	Plus de 6 mois et moins de 1 an
48.1	49.3	46.1	43.9	52.3	49.4	46.8	50.0	49.1	47.9	Plus de 1 an

(1) Les taux d'activité calculés selon les définitions nationales peuvent être différents de ceux publiés dans ce tableau si le groupe d'âges représenté dans l'enquête de la population active est différent de 15-64 ans.

(2) L'emploi à temps partiel se réfère aux actifs travaillant moins de 30 heures par semaine dans leur emploi principal. Les données incluent uniquement les personnes déclarant des heures habituelles de travail.

(3) Ces pourcentages ne prennent en compte que les personnes pour lesquelles la durée du chômage est connue.

Statistiques de la Population Active
© OCDE, 1999

NETHERLANDS

III - CIVILIAN EMPLOYMENT

Thousands (annual average estimates)

	1978	1979	1980	1981	1982	1983	1984	1985	1986	1987	1988
PROFESSIONAL STATUS											
All activities	4 757	4 821	4 970	*5 072	5 010	4 950	4 980	5 076	5 155	*5 773	5 934
Wage earners and salaried employees	4 175	4 229	4 362	*4 433	4 388	4 362	4 386	4 488	4 571	*5 075	5 235
Employers and persons working on own account	582	593	608	*639	622	588	594	588	584	*571	576
Unpaid family workers	0	0	0	*0	0	0	0	0	0	*127	123
Agriculture, hunting, forestry and fishing	256	257	244	*247	249	247	247	248	249	*281	284
Wage earners and salaried employees	67	64	64	*63	65	63	64	64	67	*97	94
Employers and persons working on own account	189	193	180	*184	184	184	183	184	182	*137	137
Unpaid family workers	0	0	0	*0	0	0	0	0	0	*47	53
Non-agricultural activities	4 501	4 564	4 726	*4 825	4 761	4 703	4 733	4 828	4 906	*5 492	5 650
Wage earners and salaried employees	4 108	4 165	4 298	*4 370	4 323	4 299	4 322	4 424	4 504	*4 978	5 141
Employers and persons working on own account	393	400	428	*455	438	404	411	404	402	*434	439
Unpaid family workers	0	0	0	*0	0	0	0	0	0	*80	70
All activities (%)	100.0	100.0	100.0	*100.0	100.0	100.0	100.0	100.0	100.0	*100.0	100.0
Wage earners and salaried employees	87.8	87.7	87.8	*87.4	87.6	88.1	88.1	88.4	88.7	*87.9	88.2
Others	12.2	12.3	12.2	*12.6	12.4	11.9	11.9	11.6	11.3	*12.1	11.8
BREAKDOWN BY ACTIVITIES											
I.S.I.C. Major Divisions											
1 to 0 All activities	4 757	4 821	4 970	*5 072	5 010	4 950	4 980	5 076	5 155	*5 773	5 934
1 Agriculture, hunting, forestry and fishing	256	257	244	*247	249	247	247	248	249	*281	284
2 Mining and quarrying	7	7	7	*8	8	9	9	9	10	*13	13
3 Manufacturing	1 092	1 074	1 067	*1 062	1 029	957	975	984	993	*1 106	1 109
4 Electricity, gas and water	44	44	44	*45	46	46	47	47	46	*51	47
5 Construction	426	442	445	*402	357	378	377	388	332	*378	397
6 Wholesale and retail trade; restaurants and hotels	815	824	864	*889	871	849	865	869	871	*976	1 015
7 Transport, storage and communication	289	292	306	*321	318	316	325	324	336	*353	362
8 Financing, insurance, real estate and business services	397	422	456	*468	466	527	501	541	557	*541	593
9 Community, social and personal services	1 429	1 459	1 538	*1 630	1 666	1 621	1 634	1 666	1 761	*1 997	2 092
0 Activities not adequately defined	0	0	5	*0	0	0	0	0	0	*77	21
WAGE EARNERS AND SALARIED EMPLOYEES BY ACTIVITIES											
I.S.I.C. Major Divisions											
1 to 0 All activities	4 175	4 229	4 362	*4 433	4 388	4 362	4 386	4 488	4 571	*5 075	5 235
1 Agriculture, hunting, forestry and fishing	67	64	64	*63	65	63	64	64	68	*97	94
2 Mining and quarrying	7	7	7		*8	9	8	9	9	*13	13
3 Manufacturing	1 056	1 037	1 028		*996	928	948	955	961	*1 071	1 067
4 Electricity, gas and water	44	44	44		*46	46	47	47	46	*51	47
5 Construction	380	395	403		*320	346	345	356	301	*345	361
6 Wholesale and retail trade; restaurants and hotels	626	632	668		*676	676	684	695	707	*791	843
7 Transport, storage and communication	274	277	290		*304	303	312	312	323	*340	348
8 Financing, insurance, real estate and business services	367	391	417		*422	481	457	495	509	*476	521
9 Community, social and personal services	1 354	1 383	1 441		*1 550	1 510	1 520	1 554	1 647	*1 825	1 925
0 Activities not adequately defined	0	0	0		*0	0	0	0	0	*66	18

III - POPULATION ACTIVE CIVILE OCCUPÉE

Milliers (estimations de moyennes annuelles)

1989	1990	1991	1992	1993	1994	1995	1996	1997	1998	
										SITUATION DANS LA PROFESSION
6 065	6 268	6 444	6 519	*6 571	6 631	6 838	6 983	7 206	7 425	**Toutes activités**
5 364	5 538	5 721	5 794	*5 806	5 817	5 987	6 110	6 299	6 547	Salariés
580	604	617	639	*676	727	764	789	828	814	Employeurs et personnes travaillant à leur compte
121	126	106	86	*89	87	87	84	78	64	Travailleurs familiaux non rémunérés
										Agriculture, chasse, sylviculture et pêche
286	289	293	258	*255	264	255	271	267	245	Salariés
105	103	107	101	*99	108	110	113	111	111	Salariés
132	135	141	129	*126	131	130	133	135	119	Employeurs et personnes travaillant à leur compte
49	51	45	29	*29	25	15	25	22	15	Travailleurs familiaux non rémunérés
										Activités non agricoles
5 779	5 979	6 151	6 261	*6 316	6 367	6 583	6 712	6 939	7 180	Salariés
5 259	5 435	5 614	5 693	*5 707	5 709	5 877	5 997	6 188	6 436	Salariés
448	469	476	510	*550	596	634	656	693	695	Employeurs et personnes travaillant à leur compte
72	75	61	57	*60	62	72	59	56	49	Travailleurs familiaux non rémunérés
										Toutes activités (%)
100.0	100.0	100.0	100.0	*100.0	100.0	100.0	100.0	100.0	100.0	Salariés
88.4	88.4	88.8	88.9	*88.4	87.7	87.6	87.5	87.4	88.2	Salariés
11.6	11.6	11.2	11.1	*11.6	12.3	12.4	12.5	12.6	11.8	Autres
										RÉPARTITION PAR BRANCHES D'ACTIVITÉS
										C.I.T.I. Branches
										1 à 0 Toutes activités
6 065	6 268	6 444	6 519	*6 571	6 631	6 838	6 983	7 206	7 425	
286	289	293	258	*255	264	255	271	267	245	1 Agriculture, chasse, sylviculture et pêche
12	11	14	9	*12	10	12	11	13	11	2 Industries extractives
1 152	1 185	1 169	1 148	*1 127	1 075	1 083	1 081	1 094	1 097	3 Industries manufacturières
46	41	44	45	*41	47	43	41	42	47	4 Électricité, gaz et eau
397	409	418	385	*394	393	406	429	449	453	5 Bâtiment et travaux publics
1 038	1 104	1 138	1 146	*1 176	1 227	1 351	1 417	1 446	1 479	6 Commerce de gros et de détail; restaurants et hôtels
380	382	403	411	*408	419	408	424	419	441	7 Transports, entrepôts et communications
608	646	682	678	*700	704	889	965	1 015	1 098	8 Banques, assurances, affaires immobilières et services fournis aux entreprises
2 118	2 142	2 236	2 205	*2 268	2 310	2 145	2 175	2 241	2 339	9 Services fournis à la collectivité, services sociaux et services personnels
28	58	47	233	*190	182	246	169	221	214	0 Activités mal désignées
										SALARIÉS (OUVRIERS ET EMPLOYÉS) PAR ACTIVITÉS
										C.I.T.I. Branches
										1 à 0 Toutes activités
5 364	5 538	5 721	5 794	*5 806	5 817	5 987	6 110	6 293	6 547	
105	103	107	101	*99	108	110	113	107	109	1 Agriculture, chasse, sylviculture et pêche
12	11	14	9	*12	10	12	11	13	11	2 Industries extractives
1 114	1 145	1 137	1 104	*1 076	1 026	1 030	1 028	1 029	1 041	3 Industries manufacturières
46	41	44	45	*41	47	43	41	42	47	4 Électricité, gaz et eau
363	370	381	343	*348	340	356	372	385	388	5 Bâtiment et travaux publics
863	929	958	990	*1 006	1 027	1 147	1 197	1 237	1 281	6 Commerce de gros et de détail; restaurants et hôtels
366	366	386	390	*387	395	384	399	395	417	7 Transports, entrepôts et communications
531	563	599	595	*601	609	764	830	872	959	8 Banques, assurances, affaires immobilières et services fournis aux entreprises
1 942	1 963	2 058	2 040	*2 093	2 122	1 984	2 008	2 059	2 154	9 Services fournis à la collectivité, services sociaux et services personnels
21	47	36	176	*141	134	157	112	154	139	0 Activités mal désignées

Statistiques de la Population Active OECD
© OCDE, 1999 OCDE

Sources:

1. *Statistisk Arbok* (Statistisk Sentralbyrå).
2. *Statistisk Manedshefte* (Statistik Sentralbyra, monthly/mensuelle).
3. *Norge Industri* (Statistisk Sentralbyra).
4. *Arbeidsmarkedstatistikk* (Statistisk Sentralbyra).

I. POPULATION

Sources: National source 1 for total population and population by gender, replies to the questionnaire and data transmitted directly.

Coverage: Resident population (*de jure*).

Method of computation: Mid-year and end of the year estimates.

II. TOTAL LABOUR FORCE

III. CIVILIAN EMPLOYMENT

Sources: Replies to annual questionnaire and data transmitted directly.

Date of reference: Average for the year.

Method of computation: Data for all series refer to the quarterly labour force surveys which started in 1972. The sample used represents all persons in the population aged 16 to 74 years. The sample consisted of about 12 000 persons up to 2nd quarter 1988, and gradually expanded. Since 3rd quarter 1990, the sample consists of about 24 000 persons. Quarterly data refer to the months of February, May, August and November. Since 2nd quarter 1988, the quarterly figures are monthly averages.

From 1996, major changes have been introduced in the labour force survey:

°   The survey is now carried out through the whole period of each quarter.

°   The unemployment definition is changed (availability for work within two weeks following the interview).

°   A new sampling design and a change in estimation procedure.

I. POPULATION

Sources : Source nationale 1 pour la population totale et la répartition par genre, réponses aux questionnaires et renseignements directs.

Champ couvert : Population résidante (*de jure*).

Méthode de calcul : Estimations en milieu d'année et en fin d'année.

II. POPULATION ACTIVE

III. POPULATION ACTIVE CIVILE OCCUPÉE

Sources : Réponses au questionnaire annuel et renseignements directs.

Date de référence : Moyenne par année.

Méthode de calcul : Les données pour toutes les séries proviennent des enquêtes trimestrielles sur la population active qui ont débuté en 1972 ; le plan du sondage utilisé représente toutes les personnes âgées de 16 à 74 ans. Jusqu'au 2e trimestre 1988, l'échantillon s'est élevé à 12 000 personnes et puis fut augmenté graduellement. Depuis le 3ème trimestre 1990, il s'élève à 24 000 personnes. Les données trimestrielles se référent aux mois de février, mai, août et novembre. Depuis le 2ème trimestre 1988, les données trimestrielles sont des moyennes mensuelles.

En 1996, des modifications importantes ont été introduites dans l'enquête sur la population active :

°   L'enquête est répartie sur l'ensemble de la période de chaque trimestre.

°   La définition de chômage est modifiée (disponibilité à travailler dans les deux semaines qui suivent l'entrevue).

°   L'échantillon et la procédure d'estimation sont changés.

UNEMPLOYMENT STATISTICS

Due to major variations observed between unemployment figures computed from the labour force surveys and those provided from the Employment Offices, the following table at the request of the Norwegian authorities is given, for the latter, for the period 1973-1997:

STATISTIQUES DU CHÔMAGE

En raison d'importantes variations observées dans les statistiques du chômage établies selon les enquêtes sur la population active et celles fournies par les bureaux de placement, à la demande des autorités norvégiennes le tableau suivant indique l'évolution de celles-ci pour la période 1973-1997 :

Registered Unemployed (thousands) – Chômeurs enregistrés (milliers)

Period Période	Total
1973	12.8
1974	10.7
1975	19.6
1976	19.9
1977	16.1
1978	20.0
1979	24.1
1980	22.3
1981	28.4
1982	41.4
1983	63.6
1984	66.6
1985	51.5
1986	36.2
1987	32.4
1988	49.3
1989	82.9
1990	92.7
1991	100.7
1992	114.4
1993	118.1
1994	110.3
1995	102.2
1996	91.0
1997	74.0
1998	56.0

NORWAY

I - POPULATION

Thousands (mid-year estimates)

	1978	1979	1980	1981	1982	1983	1984	1985	1986	1987	1988
POPULATION - DISTRIBUTION BY AGE AND GENDER											
All persons											
Total	4 059	4 073	4 086	4 100	4 115	4 128	4 140	4 153	4 169	4 187	4 209
Under 15 years	930	919	906	892	878	862	845	831	819	808	802
From 15 to 64 years	2 546	2 561	2 577	2 596	2 614	2 632	2 652	2 669	2 685	2 705	2 725
65 years and over	583	593	603	612	623	634	643	653	665	674	682
Males											
Total	2 013	2 019	2 025	2 031	2 037	2 043	2 048	2 053	2 060	2 070	2 082
Under 15 years	476	471	464	457	449	441	433	425	419	414	411
From 15 to 64 years	1 288	1 296	1 304	1 314	1 325	1 335	1 345	1 355	1 363	1 375	1 387
65 years and over	249	253	257	259	263	267	270	274	278	281	284
Females											
Total	2 046	2 053	2 061	2 069	2 078	2 085	2 092	2 100	2 109	2 117	2 127
Under 15 years	454	448	442	435	428	421	413	406	400	394	392
From 15 to 64 years	1 258	1 265	1 273	1 281	1 290	1 298	1 307	1 314	1 322	1 330	1 338
65 years and over	334	340	346	353	360	367	373	379	387	393	398
POPULATION - PERCENTAGES											
All persons											
Total	100.0	100.0	100.0	100.0	100.0	100.0	100.0	100.0	100.0	100.0	100.0
Under 15 years	22.9	22.6	22.2	21.8	21.3	20.9	20.4	20.0	19.6	19.3	19.1
From 15 to 64 years	62.7	62.9	63.1	63.3	63.5	63.8	64.1	64.3	64.4	64.6	64.7
65 years and over	14.4	14.6	14.8	14.9	15.1	15.4	15.5	15.7	16.0	16.1	16.2
COMPONENTS OF CHANGE IN POPULATION											
a) Population at 1 January	4 051	4 066	4 079	4 092	4 107	4 123	4 134	4 146	4 159	4 176	4 198
b) Population at 31 December	4 066	4 079	4 092	4 107	4 123	4 134	4 146	4 159	4 176	4 198	4 221
c) Total increase (b-a)	15	13	13	15	16	11	12	13	17	22	23
d) Births	52	52	51	51	51	50	50	51	52	54	58
e) Deaths	41	42	42	42	41	42	43	44	44	45	45
f) Natural increase (d-e)	11	10	9	9	10	8	7	7	8	9	13
g) Net migration	4	3	4	5	6	4	4	6	9	13	10
h) Statistical adjustments	0	0	0	1	0	-1	1	0	0	0	0
i) Total increase (=f+g+h=c)	15	13	13	15	16	11	12	13	17	22	23
(Components of change in population/ Average population) x1000											
Total increase rates	3.7	3.2	3.2	3.7	3.9	2.7	2.9	3.1	4.1	5.3	5.5
Crude birth rates	12.8	12.8	12.5	12.4	12.4	12.1	12.1	12.3	12.5	12.9	13.8
Crude death rates	10.1	10.3	10.3	10.2	10.0	10.2	10.4	10.6	10.6	10.7	10.7
Natural increase rates	2.7	2.5	2.2	2.2	2.4	1.9	1.7	1.7	1.9	2.1	3.1
Net migration rates	1.0	0.7	1.0	1.2	1.5	1.0	1.0	1.4	2.2	3.1	2.4

I - POPULATION

Milliers (estimations au milieu de l'année)

1989	1990	1991	1992	1993	1994	1995	1996	1997	1998	
										POPULATION - RÉPARTITION SELON L'AGE ET LE SEXE
										Ensemble des personnes
4 227	4 241	4 262	4 287	4 312	4 337	4 348	4 370	4 393	4 418	Total
801	803	810	820	830	840	845	854	864	873	Moins de 15 ans
2 738	2 746	2 758	2 771	2 786	2 801	2 809	2 822	2 836	2 853	De 15 à 64 ans
688	692	694	696	696	695	695	694	694	692	65 ans et plus
										Hommes
2 091	2 097	2 107	2 120	2 133	2 144	2 150	2 161	2 172	2 185	Total
410	412	415	420	426	431	434	438	443	448	Moins de 15 ans
1 394	1 397	1 403	1 411	1 418	1 425	1 428	1 434	1 441	1 450	De 15 à 64 ans
287	288	289	289	289	289	289	288	288	287	65 ans et plus
										Femmes
2 136	2 144	2 155	2 167	2 179	2 192	2 198	2 209	2 221	2 232	Total
391	392	395	400	404	409	411	416	420	425	Moins de 15 ans
1 344	1 349	1 355	1 360	1 368	1 377	1 380	1 387	1 395	1 403	De 15 à 64 ans
401	404	405	407	407	407	407	406	406	405	65 ans et plus
										POPULATION - POURCENTAGES
										Ensemble des personnes
100.0	100.0	100.0	100.0	100.0	100.0	100.0	100.0	100.0	100.0	Total
18.9	18.9	19.0	19.1	19.2	19.4	19.4	19.5	19.7	19.8	Moins de 15 ans
64.8	64.7	64.7	64.6	64.6	64.6	64.6	64.6	64.6	64.6	De 15 à 64 ans
16.3	16.3	16.3	16.2	16.1	16.0	16.0	15.9	15.8	15.7	65 ans et plus
										COMPOSANTES DE L'ÉVOLUTION DÉMOGRAPHIQUE
4 221	4 233	4 250	4 274	4 299	4 325	4 348	4 370	4 392		a) Population au 1er janvier
4 233	4 250	4 274	4 299	4 325	4 348	4 370	4 392	4 417		b) Population au 31 décembre
12	17	24	25	26	23	22	22	25		**c) Accroissement total (b-a)**
60	61	61	60	60	60	60	61	60		d) Naissances
45	46	45	45	47	44	45	44	45		e) Décès
15	15	16	15	13	16	15	17	15		**f) Accroissement naturel (d-e)**
-3	2	8	10	13	7	7	5	10		g) Solde net des migrations
0	0	0	0	0	0	0	0	0		h) Ajustements statistiques
12	17	24	25	26	23	22	22	25		**i) Accroissement total (=f+g+h=c)**
										(Composition de l'évolution démographique/ Population moyenne) x1000
2.8	4.0	5.6	5.8	6.0	5.3	5.0	5.0	5.7		Taux d'accroissement total
14.2	14.4	14.3	14.0	13.9	13.8	13.8	13.9	13.6		Taux bruts de natalité
10.6	10.8	10.6	10.5	10.9	10.1	10.3	10.0	10.1		Taux bruts de mortalité
3.5	3.5	3.8	3.5	3.0	3.7	3.4	3.9	3.5		Taux d'accroissement naturel
-0.7	0.5	1.9	2.3	3.0	1.6	1.6	1.1	2.3		Taux du solde net des migrations

Statistiques de la Population Active OECD
© OCDE, 1999 OCDE

NORWAY

II - LABOUR FORCE

Thousands (annual average estimates)

	1978	1979	1980	1981	1982	1983	1984	1985	1986	1987	1988
Total labour force											
All persons	1 911	1 937	1 940	1 975	1 995	2 014	2 034	2 068	2 128	2 171	2 183
Males	1 153	1 156	1 147	1 157	1 165	1 164	1 167	1 175	1 190	1 209	1 209
Females	758	781	793	818	830	850	867	893	938	962	974
Armed forces											
All persons	31	37	33	31	33	35	31	30	33	36	35
Males	31	37	33	31	33	35	31	30	33	36	35
Females											
Civilian labour force											
All persons	1 880	1 900	1 907	1 944	1 962	1 979	2 003	2 037	2 095	2 135	2 148
Males	1 122	1 119	1 114	1 126	1 132	1 129	1 136	1 144	1 157	1 173	1 175
Females	758	781	793	818	830	850	867	893	938	962	974
Unemployed											
All persons	34	38	32	40	52	69	64	53	42	45	69
Males	16	18	14	18	27	37	36	25	18	21	36
Females	18	19	18	22	25	32	28	28	24	25	33
Civilian employment											
All persons	1 846	1 862	1 875	1 904	1 910	1 910	1 939	1 984	2 053	2 090	2 079
Males	1 106	1 100	1 100	1 108	1 105	1 092	1 100	1 119	1 139	1 152	1 139
Females	740	762	775	796	805	818	839	865	914	938	941
Civilian employment (%)											
All persons	100.0	100.0	100.0	100.0	100.0	100.0	100.0	100.0	100.0	100.0	100.0
Males	59.9	59.1	58.7	58.2	57.9	57.2	56.7	56.4	55.5	55.1	54.8
Females	40.1	40.9	41.3	41.8	42.1	42.8	43.3	43.6	44.5	44.9	45.3
Unemployment rates (% of civilian labour force)											
All persons	1.8	2.0	1.7	2.1	2.7	3.5	3.2	2.6	2.0	2.1	3.2
Males	1.4	1.6	1.3	1.6	2.4	3.3	3.2	2.2	1.6	1.8	3.1
Females	2.4	2.4	2.3	2.7	3.0	3.8	3.2	3.1	2.6	2.6	3.4
Total labour force (% of total population)											
All persons	47.1	47.6	47.5	48.2	48.5	48.8	49.1	49.8	51.0	51.9	51.9
Males	57.3	57.3	56.6	57.0	57.2	57.0	57.0	57.2	57.8	58.4	58.1
Females	37.0	38.0	38.5	39.5	39.9	40.8	41.4	42.5	44.5	45.4	45.8
Total labour force (% of population from 15-64 years)[1]											
All persons	75.1	75.6	75.3	76.1	76.3	76.5	76.7	77.5	79.3	80.3	80.1
Males	89.5	89.2	88.0	88.1	87.9	87.2	86.8	86.7	87.3	87.9	87.2
Females	60.3	61.7	62.3	63.9	64.3	65.5	66.3	68.0	71.0	72.3	72.8
Civilian employment (% of total population)											
All persons	45.5	45.7	45.9	46.4	46.4	46.3	46.8	47.8	49.2	49.9	49.4
Part-time employment (%)[2]											
Part-time as % of employment											
Male share of part-time employment											
Female share of part-time employment											
Male part-time as % of male employment											
Female part-time as % of female employment											
Duration of unemployment (% of total unemployment)[3]											
Less than 1 month	42.9	41.4	47.8	51.7	35.7	31.7	25.4	35.0	43.3	41.0	29.8
More than 1 month and less than 3 months	42.9	44.8	43.5	34.5	40.5	30.2	28.6	30.0	40.0	33.3	36.8
More than 3 months and less than 6 months	14.3	13.8	8.7	10.3	16.7	23.8	17.5	17.5	16.7	20.5	17.5
More than 6 months and less than 1 year	0.0	0.0	0.0	3.4	7.1	9.5	14.3	7.5	0.0	0.0	5.3
More than 1 year	0.0	0.0	0.0	0.0	0.0	4.8	14.3	10.0	0.0	5.1	10.5

---

(1) Participation rates calculated according to national definitions may differ from those published in this table, when the age group represented in the labour force survey is other than 15-64 years.

(2) Part-time employment refers to persons who work less than 30 hours per week in their main job. Data include only persons declaring usual hours worked.

(3) These percentages only take into account those persons for whom the duration of unemployment is known.

II - POPULATION ACTIVE

Milliers (estimations de moyennes annuelles)

1989	1990	1991	1992	1993	1994	1995	1996	1997	1998	
										Population active totale
2 155	2 142	2 126	2 130	2 131	2 151	2 186	2 239	2 285	2 317	Ensemble des personnes
1 197	1 181	1 163	1 166	1 163	1 172	1 187	1 212	1 231	1 247	Hommes
957	961	963	964	968	979	999	1 028	1 053	1 071	Femmes
										Forces armées
35	38	37	34	34	32	32	27	27	27	Ensemble des personnes
35	37	36	34	34	31	31	27	26	26	Hommes
	1	1			1	1	1	1	1	Femmes
										Population active civile
2 120	2 104	2 089	2 096	2 097	2 119	2 154	2 212	2 258	2 291	Ensemble des personnes
1 163	1 144	1 127	1 132	1 129	1 141	1 156	1 185	1 205	1 221	Hommes
957	960	962	963	968	977	998	1 027	1 053	1 070	Femmes
										Chômeurs
106	112	116	126	127	116	107	108	93	75	Ensemble des personnes
61	66	68	76	77	70	61	58	49	40	Hommes
45	46	48	50	50	46	46	50	44	35	Femmes
										Population active civile occupée
2 014	1 992	1 973	1 970	1 970	2 003	2 047	2 104	2 165	2 216	Ensemble des personnes
1 102	1 078	1 059	1 056	1 052	1 071	1 095	1 127	1 157	1 181	Hommes
912	914	913	913	918	931	952	977	1 008	1 035	Femmes
										Population active civile occupée (%)
100.0	100.0	100.0	100.0	100.0	100.0	100.0	100.0	100.0	100.0	Ensemble des personnes
54.7	54.1	53.7	53.6	53.4	53.5	53.5	53.6	53.4	53.3	Hommes
45.3	45.9	46.3	46.3	46.6	46.5	46.5	46.4	46.6	46.7	Femmes
										Taux de chômage (% de la population active civile)
5.0	5.3	5.6	6.0	6.1	5.5	5.0	4.9	4.1	3.3	Ensemble des personnes
5.2	5.8	6.0	6.7	6.8	6.1	5.3	4.9	4.1	3.3	Hommes
4.7	4.8	5.0	5.2	5.2	4.7	4.6	4.9	4.2	3.3	Femmes
										Population active totale (% de la population totale)
51.0	50.5	49.9	49.7	49.4	49.6	50.3	51.2	52.0	52.4	Ensemble des personnes
57.2	56.3	55.2	55.0	54.5	54.7	55.2	56.1	56.7	57.1	Hommes
44.8	44.8	44.7	44.5	44.4	44.7	45.5	46.5	47.4	48.0	Femmes
										Population active totale (% de la population de 15-64 ans)[1]
78.7	78.0	77.1	76.9	76.5	76.8	77.8	79.3	80.6	81.2	Ensemble des personnes
85.9	84.5	82.9	82.6	82.0	82.2	83.1	84.5	85.4	86.0	Hommes
71.2	71.2	71.1	70.9	70.8	71.1	72.4	74.1	75.5	76.3	Femmes
										Population active civile occupée (% de la population totale)
47.6	47.0	46.3	46.0	45.7	46.2	47.1	48.1	49.3	50.2	Ensemble des personnes
										Emploi à temps partiel (%)[2]
21.1	21.3	21.6	21.7	21.8	21.2	21.2	21.4	21.2	21.0	Temps partiel en % de l'emploi
										Part des hommes dans le temps partiel
84.1	82.9	82.5	81.4	80.8	81.2	80.9	80.1	80.0	79.1	Part des femmes dans le temps partiel
6.2	6.7	7.1	7.6	7.7	7.6	7.5	8.0	7.9	8.1	Temps partiel des hommes en % de l'emploi des hommes
39.9	39.1	39.1	38.8	38.5	37.6	37.4	37.3	36.9	35.9	Temps partiel des femmes en % de l'emploi des femmes
										Durée du chômage (% du chômage total)[3]
25.0	21.4	21.3	21.1	18.4	18.4	20.7	32.1	36.5	44.0	Moins de 1 mois
26.1	22.4	22.4	21.0	21.1	22.5	21.8	22.6	28.2	25.3	Plus de 1 mois et moins de 3 mois
21.7	15.3	17.1	16.8	14.9	15.4	16.1	14.2	11.8	10.7	Plus de 3 mois et moins de 6 mois
16.3	20.4	19.0	17.6	18.4	14.9	14.9	15.1	12.9	12.0	Plus de 6 mois et moins de 1 an
10.9	20.4	20.2	23.5	27.2	28.8	24.1	16.0	10.6	9.3	Plus de 1 an

(1) Les taux d'activité calculés selon les définitions nationales peuvent être différents de ceux publiés dans ce tableau si le groupe d'âges représenté dans l'enquête de la population active est différent de 15-64 ans.

(2) L'emploi à temps partiel se réfère aux actifs travaillant moins de 30 heures par semaine dans leur emploi principal. Les données incluent uniquement les personnes déclarant des heures habituelles de travail.

(3) Ces pourcentages ne prennent en compte que les personnes pour lesquelles la durée du chômage est connue.

Statistiques de la Population Active
© OCDE, 1999

NORWAY

III - CIVILIAN EMPLOYMENT

Thousands (annual average estimates)

	1978	1979	1980	1981	1982	1983	1984	1985	1986	1987	1988
PROFESSIONAL STATUS											
All activities	1 846	1 862	1 875	1 904	1 910	1 910	1 939	1 984	2 053	2 090	2 079
Wage earners and salaried employees	1 585	1 609	1 607	1 642	1 649	1 658	1 681	1 742	1 793	1 847	1 832
Employers and persons working on own account	195	191	188	189	197	194	194	192	193	188	196
Unpaid family workers	66	62	80	73	64	58	64	51	67	55	51
Agriculture, hunting, forestry and fishing	161	161	159	159	154	148	143	147	151	139	134
Wage earners and salaried employees	35	37	38	37	37	37	37	38	38	38	33
Employers and persons working on own account	80	79	76	76	78	75	72	73	69	66	70
Unpaid family workers	47	45	45	45	38	36	34	36	45	35	30
Non-agricultural activities	1 685	1 701	1 716	1 745	1 756	1 762	1 796	1 837	1 902	1 951	1 945
Wage earners and salaried employees	1 550	1 572	1 569	1 605	1 612	1 621	1 644	1 704	1 755	1 809	1 799
Employers and persons working on own account	115	112	112	113	119	119	122	119	124	122	126
Unpaid family workers	19	17	35	28	26	22	30	15	22	20	21
All activities (%)	100.0	100.0	100.0	100.0	100.0	100.0	100.0	100.0	100.0	100.0	100.0
Wage earners and salaried employees	85.9	86.4	85.7	86.2	86.3	86.8	86.7	87.8	87.3	88.4	88.1
Others	14.1	13.6	14.3	13.8	13.7	13.2	13.3	12.2	12.7	11.6	11.9
BREAKDOWN BY ACTIVITIES											
I.S.I.C. Major Divisions											
1 to 0 All activities	1 846	1 862	1 875	1 904	1 910	1 910	1 939	1 984	2 053	2 090	2 079
1 Agriculture, hunting, forestry and fishing	161	161	159	159	154	148	143	147	151	139	134
2 Mining and quarrying	13	13	12	13	16	18	21	22	22	24	24
3 Manufacturing	395	384	383	377	365	338	345	348	358	352	337
4 Electricity, gas and water	15	16	19	21	18	20	21	19	21	23	21
5 Construction	163	151	142	146	147	147	148	151	155	166	166
6 Wholesale and retail trade; restaurants and hotels	317	316	320	330	331	336	330	346	364	375	376
7 Transport, storage and communication	170	172	173	174	183	172	176	175	179	178	175
8 Financing, insurance, real estate and business services	97	109	101	99	103	114	117	128	142	155	166
9 Community, social and personal services	511	538	565	582	591	614	635	644	658	673	674
0 Activities not adequately defined	4	2	1	3	2	3	3	4	3	5	5
WAGE EARNERS AND SALARIED EMPLOYEES BY ACTIVITIES											
I.S.I.C. Major Divisions											
1 to 0 All activities	1 585	1 609	1 607	1 642	1 649	1 658	1 681	1 742	1 793	1 847	1 832
1 Agriculture, hunting, forestry and fishing	35	38	38	37	37	37	37	38	38	38	33
2 Mining and quarrying	12	12	11	12	15	18	20	21	22	23	23
3 Manufacturing	380	370	371	364	351	324	326	337	346	340	325
4 Electricity, gas and water	15	16	19	21	18	20	21	19	21	23	21
5 Construction	134	125	115	114	115	118	118	121	125	136	136
6 Wholesale and retail trade; restaurants and hotels	286	283	284	296	297	301	293	311	327	341	342
7 Transport, storage and communication	152	156	157	157	165	156	158	160	161	161	157
8 Financing, insurance, real estate and business services	90	100	91	92	93	102	106	117	129	142	155
9 Community, social and personal services	480	508	520	547	557	581	601	616	623	642	638
0 Activities not adequately defined	1	1	1	2	1	1	1	2	1	1	1

III - POPULATION ACTIVE CIVILE OCCUPÉE

Milliers (estimations de moyennes annuelles)

1989	1990	1991	1992	1993	1994	1995	1996	1997	1998	
										SITUATION DANS LA PROFESSION
2 014	1 992	1 973	1 970	1 970	2 003	2 047	2 104	2 165	2 216	**Toutes activités**
1 777	1 766	1 760	1 761	1 765	1 803	1 851	1 920	1 984	2 030	Salariés
190	184	180	177	177	175	172	165	169	172	Employeurs et personnes travaillant à leur compte
47	42	33	26	23	20	19	19	13	14	Travailleurs familiaux non rémunérés
132	129	116	110	111	107	106	109	104	104	**Agriculture, chasse, sylviculture et pêche**
36	33	30	29	32	32	33	39	37	36	Salariés
70	70	66	63	62	59	58	56	58	59	Employeurs et personnes travaillant à leur compte
26	26	20	17	15	14	13	13	9	9	Travailleurs familiaux non rémunérés
1 882	1 863	1 857	1 860	1 859	1 896	1 941	1 995	2 061	2 112	**Activités non agricoles**
1 741	1 733	1 730	1 732	1 733	1 771	1 818	1 881	1 947	1 994	Salariés
120	114	114	114	115	116	114	109	111	113	Employeurs et personnes travaillant à leur compte
21	16	13	9	8	6	6	6	4	5	Travailleurs familiaux non rémunérés
100.0	100.0	100.0	100.0	100.0	100.0	100.0	100.0	100.0	100.0	**Toutes activités (%)**
88.2	88.7	89.2	89.4	89.6	90.0	90.4	91.3	91.6	91.6	Salariés
11.8	11.3	10.8	10.3	10.2	9.7	9.3	8.7	8.4	8.4	Autres
										RÉPARTITION PAR BRANCHES D'ACTIVITÉS
										C.I.T.I. Branches
2 014	1 992	1 973	1 970	1 970	2 003	2 047	2 104	2 165	2 216	**1 à 0 Toutes activités**
132	129	116	110	111	107	106	109	104	104	1 Agriculture, chasse, sylviculture et pêche
23	22	21	25	25	24	23	28	29	33	2 Industries extractives
318	310	294	295	292	303	308	313	327	321	3 Industries manufacturières
22	23	21	20	22	22	22	21	21	20	4 Électricité, gaz et eau
147	139	130	122	116	119	126	126	136	145	5 Bâtiment et travaux publics
369	358	354	353	349	348	357	389	399	410	6 Commerce de gros et de détail; restaurants et hôtels
167	162	162	157	158	165	170	164	164	170	7 Transports, entrepôts et communications
154	150	153	153	153	160	160	206	215	229	8 Banques, assurances, affaires immobilières et services fournis aux entreprises
675	696	716	729	741	752	771	745	767	782	9 Services fournis à la collectivité, services sociaux et services personnels
7	5	4	4	4	4	5	3	3	2	0 Activités mal désignées
										SALARIÉS (OUVRIERS ET EMPLOYÉS) PAR ACTIVITÉS
										C.I.T.I. Branches
1 777	1 766	1 760	1 761	1 765	1 803	1 851	1 925	1 991		**1 à 0 Toutes activités**
36	33	30	29	32	32	33	39	37	36	1 Agriculture, chasse, sylviculture et pêche
22	21	21	25	24	24	23	28	29	33	2 Industries extractives
306	301	287	286	283	293	300	305	319	314	3 Industries manufacturières
22	23	21	20	22	22	22	21	21	20	4 Électricité, gaz et eau
121	115	107	99	94	99	105	104	113	122	5 Bâtiment et travaux publics
335	326	325	325	322	321	331	362	374	384	6 Commerce de gros et de détail; restaurants et hôtels
151	145	147	143	143	149	154	151	152	157	7 Transports, entrepôts et communications
142	139	141	139	138	145	146	190	198	211	8 Banques, assurances, affaires immobilières et services fournis aux entreprises
641	661	681	694	707	717	736	744	765	778	9 Services fournis à la collectivité, services sociaux et services personnels
1	1	1	1	1	1		3	2	2	0 Activités mal désignées

Statistiques de la Population Active OECD
© OCDE, 1999 OCDE

Sources:

1. *Statistical Yearbook of Demography* (Central Statistical Office, GUS).
2. *Aktywnosc Ekonomiczna Ludnosco Polski* (Quarterly labour force survey results, GUS).

I. POPULATION

Sources: National source 1.

Date of reference: Mid-year estimates.

General remark: There are breaks in the population series associated with census years (1970,1978 and 1988), resulting in large statistical discrepancies in the sum of components of change in population.

II. TOTAL LABOUR FORCE

The armed forces only include conscripts. Career members of the armed forces who live in private households are included in civilian labour force.

III. CIVILIAN EMPLOYMENT

Sources: National source 2.

Coverage: Non-household population are excluded, such as enlisted soldiers in military barracks, persons in jail, persons with no place of residence. Employment includes those who are taking between four to six months maternity leave.

Date of reference: Annual averages.

Method of computation: Annual averages are generated by taking simple arithmetic averages of quarterly data, with the exception of the following:

  i) In the calculation of the annual average for 1992, Q2 has been given double the weight of other quarters as there are no labour force survey results available for Q1,1992.

  ii) A breakdown of employment according to a classification compatible with ISIC major divisions is available from Q2 1993. As above, Q2 has been given a double weight to generate the annual average.

Notes: Individuals working in co-operatives are either classified as employers and persons working on own account or as wage earners and salaried employees, depending on their status within the enterprise. Individuals who contribute capital and receive a share of the profits are classified as employers; others are classified as wage earners and salaried employees.

Employment by ISIC major division is based upon an aggregation of data classified by the Polish EKD (Europesjskiej Kiasyfikacji Dzialalanosci) which is a version of NACE, revision 1.

I. POPULATION

Sources : Source nationale 1.

Date de référence : Estimations en milieu d'année.

Notes : Les ruptures dans les séries population sont associées aux années des recensements (1970,1978 et 1988), il en résulte d'importantes divergences statistiques dans la somme des composantes de l'évolution de la population.

II. POPULATION ACTIVE

Les forces armées ne comprennent que les militaires du contingent. Les militaires de carrière qui vivent dans les ménages privés sont compris dans la population active civile.

III. POPULATION ACTIVE CIVILE OCCUPÉE

Sources : Source nationale 2.

Champ couvert : La population qui ne vit pas dans les ménages est exclue (i.e. les militaires du contingent des casernes, les personnes en prison et celles qui n'ont pas de domicile). Les chiffres de l'emploi incluent les personnes qui sont en congé de maternité pour une durée de quatre à six mois.

Date de référence : Moyennes annuelles.

Méthode de calcul : Les moyennes annuelles sont de simples moyennes arithmétiques des données trimestrielles avec les exceptions suivantes

  i) Pour le calcul de l'année 1992, comme il n'y avait pas de résultats d'enquête sur la population active au premier trimestre, on a donné double poids au deuxième trimestre.

  ii) La ventilation de l'emploi selon la classification compatible avec les principales divisions de la CITI est uniquement disponible depuis le T2 1993. Pour calculer l'année 1992, on a également donné double poids au deuxième trimestre.

Notes : Les personnes travaillant dans les coopératives sont classées soit dans la catégorie "employeurs et personnes travaillant à leur compte', soit dans celle des salariés selon leur statut au sein de la coopérative. Les personnes qui contribuent au capital et reçoivent une part des profits sont dans la catégorie "employeurs et personnes travaillant à leur compte" ; les autres sont classées comme salariés.

L'emploi par divisions principales de la CITI a été calculé en agrégeant des données selon la classification polonaise EKD (Europesjskiej Kiasyfikacji Dzialaianosci) qui est une version de NACE, révision 1.

POLAND

I - POPULATION

Thousands (mid-year estimates)

	1978	1979	1980	1981	1982	1983	1984	1985	1986	1987	1988
POPULATION - DISTRIBUTION BY AGE AND GENDER											
All persons											
Total	35 010	35 256	35 578	35 902	36 227	36 571	36 914	37 203	37 456	37 664	37 862
Under 15 years	8 377	8 494	8 639	8 790	8 958	9 150	9 343	9 499	9 611	9 656	9 667
From 15 to 64 years	23 113	23 186	23 342	23 537	23 730	23 920	24 082	24 201	24 314	24 423	24 526
65 years and over	3 520	3 576	3 597	3 575	3 539	3 501	3 489	3 503	3 531	3 584	3 669
Males											
Total	17 044	17 177	17 335	17 493	17 655	17 827	18 000	18 144	18 268	18 370	18 467
Under 15 years	4 294	4 345	4 419	4 496	4 583	4 681	4 781	4 862	4 920	4 944	4 950
From 15 to 64 years	11 376	11 442	11 527	11 628	11 727	11 822	11 906	11 967	12 026	12 087	12 149
65 years and over	1 374	1 390	1 389	1 369	1 346	1 324	1 313	1 315	1 322	1 339	1 368
Females											
Total	17 966	18 079	18 243	18 409	18 571	18 744	18 914	19 059	19 188	19 295	19 395
Under 15 years	4 083	4 149	4 220	4 294	4 375	4 469	4 562	4 637	4 691	4 713	4 717
From 15 to 64 years	11 737	11 744	11 814	11 909	12 003	12 098	12 176	12 234	12 288	12 337	12 377
65 years and over	2 146	2 186	2 209	2 206	2 193	2 177	2 176	2 188	2 209	2 245	2 301
POPULATION - PERCENTAGES											
All persons											
Total	100.0	100.0	100.0	100.0	100.0	100.0	100.0	100.0	100.0	100.0	100.0
Under 15 years	23.9	24.1	24.3	24.5	24.7	25.0	25.3	25.5	25.7	25.6	25.5
From 15 to 64 years	66.0	65.8	65.6	65.6	65.5	65.4	65.2	65.1	64.9	64.8	64.8
65 years and over	10.1	10.1	10.1	10.0	9.8	9.6	9.5	9.4	9.4	9.5	9.7
COMPONENTS OF CHANGE IN POPULATION											
a) Population at 1 January	34 850	35 081	35 414	35 735	36 062	36 399	36 745	37 063	37 341	37 572	37 764
b) Population at 31 December	35 081	35 414	35 735	36 062	36 399	36 745	37 063	37 341	37 572	37 764	37 885
c) Total increase (b-a)	231	333	321	327	337	346	318	278	231	192	121
d) Births	669	691	696	682	705	724	702	680	637	608	590
e) Deaths	328	326	353	332	338	352	368	384	379	381	373
f) Natural increase (d-e)	341	365	343	350	367	372	334	296	258	227	217
g) Net migration	-28	-33	-21	-22	-31	-25	-16	-19	-27	-35	-34
h) Statistical adjustments	-82	0	0	0	1	0	0	1	0	0	-62
i) Total increase (=f+g+h=c)	231	332	322	328	337	347	318	278	231	192	121
(Components of change in population/ Average population) x1000											
Total increase rates	6.6	9.4	9.1	9.1	9.3	9.5	8.6	7.5	6.2	5.1	3.2
Crude birth rates	19.1	19.6	19.6	19.0	19.5	19.8	19.0	18.3	17.0	16.1	15.6
Crude death rates	9.4	9.2	9.9	9.2	9.3	9.6	10.0	10.3	10.1	10.1	9.9
Natural increase rates	9.8	10.4	9.6	9.7	10.1	10.2	9.1	8.0	6.9	6.0	5.7
Net migration rates	-0.8	-0.9	-0.6	-0.6	-0.9	-0.7	-0.4	-0.5	-0.7	-0.9	-0.9

I - POPULATION

Milliers (estimations au milieu de l'année)

	1989	1990	1991	1992	1993	1994	1995	1996	1997	1998	
											POPULATION - RÉPARTITION SELON L'AGE ET LE SEXE
											Ensemble des personnes
	37 963	38 119	38 245	38 365	38 459	38 544	38 588	38 618	38 650	38 666	Total
	9 649	9 575	9 473	9 348	9 196	9 021	8 798	8 564	8 313	8 018	Moins de 15 ans
	24 572	24 711	24 856	25 025	25 188	25 353	25 516	25 680	25 869	26 091	De 15 à 64 ans
	3 742	3 833	3 916	3 992	4 075	4 170	4 274	4 374	4 468	4 557	65 ans et plus
											Hommes
	18 505	18 576	18 634	18 686	18 726	18 763	18 779	18 789	18 800	18 802	Total
	4 934	4 897	4 846	4 782	4 704	4 615	4 502	4 384	4 258	4 109	Moins de 15 ans
	12 165	12 243	12 324	12 412	12 496	12 582	12 665	12 749	12 846	12 959	De 15 à 64 ans
	1 406	1 436	1 464	1 492	1 526	1 566	1 612	1 656	1 696	1 734	65 ans et plus
											Femmes
	19 458	19 546	19 611	19 679	19 734	19 780	19 809	19 829	19 850	19 864	Total
	4 715	4 684	4 627	4 566	4 491	4 406	4 293	4 180	4 055	3 909	Moins de 15 ans
	12 407	12 466	12 532	12 613	12 692	12 771	12 851	12 931	13 023	13 132	De 15 à 64 ans
	2 336	2 396	2 452	2 500	2 550	2 603	2 662	2 718	2 772	2 823	65 ans et plus
											POPULATION - POURCENTAGES
											Ensemble des personnes
	100.0	100.0	100.0	100.0	100.0	100.0	100.0	100.0	100.0	100.0	Total
	25.4	25.1	24.8	24.4	23.9	23.4	22.8	22.2	21.5	20.7	Moins de 15 ans
	64.7	64.8	65.0	65.2	65.5	65.8	66.1	66.5	66.9	67.5	De 15 à 64 ans
	9.9	10.1	10.2	10.4	10.6	10.8	11.1	11.3	11.6	11.8	65 ans et plus
											COMPOSANTES DE L'ÉVOLUTION DÉMOGRAPHIQUE
	37 885	38 038	38 183	38 309	38 418	38 505	38 581	38 595	38 641	38 660	a) Population au 1er janvier
	38 038	38 183	38 309	38 418	38 505	38 581	38 595	38 641	38 660	38 672	b) Population au 31 décembre
	153	145	126	109	87	76	14	46	19	12	**c) Accroissement total (b-a)**
	564	548	548	515	494	481	433	428	413	396	d) Naissances
	383	390	406	395	392	386	386	385	380	375	e) Décès
	181	158	142	120	102	95	47	43	33	21	**f) Accroissement naturel (d-e)**
	-24	-16	-16	-12	-15	-19	-33	3	-14	-10	g) Solde net des migrations
	-4	3	0	0	0	0	0	0	0	0	h) Ajustements statistiques
	153	145	126	108	87	76	14	46	19	11	**i) Accroissement total (=f+g+h=c)**
											(Composition de l'évolution démographique/ Population moyenne) x1000
	4.0	3.8	3.3	2.8	2.3	2.0	0.4	1.2	0.5	0.3	Taux d'accroissement total
	14.9	14.4	14.3	13.4	12.8	12.5	11.2	11.1	10.7	10.2	Taux bruts de natalité
	10.1	10.2	10.6	10.3	10.2	10.0	10.0	10.0	9.8	9.7	Taux bruts de mortalité
	4.8	4.1	3.7	3.1	2.7	2.5	1.2	1.1	0.9	0.5	Taux d'accroissement naturel
	-0.6	-0.4	-0.4	-0.3	-0.4	-0.5	-0.9	0.1	-0.4	-0.3	Taux du solde net des migrations

Statistiques de la Population Active
© OCDE, 1999

POLAND

II - LABOUR FORCE

Thousands (annual average estimates)

	1978	1979	1980	1981	1982	1983	1984	1985	1986	1987	1988
Total labour force											
All persons											
Males											
Females											
Armed forces											
All persons											
Males											
Females											
Civilian labour force											
All persons											
Males											
Females											
Unemployed											
All persons											
Males											
Females											
Civilian employment											
All persons											
Males											
Females											
Civilian employment (%)											
All persons											
Males											
Females											
Unemployment rates (% of civilian labour force)											
All persons											
Males											
Females											
Total labour force (% of total population)											
All persons											
Males											
Females											
Total labour force (% of population from 15-64 years)[1]											
All persons											
Males											
Females											
Civilian employment (% of total population)											
All persons											
Part-time employment (%)[2]											
Part-time as % of employment											
Male share of part-time employment											
Female share of part-time employment											
Male part-time as % of male employment											
Female part-time as % of female employment											
Duration of unemployment (% of total unemployment)[3]											
Less than 2 months											
More than 2 months and less than 3 months											
More than 3 months and less than 6 months											
More than 6 months and less than 1 year											
More than 1 year											

(1) Participation rates calculated according to national definitions may differ from those published in this table, when the age group represented in the labour force survey is other than 15-64 years.

(2) Part-time employment refers to persons who work less than 30 hours per week in their main job. Data include only persons declaring actual hours worked.

(3) These percentages only take into account those persons for whom the duration of unemployment is known.

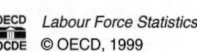

II - POPULATION ACTIVE

Milliers (estimations de moyennes annuelles)

1989	1990	1991	1992	1993	1994	1995	1996	1997	1998	
										Population active totale
			17 516	17 321	17 276	17 205	17 200	17 225	17 285	Ensemble des personnes
			9 491	9 350	9 357	9 351	9 351	9 409	9 436	Hommes
			8 024	7 971	7 919	7 854	7 849	7 817	7 849	Femmes
										Forces armées
					141	137	122	123	123	Ensemble des personnes
					141	137	122	123	123	Hommes
					0	0	0	0	0	Femmes
										Population active civile
			17 516	17 321	17 135	17 068	17 078	17 103	17 162	Ensemble des personnes
			9 491	9 350	9 216	9 214	9 229	9 286	9 313	Hommes
			8 024	7 971	7 919	7 854	7 849	7 817	7 849	Femmes
										Chômeurs
			2 335	2 427	2 473	2 276	2 111	1 917	1 808	Ensemble des personnes
			1 154	1 183	1 207	1 119	1 016	885	843	Hommes
			1 180	1 244	1 266	1 157	1 094	1 033	965	Femmes
										Population active civile occupée
			15 181	14 894	14 661	14 792	14 968	15 186	15 354	Ensemble des personnes
			8 337	8 167	8 008	8 095	8 213	8 402	8 470	Hommes
			6 844	6 727	6 653	6 697	6 755	6 784	6 884	Femmes
										Population active civile occupée (%)
			100.0	100.0	100.0	100.0	100.0	100.0	100.0	Ensemble des personnes
			54.9	54.8	54.6	54.7	54.9	55.3	55.2	Hommes
			45.1	45.2	45.4	45.3	45.1	44.7	44.8	Femmes
										Taux de chômage (% de la population active civile)
			13.3	14.0	14.4	13.3	12.4	11.2	10.5	Ensemble des personnes
			12.2	12.7	13.1	12.1	11.0	9.5	9.1	Hommes
			14.7	15.6	16.0	14.7	13.9	13.2	12.3	Femmes
										Population active totale (% de la population totale)
			45.7	45.0	44.8	44.6	44.5	44.6	44.7	Ensemble des personnes
			50.8	49.9	49.9	49.8	49.8	50.0	50.2	Hommes
			40.8	40.4	40.0	39.6	39.6	39.4	39.5	Femmes
										Population active totale (% de la population de 15-64 ans)[1]
			70.0	68.8	68.1	67.4	67.0	66.6	66.2	Ensemble des personnes
			76.5	74.8	74.4	73.8	73.3	73.2	72.8	Hommes
			63.6	62.8	62.0	61.1	60.7	60.0	59.8	Femmes
										Population active civile occupée (% de la population totale)
			39.6	38.7	38.0	38.3	38.8	39.3	39.7	Ensemble des personnes
										Emploi à temps partiel (%)[2]
								11.9	11.8	Temps partiel en % de l'emploi
								38.9	37.8	Part des hommes dans le temps partiel
								61.1	62.2	Part des femmes dans le temps partiel
								8.2	8.0	Temps partiel des hommes en % de l'emploi des hommes
								16.6	16.6	Temps partiel des femmes en % de l'emploi des femmes
										Durée du chômage (% du chômage total)[3]
			6.4	5.2	6.6	7.5	7.6	8.0	9.0	Moins de 2 mois
			14.0	14.0	12.5	13.3	12.5	13.7	14.1	Plus de 2 mois et moins de 3 mois
			16.8	16.2	15.8	16.1	17.0	16.1	16.5	Plus de 3 mois et moins de 6 mois
			28.1	25.6	24.8	23.0	23.8	24.2	23.0	Plus de 6 mois et moins de 1 an
			34.7	39.1	40.4	40.0	39.0	38.0	37.4	Plus de 1 an

(1) Les taux d'activité calculés selon les définitions nationales peuvent être différents de ceux publiés dans ce tableau si le groupe d'âges représenté dans l'enquête de la population active est différent de 15-64 ans.

(2) L'emploi à temps partiel se réfère aux actifs travaillant moins de 30 heures par semaine dans leur emploi principal. Les données incluent uniquement les personnes déclarant des heures effectives de travail.

(3) Ces pourcentages ne prennent en compte que les personnes pour lesquelles la durée du chômage est connue.

Statistiques de la Population Active OECD
© OCDE, 1999 OCDE

POLAND

III - CIVILIAN EMPLOYMENT

Thousands (annual average estimates)

	1978	1979	1980	1981	1982	1983	1984	1985	1986	1987	1988
PROFESSIONAL STATUS											
All activities											
Wage earners and salaried employees											
Employers and persons working on own account											
Unpaid family workers											
Agriculture, hunting, forestry and fishing											
Wage earners and salaried employees											
Employers and persons working on own account											
Unpaid family workers											
Non-agricultural activities											
Wage earners and salaried employees											
Employers and persons working on own account											
Unpaid family workers											
All activities (%)											
Wage earners and salaried employees											
Others											
BREAKDOWN BY ACTIVITIES											
I.S.I.C. Major Divisions											
1 to 0 All activities											
1 Agriculture, hunting, forestry and fishing											
2 Mining and quarrying											
3 Manufacturing											
4 Electricity, gas and water											
5 Construction											
6 Wholesale and retail trade; restaurants and hotels											
7 Transport, storage and communication											
8 Financing, insurance, real estate and business services											
9 Community, social and personal services											
0 Activities not adequately defined											
WAGE EARNERS AND SALARIED EMPLOYEES BY ACTIVITIES											
I.S.I.C. Major Divisions											
1 to 0 All activities											
1 Agriculture, hunting, forestry and fishing											
2 Mining and quarrying											
3 Manufacturing											
4 Electricity, gas and water											
5 Construction											
6 Wholesale and retail trade; restaurants and hotels											
7 Transport, storage and communication											
8 Financing, insurance, real estate and business services											
9 Community, social and personal services											
0 Activities not adequately defined											

III - POPULATION ACTIVE CIVILE OCCUPÉE

Milliers (estimations de moyennes annuelles)

1989	1990	1991	1992	1993	1994	1995	1996	1997	1998	
										SITUATION DANS LA PROFESSION
			15 181	14 894	14 661	14 792	14 968	15 186	15 354	**Toutes activités**
			10 592	10 253	10 125	10 397	10 552	10 881	11 173	Salariés
			3 592	3 631	3 654	3 508	3 494	3 509	4 076	Employeurs et personnes travaillant à leur compte
			997	1 011	881	887	921	796	735	Travailleurs familiaux non rémunérés
										Agriculture, chasse, sylviculture et pêche
			3 800	3 701	3 496	3 345	3 308	3 123	2 946	Salariés
			493	393	363	349	318	308	304	Salariés
			2 407	2 392	2 353	2 207	2 167	2 109	2 085	Employeurs et personnes travaillant à leur compte
			900	916	780	789	824	706	648	Travailleurs familiaux non rémunérés
										Activités non agricoles
			11 381	11 193	11 165	11 447	11 660	12 063	12 408	Salariés
			10 099	9 860	9 762	10 048	10 235	10 573	10 869	Salariés
			1 185	1 239	1 301	1 301	1 327	1 399	1 991	Employeurs et personnes travaillant à leur compte
			97	95	101	98	97	90	87	Travailleurs familiaux non rémunérés
			100.0	100.0	100.0	100.0	100.0	100.0	100.0	**Toutes activités (%)**
			69.8	68.8	69.1	70.3	70.5	71.7	72.8	Salariés
			30.2	31.2	30.9	29.7	29.5	28.3	31.3	Autres
										RÉPARTITION PAR BRANCHES D'ACTIVITÉS
										C.I.T.I. Branches
			15 181	14 889	14 661	14 792	14 968	15 186	15 354	**1 à 0 Toutes activités**
				3 820	3 496	3 345	3 308	3 123	2 946	1 Agriculture, chasse, sylviculture et pêche
				412	445	445	418	389	381	2 Industries extractives
				3 171	3 102	3 120	3 129	3 183	3 205	3 Industries manufacturières
				173	258	266	271	273	265	4 Électricité, gaz et eau
				934	918	897	922	1 004	1 071	5 Bâtiment et travaux publics
				1 769	1 905	2 005	2 096	2 201	2 335	6 Commerce de gros et de détail; restaurants et hôtels
				738	811	855	889	936	958	7 Transports, entrepôts et communications
				540	564	633	697	750	819	8 Banques, assurances, affaires immobilières et services fournis aux entreprises
				3 299	3 247	3 210	3 237	3 327	3 374	9 Services fournis à la collectivité, services sociaux et services personnels
				35	18	16	1	0	0	0 Activités mal désignées
										SALARIÉS (OUVRIERS ET EMPLOYÉS) PAR ACTIVITÉS
										C.I.T.I. Branches
				10 125	10 397	10 553	10 881	11 173		**1 à 0 Toutes activités**
				363		318	307	394		1 Agriculture, chasse, sylviculture et pêche
				445		418	388	397		2 Industries extractives
				2 861		2 905	2 963	3 341		3 Industries manufacturières
				255		268	270	276		4 Électricité, gaz et eau
				762		763	830	1 045		5 Bâtiment et travaux publics
				1 214		1 383	1 480	1 888		6 Commerce de gros et de détail; restaurants et hôtels
				694		752	787	854		7 Transports, entrepôts et communications
				511		620	659	763		8 Banques, assurances, affaires immobilières et services fournis aux entreprises
				3 099		3 126	3 196	3 462		9 Services fournis à la collectivité, services sociaux et services personnels
				16						0 Activités mal désignées

Sources:

1. *Anuario Demografico* (Instituto Nacional de Estatistica).
2. *Inquerito Permanente ao Emprego* (Instituto Nacional de Estatistica).

I. POPULATION

Sources: National sources 1 and 2 and direct information.

Coverage: Resident population for all years.

Date of reference: Estimates at 31 December.

Note: Data refer to continental Portugal and the islands of Angra, Horta, Ponta, Delgada and Funchal (the Azores and Madeira islands).

II. TOTAL LABOUR FORCE
III. CIVILIAN EMPLOYMENT

Sources: Data provided directly by the Portuguese authorities.

Coverage: Continental Portugal only.

Method of computation: Labour force sample surveys conducted twice a year during a six month period; since 1983, they are quarterly.

Date of reference prior to 1983: End of the year

Date of reference since 1983: All data are yearly averages.

I. POPULATION

Sources : Sources nationales 1 et 2 et renseignements directs.

Champ couvert : Population résidante pour toutes les années.

Date de référence : Estimations au 31 décembre.

Note : Les données se référent au Portugal continental et les îles d'Angra, Hua, Ponta, Delgada et Funchal (les Iles Açores et Madère).

II. POPULATION ACTIVE
III. POPULATION ACTIVE CIVILE OCCUPÉE

Sources : Données transmises directement par les autorités portugaises.

Champ couvert : Portugal continental seulement.

Méthode de calcul : Enquêtes par sondage sur la population active, effectuées deux fois par an pendant une période de six mois ; depuis 1983, les enquêtes sont devenues trimestrielles.

Date de référence avant 1983 : En fin d'année

Date de référence depuis 1983 : Toutes les données sont des moyennes annuelles.

Statistiques de la Population Active OECD
© OCDE, 1999 OCDE

PORTUGAL

I - POPULATION

Thousands (estimates at 31 December)

	1978	1979	1980	1981	1982	1983	1984	1985	1986	1987	1988
POPULATION - DISTRIBUTION BY AGE AND GENDER											
All persons											
Total	9 609	9 714	9 819	9 884	9 939	9 970	10 009	10 014	10 007	9 981	9 955
Under 15 years			2 505	2 482	2 459	2 424	2 392	2 341	2 285	2 216	2 148
From 15 to 64 years			6 190	6 260	6 324	6 383	6 442	6 472	6 497	6 515	6 530
65 years and over			1 124	1 141	1 156	1 162	1 175	1 201	1 225	1 250	1 277
Males											
Total			4 731	4 763	4 791	4 807	4 827	4 830	4 826	4 814	4 801
Under 15 years			1 278	1 267	1 256	1 239	1 223	1 198	1 169	1 134	1 099
From 15 to 64 years			2 997	3 033	3 066	3 096	3 127	3 144	3 158	3 168	3 177
65 years and over			456	463	469	472	477	488	499	511	524
Females											
Total			5 088	5 121	5 148	5 163	5 182	5 185	5 181	5 168	5 154
Under 15 years			1 227	1 215	1 203	1 185	1 169	1 144	1 116	1 082	1 049
From 15 to 64 years			3 193	3 227	3 258	3 287	3 315	3 328	3 339	3 347	3 353
65 years and over			668	678	687	691	698	713	726	738	753
POPULATION - PERCENTAGES											
All persons											
Total	100.0	100.0	100.0	100.0	100.0	100.0	100.0	100.0	100.0	100.0	100.0
Under 15 years			25.5	25.1	24.7	24.3	23.9	23.4	22.8	22.2	21.6
From 15 to 64 years			63.0	63.3	63.6	64.0	64.4	64.6	64.9	65.3	65.6
65 years and over			11.4	11.5	11.6	11.7	11.7	12.0	12.2	12.5	12.8
COMPONENTS OF CHANGE IN POPULATION											
a) Population at 1 January	9 508	9 609	9 714	9 819	9 883	9 939	9 970	10 009	10 014	10 007	9 981
b) Population at 31 December	9 609	9 714	9 819	9 883	9 939	9 970	10 009	10 014	10 007	9 981	9 955
c) Total increase (b-a)	101	105	105	64	56	31	39	5	-7	-26	-26
d) Births	167	160	158	152	151	144	143	130	127	123	122
e) Deaths	96	93	95	96	92	96	97	97	96	95	98
f) Natural increase (d-e)	71	67	63	56	59	48	46	33	31	28	24
g) Net migration	30	38	42	9	-3	-17	-7	-28	-38	-54	-51
h) Statistical adjustments	0	0	0	0	0	0	0	0	0	0	0
i) Total increase (=f+g+h=c)	101	105	105	65	56	31	39	5	-7	-26	-27
(Components of change in population/ Average population) x1000											
Total increase rates	10.6	10.9	10.8	6.6	5.6	3.1	3.9	0.5	-0.7	-2.6	-2.7
Crude birth rates	17.5	16.6	16.2	15.4	15.2	14.5	14.3	13.0	12.7	12.3	12.2
Crude death rates	10.0	9.6	9.7	9.7	9.3	9.6	9.7	9.7	9.6	9.5	9.8
Natural increase rates	7.4	6.9	6.5	5.7	6.0	4.8	4.6	3.3	3.1	2.8	2.4
Net migration rates	3.1	3.9	4.3	0.9	-0.3	-1.7	-0.7	-2.8	-3.8	-5.4	-5.1

I - POPULATION

Milliers (estimations au 31 décembre)

1989	1990	1991	1992	1993	1994	1995	1996	1997	1998	
										POPULATION - RÉPARTITION SELON L'AGE ET LE SEXE
										Ensemble des personnes
9 920	9 873	9 860	9 860	9 888	9 900	9 918	9 928	9 950	9 979	Total
2 067	1 974	1 911	1 860	1 823	1 790	1 764	1 731	1 699	1 682	Moins de 15 ans
6 542	6 556	6 584	6 611	6 659	6 686	6 707	6 730	6 762	6 778	De 15 à 64 ans
1 311	1 344	1 364	1 389	1 406	1 424	1 447	1 467	1 489	1 519	65 ans et plus
										Hommes
4 783	4 760	4 753	4 752	4 762	4 769	4 776	4 781	4 790	4 805	Total
1 058	1 009	978	952	932	915	903	887	870	862	Moins de 15 ans
3 184	3 192	3 209	3 225	3 250	3 265	3 276	3 290	3 307	3 321	De 15 à 64 ans
541	558	566	575	581	588	598	604	612	622	65 ans et plus
										Femmes
5 137	5 113	5 107	5 107	5 126	5 131	5 141	5 147	5 160	5 174	Total
1 009	964	934	908	891	874	862	844	829	820	Moins de 15 ans
3 358	3 363	3 375	3 387	3 409	3 421	3 431	3 440	3 455	3 457	De 15 à 64 ans
770	786	798	813	825	836	849	863	876	897	65 ans et plus
										POPULATION - POURCENTAGES
										Ensemble des personnes
100.0	100.0	100.0	100.0	100.0	100.0	100.0	100.0	100.0	100.0	Total
20.8	20.0	19.4	18.9	18.4	18.1	17.8	17.4	17.1	16.9	Moins de 15 ans
65.9	66.4	66.8	67.0	67.3	67.5	67.6	67.8	68.0	67.9	De 15 à 64 ans
13.2	13.6	13.8	14.1	14.2	14.4	14.6	14.8	15.0	15.2	65 ans et plus
										COMPOSANTES DE L'ÉVOLUTION DÉMOGRAPHIQUE
9 955	9 920	9 873	9 860	9 860	9 888	9 900	9 918	9 935	9 957	a) Population au 1er janvier
9 920	9 873	9 860	9 860	9 888	9 900	9 918	9 935	9 957	9 979	b) Population au 31 décembre
-35	-47	-13	0	28	12	18	17	22	22	c) Accroissement total (b-a)
111	116	116	115	114	109	107	110	112	113	d) Naissances
91	103	104	101	106	99	103	107	105	106	e) Décès
20	13	12	14	8	10	4	3	7	7	f) Accroissement naturel (d-e)
-58	-56	-25	-10	15	10	5	10	15	15	g) Solde net des migrations
0	0	0	0	0	0	0	0	0	0	h) Ajustements statistiques
-38	-43	-13	4	23	20	9	13	22	22	i) Accroissement total (=f+g+h=c)
										(Composition de l'évolution démographique/ Population moyenne) x1000
-3.8	-4.3	-1.3	0.4	2.3	2.0	0.9	1.3	2.2	2.2	Taux d'accroissement total
11.2	11.7	11.8	11.7	11.5	11.0	10.8	11.1	11.3	11.3	Taux bruts de natalité
9.2	10.4	10.5	10.2	10.7	10.0	10.4	10.8	10.6	10.6	Taux bruts de mortalité
2.0	1.3	1.2	1.4	0.8	1.0	0.4	0.3	0.7	0.7	Taux d'accroissement naturel
-5.8	-5.6	-2.5	-1.0	1.5	1.0	0.5	1.0	1.5	1.5	Taux du solde net des migrations

Statistiques de la Population Active OECD
© OCDE, 1999 OCDE

PORTUGAL

II - LABOUR FORCE

Thousands (annual average estimates)

	1978	1979	1980	1981	1982	1983	1984	1985	1986	1987	1988
Total labour force											
All persons	4 177	4 274	4 361	4 334	4 330	4 555	4 529	4 514	4 520	4 567	4 616
Males	2 546	2 556	2 628	2 571	2 568	2 691	2 673	2 647	2 665	2 662	2 664
Females	1 631	1 718	1 733	1 763	1 762	1 864	1 856	1 867	1 855	1 905	1 952
Armed forces											
All persons	71	76	86	96	85	73	72	73	74	77	73
Males	71	76	86	96	85	73	72	73	74	77	73
Females											
Civilian labour force											
All persons	4 106	4 198	4 274	4 238	4 245	4 482	4 457	4 441	4 446	4 490	4 543
Males	2 475	2 480	2 542	2 475	2 483	2 619	2 601	2 574	2 593	2 585	2 591
Females	1 631	1 718	1 732	1 763	1 762	1 864	1 856	1 867	1 853	1 905	1 952
Unemployed											
All persons	334	344	335	320	317	355	381	385	382	319	262
Males	137	122	104	104	103	127	156	166	171	139	106
Females	197	222	231	216	214	228	226	219	211	180	156
Civilian employment											
All persons	3 772	3 854	3 940	3 918	3 928	4 128	4 075	4 057	4 064	4 171	4 280
Males	2 338	2 358	2 438	2 371	2 380	2 492	2 446	2 408	2 423	2 446	2 485
Females	1 434	1 496	1 502	1 547	1 548	1 636	1 630	1 648	1 641	1 724	1 796
Civilian employment (%)											
All persons	100.0	100.0	100.0	100.0	100.0	100.0	100.0	100.0	100.0	100.0	100.0
Males	62.0	61.2	61.9	60.5	60.6	60.4	60.0	59.4	59.6	58.6	58.1
Females	38.0	38.8	38.1	39.5	39.4	39.6	40.0	40.6	40.4	41.3	42.0
Unemployment rates (% of civilian labour force)											
All persons	8.1	8.2	7.8	7.6	7.5	7.9	8.5	8.7	8.6	7.1	5.8
Males	5.5	4.9	4.1	4.2	4.1	4.8	6.0	6.4	6.6	5.4	4.1
Females	12.1	12.9	13.3	12.3	12.1	12.2	12.2	11.7	11.4	9.4	8.0
Total labour force (% of total population)											
All persons	43.5	44.0	44.4	43.8	43.6	45.7	45.2	45.1	45.2	45.8	46.4
Males			55.5	54.0	53.6	56.0	55.4	54.8	55.2	55.3	55.5
Females			34.1	34.4	34.2	36.1	35.8	36.0	35.8	36.9	37.9
Total labour force (% of population from 15-64 years)[1]											
All persons			70.5	69.2	68.5	71.4	70.3	69.7	69.6	70.1	70.7
Males			87.7	84.8	83.8	86.9	85.5	84.2	84.4	84.0	83.9
Females			54.3	54.6	54.1	56.7	56.0	56.1	55.6	56.9	58.2
Civilian employment (% of total population)											
All persons	39.3	39.7	40.1	39.6	39.5	41.4	40.7	40.5	40.6	41.8	43.0
Part-time employment (%)[2]											
Part-time as % of employment										6.6	6.4	6.7
Male share of part-time employment										25.9	24.5	23.6
Female share of part-time employment										74.1	75.5	76.4
Male part-time as % of male employment										2.9	2.7	2.7
Female part-time as % of female employment										12.2	11.8	12.3
Duration of unemployment (% of total unemployment)[3]											
Less than 1 month										1.3	1.3	1.5
More than 1 month and less than 3 months										12.5	11.2	15.1
More than 3 months and less than 6 months										13.9	17.3	19.2
More than 6 months and less than 1 year										18.7	16.2	15.9
More than 1 year										53.7	54.0	48.3

Prior to 1983, data refer to end of year and annual averages thereafter.

(1) Participation rates calculated according to national definitions may differ from those published in this table, when the age group represented in the labour force survey is other than 15-64 years.

(2) Part-time employment refers to persons who work less than 30 hours per week in their main job. Data include only persons declaring usual hours worked.

(3) These percentages only take into account those persons for whom the duration of unemployment is known.

II - POPULATION ACTIVE

Milliers (estimations de moyennes annuelles)

1989	1990	1991	1992	1993	1994	1995	1996	1997	1998	
										Population active totale
4 677	4 948	4 800	4 667	4 722	4 820	4 802	4 887	4 967	4 987	Ensemble des personnes
2 693	2 834	2 681	2 600	2 617	2 687	2 662	2 686	2 717	2 736	Hommes
1 984	2 114	2 119	2 067	2 106	2 133	2 140	2 201	2 250	2 251	Femmes
										Forces armées
68	65	66	74	67	68	58	57	55	36	Ensemble des personnes
68	65	66	74	66	65	57	56	52	34	Hommes
				1	2	1	1	3	2	Femmes
										Population active civile
4 610	4 884	4 774	4 594	4 655	4 752	4 744	4 830	4 913	4 951	Ensemble des personnes
2 626	2 769	2 655	2 527	2 550	2 621	2 605	2 630	2 665	2 702	Hommes
1 984	2 115	2 119	2 067	2 105	2 131	2 139	2 200	2 248	2 249	Femmes
										Chômeurs
233	225	206	193	262	338	342	352	334	248	Ensemble des personnes
90	87	76	92	125	167	170	172	164	108	Hommes
143	138	129	102	138	171	172	180	170	140	Femmes
										Population active civile occupée
4 377	4 658	4 568	4 400	4 393	4 425	4 404	4 477	4 579	4 703	Ensemble des personnes
2 536	2 681	2 579	2 435	2 426	2 461	2 436	2 457	2 501	2 594	Hommes
1 841	1 977	1 989	1 965	1 967	1 964	1 968	2 020	2 078	2 109	Femmes
										Population active civile occupée (%)
100.0	100.0	100.0	100.0	100.0	100.0	100.0	100.0	100.0	100.0	Ensemble des personnes
57.9	57.6	56.5	55.3	55.2	55.6	55.3	54.9	54.6	55.2	Hommes
42.1	42.4	43.5	44.7	44.8	44.4	44.7	45.1	45.4	44.8	Femmes
										Taux de chômage (% de la population active civile)
5.1	4.6	4.3	4.2	5.6	7.1	7.2	7.3	6.8	5.0	Ensemble des personnes
3.4	3.1	2.9	3.6	4.9	6.4	6.5	6.5	6.2	4.0	Hommes
7.2	6.5	6.1	4.9	6.6	8.0	8.0	8.2	7.6	6.2	Femmes
										Population active totale (% de la population totale)
47.1	50.1	48.7	47.3	47.8	48.7	48.4	49.2	49.9	50.0	Ensemble des personnes
56.3	59.5	56.4	54.7	55.0	56.3	55.7	56.2	56.7	56.9	Hommes
38.6	41.3	41.5	40.5	41.1	41.6	41.6	42.8	43.6	43.5	Femmes
										Population active totale (% de la population de 15-64 ans)[1]
71.5	75.5	72.9	70.6	70.9	72.1	71.6	72.6	73.5	73.6	Ensemble des personnes
84.6	88.8	83.5	80.6	80.5	82.3	81.3	81.6	82.2	82.4	Hommes
59.1	62.9	62.8	61.0	61.8	62.4	62.4	64.0	65.1	65.1	Femmes
										Population active civile occupée (% de la population totale)
44.1	47.2	46.3	44.6	44.4	44.7	44.4	45.1	46.0	47.1	Ensemble des personnes
										Emploi à temps partiel (%)[2]
7.1	6.8	7.8	8.8	8.8	9.5	8.6	9.2	10.2	9.9	Temps partiel en % de l'emploi
23.2	26.0	26.9	27.0	27.4	28.7	24.7	27.1	27.4	29.1	Part des hommes dans le temps partiel
76.8	74.0	73.1	73.0	72.6	71.3	75.3	72.9	72.6	70.9	Part des femmes dans le temps partiel
2.8	3.1	3.7	4.2	4.3	4.9	3.8	4.5	5.1	5.2	Temps partiel des hommes en % de l'emploi des hommes
12.9	11.8	13.2	14.6	14.4	15.2	14.5	15.1	16.5	15.8	Temps partiel des femmes en % de l'emploi des femmes
										Durée du chômage (% du chômage total)[3]
0.8	3.2	2.2	35.2	8.5	9.7	7.1	6.4	5.4	7.7	Moins de 1 mois
15.3	14.4	16.3	11.2	23.0	14.0	11.5	11.7	11.8	7.6	Plus de 1 mois et moins de 3 mois
20.6	19.9	23.1	16.2	23.2	19.0	16.3	15.2	16.0	20.1	Plus de 3 mois et moins de 6 mois
17.8	17.6	19.8	6.5	1.8	13.9	14.2	13.6	11.1	19.9	Plus de 6 mois et moins de 1 an
45.6	44.8	38.7	31.0	43.4	43.4	50.9	53.1	55.6	44.6	Plus de 1 an

Avant 1993, les données se réfèrent à la fin de l'année; ensuite à la moyenne annuelle.

(1) Les taux d'activité calculés selon les définitions nationales peuvent être différents de ceux publiés dans ce tableau si le groupe d'âges représenté dans l'enquête de la population active est différent de 15-64 ans.

(2) L'emploi à temps partiel se réfère aux actifs travaillant moins de 30 heures par semaine dans leur emploi principal. Les données incluent uniquement les personnes déclarant des heures habituelles de travail.

(3) Ces pourcentages ne prennent en compte que les personnes pour lesquelles la durée du chômage est connue.

Statistiques de la Population Active
© OCDE, 1999

PORTUGAL

III - CIVILIAN EMPLOYMENT

Thousands (annual average estimates)

	1978	1979	1980	1981	1982	1983	1984	1985	1986	1987	1988
PROFESSIONAL STATUS											
All activities	3 772	3 854	3 940	3 918	3 928	4 128	4 075	4 057	4 064	4 171	4 280
Wage earners and salaried employees	2 447	2 496	2 663	2 652	2 733	2 838	2 752	2 746	2 791	2 830	2 954
Employers and persons working on own account	699	714	1 277	1 266	1 195	1 290	1 323	1 311	1 273	1 341	1 326
Unpaid family workers	626	644									
Agriculture, hunting, forestry and fishing	1 179	1 177	1 074	1 017	991	957	969	969	891	926	885
Wage earners and salaried employees	257	239	224	198	219	206	171	170	154	146	147
Employers and persons working on own account	390	391	850	819	772	751	798	799	737	780	738
Unpaid family workers	532	547									
Non-agricultural activities	2 593	2 677	2 866	2 901	2 937	3 171	3 106	3 088	3 173	3 245	3 395
Wage earners and salaried employees	2 190	2 257	2 439	2 454	2 514	2 632	2 581	2 576	2 637	2 684	2 807
Employers and persons working on own account	309	323	427	447	423	539	525	512	536	561	588
Unpaid family workers	94	97									
All activities (%)	100.0	100.0	100.0	100.0	100.0	100.0	100.0	100.0	100.0	100.0	100.0
Wage earners and salaried employees	64.9	64.8	67.6	67.7	69.6	68.8	67.5	67.7	68.7	67.8	69.0
Others	35.1	35.2									
BREAKDOWN BY ACTIVITIES											
I.S.I.C. Major Divisions											
1 to 0 All activities	3 772	3 854	3 940	3 918	3 928	4 128	4 075	4 057	4 064	4 171	4 280
1 Agriculture, hunting, forestry and fishing	1 179	1 177	1 074	1 017	991	957	969	969	891	926	885
2 Mining and quarrying	21	22	23	21	25				27	27	29
3 Manufacturing	959	982	1 026	1 009					995	1 040	1 074
4 Electricity, gas and water	25	24	19	22	19				32	33	38
5 Construction	310	320	375	398	412				332	354	362
6 Wholesale and retail trade; restaurants and hotels	440	452	464	486	470				599	585	630
7 Transport, storage and communication	160	160	161	151	160				174	168	177
8 Financing, insurance, real estate and business services	73	71	80	89	97				127	132	140
9 Community, social and personal services	601	642	718	725	737				887	906	945
0 Activities not adequately defined	4	4	0	0	0	0	0	0	0	0	0
WAGE EARNERS AND SALARIED EMPLOYEES BY ACTIVITIES											
I.S.I.C. Major Divisions											
1 to 0 All activities	2 447	2 496	2 663	2 652	2 733	2 838	2 752	2 746	2 791	2 830	2 954
1 Agriculture, hunting, forestry and fishing	257	239	244	198	219	206	171	170	154	146	147
2 Mining and quarrying	19	20				18	25	21	24	25	27
3 Manufacturing	845	865				928	870	888	893	931	954
4 Electricity, gas and water	24	24				34	28	27	31	33	37
5 Construction	285	288				312	280	265	262	281	291
6 Wholesale and retail trade; restaurants and hotels	242	246				300	299	303	318	317	344
7 Transport, storage and communication	147	147				162	152	161	158	150	160
8 Financing, insurance, real estate and business services	65	63				103	107	102	109	113	120
9 Community, social and personal services	559	600				775	820	808	842	834	874
0 Activities not adequately defined	4	4									

Prior to 1983, data refer to end of year and annual averages thereafter.

III - POPULATION ACTIVE CIVILE OCCUPÉE

Milliers (estimations de moyennes annuelles)

1989	1990	1991	1992	1993	1994	1995	1996	1997	1998	
										SITUATION DANS LA PROFESSION
										Toutes activités
4 377	4 658	4 568	4 400	4 393	4 425	4 417	4 486	4 589		Salariés
3 058	3 289	3 172	3 270	3 235	3 201	3 186	3 201	3 259		Salariés
1 157	1 213	1 228	1 050	1 074	1 128	1 146	1 210	1 258		Employeurs et personnes travaillant à leur compte
162	156	169	80	83	96	85	75	72		Travailleurs familiaux non rémunérés
										Agriculture, chasse, sylviculture et pêche
829	833	789	498	499	510	502	549	626		Salariés
148	159	129	88	78	76	73	82	85		Salariés
574	573	552	369	374	378	387	429	500		Employeurs et personnes travaillant à leur compte
107	101	108	41	46	56	42	38	41		Travailleurs familiaux non rémunérés
										Activités non agricoles
3 548	3 825	3 779	3 902	3 894	3 915	3 915	3 937	3 963		Salariés
2 910	3 130	3 043	3 182	3 157	3 125	3 113	3 119	3 174		Salariés
583	640	676	681	700	750	759	781	758		Employeurs et personnes travaillant à leur compte
55	55	61	39	37	40	43	37	31		Travailleurs familiaux non rémunérés
										Toutes activités (%)
100.0	100.0	100.0	100.0	100.0	100.0	100.0	100.0	100.0		Salariés
69.9	70.6	69.4	74.3	73.6	72.3	72.1	71.4	71.0		Salariés
30.1	29.4	30.6	25.7	26.3	27.7	27.9	28.6	29.0		Autres
										RÉPARTITION PAR BRANCHES D'ACTIVITÉS
										C.I.T.I. Branches
										1 à 0 Toutes activités
4 377	4 658	4 799	4 400	4 393	4 425	4 403	4 477	4 579	4 703	
829	833	836	497	498	510	497	546	623	640	1 Agriculture, chasse, sylviculture et pêche
20	36	30	23	20	18	18	18	16	16	2 Industries extractives
1 107	1 148	1 147	1 054	1 044	1 049	1 013	995	982	1 130	3 Industries manufacturières
38	42	49	32	30	38	36	31	37	32	4 Électricité, gaz et eau
384	381	388	351	352	346	355	360	408	517	5 Bâtiment et travaux publics
655	723	775	870	853	851	854	883	861	899	6 Commerce de gros et de détail; restaurants et hôtels
180	212	232	213	205	205	191	182	179	178	7 Transports, entrepôts et communications
154	208	217	285	305	313	334	352	350	263	8 Banques, assurances, affaires immobilières et services fournis aux entreprises
1 009	1 073	1 124	1 079	1 089	1 094	1 105	1 110	1 122	1 029	9 Services fournis à la collectivité, services sociaux et services personnels
0	0	0	0	0	0	0	0	0	0	0 Activités mal désignées
										SALARIÉS (OUVRIERS ET EMPLOYÉS) PAR ACTIVITÉS
										C.I.T.I. Branches
										1 à 0 Toutes activités
3 058	3 311	3 360	3 270	3 235	3 201	3 186	3 201	3 259	3 351	
148	159	140	88	78	76	73	82	85	103	1 Agriculture, chasse, sylviculture et pêche
19	31	28	21	19	21	16	16	15	15	2 Industries extractives
972	1 023	1 007	923	906	909	870	854	847	974	3 Industries manufacturières
37	41	48	31	28	44	34	29	36	28	4 Électricité, gaz et eau
306	302	298	256	258	331	254	257	301	381	5 Bâtiment et travaux publics
342	397	429	525	509	500	487	502	517	547	6 Commerce de gros et de détail; restaurants et hôtels
165	189	208	195	185	219	167	161	153	153	7 Transports, entrepôts et communications
135	173	179	237	250	259	260	278	267	208	8 Banques, assurances, affaires immobilières et services fournis aux entreprises
935	994	1 022	995	1 001	842	1 026	1 022	1 038	941	9 Services fournis à la collectivité, services sociaux et services personnels
										0 Activités mal désignées

Avant 1993, les données se réfèrent à la fin de l'année; ensuite à la moyenne annuelle.

Statistiques de la Population Active
© OCDE, 1999

Sources:

1. *Anuario Estadistico de Espana* (Instituto Nacional de Estadistica).
2. *Boletin De Estadistica* (Instituto Nacional de Estadistica, monthly/mensuelle).
3. *Dinamica del Empleo* (Ministerio de Trabajo).
4. *Poblacion Activa Encuesta* (Instituto Nacional de Estadistica, quarterly/trimestrielle).

I. POPULATION

Sources: Data provided directly by the Spanish authorities.

Coverage: *De facto* present in area population (Peninsula, Baleares and Canary islands).

Date of reference: Mid-year and end of year estimates.

Notes: Since 1971, population data referring to the distribution by gender and age-groups include Ceuta and Melilla. From 1981, data are in line with the 1991 census.

II. TOTAL LABOUR FORCE
III. CIVILIAN EMPLOYMENT

Sources: National sources 3, 4 and direct information transmitted by the Spanish authorities.

General remark: Since the 2nd quarter 1980, the Instituto Nacional de Estadistica raised the minimum age of the labour force from 14 to 16 years (about 210 000 persons less than previously).

Data published in Tables II and III are based on the new definitions since 1976.

Corresponding data in the tables of Part I have been adjusted by the Secretariat for all years prior to 1976 to the new definitions. These estimations differ therefore from the corresponding years in the Country Tables.

Method of computation: Data based on the population censuses and the quarterly Labour Force Surveys; the sample size is 240 000 persons.

Coverage: Metropolitan area (continent and islands) of Spain, including Ceuta and Melilla (for some series only since 1980).

Date of reference: Data are averages of quarterly figures.

Notes: Unemployed persons having previously been in the armed forces are not included among the unemployed. As an indication, this population was 1.2 thousands in 1996 and 0.9 thousands in 1995.

I. POPULATION

Sources : Données fournies directement par les autorités espagnoles.

Champ couvert : Population présente *de facto* (Péninsule, Iles Baléares et Iles Canaries).

Date de référence : Estimations au milieu et en fin d'année.

Notes : Depuis 1971, les données relatives à la répartition de la population totale selon l'âge et le genre, incluent Ceuta et Melilla. Depuis 1981, les données sont basées sur le recensement de 1991.

II. POPULATION ACTIVE
III. POPULATION ACTIVE CIVILE OCCUPÉE

Sources : Sources nationales 3, 4 et renseignements fournis directement par les autorités espagnoles.

Remarque générale : Depuis le 2ème trimestre 1980, Instituto Nacional de Estadistica a relevé l'âge minimum de la population active de 14 à 16 ans (environ 210 000 personnes en moins par rapport aux années précédentes).

Les données publiées dans les tableaux II et III sont basées sur les nouvelles définitions depuis 1976.

Les données correspondantes des tableaux généraux 3 à 7 en Partie I ont été ajustées par le Secrétariat selon les nouvelles définitions pour toutes les années antérieures à 1976 ; ces estimations diffèrent donc des années correspondantes dans les tableaux par pays.

Méthode de calcul : Données basées sur les recensements de la population et sur les enquêtes trimestrielles sur la population active ; l'échantillon est de 240 000 personnes.

Champ couvert : Territoire métropolitain de l'Espagne (continent et îles), y compris Ceuta et Melilla (pour quelques séries depuis 1980 seulement).

Date de référence : Les données sont les moyennes des chiffres trimestriels.

Notes : Les chômeurs ayant travaillé comme militaires ne sont pas comptabilisés comme chômeurs. A titre d'indication, cette population était de 1.2 millier en 1996 et de 0.9 millier en 1995.

Statistiques de la Population Active OECD
© OCDE, 1999 OCDE

SPAIN

I - POPULATION

Thousands (mid-year estimates)

	1978	1979	1980	1981	1982	1983	1984	1985	1986	1987	1988
POPULATION - DISTRIBUTION BY AGE AND GENDER											
All persons											
Total	36 778	37 108	37 386	37 741	37 944	38 123	38 279	38 419	38 537	38 632	38 717
Under 15 years	9 779	9 737	9 678	9 603	9 455	9 293	9 116	8 927	8 720	8 492	8 250
From 15 to 64 years	23 074	23 375	23 651	23 866	24 133	24 392	24 637	24 865	25 076	25 273	25 466
65 years and over	3 925	3 996	4 058	4 273	4 355	4 438	4 527	4 628	4 741	4 866	5 002
Males											
Total	18 048	18 206	18 346	18 520	18 622	18 710	18 785	18 851	18 905	18 947	18 982
Under 15 years	5 023	4 990	4 959	4 940	4 866	4 783	4 691	4 593	4 484	4 365	4 237
From 15 to 64 years	11 418	11 585	11 736	11 842	11 988	12 129	12 261	12 384	12 497	12 601	12 703
65 years and over	1 607	1 631	1 652	1 738	1 767	1 797	1 832	1 875	1 924	1 980	2 042
Females											
Total	18 729	18 901	19 040	19 221	19 322	19 414	19 495	19 568	19 632	19 685	19 735
Under 15 years	4 755	4 747	4 720	4 662	4 589	4 510	4 425	4 334	4 236	4 128	4 012
From 15 to 64 years	11 654	11 790	11 914	12 024	12 145	12 263	12 375	12 481	12 579	12 672	12 763
65 years and over	2 320	2 365	2 406	2 535	2 588	2 640	2 695	2 753	2 817	2 885	2 959
POPULATION - PERCENTAGES											
All persons											
Total	100.0	100.0	100.0	100.0	100.0	100.0	100.0	100.0	100.0	100.0	100.0
Under 15 years	26.6	26.2	25.9	25.4	24.9	24.4	23.8	23.2	22.6	22.0	21.3
From 15 to 64 years	62.7	63.0	63.3	63.2	63.6	64.0	64.4	64.7	65.1	65.4	65.8
65 years and over	10.7	10.8	10.9	11.3	11.5	11.6	11.8	12.0	12.3	12.6	12.9
COMPONENTS OF CHANGE IN POPULATION											
a) Population at 1 January	36 573	36 942	37 243	37 521	37 856	38 067	38 268	38 428	38 586	38 692	38 766
b) Population at 31 December	36 942	37 243	37 521	37 856	38 067	38 268	38 428	38 586	38 692	38 766	38 852
c) Total increase (b-a)	369	301	278	335	211	201	160	158	106	74	86
d) Births	637	602	565	533	510	476	473	456	439	427	419
e) Deaths	297	291	288	293	282	295	299	313	310	310	319
f) Natural increase (d-e)	340	311	277	240	228	181	174	143	128	117	100
g) Net migration	29	-10	1	89	-17	20	-14	15	-22	-43	-13
h) Statistical adjustments	0	0	0	0	0	0	0	0	0	0	0
i) Total increase (=f+g+h=c)	369	301	278	329	211	201	160	158	106	74	87
(Components of change in population/ Average population) x1000											
Total increase rates	10.0	8.1	7.4	8.7	5.6	5.3	4.2	4.1	2.8	1.9	2.2
Crude birth rates	17.3	16.2	15.1	14.1	13.4	12.5	12.3	11.8	11.4	11.0	10.8
Crude death rates	8.1	7.8	7.7	7.8	7.4	7.7	7.8	8.1	8.0	8.0	8.2
Natural increase rates	9.2	8.4	7.4	6.4	6.0	4.7	4.5	3.7	3.3	3.0	2.6
Net migration rates	0.8	-0.3	0.0	2.4	-0.4	0.5	-0.4	0.4	-0.6	-1.1	-0.3

I - POPULATION

Milliers (estimations au milieu de l'année)

	1989	1990	1991	1992	1993	1994	1995	1996	1997	1998	
											POPULATION - RÉPARTITION SELON L'AGE ET LE SEXE
											Ensemble des personnes
	38 792	38 851	38 920	39 008	39 086	39 150	39 210	39 270	39 324	39 371	Total
	7 991	7 715	7 442	7 187	6 946	6 719	6 519	6 351	6 209	6 088	Moins de 15 ans
	25 659	25 849	26 049	26 254	26 435	26 585	26 703	26 788	26 844	26 879	De 15 à 64 ans
	5 143	5 288	5 429	5 566	5 705	5 846	5 988	6 131	6 271	6 404	65 ans et plus
											Hommes
	19 012	19 032	19 060	19 102	19 138	19 165	19 191	19 214	19 237	19 252	Total
	4 101	3 957	3 816	3 688	3 566	3 451	3 349	3 265	3 194	3 133	Moins de 15 ans
	12 804	12 902	13 007	13 115	13 210	13 290	13 353	13 398	13 431	13 449	De 15 à 64 ans
	2 107	2 173	2 237	2 300	2 362	2 425	2 488	2 551	2 612	2 670	65 ans et plus
											Femmes
	19 780	19 820	19 860	19 906	19 948	19 984	20 019	20 055	20 089	20 118	Total
	3 889	3 758	3 626	3 500	3 381	3 268	3 169	3 086	3 015	2 955	Moins de 15 ans
	12 855	12 946	13 043	13 140	13 225	13 295	13 350	13 389	13 415	13 428	De 15 à 64 ans
	3 036	3 115	3 191	3 266	3 343	3 421	3 500	3 580	3 659	3 735	65 ans et plus
											POPULATION - POURCENTAGES
											Ensemble des personnes
	100.0	100.0	100.0	100.0	100.0	100.0	100.0	100.0	100.0	100.0	Total
	20.6	19.9	19.1	18.4	17.8	17.2	16.6	16.2	15.8	15.5	Moins de 15 ans
	66.1	66.5	66.9	67.3	67.6	67.9	68.1	68.2	68.3	68.3	De 15 à 64 ans
	13.3	13.6	13.9	14.3	14.6	14.9	15.3	15.6	15.9	16.3	65 ans et plus
											COMPOSANTES DE L'ÉVOLUTION DÉMOGRAPHIQUE
	38 852	38 915	38 875	38 965	39 050	39 124	39 177	39 242	39 299	39 371	a) Population au 1er janvier
	38 915	38 875	38 965	39 050	39 124	39 177	39 242	39 299	39 371		b) Population au 31 décembre
	63	-40	90	85	74	53	65	57	72		**c) Accroissement total (b-a)**
	408	401	396	397	381	361	363	362	362	362	d) Naissances
	325	333	338	332	339	337	346	351	348	358	e) Décès
	83	68	58	65	42	24	17	11	14	4	**f) Accroissement naturel (d-e)**
	-20		32	20	32	29	48	47			g) Solde net des migrations
	0		0	0	0	0	0	0			h) Ajustements statistiques
	63		90	85	74	53	65	58			**i) Accroissement total (=f+g+h=c)**
											(Composition de l'évolution démographique/ Population moyenne) x1000
	1.6		2.3	2.2	1.9	1.4	1.7	1.5			Taux d'accroissement total
	10.5	10.3	10.2	10.2	9.7	9.2	9.3	9.2	9.2		Taux bruts de natalité
	8.4	8.6	8.7	8.5	8.7	8.6	8.8	8.9	8.8		Taux bruts de mortalité
	2.1	1.7	1.5	1.7	1.1	0.6	0.4	0.3	0.3		Taux d'accroissement naturel
	-0.5		0.8	0.5	0.8	0.7	1.2	1.2			Taux du solde net des migrations

SPAIN

II - LABOUR FORCE

Thousands (annual average estimates)

	1978	1979	1980	1981	1982	1983	1984	1985	1986	1987	1988
Total labour force											
All persons	13 454	13 478	13 497	13 542	13 686	13 841	13 904	13 976	14 179	14 675	14 972
Males	9 644	9 630	9 661	9 709	9 736	9 758	9 791	9 802	9 851	9 898	9 915
Females	3 810	3 848	3 837	3 833	3 949	4 082	4 114	4 174	4 328	4 777	5 057
Armed forces											
All persons	446	447	452	463	458	443	418	390	361	343	339
Males	446	447	452	463	458	443	418	390	361	343	339
Females											
Civilian labour force											
All persons	13 008	13 030	13 046	13 079	13 228	13 398	13 486	13 586	13 819	14 332	14 633
Males	9 198	9 182	9 209	9 246	9 279	9 315	9 373	9 412	9 491	9 555	9 576
Females	3 810	3 848	3 837	3 833	3 949	4 082	4 114	4 174	4 328	4 777	5 057
Unemployed											
All persons	913	1 129	1 495	1 862	2 130	2 351	2 739	2 949	2 944	2 949	2 853
Males	611	759	1 009	1 256	1 399	1 521	1 800	1 914	1 860	1 649	1 468
Females	301	370	487	607	731	830	939	1 035	1 084	1 300	1 385
Civilian employment											
All persons	12 095	11 902	11 551	11 216	11 098	11 047	10 748	10 637	10 875	11 383	11 780
Males	8 587	8 423	8 200	7 990	7 880	7 794	7 573	7 498	7 631	7 906	8 109
Females	3 509	3 478	3 350	3 226	3 218	3 253	3 175	3 139	3 244	3 477	3 671
Civilian employment (%)											
All persons	100.0	100.0	100.0	100.0	100.0	100.0	100.0	100.0	100.0	100.0	100.0
Males	71.0	70.8	71.0	71.2	71.0	70.6	70.5	70.5	70.2	69.5	68.8
Females	29.0	29.2	29.0	28.8	29.0	29.4	29.5	29.5	29.8	30.5	31.2
Unemployment rates (% of civilian labour force)											
All persons	7.0	8.7	11.5	14.2	16.1	17.5	20.3	21.7	21.3	20.6	19.5
Males	6.6	8.3	11.0	13.6	15.1	16.3	19.2	20.3	19.6	17.3	15.3
Females	7.9	9.6	12.7	15.8	18.5	20.3	22.8	24.8	25.0	27.2	27.4
Total labour force (% of total population)											
All persons	36.6	36.3	36.1	35.9	36.1	36.3	36.3	36.4	36.8	38.0	38.7
Males	53.4	52.9	52.7	52.4	52.3	52.2	52.1	52.0	52.1	52.2	52.2
Females	20.3	20.4	20.2	19.9	20.4	21.0	21.1	21.3	22.0	24.3	25.6
Total labour force (% of population from 15-64 years)[1]											
All persons	58.3	57.7	57.1	56.7	56.7	56.7	56.4	56.2	56.5	58.1	58.8
Males	84.5	83.1	82.3	82.0	81.2	80.5	79.9	79.2	78.8	78.5	78.1
Females	32.7	32.6	32.2	31.9	32.5	33.3	33.2	33.4	34.4	37.7	39.6
Civilian employment (% of total population)											
All persons	32.9	32.1	30.9	29.7	29.2	29.0	28.1	27.7	28.2	29.5	30.4
Part-time employment (%)[2]											
Part-time as % of employment										4.9	5.0
Male share of part-time employment										26.9	25.2
Female share of part-time employment										73.1	74.8
Male part-time as % of male employment										1.9	1.8
Female part-time as % of female employment										12.1	12.1
Duration of unemployment (% of total unemployment)[3]											
Less than 1 month	7.0	5.1	4.2	3.4	2.6	2.6	2.3	2.5	2.4	1.1	1.0
More than 1 month and less than 3 months	21.0	19.6	17.7	14.9	12.6	11.8	11.5	10.5	10.9	12.1	12.8
More than 3 months and less than 6 months	21.2	21.1	19.6	17.0	14.6	12.9	13.2	12.1	11.9	11.2	11.2
More than 6 months and less than 1 year	25.3	24.8	25.6	24.5	21.7	20.4	19.4	18.2	17.2	13.7	13.6
More than 1 year	25.5	29.5	32.8	40.2	48.5	52.3	53.7	56.7	57.6	62.0	61.5

(1) Participation rates calculated according to national definitions may differ from those published in this table, when the age group represented in the labour force survey is other than 15-64 years.

(2) Part-time employment refers to persons who work less than 30 hours per week in their main job. Data include only persons declaring usual hours worked.

(3) These percentages only take into account those persons for whom the duration of unemployment is known.

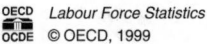

II - POPULATION ACTIVE

Milliers (estimations de moyennes annuelles)

1989	1990	1991	1992	1993	1994	1995	1996	1997	1998	
										Population active totale
15 160	15 333	15 382	15 432	15 564	15 701	15 849	16 159	16 333	16 441	Ensemble des personnes
9 995	9 998	9 974	9 881	9 873	9 836	9 827	9 975	10 021	10 019	Hommes
5 165	5 335	5 408	5 551	5 692	5 864	6 022	6 184	6 313	6 422	Femmes
										Forces armées
337	312	309	283	256	200	214	223	213	185	Ensemble des personnes
337	312	309	283	256	200	213	222	213	184	Hommes
						1	1	0	1	Femmes
										Population active civile
14 822	15 021	15 074	15 150	15 308	15 501	15 636	15 936	16 120	16 256	Ensemble des personnes
9 657	9 686	9 666	9 599	9 617	9 637	9 614	9 753	9 808	9 835	Hommes
5 165	5 335	5 408	5 551	5 691	5 864	6 021	6 183	6 312	6 421	Femmes
										Chômeurs
2 563	2 443	2 466	2 791	3 483	3 741	3 587	3 543	3 359	3 063	Ensemble des personnes
1 264	1 167	1 193	1 385	1 837	1 914	1 756	1 725	1 583	1 366	Hommes
1 299	1 276	1 273	1 405	1 646	1 827	1 831	1 817	1 776	1 697	Femmes
										Population active civile occupée
12 260	12 578	12 608	12 359	11 826	11 760	12 049	12 394	12 761	13 193	Ensemble des personnes
8 394	8 519	8 473	8 213	7 780	7 724	7 859	8 027	8 225	8 469	Hommes
3 866	4 059	4 135	4 146	4 045	4 036	4 191	4 366	4 536	4 724	Femmes
										Population active civile occupée (%)
100.0	100.0	100.0	100.0	100.0	100.0	100.0	100.0	100.0	100.0	Ensemble des personnes
68.5	67.7	67.2	66.5	65.8	65.7	65.2	64.8	64.5	64.2	Hommes
31.5	32.3	32.8	33.5	34.2	34.3	34.8	35.2	35.5	35.8	Femmes
										Taux de chômage (% de la population active civile)
17.3	16.3	16.4	18.4	22.8	24.1	22.9	22.2	20.8	18.8	Ensemble des personnes
13.1	12.0	12.3	14.4	19.1	19.9	18.3	17.7	16.1	13.9	Hommes
25.2	23.9	23.5	25.3	28.9	31.2	30.4	29.4	28.1	26.4	Femmes
										Population active totale (% de la population totale)
39.1	39.5	39.5	39.6	39.8	40.1	40.4	41.1	41.5	41.8	Ensemble des personnes
52.6	52.5	52.3	51.7	51.6	51.3	51.2	51.9	52.1	52.0	Hommes
26.1	26.9	27.2	27.9	28.5	29.3	30.1	30.8	31.4	31.9	Femmes
										Population active totale (% de la population de 15-64 ans)[1]
59.1	59.3	59.1	58.8	58.9	59.1	59.4	60.3	60.8	61.2	Ensemble des personnes
78.1	77.5	76.7	75.3	74.7	74.0	73.6	74.4	74.6	74.5	Hommes
40.2	41.2	41.5	42.2	43.0	44.1	45.1	46.2	47.1	47.8	Femmes
										Population active civile occupée (% de la population totale)
31.6	32.4	32.4	31.7	30.3	30.0	30.7	31.6	32.5	33.5	Ensemble des personnes
										Emploi à temps partiel (%)[2]
4.5	4.6	4.4	5.4	6.1	6.5	7.1	7.5	7.9	7.7	Temps partiel en % de l'emploi
22.1	20.5	21.4	21.7	23.3	24.5	22.9	24.9	25.2	24.1	Part des hommes dans le temps partiel
77.9	79.5	78.6	78.3	76.7	75.5	77.1	75.1	74.8	75.9	Part des femmes dans le temps partiel
1.4	1.4	1.4	1.7	2.1	2.4	2.5	2.9	3.1	2.9	Temps partiel des hommes en % de l'emploi des hommes
11.1	11.5	10.7	12.8	13.9	14.4	15.9	16.2	16.8	16.6	Temps partiel des femmes en % de l'emploi des femmes
										Durée du chômage (% du chômage total)[3]
1.5	1.8	2.4	4.2	3.5	3.2	3.3	3.6	3.8	3.9	Moins de 1 mois
14.1	15.1	15.4	14.1	12.1	11.0	11.6	11.4	11.6	12.6	Plus de 1 mois et moins de 3 mois
11.7	12.9	13.9	15.6	14.7	12.4	12.3	12.9	12.8	13.1	Plus de 3 mois et moins de 6 mois
14.3	16.2	17.3	18.7	19.6	17.2	15.8	16.5	16.3	16.2	Plus de 6 mois et moins de 1 an
58.5	54.0	51.1	47.4	50.1	56.1	56.9	55.7	55.5	54.1	Plus de 1 an

(1) Les taux d'activité calculés selon les définitions nationales peuvent être différents de ceux publiés dans ce tableau si le groupe d'âges représenté dans l'enquête de la population active est différent de 15-64 ans.

(2) L'emploi à temps partiel se réfère aux actifs travaillant moins de 30 heures par semaine dans leur emploi principal. Les données incluent uniquement les personnes déclarant des heures habituelles de travail.

(3) Ces pourcentages ne prennent en compte que les personnes pour lesquelles la durée du chômage est connue.

Statistiques de la Population Active OECD OCDE
© OCDE, 1999

SPAIN

III - CIVILIAN EMPLOYMENT

Thousands (annual average estimates)

	1978	1979	1980	1981	1982	1983	1984	1985	1986	1987	1988
PROFESSIONAL STATUS											
All activities	12 096	11 902	11 551	11 216	11 098	11 047	10 748	10 637	10 875	11 383	11 780
Wage earners and salaried employees	8 418	8 255	7 986	7 730	7 676	7 598	7 275	7 265	7 608	7 946	8 320
Employers and persons working on own account	2 592	2 590	2 554	2 491	2 453	2 495	2 530	2 484	2 452	2 624	2 627
Unpaid family workers	1 086	1 057	1 010	995	969	954	943	887	815	813	833
Agriculture, hunting, forestry and fishing	2 510	2 380	2 228	2 108	2 061	2 068	1 988	1 950	1 758	1 723	1 695
Wage earners and salaried employees	731	674	620	585	585	584	535	576	547	539	542
Employers and persons working on own account	1 128	1 091	1 038	989	961	971	958	912	821	816	797
Unpaid family workers	651	615	570	533	515	513	495	462	389	368	356
Non-agricultural activities	9 586	9 522	9 323	9 108	9 037	8 979	8 760	8 687	9 117	9 660	10 085
Wage earners and salaried employees	7 687	7 581	7 366	7 145	7 091	7 014	6 740	6 689	7 061	7 407	7 778
Employers and persons working on own account	1 464	1 499	1 516	1 502	1 492	1 524	1 572	1 572	1 631	1 808	1 830
Unpaid family workers	435	442	440	462	454	441	448	425	426	445	477
All activities (%)	100.0	100.0	100.0	100.0	100.0	100.0	100.0	100.0	100.0	100.0	100.0
Wage earners and salaried employees	69.6	69.4	69.1	68.9	69.2	68.8	67.7	68.3	70.0	69.8	70.6
Others	30.4	30.6	30.9	31.1	30.8	31.2	32.3	31.7	30.0	30.2	29.4
BREAKDOWN BY ACTIVITIES											
I.S.I.C. Major Divisions											
1 to 0 All activities	12 096	11 902	11 551	11 216	11 098	11 047	10 748	10 637	10 875	11 383	11 780
1 Agriculture, hunting, forestry and fishing	2 510	2 380	2 228	2 108	2 061	2 068	1 988	1 950	1 758	1 723	1 695
2 Mining and quarrying	101	97	92	94	95	90	92	91	88	81	81
3 Manufacturing	3 131	3 062	2 946	2 807	2 644	2 582	2 517	2 422	2 469	2 594	2 644
4 Electricity, gas and water	85	80	82	86	86	88	83	85	83	77	82
5 Construction	1 172	1 113	1 042	970	960	940	821	779	834	929	1 022
6 Wholesale and retail trade; restaurants and hotels	2 057	2 057	2 025	2 022	2 011	1 976	1 960	1 966	2 087	2 272	2 375
7 Transport, storage and communication	627	651	668	650	652	623	611	615	631	643	649
8 Financing, insurance, real estate and business services	395	397	398	400	423	434	424	445	491	542	591
9 Community, social and personal services	2 018	2 065	2 070	2 079	2 166	2 246	2 252	2 263	2 415	2 521	2 642
0 Activities not adequately defined								20	18	0	0
WAGE EARNERS AND SALARIED EMPLOYEES BY ACTIVITIES											
I.S.I.C. Major Divisions											
1 to 0 All activities	8 418	8 255	7 986	7 730	7 676	7 598	7 275	7 265	7 608	7 946	8 320
1 Agriculture, hunting, forestry and fishing	731	674	620	585	585	584	535	576	547	539	542
2 Mining and quarrying	98	94	89	91	91	86	87	87	86	78	79
3 Manufacturing	2 788	2 741	2 624	2 494	2 354	2 276	2 195	2 120	2 166	2 254	2 301
4 Electricity, gas and water	84	80	82	85	85	87	82	84	83	76	81
5 Construction	990	919	851	774	764	728	603	554	612	696	775
6 Wholesale and retail trade; restaurants and hotels	1 096	1 070	1 038	1 010	1 011	992	961	958	1 033	1 140	1 238
7 Transport, storage and communication	491	500	509	500	501	482	450	467	476	457	463
8 Financing, insurance, real estate and business services	349	352	346	347	369	376	368	389	423	456	500
9 Community, social and personal services	1 790	1 826	1 828	1 845	1 916	1 989	1 995	2 031	2 183	2 250	2 342
0 Activities not adequately defined											

III - POPULATION ACTIVE CIVILE OCCUPÉE

Milliers (estimations de moyennes annuelles)

1989	1990	1991	1992	1993	1994	1995	1996	1997	1998	
										SITUATION DANS LA PROFESSION
12 260	12 578	12 608	12 359	11 826	11 760	11 996	12 394	12 761	13 193	**Toutes activités**
8 843	9 234	9 332	9 030	8 634	8 620	8 917	9 249	9 673	10 114	Salariés
2 646	2 620	2 596	2 640	2 591	2 577	2 613	2 651	2 647	2 656	Employeurs et personnes travaillant à leur compte
771	724	680	690	601	558	465	444	392	380	Travailleurs familiaux non rémunérés
1 598	1 486	1 345	1 253	1 198	1 151	1 105	1 077	1 068	1 061	**Agriculture, chasse, sylviculture et pêche**
488	472	465	401	372	365	358	355	398	404	Salariés
772	719	640	622	609	594	575	558	528	521	Employeurs et personnes travaillant à leur compte
338	295	241	230	217	193	172	161	141	135	Travailleurs familiaux non rémunérés
10 662	11 092	11 263	11 106	10 628	10 609	10 891	11 317	11 694	12 132	**Activités non agricoles**
8 355	8 762	8 867	8 629	8 262	8 255	8 559	8 893	9 276	9 709	Salariés
1 874	1 901	1 956	2 018	1 982	1 983	2 038	2 093	2 119	2 136	Employeurs et personnes travaillant à leur compte
433	429	439	460	384	365	293	283	251	245	Travailleurs familiaux non rémunérés
100.0	100.0	100.0	100.0	100.0	100.0	100.0	100.0	100.0	100.0	**Toutes activités (%)**
72.1	73.4	74.0	73.1	73.0	73.3	74.3	74.6	75.8	76.7	Salariés
27.9	26.6	26.0	26.9	27.0	26.7	25.7	25.0	23.8	23.0	Autres
										RÉPARTITION PAR BRANCHES D'ACTIVITÉS
										C.I.T.I. Branches
12 260	12 578	12 608	12 359	11 826	11 760	12 049	12 394	12 761	13 193	**1 à 0 Toutes activités**
1 598	1 486	1 345	1 253	1 198	1 151	1 107	1 077	1 068	1 061	1 Agriculture, chasse, sylviculture et pêche
77	78	76	67	58	56	65	74	67	60	2 Industries extractives
2 738	2 809	2 730	2 662	2 404	2 333	2 327	2 337	2 432	2 564	3 Industries manufacturières
85	94	87	77	80	87	95	90	82	85	4 Électricité, gaz et eau
1 135	1 222	1 275	1 197	1 090	1 060	1 136	1 177	1 244	1 308	5 Bâtiment et travaux publics
2 467	2 547	2 599	2 545	2 485	2 533	2 584	2 624	2 695	2 764	6 Commerce de gros et de détail; restaurants et hôtels
711	728	728	729	700	692	737	751	767	784	7 Transports, entrepôts et communications
640	679	734	742	767	758	794	870	911	966	8 Banques, assurances, affaires immobilières et services fournis aux entreprises
2 809	2 937	3 034	3 087	3 044	3 092	3 205	3 394	3 496	3 601	9 Services fournis à la collectivité, services sociaux et services personnels
0	0	0	0	0	0	0	0	0	0	0 Activités mal désignées
										SALARIÉS (OUVRIERS ET EMPLOYÉS) PAR ACTIVITÉS
										C.I.T.I. Branches
8 843	9 234	9 332	9 030	8 634	8 620	8 917	9 249	9 673	10 114	**1 à 0 Toutes activités**
488	472	465	401	372	365	358	355	398	404	1 Agriculture, chasse, sylviculture et pêche
75	75	72	65	57	53	62	70	64	57	2 Industries extractives
2 396	2 463	2 386	2 283	2 063	1 973	1 974	1 996	2 103	2 234	3 Industries manufacturières
85	93	86	76	79	86	94	89	82	84	4 Électricité, gaz et eau
891	964	995	907	810	788	859	882	938	1 016	5 Bâtiment et travaux publics
1 351	1 432	1 466	1 434	1 425	1 476	1 542	1 588	1 678	1 743	6 Commerce de gros et de détail; restaurants et hôtels
514	540	542	529	509	505	536	546	566	575	7 Transports, entrepôts et communications
540	567	610	605	618	602	623	678	702	750	8 Banques, assurances, affaires immobilières et services fournis aux entreprises
2 504	2 629	2 710	2 731	2 702	2 773	2 869	3 044	3 145	3 250	9 Services fournis à la collectivité, services sociaux et services personnels
										0 Activités mal désignées

Statistiques de la Population Active OECD
© OCDE, 1999 OCDE

Sources:

1. *Statistisk Arsbok for Sverige* (Statistiska Centralbyran)
2. *Allman, Manadsstatistik* (Statistiska Centralbyran).
3. *Arbetsmarknadsstatistik* (Arbetsmarknadsstyrelsen).

I. POPULATION

Sources: National sources 1, 2 and answers to the annual questionnaire sent out by the Directorate for Education, Employment, Labour and Social Affairs of the OECD.

Coverage: Resident population (*de jure*).

Method of computation: Mid-year for all years except 1990 to 1995, which are end-of-year estimates.

II. TOTAL LABOUR FORCE
III. CIVILIAN EMPLOYMENT

General remark: Figures for Total Labour Force exclude conscripts but include certain permanent military personnel included in the Civilian Employment.

Sources: National source 3 and answers to the annual questionnaire sent out by the Directorate for Education, Employment, Labour and Social Affairs of the OECD.

Date of reference: Averages of the monthly labour force survey data.

Notes: Data previous to 1986 represent all persons aged 16 to 74 years; since 1986, they represent all persons aged 16 to 64 years.

Data since 1987: All labour force series are not strictly comparable with data for previous years.

In 1993, certain changes in survey definitions, especially as to unemployment, were introduced.

I. POPULATION

Sources : Sources nationales 1, 2 et réponses au questionnaire annuel de la Direction de l'education, de l'emploi, de la main-d'oeuvre et des affaires sociales de l'OCDE.

Champ couvert : Population résidante (*de jure*).

Méthode de calcul : Estimations au milieu d'année sauf pour les années 1990 à 1995, pour lesquelles les données sont en estimations de fin d'année.

II. POPULATION ACTIVE
III. POPULATION ACTIVE CIVILE OCCUPÉE

Remarque générale : Les chiffres de la population active excluent les conscrits mais incluent certains membres permanents du personnel militaire inclus dans la population active civile occupée.

Sources : Source nationale 3 et réponses au questionnaire annuel de la Direction de l'education, de l'emploi, de la main-d'oeuvre et des affaires sociales de l'OCDE.

Période de référence : Moyenne des données mensuelles des enquêtes sur la population active.

Notes : Les données antérieures à 1986 se réfèrent aux personnes de 16 à 74 ans ; depuis 1986 elles représentent les personnes de 16 à 64 ans.

Données depuis 1987 : Toutes les séries relatives à la population active ne sont pas strictement comparables avec les données des années antérieures.

En 1993, certains changements de l'enquête sur l'emploi surtout relatifs au chômage ont été introduits.

SWEDEN

I - POPULATION

Thousands (mid-year estimates)

	1978	1979	1980	1981	1982	1983	1984	1985	1986	1987	1988
POPULATION - DISTRIBUTION BY AGE AND GENDER[1]											
All persons											
Total	8 275	8 294	8 311	8 320	8 325	8 329	8 337	8 350	8 370	8 398	8 436
Under 15 years	1 677	1 655	1 629	1 601	1 571	1 545	1 528	1 517	1 508	1 502	1 504
From 15 to 64 years	5 286	5 305	5 328	5 350	5 368	5 381	5 392	5 394	5 396	5 411	5 433
65 years and over	1 312	1 334	1 354	1 370	1 386	1 403	1 417	1 439	1 466	1 485	1 499
Males											
Total	4 107	4 113	4 118	4 119	4 118	4 117	4 119	4 124	4 132	4 145	4 164
Under 15 years	860	848	835	820	804	791	783	777	773	770	771
From 15 to 64 years	2 674	2 683	2 695	2 706	2 714	2 721	2 727	2 729	2 731	2 740	2 753
65 years and over	573	582	588	594	599	604	609	618	628	635	640
Females											
Total	4 168	4 181	4 193	4 201	4 207	4 212	4 218	4 227	4 238	4 253	4 272
Under 15 years	817	807	794	781	767	754	745	740	735	732	733
From 15 to 64 years	2 612	2 622	2 633	2 644	2 653	2 660	2 665	2 665	2 665	2 671	2 680
65 years and over	739	752	766	776	787	798	808	822	838	850	859
POPULATION - PERCENTAGES											
All persons											
Total	100.0	100.0	100.0	100.0	100.0	100.0	100.0	100.0	100.0	100.0	100.0
Under 15 years	20.3	20.0	19.6	19.2	18.9	18.5	18.3	18.2	18.0	17.9	17.8
From 15 to 64 years	63.9	64.0	64.1	64.3	64.5	64.6	64.7	64.6	64.5	64.4	64.4
65 years and over	15.9	16.1	16.3	16.5	16.6	16.8	17.0	17.2	17.5	17.7	17.8
COMPONENTS OF CHANGE IN POPULATION											
a) Population at 1 January	8 267	8 284	8 303	8 318	8 332	8 327	8 331	8 343	8 358	8 382	8 414
b) Population at 31 December	8 284	8 303	8 318	8 332	8 327	8 331	8 343	8 358	8 382	8 414	8 459
c) Total increase (b-a)	17	19	15	14	-5	4	12	15	24	32	45
d) Births	93	96	97	94	93	92	94	98	102	105	112
e) Deaths	90	91	92	92	91	91	90	94	93	93	97
f) Natural increase (d-e)	3	5	5	2	2	1	4	4	9	12	15
g) Net migration	14	14	10	10	-7	2	9	11	15	20	30
h) Statistical adjustments	0	0	0	2	0	1	-1	0	0	0	0
i) Total increase (=f+g+h=c)	17	19	15	14	-5	4	12	15	24	32	45
(Components of change in population/ Average population) x1000											
Total increase rates	2.1	2.3	1.8	1.7	-0.6	0.5	1.4	1.8	2.9	3.8	5.3
Crude birth rates	11.2	11.6	11.7	11.3	11.2	11.0	11.3	11.7	12.2	12.5	13.3
Crude death rates	10.9	11.0	11.1	11.1	10.9	10.9	10.8	11.3	11.1	11.1	11.5
Natural increase rates	0.4	0.6	0.6	0.2	0.2	0.1	0.5	0.5	1.1	1.4	1.8
Net migration rates	1.7	1.7	1.2	1.2	-0.8	0.2	1.1	1.3	1.8	2.4	3.6

(1)   From 1990 to 1995, data refer to the end of the year.

I - POPULATION

Milliers (estimations au milieu de l'année)

	1989	1990	1991	1992	1993	1994	1995	1996	1997	1998	
											POPULATION - RÉPARTITION SELON L'AGE ET LE SEXE[1]
											Ensemble des personnes
	8 493	8 590	8 644	8 692	8 745	8 816	8 836	8 841	8 846	8 851	Total
	1 515	1 548	1 577	1 606	1 636	1 780	1 758	1 663	1 658	1 651	Moins de 15 ans
	5 464	5 516	5 535	5 551	5 573	5 496	5 523	5 634	5 645	5 660	De 15 à 64 ans
	1 514	1 526	1 532	1 534	1 536	1 540	1 555	1 543	1 543	1 540	65 ans et plus
											Hommes
	4 194	4 244	4 271	4 295	4 321	4 356	4 366	4 368	4 371	4 374	Total
	777	794	809	824	839	912	910	854	851	848	Moins de 15 ans
	2 773	2 800	2 810	2 819	2 831	2 792	2 805	2 862	2 868	2 875	De 15 à 64 ans
	644	650	651	651	651	652	652	653	652	651	65 ans et plus
											Femmes
	4 299	4 347	4 373	4 397	4 424	4 460	4 471	4 473	4 475	4 477	Total
	738	754	768	782	797	867	848	810	807	804	Moins de 15 ans
	2 691	2 716	2 724	2 732	2 742	2 705	2 718	2 773	2 778	2 785	De 15 à 64 ans
	870	877	881	883	885	888	903	891	891	889	65 ans et plus
											POPULATION - POURCENTAGES
											Ensemble des personnes
	100.0	100.0	100.0	100.0	100.0	100.0	100.0	100.0	100.0	100.0	Total
	17.8	18.0	18.2	18.5	18.7	20.2	19.9	18.8	18.7	18.7	Moins de 15 ans
	64.3	64.2	64.0	63.9	63.7	62.3	62.5	63.7	63.8	63.9	De 15 à 64 ans
	17.8	17.8	17.7	17.6	17.6	17.5	17.6	17.5	17.4	17.4	65 ans et plus
											COMPOSANTES DE L'ÉVOLUTION DÉMOGRAPHIQUE
	8 459	8 527	8 591	8 644	8 692	8 745	8 816	8 837	8 844	8 848	a) Population au 1er janvier
	8 527	8 591	8 644	8 692	8 745	8 816	8 837	8 844	8 848	8 854	b) Population au 31 décembre
	68	64	53	48	53	71	21	7	4	6	**c) Accroissement total (b-a)**
	116	124	124	123	118	112	103	95	90	89	d) Naissances
	92	95	95	95	97	92	94	94	93	93	e) Décès
	24	29	29	28	21	20	9	1	-3	-4	**f) Accroissement naturel (d-e)**
	44	35	24	20	32	51	11	6	6	11	g) Solde net des migrations
	0	0	0	0	0	0	0	0	0	0	h) Ajustements statistiques
	68	64	53	48	53	71	20	7	3	7	**i) Accroissement total (=f+g+h=c)**
											(Composition de l'évolution démographique/ Population moyenne) x1000
	8.0	7.5	6.2	5.5	6.1	8.1	2.3	0.8	0.3	0.8	Taux d'accroissement total
	13.7	14.5	14.4	14.2	13.5	12.8	11.7	10.7	10.2	10.1	Taux bruts de natalité
	10.8	11.1	11.0	11.0	11.1	10.5	10.6	10.6	10.5	10.5	Taux bruts de mortalité
	2.8	3.4	3.4	3.2	2.4	2.3	1.0	0.1	-0.3	-0.5	Taux d'accroissement naturel
	5.2	4.1	2.8	2.3	3.7	5.8	1.2	0.7	0.7	1.2	Taux du solde net des migrations

(1) De 1990 à 1995, les données se réfèrent à la fin de période.

Statistiques de la Population Active
© OCDE, 1999

SWEDEN

II - LABOUR FORCE

Thousands (annual average estimates)

	1978	1979	1980	1981	1982	1983	1984	1985	1986	1987	1988
Total labour force											
All persons	4 209	4 268	4 318	4 332	4 357	4 375	4 391	4 424	*4 385	*4 421	4 471
Males	2 346	2 359	2 367	2 342	2 342	2 337	2 330	2 341	*2 298	*2 300	2 324
Females	1 863	1 909	1 951	1 991	2 015	2 038	2 060	2 082	*2 087	*2 121	2 147
Armed forces											
All persons											
Males											
Females											
Civilian labour force											
All persons	4 209	4 268	4 318	4 332	4 357	4 375	4 391	4 424	*4 385	*4 421	4 471
Males	2 346	2 359	2 367	2 342	2 342	2 337	2 330	2 341	*2 298	*2 300	2 324
Females	1 863	1 909	1 951	1 991	2 015	2 038	2 060	2 082	*2 087	*2 121	2 147
Unemployed											
All persons	94	88	86	108	137	151	136	125	*117	*84	72
Males	49	44	40	55	69	79	69	65	*61	*44	37
Females	45	44	45	52	68	72	67	60	*56	*40	35
Civilian employment											
All persons	4 115	4 180	4 232	4 224	4 220	4 224	4 255	4 299	*4 269	*4 337	4 399
Males	2 297	2 315	2 327	2 286	2 273	2 258	2 261	2 276	*2 238	*2 256	2 287
Females	1 818	1 865	1 906	1 938	1 947	1 966	1 993	2 022	*2 031	*2 081	2 112
Civilian employment (%)											
All persons	100.0	100.0	100.0	100.0	100.0	100.0	100.0	100.0	*100.0	*100.0	100.0
Males	55.8	55.4	55.0	54.1	53.9	53.5	53.1	52.9	*52.4	*52.0	52.0
Females	44.2	44.6	45.0	45.9	46.1	46.5	46.8	47.0	*47.6	*48.0	48.0
Unemployment rates (% of civilian labour force)											
All persons	2.2	2.1	2.0	2.5	3.1	3.5	3.1	2.8	*2.7	*1.9	1.6
Males	2.1	1.9	1.7	2.3	2.9	3.4	3.0	2.8	*2.7	*1.9	1.6
Females	2.4	2.3	2.3	2.6	3.4	3.5	3.3	2.9	*2.7	*1.9	1.6
Total labour force (% of total population)											
All persons	50.9	51.5	52.0	52.1	52.3	52.5	52.7	53.0	*52.4	*52.6	53.0
Males	57.1	57.4	57.5	56.9	56.9	56.8	56.6	56.8	*55.6	*55.5	55.8
Females	44.7	45.7	46.5	47.4	47.9	48.4	48.8	49.3	*49.2	*49.9	50.3
Total labour force (% of population from 15-64 years)[1]											
All persons	79.6	80.5	81.0	81.0	81.2	81.3	81.4	82.0	*81.3	*81.7	82.3
Males	87.7	87.9	87.8	86.5	86.3	85.9	85.4	85.8	*84.1	*83.9	84.4
Females	71.3	72.8	74.1	75.3	76.0	76.6	77.3	78.1	*78.3	*79.4	80.1
Civilian employment (% of total population)											
All persons	49.7	50.4	50.9	50.8	50.7	50.7	51.0	51.5	*51.0	*51.6	52.1
Part-time employment (%)[2]											
Part-time as % of employment										16.9	16.0
Male share of part-time employment										15.2	16.8
Female share of part-time employment										84.8	83.2
Male part-time as % of male employment										4.9	5.2
Female part-time as % of female employment										29.8	27.6
Duration of unemployment (% of total unemployment)[3]											
Less than 1 month	33.7	34.5	33.8	29.2	26.3	26.5	25.9	27.1	26.3	25.8	29.0
More than 1 month and less than 3 months	28.7	28.2	32.5	32.5	29.6	27.9	26.3	26.8	28.7	26.8	27.1
More than 3 months and less than 6 months	19.4	17.8	16.7	20.3	21.9	20.6	19.9	19.0	23.2	15.6	17.1
More than 6 months and less than 1 year	12.5	12.8	11.4	12.0	13.8	14.7	15.5	15.7	13.7	13.5	11.9
More than 1 year	5.7	6.8	5.5	6.0	8.4	10.3	12.4	11.4	8.0	18.3	14.9

(1) Participation rates calculated according to national definitions may differ from those published in this table, when the age group represented in the labour force survey is other than 15-64 years.

(2) Part-time employment refers to persons who work less than 30 hours per week in their main job. Data include only persons declaring usual hours worked.

(3) These percentages only take into account those persons for whom the duration of unemployment is known.

SUÈDE

II - POPULATION ACTIVE

Milliers (estimations de moyennes annuelles)

1989	1990	1991	1992	1993	1994	1995	1996	1997	1998	
										Population active totale
4 527	4 540	4 516	4 429	4 320	4 268	4 319	4 310	4 264	4 255	Ensemble des personnes
2 357	2 365	2 353	2 306	2 244	2 219	2 251	2 250	2 230	2 233	Hommes
2 170	2 175	2 163	2 123	2 076	2 049	2 068	2 060	2 034	2 023	Femmes
										Forces armées
										Ensemble des personnes
										Hommes
										Femmes
										Population active civile
4 527	4 540	4 516	4 429	4 320	4 268	4 319	4 310	4 264	4 255	Ensemble des personnes
2 357	2 365	2 353	2 306	2 244	2 219	2 251	2 250	2 230	2 233	Hommes
2 170	2 175	2 163	2 123	2 076	2 049	2 068	2 060	2 034	2 023	Femmes
										Chômeurs
61	75	133	233	356	340	333	347	342	276	Ensemble des personnes
31	40	77	145	219	202	190	192	188	154	Hommes
30	36	55	88	137	138	142	155	154	122	Femmes
										Population active civile occupée
4 466	4 465	4 383	4 195	3 964	3 928	3 986	3 963	3 922	3 979	Ensemble des personnes
2 326	2 326	2 276	2 161	2 026	2 017	2 061	2 058	2 042	2 079	Hommes
2 140	2 140	2 108	2 035	1 938	1 911	1 925	1 905	1 880	1 901	Femmes
										Population active civile occupée (%)
100.0	100.0	100.0	100.0	100.0	100.0	100.0	100.0	100.0	100.0	Ensemble des personnes
52.1	52.1	51.9	51.5	51.1	51.3	51.7	51.9	52.1	52.2	Hommes
47.9	47.9	48.1	48.5	48.9	48.7	48.3	48.1	47.9	47.8	Femmes
										Taux de chômage (% de la population active civile)
1.3	1.7	2.9	5.3	8.2	8.0	7.7	8.1	8.0	6.5	Ensemble des personnes
1.3	1.7	3.3	6.3	9.8	9.1	8.4	8.5	8.4	6.9	Hommes
1.4	1.7	2.5	4.1	6.6	6.7	6.9	7.5	7.6	6.0	Femmes
										Population active totale (% de la population totale)
53.3	52.9	52.2	51.0	49.4	48.4	48.9	48.8	48.2	48.1	Ensemble des personnes
56.2	55.7	55.1	53.7	51.9	50.9	51.6	51.5	51.0	51.1	Hommes
50.5	50.0	49.5	48.3	46.9	45.9	46.3	46.1	45.5	45.2	Femmes
										Population active totale (% de la population de 15-64 ans)[1]
82.9	82.3	81.6	79.8	77.5	77.7	78.2	76.5	75.5	75.2	Ensemble des personnes
85.0	84.5	83.7	81.8	79.3	79.5	80.2	78.6	77.8	77.7	Hommes
80.6	80.1	79.4	77.7	75.7	75.7	76.1	74.3	73.2	72.7	Femmes
										Population active civile occupée (% de la population totale)
52.6	52.0	50.7	48.3	45.3	44.6	45.1	44.8	44.3	45.0	Ensemble des personnes
										Emploi à temps partiel (%)[2]
15.2	14.5	14.6	15.0	15.4	15.8	15.1	14.8	14.2	13.5	Temps partiel en % de l'emploi
18.1	18.9	19.6	20.9	22.0	23.2	23.2	23.5	23.7	21.9	Part des hommes dans le temps partiel
81.9	81.1	80.4	79.1	78.0	76.8	76.8	76.5	76.3	78.1	Part des femmes dans le temps partiel
5.3	5.3	5.5	6.1	6.6	7.1	6.8	6.7	6.5	5.6	Temps partiel des hommes en % de l'emploi des hommes
25.9	24.5	24.3	24.4	24.6	24.9	24.1	23.5	22.6	22.0	Temps partiel des femmes en % de l'emploi des femmes
										Durée du chômage (% du chômage total)[3]
32.6	31.3	25.4	18.6	16.9	15.3	17.0	15.8	15.6	16.8	Moins de 1 mois
25.5	30.3	30.0	29.3	23.2	19.5	19.8	18.1	17.1	18.2	Plus de 1 mois et moins de 3 mois
17.0	16.1	21.0	21.5	22.8	18.5	17.6	17.7	16.5	15.8	Plus de 3 mois et moins de 6 mois
11.1	10.2	12.4	17.2	21.3	21.0	17.8	18.3	17.4	15.7	Plus de 6 mois et moins de 1 an
13.8	12.1	11.2	13.5	15.8	25.7	27.8	30.1	33.4	33.5	Plus de 1 an

(1) Les taux d'activité calculés selon les définitions nationales peuvent être différents de ceux publiés dans ce tableau si le groupe d'âges représenté dans l'enquête de la population active est différent de 15-64 ans.

(2) L'emploi à temps partiel se réfère aux actifs travaillant moins de 30 heures par semaine dans leur emploi principal. Les données incluent uniquement les personnes déclarant des heures habituelles de travail.

(3) Ces pourcentages ne prennent en compte que les personnes pour lesquelles la durée du chômage est connue.

Statistiques de la Population Active
© OCDE, 1999

SWEDEN

III - CIVILIAN EMPLOYMENT

Thousands (annual average estimates)

	1978	1979	1980	1981	1982	1983	1984	1985	1986	1987	1988
PROFESSIONAL STATUS											
All activities	4 115	4 180	4 232	4 225	4 220	4 224	4 255	4 299	*4 269	*4 337	4 399
Wage earners and salaried employees	3 783	3 843	3 895	3 890	3 877	3 891	3 931	3 986	*3 989	*3 940	4 005
Employers and persons working on own account	304	312	315	315	324	316	310	301	*269	*378	377
Unpaid family workers	29	25	22	21	19	17	15	13	*10	*19	17
Agriculture, hunting, forestry and fishing	251	242	237	237	236	229	218	208	*179	*171	168
Wage earners and salaried employees	93	87	83	87	90	88	84	80	*75	*63	66
Employers and persons working on own account	133	135	135	133	130	126	122	118	*96	*96	92
Unpaid family workers	24	21	19	17	17	15	12	10	*8	*12	11
Non-agricultural activities	3 864	3 938	3 995	3 988	3 984	3 995	4 037	4 091	*4 090	*4 166	4 231
Wage earners and salaried employees	3 690	3 756	3 812	3 803	3 787	3 803	3 847	3 906	*3 914	*3 877	3 939
Employers and persons working on own account	171	177	180	182	194	190	188	183	*173	*282	285
Unpaid family workers	5	4	3	4	2	2	3	3	*2	*7	6
All activities (%)	100.0	100.0	100.0	100.0	100.0	100.0	100.0	100.0	*100.0	*100.0	100.0
Wage earners and salaried employees	91.9	91.9	92.0	92.1	91.9	92.1	92.4	92.7	*93.4	*90.8	91.0
Others	8.1	8.1	8.0	8.0	8.1	7.9	7.6	7.3	*6.5	*9.2	9.0
BREAKDOWN BY ACTIVITIES											
I.S.I.C. Major Divisions											
1 to 0 All activities	4 115	4 180	4 232	4 225	4 220	4 224	4 255	4 299	*4 269	*4 337	4 399
1 Agriculture, hunting, forestry and fishing	251	242	237	237	236	229	218	208	*179	*171	168
2 Mining and quarrying	15	15	15	14	14	15	15	15	*14	*12	12
3 Manufacturing	1 023	1 026	1 026	984	946	941	953	968	*976	*960	966
4 Electricity, gas and water	32	34	37	37	40	40	40	40	*40	*40	40
5 Construction	290	284	286	288	277	267	260	260	*257	*278	279
6 Wholesale and retail trade; restaurants and hotels	594	576	581	583	582	582	586	591	*594	*606	625
7 Transport, storage and communication	277	290	295	293	300	295	294	300	*302	*310	309
8 Financing, insurance, real estate and business services	253	267	283	282	288	303	316	321	*328	*330	352
9 Community, social and personal services	1 382	1 444	1 472	1 508	1 535	1 552	1 574	1 594	*1 575	*1 627	1 644
0 Activities not adequately defined		2			2	1	1	1	*3	*3	5
WAGE EARNERS AND SALARIED EMPLOYEES BY ACTIVITIES											
I.S.I.C. Major Divisions											
1 to 0 All activities	3 783	3 843	3 895	3 890	3 877	3 891	3 931	3 986	*3 989	*3 940	4 005
1 Agriculture, hunting, forestry and fishing	93	87	83	87	90	87	84	80	*75	*63	66
2 Mining and quarrying	15	15	14	14	14	15	14	15	*14	*12	12
3 Manufacturing	1 003	1 005	1 002	962	922	916	928	947	*957	*918	929
4 Electricity, gas and water	32	34	37	37	40	40	40	40	*40	*40	40
5 Construction	259	253	256	256	245	237	230	232	*232	*233	234
6 Wholesale and retail trade; restaurants and hotels	548	527	529	531	526	524	530	538	*543	*520	537
7 Transport, storage and communication	254	265	270	268	277	274	274	279	*281	*285	283
8 Financing, insurance, real estate and business services	240	253	270	267	271	288	299	305	*312	*298	315
9 Community, social and personal services	1 339	1 402	1 434	1 467	1 490	1 508	1 531	1 549	*1 534	*1 570	1 587
0 Activities not adequately defined		2			2	1	1	1	*2	*2	4

III - POPULATION ACTIVE CIVILE OCCUPÉE

Milliers (estimations de moyennes annuelles)

1989	1990	1991	1992	1993	1994	1995	1996	1997	1998	
										SITUATION DANS LA PROFESSION
4 466	4 465	4 383	4 195	3 964	3 928	3 986	3 963	3 922	3 979	**Toutes activités**
4 059	4 035	3 969	3 778	3 535	3 491	3 540	3 529	3 499	3 558	Salariés
392	396	386	397	409	417	428	419	408	407	Employeurs et personnes travaillant à leur compte
15	15	15	10	20	20	18	15	14	15	Travailleurs familiaux non rémunérés
159	153	147	140	136	136	124	115	109	102	**Agriculture, chasse, sylviculture et pêche**
62	60	59	54	49	49	44	39	38	35	Salariés
88	83	79	77	76	77	70	68	63	58	Employeurs et personnes travaillant à leur compte
9	10	9	9	12	10	10	8	8	8	Travailleurs familiaux non rémunérés
4 307	4 312	4 236	4 055	3 828	3 792	3 862	3 848	3 813	3 877	**Activités non agricoles**
3 997	3 975	3 910	3 724	3 486	3 442	3 496	3 490	3 461	3 523	Salariés
304	313	307	320	333	340	358	351	345	349	Employeurs et personnes travaillant à leur compte
6	5	6	1	8	10	8	7	6	7	Travailleurs familiaux non rémunérés
100.0	100.0	100.0	100.0	100.0	100.0	100.0	100.0	100.0	100.0	**Toutes activités (%)**
90.9	90.4	90.6	90.1	89.2	88.9	88.8	89.0	89.2	89.4	Salariés
9.1	9.2	9.1	9.7	10.8	11.1	11.2	11.0	10.8	10.6	Autres
										RÉPARTITION PAR BRANCHES D'ACTIVITÉS
										C.I.T.I. Branches
4 466	4 449	4 373	4 195	3 964	3 928	3 986	3 963	3 925	3 979	**1 à 0 Toutes activités**
159	153	147	140	136	136	124	115	109	102	1 Agriculture, chasse, sylviculture et pêche
11	12	12	11	11	9	8	8	8	9	2 Industries extractives
978	933	872	794	726	719	761	767	759	763	3 Industries manufacturières
36	36	37	36	35	33	33	34	33	32	4 Électricité, gaz et eau
290	310	310	271	236	225	230	225	218	220	5 Bâtiment et travaux publics
652	643	620	601	567	600	609	601	602	613	6 Commerce de gros et de détail; restaurants et hôtels
312	313	313	300	277	264	261	260	264	271	7 Transports, entrepôts et communications
371	371	382	383	368	422	455	461	474	495	8 Banques, assurances, affaires immobilières et services fournis aux entreprises
1 653	1 671	1 675	1 651	1 602	1 518	1 504	1 490	1 454	1 471	9 Services fournis à la collectivité, services sociaux et services personnels
5	5	5	6	6	3	2	2	4	4	0 Activités mal désignées
										SALARIÉS (OUVRIERS ET EMPLOYÉS) PAR ACTIVITÉS
										C.I.T.I. Branches
4 059	4 035	3 969	3 778	3 535	3 491	3 540	3 529	3 499	3 558	**1 à 0 Toutes activités**
62	60	59	54	49	48	43	39	37	35	1 Agriculture, chasse, sylviculture et pêche
11	12	11	10	10	9	8	8	8	8	2 Industries extractives
941	895	832	750	683	680	716	722	717	722	3 Industries manufacturières
36	36	37	36	35	33	33	34	32	32	4 Électricité, gaz et eau
242	262	263	222	186	178	183	177	168	173	5 Bâtiment et travaux publics
558	550	532	508	464	483	490	488	490	507	6 Commerce de gros et de détail; restaurants et hôtels
282	284	283	269	248	235	232	232	235	240	7 Transports, entrepôts et communications
329	327	334	333	319	357	380	387	403	421	8 Banques, assurances, affaires immobilières et services fournis aux entreprises
1 593	1 605	1 614	1 592	1 534	1 465	1 453	1 442	1 406	1 415	9 Services fournis à la collectivité, services sociaux et services personnels
4	4	4	4	4	2	2	2	3	4	0 Activités mal désignées

Sources:

1. *Annuaire Statistique de la Suisse* (Office fédéral de la statistique).
2. *La Vie Économique* (Secretariat d'État à l'économie (SECO), monthly/mensuelle).

I. POPULATION

Sources: National sources 1 and 2.

Coverage: Resident population (*de jure*).

Method of computation: Two series for Total resident population are computed by the Federal Statistical Office:

1. *Resident population (average for the year)*: these figures provide the distribution of the population by gender and age. Seasonal foreign workers are included.

2. *Resident population (permanent)* at 1 January. These figures are used for computing the various demographic components: seasonal foreign workers are excluded.

Notes: For the year 1994, the distribution of the population by age and gender refers to the permanent resident population at 31 December.

II. TOTAL LABOUR FORCE
III. CIVILIAN EMPLOYMENT

Sources: Data provided directly by the Federal Statistical Office.

Period of reference: Estimates of average for the year, except for the professional status which refers to the second quarter since 1991.

I. POPULATION

Source : Sources nationales 1 et 2.

Champ couvert : Population résidante (*de jure*).

Méthode de calcul : Deux séries relatives à la population résidante totale sont calculées par l'Office Fédéral de la Statistique :

1. *Population résidante (moyenne de l'année)* : Cette série fournit la distribution de la population par genre et groupe d'âge. Les travailleurs étrangers saisonniers sont inclus.

2. *Population résidente (permanente)* au 1er janvier : Ces séries sont utilisées pour établir les composantes de l'évolution démographique : les travailleurs étrangers saisonniers sont exclus.

Notes : Pour l'année 1994, la distribution de la population par genre et groupe d'âge se réfère à la population résidente permanente au 31 décembre.

II. POPULATION ACTIVE
III. POPULATION ACTIVE CIVILE OCCUPÉE

Sources : Données fournies directement par l'Office Fédéral de Statistique.

Période de référence : Estimations de moyennes pour l'année, sauf pour la situation dans la profession qui se réfère au deuxième trimestre depuis 1991.

SWITZERLAND

I - POPULATION

Thousands (mid-year estimates)

	1978	1979	1980	1981	1982	1983	1984	1985	1986	1987	1988
POPULATION - DISTRIBUTION BY AGE AND GENDER											
All persons											
Total	6 333	6 351	6 385	6 429	6 467	6 482	6 505	6 533	6 573	6 619	6 672
Under 15 years	1 311	1 277	1 247	1 222	1 199	1 177	1 157	1 141	1 130	1 124	1 125
From 15 to 64 years	4 173	4 211	4 263	4 325	4 380	4 412	4 449	4 482	4 518	4 555	4 593
65 years and over	848	863	875	882	888	893	899	910	925	940	953
Males											
Total	3 100	3 111	3 131	3 156	3 175	3 178	3 190	3 204	3 227	3 252	3 278
Under 15 years	672	654	639	626	615	603	593	584	578	575	575
From 15 to 64 years	2 087	2 110	2 142	2 176	2 204	2 217	2 237	2 256	2 279	2 301	2 322
65 years and over	341	347	351	354	356	357	360	364	370	376	381
Females											
Total	3 233	3 240	3 254	3 274	3 293	3 304	3 315	3 329	3 346	3 367	3 393
Under 15 years	640	623	608	596	585	574	564	557	551	549	550
From 15 to 64 years	2 086	2 101	2 122	2 149	2 176	2 195	2 212	2 226	2 239	2 254	2 270
65 years and over	507	516	524	529	532	535	539	546	556	564	573
POPULATION - PERCENTAGES											
All persons											
Total	100.0	100.0	100.0	100.0	100.0	100.0	100.0	100.0	100.0	100.0	100.0
Under 15 years	20.7	20.1	19.5	19.0	18.5	18.2	17.8	17.5	17.2	17.0	16.9
From 15 to 64 years	65.9	66.3	66.8	67.3	67.7	68.1	68.4	68.6	68.7	68.8	68.8
65 years and over	13.4	13.6	13.7	13.7	13.7	13.8	13.8	13.9	14.1	14.2	14.3
COMPONENTS OF CHANGE IN POPULATION											
a) Population at 1 January	6 278	6 285	6 304	6 335	6 373	6 410	6 428	6 456	6 485	6 523	6 567
b) Population at 31 December	6 285	6 304	6 335	6 373	6 410	6 428	6 456	6 485	6 523	6 567	6 620
c) Total increase (b-a)	7	19	31	38	37	18	28	29	38	44	53
d) Births	71	72	74	74	75	74	75	75	76	77	80
e) Deaths	58	57	59	60	59	61	59	60	60	60	61
f) Natural increase (d-e)	13	15	15	14	16	13	16	15	16	17	19
g) Net migration	-7	4	17	24	21	5	12	14	22	27	34
h) Statistical adjustments	1	0	-1	0	0	0	0	0	0	0	0
i) Total increase (=f+g+h=c)	7	19	31	38	37	18	28	29	38	44	53
(Components of change in population/ Average population) x1000											
Total increase rates	1.1	3.0	4.9	6.0	5.8	2.8	4.3	4.5	5.8	6.7	8.0
Crude birth rates	11.3	11.4	11.7	11.6	11.7	11.5	11.6	11.6	11.7	11.8	12.1
Crude death rates	9.2	9.1	9.3	9.4	9.2	9.5	9.2	9.3	9.2	9.2	9.3
Natural increase rates	2.1	2.4	2.4	2.2	2.5	2.0	2.5	2.3	2.5	2.6	2.9
Net migration rates	-1.1	0.6	2.7	3.8	3.3	0.8	1.9	2.2	3.4	4.1	5.2

I - POPULATION

Milliers (estimations au milieu de l'année)

	1989	1990	1991	1992	1993	1994	1995	1996	1997	1998	
											POPULATION - RÉPARTITION SELON L'AGE ET LE SEXE
											Ensemble des personnes
	6 647	6 712	6 800	6 875	6 938	7 019	7 041	7 072	7 089	7 106	Total
	1 093	1 110	1 128	1 154	1 176	1 316	1 242	1 249	1 250	1 247	Moins de 15 ans
	4 556	4 593	4 650	4 689	4 718	4 750	4 761	4 774	4 779	4 785	De 15 à 64 ans
	997	1 009	1 022	1 032	1 044	1 032	1 037	1 049	1 060	1 073	65 ans et plus
											Hommes
	3 243	3 278	3 319	3 358	3 389	3 428	3 439	3 453	3 461	3 470	Total
	559	567	578	592	603	676	638	641	642	641	Moins de 15 ans
	2 285	2 307	2 333	2 354	2 369	2 383	2 388	2 393	2 395	2 398	De 15 à 64 ans
	399	404	408	412	417	411	413	419	425	431	65 ans et plus
											Femmes
	3 404	3 434	3 481	3 518	3 549	3 591	3 602	3 619	3 628	3 636	Total
	534	542	550	563	573	641	605	608	608	607	Moins de 15 ans
	2 272	2 287	2 317	2 335	2 349	2 367	2 374	2 381	2 384	2 388	De 15 à 64 ans
	598	605	614	620	627	621	624	630	635	642	65 ans et plus
											POPULATION - POURCENTAGES
											Ensemble des personnes
	100.0	100.0	100.0	100.0	100.0	100.0	100.0	100.0	100.0	100.0	Total
	16.4	16.5	16.6	16.8	17.0	18.7	17.6	17.7	17.6	17.6	Moins de 15 ans
	68.5	68.4	68.4	68.2	68.0	67.7	67.6	67.5	67.4	67.3	De 15 à 64 ans
	15.0	15.0	15.0	15.0	15.0	14.7	14.7	14.8	15.0	15.1	65 ans et plus
											COMPOSANTES DE L'ÉVOLUTION DÉMOGRAPHIQUE
	6 620	6 674	6 751	6 843	6 908	6 969	7 019	7 062	7 081	7 096	a) Population au 1er janvier
	6 674	6 751	6 843	6 908	6 969	7 019	7 062	7 081	7 096	7 124	b) Population au 31 décembre
	54	77	92	65	61	50	43	19	15	28	**c) Accroissement total (b-a)**
	81	84	86	87	84	83	82	83	81	80	d) Naissances
	61	64	63	62	63	62	63	63	63	63	e) Décès
	20	20	23	25	21	21	19	20	18	18	**f) Accroissement naturel (d-e)**
	34	57	69	40	40	29	24	1	5	11	g) Solde net des migrations
	0	0	0	0	0	0	0	0	0	0	h) Ajustements statistiques
	54	77	92	65	61	50	43	21	23	29	**i) Accroissement total (=f+g+h=c)**
											(Composition de l'évolution démographique/ Population moyenne) x1000
	8.1	11.5	13.5	9.5	8.8	7.1	6.1	3.0	3.2	4.0	Taux d'accroissement total
	12.2	12.5	12.7	12.7	12.1	11.9	11.6	11.7	11.4	11.3	Taux bruts de natalité
	9.2	9.5	9.3	9.0	9.1	8.9	8.9	8.9	8.9	8.8	Taux bruts de mortalité
	3.0	3.0	3.4	3.6	3.0	3.0	2.7	2.9	2.5	2.5	Taux d'accroissement naturel
	5.1	8.5	10.2	5.8	5.8	4.1	3.4	0.1	0.7	1.5	Taux du solde net des migrations

Statistiques de la Population Active
© OCDE, 1999

SWITZERLAND

II - LABOUR FORCE

Thousands (annual average estimates)

	1978	1979	1980	1981	1982	1983	1984	1985	1986	1987	1988
Total labour force											
All persons	3 077	3 109	3 172	3 246	3 270	3 286	3 323	3 382	3 424	3 465	3 503
Males	1 985	1 996	2 024	2 057	2 067	2 074	2 092	2 130	2 156	2 172	2 187
Females	1 092	1 113	1 148	1 190	1 204	1 211	1 232	1 252	1 268	1 292	1 315
Armed forces											
All persons											
Males											
Females											
Civilian labour force											
All persons	3 077	3 109	3 172	3 246	3 270	3 286	3 323	3 382	3 424	3 465	3 503
Males	1 985	1 996	2 024	2 057	2 067	2 074	2 092	2 130	2 155	2 172	2 187
Females	1 092	1 113	1 148	1 190	1 204	1 211	1 232	1 252	1 268	1 292	1 315
Unemployed											
All persons	10	10	6	6	14	29	35	30	26	25	22
Males	6	5	3	4	8	18	16	16	14	13	11
Females	4	4	3	3	6	11	16	14	12	12	11
Civilian employment											
All persons	3 067	3 100	3 166	3 240	3 256	3 257	3 288	3 352	3 398	3 440	3 481
Males	1 978	1 991	2 021	2 053	2 059	2 056	2 073	2 114	2 142	2 160	2 176
Females	1 088	1 109	1 145	1 187	1 198	1 200	1 216	1 238	1 256	1 280	1 305
Civilian employment (%)											
All persons	100.0	100.0	100.0	100.0	100.0	100.0	100.0	100.0	100.0	100.0	100.0
Males	64.5	64.2	63.8	63.4	63.2	63.1	63.0	63.1	63.0	62.8	62.5
Females	35.5	35.8	36.2	36.6	36.8	36.8	37.0	36.9	37.0	37.2	37.5
Unemployment rates (% of civilian labour force)											
All persons	0.3	0.3	0.2	0.2	0.4	0.9	1.1	0.9	0.8	0.7	0.6
Males	0.3	0.3	0.1	0.2	0.4	0.9	0.8	0.8	0.6	0.6	0.5
Females	0.4	0.4	0.3	0.3	0.5	0.9	1.3	1.1	0.9	0.9	0.8
Total labour force (% of total population)											
All persons	48.6	49.0	49.7	50.5	50.6	50.7	51.1	51.8	52.1	52.3	52.5
Males	64.0	64.2	64.6	65.2	65.1	65.3	65.6	66.5	66.8	66.8	66.7
Females	33.8	34.4	35.3	36.3	36.6	36.7	37.2	37.6	37.9	38.4	38.8
Total labour force (% of population from 15-64 years)[1]											
All persons	73.7	73.8	74.4	75.1	74.7	74.5	74.7	75.5	75.8	76.1	76.3
Males	95.1	94.6	94.5	94.5	93.8	93.5	93.5	94.4	94.6	94.4	94.2
Females	52.3	53.0	54.1	55.4	55.3	55.2	55.7	56.2	56.6	57.3	57.9
Civilian employment (% of total population)											
All persons	48.4	48.8	49.6	50.4	50.3	50.2	50.5	51.3	51.7	52.0	52.2
Part-time employment (%)[2]											
Part-time as % of employment											
Male share of part-time employment											
Female share of part-time employment											
Male part-time as % of male employment											
Female part-time as % of female employment											
Duration of unemployment (% of total unemployment)[3]											
Less than 1 month											
More than 1 month and less than 3 months											
More than 3 months and less than 6 months											
More than 6 months and less than 1 year											
More than 1 year											

(1) Participation rates calculated according to national definitions may differ from those published in this table, when the age group represented in the labour force survey is other than 15-64 years.

(2) Part-time employment refers to persons who work less than 30 hours per week in their main job. Data include only persons declaring usual hours worked.

(3) These percentages only take into account those persons for whom the duration of unemployment is known.

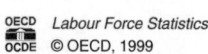

II - POPULATION ACTIVE

Milliers (estimations de moyennes annuelles)

	1989	1990	1991	1992	1993	1994	1995	1996	1997	1998
Population active totale										
Ensemble des personnes	3 536	3 581	3 969	3 952	3 960	3 941	3 936	3 967	3 969	3 995
Hommes	2 200	2 218	2 383	2 360	2 353	2 330	2 326	2 322	2 318	2 317
Femmes	1 336	1 364	1 586	1 592	1 607	1 610	1 610	1 645	1 651	1 679
Forces armées										
Ensemble des personnes										
Hommes										
Femmes										
Population active civile										
Ensemble des personnes	3 536	3 581	3 969	3 952	3 960	3 941	3 936	3 967	3 969	3 995
Hommes	2 200	2 218	2 383	2 360	2 353	2 330	2 326	2 322	2 318	2 317
Femmes	1 336	1 364	1 586	1 592	1 607	1 610	1 610	1 645	1 651	1 679
Chômeurs										
Ensemble des personnes	17	18	78	121	158	151	136	154	166	140
Hommes	9	10	33	58	78	77	68	83	95	70
Femmes	8	8	45	63	80	75	68	71	71	70
Population active civile occupée										
Ensemble des personnes	3 518	3 563	3 891	3 831	3 802	3 789	3 800	3 813	3 802	3 850
Hommes	2 191	2 208	2 350	2 302	2 276	2 254	2 258	2 235	2 219	2 239
Femmes	1 328	1 355	1 541	1 529	1 527	1 535	1 542	1 578	1 584	1 611
Population active civile occupée (%)										
Ensemble des personnes	100.0	100.0	100.0	100.0	100.0	100.0	100.0	100.0	100.0	100.0
Hommes	62.3	62.0	60.4	60.1	59.9	59.5	59.4	58.6	58.4	58.2
Femmes	37.7	38.0	39.6	39.9	40.2	40.5	40.6	41.4	41.7	41.8
Taux de chômage (% de la population active civile)										
Ensemble des personnes	0.5	0.5	2.0	3.1	4.0	3.8	3.5	3.9	4.2	3.5
Hommes	0.4	0.5	1.4	2.5	3.3	3.3	2.9	3.6	4.1	3.0
Femmes	0.6	0.6	2.8	4.0	5.0	4.7	4.2	4.3	4.3	4.2
Population active totale (% de la population totale)										
Ensemble des personnes	53.2	53.4	58.4	57.5	57.1	56.1	55.9	56.1	56.0	56.2
Hommes	67.8	67.7	71.8	70.3	69.4	68.0	67.6	67.2	67.0	66.8
Femmes	39.2	39.7	45.6	45.3	45.3	44.8	44.7	45.5	45.5	46.2
Population active totale (% de la population de 15-64 ans)[1]										
Ensemble des personnes	77.6	78.0	85.4	84.3	83.9	83.0	82.7	83.1	83.1	83.5
Hommes	96.3	96.1	102.1	100.3	99.3	97.8	97.4	97.0	96.8	96.6
Femmes	58.8	59.6	68.5	68.2	68.4	68.0	67.8	69.1	69.2	70.3
Population active civile occupée (% de la population totale)										
Ensemble des personnes	52.9	53.1	57.2	55.7	54.8	54.0	54.0	53.9	53.6	54.2
Emploi à temps partiel (%)[2]										
Temps partiel en % de l'emploi			22.1	22.7	23.2	23.2	22.9	23.7	24.0	24.2
Part des hommes dans le temps partiel			17.6	16.8	17.0	16.7	16.2	17.6	16.6	16.6
Part des femmes dans le temps partiel			82.4	83.2	83.0	83.3	83.8	82.4	83.4	83.4
Temps partiel des hommes en % de l'emploi des hommes			6.8	6.7	6.9	6.8	6.5	7.3	7.1	7.2
Temps partiel des femmes en % de l'emploi des femmes			42.6	44.0	45.0	44.9	44.9	44.9	45.7	45.8
Durée du chômage (% du chômage total)[3]										
Moins de 1 mois			29.5	15.7	8.6	12.8	9.6	13.4	12.0	15.6
Plus de 1 mois et moins de 3 mois			26.2	25.9	20.0	16.8	18.4	17.3	15.2	20.7
Plus de 3 mois et moins de 6 mois			18.0	19.4	22.9	20.1	21.6	18.5	23.4	14.8
Plus de 6 mois et moins de 1 an			9.8	18.5	27.9	21.5	16.8	26.6	20.9	14.1
Plus de 1 an			16.4	20.4	20.7	28.9	33.6	24.6	28.5	34.8

(1) Les taux d'activité calculés selon les définitions nationales peuvent être différents de ceux publiés dans ce tableau si le groupe d'âges représenté dans l'enquête de la population active est différent de 15-64 ans.

(2) L'emploi à temps partiel se réfère aux actifs travaillant moins de 30 heures par semaine dans leur emploi principal. Les données incluent uniquement les personnes déclarant des heures habituelles de travail.

(3) Ces pourcentages ne prennent en compte que les personnes pour lesquelles la durée du chômage est connue.

Statistiques de la Population Active
© OCDE, 1999

SWITZERLAND

III - CIVILIAN EMPLOYMENT

Thousands (annual average estimates)

	1978	1979	1980	1981	1982	1983	1984	1985	1986	1987	1988
PROFESSIONAL STATUS											
All activities	3 067	3 100	3 166	3 240	3 256	3 257	3 288	3 352	3 398	3 440	3 481
Wage earners and salaried employees											
Employers and persons working on own account											
Unpaid family workers											
Agriculture, hunting, forestry and fishing	224	222	218	213	210	208	204	203	202	202	199
Wage earners and salaried employees											
Employers and persons working on own account											
Unpaid family workers											
Non-agricultural activities	2 843	2 878	2 948	3 027	3 046	3 049	3 084	3 149	3 196	3 238	3 282
Wage earners and salaried employees											
Employers and persons working on own account											
Unpaid family workers											
All activities (%)	100.0	100.0	100.0	100.0	100.0	100.0	100.0	100.0	100.0	100.0	100.0
Wage earners and salaried employees											
Others											
BREAKDOWN BY ACTIVITIES											
I.S.I.C. Major Divisions											
1 to 0 All activities	3 067	3 100	3 166	3 240	3 256	3 257	3 288	3 352	3 398	3 440	3 481
1 Agriculture, hunting, forestry and fishing	224	222	218	213	210	208	204	203	202	202	199
2 Mining and quarrying	5	5							3	3	3
3 Manufacturing	990	987	1 207	1 227	1 202	1 173	1 174	1 194	865	864	864
4 Electricity, gas and water	21	21							21	21	21
5 Construction	215	216							325	328	332
6 Wholesale and retail trade; restaurants and hotels	570	578							706	718	723
7 Transport, storage and communication	181	183							201	206	212
8 Financing, insurance, real estate and business services	242	251	1 741	1 801	1 844	1 876	1 910	1 955	336	350	363
9 Community, social and personal services	619	637							740	748	763
0 Activities not adequately defined	0	0	0	0	0	0	0	0	0	0	0
WAGE EARNERS AND SALARIED EMPLOYEES BY ACTIVITIES											
I.S.I.C. Major Divisions											
1 to 0 All activities											
1 Agriculture, hunting, forestry and fishing											
2 Mining and quarrying											
3 Manufacturing											
4 Electricity, gas and water											
5 Construction											
6 Wholesale and retail trade; restaurants and hotels											
7 Transport, storage and communication											
8 Financing, insurance, real estate and business services											
9 Community, social and personal services											
0 Activities not adequately defined											

III - POPULATION ACTIVE CIVILE OCCUPÉE

Milliers (estimations de moyennes annuelles)

1989	1990	1991	1992	1993	1994	1995	1996	1997	1998	
										SITUATION DANS LA PROFESSION
3 518	3 563	3 921	3 870	3 849	3 781	3 803	3 819	3 804	3 858	**Toutes activités**
		3 482	3 439	3 385	3 333	3 341	3 333	3 303	3 347	Salariés
		328	330	356	352	365	400	417	430	Employeurs et personnes travaillant à leur compte
		111	101	108	96	97	86	84	80	Travailleurs familiaux non rémunérés
197	198	164	166	176	162	168	175	179	181	**Agriculture, chasse, sylviculture et pêche**
										Salariés
										Employeurs et personnes travaillant à leur compte
										Travailleurs familiaux non rémunérés
3 321	3 365	3 757	3 704	3 673	3 619	3 635	3 644	3 625	3 677	**Activités non agricoles**
										Salariés
										Employeurs et personnes travaillant à leur compte
										Travailleurs familiaux non rémunérés
100.0	100.0	100.0	100.0	100.0	100.0	100.0	100.0	100.0	100.0	**Toutes activités (%)**
		88.8	88.9	87.9	88.2	87.9	87.3	86.8	86.8	Salariés
		11.2	11.1	12.1	11.8	12.1	12.7	13.2	13.2	Autres
										RÉPARTITION PAR BRANCHES D'ACTIVITÉS
										C.I.T.I. Branches
										1 à 0 Toutes activités
3 518	3 563	3 891	3 831	3 802	3 789	3 800	3 813	3 802	3 850	
197	198	164	162	165	157	163	172	176	179	1 Agriculture, chasse, sylviculture et pêche
3	3	6	6	6	6	6	6	6	6	2 Industries extractives
873	881	825	771	744	736	747	725	691	685	3 Industries manufacturières
22	22	25	25	25	25	26	25	24	24	4 Électricité, gaz et eau
337	340	352	337	320	327	331	311	296	297	5 Bâtiment et travaux publics
726	734	916	913	902	884	873	882	881	900	6 Commerce de gros et de détail; restaurants et hôtels
214	217	248	248	250	243	245	249	248	244	7 Transports, entrepôts et communications
371	379	512	510	521	526	527	539	553	573	8 Banques, assurances, affaires immobilières et services fournis aux entreprises
776	791	843	859	871	885	883	904	927	943	9 Services fournis à la collectivité, services sociaux et services personnels
0	0	0	0	0	0	0	0	0	0	0 Activités mal désignées
										SALARIÉS (OUVRIERS ET EMPLOYÉS) PAR ACTIVITÉS
										C.I.T.I. Branches
										1 à 0 Toutes activités
										1 Agriculture, chasse, sylviculture et pêche
										2 Industries extractives
										3 Industries manufacturières
										4 Électricité, gaz et eau
										5 Bâtiment et travaux publics
										6 Commerce de gros et de détail; restaurants et hôtels
										7 Transports, entrepôts et communications
										8 Banques, assurances, affaires immobilières et services fournis aux entreprises
										9 Services fournis à la collectivité, services sociaux et services personnels
										0 Activités mal désignées

Statistiques de la Population Active
© OCDE, 1999
OECD
OCDE

Source:

1. *Statistical Yearbook of Turkey* (State Institute of Statistics).

I. POPULATION

Sources: Data provided directly by the Turkish authorities.

Date of reference: 1 July estimates.

Coverage: Present in area population (*de facto*).

Method of computation: Mid-year estimates are calculated by applying exponential growth rates between two censuses. The breakdown by gender is calculated assuming constant growth rate between two censuses. The breakdown by age is calculated by interpolation between two censuses. Starting from 1990 (the year of the latest census), the figures are results of national population projections.

II. TOTAL LABOUR FORCE
III. CIVILIAN EMPLOYMENT

Sources: Data provided by the Turkish Institute of Statistics.

Method of computation: From 1976 to 1987 figures are official estimates. Since 1988, data are based on the semi-annual Household Labour Force Survey (HLFS). Annual figures are averages of April and October HLFS results.

Coverage: Persons 15 years old and over.

WAGE EARNERS AND SALARIED EMPLOYEES

Sources: Data provided directly by the Turkish authorities.

Method of computation: Data for 1980 and 1985 are census results. Since 1988 figures are computed from the HLFS (averages of April and October).

Coverage: Persons aged 15 years and over.

I. POPULATION

Source : Données transmises par les autorités turques.

Date de référence : Estimations au 1er juillet.

Champ couvert : Population présente (*de facto*).

Méthode de calcul : Les estimations en milieu d'année sont calculées en faisant l'hypothèse d'une croissance exponentielle entre deux recensements. La ventilation par genre est basée sur un taux de croissance constant entre deux recensements. La ventilation par âge est calculée par interpolation entre deux recensements. A partir de 1990 (l'année du dernier recensement) les données sont les résultats des projections nationales de population.

II. POPULATION ACTIVE
III. POPULATION ACTIVE CIVILE OCCUPÉE

Sources : Données communiquées par l'Institut de Statistique Turc.

Méthode de calcul : De 1976 à 1987 les données sont des estimations officielles. Depuis 1988, les données sont basées sur les enquêtes par sondage semi-annuelles (HLFS). Les données annuelles sont des moyennes des résultats HLFS d'avril et d'octobre.

Champ couvert : Personnes de 15 ans et plus.

SALARIÉS

Sources : Données transmises par les autorités turques.

Méthode de calcul : Les données de 1980 et 1985 correspondent aux résultats des recensements. Depuis 1988, les données sont basées sur les enquêtes par sondage semi-annuelles (moyennes des résultats HLFS d'avril et d'octobre).

Champ couvert : Personnes de 15 ans et plus.

TURKEY

I - POPULATION

Thousands (mid-year estimates)

	1978	1979	1980	1981	1982	1983	1984	1985	1986	1987	1988
POPULATION - DISTRIBUTION BY AGE AND GENDER											
All persons											
Total	42 641	43 531	44 439	45 540	46 688	47 864	49 070	50 306	51 433	52 561	53 715
Under 15 years	16 924	17 153	17 383	17 675	17 978	18 285	18 596	18 912	19 117	19 314	19 510
From 15 to 64 years	23 719	24 326	24 949	25 755	26 596	27 464	28 358	29 280	30 175	31 082	32 015
65 years and over	1 998	2 052	2 107	2 110	2 113	2 115	2 116	2 115	2 140	2 165	2 189
Males											
Total	21 768	22 162	22 564	23 099	23 675	24 266	24 872	25 492	26 060	26 631	27 213
Under 15 years	8 757	8 861	8 966	9 106	9 260	9 416	9 573	9 733	9 830	9 922	10 014
From 15 to 64 years	12 101	12 370	12 645	13 040	13 462	13 898	14 346	14 809	15 264	15 725	16 200
65 years and over	910	931	953	953	953	953	952	950	967	983	1 000
Females											
Total	20 873	21 369	21 875	22 441	23 012	23 598	24 198	24 814	25 372	25 931	26 501
Under 15 years	8 168	8 292	8 418	8 569	8 718	8 870	9 023	9 179	9 288	9 393	9 497
From 15 to 64 years	11 617	11 956	12 304	12 715	13 134	13 566	14 012	14 471	14 911	15 357	15 814
65 years and over	1 088	1 120	1 153	1 157	1 160	1 162	1 164	1 164	1 173	1 182	1 190
POPULATION - PERCENTAGES											
All persons											
Total	100.0	100.0	100.0	100.0	100.0	100.0	100.0	100.0	100.0	100.0	100.0
Under 15 years	39.7	39.4	39.1	38.8	38.5	38.2	37.9	37.6	37.2	36.7	36.3
From 15 to 64 years	55.6	55.9	56.1	56.6	57.0	57.4	57.8	58.2	58.7	59.1	59.6
65 years and over	4.7	4.7	4.7	4.6	4.5	4.4	4.3	4.2	4.2	4.1	4.1
COMPONENTS OF CHANGE IN POPULATION											
a) Population at 1 January	42 207	43 087	43 986	44 982	46 115	47 277	48 468	49 690	50 879	51 995	53 136
b) Population at 31 December	43 087	43 986	44 982	46 115	47 277	48 468	49 690	50 879	51 995	53 136	54 303
c) Total increase (b-a)	880	899	996	1 133	1 162	1 191	1 222	1 189	1 116	1 141	1 167
d) Births	1 385	1 398	1 411	1 430	1 449	1 468	1 487	1 506	1 483	1 460	1 438
e) Deaths	432	430	427	426	425	424	423	423	422	421	420
f) Natural increase (d-e)	953	968	984	1 004	1 024	1 044	1 064	1 083	1 061	1 039	1 018
g) Net migration	-73	-69	12	129	138	147	158	106	55	102	149
h) Statistical adjustments	0	0	0	0	0	0	0	0	0	0	0
i) Total increase (=f+g+h=c)	880	899	996	1 133	1 162	1 191	1 222	1 189	1 116	1 141	1 167
(Components of change in population/ Average population) x1000											
Total increase rates	20.6	20.6	22.4	24.9	24.9	24.9	24.9	23.6	21.7	21.7	21.7
Crude birth rates	32.5	32.1	31.7	31.4	31.0	30.7	30.3	29.9	28.8	27.8	26.8
Crude death rates	10.1	9.9	9.6	9.4	9.1	8.9	8.6	8.4	8.2	8.0	7.8
Natural increase rates	22.3	22.2	22.1	22.0	21.9	21.8	21.7	21.5	20.6	19.8	19.0
Net migration rates	-1.7	-1.6	0.3	2.8	3.0	3.1	3.2	2.1	1.1	1.9	2.8

I - POPULATION

Milliers (estimations au milieu de l'année)

1989	1990	1991	1992	1993	1994	1995	1996	1997	1998	
										POPULATION - RÉPARTITION SELON L'AGE ET LE SEXE
										Ensemble des personnes
54 893	56 203	57 305	58 401	59 491	60 573	61 646	62 695	63 745	64 789	Total
19 706	19 938	20 023	20 053	20 039	19 994	19 924	19 893	19 883	19 868	Moins de 15 ans
32 973	34 022	34 957	35 923	36 902	37 876	38 831	39 782	40 689	41 584	De 15 à 64 ans
2 214	2 243	2 325	2 426	2 550	2 703	2 891	3 020	3 173	3 337	65 ans et plus
										Hommes
27 809	28 474	29 034	29 582	30 122	30 652	31 175	31 691	32 205	32 721	Total
10 105	10 215	10 257	10 269	10 258	10 229	10 188	10 168	10 158	10 147	Moins de 15 ans
16 688	17 223	17 697	18 189	18 688	19 182	19 665	20 144	20 599	21 049	De 15 à 64 ans
1 017	1 036	1 080	1 125	1 177	1 241	1 322	1 379	1 448	1 525	65 ans et plus
										Femmes
27 084	27 729	28 271	28 819	29 370	29 921	30 471	31 004	31 540	32 068	Total
9 602	9 724	9 766	9 784	9 782	9 765	9 736	9 725	9 725	9 721	Moins de 15 ans
16 285	16 798	17 260	17 734	18 215	18 694	19 166	19 638	20 090	20 535	De 15 à 64 ans
1 197	1 207	1 245	1 301	1 373	1 462	1 569	1 641	1 725	1 812	65 ans et plus
										POPULATION - POURCENTAGES
										Ensemble des personnes
100.0	100.0	100.0	100.0	100.0	100.0	100.0	100.0	100.0	100.0	Total
35.9	35.5	34.9	34.3	33.7	33.0	32.3	31.7	31.2	30.7	Moins de 15 ans
60.1	60.5	61.0	61.5	62.0	62.5	63.0	63.5	63.8	64.2	De 15 à 64 ans
4.0	4.0	4.1	4.2	4.3	4.5	4.7	4.8	5.0	5.2	65 ans et plus
										COMPOSANTES DE L'ÉVOLUTION DÉMOGRAPHIQUE
54 303	55 494	56 754	57 853	58 946	60 034	61 110	62 182			a) Population au 1er janvier
55 494	56 754	57 853	58 946	60 034	61 110	62 182	63 208			b) Population au 31 décembre
1 191	1 260	1 099	1 093	1 088	1 076	1 072	1 026			c) Accroissement total (b-a)
1 415	1 392	1 390	1 388	1 385	1 383	1 381	1 379	1 377	1 374	d) Naissances
419	417	391	394	398	401	405	408	412	417	e) Décès
996	975	999	994	987	982	976	971	965	957	f) Accroissement naturel (d-e)
195	285	100	99	101	94	96	55			g) Solde net des migrations
0	0	0	0	0	0	0	0			h) Ajustements statistiques
1 191	1 260	1 099	1 093	1 088	1 076	1 072	1 026			i) Accroissement total (=f+g+h=c)
										(Composition de l'évolution démographique/ Population moyenne) x1000
21.7	22.5	19.2	18.7	18.3	17.8	17.4	16.4			Taux d'accroissement total
25.8	24.8	24.3	23.8	23.3	22.8	22.4	22.0			Taux bruts de natalité
7.6	7.4	6.8	6.7	6.7	6.6	6.6	6.5			Taux bruts de mortalité
18.1	17.4	17.4	17.0	16.6	16.2	15.8	15.5			Taux d'accroissement naturel
3.6	5.1	1.7	1.7	1.7	1.6	1.6	0.9			Taux du solde net des migrations

TURKEY

II - LABOUR FORCE

Thousands

	1978	1979	1980	1981	1982	1983	1984	1985	1986	1987	1988
Total labour force											
All persons	17 538	17 564	17 673	17 640	17 799	18 109	18 361	18 572	19 065	19 580	19 893
Males											14 036
Females											5 855
Armed forces											
All persons	500	500	500	500	500	500	500	500	500	500	500
Males	500	500	500	500	500	500	500	500	500	500	500
Females											
Civilian labour force											
All persons	17 038	17 064	17 173	17 140	17 299	17 609	17 861	18 072	18 565	19 080	19 393
Males											13 536
Females											5 855
Unemployed											
All persons	1 686	1 482	1 393	1 223	1 214	1 360	1 360	1 290	1 471	1 592	1 638
Males											1 017
Females											621
Civilian employment											
All persons	15 352	15 582	15 780	15 917	16 085	16 249	16 501	16 782	17 094	17 488	17 755
Males											12 520
Females											5 235
Civilian employment (%)											
All persons	100.0	100.0	100.0	100.0	100.0	100.0	100.0	100.0	100.0	100.0	100.0
Males											70.5
Females											29.5
Unemployment rates (% of civilian labour force)											
All persons	9.9	8.7	8.1	7.1	7.0	7.7	7.6	7.1	7.9	8.3	8.4
Males											7.5
Females											10.6
Total labour force (% of total population)											
All persons	41.1	40.3	39.8	38.7	38.1	37.8	37.4	36.9	37.1	37.3	37.0
Males											51.6
Females											22.1
Total labour force (% of population from 15-64 years)[1]											
All persons	73.9	72.2	70.8	68.5	66.9	65.9	64.7	63.4	63.2	63.0	62.1
Males											86.6
Females											37.0
Civilian employment (% of total population)											
All persons	36.0	35.8	35.5	35.0	34.5	33.9	33.6	33.4	33.2	33.3	33.1
Part-time employment (%)[2]											
Part-time as % of employment											7.8
Male share of part-time employment											37.8
Female share of part-time employment											62.2
Male part-time as % of male employment											4.2
Female part-time as % of female employment											16.5
Duration of unemployment (% of total unemployment)[3]											
Less than 1 month											0.0
More than 1 month and less than 3 months											12.3
More than 3 months and less than 6 months											14.2
More than 6 months and less than 1 year											22.7
More than 1 year											50.8

(1) Participation rates calculated according to national definitions may differ from those published in this table, when the age group represented in the labour force survey is other than 15-64 years.

(2) Part-time employment refers to persons who work less than 30 hours per week in their main job. Data include only persons declaring usual hours worked.

(3) These percentages only take into account those persons for whom the duration of unemployment is known.

II - POPULATION ACTIVE

Milliers

	1989	1990	1991	1992	1993	1994	1995	1996	1997	1998	
											Population active totale
	20 431	20 650	20 969	21 165	21 282	21 903	22 409	22 736	22 397	23 013	Ensemble des personnes
	14 164	14 490	14 705	15 010	15 084	15 606	15 852	16 179	16 333	16 671	Hommes
	6 267	6 161	6 264	6 155	6 198	6 297	6 557	6 557	6 064	6 342	Femmes
											Forces armées
	500	500	500	500	500	500	500	500	500	500	Ensemble des personnes
	500	500	500	500	500	500	500	500	500	500	Hommes
											Femmes
											Population active civile
	19 931	20 150	20 469	20 665	20 782	21 403	21 909	22 236	21 897	22 513	Ensemble des personnes
	13 664	13 990	14 205	14 510	14 584	15 106	15 352	15 679	15 833	16 171	Hommes
	6 267	6 161	6 264	6 155	6 198	6 297	6 557	6 557	6 064	6 342	Femmes
											Chômeurs
	1 709	1 612	1 609	1 663	1 601	1 740	1 514	1 341	1 392	1 429	Ensemble des personnes
	1 116	1 089	1 167	1 187	1 156	1 258	1 089	994	942	1 026	Hommes
	593	524	443	476	445	482	425	348	450	403	Femmes
											Population active civile occupée
	18 222	18 538	18 860	19 002	19 181	19 663	20 396	20 895	20 505	21 084	Ensemble des personnes
	12 548	12 901	13 039	13 323	13 428	13 848	14 263	14 686	14 891	15 145	Hommes
	5 674	5 637	5 821	5 679	5 753	5 815	6 133	6 209	5 614	5 939	Femmes
											Population active civile occupée (%)
	100.0	100.0	100.0	100.0	100.0	100.0	100.0	100.0	100.0	100.0	Ensemble des personnes
	68.9	69.6	69.1	70.1	70.0	70.4	69.9	70.3	72.6	71.8	Hommes
	31.1	30.4	30.9	29.9	30.0	29.6	30.1	29.7	27.4	28.2	Femmes
											Taux de chômage (% de la population active civile)
	8.6	8.0	7.9	8.0	7.7	8.1	6.9	6.0	6.4	6.3	Ensemble des personnes
	8.2	7.8	8.2	8.2	7.9	8.3	7.1	6.3	5.9	6.3	Hommes
	9.5	8.5	7.1	7.7	7.2	7.7	6.5	5.3	7.4	6.4	Femmes
											Population active totale (% de la population totale)
	37.2	36.7	36.6	36.2	35.8	36.2	36.4	36.3	35.1	35.5	Ensemble des personnes
	50.9	50.9	50.6	50.7	50.1	50.9	50.8	51.1	50.7	50.9	Hommes
	23.1	22.2	22.2	21.4	21.1	21.0	21.5	21.1	19.2	19.8	Femmes
											Population active totale (% de la population de 15-64 ans)[1]
	62.0	60.7	60.0	58.9	57.7	57.8	57.7	57.2	55.0	55.3	Ensemble des personnes
	84.9	84.1	83.1	82.5	80.7	81.4	80.6	80.3	79.3	79.2	Hommes
	38.5	36.7	36.3	34.7	34.0	33.7	34.2	33.4	30.2	30.9	Femmes
											Population active civile occupée (% de la population totale)
	33.2	33.0	32.9	32.5	32.2	32.5	33.1	33.3	32.2	32.5	Ensemble des personnes
											Emploi à temps partiel (%)[2]
	9.6	9.2	11.0	11.4	8.7	8.9	6.7	5.6	6.3	6.2	Temps partiel en % de l'emploi
	35.7	37.5	29.4	36.7	42.0	39.7	40.8	36.3	41.4	39.7	Part des hommes dans le temps partiel
	64.3	62.5	70.6	63.3	58.0	60.3	59.2	63.7	58.6	60.3	Part des femmes dans le temps partiel
	5.0	4.9	4.7	6.0	5.2	5.0	3.9	2.9	3.6	3.4	Temps partiel des hommes en % de l'emploi des hommes
	19.8	18.8	25.1	24.2	16.9	18.2	13.2	12.0	13.5	13.3	Temps partiel des femmes en % de l'emploi des femmes
											Durée du chômage (% du chômage total)[3]
	0.0	0.0	0.0	0.0	0.0	0.0	0.0	0.0	0.0	0.0	Moins de 1 mois
	13.3	10.6	13.9	13.5	12.3	14.9	14.9	16.5	17.9	19.2	Plus de 1 mois et moins de 3 mois
	16.7	16.7	20.1	19.2	18.6	16.6	24.7	17.6	19.4	20.5	Plus de 3 mois et moins de 6 mois
	28.8	25.6	24.8	23.3	22.9	23.1	24.0	22.5	21.1	20.4	Plus de 6 mois et moins de 1 an
	41.2	47.0	41.2	44.1	46.3	45.4	36.3	43.5	41.6	40.0	Plus de 1 an

(1) Les taux d'activité calculés selon les définitions nationales peuvent être différents de ceux publiés dans ce tableau si le groupe d'âges représenté dans l'enquête de la population active est différent de 15-64 ans.

(2) L'emploi à temps partiel se réfère aux actifs travaillant moins de 30 heures par semaine dans leur emploi principal. Les données incluent uniquement les personnes déclarant des heures habituelles de travail.

(3) Ces pourcentages ne prennent en compte que les personnes pour lesquelles la durée du chômage est connue.

Statistiques de la Population Active OECD
© OCDE, 1999 OCDE

TURKEY

III - CIVILIAN EMPLOYMENT

Thousands

	1978	1979	1980	1981	1982	1983	1984	1985	1986	1987	1988
PROFESSIONAL STATUS											
All activities	15 352	15 582	15 780	15 917	16 085	16 249	16 501	16 782	17 094	17 488	17 755
Wage earners and salaried employees											7 170
Employers and persons working on own account											5 223
Unpaid family workers											5 362
Agriculture, hunting, forestry and fishing	8 416	8 409	8 402	8 394	8 367	8 341	8 313	8 286	8 263	8 238	8 249
Wage earners and salaried employees											529
Employers and persons working on own account											2 775
Unpaid family workers											4 945
Non-agricultural activities	6 936	7 173	7 378	7 523	7 718	7 908	8 188	8 496	8 831	9 250	9 506
Wage earners and salaried employees											6 641
Employers and persons working on own account											2 448
Unpaid family workers											417
All activities (%)	100.0	100.0	100.0	100.0	100.0	100.0	100.0	100.0	100.0	100.0	100.0
Wage earners and salaried employees											40.4
Others											59.6
BREAKDOWN BY ACTIVITIES											
I.S.I.C. Major Divisions											
1 to 0 All activities	16 351	15 581	15 780	15 918	16 084	16 250	16 499	16 782	17 093	17 487	17 754
1 Agriculture, hunting, forestry and fishing	8 416	8 409	8 402	8 394	8 367	8 341	8 313	8 286	8 263	8 238	8 249
2 Mining and quarrying	193	199	197	192	195	196	200	224	230	230	232
3 Manufacturing	2 023	2 048	2 070	2 084	2 146	2 219	2 269	2 349	2 385	2 457	2 552
4 Electricity, gas and water	44	45	44	46	51	52	56	59	64	65	66
5 Construction	872	897	902	903	906	909	940	967	1 021	1 083	1 108
6 Wholesale and retail trade; restaurants and hotels	1 282	1 355	1 429	1 493	1 536	1 584	1 661	1 737	1 853	1 994	2 029
7 Transport, storage and communication	600	611	623	637	646	658	678	702	734	768	778
8 Financing, insurance, real estate and business services	221	240	249	254	257	259	270	279	287	413	428
9 Community, social and personal services	1 590	1 677	1 764	1 815	1 880	1 932	2 012	2 079	2 156	2 239	2 312
0 Activities not adequately defined	0	0	0	0	0	0	0	0	0	0	0
WAGE EARNERS AND SALARIED EMPLOYEES BY ACTIVITIES											
I.S.I.C. Major Divisions											
1 to 0 All activities			6 162					6 978			7 169
1 Agriculture, hunting, forestry and fishing			589					524			529
2 Mining and quarrying			129					135			218
3 Manufacturing			1 500					1 729			1 881
4 Electricity, gas and water			33					23			26
5 Construction			709					697			893
6 Wholesale and retail trade; restaurants and hotels			344					493			694
7 Transport, storage and communication			276					331			421
8 Financing, insurance, real estate and business services			249					327			341
9 Community, social and personal services			2 249					2 640			2 166
0 Activities not adequately defined			85					80			0

III - POPULATION ACTIVE CIVILE OCCUPÉE

Milliers

	1989	1990	1991	1992	1993	1994	1995	1996	1997	1998	
											SITUATION DANS LA PROFESSION
	18 222	18 538	18 860	19 002	19 181	19 666	20 393	20 894	20 505	21 085	**Toutes activités**
	7 015	7 223	7 106	7 624	7 763	7 919	8 052	8 711	9 039	9 193	Salariés
	5 497	5 734	5 883	6 053	5 872	6 199	6 427	6 304	6 524	6 621	Employeurs et personnes travaillant à leur compte
	5 713	5 581	5 869	5 325	5 545	5 548	5 915	5 880	4 942	5 271	Travailleurs familiaux non rémunérés
	8 639	8 691	8 949	8 263	8 541	8 809	9 538	9 380	8 585	8 918	**Agriculture, chasse, sylviculture et pêche**
	383	427	367	403	390	393	472	595	545	515	Salariés
	2 974	3 119	3 155	3 080	3 047	3 336	3 609	3 377	3 506	3 567	Employeurs et personnes travaillant à leur compte
	5 283	5 146	5 428	4 781	5 105	5 080	5 457	5 408	4 534	4 837	Travailleurs familiaux non rémunérés
	9 583	9 847	9 911	10 739	10 640	10 857	10 855	11 514	11 920	12 167	**Activités non agricoles**
	6 632	6 796	6 739	7 221	7 373	7 526	7 580	8 116	8 494	8 678	Salariés
	2 523	2 615	2 728	2 973	2 825	2 863	2 818	2 927	3 018	3 054	Employeurs et personnes travaillant à leur compte
	430	435	441	544	440	468	458	472	408	435	Travailleurs familiaux non rémunérés
	100.0	100.0	100.0	100.0	100.0	100.0	100.0	100.0	100.0	100.0	**Toutes activités (%)**
	38.5	39.0	37.7	40.1	40.5	40.3	39.5	41.7	44.1	43.6	Salariés
	61.5	61.0	62.3	59.9	59.5	59.7	60.5	58.3	55.9	56.4	Autres
											RÉPARTITION PAR BRANCHES D'ACTIVITÉS
											C.I.T.I. Branches
	18 223	18 537	18 858	19 001	19 183	19 673	20 396	20 894	20 507	21 086	**1 à 0 Toutes activités**
	8 639	8 691	8 948	8 263	8 540	8 808	9 538	9 381	8 585	8 918	1 Agriculture, chasse, sylviculture et pêche
	189	198	185	178	144	176	149	174	161	154	2 Industries extractives
	2 637	2 627	2 715	2 953	2 784	2 948	2 854	3 063	3 255	3 268	3 Industries manufacturières
	67	68	63	65	104	101	110	91	115	115	4 Électricité, gaz et eau
	1 039	992	1 029	1 067	1 184	1 151	1 177	1 264	1 269	1 278	5 Bâtiment et travaux publics
	2 041	2 154	2 174	2 385	2 388	2 447	2 555	2 634	2 811	2 861	6 Commerce de gros et de détail; restaurants et hôtels
	830	716	805	866	921	863	840	893	885	958	7 Transports, entrepôts et communications
	440	416	429	475	444	473	459	483	504	511	8 Banques, assurances, affaires immobilières et services fournis aux entreprises
	2 343	2 578	2 511	2 752	2 675	2 706	2 716	2 913	2 923	3 025	9 Services fournis à la collectivité, services sociaux et services personnels
	0	0	0	0	0	0	0	0	0	0	0 Activités mal désignées
											SALARIÉS (OUVRIERS ET EMPLOYÉS) PAR ACTIVITÉS
											C.I.T.I. Branches
	7 014	7 224	7 107	7 624	7 764	7 927	8 052	8 714	9 041	9 194	**1 à 0 Toutes activités**
	382	428	367	403	389	393	472	596	545	514	1 Agriculture, chasse, sylviculture et pêche
	180	187	178	170	141	172	145	173	157	146	2 Industries extractives
	1 940	1 945	1 986	2 083	2 110	2 145	2 130	2 309	2 542	2 544	3 Industries manufacturières
	28	26	22	43	104	101	109	91	115	114	4 Électricité, gaz et eau
	817	763	762	826	1 046	1 029	1 052	1 146	1 170	1 184	5 Bâtiment et travaux publics
	679	717	757	809	832	883	974	1 005	1 081	1 131	6 Commerce de gros et de détail; restaurants et hôtels
	444	433	397	448	482	452	448	478	464	496	7 Transports, entrepôts et communications
	358	236	326	360	335	368	337	363	382	380	8 Banques, assurances, affaires immobilières et services fournis aux entreprises
	2 189	2 401	2 383	2 484	2 326	2 384	2 387	2 554	2 587	2 688	9 Services fournis à la collectivité, services sociaux et services personnels
	0	0	0	0	0	0	0	0	0	0	0 Activités mal désignées

Statistiques de la Population Active OECD
© OCDE, 1999 OCDE

Sources:

1. Annual Abstract of Statistics (Office for National Statistics, ONS).
2. Monthly Digest of Statistics (ONS).
3. Labour Market Trends (ONS).

I. POPULATION

Sources: National sources 1 and 2.

Coverage: *De jure* population (all persons usually resident in the United Kingdom whatever their nationalities). Including armed forces (both UK and foreign) stationed within the United Kingdom but excluding UK armed forces stationed abroad.

Method of computation: From 1976 to 1980 all population data are in line with the 1981 census results. From 1981, data have been revised in line with the 1991 census results.

II. TOTAL LABOUR FORCE

III. CIVILIAN EMPLOYMENT

Persons in government schemes included in the "not specified" category numbered (in thousands) 318 in 1984, 398 in 1985, 410 in 1986, 508 in 1987, 542 in 1998, 498 in 1989, 471 in 1990, 437 in 1991, 385 in 1992, 364 in 1993, 343 in 1994, 290 in 1995, 254 in 1996, 226 in 1997. The difference between the total of the "not specified" category and "persons in government schemes" corresponds to the persons with "status not stated" from 1984 to 1991 and to unpaid family workers from 1992 to 1997.

WAGE EARNERS AND SALARIED EMPLOYEES

Sources: National source 3, OECD questionnaire.

Date of reference: Until 1991 mid-year (June). From 1992 Spring.

Method of computation: Before 1992, Census of Employment and Annual Labour Force Survey.

The following are excluded from this census: working owners and private domestic servants. These groups are estimated from population censuses and from the labour force survey. Unpaid family workers are excluded from the labour force. Labour force includes trainees on work related government programs.

From 1992, Quarterly Labour Force Survey.

I. POPULATION

Source : Sources nationales 1 et 2.

Champ couvert : Population *de jure* (toutes les personnes habituellement résidantes quelle que soit leur nationalité). Y compris les forces armées du Royaume-Uni et les forces armées étrangères basées au Royaume-Uni mais excluant les forces armées du Royaume-Uni basées à l'étranger.

Méthode de calcul : De 1976 à 1980, toutes les séries de la population sont basées sur les résultats du recensement de 1981. A partir de 1981, les données ont été révisées selon les résultats du recensement de 1991.

II. POPULATION ACTIVE

III. POPULATION ACTIVE CIVILE OCCUPEE

Les personnes dans les programmes du gouvernement incluses dans la catégorie "non libellés" sont au nombre (en milliers) de 318 en 1984, de 398 en 1985, de 410 en 1986, de 508 en 1987, de 542 en 1998, de 498 en 1989, de 471 en 1990, de 437 en 1991, de 385 en 1992, de 364 en 1993, de 343 en 1994, de 290 en 1995, de 254 en 1996, de 226 en 1997. La différence entre le total de la catégorie "non spécifiés" et le nombre de personnes dans les programmes du gouvernement correspond au nombre de personnes au statut non identifié de 1984 à 1991 et au nombre des travailleurs familiaux non rémunérés de 1992 à 1997.

SALARIÉS

Source : Source nationale 3 et questionnaire OCDE.

Date de référence : Jusqu'à 1991, milieu d'année (juin), à partir de 1992 printemps.

Méthode de calcul : Avant 1992, recensement de l'emploi et enquête annuelle sur la population active.

Sont exclus de ce recensement : les propriétaires qui travaillent à leur compte et les domestiques. Les données les concernant sont estimées à partir des recensements de la population et des enquêtes annuelles de la population active. Les travailleurs familiaux non rémunérés sont exclus de la population active, les stagiaires en formation professionnelle sont inclus.

A partir de 1992, les données proviennent de l'enquête trimestrielle de la population active.

Statistiques de la Population Active OECD
© OCDE, 1999 OCDE

UNITED KINGDOM

I - POPULATION

Thousands (mid-year estimates)

	1978	1979	1980	1981	1982	1983	1984	1985	1986	1987	1988
POPULATION - DISTRIBUTION BY AGE AND GENDER											
All persons											
Total	56 167	56 227	56 330	56 352	56 318	56 377	56 506	56 685	56 852	57 009	57 158
Under 15 years	12 315	12 061	11 828	11 602	11 366	11 171	10 998	10 898	10 804	10 753	10 765
From 15 to 64 years	35 648	35 858	36 079	36 278	36 479	36 779	37 103	37 198	37 326	37 420	37 481
65 years and over	8 204	8 308	8 423	8 472	8 474	8 427	8 406	8 589	8 722	8 836	8 912
Males											
Total	27 327	27 370	27 411	27 409	27 391	27 429	27 511	27 611	27 698	27 789	27 876
Under 15 years	6 327	6 195	6 072	5 956	5 835	5 736	5 648	5 597	5 550	5 523	5 528
From 15 to 64 years	17 797	17 924	18 036	18 128	18 233	18 395	18 577	18 643	18 715	18 775	18 819
65 years and over	3 203	3 251	3 303	3 325	3 324	3 299	3 286	3 371	3 433	3 491	3 529
Females											
Total	28 840	28 857	28 919	28 943	28 927	28 948	28 995	29 074	29 153	29 220	29 282
Under 15 years	5 988	5 866	5 756	5 646	5 531	5 435	5 349	5 301	5 254	5 230	5 237
From 15 to 64 years	17 851	17 934	18 043	18 151	18 246	18 384	18 526	18 555	18 611	18 645	18 662
65 years and over	5 001	5 057	5 120	5 147	5 150	5 129	5 120	5 218	5 289	5 345	5 383
POPULATION - PERCENTAGES											
All persons											
Total	100.0	100.0	100.0	100.0	100.0	100.0	100.0	100.0	100.0	100.0	100.0
Under 15 years	21.9	21.5	21.0	20.6	20.2	19.8	19.5	19.2	19.0	18.9	18.8
From 15 to 64 years	63.5	63.8	64.0	64.4	64.8	65.2	65.7	65.6	65.7	65.6	65.6
65 years and over	14.6	14.8	15.0	15.0	15.0	14.9	14.9	15.2	15.3	15.5	15.6
COMPONENTS OF CHANGE IN POPULATION											
a) Population at 1 January	56 176	56 204	56 279	56 320	56 377	56 384	56 450	56 540	56 691	56 847	56 998
b) Population at 31 December	56 204	56 279	56 320	56 377	56 384	56 450	56 540	56 691	56 847	56 998	57 151
c) Total increase (b-a)	28	75	41	57	7	66	90	151	156	151	153
d) Births	687	735	754	731	719	722	730	751	755	776	788
e) Deaths	667	676	662	658	663	659	645	671	661	644	649
f) Natural increase (d-e)	20	59	92	73	56	63	85	80	94	132	139
g) Net migration	8	16	-51	-16	-49	3	5	71	62	19	14
h) Statistical adjustments	0	0	0	0	0	0	0	0	0	0	0
i) Total increase (=f+g+h=c)	28	75	41	57	7	66	90	151	156	151	153
(Components of change in population/ Average population) x1000											
Total increase rates	0.5	1.3	0.7	1.0	0.1	1.2	1.6	2.7	2.7	2.7	2.7
Crude birth rates	12.2	13.1	13.4	13.0	12.8	12.8	12.9	13.3	13.3	13.6	13.8
Crude death rates	11.9	12.0	11.8	11.7	11.8	11.7	11.4	11.9	11.6	11.3	11.4
Natural increase rates	0.4	1.0	1.6	1.3	1.0	1.1	1.5	1.4	1.7	2.3	2.4
Net migration rates	0.1	0.3	-0.9	-0.3	-0.9	0.1	0.1	1.3	1.1	0.3	0.2

I - POPULATION

Milliers (estimations au milieu de l'année)

	1989	1990	1991	1992	1993	1994	1995	1996	1997	1998	
											POPULATION - RÉPARTITION SELON L'AGE ET LE SEXE
											Ensemble des personnes
	57 358	57 561	57 808	58 007	58 293	58 395	58 606	58 801	59 009	59 237	Total
	10 830	10 925	11 061	11 200	11 332	11 359	11 362	11 358	11 378	11 380	Moins de 15 ans
	37 537	37 603	37 648	37 667	37 782	37 850	38 019	38 192	38 362	38 565	De 15 à 64 ans
	8 990	9 033	9 099	9 140	9 179	9 186	9 225	9 251	9 269	9 292	65 ans et plus
											Hommes
	27 989	28 118	28 246	28 362	28 533	28 592	28 727	28 856	28 990	29 128	Total
	5 562	5 611	5 683	5 749	5 813	5 825	5 827	5 826	5 836	5 835	Moins de 15 ans
	18 858	18 910	18 926	18 947	19 019	19 056	19 161	19 261	19 358	19 470	De 15 à 64 ans
	3 569	3 597	3 637	3 666	3 701	3 710	3 740	3 768	3 796	3 824	65 ans et plus
											Femmes
	29 368	29 443	29 562	29 645	29 760	29 803	29 878	29 946	30 019	30 108	Total
	5 269	5 314	5 378	5 451	5 519	5 533	5 536	5 532	5 542	5 545	Moins de 15 ans
	18 679	18 693	18 722	18 721	18 763	18 794	18 858	18 931	19 004	19 096	De 15 à 64 ans
	5 421	5 436	5 462	5 473	5 478	5 476	5 485	5 483	5 473	5 468	65 ans et plus
											POPULATION - POURCENTAGES
											Ensemble des personnes
	100.0	100.0	100.0	100.0	100.0	100.0	100.0	100.0	100.0	100.0	Total
	18.9	19.0	19.1	19.3	19.4	19.5	19.4	19.3	19.3	19.2	Moins de 15 ans
	65.4	65.3	65.1	64.9	64.8	64.8	64.9	65.0	65.0	65.1	De 15 à 64 ans
	15.7	15.7	15.7	15.8	15.7	15.7	15.7	15.7	15.7	15.7	65 ans et plus
											COMPOSANTES DE L'ÉVOLUTION DÉMOGRAPHIQUE
	57 151	57 323	57 606	57 907	58 099	58 293	58 507	58 705			a) Population au 1er janvier
	57 323	57 606	57 907	58 099	58 293	58 503	58 705	58 859			b) Population au 31 décembre
	172	283	301	192	194	210	198	154			**c) Accroissement total (b-a)**
	777	799	793	781	762	751	732	767			d) Naissances
	658	642	646	634	659	628	642	657			e) Décès
	119	157	147	147	103	123	90	110			**f) Accroissement naturel (d-e)**
	53	126	154	45	91	87	108	44			g) Solde net des migrations
	0	0	0	0	0	0	0	0			h) Ajustements statistiques
	172	283	301	192	194	210	198	154			**i) Accroissement total (=f+g+h=c)**
											(Composition de l'évolution démographique/ Population moyenne) x1000
	3.0	4.9	5.2	3.3	3.3	3.6	3.4	2.6			Taux d'accroissement total
	13.6	13.9	13.7	13.5	13.1	12.9	12.5	13.0			Taux bruts de natalité
	11.5	11.2	11.2	10.9	11.3	10.8	11.0	11.2			Taux bruts de mortalité
	2.1	2.7	2.5	2.5	1.8	2.1	1.5	1.9			Taux d'accroissement naturel
	0.9	2.2	2.7	0.8	1.6	1.5	1.8	0.7			Taux du solde net des migrations

UNITED KINGDOM

II - LABOUR FORCE

Thousands (mid-year estimates)

	1978	1979	1980	1981	1982	1983	1984	1985	1986	1987	1988
Total labour force											
All persons	26 357	26 628	26 840	26 740	26 678	26 610	27 265	27 714	27 791	27 979	28 255
Males	16 221	16 224	16 320	16 348	16 257	16 104	16 315	16 484	16 383	16 352	16 371
Females	10 136	10 404	10 520	10 392	10 421	10 506	10 950	11 230	11 408	11 628	11 883
Armed forces											
All persons	318	314	323	334	324	322	326	325	321	319	316
Males	303	299	307	317	309	306	310	309	305	302	300
Females	15	15	16	17	15	16	16	16	16	16	16
Civilian labour force											
All persons	26 039	26 314	26 517	26 406	26 354	26 288	26 939	27 389	27 469	27 661	27 939
Males	15 918	15 925	16 013	16 031	15 948	15 798	16 005	16 175	16 078	16 049	16 071
Females	10 121	10 389	10 504	10 375	10 406	10 490	10 934	11 214	11 391	11 611	11 867
Unemployed											
All persons	1 343	1 234	1 513	2 395	2 770	2 984	3 030	3 179	3 229	2 905	2 341
Males	986	888	1 072	1 775	2 043	2 145	2 120	2 197	2 217	2 023	1 632
Females	357	346	441	620	727	839	910	982	1 012	882	709
Civilian employment											
All persons	24 696	25 080	25 004	24 011	23 584	23 304	23 909	24 210	24 240	24 755	25 598
Males	14 932	15 037	14 941	14 256	13 905	13 653	13 885	13 978	13 860	14 026	14 439
Females	9 764	10 043	10 063	9 755	9 679	9 651	10 024	10 232	10 379	10 729	11 159
Civilian employment (%)											
All persons	100.0	100.0	100.0	100.0	100.0	100.0	*100.0	100.0	100.0	100.0	100.0
Males	60.5	60.0	59.8	59.4	59.0	58.6	58.1	57.7	57.2	56.7	56.4
Females	39.5	40.0	40.2	40.6	41.0	41.4	41.9	42.3	42.8	43.3	43.6
Unemployment rates (% of civilian labour force)											
All persons	5.2	4.7	5.7	9.1	10.5	11.4	11.2	11.6	11.8	10.5	8.4
Males	6.2	5.6	6.7	11.1	12.8	13.6	13.2	13.6	13.8	12.6	10.2
Females	3.5	3.3	4.2	6.0	7.0	8.0	8.3	8.8	8.9	7.6	6.0
Total labour force (% of total population)											
All persons	46.9	47.4	47.6	47.5	47.4	47.2	48.3	48.9	48.9	49.1	49.4
Males	59.4	59.3	59.5	59.6	59.4	58.7	59.3	59.7	59.1	58.8	58.7
Females	35.1	36.1	36.4	35.9	36.0	36.3	37.8	38.6	39.1	39.8	40.6
Total labour force (% of population from 15-64 years)[1]											
All persons	73.9	74.3	74.4	73.7	73.1	72.4	73.5	74.5	74.5	74.8	75.4
Males	91.1	90.5	90.5	90.2	89.2	87.5	87.8	88.4	87.5	87.1	87.0
Females	56.8	58.0	58.3	57.3	57.1	57.1	59.1	60.5	61.3	62.4	63.7
Civilian employment (% of total population)											
All persons	44.0	44.6	44.4	42.6	41.9	41.3	42.3	42.7	42.6	43.4	44.8
Part-time employment (%)[2]											
Part-time as % of employment						18.4	19.6	19.7	20.2	20.8	20.5
Male share of part-time employment						10.7	12.5	12.9	13.1	14.5	15.3
Female share of part-time employment						89.3	87.5	87.1	86.9	85.5	84.7
Male part-time as % of male employment						3.3	4.2	4.3	4.6	5.2	5.5
Female part-time as % of female employment						40.1	41.2	41.1	41.6	41.9	40.8
Duration of unemployment (% of total unemployment)[3]											
Less than 1 month						6.8	7.2	6.7	6.8	6.9	9.4
More than 1 month and less than 3 months						10.7	11.9	10.1	11.1	11.4	14.2
More than 3 months and less than 6 months						16.1	15.7	15.8	16.7	16.9	16.5
More than 6 months and less than 1 year						20.8	18.9	17.1	17.2	16.9	16.8
More than 1 year						45.6	46.3	50.3	48.2	47.9	43.0

(1) Participation rates calculated according to national definitions may differ from those published in this table, when the age group represented in the labour force survey is other than 15-64 years.

(2) Part-time employment refers to persons who work less than 30 hours per week in their main job. Data include only persons declaring usual hours worked.

(3) These percentages only take into account those persons for whom the duration of unemployment is known.

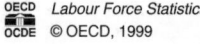

II - POPULATION ACTIVE

Milliers (estimations au milieu de l'année)

1989	1990	1991	1992	1993	1994	1995	1996	1997	1998	
										Population active totale
28 427	28 498	28 546	28 581	28 447	28 433	28 632	28 754	28 873	28 944	Ensemble des personnes
16 319	16 259	16 307	16 187	16 021	15 996	16 066	16 085	16 111	16 120	Hommes
12 108	12 239	12 239	12 395	12 426	12 436	12 566	12 669	12 762	12 823	Femmes
										Forces armées
308	303	297	141	130	118	133	122	115	112	Ensemble des personnes
291	286	278	130	124	111	127	116	110	108	Hommes
16	18	19	11	6	5	6	6	4	4	Femmes
										Population active civile
28 119	28 195	28 249	28 440	28 317	28 315	28 499	28 632	28 758	28 832	Ensemble des personnes
16 027	15 973	16 029	16 056	15 897	15 885	15 940	15 969	16 000	16 013	Hommes
12 092	12 222	12 219	12 383	12 420	12 431	12 560	12 663	12 758	12 819	Femmes
										Chômeurs
1 743	1 556	2 241	2 769	2 936	2 736	2 460	2 292	1 974	1 823	Ensemble des personnes
1 257	1 155	1 708	1 865	1 986	1 825	1 609	1 485	1 230	1 120	Hommes
487	400	533	904	949	910	851	807	743	703	Femmes
										Population active civile occupée
26 376	26 639	26 008	25 671	25 381	25 579	26 039	26 340	26 785	27 009	Ensemble des personnes
14 771	14 818	14 322	14 191	13 911	14 059	14 331	14 485	14 770	14 892	Hommes
11 605	11 821	11 686	11 479	11 471	11 520	11 708	11 856	12 015	12 117	Femmes
										Population active civile occupée (%)
100.0	100.0	100.0	100.0	100.0	100.0	100.0	100.0	100.0	100.0	Ensemble des personnes
56.0	55.6	55.1	55.3	54.8	55.0	55.0	55.0	55.1	55.1	Hommes
44.0	44.4	44.9	44.7	45.2	45.0	45.0	45.0	44.9	44.9	Femmes
										Taux de chômage (% de la population active civile)
6.2	5.5	7.9	9.7	10.4	9.7	8.6	8.0	6.9	6.3	Ensemble des personnes
7.8	7.2	10.7	11.6	12.5	11.5	10.1	9.3	7.7	7.0	Hommes
4.0	3.3	4.4	7.3	7.6	7.3	6.8	6.4	5.8	5.5	Femmes
										Population active totale (% de la population totale)
49.6	49.5	49.4	49.3	48.8	48.7	48.9	48.9	48.9	48.9	Ensemble des personnes
58.3	57.8	57.7	57.1	56.1	55.9	55.9	55.7	55.6	55.3	Hommes
41.2	41.6	41.4	41.8	41.8	41.7	42.1	42.3	42.5	42.6	Femmes
										Population active totale (% de la population de 15-64 ans)[1]
75.7	75.8	75.8	75.9	75.3	75.1	75.3	75.3	75.3	75.1	Ensemble des personnes
86.5	86.0	86.2	85.4	84.2	83.9	83.8	83.5	83.2	82.8	Hommes
64.8	65.5	65.4	66.2	66.2	66.2	66.6	66.9	67.2	67.2	Femmes
										Population active civile occupée (% de la population totale)
46.0	46.3	45.0	44.3	43.5	43.8	44.4	44.8	45.4	45.6	Ensemble des personnes
										Emploi à temps partiel (%)[2]
20.2	20.1	20.7	21.5	22.1	22.4	22.3	22.9	22.9	23.0	Temps partiel en % de l'emploi
13.8	14.9	14.9	15.6	16.4	17.1	18.2	18.6	19.6	19.6	Part des hommes dans le temps partiel
86.2	85.1	85.1	84.4	83.6	82.9	81.8	81.4	80.4	80.4	Part des femmes dans le temps partiel
4.9	5.3	5.5	6.1	6.6	7.0	7.3	7.7	8.2	8.2	Temps partiel des hommes en % de l'emploi des hommes
40.4	39.5	40.3	40.6	41.0	41.2	40.7	41.4	40.9	41.2	Temps partiel des femmes en % de l'emploi des femmes
										Durée du chômage (% du chômage total)[3]
11.2	12.5	11.5	11.2	9.7	10.2	10.6	11.2	13.6	16.1	Moins de 1 mois
15.7	17.5	19.3	13.2	11.2	12.4	12.7	14.5	16.2	17.2	Plus de 1 mois et moins de 3 mois
17.7	19.8	22.1	18.2	16.1	14.0	16.0	16.2	15.4	18.7	Plus de 3 mois et moins de 6 mois
16.2	15.9	18.3	21.9	20.4	18.0	17.2	18.3	16.1	14.8	Plus de 6 mois et moins de 1 an
39.1	34.4	28.8	35.4	42.5	45.4	43.6	39.8	38.6	33.1	Plus de 1 an

(1) Les taux d'activité calculés selon les définitions nationales peuvent être différents de ceux publiés dans ce tableau si le groupe d'âges représenté dans l'enquête de la population active est différent de 15-64 ans.

(2) L'emploi à temps partiel se réfère aux actifs travaillant moins de 30 heures par semaine dans leur emploi principal. Les données incluent uniquement les personnes déclarant des heures habituelles de travail.

(3) Ces pourcentages ne prennent en compte que les personnes pour lesquelles la durée du chômage est connue.

Statistiques de la Population Active OECD OCDE
© OCDE, 1999

UNITED KINGDOM

III - CIVILIAN EMPLOYMENT

Thousands (mid-year estimates)

	1978	1979	1980	1981	1982	1983	1984	1985	1986	1987	1988
PROFESSIONAL STATUS											
All activities[1]	24 697	25 079	25 004	24 011	23 584	23 304	*23 854	24 250	24 380	24 754	25 708
Wage earners and salaried employees	22 790	23 173	22 991	21 892	21 414	21 067	*20 817	21 070	21 167	21 179	21 932
Employers and persons working on own account	1 907	1 906	2 013	2 119	2 170	2 221	*2 694	2 781	2 801	3 058	3 230
Not specified						16	*343	398	412	517	546
Agriculture, hunting, forestry and fishing	680	666	654	639	632	622	*616	568	538	569	598
Wage earners and salaried employees	395	380	373	363	358	350	*297	293	265	270	275
Employers and persons working on own account	285	286	281	276	274	272	*319	275	273	299	323
Not specified	0	0	0	0	0	0	0	0	0	0	0
Non-agricultural activities	24 017	24 413	24 350	23 372	22 952	22 682	*23 238	23 682	23 842	24 185	25 110
Wage earners and salaried employees	22 395	22 793	22 618	21 529	21 056	20 717	*20 520	20 777	20 902	20 909	21 657
Employers and persons working on own account	1 622	1 620	1 732	1 843	1 896	1 949	*2 375	2 506	2 528	2 759	2 907
Not specified						16	*343	398	412	517	546
All activities (%)	100.0	100.0	100.0	100.0	100.0	100.0	*100.0	100.0	100.0	100.0	100.0
Wage earners and salaried employees	92.3	92.4	91.9	91.2	90.8	90.4	*87.3	86.9	86.8	85.6	85.3
Others						9.6	*12.7	13.1	13.2	14.4	14.7
BREAKDOWN BY ACTIVITIES											
I.S.I.C. Major Divisions											
1 to 0 All activities	24 697	25 079	25 004	24 011	23 584	23 304	*23 854	24 250	24 380	24 754	25 708
1 Agriculture, hunting, forestry and fishing	680	666	654	639	632	622	*616	568	538	569	598
2 Mining and quarrying	361	359	361	351	338	323					
3 Manufacturing	7 427	7 395	7 081	6 365	6 005	5 664	*5 862	5 934	5 936	5 682	5 966
4 Electricity, gas and water	341	349	353	350	336	322	*716	692	626	584	574
5 Construction	1 524	1 590	1 617	1 526	1 474	1 461	*1 832	1 804	1 757	1 880	1 918
6 Wholesale and retail trade; restaurants and hotels	4 591	4 729	4 818	4 705	4 671	4 639	*4 834	4 864	4 900	5 082	5 298
7 Transport, storage and communication	1 551	1 567	1 580	1 526	1 477	1 439	*1 467	1 458	1 469	1 536	1 585
8 Financing, insurance, real estate and business services	1 692	1 767	1 837	1 901	1 976	2 067	*2 012	2 237	2 356	2 460	2 644
9 Community, social and personal services	6 530	6 656	6 703	6 647	6 675	6 752	*6 296	6 553	6 679	6 827	6 988
0 Activities not adequately defined						16	*219	140	119	134	137
WAGE EARNERS AND SALARIED EMPLOYEES BY ACTIVITIES											
I.S.I.C. Major Divisions											
1 to 0 All activities	22 790	23 173	22 991	21 892	21 414	21 067	*20 982	21 209	21 332	21 355	22 083
1 Agriculture, hunting, forestry and fishing	395	380	373	363	358	350	*297	293	265	270	275
2 Mining and quarrying	361	359	361	351	338	323					
3 Manufacturing	7 283	7 253	6 936	6 217	5 854	5 511	*5 603	5 630	5 628	5 335	5 580
4 Electricity, gas and water	341	349	353	350	336	322	*711	684	620	575	564
5 Construction	1 199	1 239	1 243	1 130	1 067	1 044	*1 257	1 207	1 127	1 181	1 158
6 Wholesale and retail trade; restaurants and hotels	3 917	4 077	4 135	3 991	3 955	3 922	*3 955	3 966	4 025	4 162	4 355
7 Transport, storage and communication	1 466	1 479	1 486	1 425	1 380	1 345	*1 329	1 336	1 338	1 356	1 421
8 Financing, insurance, real estate and business services	1 543	1 619	1 668	1 711	1 773	1 850	*1 756	1 939	2 036	2 110	2 281
9 Community, social and personal services	6 284	6 419	6 438	6 354	6 353	6 401	*5 958	6 102	6 246	6 309	6 414
0 Activities not adequately defined							116	52	47	57	35

(1) Labour force components have been revised from 1995, while civilian employment by professional status has not been revised. For this reason, figures are different from those in table II, for 1995, 1996 and 1997.

III - POPULATION ACTIVE CIVILE OCCUPÉE

Milliers (estimations au milieu de l'année)

1989	1990	1991	1992	1993	1994	1995	1996	1997	1998	
										SITUATION DANS LA PROFESSION
26 549	26 818	26 302	25 671	25 381	25 579	25 839	26 088	26 564	27 009	**Toutes activités**[1]
22 515	22 770	22 434	21 877	21 682	21 790	22 054	22 422	22 886	23 298	Salariés
3 528	3 572	3 416	3 227	3 184	3 301	3 355	3 286	3 335	3 257	Employeurs et personnes travaillant à leur compte
505	477	452	566	515	489	430	381	344	272	Non spécifiés
589	573	592	567	518	534	533	511	520	465	**Agriculture, chasse, sylviculture et pêche**
271	258	263	225	212	235	229	230	235	215	Salariés
318	315	329	342	306	299	304	281	285	230	Employeurs et personnes travaillant à leur compte
0	0	0	0	0	0	0	0	0	18	Non spécifiés
25 960	26 245	25 710	25 104	24 863	25 045	25 306	25 577	26 044	26 544	**Activités non agricoles**
22 244	22 512	22 171	21 652	21 470	21 555	21 825	22 192	22 651	23 083	Salariés
3 210	3 257	3 087	2 885	2 878	3 002	3 051	3 005	3 050	3 027	Employeurs et personnes travaillant à leur compte
505	477	452	566	515	489	430	381	344	254	Non spécifiés
100.0	100.0	100.0	100.0	100.0	100.0	100.0	100.0	100.0	100.0	**Toutes activités (%)**
84.8	84.9	85.3	85.2	85.4	85.2	85.4	85.9	86.2	86.3	Salariés
15.2	15.1	14.7	14.8	14.6	14.8	14.6	14.1	13.8	13.1	Autres
										RÉPARTITION PAR BRANCHES D'ACTIVITÉS
										C.I.T.I. Branches
26 549	26 818	26 302	25 671	25 381	25 579	25 839	26 088	26 564	27 009	**1 à 0 Toutes activités**
589	573	592	567	518	534	534	512	494	465	1 Agriculture, chasse, sylviculture et pêche
					113	113	108	105	100	2 Industries extractives
5 973	5 928	5 665	5 402	5 305	4 873	4 909	5 036	4 990	4 987	3 Industries manufacturières
580	598	570	523	483	237	222	189	179	179	4 Électricité, gaz et eau
2 127	2 141	1 948	1 783	1 685	1 863	1 835	1 819	1 865	1 896	5 Bâtiment et travaux publics
5 430	5 415	5 311	5 194	5 071	5 145	5 232	5 239	5 385	5 356	6 Commerce de gros et de détail; restaurants et hôtels
1 674	1 652	1 637	1 611	1 588	1 589	1 655	1 629	1 707	1 756	7 Transports, entrepôts et communications
2 860	3 046	3 004	2 909	2 954	3 467	3 575	3 592	3 804	3 952	8 Banques, assurances, affaires immobilières et services fournis aux entreprises
7 150	7 276	7 330	7 501	7 621	7 572	7 642	7 847	7 944	8 077	9 Services fournis à la collectivité, services sociaux et services personnels
166	189	245	181	156	186	122	119	91	241	0 Activités mal désignées
										SALARIÉS (OUVRIERS ET EMPLOYÉS) PAR ACTIVITÉS
										C.I.T.I. Branches
22 656	22 887	22 531	22 018	21 812	21 978	22 054	22 422	22 886	23 298	**1 à 0 Toutes activités**
271	258	263	229	215	237	223	225	214	215	1 Agriculture, chasse, sylviculture et pêche
					108	107	103	99	95	2 Industries extractives
5 561	5 526	5 257	4 994	4 902	4 596	4 620	4 754	4 710	4 699	3 Industries manufacturières
570	582	555	509	471	234	220	186	174	172	4 Électricité, gaz et eau
1 212	1 243	1 151	1 050	971	1 051	994	998	1 090	1 211	5 Bâtiment et travaux publics
4 487	4 496	4 463	4 332	4 227	4 368	4 429	4 531	4 667	4 651	6 Commerce de gros et de détail; restaurants et hôtels
1 484	1 457	1 458	1 422	1 392	1 411	1 435	1 419	1 478	1 539	7 Transports, entrepôts et communications
2 435	2 577	2 548	2 426	2 499	2 933	3 029	3 034	3 228	3 346	8 Banques, assurances, affaires immobilières et services fournis aux entreprises
6 599	6 710	6 744	7 014	7 106	7 013	6 970	7 146	7 200	7 369	9 Services fournis à la collectivité, services sociaux et services personnels
37	38	92	42	29	27	27	27	25	1	0 Activités mal désignées

(1) Les composantes de la population active ont été révisées depuis 1995, tandis que la décomposition de la population active civile occupée par situation dans la profession n'a pas été révisée. Pour cette raison, les chiffres diffèrent de ceux présentés dans le tableau II, pour les années 1995, 1996 et 1997.

Statistiques de la Population Active
© OCDE, 1999

Participation Rates and Unemployment Rates
Taux d'activité et taux de chômage

PART III

PARTICIPATION RATES AND
UNEMPLOYMENT RATES
by age and sex

PARTIE III

TAUX D'ACTIVITÉ ET
TAUX DE CHÔMAGE
selon l'âge et le sexe

These tables cover the period from 1979 to 1998 and refer to the following twenty-nine countries:

Canada	Iceland
United States	Ireland
Japan	Italy
Korea	Luxembourg
Australia	Mexico
New Zealand	Netherlands
Austria	Norway
Belgium	Poland
Czech Republic	Portugal
Denmark	Spain
Finland	Switzerland
France	Sweden
Germany	Turkey
Greece	United Kingdom
Hungary	

While the remainder of this publication is the responsibility of the Statistics Directorate, the data in Part III have been compiled by the Directorate for Education, Employment, Labour and Social Affairs. This could not have been done without the active co-operation of the Statistical Offices of Member countries, who have checked much of the data shown and in particular the Working Party on Employment and Unemployment Statistics of the Education, Employment, Labour and Social Affairs Committee.

Statistics and Indicators Division
Directorate for Education, Employment,
Labour and Social Affairs

General Introduction

The data shown below are drawn from basically the same sources as those used for the first two parts of the publication. However, no attempt has been made to standardise them to international definitions. For this reason, the aggregate data as well as some definitions, sources and periods of reference differ occasionally from the data contained in Parts I and II. This is particularly true for the participation rates. It is stressed that the aggregate figures shown here for the unemployment rate are designed purely to facilitate the analysis of unemployment by age and sex and should not be regarded as constituting an alternative OECD compilation of unemployment rates.

Ces tableaux couvrent la période de 1979 à 1998 et concernent les vingt-neuf pays suivants:

Canada	Islande
États-Unis	Irlande
Japon	Italie
Corée	Luxembourg
Australie	Mexique
Nouvelle-Zélande	Pays-Bas
Autriche	Norvège
Belgique	Pologne
République tchèque	Portugal
Danemark	Espagne
Finlande	Suisse
France	Suède
Allemagne	Turquie
Grèce	Royaume-Uni
Hongrie	

Alors que la Direction des Statistiques est responsable des autres parties de cet annuaire, les données de cette troisième partie ont été recueillies par la Direction de l'Éducation, de l'Emploi, du Travail et des Affaires Sociales. Cette tâche n'aurait pu être menée à bien sans la coopération active des instituts de statistiques des pays Membres, qui ont vérifié la plupart des données utilisées, et plus particulièrement du Groupe de travail sur les statistiques de l'emploi et du chômage du Comité de l'Éducation, de l'Emploi, du Travail et des Affaires Sociales.

Division des statistiques et des indicateurs
Direction de l'Éducation, de l'Emploi, du Travail
et des Affaires Sociales

Introduction générale

Les données présentées ci-dessous proviennent essentiellement des même sources que celles utilisées dans les deux premières parties de cette publication. Toutefois, aucune normalisation selon les définitions internationales n'a été effectuée. De ce fait, les données agrégées ainsi que les définitions, les sources et les périodes de références, diffèrent parfois de celles auxquelles on se réfère dans les deux premières parties. Ceci est vrai surtout en ce qui concerne les taux d'activité. Les estimations du taux de chômage global qui figurent dans les tableaux ont été calculées uniquement pour faciliter l'analyse du chômage selon l'âge et le sexe et ne devraient pas être considérées comme des séries alternatives de l'OCDE pour les taux de chômage.

International comparisons of these data must be made with caution. In countries where young people are conscripted into the armed forces, their measured participation rates will differ considerably according to whether the figures include or exclude the armed forces. Differences in the lower age limit also exist between countries. Again, a comparison of youth unemployment rates may be made more difficult by different statistical treatments of young people combining jobseeking with full-time education and of young people benefiting from national training schemes. For more details the reader is referred to *Measuring Employment and Unemployment*, OECD, 1979, *Youth Unemployment: The Causes and Consequences*, OECD, 1980, Chapter 5 of OECD *Employment Outlook*, September 1987, and Chapter 1 of OECD *Employment Outlook*, July 1994.

On ne doit faire des comparaisons internationales de ces données qu'avec circonspection. Dans les pays où existe une conscription, les taux d'activité des jeunes gens différeront considérablement selon que les données incluent ou non les effectifs des forces armées. Il existe aussi des différences dans l'âge minimum d'activité selon les pays. Les différentes méthodes statistiques d'enregistrement des jeunes qui combinent la recherche d'un emploi et les études à plein temps ou de ceux qui suivent des formations professionnelles peuvent aussi rendre les comparaisons de taux de chômage des jeunes plus difficiles. Le lecteur consultera pour plus de détails les études suivantes : *L'emploi et le chômage: critères de mesure*, OCDE, 1979, *Les jeunes sans emploi: causes et conséquences*, OCDE, 1980, le chapitre 5 des *Perspectives de l'Emploi*, OCDE, septembre 1987, et chapitre 1 des *Perspectives de l'emploi*, juillet 1994.

Definitions

The **Participation rate** for a given age group is defined as the ratio between the total (or civilian) labour force for the age group divided by the total population for the age group.

The **Unemployment rate** for a given age group is defined as the number of unemployed for the age group divided by the total (or civilian) labour force for the age group. For all age groups together the definition is the number of unemployed for all age groups divided by the total (or civilian) labour force for all age groups.

Définitions

Le **taux d'activité** d'un groupe d'âge est défini par le rapport entre la population active totale (ou civile) de ce groupe et la population totale du même groupe d'âge.

Le **taux de chômage** d'un groupe d'âge donné est défini par le rapport entre le nombre de chômeurs de ce groupe d'âge et la population active totale (ou civile) du même groupe d'âge. Pour l'ensemble des groupes d'âge, le rapport se fait entre le nombre total de chômeurs et la population active totale (ou civile) de tous les groupes d'âge.

CANADA

Publication : *The Labour Force*, Statistics Canada.

Source : Monthly Household Labour Force Survey.

Period : The annual data are averages of monthly estimates.

Remarks : The data were revised for 1981 and subsequent years by the Canadian authorities on the basis of the results of the census of 1986.

Coverage : The survey covers the civilian non-institutional population force aged 15 years and over.

MEXICO

Publication : *Encuesta Nacional de Empleo* (ENE) - Secretaría del Trabajo y Prevísíon Social (STPS).

Source : Encuesta Nacional de Empleo (ENE).

Period : Biennial survey since 1991. The annual data refer to the second quarter.

Remarks : Estimates for 1992 and 1994 are obtained using the annualised rates of growth between the survey years 1993/1991 and 1995/1993.

Coverage : The survey covers the civilian resident population aged 15 years and over.

Definition : The definition for unemployment is consistent with the ILO definition.

UNITED STATES

Publication : *Employment and Earnings*, Bureau of Labor Statistics.

Source : Monthly Household Labour Force Survey (Current Population Survey).

Period : The annual data are averages of monthly estimates.

Remarks : In January 1994, a major redesign was introduced to the survey questionnaire and collection methodology. For further details refer to the article "Revisions in the current Population Survey Effective January 1994", *Employment and Earnings*, February 1994.

Coverage : The survey covers the civilian non-institutional population aged 16 years and over.

CANADA

Publication : *La Population active*, Statistique Canada.

Source : Enquête mensuelle sur la population active auprès des ménages.

Période : Les chiffres annuels sont des moyennes d'estimations mensuelles.

Remarques : Les données ont été révisées depuis 1981 sur la base des résultats du recensement de 1986 par les autorités canadiennes.

Couverture : L'enquête porte sur la population civile non-institutionnelle âgée de 15 ans et plus.

MEXIQUE

Publication : *Encuesta Nacional de Empleo (ENE) -* Secretaría del Trabajo y Prevísíon Social (STPS).

Source : Encuesta Nacional de Empleo (ENE).

Période : Enquête biennale depuis 1991. Les chiffres annuels sont des estimations de la deuxième trimestre.

Remarques : Les estimations pour les années 1992 et 1994 sont obtenues par application du taux decroissance annuel moyen entre deux années d'enquêtes, 1993/1991 et 1995/1993 respectivement.

Couverture : L'enquête porte sur la population civile résidante, âgée de 15 ans et plus.

Définition : La définition du chômage est conforme à la définition du BIT.

ÉTATS-UNIS

Publication : *Employment and Earnings*, Bureau of Labor Statistics.

Source : Enquête mensuelle sur la population active auprès des ménages (Current Population Survey).

Période : Les chiffres annuels sont des moyennes d'estimations mensuelles.

Remarques : En janvier 1994, un important remaniement de l'enquête ainsi que de la méthode de collecte a été effectué. Pour plus de détails se référer à l'article suivant: «Revisions in the Current Population Survey Effective January 1994», *Employment and Earnings,* février 1994.

Couverture : L'enquête porte sur la population civile non-institutionnelle âgée de 16 ans et plus.

JAPAN

Publication : *Annual Reports of the labour force survey* and *Monthly reports of the labour force survey*, Statistics Bureau, Management and Coordination Agency.

Source : Monthly Household Labour Force Survey.

Period : The annual data are averages of monthly estimates.

Coverage : The survey covers the resident population aged 15 years and over, including all armed forces.

KOREA

Publication : *Annual Report on the Economically Active Population Survey*, National Statistical Office.

Source : Monthly Economically Active Population Survey.

Period : The annual data are averages of monthly estimates.

Remarks : The Economically Active Population Survey was first introduced in 1963 and was conducted every quarter. The period of the survey was changed from quarterly to monthly in July 1982.

Coverage : The survey covers the resident population aged 15 years and over, but excludes armed forces, prisoners and foreigners.

AUSTRALIA

Publication : *The Labour Force*, Australian Bureau of Statistics.

Source : Monthly Labour Force Survey.

Period : The annual data refer to the month of August.

Remarks : The data were revised for 1984 and subsequent years by the Australian authorities on the basis of the results of the census of 1986. There is a break in series between 1985 and 1986 due to the inclusion in employment of unpaid family workers having worked less 15 hours.

Coverage : The survey covers the civilian population aged 15 years and over.

NEW ZEALAND

Publication : *The New Zealand Labour Force*, Department of Statistics, New Zealand.

Source : Quarterly Household Labour Force Survey.

JAPON

Publication : *Annual Reports of the labour force survey* and *Monthly reports of the labour force survey*, Statistics Bureau, Management and Coordination Agency.

Source : Enquête mensuelle sur la population active auprès des ménages.

Période : Les chiffres annuels sont des moyennes d'estimations mensuelles.

Couverture : L'enquête porte sur la population résidante âgée de 15 ans et plus, y compris les forces armées.

CORÉE

Publication : *Annual Report on the Economically Active Population Survey,* National Statistical Office.

Source : Enquête mensuelle sur la population active.

Période : Les chiffres annuels sont des moyennes d'estimations mensuelles.

Remarques : L'enquête sur la population active a été introduite en 1963 et conduite sur une base trimestrielle. L'enquête est devenue mensuelle à partir de juillet 1982.

Couverture : L'enquête porte sur la population résidante âgée de 15 ans et plus, mais exclut les forces armées, les prisonniers et les étrangers.

AUSTRALIE

Publication : *The Labour Force*, Australian Bureau of Statistics.

Source : Enquête mensuelle sur la population active.

Période : Les chiffres annuels se réfèrent au mois d'août.

Remarques : Les données ont été révisées à partir de 1984 sur la base des résultats du recensement de 1986 par les autorités australiennes. Il y a une rupture de série entre 1985 et 1986 dû à l'inclusion parmi les actifs occupés des travailleurs familiaux non-rémunérés ayant travaillé moins de 15 heures.

Couverture : L'enquête porte sur la population civile âgée de 15 ans et plus.

NOUVELLE-ZÉLANDE

Publication : *The New Zealand Labour Force*, Département des Statistiques, Nouvelle-Zélande.

Source : Enquête trimestrielle sur la population active.

Period : The annual data are averages of quarterly estimates.

Remarks : The sample was doubled in April 1990 from 12,000 to 24,000 households. From September 1991, the sample size was reduced from 24,000 to 16,000 households. All Household Labour Force Survey data has been revised from 1992 to 1998 as at March 1998.

Coverage : The survey covers the civilian non-institutional population aged 15 years and over.

AUSTRIA

Publication : *Mikrocensus*, Austrian Central Statistical Office

Source : Quarterly Mikrocensus.

Period : The annual data are averages of quarterly estimates of the Mikrocensus sample survey.

Coverage : The survey covers the resident population aged 15 years and over.

BELGIUM

Publication : Labour Force Survey, Statistical Office of the European Union (Eurostat).

Source European Labour Force Survey (Spring).

Period : The annual data refer to the month of May.

Coverage : The survey covers the resident population aged 15 years and over living in private households.

Definition : The concepts and definitions used in the European Labour Force Survey have been derived from the ILO guidelines since 1983. The 1992 European Labour Force Survey contains changes on the definition of unemployment. For more details see Labour Force Survey - Methods and definitions, 1992, Eurostat.

CZECH REPUBLIC

Publication : *Employment and Unemployment in the Czech Republic - The Labour Force Sample Survey -* Czech Statistical Office (CSU).

Source : Quarterly Labour Force Sample Survey.

Period : The annual data are averages of quarterly estimates.

Période : Les chiffres annuels sont des moyennes d'estimations trimestrielles.

Remarques : L'échantillon a été doublé en avril 1990 pour passer de 12,000 à 24,000 ménages. En septembre 1991, l'échantillon a été reduit pour passer de 24,000 à 16,000 ménages. Toutes les données de l'enquête ont été revisé de 1992 à 1998 en mars 1998.

Couverture : L'enquête porte sur la population civile non-institutionnelle âgée de 15 ans et plus.

AUTRICHE

Publication : *Mikrocensus*, Australian Central Statistical Office

Source : Mikrocensus trimestriel.

Période : Les chiffres annuels sont des moyennes d'estimations trimestrielles du Mikrocensus.

Couverture : L'enquête porte sur la population résidante âgée de 15 ans et plus.

BELGIQUE

Publication : Enquête sur les forces du travail, Office statistique de l'Union Européenne (Eurostat).

Source : Enquête communautaire sur les forces du travail (printemps).

Période : Les chiffres annuels se réfèrent au mois de mai.

Couverture : L'enquête porte sur la population résidante âgée de 15 ans et plus vivant dans les ménages privés.

Définition : Les concepts et définitions utilisés dans l'Enquête communautaire sur les forces du travail sont dérivés des recommandations du BIT depuis 1983. L'Enquête communautaire sur les forces du travail de 1992 introduit des changements dans la définition du chômage. Pour plus de détails voir l'Enquête sur les forces du travail – Méthodes et définitions, 1992, Eurostat.

RÉPUBLIQUE TCHÈQUE

Publication : *Employment and Unemployment in the Czech Republic - The Labour Force Sample Survey -* Office Statistique Tchèque (CSU).

Source : Enquête trimestrielle sur la population active.

Période : Les chiffres annuels sont des moyennes d'estimations trimestrielles.

Remarks : Up until 1992 persons on extended parental leave (29th week after the birth of the child up to 3 years) are not part of the employed whereas conscripts on compulsory military are counted as part of the employed. From 1993 onwards, persons on extended parental leave are included in the employed.

Coverage : The survey covers the resident population aged 15 years and over in private households living in the chosen dwellings continuously for at least 3 months.

Definition : The definition of employment and unemployment are in compliance with the ILO definition.

DENMARK

Publication : *Labour Force Survey*, Statistical Office of the European Union (Eurostat).

Source : European Labour Force Survey (Spring).

Period : The annual data refer to the months of February-June.

Coverage : The survey covers the resident population aged 15 years and over living in private households.

Definition : The concepts and definitions used in the European Labour Force Survey have been derived from the ILO guidelines since 1983. The 1992 European Labour Force Survey contains changes on the definition of unemployment. For more details see Labour Force Survey - Methods and definitions, 1992, Eurostat.

FINLAND

Publication : *Labour Force Survey*, Central Statistical Office; Labour Reports, Ministry of Labour.

Source : Monthly Labour Force Survey.

Period : The annual data are averages of monthly estimates.

Remarks : Up to 1988, full-time students seeking jobs are not included in the unemployment rate. From 1989 onwards, they are included in accordance with ILO definitions.

Coverage : The survey covers the resident population aged 15 to 74 years, including conscripts.

Remarques : Jusqu'en 1992, les personnes en congé parental prolongé (la 29 semaine la naissance de l'enfant jusqu'à 3 ans) ne sont pas incluses dans l'emploi, tandis que les appelés du contingent sont inclus dans l'emploi. A partir de 1993 les personnes en congé parental, parmi lesquelles les personnes en congé parental prolongé sont incluses dans l'emploi.

Couverture : L'enquête porte la population résidante âgée de 15 ans et plus vivant dans les ménages privés pendant au moins 3 mois consécutifs.

Définition : La définition de l'emploi et du chômage sont conformes à la définition du BIT.

DANEMARK

Publication : Enquête sur les forces du travail, Office statistique de l'Union Européenne (Eurostat).

Source : Enquête communautaire sur les forces du travail (printemps).

Période : Les chiffres annuels se réfèrent aux mois de février-juin.

Couverture : L'enquête porte sur la population résidante âgée de 15 ans et plus vivant dans les ménages privés.

Définition : Les concepts et définitions utilisés dans l'Enquête communautaire sur les forces du travail sont dérivés des recommandations du BIT depuis 1983. L'Enquête communautaire sur les forces du travail de 1992 introduit des changements dans la définition du chômage. Pour plus de détails voir l'Enquête sur les forces du travail – Méthodes et définitions, 1992, Eurostat.

FINLANDE

Publication : *Labour Force Survey*, Central Statistical Office; Labour Reports, Ministry of Labour.

Source : Enquête mensuelle sur la population active.

Période : Les chiffres annuels sont des moyennes d'estimations mensuelles.

Remarques : Jusqu'en 1988, les étudiants à plein temps à la recherche d'un emploi ne sont pas inclus dans le taux de chômage. A partir de 1989, ils sont inclus dans le taux de chômage conformément aux définitions du BIT.

Couverture : L'enquête porte sur la population résidante âgée de 15 à 74 ans, y compris les militaires du contingent.

FRANCE

Publication : *Enquête sur l'emploi*, INSEE.

Source : Annual Labour Force Survey.

Period : The annual data refer to the month of March for each year except 1982 where the data refer to April-May.

Remarks : The survey was modified in 1982.

Coverage : The survey covers the resident population aged 15 years and over living in private households and in collective households via their parents (eg. Conscripts, students, etc.)

Definitions : Data for unemployment and the labour force are in compliance with ILO definitions.

GERMANY

Publication : Amtliche Nachrichten, Bundesanstalt für Arbeit, for unemployment. The April Microcensus.

Source : The April Microcensus. European Labour Force Survey, Statistical Office of the European Union (Eurostat). Unemployed persons registered at employment exchanges.

Period : Prior to 1991, the annual data on the labour force and population are averages of monthly estimates supplied by the German authorities. The annual unemployment figures correspond to unemployed persons registered at the end of the month of September of each year. From 1991 onwards, annual averages for labour force and unemployment data.

Remarks : Estimates of the total labour force have been revised from 1987 on, based on census results, and show a break between 1986 and 1987.

Coverage : The survey covers the resident population aged 15 years and over living in private or collective households (excluding those living in military barracks). Based on the total labour force including the aremd forces. Prior to 1991, the annual data on the labour force and population are averages of monthly estimates supplied by the German authorities. The annual unemployment figures correspond to unemployed persons registered at the end of the month of September of each year.

FRANCE

Publication : *Enquête sur l'emploi*, INSEE.

Source : Enquête annuelle sur la population active.

Période : Les chiffres annuels correspondent au mois de mars de chaque année, sauf pour 1982 où ils correspondent aux chiffres d'avril-mai.

Remarques : L'enquête a été modifiée en 1982.

Couverture : L'enquête porte sur la population résidante âgée de 15 ans et plus vivant dans les ménages privés. L'enquête couvre également les personnes vivant dans les ménages collectifs ayant un lien de parenté avec les ménages privés (comme les conscrits, les étudiants, etc.)

Définitions : Les chiffres de chômage et de population active sont conformes à la définition du BIT.

ALLEMAGNE

Publication : Amtliche Nachrichten du Bundesanstalt für Arbeit pour le chômage. Microcensus du mois d'avril.

Source : Microcensus du mois d'avril. Enquête communautaire sur les forces du travail. Les chômeurs inscrits dans une agence pour l'emploi.

Période : Avant 1991, les chiffres annuels de population active et de population sont des moyennes d'estimations mensuelles, fournies par les autorités allemandes; les chiffres annuels de chômage correspondent aux chômeurs inscrits à la fin du mois de septembre. A partir de 1991, les chiffres annuels sont des moyennes d'estimations mensuelles pour les données sur la population active et le chômage.

Remarques : Les estimations de la population active totale ont été révisées en 1987, selon les résultats du recensement ; il y a une rupture dans les séries entre 1986 et 1987.

Couverture : L'enquête porte sur la population résidante âgée de 15 ans et plus vivant dans les ménages privés. L'enquête couvre également les personnes vivant dans les ménages collectifs ayant un lien de parenté avec les ménages privés (à l'exclusion des militaires vivant dans les casernes). Basée sur la population active totale y compris les forces armées. Avant 1991, les chiffres annuels de population active et de population sont des moyennes d'estimations mensuelles, fournies par les autorités allemandes; les chiffres annuels de chômage correspondent aux chômeurs inscrits à la fin du mois de septembre.

From 1991 onwards, annual average figures are consistent in terms of methodology and contents with the results of the annual European Labour Force Survey and the national microsensus (conducted once a year in April). Annual averages are determined by means of a factor for the sub-year development. The sub-year development of employment is based on the monthly estimates of employment by the Federal Statistical Office, and the sub-year development of unemployment is based on the monthly figures of registered unemployment. Both monthly series are adjusted to the levels of the figures on persons employed and unemployed available once a year from the European Labour Force Survey.

GREECE

Publication : *Labour Force Survey*, Statistical Office of the European Union (Eurostat).

Source : European Labour Force Survey (Spring).

Period : The annual data refer to the months of April-June.

Coverage : The survey covers the resident population aged 15 years and over living in private households.

Definition : The concepts and definitions used in the European Labour Force Survey have been derived from the ILO guidelines since 1983. The 1992 European Labour Force Survey contains changes on the definition of unemployment. For more details see Labour Force Survey - Methods and definitions, 1992, Eurostat.

HUNGARY

Publication : *Labour* Force Survey, Annual Reports. Hungarian Central Statistical Office.

Source : Quarterly Labour Force Survey.

Period : The annual data are averages of quarterly estimates.

Remarks : Up to 1994, age group 55 to 64 years refers to ages 55 to 74 years, and the total refers to ages 15 to 74 years.

Coverage : The survey covers the non-institutional population aged 15 to 74 years living in private households, including those on military service and excluding those on child-care leave. From 1997 onwards, persons on childcare leave are included.

Definitions : The definitions used in the survey follow ILO recommendations.

A partir de 1991 les chiffres annuels sont conformes aux méthodes et concepts utilisés pour obtenir les résultats annuels de l'Enquête communautaire sur les forces du travail ainsique Microcensus national (menée au mois d'avril tous les ans). Les estimations annuelles sont déterminées par l'application d'un coefficient aux séries infra-annuels. Pour l'emploi les évolutions infra-annuelles sont basées sur les chiffres mensuels calculés par l'office fédérale de la statistique, et pour le chômage ceux-ci sont basés sur les séries mensuelles de chômeurs enregistrés. Les séries d'emploi et de chômage disponibles dans l'enquête communautaire sur les forces du travail servent de référence pour dériver des séries mensuelles.

GRÈCE

Publication : *Enquête sur les forces du travail*, Office statistique de l'Union Européenne (Eurostat).

Source : Enquête communautaire sur les forces du travail (printemps).

Période : Les chiffres annuels se réfèrent aux mois d'avril-juin.

Couverture : L'enquête porte sur la population résidente âgée de 15 ans et plus vivant dans les ménages privés.

Définition : Les concepts et définitions utilisés dans l'Enquête communautaire sur les forces du travail sont dérivés des recommandations du BIT depuis 1983. L'Enquête communautaire sur les forces du travail de 1992 introduit des changements dans la définition du chômage. Pour plus de détails voir l'Enquête sur les forces du travail – Méthodes et définitions, 1992, Eurostat.

HONGRIE

Publication : *Labour Force Survey, annuaire*. Hungarian central Statistical Office.

Source : Enquête trimestrielle sur la population active.

Période : Les chiffres sont des moyennes d'estimations mensuelles.

Remarques : Jusqu'à 1994, le groupe d'âge 55 à 64 ans se réfère aux âges 55 à 74 ans et le total se réfère au groupe d'âge 15 à 74 ans.

Couverture : L'enquête porte sur la population non-institutionelle âgée de 15 à 74 ans vivant dans les ménages privés. Elles incluent les militaires du contingent et excluent les personnes en congé parental. Les personnes en congé parental sont incluses seulement à partir de 1997.

Définitions : Les définitions utilisées dans l'enquête suivent les recommandations du BIT.

ICELAND

Publication : *Labour Market Statistics*, Statistic Iceland.

Source : Labour Force Survey.

Period : The annual data are averages of bi-annual (April and November) estimates.

Remarks : The Economically Active Population Survey was first introduced in April 1991 and was conducted twice yearly (April and November) since then.

Coverage : The survey covers the resident population aged 16 to 74 years.

Definition : Unemployment and labour force date are close to the ILO definitions.

IRELAND

Publication : *Census of population, Labour Force Survey*, Central Statistics Office.

Source : The 1981 data are Census based while data for other years are from the labour force survey. Quarterly National Household Survey (QNHS) since 1998.

Period : The annual data refer to mid-April of each year. Since 1998, annual data refer to the second quarter of the QNHS.

Coverage : The survey covers the resident population aged 15 years and over living in private households. Excludes the armed forces prior to 1997.

ITALY

Publication : *Annuario di statistiche del lavoro*, ISTAT.

Source : Quarterly Household Labour Force Survey.

Period : The annual data are averages of quarterly estimates.

Remarks : From 1993 onwards the lower age limit refers to 15 year olds.

Coverage : The survey covers the resident population living in private households aged 15 years and over, excluding conscripts.

LUXEMBOURG

Publication : *Labour Force Survey*, Statistical Office of the European Union (Eurostat).

ISLANDE

Publication : *Labour Market Statistics*, Statistic Iceland.

Source : Enquête sur la population active.

Période : Les chiffres annuels sont des moyennes d'estimations semestrielles (avril et novembre).

Remarques : L'enquête sur la population active a été introduite en avril 1991 et est conduite deux fois par an (avril et novembre) depuis.

Couverture : L'enquête porte sur la population résidante âgée de 16 à 74 ans.

Définition : Le chômage et la population active se rapprochent des concepts du BIT.

IRLANDE

Publication : *Census of population, Labour Force Survey*, Central Statistics Office.

Source : Les chiffres de 1981 sont basés sur le recensement, les chiffres pour les autres années proviennent de l'enquête sur la population active. Enquête nationale trimestrielle auprès des ménages (QNHS) à partir de 1998.

Période : Les chiffres annuels se réfèrent au milieu d'avril de chaque année. Depuis 1998, les chiffres annuels se réfèrent au deuxième trimestre de l'enquête trimestrielle.

Couverture : L'enquête porte sur la population résidante âgée de 15 ans et plus vivant dans les ménages privés. L'enquête exclue les forces armées avant 1997.

ITALIE

Publication : *Annuario di statistiche del lavoro*, ISTAT.

Source : Enquête trimestrielle sur la population active.

Période : Les chiffres annuels sont des moyennes d'estimations trimestrielles.

Remarques : A partir de 1993, la limite d'âge inférieure est de 15 ans.

Couverture : L'enquête porte sur la population résidante âgée de 15 ans et plus vivant dans les ménages privés, mais excluent les militaires du contingent.

LUXEMBOURG

Publication : *Enquête sur les forces du travail*, Office statistique de l'Union Européenne (Eurostat).

Source : European Labour Force Survey (spring).

Period : The annual data refer to the month of May.

Coverage : The survey covers the resident population aged 15 years and over living in private households.

Definition : The concepts and definitions used in the European Labour Force Survey have been derived from the ILO guidelines since 1983. The 1992 European Labour Force Survey contains changes on the definition of unemployment. For more details see Labour Force Survey - Methods and definitions, 1992, Eurostat.

NETHERLANDS

Publication : *Sociale Maandstatistiek*, Central Bureau of Statistics for unemployment data.

Source : Labour Force Survey.

Period : The annual data correspond to the 1st January for the population and labour force until 1986, and to annual averages for unemployment as well as for population and labour force from 1987 on.

Remarks : Employment is based on any work done for an hour or more during the reference week. Data for 1987-1994 for age group 65 and over are taken from Eurostat. There is a break 1986/87 due to the introduction from 1987 onwards of a continuous survey, which resulted in an increase in employment. This is due to the survey collecting more information on persons working fewer weekly hours (less than 20 hours a week).

Coverage : The survey covers the resident population aged 15 years and over living in private households, including all armed forces.

NORWAY

Publication : *Arbeidsmarked Statistikk*, Statistisk Sentralbyraa.

Source : Quarterly Labour Force Survey.

Period : The annual data are averages of quarterly estimates.

Remarks : There is a break in series 1987/88 due to a change in the survey collection which resulted in higher estimates for employed persons.

Coverage : The survey covers the resident population aged 16 to 74 years, and includes conscripts (since 1980).

Source : Enquête communautaire sur les forces du travail (printemps).

Période : Les chiffres annuels se réfèrent au mois de mai.

Couverture : L'enquête porte sur la population résidante âgée de 15 ans et plus vivant dans les ménages privés.

Définition : Les concepts et définitions utilisés dans l'Enquête communautaire sur les forces du travail sont dérivés des recommandations du BIT depuis 1983. L'Enquête communautaire sur les forces du travail de 1992 introduit des changements dans la définition du chômage. Pour plus de détails voir l'Enquête sur les forces du travail – Méthodes et définitions, 1992, Eurostat.

PAYS-BAS

Publication : *Sociale Maandstatistiek*, Bureau des Statistiques pour le chômage.

Source : Enquête sur la population active.

Période : Les chiffres annuels correspondent aux chiffres du 1 janvier pour la population et la population active jusqu'en 1986 et à la moyenne annuelle pour les chômeurs ainsi que pour la population et la population active à partir de 1987.

Remarques : L'emploi est basée sur toutes travail faites pour une heure ou plus pendant la semaine de réference. Les données pour le groupe d'âge 65 et plus pour les années 1987 à 1994 proviennent d'Eurostat. Il y a une rupture des séries entre 1986/87 due à la mise en place d'une enquête continue à partir de 1987, qui a augmenté les chiffres de l'emploi. Car l'enquête saisit plus d'actifs avec très peu d'heures de travail (moins de 20 heures par semaine).

Couverture : L'enquête porte sur la population résidante âgée de 15 ans et plus vivant dans les ménages privés, y compris membres des forces armées.

NORVÈGE

Publication : *Arbeidsmarked Statistikk*, Statistisk Sentralbyraa.

Source : Enquête trimestrielle sur la population active.

Période : Les chiffres annuels sont des moyennes d'estimations trimestrielles.

Remarques : Il y a une rupture des séries entre 1987/88 due à un changement dans l'enquête qui a augmenté les chiffres de l'emploi.

Couverture : L'enquête porte sur la population résidante âgée de 16 à 74 ans y compris les militaires du contingent (à partir de 1980).

POLAND

Publication : *Aktywnosc Ekonomiczna Ludnosci Polski*, Glowny Urzad Statystyczny.

Source : Labour Force Survey.

Period : The data are averages of published quarterly figures, commencing second quarter 1992. For the 1992 annual averages a double weight has been applied to the second quarter figures.

Coverage : The survey covers the resident population aged 15 years and over living in private households. The employment figures include those who are taking from four to six months leave.

PORTUGAL

Publication : *Inquérito permanente ao emprego*, Instituto nacional de Estatistica.

Source : Quarterly labour force survey (bi-annual before 1983).

Period : The annual data correspond to the average of bi-annual estimates up to and including 1982. From 1983 onwards the annual data correspond to the average of the quarterly estimates.

Remarks : There is a break in series 1997/1998 due to a revision of the estimation method of the survey. The actual method is based on indepentent estimates of the population by sex and age groups. The sample design modified in 1998 as well. The questionnaire was also slightly altered in order to harmonise with European Union standards.

Coverage : The survey covers the resident population aged 15 years and over living in private households and collective households via their parents. Includes all armed forces.

SPAIN

Publication : *Poblacion activa, encuesta*, Instituto nacional de Estadistica.

Source : Quarterly Labour Force Survey.

Period : The data correspond to annual averages.

Remarks : From 1981 onwards the data have been revised in line with the 1980 Census of Population. The data exclude the provinces of Ceuta and Melilla (up to 1987) and permanent inmates of institutions.

POLOGNE

Publication : *Aktywnosc Ekonomiczna Ludnosci Polski*, Glowny Urzad Statystyczny.

Source : Enquête sur la population active.

Période : Les chiffres sont des moyennes d'estimations trimestrielles publiées depuis le second trimestre de 1992. La moyenne annuelle pour 1992 a été calculée en attribuant une pondération double au données du second trimestre de cette année.

Couverture : L'enquête porte sur la population résidante agée de 15 ans et plus vivant dans les ménages privés. Les données sur l'emploi incluent les personnes en congés depuis quatre à six mois.

PORTUGAL

Publication : *Inquérito permanente ao emprego*, Instituto nacional de Estatistica.

Source : Enquête trimestrielle sur la population active (semestrielle avant 1983).

Période : Jusqu'à 1982, les chiffres annuels sont des moyennes d'estimations semestrielles. A partir de 1983, les chiffres annuels sont des moyennes d'estimations trimestrielles.

Remarques : Il y a une rupture de séries entre 1997/98 due à une révision de la méthode des estimations de l'enquête. La méthode actuelle est basée sur les estimatives indépendantes de population par sexe et groupe d'âge. Le design de l'échantillon a aussi été modifié en 1998. Le questionnaire a aussi eu quelques altérations pour des raisons d'harmonization au niveau de l'Union Européenne.

Couverture : L'enquête porte sur la population résidante âgée de 15 ans et plus vivant dans les ménages privés. L'enquête couvre également les personnes vivant dans les ménages collectifs ayant un lien de parenté avec les ménages privés (comme les étudiants, les militaires du contingent, etc.) L'enquête inclut les membres des forces armées.

ESPAGNE

Publication : *Poblacion activa, encuesta*, Instituto nacional de Estadistica.

Source : Enquête trimestrielle sur la population active.

Période : Les chiffres correspondent aux estimations à des moyennes annuelles.

Remarques : Les données ont été révisées à partir de 1981 sur la base du recensement de 1981. Les estimations ne comprennent pas les provinces de Ceuta et Melilla (jusqu'en 1987) ainsi que la population des communautés (ménages collectifs).

Statistiques de la Population Active
© OCDE, 1999

Coverage : The survey covers the resident population aged 16 years and over, including all armed forces.

SWEDEN

Publication : *The Labour Force Survey*, Statistiska Centralbyrån.

Source : Monthly Labour Force Survey.

Period : The annual data are averages of monthly estimates.

Remarks : There is a break in series between 1986 and 1987 due to slight changes in survey definitions and methodology introduced in 1987. From 1986 to 1994, figures for persons 65 and over relate to the fourth quarter only. For 1995, data relate to the second quarter and 1996 data relate to April. The break in series between 1992 and 1993 is due to the introduction of a continuous labour force survey covering all 52 weeks of the year rather than one week each month.

Coverage : The survey covers the resident population aged 16 years and over living in private and collective households. Prior to 1987 only conscripts who had worked before conscription were included in the labour force.

SWITZERLAND

Publication : *The Swiss Labour Force Survey - concepts, methodology and practical considerations -* Office Fédérale de la Statistique (OFS).

Source : Swiss Labour Force Survey (ESPA).

Period : The annual data refer to the second quarter (April-June).

Coverage : The survey covers the resident population aged 15 and over, and private households who have a telephone number.

Definition : The concepts and definitions used in the Swiss Labour Force Survey have been derived from the ILO guidelines since 1982. Persons in employment have worked one hour or more during the reference week of the survey.

TURKEY

Publication : *Household Labour Force Survey –* State Institute of Statistics (SIS).

Source : Bi-annual Household Labour Force Survey.

Couverture L'enquête porte sur la population résidante âgée de 16 ans et plus, y compris les membres des forces armées.

SUÈDE

Publication : *The Labour Force Survey*, Statistiska Centralbyrån.

Source : Enquête mensuelle sur la population active.

Période : Les chiffres annuels sont des moyennes d'estimations mensuelles.

Remarques : Il y a une rupture dans les séries entre 1986 et 1987 due à une légère modification des définitions et de la méthodologie apportée dans les enquêtes à partir de 1987. De 1986 à 1994, les chiffres pour les personnes âgées de 65 ans et plus se rapportent uniquement au quatrième trimestre. Pour 1995, ils se rapportent au deuxième trimestre et pour 1996 au mois d'avril. La rupture dans les séries entre 1992 et 1993 est due au passage à une enquête en continue sur la population active qui porte sur les 52 semaines de l'année au lieu d'une semaine de référence par mois.

Couverture : L'enquête porte sur la population résidante âgée de 16 ans et plus vivant dans les ménages privés et collectifs. Jusqu'en 1987, seulement les militaires du contingent ayant travaillé avant la période de conscription étaient compris dans la population active.

SUISSE

Publication : *L'enquête suisse sur la population active - concepts, bases méthodologiques, considérations pratiques -* Office Fédérale de la Statistique (OFS).

Source : Enquête Suisse sur la Population Active (ESPA).

Période : Les chiffres annuels se réfèrent au deuxième trimestre (avril à juin).

Couverture : L'enquête porte sur la population résidante âgée de 15 ans et plus, et couvre les ménages privés raccordés par une ligne téléphonique.

Définition : Les concepts et définitions utilisées dans l'Enquête suisse sur la population active sont dérivées des recommandations du BIT depuis 1982. Les personnes actives occupées ont travaillé au moins une heure dans la semaine de référence.

TURQUIE

Publication : *Household Labour Force Survey -* Institut Nationale de la Statistique (SIS).

Source : Enquête sur la population active auprès des ménages.

Period : Semi-annual survey since October 1988. Annual average of April and October.

Remarks : 1988 and 1995 estimates refer to the months of October and April respectively.

Coverage : The survey covers civilian resident population aged 15 years and over.

UNITED KINGDOM

Publication : *Employment Gazette,* Department of Employment.

Source : Labour Force Survey (Spring).

Period : The annual data are averages of Spring estimates.

Remarks : Estimates on this basis are not available before 1984.

Coverage : The survey covers the resident population aged 16 years and over living in private household and collective households via their parents (eg. conscripts, students, etc.)

Definition: Unemployment and Labour Force estimates are based on ILO definitions.

Période : Enquête semestrielle. Moyenne d'estimations semestrielles des mois d'avril et octobre.

Remarques : Pour les années 1988 et 1995 les estimations sont celles du mois d'octobre et avril respectivement.

Couverture : L'enquête porte sur la population civile résidante âgée de 15 ans et plus.

ROYAUME-UNI

Publication : *Employment Gazette*, Department of Employment.

Source : Enquêtes sur la population active de chaque printemps.

Period : Les chiffres annuels sont des moyennes d'estimations de chaque printemps.

Remarques : De telles estimations ne sont pas disponibles avant 1984.

Couverture : L'enquête porte sur la population résidante âgée de 16 ans et plus vivant dans les ménages privés. L'enquête couvre également les personnes vivant dans les ménages collectifs ayant un lien de parenté avec les ménages privés (comme les étudiants, les militaires du contingent, etc.)

Définition : Les données sur le chômage et la population active sont basées sur les définitions du BIT.

Tables/Tableaux

CANADA

Participation rates

	1979	1980	1981	1982	1983	1984	1985	1986	1987	1988
Males										
15-19	57.3	58.1	58.4	54.1	53.2	54.2	53.9	56.1	57.8	58.5
20-24	86.5	86.5	86.6	84.6	84.5	83.9	84.1	84.8	84.6	85.1
25-34	95.5	95.3	95.3	94.1	93.6	93.6	93.9	94.3	93.9	94.1
35-44	96.2	95.8	96.0	95.1	94.9	94.9	95.3	94.9	94.9	94.7
45-54	92.5	92.5	92.7	91.8	92.1	91.0	91.1	91.6	92.3	91.5
55-64	76.3	76.1	75.2	73.7	72.4	71.3	70.4	68.7	66.6	66.6
15-24	71.7	72.3	72.8	69.9	69.8	70.4	70.6	71.9	72.4	72.7
25-54	94.9	94.7	94.8	93.8	93.7	93.4	93.7	93.8	93.9	93.7
55-64	76.3	76.1	75.2	73.7	72.4	71.3	70.4	68.7	66.6	66.6
65 and over	15.4	14.8	14.1	14.0	13.1	12.8	12.4	11.8	11.9	11.5
15-64	85.8	85.9	86.1	84.6	84.4	84.5	84.7	85.1	85.2	85.4
Females										
15-19	51.1	52.5	53.4	50.9	50.4	50.6	52.5	53.1	54.5	56.1
20-24	72.4	73.9	73.9	74.0	74.9	75.5	75.9	77.2	77.2	76.9
25-34	61.8	63.8	66.4	66.8	68.6	70.1	71.8	74.0	74.6	75.4
35-44	59.7	61.8	64.7	66.2	67.1	69.4	70.2	72.4	74.0	76.2
45-54	51.9	53.9	55.6	56.2	58.1	59.0	61.3	60.8	63.9	66.5
55-64	33.9	33.7	33.8	33.9	33.5	33.4	33.9	33.5	35.1	35.4
15-24	61.7	63.3	64.0	63.1	63.6	64.3	65.5	66.5	67.0	67.3
25-54	58.5	60.6	63.2	64.0	65.6	67.2	68.8	70.4	71.9	73.6
55-64	33.9	33.7	33.8	33.9	33.5	33.4	33.9	33.5	35.1	35.4
65 and over	4.2	4.3	4.5	4.3	4.0	4.2	4.3	3.7	3.5	3.8
15-64	56.2	57.8	59.4	59.6	60.6	61.8	63.2	64.4	65.7	67.0
Males and females										
15-24	66.7	67.8	68.4	66.5	66.7	67.4	68.1	69.2	69.8	70.1
25-54	76.8	77.8	79.1	79.0	79.7	80.4	81.3	82.1	82.9	83.7
55-64	54.2	53.9	53.5	52.9	52.1	51.5	51.4	50.4	50.4	50.6
65 and over	9.1	8.9	8.7	8.5	7.9	7.9	7.8	7.2	7.1	7.1
15-64	71.0	71.8	72.7	72.1	72.6	73.2	74.0	74.8	75.5	76.2

Unemployment rates

	1979	1980	1981	1982	1983	1984	1985	1986	1987	1988
Males										
15-19	16.3	17.0	16.9	24.5	24.1	21.3	20.6	18.2	16.3	14.2
20-24	10.9	11.2	12.0	18.7	21.1	18.1	16.6	15.2	13.6	11.9
25-34	5.7	6.0	6.1	10.5	12.2	11.6	10.5	9.9	8.6	7.5
35-44	4.0	4.3	4.4	7.5	8.2	7.8	7.3	6.5	6.4	5.5
45-54	4.0	4.1	4.2	6.7	7.4	7.3	6.7	5.8	5.8	4.8
55-64	4.5	4.3	4.4	7.0	8.2	8.2	8.4	7.4	6.7	6.3
15-24	13.1	13.6	13.9	20.9	22.2	19.2	18.0	16.3	14.6	12.8
25-54	4.7	5.0	5.1	8.6	9.7	9.3	8.5	7.8	7.2	6.2
55-64	4.5	4.3	4.4	7.0	8.2	8.2	8.4	7.4	6.7	6.3
65 and over	1.7	1.7	1.8	2.6	2.1	2.2	2.2	2.4	2.3	1.8
15-64	6.8	7.0	7.2	11.3	12.4	11.4	10.6	9.6	8.7	7.5
Total	6.7	6.9	7.1	11.1	12.2	11.2	10.4	9.4	8.6	7.4
Females										
15-19	15.8	15.3	15.4	18.8	20.0	18.5	16.7	15.1	13.7	12.0
20-24	10.3	10.6	9.9	14.1	15.0	14.6	13.1	12.6	11.6	10.3
25-34	8.4	7.6	8.3	10.3	11.3	11.5	11.3	9.9	9.5	8.6
35-44	6.7	6.1	6.3	8.6	9.1	9.1	8.8	8.2	7.7	7.2
45-54	6.0	6.1	5.5	7.4	8.0	8.5	7.7	7.3	7.5	6.9
55-64	4.8	5.1	4.4	6.5	7.9	7.3	7.8	7.2	7.6	6.1
15-24	12.6	12.5	12.1	15.9	16.8	16.0	14.4	13.5	12.3	10.9
25-54	7.3	6.8	7.0	9.1	9.8	10.0	9.7	8.8	8.5	7.7
55-64	4.8	5.1	4.4	6.5	7.9	7.3	7.8	7.2	7.6	6.1
65 and over	2.0	1.0	1.5	2.4	1.9	1.2	1.3	2.1	3.8	2.7
15-64	8.8	8.5	8.4	10.9	11.7	11.4	10.8	9.9	9.3	8.3
Total	8.7	8.4	8.3	10.8	11.6	11.3	10.7	9.8	9.3	8.3
Males and females										
15-24	12.8	13.1	13.1	18.6	19.7	17.7	16.3	15.0	13.6	11.9
25-54	5.7	5.7	5.9	8.8	9.8	9.6	9.0	8.2	7.7	6.9
55-64	4.6	4.5	4.4	6.9	8.1	7.9	8.2	7.3	7.0	6.2
65 and over	1.8	1.5	1.7	2.5	2.1	1.9	2.0	2.3	2.7	2.1
15-64	7.6	7.6	7.7	11.1	12.1	11.4	10.6	9.7	9.0	7.9
Total	7.5	7.5	7.6	11.0	11.9	11.3	10.5	9.6	8.9	7.8

| Break in series/Rupture des données

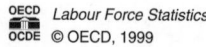

CANADA

Taux d'activité

1989	1990	1991	1992	1993	1994	1995	1996	1997	1998	
										Hommes
60.6	59.0	55.9	52.8	50.8	50.5	49.3	48.1	47.6	48.3	15-19
84.9	82.9	81.5	80.3	79.5	79.5	78.4	78.8	79.2	79.0	20-24
94.1	93.7	92.6	91.6	91.7	91.2	91.1	91.5	91.4	92.2	25-34
94.7	94.3	93.7	92.8	92.9	92.7	92.2	92.1	92.6	92.6	35-44
91.7	91.0	90.6	90.0	89.7	89.8	89.4	89.0	88.8	88.6	45-54
66.2	64.9	62.6	62.1	61.0	60.3	58.9	59.3	60.6	59.6	55-64
73.4	71.4	69.1	67.0	65.5	65.2	63.9	63.5	63.4	63.6	15-24
93.8	93.3	92.5	91.6	91.6	91.4	91.0	91.0	91.1	91.3	25-54
66.2	64.9	62.6	62.1	61.0	60.3	58.9	59.3	60.6	59.6	55-64
11.0	11.4	11.3	10.9	10.2	11.0	10.1	10.3	10.2	10.6	65 et plus
85.7	84.9	83.8	82.8	82.4	82.2	81.5	81.5	81.8	81.8	15-64
										Femmes
56.7	56.0	54.0	51.3	49.1	48.1	48.2	46.6	45.9	47.9	15-19
77.6	76.8	75.9	74.8	72.9	72.2	72.1	72.1	71.8	72.9	20-24
76.5	77.5	77.5	76.4	76.3	76.1	76.5	77.6	77.7	78.5	25-34
77.2	78.4	78.4	77.7	78.7	78.4	78.2	78.6	78.8	79.1	35-44
67.6	68.7	70.0	71.2	71.9	71.5	71.9	71.9	72.4	73.7	45-54
34.4	35.5	35.6	36.3	36.4	37.4	36.3	36.9	36.5	38.2	55-64
67.8	67.0	65.5	63.6	61.5	60.6	60.4	59.5	59.0	60.4	15-24
74.7	75.7	76.0	75.6	76.0	75.7	75.9	76.4	76.6	77.3	25-54
34.4	35.5	35.6	36.3	36.4	37.4	36.3	36.9	36.5	38.2	55-64
4.1	3.8	3.5	3.6	3.7	3.5	3.3	3.5	3.5	3.4	65 et plus
67.8	68.6	68.6	68.0	68.0	67.8	67.8	68.0	68.0	69.0	15-64
										Hommes et Femmes
70.6	69.2	67.4	65.3	63.5	62.9	62.2	61.5	61.2	62.0	15-24
84.2	84.5	84.3	83.6	83.8	83.6	83.4	83.7	83.8	84.3	25-54
49.9	50.0	48.9	49.0	48.5	48.7	47.4	47.9	48.4	48.8	55-64
7.0	7.0	6.9	6.7	6.5	6.8	6.3	6.4	6.4	6.5	65 et plus
76.8	76.8	76.2	75.4	75.2	75.0	74.7	74.8	74.9	75.4	15-64

Taux de chômage

1989	1990	1991	1992	1993	1994	1995	1996	1997	1998	
										Hommes
14.5	15.4	18.4	21.7	22.2	20.9	19.8	21.6	22.8	21.5	15-19
10.9	12.9	19.1	19.3	19.0	17.0	15.2	15.0	14.4	13.6	20-24
7.4	8.7	11.9	13.2	12.5	11.5	10.1	10.2	9.4	8.3	25-34
5.6	6.2	8.3	9.7	9.5	8.6	8.2	8.5	7.6	6.9	35-44
4.8	5.7	7.0	8.0	8.2	7.8	7.0	7.2	6.5	6.3	45-54
6.4	6.2	8.5	9.9	9.9	9.5	8.3	7.8	7.5	6.9	55-64
12.3	13.9	18.8	20.2	20.2	18.5	17.0	17.5	17.6	16.6	15-24
6.2	7.1	9.5	10.7	10.3	9.5	8.6	8.7	7.9	7.2	25-54
6.4	6.2	8.5	9.9	9.9	9.5	8.3	7.8	7.5	6.9	55-64
2.0	1.5	3.5	4.4	5.3	4.5	3.7	3.5	2.9	2.7	65 et plus
7.4	8.3	11.0	12.2	11.9	10.9	9.9	10.0	9.4	8.6	15-64
7.3	8.1	10.9	12.1	11.8	10.8	9.8	9.9	9.2	8.5	Total
										Femmes
11.4	12.8	15.0	17.8	17.5	16.8	17.0	18.5	20.7	18.4	15-19
9.0	10.3	12.1	13.5	13.2	12.8	12.1	12.1	12.6	10.7	20-24
8.7	8.4	10.1	10.3	10.9	9.9	9.3	9.4	8.7	7.9	25-34
6.9	7.1	8.4	9.2	9.2	8.9	8.0	8.4	8.0	7.0	35-44
5.9	6.3	7.9	8.2	8.6	7.7	7.2	7.5	6.8	6.2	45-54
6.1	5.6	7.9	8.6	9.3	8.3	8.0	7.6	7.8	6.9	55-64
10.0	11.3	13.3	15.1	14.9	14.3	14.0	14.6	15.7	13.7	15-24
7.5	7.5	9.0	9.4	9.7	9.0	8.3	8.5	7.9	7.1	25-54
6.1	5.6	7.9	8.6	9.3	8.3	8.0	7.6	7.8	6.9	55-64
1.5	1.4	5.1	6.3	4.5	6.0	4.9	4.5	3.5	3.0	65 et plus
7.9	8.2	9.8	10.4	10.6	9.9	9.3	9.5	9.2	8.2	15-64
7.8	8.1	9.7	10.4	10.6	9.9	9.2	9.4	9.2	8.1	Total
										Hommes et Femmes
11.2	12.7	16.2	17.8	17.7	16.5	15.6	16.1	16.7	15.2	15-24
6.7	7.3	9.2	10.1	10.0	9.3	8.4	8.6	7.9	7.1	25-54
6.3	6.0	8.2	9.4	9.6	9.0	8.2	7.7	7.6	6.9	55-64
1.8	1.5	3.9	5.0	5.1	4.9	4.1	3.8	3.1	2.8	65 et plus
7.6	8.2	10.4	11.4	11.3	10.5	9.6	9.8	9.3	8.4	15-64
7.5	8.1	10.4	11.3	11.2	10.4	9.5	9.7	9.2	8.3	Total

Statistiques de la Population Active
© OCDE, 1999

MEXICO/MEXIQUE

Participation rates/Taux d'activité

		1990	1991	1992	1993	1994	1995	1996	1997	1998		
Males											**Hommes**	
	15-19	..	61.8	63.0	64.3	62.1	60.4	60.4	59.6	60.0		15-19
	20-24	..	84.1	84.6	85.2	85.7	86.6	85.6	86.0	85.9		20-24
	25-34	..	96.6	96.5	96.5	96.5	96.8	96.7	97.5	96.4		25-34
	35-44	..	98.2	97.9	97.6	97.2	97.1	97.8	98.1	97.8		35-44
	45-54	..	95.3	94.8	94.3	93.7	93.9	94.0	94.3	95.5		45-54
	55-59	..	90.4	89.5	88.6	86.6	85.3	85.6	87.5	88.0		55-59
	60-64	..	80.1	79.8	79.8	77.3	75.4	74.1	79.2	77.7		60-64
	15-24	..	71.2	72.2	73.3	72.6	72.5	71.8	71.7	71.8		15-24
	25-54	..	96.8	96.6	96.4	96.1	96.2	96.5	96.9	96.7		25-54
	55-64	..	85.9	85.2	84.6	82.4	80.7	80.2	83.7	83.3		55-64
	65 and over	..	55.2	57.5	60.1	56.2	52.6	52.0	52.3	53.9		65 et plus
	15-64	..	86.4	86.6	86.9	86.4	86.4	86.4	87.2	87.1		15-64
Females											**Femmes**	
	15-19	..	30.1	30.2	30.3	29.8	29.6	28.2	31.6	30.5		15-19
	20-24	..	40.4	41.7	43.0	42.9	43.1	42.8	41.9	44.2		20-24
	25-34	..	39.2	40.5	41.9	43.1	44.5	44.9	47.5	46.6		25-34
	35-44	..	40.6	40.9	41.1	42.1	43.1	44.8	48.5	48.8		35-44
	45-54	..	32.8	34.4	36.3	36.6	37.0	38.5	40.9	39.9		45-54
	55-59	..	26.5	26.8	27.0	27.7	28.6	31.2	32.2	30.2		55-59
	60-64	..	21.8	22.1	22.7	23.7	24.7	23.8	27.9	26.0		60-64
	15-24	..	34.5	35.2	35.9	35.8	36.0	35.2	36.5	37.1		15-24
	25-54	..	38.2	39.2	40.3	41.3	42.3	43.4	46.3	45.8		25-54
	55-64	..	24.4	24.7	25.0	25.8	26.9	27.8	30.2	28.3		55-64
	65 and over	..	12.4	13.6	15.0	15.0	15.0	14.1	14.8	15.7		65 et plus
	15-64	..	35.7	36.6	37.5	38.1	38.9	39.3	41.7	41.5		15-64
Males and females											**Hommes et Femmes**	
	15-24	..	52.2	53.3	54.5	54.1	54.1	53.1	53.5	54.0		15-24
	25-54	..	65.9	66.3	66.8	67.2	67.8	68.4	70.1	69.8		25-54
	55-64	..	54.6	54.5	54.5	53.5	52.9	53.2	56.1	54.4		55-64
	65 and over	..	32.4	33.9	35.5	33.9	32.4	31.9	32.6	34.0		65 et plus
	15-64	..	59.9	60.6	61.4	61.4	61.8	61.9	63.3	63.2		15-64

Unemployment rates/Taux de chômage

		1990	1991	1992	1993	1994	1995	1996	1997	1998		
Males											**Hommes**	
	15-19	..	6.0	5.6	5.1	6.9	9.1	7.6	5.7	5.2		15-19
	20-24	..	4.4	4.5	4.6	6.1	8.2	6.7	5.2	4.3		20-24
	25-34	..	1.9	2.3	2.7	3.7	5.0	3.6	2.6	2.4		25-34
	35-44	..	1.4	1.7	2.1	2.9	4.1	2.8	1.3	1.6		35-44
	45-54	..	1.2	1.3	1.6	2.7	4.6	2.9	1.7	1.5		45-54
	55-59	..	1.4	1.2	1.1	2.0	3.7	2.9	0.9	1.2		55-59
	60-64	..	0.4	0.7	1.3	2.1	3.3	2.1	0.7	1.0		60-64
	15-24	..	5.2	5.0	4.9	6.5	8.6	7.1	5.4	4.7		15-24
	25-54	..	1.5	1.9	2.2	3.2	4.6	3.2	2.0	1.9		25-54
	55-64	..	1.0	1.0	1.2	2.1	3.5	2.6	0.9	1.1		55-64
	65 and over	..	0.8	1.1	1.4	1.4	1.5	1.3	1.6	1.0		65 et plus
	15-64	..	2.6	2.8	3.0	4.1	5.7	4.3	2.8	2.6		15-64
	Total	..	2.5	2.7	2.9	4.0	5.5	4.1	2.8	2.6		Total
Females											**Femmes**	
	15-19	..	5.7	6.1	6.4	8.7	11.6	9.2	8.8	6.0		15-19
	20-24	..	5.8	6.1	6.4	8.1	10.2	8.6	6.9	6.7		20-24
	25-34	..	4.1	4.1	4.0	4.6	5.1	4.9	4.4	3.7		25-34
	35-44	..	3.3	2.9	2.6	3.0	3.5	2.6	3.5	2.2		35-44
	45-54	..	4.0	2.4	1.4	1.9	2.6	1.7	1.7	1.1		45-54
	55-59	..	1.5	1.1	0.9	1.9	3.9	1.4	1.8	0.1		55-59
	60-64	..	0.2	0.7	2.3	1.3	0.8	0.4	1.9	1.0		60-64
	15-24	..	5.8	6.1	6.4	8.3	10.8	8.8	7.8	6.4		15-24
	25-54	..	3.8	3.3	3.0	3.5	4.1	3.5	3.5	2.7		25-54
	55-64	..	1.0	1.0	1.5	1.7	2.6	1.0	1.8	0.5		55-64
	65 and over	..	0.7	1.0	1.4	1.5	1.6	0.0	0.1	1.2		65 et plus
	15-64	..	4.3	4.1	4.0	4.9	6.1	4.9	4.7	3.6		15-64
	Total	..	4.2	4.0	4.0	4.8	6.0	4.8	4.6	3.6		Total
Males and females											**Hommes et Femmes**	
	15-24	..	5.4	5.4	5.4	7.1	9.3	7.7	6.3	5.3		15-24
	25-54	..	2.2	2.3	2.5	3.3	4.4	3.3	2.5	2.2		25-54
	55-64	..	1.0	1.0	1.3	2.0	3.3	2.1	1.1	1.0		55-64
	65 and over	..	0.8	1.0	1.4	1.5	1.5	1.0	1.2	1.1		65 et plus
	15-64	..	3.1	3.2	3.3	4.4	5.8	4.5	3.5	3.0		15-64
	Total	..	3.0	3.1	3.2	4.2	5.7	4.4	3.4	2.9		Total

| Break in series/Rupture des données

Statistiques de la Population Active
© OCDE, 1999

UNITED STATES

Participation rates

		1979	1980	1981	1982	1983	1984	1985	1986	1987	1988
Males											
	16-19	61.5	60.5	59.0	56.7	56.2	56.0	56.8	56.4	56.1	56.9
	20-24	86.4	85.9	85.5	84.9	84.8	85.0	85.0	85.8	85.2	85.0
	25-34	95.3	95.2	94.9	94.7	94.2	94.4	94.7	94.6	94.6	94.3
	35-44	95.7	95.5	95.3	95.3	95.3	95.4	95.0	94.8	94.6	94.5
	45-54	91.5	91.2	91.4	91.2	91.2	91.2	91.0	91.0	90.7	90.9
	55-59	82.1	81.7	81.2	81.9	80.7	80.2	79.6	79.0	79.7	79.3
	60-64	61.6	60.8	58.5	57.2	57.0	56.1	55.6	54.9	54.9	54.4
	16-24	75.0	74.4	73.7	72.6	72.5	72.8	73.0	73.0	72.3	72.4
	25-54	94.4	94.2	94.1	94.0	93.8	93.9	93.9	93.8	93.7	93.6
	55-64	72.8	72.1	70.6	70.2	69.4	68.6	67.9	67.3	67.6	67.0
	65 and over	19.9	19.0	18.3	17.8	17.4	16.3	15.8	16.0	16.3	16.5
	16-64	86.1	85.8	85.5	85.2	85.1	85.3	85.4	85.4	85.4	85.5
Females											
	16-19	54.2	52.9	51.9	51.4	50.8	51.8	52.1	53.0	53.3	53.6
	20-24	69.0	68.9	69.6	69.8	69.9	70.4	71.8	72.4	73.0	72.7
	25-34	63.9	65.5	66.7	68.0	68.0	69.8	70.9	71.6	72.4	72.7
	35-44	63.6	65.5	66.8	68.0	68.7	70.1	71.8	73.1	74.5	75.2
	45-54	58.3	59.9	61.1	61.6	61.9	62.9	64.4	65.9	67.1	69.0
	55-59	48.7	48.5	49.3	49.6	48.8	49.8	50.3	51.3	52.2	53.3
	60-64	33.8	33.2	32.6	33.4	33.8	33.4	33.4	33.2	33.2	33.8
	16-24	62.5	61.9	61.9	62.0	61.9	62.8	63.7	64.3	64.6	64.5
	25-54	62.3	64.0	65.3	66.3	67.1	68.2	69.6	70.8	71.9	72.7
	55-64	41.7	41.3	41.4	41.8	41.5	41.7	42.0	42.3	42.7	43.5
	65 and over	8.3	8.1	8.0	7.9	7.8	7.5	7.3	7.4	7.4	7.9
	16-64	59.1	59.9	60.7	61.5	61.9	62.9	64.1	65.1	66.1	66.8
Males and females											
	16-24	68.6	68.1	67.7	67.2	67.1	67.7	68.3	68.6	68.4	68.4
	25-54	77.9	78.6	79.3	79.8	80.1	80.7	81.5	82.0	82.5	82.9
	55-64	56.3	55.7	55.0	55.1	54.5	54.2	54.2	54.0	54.4	54.6
	65 and over	13.1	12.5	12.2	11.9	11.7	11.1	10.8	10.9	11.1	11.5
	16-64	72.2	72.5	72.7	73.0	73.2	73.8	74.4	75.0	75.5	75.9

Unemployment rates

		1979	1980	1981	1982	1983	1984	1985	1986	1987	1988
Males											
	16-19	15.9	18.3	20.1	24.4	23.3	19.6	19.5	19.0	17.8	16.0
	20-24	8.7	12.5	13.2	16.4	15.9	11.9	11.4	11.0	9.9	8.9
	25-34	4.3	6.7	6.9	10.1	10.1	7.2	6.6	6.7	5.9	5.3
	35-44	2.9	4.1	4.5	6.9	7.1	5.2	4.9	5.1	4.4	3.8
	45-54	2.7	3.6	4.0	5.6	6.3	4.6	4.6	4.4	4.2	3.5
	55-59	2.7	3.3	3.7	5.9	6.1	4.9	4.4	4.6	3.8	3.5
	60-64	2.7	3.5	3.6	4.7	6.0	5.2	4.3	3.9	3.6	3.5
	16-24	11.4	14.6	15.7	19.1	18.4	14.4	14.1	13.7	12.6	11.4
	25-54	3.4	5.1	5.5	8.0	8.2	5.9	5.6	5.6	5.0	4.4
	55-64	2.7	3.4	3.6	5.5	6.1	5.0	4.3	4.3	3.7	3.5
	65 and over	3.4	3.1	2.9	3.7	4.0	3.0	3.1	3.2	2.6	2.5
	16-64	5.2	7.1	7.5	10.1	10.1	7.6	7.1	7.0	6.3	5.5
	Total	5.1	6.9	7.4	9.9	9.9	7.4	7.0	6.9	6.2	5.5
Females											
	16-19	16.4	17.2	19.0	21.8	21.3	18.0	17.5	17.7	15.9	14.4
	20-24	9.6	10.4	11.2	13.2	12.9	10.9	10.7	10.3	9.4	8.5
	25-34	6.5	7.2	7.7	9.3	9.1	7.4	7.4	7.2	6.2	5.6
	35-44	4.6	5.3	5.7	7.0	6.9	5.6	5.5	5.0	4.6	4.1
	45-54	3.9	4.5	4.6	5.8	6.0	5.2	4.8	4.5	3.7	3.4
	55-59	3.2	3.4	4.0	5.2	5.3	4.6	4.7	3.8	3.2	2.8
	60-64	3.0	3.0	3.6	5.2	4.7	3.8	3.6	3.8	3.0	2.6
	16-24	12.2	13.0	14.0	16.2	15.8	13.3	13.0	12.8	11.7	10.6
	25-54	5.2	6.0	6.3	7.7	7.7	6.3	6.2	5.9	5.1	4.6
	55-64	3.2	3.3	3.8	5.2	5.0	4.3	4.3	3.8	3.1	2.7
	65 and over	3.3	3.1	3.7	3.2	3.4	3.8	3.4	2.8	2.5	2.9
	16-64	6.9	7.5	8.0	9.6	9.3	7.7	7.5	7.2	6.3	5.6
	Total	6.8	7.4	7.9	9.4	9.2	7.6	7.4	7.1	6.2	5.6
Males and females											
	16-24	11.8	13.8	14.9	17.8	17.2	13.9	13.6	13.3	12.2	11.0
	25-54	4.2	5.5	5.8	7.9	8.0	6.1	5.8	5.7	5.0	4.5
	55-64	2.9	3.3	3.7	5.4	5.7	4.7	4.3	4.1	3.5	3.2
	65 and over	3.4	3.1	3.2	3.5	3.8	3.3	3.2	3.0	2.5	2.6
	16-64	5.9	7.3	7.7	9.9	9.8	7.6	7.3	7.1	6.3	5.6
	Total	5.8	7.1	7.6	9.7	9.6	7.5	7.2	7.0	6.2	5.5

| Break in series/Rupture des données

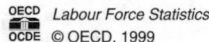

ÉTATS-UNIS

Taux d'activité

1989	1990	1991	1992	1993	1994	1995	1996	1997	1998	
										Hommes
57.9	55.7	53.2	53.4	53.2	54.1	54.8	53.2	52.3	53.3	16-19
85.3	84.4	83.5	83.3	83.2	83.1	83.1	82.5	82.5	82.0	20-24
94.4	94.1	93.6	93.8	93.4	92.6	93.0	93.2	93.0	93.2	25-34
94.5	94.4	94.1	93.7	93.4	92.8	92.3	92.4	92.6	92.6	35-44
91.1	90.7	90.5	90.7	90.1	89.1	88.8	89.1	89.5	89.2	45-54
79.5	79.9	79.1	79.0	78.3	76.9	77.4	77.9	78.7	78.4	55-59
54.8	55.5	54.7	54.7	54.1	52.8	53.2	54.3	54.5	55.4	60-64
73.0	71.8	70.4	70.5	70.2	70.3	70.2	68.8	68.2	68.4	16-24
93.7	93.4	93.1	93.0	92.6	91.7	91.6	91.8	91.8	91.8	25-54
67.2	67.8	67.0	67.0	66.5	65.5	66.0	67.0	67.6	68.1	55-64
16.6	16.3	15.7	16.1	15.6	16.8	16.8	16.9	17.1	16.5	65 and over
85.9	85.6	85.1	85.2	84.9	84.3	84.4	84.3	84.2	84.2	16-64
										Femmes
53.9	51.6	50.0	49.1	49.7	51.3	52.2	51.3	51.0	52.3	16-19
72.4	71.3	70.1	70.9	70.9	71.0	70.3	71.3	72.7	73.0	20-24
73.5	73.5	73.1	73.9	73.4	74.0	74.9	75.2	76.0	76.3	25-34
76.0	76.4	76.5	76.7	76.6	77.1	77.2	77.5	77.7	77.1	35-44
70.5	71.2	71.9	72.6	73.5	74.6	74.4	75.4	76.0	76.2	45-54
54.8	55.3	55.7	56.8	57.1	59.2	59.5	59.8	60.7	61.3	55-59
35.5	35.5	35.1	36.4	37.0	37.8	38.0	38.2	39.5	39.1	60-64
64.4	62.9	61.7	61.8	62.0	62.5	62.3	62.2	62.6	63.3	16-24
73.6	74.0	74.1	74.6	74.6	75.3	75.6	76.1	76.7	76.5	25-54
45.0	45.2	45.2	46.5	47.2	48.9	49.2	49.6	50.9	51.2	55-64
8.4	8.6	8.5	8.3	8.1	9.2	8.8	8.6	8.6	8.6	65 and over
67.8	67.8	67.7	68.4	68.6	69.4	69.7	70.1	70.7	70.7	16-64
										Hommes et Femmes
68.6	67.3	66.0	66.1	66.1	66.4	66.3	65.5	65.4	65.9	16-24
83.4	83.5	83.4	83.6	83.4	83.4	83.5	83.8	84.1	84.1	25-54
55.5	55.9	55.5	56.2	56.4	56.8	57.2	57.9	58.9	59.3	55-64
11.8	11.8	11.5	11.5	11.2	12.4	12.1	12.1	12.2	11.9	65 and over
76.6	76.5	76.2	76.6	76.6	76.7	76.9	77.1	77.4	77.4	16-64

Taux de chômage

1989	1990	1991	1992	1993	1994	1995	1996	1997	1998	
										Hommes
15.9	16.3	19.8	21.5	20.4	19.0	18.4	18.1	16.9	16.2	16-19
8.8	9.1	11.6	12.2	11.3	10.2	9.2	9.5	8.9	8.1	20-24
4.8	5.5	7.0	7.8	7.0	5.9	5.1	4.9	4.3	3.9	25-34
3.7	4.1	5.5	6.1	5.6	4.5	4.2	4.0	3.6	3.0	35-44
3.2	3.7	4.8	5.6	5.1	4.0	3.5	3.5	3.1	2.8	45-54
3.5	3.9	5.0	5.7	5.2	4.4	3.6	3.3	3.0	2.7	55-59
3.3	3.5	4.1	5.9	5.1	4.4	3.5	3.5	3.3	2.9	60-64
11.4	11.6	14.3	15.3	14.3	13.2	12.5	12.6	11.8	11.1	16-24
4.1	4.6	5.9	6.7	6.0	4.9	4.4	4.2	3.7	3.3	25-54
3.5	3.8	4.6	5.8	5.2	4.4	3.6	3.3	3.1	2.8	55-64
2.4	3.0	3.3	3.3	3.2	4.0	4.3	3.4	3.0	3.1	65 and over
5.3	5.7	7.3	8.0	7.3	6.2	5.6	5.4	4.9	4.5	16-64
5.2	5.7	7.1	7.9	7.2	6.2	5.6	5.4	4.9	4.4	Total
										Femmes
14.0	14.7	17.5	18.6	17.5	16.2	16.1	15.2	15.0	12.9	16-19
8.3	8.5	9.8	10.3	9.7	9.2	9.0	9.0	8.1	7.8	20-24
5.6	5.6	6.7	7.4	6.8	6.2	5.7	5.5	5.2	4.8	25-34
3.9	4.2	4.8	5.5	5.3	4.7	4.4	4.2	4.0	3.8	35-44
3.2	3.4	4.2	4.6	4.5	3.9	3.2	3.2	2.9	2.7	45-54
3.0	2.9	3.4	4.0	4.0	3.8	3.6	3.3	2.7	2.3	55-59
2.6	2.5	3.5	4.4	4.0	4.0	3.7	3.4	2.5	2.5	60-64
10.4	10.7	12.5	13.1	12.3	11.6	11.6	11.3	10.7	9.8	16-24
4.4	4.6	5.4	6.0	5.7	5.0	4.5	4.4	4.1	3.8	25-54
2.8	2.8	3.4	4.2	4.0	3.9	3.6	3.4	2.7	2.4	55-64
2.9	3.1	3.3	4.5	3.1	4.0	3.7	4.0	3.7	3.4	65 and over
5.4	5.6	6.5	7.1	6.7	6.1	5.7	5.5	5.1	4.7	16-64
5.4	5.5	6.4	7.0	6.6	6.0	5.6	5.4	5.0	4.6	Total
										Hommes et Femmes
10.9	11.2	13.4	14.2	13.4	12.5	12.1	12.0	11.3	10.4	16-24
4.2	4.6	5.7	6.4	5.8	5.0	4.5	4.3	3.9	3.5	25-54
3.2	3.3	4.1	5.1	4.7	4.1	3.6	3.4	2.9	2.6	55-64
2.6	3.0	3.3	3.8	3.2	4.0	4.0	3.6	3.3	3.2	65 and over
5.3	5.7	6.9	7.6	7.0	6.2	5.6	5.5	5.0	4.5	16-64
5.3	5.6	6.8	7.5	6.9	6.1	5.6	5.4	4.9	4.5	Total

Statistiques de la Population Active
© OCDE, 1999

AUSTRALIA

Participation rates

		1979	1980	1981	1982	1983	1984	1985	1986	1987	1988
Males											
	15-19	61.4	62.8	61.8	62.4	58.2	59.0	57.7	58.5	57.5	56.4
	20-24	90.2	90.5	91.3	89.3	89.6	89.4	89.7	89.1	89.4	90.1
	25-34	95.8	95.5	95.3	94.9	95.4	95.1	94.5	94.8	94.6	93.7
	35-44	95.6	95.9	95.2	95.1	95.0	94.7	94.8	94.4	94.4	94.2
	45-54	91.2	91.4	91.3	90.0	90.3	90.0	90.0	90.0	89.5	87.3
	55-59	82.0	83.3	81.1	79.1	78.2	76.7	76.4	75.7	74.5	73.6
	60-64	53.5	50.2	51.2	47.7	42.8	43.4	42.6	45.1	44.6	47.1
	15-24	75.3	76.4	76.5	76.0	74.1	74.3	73.7	73.5	72.9	72.6
	25-54	94.5	94.5	94.2	93.7	94.0	93.7	93.5	93.5	93.3	92.3
	55-64	69.5	68.8	67.9	64.9	62.0	61.1	60.4	61.1	60.0	60.6
	65 and over	11.5	11.1	10.6	9.2	8.6	9.0	8.9	8.4	8.5	8.4
	15-64	85.9	86.2	85.9	85.1	84.4	84.2	83.9	84.0	83.7	83.2
Females											
	15-19	55.0	59.2	57.1	56.1	57.0	55.6	56.0	56.6	53.6	56.0
	20-24	69.2	71.1	70.6	70.0	70.8	71.8	73.6	74.6	75.7	75.8
	25-34	50.3	52.8	52.9	53.6	52.8	54.9	57.6	60.1	61.9	62.0
	35-44	57.1	58.7	58.1	58.0	58.0	58.7	61.4	64.7	65.8	68.2
	45-54	46.8	47.6	49.0	49.5	48.5	50.1	50.2	54.4	55.3	57.0
	55-59	26.2	29.1	29.8	26.0	28.3	27.6	27.1	28.7	30.4	31.4
	60-64	13.1	13.5	12.0	9.7	12.1	11.5	11.1	12.7	13.2	14.5
	15-24	61.9	65.1	63.9	63.2	64.1	63.9	65.0	65.5	64.4	65.6
	25-54	51.4	53.3	53.5	54.0	53.5	55.0	57.1	60.3	61.7	63.0
	55-64	20.3	22.0	21.5	18.3	20.5	19.8	19.2	20.7	21.8	22.8
	65 and over	2.4	2.9	2.6	2.5	2.1	2.5	2.0	1.9	2.6	2.5
	15-64	49.8	51.9	51.7	51.3	51.5	52.2	53.7	56.1	56.9	58.3
Males and females											
	15-24	68.7	70.8	70.2	69.6	69.1	69.2	69.4	69.6	68.7	69.1
	25-54	73.2	74.2	74.1	74.1	74.0	74.5	75.5	77.1	77.6	77.8
	55-64	44.3	44.9	44.2	41.1	40.9	40.3	39.7	40.9	40.9	41.8
	65 and over	6.2	6.4	5.9	5.3	4.8	5.2	4.9	4.7	5.1	5.0
	15-64	68.0	69.2	68.9	68.3	68.1	68.3	68.9	70.2	70.4	70.9

Unemployment rates

		1979	1980	1981	1982	1983	1984	1985	1986	1987	1988
Males											
	15-19	14.6	14.7	11.2	16.3	22.9	22.1	19.3	18.7	18.0	15.1
	20-24	8.4	8.5	8.3	11.2	17.3	14.2	12.4	12.3	12.6	10.9
	25-34	3.7	3.9	4.1	5.5	9.1	7.6	7.2	6.8	7.0	5.6
	35-44	2.4	2.5	2.4	3.6	6.0	5.0	4.4	4.6	4.8	3.8
	45-54	2.4	2.8	2.8	3.6	5.9	5.7	4.8	5.4	4.2	4.5
	55-59	3.0	2.5	3.6	3.1	6.7	5.4	7.0	6.0	5.8	6.4
	60-64	2.7	4.8	4.2	4.6	7.2	8.1	7.8	6.4	6.9	8.2
	15-24	11.0	11.1	9.5	13.3	19.5	17.3	15.1	14.9	14.8	12.6
	25-54	2.9	3.2	3.2	4.4	7.3	6.3	5.6	5.7	5.5	4.7
	55-64	2.9	3.2	3.8	3.6	6.9	6.3	7.3	6.1	6.2	7.1
	65 and over	1.5	1.1	1.8	0.9	3.4	1.7	2.5	1.0	1.1	0.8
	15-64	4.9	5.1	4.8	6.4	10.0	8.8	7.9	7.8	7.6	6.6
	Total	4.8	5.0	4.6	6.4	9.6	8.7	7.8	7.7	7.5	6.5
Females											
	15-19	20.4	18.8	17.0	17.0	22.2	19.7	17.1	19.5	19.4	15.9
	20-24	8.0	9.1	8.7	8.8	11.5	10.3	10.4	9.8	10.5	10.9
	25-34	6.5	5.7	6.3	6.9	9.5	7.1	7.5	7.6	7.5	6.6
	35-44	4.2	4.3	4.4	4.8	6.8	5.6	5.3	6.0	6.1	4.8
	45-54	3.8	3.4	3.1	3.6	4.8	4.6	4.4	4.5	4.5	3.9
	55-59	2.8	2.9	2.4	3.7	3.4	3.7	3.6	4.1	3.1	2.6
	60-64	1.0	1.9	2.3	0.6	1.4	1.2	1.0	1.5	0.2	3.6
	15-24	13.6	13.5	12.4	12.4	16.1	14.3	13.3	14.0	14.3	13.1
	25-54	5.1	4.7	4.9	5.4	7.5	6.0	6.0	6.3	6.3	5.3
	55-64	2.3	2.6	2.3	3.0	2.9	3.0	2.8	3.3	2.2	2.9
	65 and over	0.0	0.0	0.9	0.9	0.0	0.4	1.6	1.1	2.3	1.1
	15-64	7.8	7.5	7.2	7.5	10.0	8.4	8.1	8.4	8.4	7.3
	Total	7.7	7.4	7.2	7.5	9.9	8.3	8.0	8.4	8.3	7.3
Males and females											
	15-24	12.2	12.2	10.8	12.9	17.9	15.9	14.3	14.5	14.6	12.8
	25-54	3.7	3.7	3.8	4.8	7.3	6.2	5.8	5.9	5.8	4.9
	55-64	2.7	3.0	3.4	3.5	5.8	5.5	6.2	5.4	5.2	5.9
	65 and over	1.2	0.8	1.6	0.9	2.6	1.3	2.3	1.0	1.5	0.8
	15-64	5.9	6.0	5.7	6.8	10.0	8.6	8.0	8.0	7.9	6.9
	Total	5.8	5.9	5.6	6.8	9.7	8.5	7.9	8.0	7.8	6.8

| Break in series/Rupture des données

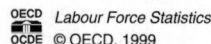

AUSTRALIE

Taux d'activité

1989	1990	1991	1992	1993	1994	1995	1996	1997	1998	
										Hommes
59.5	58.0	53.3	54.0	52.7	53.3	54.8	57.3	52.8	53.8	15-19
89.2	88.6	87.0	87.5	85.8	86.5	86.8	87.0	84.1	85.9	20-24
94.8	94.2	94.3	93.1	93.5	92.5	92.8	93.2	92.6	92.6	25-34
93.3	94.3	93.8	93.3	93.2	92.6	92.9	92.2	92.1	91.5	35-44
88.7	89.6	89.7	89.0	88.3	88.4	88.7	88.4	86.5	86.6	45-54
74.9	76.0	71.8	74.0	70.1	72.5	74.0	72.9	71.9	72.7	55-59
49.7	50.5	49.6	48.1	46.6	47.3	45.4	45.0	44.7	45.7	60-64
73.8	73.0	70.2	71.2	70.0	70.7	71.6	72.6	68.7	69.9	15-24
92.7	93.1	92.9	92.0	92.0	91.4	91.7	91.5	90.6	90.4	25-54
62.4	63.2	60.7	61.3	58.9	60.7	60.8	60.2	59.5	60.5	55-64
8.5	8.5	9.2	9.3	8.3	9.0	9.2	9.3	10.1	8.8	65 et plus
84.2	84.4	83.4	83.2	82.7	82.7	83.2	83.3	81.8	82.1	15-64
										Femmes
57.1	56.7	52.5	54.1	50.1	54.4	56.8	56.6	53.4	54.0	15-19
77.5	78.9	76.8	75.6	75.3	76.0	77.1	77.4	75.4	75.9	20-24
65.0	65.1	65.7	65.0	65.5	66.6	67.5	67.1	67.8	68.4	25-34
69.8	72.1	71.9	71.6	70.2	70.1	71.9	71.9	71.1	70.8	35-44
59.3	61.0	62.6	64.5	65.4	65.0	67.9	67.4	66.8	69.7	45-54
32.1	33.8	35.6	36.7	36.5	37.6	40.0	42.4	40.5	43.1	55-59
13.6	16.3	14.7	12.4	14.6	14.3	15.8	18.5	19.1	19.9	60-64
67.1	67.7	64.9	65.4	63.5	65.9	67.5	67.4	64.7	65.1	15-24
65.3	66.6	67.1	67.3	67.1	67.4	69.2	68.9	68.7	69.6	25-54
22.7	24.9	25.0	24.6	25.9	26.5	28.6	31.2	30.6	32.4	55-64
2.2	2.3	2.4	2.2	2.4	2.3	2.5	2.7	2.5	3.0	65 et plus
60.1	61.5	61.2	61.4	61.1	61.9	63.7	63.8	63.0	63.9	15-64
										Hommes et Femmes
70.5	70.4	67.6	68.3	66.8	68.4	69.6	70.1	66.8	67.6	15-24
79.1	79.9	80.1	79.7	79.6	79.4	80.4	80.2	79.6	80.0	25-54
42.6	44.1	42.9	43.0	42.4	43.7	44.7	45.8	45.1	46.6	55-64
4.9	4.9	5.3	5.3	5.0	5.2	5.4	5.6	5.9	5.6	65 et plus
72.2	73.0	72.4	72.4	71.9	72.4	73.5	73.6	72.4	73.0	15-64

Taux de chômage

1989	1990	1991	1992	1993	1994	1995	1996	1997	1998	
										Hommes
12.9	16.6	21.7	25.2	24.0	19.2	19.8	20.3	20.2	20.5	15-19
8.0	12.1	16.3	18.3	18.1	15.4	12.0	12.4	15.3	12.7	20-24
5.1	7.0	9.8	10.7	11.0	8.8	8.2	8.4	8.2	7.9	25-34
3.5	3.8	7.4	7.5	7.9	6.8	6.7	6.4	5.7	6.2	35-44
3.0	3.2	6.0	7.2	7.2	6.7	5.4	6.5	5.8	6.0	45-54
4.6	4.8	8.8	10.2	12.1	10.3	9.7	10.3	9.7	7.2	55-59
7.2	8.5	12.3	15.4	16.6	10.4	7.5	7.9	6.9	6.7	60-64
10.0	13.9	18.4	20.8	20.2	16.7	14.9	15.4	17.1	15.7	15-24
4.0	4.9	8.0	8.7	8.9	7.5	6.9	7.2	6.6	6.7	25-54
5.6	6.3	10.2	12.2	13.8	10.3	9.0	9.5	8.7	7.0	55-64
1.2	1.9	1.6	1.6	1.5	0.7	1.2	1.3	2.7	1.3	65 et plus
5.5	6.9	10.3	11.5	11.6	9.6	8.6	9.0	8.7	8.4	15-64
5.4	6.9	10.1	11.3	11.4	9.4	8.5	8.8	8.6	8.3	Total
										Femmes
14.6	16.4	20.1	24.7	21.9	21.5	20.2	18.4	18.2	16.8	15-19
7.9	9.5	12.7	13.6	13.7	12.1	9.9	11.2	12.0	10.8	20-24
5.8	7.1	7.7	8.6	9.1	7.7	6.9	7.3	7.1	6.2	25-34
3.9	4.7	5.5	6.5	7.6	6.7	5.6	6.0	6.7	6.1	35-44
4.1	4.0	5.7	5.8	6.5	6.0	4.3	5.8	5.6	4.7	45-54
2.6	4.0	5.6	3.4	6.5	5.2	4.2	4.9	5.2	5.3	55-59
2.6	1.0	1.8	0.7	2.9	3.4	3.4	2.4	1.9	2.3	60-64
10.8	12.4	15.7	18.0	16.8	15.7	14.0	14.1	14.5	13.2	15-24
4.7	5.5	6.4	7.1	7.9	6.9	5.7	6.4	6.5	5.7	25-54
2.6	3.0	4.4	2.7	5.5	4.7	4.0	4.2	4.2	4.4	55-64
1.3	1.2	0.0	2.4	0.0	1.5	0.7	1.5	1.9	3.1	65 et plus
6.2	7.2	8.6	9.6	9.9	8.9	7.6	8.0	8.1	7.3	15-64
6.2	7.1	8.6	9.5	9.8	8.8	7.5	7.9	8.1	7.2	Total
										Hommes et Femmes
10.4	13.2	17.1	19.5	18.6	16.3	14.4	14.8	15.9	14.5	15-24
4.3	5.1	7.3	8.0	8.5	7.2	6.4	6.8	6.6	6.3	25-54
4.8	5.4	8.5	9.5	11.3	8.6	7.4	7.7	7.2	6.1	55-64
1.2	1.6	1.2	1.8	1.1	1.0	1.0	1.4	2.5	1.8	65 et plus
5.8	7.0	9.6	10.7	10.8	9.3	8.1	8.5	8.5	7.9	15-64
5.7	7.0	9.5	10.5	10.7	9.2	8.1	8.4	8.4	7.8	Total

Statistiques de la Population Active
© OCDE, 1999

JAPAN

Participation rates

		1979	1980	1981	1982	1983	1984	1985	1986	1987	1988
Males											
	15-19	18.0	17.4	17.4	18.1	19.1	18.2	17.3	18.0	17.4	17.2
	20-24	70.1	69.6	70.3	70.2	71.0	71.0	70.1	70.8	71.3	71.0
	25-34	97.1	97.0	97.1	97.0	97.1	96.8	96.5	96.4	96.4	96.6
	35-44	98.1	97.6	97.6	97.8	97.7	97.7	97.4	97.3	97.3	97.5
	45-54	96.5	96.3	96.4	96.4	96.5	96.4	96.1	96.0	96.4	96.7
	55-59	91.9	91.2	91.1	91.1	91.3	90.5	90.3	90.5	91.0	91.3
	60-64	77.1	77.8	76.5	78.5	74.9	73.8	72.5	72.5	71.7	71.1
	15-24	43.9	42.9	43.2	43.3	43.9	43.3	42.6	42.6	42.2	42.1
	25-54	97.2	97.0	97.0	97.1	97.1	97.0	96.7	96.6	96.7	97.0
	55-64	85.2	85.4	85.0	85.9	84.7	83.8	83.0	82.9	82.6	82.3
	65 and over	41.1	41.0	41.0	38.8	38.9	37.6	37.0	36.2	35.6	35.8
	15-64	84.6	84.3	84.4	84.5	84.3	83.9	83.2	82.9	82.7	82.5
Females											
	15-19	18.6	18.5	18.0	17.2	18.7	18.5	16.6	17.2	16.6	16.5
	20-24	69.9	70.0	70.3	71.1	72.1	72.4	71.9	73.8	73.6	73.7
	25-34	47.9	48.7	49.4	50.2	51.4	52.1	52.2	52.1	53.6	54.5
	35-44	60.8	60.9	61.6	62.7	63.8	63.7	63.7	64.4	64.5	64.5
	45-54	61.7	62.0	61.9	62.8	63.9	64.1	64.6	64.9	65.2	66.4
	55-59	50.7	50.5	50.0	50.3	51.5	50.9	51.0	49.9	50.8	50.9
	60-64	38.8	38.8	38.5	38.6	39.6	38.0	38.5	38.6	38.5	38.6
	15-24	44.3	43.9	43.7	43.5	44.4	44.3	43.2	43.7	43.0	43.1
	25-54	56.2	56.7	57.1	58.1	59.5	60.0	60.3	60.8	61.4	62.2
	55-64	45.4	45.3	44.9	45.1	46.1	45.0	45.3	44.7	45.1	45.2
	65 and over	15.6	15.5	15.6	16.0	16.1	15.9	15.5	15.2	15.4	15.7
	15-64	52.4	52.5	52.7	53.3	54.5	54.5	54.5	54.7	54.9	55.3
Males and females											
	15-24	44.1	43.4	43.5	43.4	44.2	43.8	42.9	43.1	42.6	42.6
	25-54	76.7	76.8	77.1	77.6	78.3	78.5	78.5	78.7	79.1	79.6
	55-64	62.9	63.0	62.8	63.5	63.7	62.9	62.9	62.7	63.0	63.0
	65 and over	26.5	26.3	26.3	25.5	25.6	24.9	24.3	23.7	23.6	23.8
	15-64	68.3	68.2	68.4	68.8	69.3	69.1	68.8	68.8	68.8	68.9

Unemployment rates

		1979	1980	1981	1982	1983	1984	1985	1986	1987	1988
Males											
	15-19	5.4	5.5	6.8	6.5	7.1	8.5	8.9	8.1	9.3	8.0
	20-24	3.2	3.6	3.6	3.6	3.8	3.8	3.8	4.4	4.3	4.2
	25-34	2.0	1.9	2.0	2.2	2.3	2.2	2.2	2.3	2.4	2.1
	35-44	1.3	1.2	1.5	1.4	1.7	1.7	1.8	1.8	2.0	1.5
	45-54	1.5	1.4	1.6	1.7	2.1	1.7	1.7	1.8	2.0	1.6
	55-59	3.7	3.1	3.6	3.8	4.2	4.0	3.9	4.1	4.0	3.0
	60-64	5.4	4.6	5.3	5.7	6.5	6.7	7.0	7.0	7.6	6.7
	15-24	3.6	4.0	4.2	4.2	4.6	4.9	4.8	5.2	5.4	5.1
	25-54	1.6	1.5	1.7	1.8	2.0	1.9	1.9	2.0	2.1	1.7
	55-64	4.4	3.7	4.3	4.5	5.0	5.0	5.0	5.2	5.4	4.4
	65 and over	2.2	2.2	2.6	2.2	2.7	2.2	2.1	1.6	1.6	1.5
	15-64	2.1	2.0	2.3	2.4	2.7	2.6	2.6	2.8	3.0	2.5
	Total	2.2	2.0	2.3	2.4	2.7	2.6	2.6	2.7	2.9	2.5
Females											
	15-19	2.7	2.7	4.2	0.7	5.1	5.1	5.6	6.4	7.7	6.3
	20-24	3.3	3.3	3.7	4.4	4.3	4.9	4.5	4.7	4.3	4.2
	25-34	3.0	2.9	3.1	2.9	3.4	3.5	3.9	4.0	3.7	3.7
	35-44	1.7	1.7	1.7	1.8	2.2	2.4	2.1	2.2	2.3	2.2
	45-54	1.1	1.5	1.4	1.4	1.8	1.9	1.7	1.9	2.0	1.8
	55-59	1.3	1.3	1.9	1.8	2.3	2.2	2.2	2.2	2.1	2.1
	60-64	1.1	1.0	1.0	1.0	1.8	1.8	1.7	1.7	2.4	1.6
	15-24	3.2	3.2	3.8	3.6	4.5	5.0	4.7	5.1	5.0	4.7
	25-54	1.9	2.0	2.1	2.0	2.4	2.6	2.4	2.6	2.6	2.4
	55-64	1.2	1.2	1.5	1.5	2.1	2.1	2.0	2.0	2.2	1.9
	65 and over	0.0	0.0	1.0	1.0	0.9	0.9	0.9	0.9	0.8	0.8
	15-64	2.0	2.1	2.3	2.2	2.7	2.9	2.8	2.9	2.9	2.7
	Total	1.9	2.0	2.2	2.2	2.6	2.8	2.7	2.8	2.8	2.6
Males and females											
	15-24	3.4	3.6	4.0	3.9	4.5	4.9	4.8	5.2	5.2	4.9
	25-54	1.7	1.7	1.8	1.9	2.2	2.1	2.1	2.2	2.3	2.0
	55-64	3.1	2.7	3.2	3.3	3.9	3.9	3.9	4.0	4.2	3.5
	65 and over	1.5	1.4	2.1	1.7	2.0	1.7	1.7	1.3	1.3	1.2
	15-64	2.1	2.0	2.3	2.3	2.7	2.7	2.7	2.8	3.0	2.6
	Total	2.1	2.0	2.3	2.3	2.7	2.7	2.6	2.8	2.9	2.5

| Break in series/Rupture des données

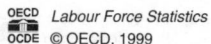

JAPON

Taux d'activité

1989	1990	1991	1992	1993	1994	1995	1996	1997	1998	
										Hommes
17.0	18.3	19.1	19.4	19.0	18.3	17.9	18.4	18.9	18.7	15-19
71.2	71.7	72.8	74.5	75.2	74.9	74.0	74.6	75.0	74.2	20-24
96.5	98.0	96.8	97.1	97.2	97.0	97.1	97.5	97.1	96.8	25-34
97.5	97.7	97.9	98.1	98.3	98.0	97.9	98.1	98.0	97.9	35-44
96.8	96.8	96.9	97.6	97.5	97.4	97.5	97.5	97.7	97.3	45-54
91.6	92.1	93.2	93.6	94.1	94.0	94.1	94.6	94.8	94.5	55-59
71.4	72.9	74.2	75.0	75.6	75.0	74.9	74.5	74.5	74.8	60-64
42.3	43.4	45.1	46.7	47.6	48.0	48.0	48.9	49.4	48.8	15-24
97.0	97.5	97.2	97.6	97.7	97.5	97.5	97.7	97.6	97.3	25-54
82.4	83.3	84.5	84.9	85.4	85.0	84.8	84.9	85.1	85.2	55-64
35.8	36.5	38.0	38.2	37.7	37.6	37.3	36.7	36.7	35.9	65 et plus
82.4	83.0	83.3	84.0	84.4	84.4	84.5	85.0	85.4	85.3	15-64
										Femmes
17.3	17.8	17.8	17.6	17.4	17.0	16.0	16.3	16.8	17.3	15-19
74.3	75.1	75.6	75.6	74.5	74.2	74.1	73.8	73.4	73.4	20-24
55.4	56.6	58.1	58.5	58.7	59.6	60.3	61.8	62.6	62.9	25-34
65.6	66.4	66.8	67.0	66.5	66.1	65.3	65.4	66.8	66.2	35-44
67.6	68.8	69.4	69.9	69.5	69.4	69.4	69.6	70.3	70.2	45-54
52.2	53.9	55.5	55.6	56.4	56.4	57.0	58.1	58.7	59.1	55-59
39.2	39.5	40.7	40.7	40.1	39.4	39.7	39.0	39.8	40.1	60-64
44.0	44.8	45.8	46.5	46.7	47.1	47.2	47.6	47.7	47.8	15-24
63.2	64.2	65.0	65.4	65.2	65.3	65.2	65.8	66.7	66.6	25-54
46.1	47.2	48.5	48.5	48.6	48.1	48.5	48.8	49.5	49.9	55-64
15.8	16.2	16.6	16.7	16.0	15.9	15.6	15.4	15.4	15.2	65 et plus
56.2	57.1	58.0	58.3	58.2	58.3	58.4	58.9	59.7	59.8	15-64
										Hommes et Femmes
43.1	44.1	45.4	46.6	47.2	47.6	47.6	48.3	48.6	48.3	15-24
80.2	80.9	81.2	81.6	81.5	81.4	81.4	81.8	82.2	82.1	25-54
63.7	64.7	66.0	66.2	66.5	66.1	66.2	66.3	66.9	67.1	55-64
23.8	24.3	25.3	25.4	24.9	24.8	24.5	24.2	24.2	23.8	65 et plus
69.3	70.1	70.7	71.2	71.3	71.4	71.5	72.0	72.6	72.6	15-64

Taux de chômage

1989	1990	1991	1992	1993	1994	1995	1996	1997	1998	
										Hommes
8.0	7.4	7.2	7.3	7.7	8.3	8.9	10.3	10.3	12.0	15-19
3.8	3.7	4.0	3.9	4.3	5.0	5.5	6.1	6.2	7.3	20-24
1.8	1.8	1.8	1.9	2.3	2.6	3.0	3.3	3.3	4.1	25-34
1.4	1.2	0.9	1.3	1.7	1.8	1.9	2.1	2.1	2.8	35-44
1.3	1.1	1.2	1.2	1.4	1.7	1.8	2.0	2.1	2.5	45-54
2.6	2.3	1.7	1.9	2.2	2.5	2.7	2.7	2.6	3.6	55-59
5.9	5.1	4.9	5.1	6.1	7.2	7.5	8.5	8.3	10.0	60-64
4.7	4.5	4.7	4.6	4.9	5.6	6.1	6.8	6.9	8.2	15-24
1.5	1.4	1.3	1.4	1.7	2.0	2.2	2.5	2.5	3.1	25-54
3.9	3.4	3.0	3.2	3.8	4.5	4.7	5.1	5.0	6.3	55-64
1.5	1.4	1.3	1.6	1.6	1.9	2.2	2.1	2.0	2.6	65 et plus
2.2	2.1	2.0	2.1	2.5	2.9	3.1	3.5	3.5	4.3	15-64
2.2	2.0	1.9	2.1	2.4	2.8	3.1	3.4	3.4	4.1	Total
										Femmes
6.0	5.7	5.8	6.0	6.3	6.8	7.5	9.1	7.6	9.1	15-19
3.8	3.7	3.8	3.7	5.1	5.0	5.8	6.2	6.1	6.9	20-24
3.5	3.1	3.3	3.3	4.0	4.7	5.0	5.2	5.5	6.2	25-34
1.9	1.8	1.8	1.9	2.1	2.4	2.6	2.6	2.4	3.3	35-44
1.5	1.5	1.4	1.5	1.6	1.8	2.1	2.0	2.0	2.3	45-54
2.0	1.4	1.8	1.3	1.3	1.8	1.7	2.1	2.0	2.8	55-59
1.5	1.4	1.4	1.4	2.0	2.0	2.6	2.6	2.5	3.1	60-64
4.2	4.1	4.2	4.1	5.3	5.3	6.1	6.7	6.3	7.3	15-24
2.2	2.1	2.1	2.1	2.5	2.8	3.1	3.2	3.2	3.8	25-54
1.8	1.4	1.6	1.3	1.6	1.9	2.1	2.3	2.2	2.9	55-64
0.0	0.0	0.0	0.6	0.6	0.6	0.6	0.6	0.6	0.6	65 et plus
2.5	2.3	2.4	2.3	2.8	3.1	3.4	3.6	3.6	4.2	15-64
2.3	2.2	2.2	2.2	2.7	3.0	3.3	3.4	3.4	4.0	Total
										Hommes et Femmes
4.5	4.3	4.5	4.4	5.1	5.5	6.1	6.7	6.6	7.7	15-24
1.8	1.6	1.6	1.7	2.0	2.4	2.6	2.7	2.8	3.4	25-54
3.1	2.7	2.5	2.5	3.0	3.5	3.7	4.1	3.9	5.0	55-64
0.9	0.8	0.8	1.2	1.2	1.4	1.6	1.5	1.5	1.9	65 et plus
2.3	2.2	2.1	2.2	2.6	3.0	3.3	3.5	3.5	4.2	15-64
2.2	2.1	2.1	2.2	2.5	2.9	3.2	3.4	3.4	1.0	Total

Statistiques de la Population Active OECD
© OCDE, 1999 OCDE

KOREA

Participation rates

	1979	1980	1981	1982	1983	1984	1985	1986	1987	1988
Males										
15-19	..	27.3	23.9	22.4	18.2	15.5	14.5	13.6	14.0	11.4
20-24	..	76.5	74.6	73.2	68.2	64.7	63.3	62.1	60.6	59.6
25-34	..	96.3	95.9	95.4	94.3	93.2	93.2	93.1	92.7	93.1
35-44	..	96.7	96.8	96.2	95.9	95.7	95.8	96.0	95.7	96.2
45-54	..	92.8	92.7	92.5	92.1	90.9	91.0	90.9	90.7	91.3
55-59	..	80.0	80.5	81.0	78.4	77.3	77.3	75.9	77.6	79.6
60-64	..	..	..	..	..	..	..	..	..	..
15-24	..	46.4	43.9	43.0	38.3	34.8	33.0	31.7	30.7	28.3
25-59	..	94.3	94.3	93.9	93.1	92.3	92.3	92.2	92.0	92.6
25-54	..	95.6	95.4	95.0	94.3	93.4	93.5	93.4	93.1	93.6
55-64	..	..	..	..	..	..	..	..	..	..
60 and over	..	45.2	46.8	44.0	43.0	42.5	44.2	44.7	47.0	48.0
65 and over	..	..	..	..	..	..	..	..	..	..
15-64	..	76.4	75.8	75.0	73.7	72.1	72.3	72.1	72.5	72.9	
Females										
15-19	..	34.4	29.4	28.0	26.2	22.2	21.1	20.2	21.1	19.2
20-24	..	53.5	53.0	54.3	54.2	52.5	55.1	58.2	60.1	61.4
25-34	..	36.0	35.9	37.6	37.6	37.0	39.2	40.9	43.2	43.9
35-44	..	54.9	55.1	57.5	56.7	53.7	55.4	56.5	59.0	58.4
45-54	..	55.9	57.0	58.2	58.1	54.8	56.1	57.4	59.6	60.5
55-59	..	46.2	47.2	49.5	48.1	45.2	47.3	46.9	49.1	49.6
60-64	..	..	..	..	..	..	..	..	..	..
15-24	..	43.9	41.3	41.9	41.3	37.9	38.0	38.9	39.7	39.0
25-59	..	47.5	47.7	49.3	48.7	46.6	48.3	49.5	51.7	52.2
25-54	..	47.6	47.8	49.3	48.8	46.7	48.4	49.7	52.0	52.4
55-64	..	..	..	..	..	..	..	..	..	..
60 and over	..	16.9	17.9	18.3	18.1	18.1	19.2	21.4	23.5	23.2
65 and over	..	..	..	..	..	..	..	..	..	..
15-64	..	42.8	42.3	43.4	42.8	40.7	41.9	43.1	45.0	45.0	
Males and females										
15-24	..	45.1	42.6	42.4	39.8	36.4	35.6	35.4	35.5	33.9
25-59	..	70.8	70.9	71.2	70.7	69.2	70.2	70.8	71.9	72.5
25-54	..	71.6	71.6	71.9	71.5	70.0	71.0	71.7	72.8	73.3
55-64	..	..	..	..	..	..	..	..	..	..
60 and over	..	28.3	29.6	28.9	28.3	27.9	29.3	30.6	32.7	32.9
65 and over	..	..	..	..	..	..	..	..	..	..
15-64	..	59.0	58.5	58.6	57.7	55.8	56.6	57.1	58.3	58.5	

Unemployment rates

	1979	1980	1981	1982	1983	1984	1985	1986	1987	1988
Males										
15-19	..	14.8	14.5	14.8	12.7	11.8	12.4	11.6	9.5	10.5
20-24	..	13.3	12.5	11.9	12.1	11.3	13.7	12.6	10.2	9.5
25-34	..	6.0	5.8	5.3	5.5	5.0	5.5	5.6	4.5	3.6
35-44	..	4.3	3.8	4.2	3.7	3.5	3.2	3.4	2.9	1.8
45-54	..	4.2	3.9	3.6	3.5	3.3	3.2	3.1	2.5	1.6
55-59	..	3.2	3.2	2.2	2.2	2.2	2.1	2.0	1.6	1.3
60-64	..	..	..	..	..	..	..	..	..	..
15-24	..	13.9	13.2	12.8	12.2	11.5	13.4	12.3	10.0	9.8
25-59	..	4.8	4.5	4.4	4.3	4.0	4.1	4.2	3.4	2.5
25-54	..	5.0	4.6	4.5	4.4	4.1	4.2	4.3	3.5	2.5
55-64	..	..	..	..	..	..	..	..	..	..
60 and over	..	0.9	0.6	0.4	0.8	0.6	0.4	0.5	0.3	0.3
65 and over	..	..	..	..	..	..	..	..	..	..
15-64	..	..	..	..	..	..	..	..	..	..
Total	..	6.2	5.7	5.5	5.2	4.8	5.0	4.9	3.9	3.0
Females										
15-19	..	12.0	10.2	10.6	9.7	9.3	10.0	8.1	8.2	7.1
20-24	..	7.3	5.5	6.0	5.2	5.5	6.3	5.9	5.2	5.0
25-34	..	1.9	1.2	1.2	0.9	1.0	1.3	1.3	1.0	1.2
35-44	..	1.2	0.6	1.0	0.9	0.9	1.0	0.7	0.6	0.7
45-54	..	0.8	0.5	0.4	0.5	0.6	0.4	0.3	0.3	0.3
55-59	..	0.7	0.3	0.3	0.3	0.3	0.3	0.3	0.3	0.2
60-64	..	..	..	..	..	..	..	..	..	..
15-24	..	9.1	7.2	7.5	6.5	6.6	7.4	6.5	6.0	5.5
25-59	..	1.2	0.7	0.8	0.8	0.8	0.9	0.8	0.6	0.7
25-54	..	1.3	0.7	0.9	0.8	0.9	0.9	0.8	0.7	0.8
55-64	..	..	..	..	..	..	..	..	..	..
60 and over	..	0.0	0.0	0.0	0.3	0.0	0.0	0.0	0.2	0.2
65 and over	..	..	..	..	..	..	..	..	..	..
15-64	..	..	..	..	..	..	..	..	..	..
Total	..	3.5	2.4	2.5	2.2	2.2	2.4	2.1	1.8	1.7
Males and females										
15-24	..	11.4	10.1	10.0	9.2	8.8	10.0	9.0	7.6	7.2
25-59	..	3.6	3.2	3.1	3.1	2.9	3.0	3.0	2.4	1.9
25-54	..	3.8	3.3	3.3	3.2	3.0	3.1	3.1	2.5	1.9
55-64	..	..	..	..	..	..	..	..	..	..
60 and over	..	0.6	0.4	0.4	0.5	0.4	0.3	0.3	0.3	0.2
65 and over	..	..	..	..	..	..	..	..	..	..
15-64	..	..	..	..	..	..	..	..	..	..
Total	..	5.2	4.5	4.4	4.1	3.8	4.0	3.8	3.1	2.5

| Break in series/Rupture des données
Data prior to years 1989 refer to persons aged 15 to 74. Les données antérieures à 1989 se réfèrent aux personnes âgées de 15 à 74 ans.

CORÉE

Taux d'activité

1989	1990	1991	1992	1993	1994	1995	1996	1997	1998	
										Hommes
11.7	10.8	11.1	11.7	10.5	10.4	9.3	8.7	8.6	9.2	15-19
60.2	60.2	59.9	58.2	56.5	58.3	58.0	58.2	56.9	54.3	20-24
93.9	94.5	94.6	94.3	94.1	93.7	93.4	92.7	92.3	91.6	25-34
96.2	96.4	96.8	96.9	96.9	96.5	96.8	96.8	96.6	95.8	35-44
91.7	92.4	93.0	93.3	93.2	93.4	93.4	93.6	93.1	93.1	45-54
82.4	83.6	84.9	84.9	84.8	84.4	83.9	83.7	84.8	81.9	55-59
65.7	67.2	67.4	70.8	69.5	72.6	73.9	73.5	73.1	67.7	60-64
28.3	28.4	29.2	29.9	30.2	31.0	30.1	29.5	28.2	26.4	15-24
93.1	93.6	94.0	94.0	93.9	93.7	93.7	93.5	93.2	92.5	25-59
94.0	94.6	94.9	94.9	94.8	94.6	94.6	94.4	94.0	93.6	25-54
75.8	77.2	78.2	79.3	78.8	79.6	79.7	79.2	79.7	75.4	55-64
49.1	49.9	50.8	53.3	52.4	53.8	54.2	54.5	54.7	52.1	60 et plus
38.9	39.3	40.7	42.1	41.8	42.2	41.6	41.3	42.2	40.4	65 et plus
75.5	76.2	77.1	77.7	78.3	78.8	79.0	78.6	78.2	77.9	15-64
										Femmes
18.7	18.7	18.9	17.4	16.7	15.6	14.6	13.6	13.0	12.1	15-19
63.6	64.6	65.9	65.4	64.6	64.7	66.1	66.1	66.4	61.0	20-24
46.1	46.0	46.0	45.9	46.0	47.1	47.7	50.1	52.6	49.6	25-34
59.1	59.2	59.6	59.0	60.7	61.5	62.1	62.5	63.5	60.7	35-44
62.2	62.0	61.0	61.0	59.3	60.0	59.8	59.9	60.2	58.5	45-54
52.8	54.4	54.4	54.0	53.4	53.9	54.2	53.4	53.9	50.6	55-59
41.7	43.5	43.2	45.0	43.3	45.3	45.9	45.3	45.9	44.7	60-64
39.6	40.7	42.0	41.8	42.2	42.3	41.9	40.5	39.8	35.8	15-24
54.0	54.2	54.2	54.0	54.0	54.9	55.5	56.6	58.0	55.4	25-59
54.1	54.2	54.2	54.0	54.0	55.1	55.6	56.9	58.4	55.9	25-54
47.8	49.6	49.5	50.1	48.9	50.0	50.4	49.6	50.2	47.9	55-64
25.8	26.4	26.5	27.8	26.7	27.9	28.9	29.2	30.2	27.9	60 et plus
18.2	18.4	18.8	19.7	18.9	19.7	20.6	21.3	22.6	19.8	65 et plus
49.4	49.9	50.3	50.2	50.3	51.1	51.5	51.9	52.8	50.3	15-64
										Hommes et Femmes
34.3	35.0	36.1	36.3	36.7	37.1	36.5	35.4	34.4	31.4	15-24
73.7	74.1	74.4	74.3	74.3	74.7	75.0	75.4	75.9	74.2	25-59
74.3	74.6	74.9	74.8	74.8	75.3	75.6	76.1	76.6	75.0	25-54
60.7	62.4	63.0	63.9	62.8	63.9	64.1	63.6	64.3	61.3	55-64
34.8	35.6	36.2	37.9	36.9	38.2	39.1	39.5	40.3	38.0	60 et plus
25.8	26.1	27.0	28.0	27.5	28.1	28.5	28.9	30.1	27.6	65 et plus
62.3	62.8	63.5	63.8	64.1	64.8	65.1	65.1	65.4	64.0	15-64

Taux de chômage

1989	1990	1991	1992	1993	1994	1995	1996	1997	1998	
										Hommes
7.7	10.1	11.0	11.9	12.9	10.2	9.2	8.9	11.6	25.3	15-19
9.5	9.3	9.3	8.8	11.8	9.0	7.7	8.2	8.9	19.6	20-24
3.7	3.5	2.8	3.2	3.9	3.5	2.6	2.9	3.6	8.6	25-34
1.9	1.8	1.4	1.5	1.9	1.8	1.6	1.4	1.8	6.1	35-44
1.8	1.6	1.4	1.3	1.4	1.3	1.3	1.3	1.5	6.7	45-54
1.7	1.4	1.0	0.9	0.9	1.0	1.2	1.0	1.6	6.1	55-59
0.3	0.8	0.8	0.9	0.7	0.6	1.0	0.7	1.3	4.6	60-64
9.0	9.5	9.7	9.5	12.0	9.3	8.0	8.3	9.4	20.8	15-24
2.6	2.4	1.9	2.1	2.5	2.3	1.9	1.9	2.4	7.1	25-59
2.7	2.5	2.0	2.2	2.6	2.4	1.9	2.0	2.4	7.2	25-54
1.2	1.2	1.0	0.9	0.8	0.9	1.1	0.9	1.5	5.4	55-64
0.3	0.6	0.4	0.5	0.5	0.4	0.6	0.6	1.1	3.4	60 et plus
0.3	0.3	0.0	0.0	0.2	0.2	0.2	0.4	0.8	1.8	65 et plus
3.1	3.0	2.6	2.7	3.3	2.8	2.3	2.4	2.8	7.9	15-64
3.1	2.9	2.5	2.6	3.2	2.7	2.3	2.3	2.8	7.7	Total
										Femmes
7.9	8.7	8.2	9.2	10.0	8.9	7.5	6.6	8.7	17.5	15-19
4.5	4.5	5.3	5.9	6.5	5.4	4.9	4.5	6.2	11.8	20-24
1.5	1.4	1.4	1.5	1.6	1.5	1.4	1.5	2.2	5.9	25-34
1.0	0.7	0.8	0.8	0.7	0.8	0.8	0.8	1.6	4.7	35-44
0.4	0.4	0.5	0.4	0.6	0.5	0.4	0.5	1.0	3.9	45-54
0.2	0.2	0.2	0.2	0.4	0.4	0.5	0.5	0.3	2.2	55-59
0.4	0.3	0.3	0.3	0.3	0.3	0.3	0.2	0.5	1.6	60-64
5.4	5.5	6.0	6.6	7.2	6.0	5.3	4.8	6.6	12.8	15-24
0.9	0.8	0.9	0.9	1.0	0.9	0.9	0.9	1.5	4.7	25-59
1.0	0.9	0.9	0.9	1.0	1.0	0.9	1.0	1.7	4.9	25-54
0.3	0.3	0.2	0.2	0.4	0.3	0.4	0.4	0.4	1.9	55-64
0.2	0.2	0.2	0.2	0.2	0.1	0.1	0.1	0.3	1.3	60 et plus
0.0	0.0	0.0	0.0	0.0	0.0	0.0	0.0	0.2	1.0	65 et plus
1.9	1.9	2.0	2.1	2.3	2.0	1.7	1.6	2.4	5.8	15-64
1.8	1.8	1.9	2.1	2.2	1.9	1.7	1.6	2.3	5.6	Total
										Hommes et Femmes
6.8	7.0	7.4	7.7	9.0	7.2	6.3	6.1	7.7	15.9	15-24
2.0	1.8	1.6	1.6	1.9	1.8	1.5	1.6	2.0	6.2	25-59
2.1	1.9	1.6	1.7	2.1	1.9	1.6	1.6	2.1	6.4	25-54
0.8	0.8	0.7	0.6	0.6	0.6	0.8	0.7	1.0	4.0	55-64
0.2	0.4	0.3	0.3	0.3	0.3	0.4	0.4	0.8	2.5	60 et plus
0.2	0.2	0.2	0.1	0.1	0.1	0.1	0.2	0.5	1.5	65 et plus
2.6	2.5	2.4	2.5	2.9	2.5	2.1	2.1	2.7	7.1	15-64
2.6	2.4	2.3	2.4	2.8	2.4	2.0	2.0	2.6	6.8	Total

Statistiques de la Population Active
© OCDE, 1999

NEW ZEALAND

Participation rates

		1979	1980	1981	1982	1983	1984	1985	1986	1987	1988
Males											
	15-19	..	..	..	..	..	..	..	67.5	66.2	61.3
	20-24	..	..	..	..	..	..	..	91.8	91.9	89.5
	25-34	..	..	..	..	..	..	..	95.0	95.3	94.2
	35-44	..	..	..	..	..	..	..	96.7	96.6	95.6
	45-54	..	..	..	..	..	..	..	95.1	94.1	93.5
	55-64	..	..	..	..	..	..	..	66.9	64.8	60.4
	15-24	..	..	..	..	..	..	..	79.1	78.3	74.4
	25-54	..	..	..	..	..	..	..	95.6	95.4	94.5
	55-64	..	..	..	..	..	..	..	66.9	64.8	60.4
	65 and over	..	..	..	..	..	..	..	14.7	14.2	11.3
	15-64	..	..	..	..	..	..	..	87.2	86.7	84.6
Females											
	15-19	..	..	..	..	..	..	..	59.7	61.7	58.6
	20-24	..	..	..	..	..	..	..	73.5	74.1	69.1
	25-34	..	..	..	..	..	..	..	62.3	62.6	61.7
	35-44	..	..	..	..	..	..	..	75.9	75.1	74.6
	45-54	..	..	..	..	..	..	..	67.7	70.8	71.6
	55-64	..	..	..	..	..	..	..	32.8	31.9	32.8
	15-24	..	..	..	..	..	..	..	66.4	67.6	63.6
	25-54	..	..	..	..	..	..	..	68.3	68.9	68.6
	55-64	..	..	..	..	..	..	..	32.8	31.9	32.8
	65 and over	..	..	..	..	..	..	..	4.3	3.7	4.3
	15-64	..	..	..	..	..	..	..	63.0	63.7	62.6
Males and females											
	15-24	..	..	..	..	..	..	..	72.8	73.0	69.0
	25-54	..	..	..	..	..	..	..	81.9	82.0	81.4
	55-64	..	..	..	..	..	..	..	49.8	48.4	46.6
	65 and over	..	..	..	..	..	..	..	8.8	8.2	7.3
	15-64	..	..	..	..	..	..	..	75.1	75.1	73.5

Unemployment rates

		1979	1980	1981	1982	1983	1984	1985	1986	1987	1988
Males											
	15-19	..	..	..	..	..	..	..	11.8	10.8	13.9
	20-24	..	..	..	..	..	..	..	4.7	6.4	9.9
	25-34	..	..	..	..	..	..	..	3.0	3.6	5.1
	35-44	..	..	..	..	..	..	..	1.8	1.8	3.5
	45-54	..	..	..	..	..	..	..	1.8	2.1	3.0
	55-64	..	..	..	..	..	..	..	1.4	2.0	2.7
	15-24	..	..	..	..	..	..	..	7.9	8.4	11.7
	25-54	..	..	..	..	..	..	..	2.3	2.6	4.0
	55-64	..	..	..	..	..	..	..	1.4	2.0	2.7
	65 and over	..	..	..	..	..	..	..	1.5	1.0	1.8
	15-64	..	..	..	..	..	..	..	3.6	4.0	5.7
	Total	..	..	..	..	..	..	..	3.5	3.9	5.6
Females											
	15-19	..	..	..	..	..	..	..	11.0	9.8	12.4
	20-24	..	..	..	..	..	..	..	5.2	5.4	7.5
	25-34	..	..	..	..	..	..	..	5.1	4.5	5.7
	35-44	..	..	..	..	..	..	..	2.8	2.8	3.8
	45-54	..	..	..	..	..	..	..	2.5	1.9	2.7
	55-64	..	..	..	..	..	..	..	1.7	1.3	2.6
	15-24	..	..	..	..	..	..	..	7.9	7.6	9.9
	25-54	..	..	..	..	..	..	..	3.6	3.2	4.2
	55-64	..	..	..	..	..	..	..	1.7	1.3	2.6
	65 and over	..	..	..	..	..	..	..	2.5	2.9	1.2
	15-64	..	..	..	..	..	..	..	4.7	4.3	5.6
	Total	..	..	..	..	..	..	..	4.6	4.3	5.5
Males and females											
	15-24	..	..	..	..	..	..	..	7.8	8.0	10.8
	25-54	..	..	..	..	..	..	..	2.8	2.9	4.1
	55-64	..	..	..	..	..	..	..	1.5	1.7	2.7
	65 and over	..	..	..	..	..	..	..	1.4	1.5	1.6
	15-64	..	..	..	..	..	..	..	4.0	4.1	5.6
	Total	..	..	..	..	..	..	..	4.0	4.1	5.6

| Break in series/Rupture des données

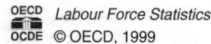

NOUVELLE-ZÉLANDE

Taux d'activité

1989	1990	1991	1992	1993	1994	1995	1996	1997	1998	
										Hommes
58.6	57.7	56.3	53.6	51.1	53.8	57.1	56.7	56.2	54.7	15-19
88.7	86.5	85.6	84.5	85.1	85.1	85.1	84.9	83.5	82.0	20-24
94.1	93.2	92.9	92.5	92.5	92.2	92.2	91.5	91.5	90.7	25-34
94.6	94.1	94.4	94.4	93.8	93.0	92.2	92.8	92.9	92.1	35-44
93.1	92.4	92.4	92.1	92.2	91.7	91.7	91.3	91.6	91.5	45-54
56.4	56.8	56.5	56.7	59.9	63.0	65.3	69.0	69.3	70.6	55-64
72.7	71.4	70.5	69.0	68.4	69.8	71.3	70.8	69.6	67.9	15-24
94.0	93.4	93.3	93.1	92.8	92.3	92.0	91.9	92.0	91.4	25-54
56.4	56.8	56.5	56.7	59.9	63.0	65.3	69.0	69.3	70.6	55-64
10.7	10.5	9.6	8.8	8.7	9.5	9.9	11.0	9.8	8.8	65 et plus
83.5	83.0	82.8	82.5	82.7	83.3	83.8	84.2	84.1	83.5	15-64
										Femmes
54.5	57.7	53.8	48.9	48.6	51.5	53.9	55.8	56.0	53.5	15-19
69.3	71.5	72.8	73.3	72.0	72.2	72.2	71.9	71.9	71.4	20-24
61.6	61.5	63.1	64.0	64.1	65.6	66.2	68.1	67.2	66.4	25-34
74.2	75.2	75.9	75.0	73.5	73.4	73.8	74.9	74.0	73.8	35-44
71.8	73.5	73.3	73.3	74.0	75.2	76.8	78.3	78.0	78.5	45-54
30.8	30.7	31.3	32.7	34.8	36.6	39.0	43.0	44.4	46.3	55-64
61.5	64.3	63.2	61.3	60.7	62.2	63.4	64.1	64.1	62.4	15-24
68.5	69.3	70.1	70.2	70.0	70.9	71.8	73.3	72.6	72.5	25-54
30.8	30.7	31.3	32.7	34.8	36.6	39.0	43.0	44.4	46.3	55-64
3.8	3.7	3.5	2.9	2.7	3.4	2.9	3.3	3.4	3.8	65 et plus
61.8	63.2	63.6	63.4	63.5	64.7	65.8	67.5	67.2	67.1	15-64
										Hommes et Femmes
67.2	67.9	66.9	65.1	64.5	66.0	67.4	67.4	66.9	65.2	15-24
81.1	81.2	81.6	81.5	81.2	81.4	81.7	82.4	82.1	81.8	25-54
43.6	43.8	43.9	44.7	47.3	49.8	52.1	55.9	56.8	58.4	55-64
6.8	6.6	6.2	5.5	5.3	6.1	6.0	6.7	6.3	6.0	65 et plus
72.6	73.0	73.1	72.9	73.0	73.9	74.7	75.8	75.6	75.2	15-64

Taux de chômage

1989	1990	1991	1992	1993	1994	1995	1996	1997	1998	
										Hommes
15.8	17.8	23.2	23.2	22.0	19.4	16.2	17.2	16.5	17.7	15-19
13.1	12.8	18.8	18.5	16.3	13.2	9.2	9.2	10.9	14.1	20-24
7.1	8.2	11.4	11.0	9.9	7.9	5.4	5.6	6.5	7.1	25-34
4.4	5.6	7.1	7.6	7.2	6.7	5.2	4.4	5.1	5.9	35-44
4.4	5.4	6.9	7.0	7.2	6.1	4.4	4.1	4.2	5.0	45-54
4.3	4.9	5.9	7.5	6.5	5.4	3.6	4.3	4.7	4.9	55-64
14.3	14.9	20.6	20.4	18.4	15.6	12.0	12.4	13.2	15.6	15-24
5.5	6.6	8.7	8.8	8.2	7.0	5.1	4.8	5.3	6.0	25-54
4.3	4.9	5.9	7.5	6.5	5.4	3.6	4.3	4.7	4.9	55-64
3.2	1.9	2.0	0.9	1.4	2.1	2.1	0.6	0.6	0.8	65 et plus
7.4	8.3	11.0	11.1	10.1	8.6	6.3	6.2	6.7	7.7	15-64
7.3	8.2	10.9	10.9	10.0	8.5	6.2	6.1	6.6	7.5	Total
										Femmes
15.8	16.8	20.4	20.9	20.8	19.0	16.1	14.3	15.9	17.2	15-19
9.5	10.1	14.1	13.5	12.8	11.2	8.8	8.9	10.7	10.7	20-24
7.0	7.3	10.0	10.3	9.2	8.0	5.7	6.1	6.5	7.9	25-34
4.2	4.7	6.5	7.0	6.6	5.6	5.5	4.9	5.4	5.8	35-44
4.1	3.9	5.6	5.5	5.4	4.4	3.8	3.9	3.9	4.7	45-54
3.3	4.0	4.4	4.9	3.8	3.6	2.7	2.7	3.0	4.1	55-64
12.5	13.2	16.8	16.4	15.9	14.3	11.8	11.2	13.0	13.5	15-24
5.2	5.4	7.5	7.8	7.2	6.1	5.0	5.0	5.3	6.2	25-54
3.3	4.0	4.4	4.9	3.8	3.6	2.7	2.7	3.0	4.1	55-64
4.1	2.7	1.4	1.9	2.4	1.2	0.0	2.1	1.4	1.4	65 et plus
6.9	7.3	9.6	9.6	8.9	7.8	6.4	6.1	6.7	7.4	15-64
6.9	7.2	9.5	9.5	8.9	7.7	6.3	6.1	6.7	7.4	Total
										Hommes et Femmes
13.5	14.1	18.8	18.5	17.2	15.0	11.9	11.8	13.1	14.6	15-24
5.3	6.0	8.2	8.3	7.8	6.6	5.1	4.9	5.3	6.1	25-54
3.9	4.6	5.3	6.6	5.5	4.7	3.3	3.7	4.0	4.6	55-64
3.0	2.2	2.3	1.2	1.7	1.8	1.5	1.0	0.9	1.0	65 et plus
7.2	7.8	10.4	10.4	9.6	8.2	6.3	6.2	6.7	7.6	15-64
7.1	7.8	10.3	10.3	9.5	8.1	6.3	6.1	6.6	7.5	Total

Statistiques de la Population Active
© OCDE, 1999

AUSTRIA/AUTRICHE

Participation rates/Taux d'activité

	1990	1991	1992	1993	1994	1995	1996	1997	1998	
Males										**Hommes**
15-19	..	..	..	..	53.0	52.4	52.3	49.0	47.7	15-19
20-24	..	..	..	..	75.6	74.4	73.6	75.2	74.4	20-24
25-34	..	..	..	..	91.4	91.7	91.5	92.1	92.4	25-34
35-44	..	..	..	..	95.5	96.4	96.1	96.6	96.3	35-44
45-54	..	..	..	..	90.5	91.1	90.7	90.8	91.1	45-54
55-59	..	..	..	..	61.7	64.9	63.7	62.5	63.2	55-59
60-64	..	..	..	..	19.4	20.3	16.7	13.6	13.2	60-64
15-24	..	..	..	..	65.6	64.4	63.6	62.5	61.1	15-24
25-54	..	..	..	..	92.4	93.0	92.8	93.3	93.4	25-54
55-64	..	..	..	..	41.3	44.8	44.0	42.9	43.4	55-64
65 and over	..	..	..	..	6.2	5.5	4.6	4.5	4.4	65 et plus
15-64	..	..	..	..	80.2	80.7	80.1	80.0	79.8	15-64
Females										**Femmes**
15-19	..	..	..	..	41.3	37.2	35.4	35.7	35.1	15-19
20-24	..	..	..	..	73.3	71.5	71.4	70.8	70.9	20-24
25-34	..	..	..	..	76.2	77.5	77.6	77.7	77.5	25-34
35-44	..	..	..	..	73.9	75.5	75.5	76.6	76.4	35-44
45-54	..	..	..	..	63.2	64.7	64.5	66.4	68.2	45-54
55-59	..	..	..	..	26.9	27.4	25.3	24.4	24.8	55-59
60-64	..	..	..	..	10.0	9.8	8.8	8.2	8.4	60-64
15-24	..	..	..	..	59.3	56.2	54.8	54.1	53.4	15-24
25-54	..	..	..	..	71.7	73.1	73.2	74.2	74.5	25-54
55-64	..	..	..	..	18.5	19.2	18.1	17.7	18.1	55-64
65 and over	..	..	..	..	2.7	2.4	2.0	2.1	1.9	65 et plus
15-64	..	..	..	..	61.3	61.6	61.0	61.3	61.4	15-64
Males and females										**Hommes et Femmes**
15-24	..	..	..	..	62.5	60.4	59.3	58.4	57.3	15-24
25-54	..	..	..	..	82.2	83.3	83.2	83.9	84.1	25-54
55-64	..	..	..	..	29.5	31.6	30.6	29.9	30.4	55-64
65 and over	..	..	..	..	3.9	3.5	2.9	3.0	2.9	65 et plus
15-64	..	..	..	..	70.9	71.3	70.7	70.7	70.7	15-64

Unemployment rates/Taux de chômage

	1990	1991	1992	1993	1994	1995	1996	1997	1998	
Males										**Hommes**
15-19	..	..	..	..	3.8	4.4	5.1	5.6	5.3	15-19
20-24	..	..	..	..	4.8	4.7	6.2	5.0	4.3	20-24
25-34	..	..	..	..	2.9	3.0	3.5	3.6	3.5	25-34
35-44	..	..	..	..	2.5	2.4	3.3	3.5	3.8	35-44
45-54	..	..	..	..	3.8	3.2	3.6	3.8	4.1	45-54
55-59	..	..	..	..	4.1	4.9	5.4	5.5	5.7	55-59
60-64	..	..	..	..	3.1	2.0	3.1	3.1	3.1	60-64
15-24	..	..	..	..	4.5	4.6	5.8	5.2	4.7	15-24
25-54	..	..	..	..	3.0	2.9	3.5	3.6	3.8	25-54
55-64	..	..	..	..	3.9	4.3	5.0	5.2	5.4	55-64
65 and over	..	..	..	..	0.0	0.0	0.0	0.0	0.0	65 et plus
15-64	..	..	..	..	3.3	3.2	3.9	4.0	4.0	15-64
Total	..	..	..	..	3.3	3.2	3.9	3.9	4.0	Total
Females										**Femmes**
15-19	..	..	..	..	7.2	8.2	9.6	12.7	9.9	15-19
20-24	..	..	..	..	4.3	4.4	5.2	4.5	4.8	20-24
25-34	..	..	..	..	3.9	4.3	4.5	4.7	4.5	25-34
35-44	..	..	..	..	3.3	3.7	3.2	3.7	3.8	35-44
45-54	..	..	..	..	4.3	4.8	4.9	4.7	4.8	45-54
55-59	..	..	..	..	2.4	2.6	3.9	2.5	3.2	55-59
60-64	..	..	..	..	3.5	2.6	2.4	1.3	4.5	60-64
15-24	..	..	..	..	5.2	5.5	6.5	7.1	6.5	15-24
25-54	..	..	..	..	3.8	4.2	4.1	4.4	4.3	25-54
55-64	..	..	..	..	2.7	2.6	3.6	2.3	3.4	55-64
65 and over	..	..	..	..	0.0	0.0	0.0	0.0	0.0	65 et plus
15-64	..	..	..	..	4.0	4.4	4.5	4.7	4.6	15-64
Total	..	..	..	..	4.0	4.3	4.5	4.6	4.6	Total
Males and females										**Hommes et Femmes**
15-24	..	..	..	..	4.8	5.0	6.1	6.1	5.5	15-24
25-54	..	..	..	..	3.4	3.4	3.8	3.9	4.0	25-54
55-64	..	..	..	..	3.5	3.9	4.6	4.3	4.8	55-64
65 and over	..	..	..	..	0.0	0.0	0.0	0.0	0.0	65 et plus
15-64	..	..	..	..	3.6	3.7	4.2	4.3	4.3	15-64
Total	..	..	..	..	3.6	3.7	4.1	4.2	4.2	Total

| Break in series/Rupture des données

313

BELGIUM

Participation rates

		1979	1980	1981	1982	1983	1984	1985	1986	1987	1988
Males											
	15-19	..	..	..	..	19.8	17.9	15.5	14.3	12.8	9.3
	20-24	..	..	..	..	72.8	68.8	69.3	71.4	70.7	65.5
	25-34	..	..	..	..	96.0	95.7	96.1	96.2	95.6	95.3
	35-44	..	..	..	..	96.5	96.6	96.4	96.3	95.5	95.8
	45-54	..	..	..	..	90.3	89.6	88.7	86.8	85.8	85.1
	55-59	..	..	..	..	65.0	63.6	62.3	57.6	53.3	51.4
	60-64	..	..	..	..	28.6	26.8	26.9	23.6	20.1	20.6
	15-24	..	..	..	..	46.0	43.7	43.2	43.9	42.8	38.5
	25-54	..	..	..	..	94.4	94.1	94.0	93.5	92.8	92.7
	55-64	..	..	..	..	50.6	47.3	45.1	41.2	37.4	36.6
	65 and over	..	..	..	..	3.2	3.0	2.6	2.9	2.0	2.4
	15-64	..	..	..	..	76.0	74.6	74.2	73.6	72.4	71.5
Females											
	15-19	..	..	..	..	17.1	14.5	15.0	13.7	11.9	9.6
	20-24	..	..	..	..	66.3	66.2	65.9	66.7	66.0	61.2
	25-34	..	..	..	..	70.9	73.7	74.3	74.8	74.9	74.5
	35-44	..	..	..	..	53.8	56.0	57.5	59.3	59.9	60.9
	45-54	..	..	..	..	34.7	36.2	35.7	35.4	35.1	35.6
	55-59	..	..	..	..	16.5	16.3	16.7	18.3	14.4	15.9
	60-64	..	..	..	..	6.1	6.4	5.4	4.3	3.9	3.8
	15-24	..	..	..	..	41.8	40.8	41.5	41.6	40.2	36.8
	25-54	..	..	..	..	54.1	56.4	57.1	58.1	58.5	59.1
	55-64	..	..	..	..	12.3	11.8	11.0	11.4	9.2	10.0
	65 and over	..	..	..	..	1.1	0.9	0.9	0.9	0.6	0.7
	15-64	..	..	..	..	44.3	45.0	45.1	45.8	45.5	45.3
Males and females											
	15-24	..	..	..	..	43.9	42.2	42.3	42.7	41.5	37.7
	25-54	..	..	..	..	74.4	75.4	75.7	76.0	75.9	76.1
	55-64	..	..	..	..	30.6	28.8	27.3	25.6	22.8	22.8
	65 and over	..	..	..	..	1.9	1.7	1.5	1.7	1.2	1.4
	15-64	..	..	..	..	60.1	59.8	59.6	59.7	59.0	58.4

Unemployment rates

		1979	1980	1981	1982	1983	1984	1985	1986	1987	1988
Males											
	15-19	..	..	..	..	28.0	26.5	27.1	19.2	17.6	16.6
	20-24	..	..	..	..	16.9	19.0	15.7	14.8	14.2	12.5
	25-34	..	..	..	..	7.8	7.0	7.0	6.5	6.9	6.7
	35-44	..	..	..	..	5.1	5.6	4.9	5.9	5.9	5.7
	45-54	..	..	..	..	5.3	5.4	5.7	5.0	6.0	6.1
	55-59	..	..	..	..	6.3	6.4	4.9	5.9	5.5	6.3
	60-64	..	..	..	..	4.2	3.7	3.7	5.1	3.6	5.4
	15-24	..	..	..	..	19.3	20.5	17.7	15.5	14.7	13.0
	25-54	..	..	..	..	6.2	6.1	6.0	5.9	6.3	6.2
	55-64	..	..	..	..	5.8	5.7	4.6	5.7	5.0	6.1
	65 and over	..	..	..	..	0.6	0.0	2.3	1.3	1.9	0.8
	15-64	..	..	..	..	8.1	8.1	7.4	7.2	7.3	7.0
	Total	..	..	..	..	8.1	8.0	7.4	7.1	7.3	7.0
Females											
	15-19	..	..	..	..	36.3	40.0	40.8	35.0	40.6	30.4
	20-24	..	..	..	..	27.0	28.3	27.4	25.5	26.7	22.5
	25-34	..	..	..	..	18.3	19.8	19.1	19.8	17.8	16.1
	35-44	..	..	..	..	12.5	12.5	12.6	13.6	14.0	12.5
	45-54	..	..	..	..	12.1	10.6	10.3	11.3	11.6	9.7
	55-59	..	..	..	..	4.7	8.2	7.9	9.0	7.7	8.4
	60-64	..	..	..	..	1.4	1.3	1.7	2.1	0.0	0.0
	15-24	..	..	..	..	28.9	30.3	29.7	26.9	28.6	23.4
	25-54	..	..	..	..	15.3	15.7	15.3	16.2	15.4	13.8
	55-64	..	..	..	..	4.1	6.4	6.4	7.7	6.1	6.9
	65 and over	..	..	..	..	2.6	0.0	1.4	0.0	0.0	0.0
	15-64	..	..	..	..	17.9	18.4	17.9	18.0	17.7	15.2
	Total	..	..	..	..	17.8	18.3	17.8	17.9	17.6	15.2
Males and females											
	15-24	..	..	..	..	23.9	25.2	23.6	21.1	21.4	18.1
	25-54	..	..	..	..	9.5	9.7	9.5	9.8	9.8	9.1
	55-64	..	..	..	..	5.4	5.9	5.0	6.2	5.2	6.3
	65 and over	..	..	..	..	1.2	0.0	2.0	0.9	1.3	0.5
	15-64	..	..	..	..	11.7	12.0	11.4	11.3	11.3	10.2
	Total	..	..	..	..	11.7	11.9	11.3	11.3	11.3	10.1

| Break in series/Rupture des données

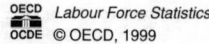

BELGIQUE

Taux d'activité

1989	1990	1991	1992	1993	1994	1995	1996	1997	1998	
										Hommes
10.0	9.9	9.8	8.7	8.2	9.4	8.7	8.6	7.9	9.3	15-19
64.4	62.7	63.4	62.2	61.3	61.9	60.5	60.8	60.6	62.1	20-24
94.5	95.3	94.8	94.3	94.2	94.1	94.1	94.0	94.3	94.4	25-34
95.6	94.8	95.0	94.6	94.3	94.5	94.3	95.0	94.4	93.8	35-44
85.3	84.3	86.5	85.5	84.5	86.5	87.3	87.2	86.6	86.3	45-54
52.8	50.2	50.5	50.3	48.8	50.9	53.2	49.4	49.3	51.3	55-59
21.4	19.3	18.1	20.3	19.3	18.2	18.6	17.9	18.4	16.7	60-64
38.2	37.0	37.6	36.7	36.1	37.3	36.0	35.6	34.7	35.7	15-24
92.4	92.2	92.7	92.1	91.6	92.1	92.3	92.4	92.1	91.7	25-54
37.8	35.4	34.7	35.5	34.1	34.5	35.9	33.8	33.9	33.9	55-64
1.9	1.9	1.9	2.3	2.0	2.3	2.3	2.4	2.0	1.5	65 et plus
71.7	71.3	72.0	71.8	71.4	72.0	72.3	72.2	72.2	72.5	15-64
										Femmes
8.2	8.0	8.2	7.1	6.5	6.3	5.1	5.3	5.1	6.0	15-19
56.8	57.6	59.5	60.6	55.3	56.2	55.3	52.7	52.6	52.3	20-24
75.6	74.2	76.6	77.9	79.4	79.7	79.6	81.0	81.5	81.2	25-34
61.9	63.1	66.0	66.6	69.0	70.0	70.9	72.1	72.6	73.8	35-44
37.0	39.0	40.7	42.8	45.7	47.5	50.4	52.4	54.4		45-54
16.6	15.7	17.5	18.1	19.6	21.9	21.5	20.1	21.7	24.1	55-59
3.8	4.0	3.7	5.0	4.9	4.9	5.4	5.1	4.6	4.7	60-64
33.8	34.1	35.4	35.7	32.7	33.0	31.7	29.9	29.3	29.4	15-24
60.3	60.8	63.1	64.3	66.4	67.2	68.2	69.0	69.7	70.5	25-54
10.3	9.9	10.6	11.5	12.0	13.2	13.3	12.5	13.0	14.2	55-64
0.5	0.6	0.5	0.7	0.9	0.7	1.0	0.9	0.7	0.6	65 et plus
45.6	46.1	48.2	49.3	50.3	51.2	51.7	52.0	52.9	53.8	15-64
										Hommes et Femmes
36.0	35.5	36.5	36.2	34.4	35.2	33.9	32.8	32.0	32.6	15-24
76.6	76.7	78.1	78.4	79.2	79.9	80.4	80.8	81.0	81.2	25-54
23.5	22.2	22.2	23.1	22.7	23.5	24.2	22.8	23.1	23.8	55-64
1.0	1.1	1.0	1.3	1.3	1.3	1.5	1.5	1.2	1.0	65 et plus
58.7	58.7	60.1	60.6	60.9	61.7	62.1	62.2	62.6	63.2	15-64

Taux de chômage

1989	1990	1991	1992	1993	1994	1995	1996	1997	1998	
										Hommes
16.3	17.0	20.6	17.6	30.8	32.5	30.6	19.5	27.2	26.4	15-19
10.7	9.1	9.7	10.5	15.8	18.9	18.3	17.0	16.4	17.1	20-24
5.0	4.4	5.1	5.1	6.6	7.9	7.5	7.6	7.3	8.0	25-34
4.1	3.3	3.2	3.7	4.0	5.7	5.8	6.4	5.5	5.9	35-44
4.7	4.3	3.2	3.8	4.2	5.3	5.0	5.3	5.6	5.8	45-54
4.2	3.5	2.5	3.0	3.7	4.5	4.6	4.9	5.0	5.7	55-59
2.9	2.0	1.9	0.7	3.1	4.5	1.5	3.9	4.4	4.1	60-64
11.4	10.1	11.0	11.3	17.4	20.5	19.7	17.3	17.6	18.3	15-24
4.6	4.0	4.0	4.2	5.1	6.4	6.2	6.6	6.2	6.6	25-54
3.9	3.1	2.4	2.3	3.5	4.5	3.8	4.7	4.8	5.3	55-64
0.0	0.0	0.9	0.7	1.6	1.1	0.6	1.1	0.0	0.0	65 et plus
5.3	4.6	4.6	4.8	6.2	7.7	7.4	7.4	7.1	7.6	15-64
5.3	4.6	4.6	4.8	6.2	7.7	7.3	7.4	7.1	7.6	Total
										Femmes
29.5	27.0	23.0	26.8	31.1	37.5	38.1	33.9	39.3	36.7	15-19
19.0	18.2	16.4	14.0	18.4	22.0	22.5	23.5	24.4	21.5	20-24
14.1	12.1	11.1	10.1	10.8	12.9	12.6	11.7	11.7	12.2	25-34
10.6	9.4	9.4	7.9	9.6	11.0	11.0	11.4	9.4	10.4	35-44
9.0	7.4	7.3	7.2	8.2	7.8	8.2	8.2	8.6	8.5	45-54
6.3	6.2	4.7	4.9	4.6	7.2	5.6	4.4	4.8	6.3	55-59
1.7	0.0	0.4	1.5	0.0	0.7	0.0	2.4	2.1	0.9	60-64
20.2	19.2	17.1	15.2	19.6	23.4	23.7	24.4	25.7	23.0	15-24
12.0	10.3	9.8	8.8	9.9	11.2	11.1	11.3	10.2	10.7	25-54
5.5	4.9	3.9	4.2	3.7	5.9	4.4	4.0	4.3	5.4	55-64
0.0	0.0	0.0	0.0	2.5	1.3	3.4	5.5	4.0	3.5	65 et plus
13.0	11.5	10.7	9.5	10.9	12.5	12.3	12.4	11.6	11.7	15-64
13.0	11.4	10.6	9.5	10.8	12.4	12.2	12.4	11.5	11.7	Total
										Hommes et Femmes
15.5	14.5	14.0	13.2	18.4	21.8	21.5	20.5	21.3	20.4	15-24
7.5	6.5	6.3	6.1	7.1	8.4	8.3	8.6	7.9	8.4	25-54
4.2	3.5	2.7	2.8	3.5	4.9	4.0	4.5	4.7	5.3	55-64
0.0	0.0	0.6	0.5	2.0	1.2	1.7	2.6	1.3	1.3	65 et plus
8.3	7.3	7.0	6.7	8.1	9.7	9.4	9.5	9.0	9.4	15-64
8.3	7.2	7.0	6.7	8.1	9.6	9.3	9.5	9.0	9.3	Total

Statistiques de la Population Active
© OCDE, 1999

CZECH REPUBLIC/RÉPUBLIQUE TCHÈQUE

Participation rates/Taux d'activité

	1990	1991	1992	1993	1994	1995	1996	1997	1998	
Males										**Hommes**
15-19	..	..	..	32.5	33.0	32.2	29.1	26.0	25.4	15-19
20-24	..	..	..	85.4	84.4	85.5	85.1	82.5	80.5	20-24
25-34	..	..	..	97.3	96.9	97.3	97.3	96.8	97.0	25-34
35-44	..	..	..	97.0	96.8	96.9	96.6	96.8	96.3	35-44
45-54	..	..	..	91.1	91.8	91.9	91.7	92.2	92.2	45-54
55-59	..	..	..	70.9	72.8	75.7	77.2	78.2	75.3	55-59
60-64	..	..	..	26.5	25.0	27.7	32.0	30.4	28.9	60-64
15-24	..	..	..	55.8	56.3	58.0	57.7	56.1	55.7	15-24
25-54	..	..	..	95.3	95.2	95.4	95.2	95.2	95.1	25-54
55-64	..	..	..	48.6	48.5	52.0	55.8	56.4	55.1	55-64
65 and over	..	..	..	9.2	9.9	9.0	8.9	8.7	8.2	65 et plus
15-64	..	..	..	79.4	79.4	80.4	80.7	80.5	80.3	15-64
Females										**Femmes**
15-19	..	..	..	33.4	33.0	25.9	22.3	19.9	19.5	15-19
20-24	..	..	..	74.4	74.5	61.0	58.3	57.8	60.3	20-24
25-34	..	..	..	86.8	86.3	73.5	69.4	69.2	70.9	25-34
35-44	..	..	..	92.6	92.7	90.9	89.6	89.5	88.9	35-44
45-54	..	..	..	85.6	85.6	85.6	86.3	86.6	85.7	45-54
55-59	..	..	..	26.1	27.5	29.4	32.7	34.7	32.8	55-59
60-64	..	..	..	12.2	12.8	13.5	13.5	14.2	13.3	60-64
15-24	..	..	..	51.4	51.7	42.9	40.8	40.2	42.0	15-24
25-54	..	..	..	88.6	88.4	83.7	82.1	82.0	81.9	25-54
55-64	..	..	..	18.8	19.7	21.3	23.2	25.0	23.9	55-64
65 and over	..	..	..	3.9	3.4	3.4	3.3	2.9	2.6	65 et plus
15-64	..	..	..	69.1	69.3	64.7	63.6	63.7	64.0	15-64
Males and females										**Hommes et Femmes**
15-24	..	..	..	53.7	54.0	50.6	49.4	48.3	49.0	15-24
25-54	..	..	..	92.0	91.8	89.6	88.7	88.7	88.6	25-54
55-64	..	..	..	32.6	33.1	35.6	38.5	39.7	38.6	55-64
65 and over	..	..	..	5.9	5.8	5.5	5.5	5.1	4.8	65 et plus
15-64	..	..	..	74.2	74.3	72.5	72.1	72.1	72.2	15-64

Unemployment rates/Taux de chômage

	1990	1991	1992	1993	1994	1995	1996	1997	1998	
Males										**Hommes**
15-19	..	..	..	10.8	13.6	12.7	11.2	13.3	21.6	15-19
20-24	..	..	..	5.2	5.0	5.3	4.8	5.6	7.8	20-24
25-34	..	..	..	3.0	2.8	3.1	2.7	3.4	4.5	25-34
35-44	..	..	..	2.3	2.2	2.7	2.5	3.3	3.9	35-44
45-54	..	..	..	1.9	1.9	1.9	2.1	2.6	3.4	45-54
55-59	..	..	..	1.9	2.5	1.8	2.3	2.5	3.5	55-59
60-64	..	..	..	7.0	3.5	4.8	5.7	5.1	3.9	60-64
15-24	..	..	..	7.0	7.8	7.5	6.4	7.3	10.6	15-24
25-54	..	..	..	2.4	2.3	2.6	2.5	3.1	3.9	25-54
55-64	..	..	..	3.3	2.8	2.6	3.2	3.1	3.6	55-64
65 and over	..	..	..	5.1	2.7	4.5	4.2	3.3	4.7	65 et plus
15-64	..	..	..	3.3	3.3	3.5	3.2	3.8	5.0	15-64
Total	..	..	..	3.3	3.3	3.5	3.3	3.8	5.0	Total
Females										**Femmes**
15-19	..	..	..	11.9	12.4	14.1	16.0	19.5	29.0	15-19
20-24	..	..	..	5.5	5.1	6.0	5.5	7.1	10.8	20-24
25-34	..	..	..	5.5	6.0	6.8	6.5	8.2	10.6	25-34
35-44	..	..	..	3.8	3.4	3.6	3.5	4.3	6.7	35-44
45-54	..	..	..	2.7	2.2	2.6	2.6	3.6	5.2	45-54
55-59	..	..	..	4.5	2.9	3.8	3.7	3.7	3.3	55-59
60-64	..	..	..	6.7	4.5	3.8	5.2	6.8	7.6	60-64
15-24	..	..	..	7.8	7.6	8.5	8.3	10.0	14.6	15-24
25-54	..	..	..	4.0	3.8	4.2	4.0	5.1	7.2	25-54
55-64	..	..	..	5.3	3.4	3.8	4.1	4.5	4.4	55-64
65 and over	..	..	..	4.5	2.8	4.0	4.2	3.4	8.7	65 et plus
15-64	..	..	..	4.7	4.5	4.8	4.6	5.8	8.2	15-64
Total	..	..	..	4.7	4.4	4.8	4.6	5.8	8.2	Total
Males and females										**Hommes et Femmes**
15-24	..	..	..	7.4	7.7	7.9	7.2	8.4	12.3	15-24
25-54	..	..	..	3.2	3.0	3.3	3.2	4.0	5.4	25-54
55-64	..	..	..	3.9	3.0	3.0	3.5	3.6	3.8	55-64
65 and over	..	..	..	4.8	2.7	4.3	4.2	3.4	6.1	65 et plus
15-64	..	..	..	3.9	3.8	4.1	3.8	4.7	6.4	15-64
Total	..	..	..	3.9	3.8	4.1	3.9	4.7	6.4	Total

| Break in series/Rupture des données

Statistiques de la Population Active
© OCDE, 1999

DENMARK

Participation rates

		1979	1980	1981	1982	1983	1984	1985	1986	1987	1988
Males											
	15-19	..	..	..	..	52.2	67.1	70.9	68.6	66.5	69.7
	20-24	..	..	..	..	86.9	86.8	86.5	88.4	86.1	86.6
	25-34	..	..	..	..	94.4	93.6	94.5	93.8	93.8	94.2
	35-44	..	..	..	..	95.6	94.8	94.9	95.1	94.8	96.6
	45-54	..	..	..	..	91.9	89.7	90.3	91.1	91.1	93.8
	55-59	..	..	..	..	83.8	83.1	83.5	82.7	83.8	84.4
	60-64	..	..	..	..	50.1	49.9	47.2	53.9	50.4	53.3
	15-24	..	..	..	..	68.3	76.8	78.8	78.6	76.3	78.6
	25-54	..	..	..	..	94.2	93.0	93.5	93.6	93.5	95.0
	55-64	..	..	..	..	67.2	66.6	65.8	68.6	67.0	69.1
	65 and over	..	..	..	..	12.7	13.3	13.2	13.6	11.2	12.7
	15-64	..	..	..	..	84.0	85.3	86.0	86.3	85.5	87.5
Females											
	15-19	..	..	..	..	44.0	59.7	61.4	59.3	64.2	63.1
	20-24	..	..	..	..	82.1	83.9	83.4	82.8	83.7	82.6
	25-34	..	..	..	..	88.1	87.7	88.8	88.6	88.5	87.1
	35-44	..	..	..	..	87.3	85.3	86.3	88.3	88.6	89.8
	45-54	..	..	..	..	74.1	72.8	76.5	79.4	78.6	81.2
	55-59	..	..	..	..	54.6	56.2	58.3	61.9	60.5	60.2
	60-64	..	..	..	..	28.9	26.8	26.5	30.2	25.3	24.6
	15-24	..	..	..	..	62.2	71.3	72.2	71.6	74.7	73.3
	25-54	..	..	..	..	84.0	82.8	84.5	85.9	85.8	86.5
	55-64	..	..	..	..	41.7	41.6	42.4	45.9	42.6	42.3
	65 and over	..	..	..	..	3.6	3.4	3.2	3.4	3.4	3.3
	15-64	..	..	..	..	71.9	73.3	74.6	76.1	76.5	76.6
Males and females											
	15-24	..	..	..	..	65.3	74.1	75.6	75.2	75.6	76.0
	25-54	..	..	..	..	89.2	87.9	89.1	89.8	89.7	90.8
	55-64	..	..	..	..	54.0	53.4	53.2	56.8	54.6	55.1
	65 and over	..	..	..	..	7.5	7.6	7.5	7.7	6.6	7.2
	15-64	..	..	..	..	78.0	79.3	80.3	81.3	81.1	82.1

Unemployment rates

		1979	1980	1981	1982	1983	1984	1985	1986	1987	1988
Males											
	15-19	..	..	..	..	16.1	10.6	9.3	5.7	7.9	5.6
	20-24	..	..	..	..	19.4	13.9	10.6	8.0	8.0	10.0
	25-34	..	..	..	..	9.4	10.5	6.8	4.7	5.3	7.3
	35-44	..	..	..	..	6.5	5.2	4.5	3.1	4.0	4.6
	45-54	..	..	..	..	6.6	5.6	5.3	4.3	3.5	3.9
	55-59	..	..	..	..	7.6	4.9	7.0	5.3	7.6	6.6
	60-64	..	..	..	..	3.7	2.7	3.6	2.3	3.6	2.9
	15-24	..	..	..	..	18.1	12.4	10.0	7.0	8.0	8.1
	25-54	..	..	..	..	7.6	7.2	5.5	4.0	4.3	5.3
	55-64	..	..	..	..	6.2	4.1	5.8	4.1	6.1	5.2
	65 and over	..	..	..	..	0.8	2.2	0.7	2.0	1.9	1.6
	15-64	..	..	..	..	9.4	8.0	6.5	4.6	5.3	5.9
	Total	..	..	..	..	9.2	7.8	6.4	4.6	5.2	5.8
Females											
	15-19	..	..	..	..	26.1	12.9	12.5	8.2	8.4	7.2
	20-24	..	..	..	..	16.0	17.9	13.8	10.2	11.1	10.2
	25-34	..	..	..	..	11.1	12.1	12.2	9.7	8.1	9.3
	35-44	..	..	..	..	6.7	7.5	6.6	5.9	5.8	5.8
	45-54	..	..	..	..	7.5	6.2	7.5	7.4	5.3	5.5
	55-59	..	..	..	..	8.0	8.3	6.8	7.6	6.6	7.2
	60-64	..	..	..	..	2.9	2.5	4.6	3.5	3.1	6.7
	15-24	..	..	..	..	19.7	15.7	13.3	9.4	10.0	9.0
	25-54	..	..	..	..	8.5	9.0	8.9	7.6	6.5	7.0
	55-64	..	..	..	..	6.3	6.4	6.1	6.2	5.6	7.0
	65 and over	..	..	..	..	1.4	3.5	0.0	0.0	1.3	0.0
	15-64	..	..	..	..	10.6	10.2	9.6	7.9	7.2	7.4
	Total	..	..	..	..	10.4	10.2	9.5	7.8	7.1	7.3
Males and females											
	15-24	..	..	..	..	18.9	14.0	11.5	8.1	8.9	8.5
	25-54	..	..	..	..	8.0	8.0	7.1	5.7	5.4	6.1
	55-64	..	..	..	..	6.2	5.1	5.9	5.0	5.9	5.9
	65 and over	..	..	..	..	0.7	2.5	0.5	1.5	1.7	1.2
	15-64	..	..	..	..	9.9	9.0	7.9	6.1	6.2	6.6
	Total	..	..	..	..	9.7	8.9	7.8	6.0	6.1	6.5

| Break in series/Rupture des données

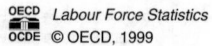

DANEMARK

Taux d'activité

1989	1990	1991	1992	1993	1994	1995	1996	1997	1998	
										Hommes
69.5	66.8	66.1	63.8	61.8	65.5	70.2	68.1	70.0	62.9	15-19
88.3	86.0	84.5	81.6	79.8	78.4	83.4	84.5	85.0	80.1	20-24
93.6	94.1	93.8	93.4	92.6	91.4	93.4	93.3	92.7	92.2	25-34
95.8	95.9	95.0	95.0	94.7	92.4	92.3	94.3	93.9	93.3	35-44
94.0	93.4	94.0	93.6	92.5	91.8	89.8	91.0	90.9	90.3	45-54
86.2	86.3	82.7	83.6	81.8	81.2	83.1	79.0	81.5	79.4	55-59
51.2	51.2	48.4	47.2	47.4	42.6	50.8	43.8	42.9	41.0	60-64
79.3	76.5	75.4	73.0	71.0	72.1	77.0	76.6	77.7	71.5	15-24
94.5	94.5	94.3	94.0	93.3	91.9	91.8	92.8	92.5	91.9	25-54
69.2	69.2	66.2	66.3	65.9	63.8	67.9	62.1	63.8	61.1	55-64
11.1	13.0	11.5	12.1	10.7	3.8	4.7	4.5	5.3	6.0	65 et plus
87.6	87.1	86.3	85.7	84.9	83.7	85.6	85.3	85.2	83.5	15-64
										Femmes
61.4	61.2	60.7	64.1	63.7	56.5	63.1	64.5	65.4	66.3	15-19
80.2	78.9	81.0	77.6	75.8	74.7	74.7	76.4	74.5	75.9	20-24
88.7	88.6	87.5	87.4	85.6	81.2	79.6	80.6	81.0	82.7	25-34
89.3	90.1	90.7	90.4	89.7	87.7	87.3	87.0	87.0	86.7	35-44
80.8	84.0	84.1	84.2	84.7	79.2	79.6	78.7	77.6	79.2	45-54
59.7	63.1	65.8	68.6	63.8	61.6	57.6	55.6	61.1	64.0	55-59
24.9	28.3	28.6	27.3	29.5	21.9	21.6	20.2	25.2	21.9	60-64
71.3	70.4	70.9	71.0	70.0	65.9	69.4	70.8	70.4	71.5	15-24
86.6	87.7	87.6	87.4	86.7	82.7	82.1	82.1	81.7	82.8	25-54
42.5	45.8	47.6	48.6	47.1	43.1	40.1	39.5	43.9	44.2	55-64
3.4	3.4	3.1	3.5	3.7	1.1	0.9	1.8	1.8	1.6	65 et plus
76.4	77.6	78.0	78.2	77.4	73.8	73.3	73.6	74.2	75.0	15-64
										Hommes et Femmes
75.3	73.5	73.2	72.0	70.5	69.1	73.2	73.8	74.2	71.5	15-24
90.6	91.2	91.0	90.8	90.0	87.2	87.1	87.5	87.0	87.4	25-54
55.4	57.1	56.6	57.2	56.3	53.7	53.6	50.6	54.1	53.1	55-64
6.6	7.4	6.6	7.1	6.6	2.2	2.5	3.0	3.3	3.4	65 et plus
82.0	82.4	82.2	82.0	81.2	78.8	79.5	79.5	79.8	79.3	15-64

Taux de chômage

1989	1990	1991	1992	1993	1994	1995	1996	1997	1998	
										Hommes
7.9	8.7	6.2	7.4	7.4	8.5	7.3	9.7	7.3	8.0	15-19
12.7	13.5	14.2	15.6	19.6	11.5	8.2	8.4	6.1	5.7	20-24
9.2	9.0	9.4	8.8	11.8	7.8	5.4	5.4	4.5	3.7	25-34
6.4	6.6	8.0	7.2	9.3	6.6	4.3	3.5	3.4	2.8	35-44
5.1	6.8	6.1	7.1	8.9	5.7	5.1	5.0	4.2	3.3	45-54
6.2	5.4	9.9	9.4	10.3	7.4	7.1	6.1	5.0	4.8	55-59
6.0	4.7	4.1	3.0	3.6	3.8	6.6	5.6	3.2	3.0	60-64
10.7	11.4	10.7	12.1	14.4	10.2	7.8	9.0	6.6	6.7	15-24
7.0	7.5	7.9	7.7	10.1	6.7	5.0	4.7	4.1	3.3	25-54
6.1	5.2	7.9	7.3	8.1	6.3	6.9	6.0	4.4	4.2	55-64
1.6	1.8	2.6	1.5	1.7	0.0	0.0	2.9	1.1	1.3	65 et plus
7.6	8.0	8.4	8.5	10.6	7.3	5.7	5.6	4.6	3.9	15-64
7.5	7.8	8.3	8.3	10.4	7.2	5.6	5.5	4.5	3.9	Total
										Femmes
9.5	9.1	9.1	9.9	11.4	5.1	10.6	12.8	9.0	9.3	15-19
14.4	13.5	14.8	14.7	17.2	13.8	13.4	12.1	10.6	6.4	20-24
11.1	11.3	11.9	12.8	14.3	10.2	10.0	9.3	6.9	7.9	25-34
5.5	6.8	8.7	7.9	8.0	8.6	5.9	7.6	4.8	4.7	35-44
7.4	6.9	7.6	6.6	8.8	8.2	6.7	5.9	5.5	5.7	45-54
10.2	8.7	11.3	10.5	11.8	7.2	10.7	6.8	6.7	7.2	55-59
4.9	4.8	5.4	9.7	5.1	5.2	7.4	4.7	4.3	3.7	60-64
12.4	11.6	12.3	12.6	14.7	10.2	12.3	12.4	9.9	7.7	15-24
8.0	8.4	9.5	9.2	10.5	9.0	7.6	7.6	5.7	6.1	25-54
8.7	7.5	9.6	10.2	9.8	6.7	9.8	6.3	6.0	6.4	55-64
2.5	3.8	5.4	2.5	3.6	2.3	9.5	7.9	1.0	7.8	65 et plus
9.0	9.0	10.1	9.9	11.2	9.0	8.6	8.4	6.5	6.4	15-64
8.9	8.9	10.0	9.9	11.1	9.0	8.6	8.4	6.4	6.4	Total
										Hommes et Femmes
11.5	11.5	11.5	12.3	14.6	10.2	9.9	10.6	8.1	7.2	15-24
7.5	7.9	8.7	8.5	10.2	7.8	6.2	6.0	4.8	4.6	25-54
7.1	6.1	8.6	8.6	8.8	6.5	8.0	6.1	5.1	5.1	55-64
1.9	2.4	3.4	1.8	2.3	0.6	2.1	4.6	1.1	3.1	65 et plus
8.3	8.5	9.2	9.2	10.9	8.1	7.0	6.9	5.4	5.1	15-64
8.1	8.3	9.1	9.0	10.7	8.0	7.0	6.8	5.4	5.1	Total

Statistiques de la Population Active
© OCDE, 1999

FINLAND

Participation rates

		1979	1980	1981	1982	1983	1984	1985	1986	1987	1988
Males											
	15-19	45.9	48.2	46.1	41.7	39.7	41.1	40.8	41.6	42.5	40.9
	20-24	81.5	82.2	82.5	82.9	81.9	82.5	83.0	83.3	82.1	80.9
	25-34	94.2	93.6	94.0	95.1	95.0	94.4	94.8	94.3	94.0	94.2
	35-44	95.0	94.8	95.0	95.6	95.8	96.0	95.9	95.3	95.4	95.3
	45-54	86.3	87.1	87.4	88.1	88.2	88.6	88.6	89.5	89.2	88.2
	55-59	67.6	67.8	67.8	68.6	64.2	65.1	63.3	63.6	60.5	59.1
	60-64	42.0	42.5	43.3	43.5	41.1	38.0	37.5	35.5	31.8	29.5
	15-24	63.9	65.3	64.3	62.3	61.0	62.3	62.7	63.6	63.6	62.5
	25-54	92.3	92.2	92.6	93.4	93.5	93.5	93.6	93.4	93.3	93.1
	55-64	56.3	56.9	57.2	57.7	54.1	53.1	51.7	50.8	47.3	45.2
	65 and over	16.4	17.0	16.4	15.2	13.0	12.0	10.6	10.6	9.8	9.7
	15-64	80.8	81.2	81.3	81.5	80.8	80.9	80.9	80.9	80.4	80.0
Females											
	15-19	36.2	36.4	37.1	36.4	34.1	34.8	37.2	35.5	36.3	35.5
	20-24	69.1	68.4	69.7	70.7	71.7	71.4	71.4	71.7	69.9	68.5
	25-34	80.7	81.8	82.6	84.2	84.0	84.2	84.2	85.7	85.3	84.9
	35-44	86.6	87.5	87.5	87.8	89.4	89.3	90.2	90.2	90.4	90.0
	45-54	76.5	78.9	79.8	81.8	84.0	84.8	86.1	85.5	85.7	85.7
	55-59	54.6	57.3	57.7	61.3	61.0	61.0	60.3	56.0	54.3	55.5
	60-64	26.0	27.9	30.2	30.5	32.8	32.6	31.9	27.5	23.2	22.6
	15-24	52.8	52.4	53.4	53.5	53.0	53.4	54.9	54.6	54.2	53.5
	25-54	81.2	82.7	83.4	84.7	85.8	86.1	86.9	87.3	87.3	87.0
	55-64	41.3	43.8	44.8	46.7	47.4	47.1	46.2	41.9	38.8	39.1
	65 and over	6.1	5.6	6.0	5.2	4.7	4.3	4.8	4.4	3.5	3.9
	15-64	68.1	69.4	70.2	71.5	72.2	72.5	73.2	72.8	72.4	72.4
Males and females											
	15-24	58.5	59.0	59.0	58.0	57.1	58.0	58.9	59.2	59.0	58.1
	25-54	86.8	87.5	88.0	89.1	89.7	89.9	90.3	90.4	90.3	90.1
	55-64	47.7	49.5	50.2	51.6	50.4	49.8	48.7	46.0	42.7	41.9
	65 and over	10.1	10.0	10.1	9.0	7.9	7.3	7.0	6.7	5.9	6.1
	15-64	74.4	75.3	75.8	76.5	76.5	76.7	77.1	76.9	76.4	76.2

Unemployment rates

		1979	1980	1981	1982	1983	1984	1985	1986	1987	1988
Males											
	15-19	16.5	12.3	13.9	14.3	15.3	13.8	13.1	13.0	11.6	10.1
	20-24	8.0	4.9	6.3	7.5	8.2	7.5	7.5	8.8	8.3	7.2
	25-34	6.8	4.6	5.4	5.4	5.2	4.9	5.2	5.3	5.3	4.3
	35-44	4.2	3.1	2.9	3.7	3.8	3.1	3.8	4.5	4.6	4.2
	45-54	4.3	3.8	3.4	4.2	4.6	4.1	5.0	5.3	5.6	4.9
	55-59	4.0	3.8	5.0	4.8	5.1	7.3	6.2	6.1	5.1	5.3
	60-64	2.7	2.7	5.1	5.0	5.1	5.3	5.1	5.3	2.9	3.0
	15-24	11.1	7.4	8.8	9.6	10.3	9.3	9.4	10.3	9.7	8.3
	25-54	5.4	3.9	4.1	4.5	4.6	4.0	4.6	5.0	5.1	4.4
	55-64	3.6	3.5	5.0	4.9	5.1	6.7	5.8	5.8	4.4	4.6
	65 and over	0.0	0.0	0.0	0.0	0.0	0.0	0.0	0.0	0.0	0.0
	15-64	6.4	4.6	5.1	5.5	5.6	5.2	5.5	6.0	5.8	5.1
	Total	6.2	4.5	5.0	5.4	5.6	5.1	5.5	5.9	5.8	5.0
Females											
	15-19	16.2	13.2	14.5	14.9	16.1	14.5	12.5	11.9	10.3	9.3
	20-24	7.6	7.0	7.0	7.7	8.3	8.3	6.8	6.8	7.0	6.5
	25-34	5.2	4.2	3.6	4.1	4.5	4.2	4.3	4.3	4.0	3.8
	35-44	3.2	2.7	2.6	3.1	3.0	2.5	2.4	2.6	3.1	2.5
	45-54	4.2	3.6	4.1	4.4	4.3	4.3	3.0	3.4	3.8	3.3
	55-59	5.2	6.1	6.1	6.9	5.8	8.1	8.2	6.3	3.9	5.3
	60-64	6.3	5.9	5.3	7.7	9.3	6.8	6.8	7.9	6.3	3.2
	15-24	10.5	9.2	9.6	10.2	10.8	10.3	8.7	8.4	8.1	7.3
	25-54	4.3	3.5	3.4	3.9	3.9	3.6	3.2	3.4	3.6	3.2
	55-64	5.5	6.0	5.8	7.1	7.0	7.7	7.8	6.8	4.6	4.7
	65 and over	0.0	0.0	0.0	0.0	0.0	0.0	0.0	0.0	0.0	0.0
	15-64	5.5	4.8	4.7	5.3	5.4	5.1	4.6	4.5	4.4	3.9
	Total	5.5	4.7	4.6	5.2	5.3	5.1	4.6	4.5	4.4	3.9
Males and females											
	15-24	10.8	8.2	9.2	9.8	10.5	9.8	9.1	9.5	9.0	7.8
	25-54	4.9	3.8	3.8	4.2	4.3	3.9	4.0	4.2	4.4	3.8
	55-64	4.5	4.8	5.4	6.0	6.1	7.2	6.8	6.3	4.5	4.7
	65 and over	0.0	0.0	0.0	0.0	0.0	0.0	0.0	0.0	0.0	0.0
	15-64	6.0	4.7	4.9	5.4	5.5	5.2	5.1	5.3	5.2	4.5
	Total	5.9	4.6	4.8	5.3	5.4	5.1	5.0	5.2	5.1	4.5

| Break in series/Rupture des données

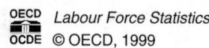

FINLANDE

Taux d'activité

1989	1990	1991	1992	1993	1994	1995	1996	1997	1998	
										Hommes
41.3	39.4	35.7	29.8	26.5	25.0	25.4	25.0	26.5	26.3	15-19
73.2	74.6	69.2	66.3	67.1	63.6	62.3	62.2	65.2	66.9	20-24
94.1	93.8	93.0	91.1	90.1	90.3	91.4	90.7	90.0	90.6	25-34
95.3	94.7	94.0	93.4	92.8	92.7	92.8	92.5	92.2	93.1	35-44
89.5	89.0	87.4	87.5	87.2	87.5	87.4	87.5	86.3	87.0	45-54
60.0	63.4	61.0	60.2	61.1	63.1	62.7	65.4	61.2	61.6	55-59
29.6	29.9	30.3	27.5	23.7	22.4	23.5	25.4	24.3	24.6	60-64
58.6	58.1	53.2	48.3	46.3	43.5	43.0	42.9	45.6	46.5	15-24
93.4	92.9	91.8	90.9	90.2	90.3	90.6	90.3	89.5	90.2	25-54
45.4	47.1	45.9	44.0	43.0	43.9	44.6	47.2	44.5	44.5	55-64
10.1	9.3	7.6	6.1	6.6	5.7	5.6	4.9	5.9	5.9	65 et plus
79.6	79.6	77.8	76.1	75.2	74.8	75.0	75.1	74.6	75.1	15-64
										Femmes
39.5	41.5	36.2	30.9	28.8	25.8	25.8	24.7	29.6	29.8	15-19
70.6	70.2	68.1	64.0	60.4	57.3	54.0	55.3	58.2	60.9	20-24
84.5	82.5	80.9	78.9	78.0	77.3	76.7	77.4	77.4	77.3	25-34
90.0	89.4	88.1	87.0	87.3	87.8	88.2	87.9	86.9	87.1	35-44
86.7	87.2	87.3	87.0	86.7	86.9	87.9	88.3	87.0	86.6	45-54
59.4	61.5	60.5	60.5	61.4	61.0	63.3	63.8	59.0	59.4	55-59
23.4	21.2	21.3	20.0	18.2	15.5	18.3	19.8	17.5	17.8	60-64
56.5	56.9	53.0	47.9	44.5	41.1	39.5	39.7	43.6	45.1	15-24
87.2	86.5	85.4	84.3	84.0	84.1	84.4	84.7	84.0	84.0	25-54
41.1	40.8	40.4	39.8	39.8	38.9	41.9	43.1	39.6	39.7	55-64
3.9	3.4	3.4	2.5	2.1	2.0	2.4	2.0	1.6	1.6	65 et plus
73.7	73.5	72.2	70.5	69.8	69.1	69.5	69.9	69.5	69.7	15-64
										Hommes et Femmes
57.6	57.5	53.1	48.1	45.4	42.3	41.3	41.3	44.6	45.8	15-24
90.3	89.7	88.7	87.7	87.2	87.2	87.5	87.5	86.8	87.1	25-54
43.1	43.8	43.0	41.8	41.3	41.3	43.2	45.1	42.0	42.0	55-64
6.3	5.7	5.1	4.0	3.9	3.6	3.7	3.2	3.4	3.4	65 et plus
76.6	76.6	75.0	73.3	72.5	72.0	72.3	72.5	72.1	72.4	15-64

Taux de chômage

1989	1990	1991	1992	1993	1994	1995	1996	1997	1998	
										Hommes
14.8	14.8	22.7	33.7	41.6	41.0	35.7	34.6	34.1	32.6	15-19
5.2	7.6	16.0	27.3	34.0	34.7	28.1	25.8	21.9	19.8	20-24
2.4	2.5	7.5	13.1	18.8	18.4	15.0	12.9	11.4	9.8	25-34
2.2	2.4	6.2	10.9	15.0	14.5	12.6	10.8	9.6	8.7	35-44
2.4	2.7	5.6	10.1	13.7	14.0	12.3	11.6	10.3	8.5	45-54
2.7	2.6	6.7	13.5	19.5	24.4	26.2	23.6	17.6	16.5	55-59
2.9	0.0	2.8	9.1	7.1	7.7	7.4	10.3	7.1	6.9	60-64
8.6	10.4	18.9	30.4	36.7	37.1	30.9	29.5	25.5	23.2	15-24
2.3	2.5	6.5	11.4	15.9	15.6	13.3	11.8	10.4	9.0	25-54
2.8	1.8	5.4	12.1	16.2	20.4	21.6	20.3	15.0	14.0	55-64
0.0	0.0	0.0	0.0	0.0	0.0	0.0	0.0	0.0	0.0	65 et plus
3.3	3.6	8.0	13.8	18.3	18.4	15.9	14.4	12.5	11.1	15-64
3.2	3.5	8.0	13.7	18.2	18.2	15.8	14.3	12.4	11.0	Total
										Femmes
13.8	13.1	20.4	29.8	40.0	39.0	34.1	30.8	34.0	33.3	15-19
6.4	5.8	9.7	19.4	25.8	26.7	25.9	23.8	20.2	20.0	20-24
2.5	2.0	4.3	9.6	14.6	15.2	16.2	15.3	14.2	12.7	25-34
1.6	1.6	3.6	7.0	11.7	11.8	12.5	11.8	9.9	9.3	35-44
1.6	1.2	3.0	6.4	10.2	10.8	10.9	11.5	9.9	8.7	45-54
5.1	3.8	5.1	10.3	16.0	18.1	20.5	23.3	16.5	15.3	55-59
3.1	0.0	3.4	7.4	12.5	15.0	13.0	16.0	9.1	8.7	60-64
8.7	8.3	13.2	22.7	30.4	30.7	28.7	26.0	25.0	24.5	15-24
1.9	1.6	3.6	7.6	12.1	12.5	13.1	12.7	11.1	10.1	25-54
4.5	2.8	4.7	9.5	15.2	17.5	18.9	21.7	15.0	13.9	55-64
0.0	0.0	0.0	0.0	0.0	0.0	0.0	0.0	0.0	0.0	65 et plus
3.2	2.7	5.1	9.7	14.6	14.9	15.2	15.0	13.1	12.1	15-64
3.2	2.7	5.0	9.7	14.5	14.9	15.2	14.9	13.0	12.1	Total
										Hommes et Femmes
8.7	9.4	16.1	26.6	33.7	34.1	29.9	27.9	25.3	23.8	15-24
2.1	2.1	5.1	9.6	14.1	14.1	13.2	12.2	10.7	9.5	25-54
2.7	2.7	5.0	10.8	15.7	19.0	20.3	21.0	15.0	14.0	55-64
0.0	0.0	0.0	0.0	0.0	0.0	0.0	0.0	0.0	0.0	65 et plus
3.2	3.2	6.6	11.8	16.5	16.7	15.6	14.7	12.8	11.6	15-64
3.1	3.1	6.6	11.8	16.4	16.6	15.5	14.6	12.7	11.5	Total

Statistiques de la Population Active
© OCDE, 1999

FRANCE

Participation rates

		1979	1980	1981	1982	1983	1984	1985	1986	1987	1988
Males											
	15-19	26.5	25.7	24.3	25.1	22.5	20.0	19.5	18.2	17.2	15.5
	20-24	80.1	80.1	78.1	78.7	79.7	78.0	77.6	76.1	74.6	70.8
	25-34	96.8	96.8	96.5	96.6	96.5	95.9	96.0	96.2	96.3	95.7
	35-44	97.8	97.9	97.8	97.6	97.8	97.5	97.6	97.7	97.6	97.5
	45-54	94.4	94.7	94.4	93.6	93.7	93.7	93.5	93.1	92.8	92.9
	55-59	82.3	81.0	79.8	75.6	71.0	68.0	67.8	69.4	67.4	67.4
	60-64	45.3	47.9	43.1	40.0	33.7	31.1	30.8	27.5	25.8	25.5
	15-24	52.5	52.0	50.4	51.0	50.3	48.4	48.1	46.8	45.4	42.5
	25-54	96.3	96.5	96.3	96.0	96.1	95.8	95.9	95.9	95.9	95.6
	55-64	69.9	68.6	64.6	59.8	53.6	50.3	50.1	49.5	47.7	47.4
	65 and over	9.1	8.4	7.3	6.0	5.3	5.5	5.3	5.1	4.7	4.6
	15-64	81.8	81.5	80.4	79.6	78.5	77.3	77.3	76.9	76.3	75.6
Females											
	15-19	20.0	18.4	17.3	16.7	15.1	13.7	12.6	12.1	11.8	10.0
	20-24	68.9	68.0	67.5	67.4	67.0	67.0	66.1	65.5	64.4	61.0
	25-34	68.3	68.7	69.0	70.3	71.5	72.1	72.5	74.5	73.9	74.5
	35-44	62.5	64.0	65.9	66.4	67.6	69.3	70.6	71.5	72.0	72.9
	45-54	56.5	57.2	58.3	59.9	60.2	61.5	61.7	62.8	63.7	64.0
	55-59	46.6	47.8	47.2	46.0	43.7	42.8	42.7	43.0	44.5	45.2
	60-64	24.6	27.6	26.0	23.4	20.7	19.0	18.8	18.4	18.0	17.9
	15-24	44.2	42.9	42.1	41.9	41.0	40.5	39.7	39.1	38.2	35.5
	25-54	63.0	63.8	64.8	66.0	67.0	68.2	68.9	70.3	70.5	71.2
	55-64	39.0	40.1	38.2	35.7	32.7	31.0	30.9	30.9	31.5	31.7
	65 and over	4.4	3.4	3.1	2.4	2.2	2.4	2.2	2.0	1.9	1.8
	15-64	54.8	55.1	55.1	55.3	55.1	55.3	55.6	56.4	56.5	56.4
Males and females											
	15-24	48.4	47.5	46.3	46.5	45.7	44.5	43.9	43.0	41.8	39.0
	25-54	79.7	80.2	80.6	81.1	81.6	82.0	82.4	83.1	83.2	83.4
	55-64	53.7	53.6	50.7	47.1	42.6	40.1	40.0	39.7	39.2	39.2
	65 and over	6.3	5.4	4.7	3.8	3.5	3.6	3.4	3.2	3.1	2.9
	15-64	68.3	68.3	67.7	67.4	66.7	66.2	66.4	66.6	66.3	65.9

Unemployment rates

		1979	1980	1981	1982	1983	1984	1985	1986	1987	1988
Males											
	15-19	13.8	14.6	17.4	19.1	20.2	25.4	25.0	22.0	19.7	17.7
	20-24	7.8	8.0	10.1	12.0	13.5	18.0	20.7	19.4	18.0	17.5
	25-34	3.2	3.3	4.5	5.3	5.6	6.8	7.9	8.4	8.6	7.9
	35-44	2.8	2.4	2.8	3.4	3.6	4.4	4.8	5.3	5.8	5.6
	45-54	3.5	2.6	3.1	3.7	3.6	4.5	5.2	5.6	6.0	5.9
	55-59	4.0	4.4	5.3	5.8	6.8	7.1	7.7	9.1	9.2	8.5
	60-64	4.7	5.9	5.4	4.2	4.1	4.1	4.5	3.7	3.6	4.7
	15-24	9.3	9.7	11.9	13.8	15.0	19.6	21.6	19.9	18.3	17.5
	25-54	3.2	2.8	3.6	4.3	4.4	5.4	6.1	6.6	6.9	6.6
	55-64	4.1	4.8	5.3	5.3	6.0	6.2	6.7	7.7	7.7	7.5
	65 and over	1.6	0.5	0.8	0.4	1.3	0.8	0.7	0.8	0.8	1.1
	15-64	4.3	4.2	5.1	5.9	6.2	7.6	8.5	8.6	8.6	8.1
	Total	4.2	4.1	5.0	5.8	6.2	7.5	8.4	8.5	8.5	8.1
Females											
	15-19	32.6	38.8	42.8	44.2	42.1	49.9	48.6	39.9	36.4	30.8
	20-24	14.4	17.1	18.9	20.5	21.8	26.4	27.1	25.4	27.1	26.0
	25-34	6.4	7.6	8.6	9.4	9.4	11.0	11.8	12.7	14.1	13.3
	35-44	5.4	5.5	6.5	6.5	6.8	7.8	8.8	8.1	9.6	9.7
	45-54	4.4	5.0	5.4	5.9	6.0	6.1	6.3	7.1	8.2	8.0
	55-59	5.0	6.2	6.5	6.8	7.9	8.6	8.1	8.1	9.9	10.7
	60-64	5.4	6.1	6.6	5.4	4.5	5.5	6.4	5.4	5.3	4.3
	15-24	18.6	21.8	23.8	25.3	25.5	30.4	30.5	27.6	28.5	26.7
	25-54	5.5	6.3	7.1	7.6	7.7	8.7	9.4	9.7	11.1	10.8
	55-64	5.1	6.2	6.5	6.4	6.9	7.6	7.6	7.3	8.6	8.9
	65 and over	1.8	0.6	0.8	0.5	2.3	0.7	0.4	1.8	3.5	3.0
	15-64	8.1	9.2	10.1	10.7	10.7	12.3	12.7	12.4	13.5	12.9
	Total	8.0	9.1	10.0	10.5	10.6	12.1	12.6	12.3	13.5	12.8
Males and females											
	15-24	13.5	15.1	17.3	18.9	19.7	24.5	25.6	23.4	22.9	21.6
	25-54	4.1	4.2	5.0	5.6	5.7	6.7	7.5	7.9	8.7	8.4
	55-64	4.5	5.3	5.8	5.8	6.3	6.8	7.1	7.5	8.1	8.1
	65 and over	1.7	0.6	0.8	0.4	1.7	0.8	0.5	1.2	1.8	1.8
	15-64	5.8	6.2	7.1	7.8	8.1	9.6	10.3	10.2	10.7	10.2
	Total	5.7	6.1	7.0	7.8	8.0	9.5	10.2	10.1	10.6	10.1

Break in series/Rupture des données

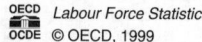

FRANCE

Taux d'activité

1989	1990	1991	1992	1993	1994	1995	1996	1997	1998	
										Hommes
14.9	14.6	12.2	11.5	10.0	8.7	8.8	9.5	9.4	10.6	15-19
69.3	65.0	62.1	61.3	57.7	55.9	55.3	55.4	54.3	52.9	20-24
95.8	95.4	95.4	94.9	95.0	95.1	94.6	94.6	94.0	93.6	25-34
97.2	97.0	97.0	96.6	96.4	96.4	96.4	96.9	96.6	96.4	35-44
92.8	93.1	92.8	93.0	92.8	93.5	93.4	93.8	93.7	93.4	45-54
68.1	67.7	68.6	68.7	67.8	66.4	66.1	67.9	68.3	67.0	55-59
24.2	22.8	19.7	19.2	19.0	18.0	17.0	17.2	16.1	15.3	60-64
41.6	39.6	37.5	37.3	35.1	33.5	32.8	32.4	31.4	30.9	15-24
95.6	95.4	95.3	95.0	94.9	95.1	94.9	95.2	94.8	94.5	25-54
47.0	45.8	44.5	44.0	43.5	42.1	41.5	42.3	42.0	41.3	55-64
4.4	3.7	3.5	3.5	3.2	2.8	2.5	2.6	2.2	2.3	65 et plus
75.4	75.0	74.5	74.5	74.1	74.0	73.9	74.5	74.3	74.1	15-64
										Femmes
9.4	8.1	6.8	6.5	5.9	4.7	4.4	4.4	4.3	4.7	15-19
59.9	57.6	54.0	52.2	49.7	47.9	46.9	46.8	44.9	46.3	20-24
74.9	76.1	76.3	76.9	77.7	78.0	78.7	78.2	77.3	77.6	25-34
73.8	74.3	75.4	76.5	77.7	78.0	78.5	79.4	79.0	79.4	35-44
65.5	65.9	68.1	69.8	71.5	73.4	74.2	75.3	75.4	76.8	45-54
44.6	45.3	45.4	45.8	46.6	46.3	48.5	49.2	50.0	49.3	55-59
17.6	17.0	16.0	15.2	15.0	14.9	14.4	14.8	14.4	14.0	60-64
34.7	33.1	31.2	30.6	29.3	27.8	26.7	25.9	24.5	25.0	15-24
72.1	72.9	73.8	74.9	76.0	76.7	77.3	77.8	77.3	77.9	25-54
31.2	31.1	30.5	30.2	30.4	30.1	30.9	31.3	31.6	31.2	55-64
1.9	1.5	1.5	1.4	1.4	1.4	1.2	1.3	1.0	1.0	65 et plus
56.9	57.2	57.5	58.1	58.9	59.2	59.8	60.3	60.1	60.8	15-64
										Hommes et Femmes
38.2	36.4	34.4	34.0	32.2	30.7	29.8	29.2	28.0	28.0	15-24
83.8	84.1	84.5	84.9	85.4	85.9	86.0	86.4	86.0	86.2	25-54
38.7	38.1	37.2	36.8	36.7	35.9	36.1	36.6	36.7	36.1	55-64
2.9	2.4	2.3	2.2	2.1	1.9	1.7	1.8	1.5	1.5	65 et plus
66.1	66.0	66.0	66.3	66.5	66.6	66.8	67.4	67.1	67.4	15-64

Taux de chômage

1989	1990	1991	1992	1993	1994	1995	1996	1997	1998	
										Hommes
13.9	13.4	16.4	16.8	19.5	21.9	16.0	20.3	19.9	21.0	15-19
14.9	15.7	15.6	16.6	21.8	24.5	21.7	22.4	25.4	22.1	20-24
7.3	7.5	7.7	8.7	10.3	12.2	10.8	12.1	12.9	12.3	25-34
5.3	5.1	5.0	5.7	7.2	8.4	7.9	8.0	8.3	8.0	35-44
5.1	4.8	5.2	5.8	6.5	8.1	7.5	7.8	7.7	7.4	45-54
8.1	7.0	6.3	8.3	8.5	8.1	8.6	9.9	9.6	8.9	55-59
3.6	3.0	2.9	3.9	3.4	4.4	4.1	3.5	4.1	5.6	60-64
14.7	15.3	15.7	16.6	21.5	24.2	21.0	22.1	24.6	21.9	15-24
6.0	5.9	6.0	6.8	8.2	9.7	8.8	9.3	9.7	9.3	25-54
7.0	6.0	5.6	7.3	7.4	7.3	7.7	8.6	8.6	8.3	55-64
1.7	0.5	0.7	1.1	0.0	0.0	0.0	0.0	0.0	1.0	65 et plus
7.2	7.0	7.1	8.0	9.5	10.9	9.8	10.5	10.9	10.3	15-64
7.2	7.0	7.0	7.9	9.4	10.8	9.8	10.4	10.8	10.2	Total
										Femmes
25.2	29.4	36.0	33.8	38.8	34.5	41.8	34.6	38.9	32.2	15-19
24.0	23.1	22.5	25.2	27.4	31.4	31.4	31.6	32.2	29.7	20-24
13.8	13.1	12.8	14.5	16.0	16.7	16.3	17.1	16.2	16.5	25-34
10.2	9.6	9.0	10.2	10.3	12.1	11.4	12.2	12.3	11.8	35-44
8.5	8.3	8.3	8.7	8.6	9.6	9.5	9.1	9.8	9.7	45-54
8.4	8.5	9.6	9.9	9.1	8.0	7.7	9.8	10.2	10.5	55-59
5.7	5.4	3.9	4.3	5.1	2.6	3.3	3.3	2.9	5.4	60-64
24.2	23.9	23.9	26.1	28.4	31.6	32.2	31.9	32.8	30.0	15-24
11.2	10.7	10.3	11.4	12.0	13.1	12.6	13.0	12.9	12.7	25-54
7.7	7.6	8.1	8.5	8.1	6.7	6.6	8.2	8.5	9.3	55-64
2.1	0.8	2.9	2.0	1.3	0.7	0.5	0.6	2.2	1.9	65 et plus
12.7	12.1	11.7	12.8	13.4	14.4	13.9	14.3	14.2	13.9	15-64
12.6	12.0	11.6	12.8	13.3	14.3	13.9	14.2	14.2	13.8	Total
										Hommes et Femmes
19.0	19.1	19.4	20.8	24.6	27.5	25.9	26.3	28.1	25.4	15-24
8.3	8.0	7.9	8.9	9.9	11.2	10.5	11.0	11.1	10.8	25-54
7.3	6.7	6.6	7.8	7.7	7.0	7.2	8.4	8.5	8.7	55-64
1.9	0.6	1.6	1.5	0.5	0.3	0.2	0.2	1.0	1.3	65 et plus
9.6	9.2	9.1	10.1	11.2	12.5	11.7	12.2	12.4	11.9	15-64
9.5	9.2	9.1	10.1	11.1	12.4	11.6	12.1	12.3	11.8	Total

Statistiques de la Population Active
© OCDE, 1999

GERMANY

Participation rates

	1979	1980	1981	1982	1983	1984	1985	1986	1987	1988
Males										
15-19	48.0	45.9	44.3	44.0	44.3	45.1	45.8	45.2	44.3	43.1
20-24	79.4	79.5	79.2	78.8	78.2	77.8	78.3	79.1	80.8	79.9
25-34	92.1	91.5	90.9	90.4	89.4	88.9	88.8	88.5	90.3	89.9
35-44	97.8	97.9	98.0	98.3	98.3	98.4	98.4	98.1	96.6	96.2
45-54	94.3	94.3	94.6	95.1	95.5	95.8	96.0	96.2	94.2	93.7
55-59	82.3	81.9	81.9	82.0	81.4	80.5	80.0	80.3	79.3	78.6
60-64	42.6	44.3	45.1	43.8	40.3	36.5	34.6	34.8	35.0	34.9
15-24	62.7	61.8	60.9	60.8	61.0	61.6	62.7	63.4	64.3	64.0
25-54	94.9	94.7	94.6	94.6	94.3	94.2	94.2	94.0	93.6	93.1
55-64	66.9	67.3	66.8	65.5	63.1	60.9	60.1	60.5	59.9	58.7
65 and over	7.3	6.8	6.4	6.1	5.8	5.3	5.1	4.7	4.6	4.4
15-64	83.6	83.2	82.7	82.3	81.7	81.4	81.6	81.8	81.8	81.5
Females										
15-19	44.3	41.9	40.1	38.9	38.8	39.6	39.9	39.2	38.6	38.1
20-24	71.8	72.8	73.0	72.4	71.4	71.1	72.4	73.5	74.7	74.7
25-34	59.8	61.1	62.2	62.3	61.9	62.0	63.0	63.6	64.1	64.8
35-44	55.8	57.1	58.4	59.3	59.8	60.3	61.6	62.7	62.7	63.7
45-54	50.4	51.3	52.4	52.9	53.0	53.1	53.8	54.7	55.6	56.9
55-59	39.5	39.9	40.4	40.7	40.5	39.0	38.1	38.8	39.8	40.4
60-64	11.7	12.5	13.0	12.6	11.9	11.0	10.5	10.6	10.5	10.5
15-24	57.2	56.4	55.8	55.1	54.8	55.5	56.8	57.5	58.4	58.9
25-54	55.4	56.6	57.8	58.3	58.5	58.5	59.5	60.3	60.8	61.8
55-64	28.4	28.9	28.5	27.5	26.3	24.6	23.8	24.3	24.7	25.0
65 and over	3.3	3.2	3.0	3.0	2.9	2.5	2.3	2.2	2.2	2.0
15-64	51.2	51.9	52.3	52.1	51.7	51.6	52.3	53.2	53.9	54.8
Males and females										
15-24	60.0	59.2	58.4	58.0	58.0	58.6	59.8	60.6	61.4	61.5
25-54	75.4	76.0	76.6	76.9	76.7	76.8	77.2	77.5	77.5	77.8
55-64	44.0	44.5	44.2	43.3	41.8	40.3	39.8	40.5	40.9	40.8
65 and over	4.7	4.5	4.2	4.1	3.9	3.5	3.2	3.1	3.0	2.8
15-64	67.2	67.4	67.4	67.1	66.6	66.4	66.9	67.5	68.0	68.3

Unemployment rates

	1979	1980	1981	1982	1983	1984	1985	1986	1987	1988
Males										
15-19	2.4	2.9	5.4	8.3	8.8	7.6	7.7	7.1	6.8	6.0
20-24	3.2	3.5	5.9	9.5	11.4	10.6	9.9	8.8	8.6	8.0
25-34	2.4	2.5	4.1	6.5	8.2	7.9	7.8	7.1	7.1	6.9
35-44	1.7	1.7	2.7	4.4	5.7	5.8	5.8	5.7	5.7	5.7
45-54	2.0	1.9	2.6	4.1	5.1	5.3	5.7	5.5	5.4	5.5
55-59	5.0	4.3	5.0	6.4	9.0	10.8	11.7	10.0	10.6	11.4
60-64	7.1	6.4	7.1	8.2	9.0	9.4	8.5	6.7	7.4	8.5
15-24	2.9	3.3	5.7	9.0	10.4	9.5	9.1	8.2	8.0	7.4
25-54	2.0	2.0	3.1	5.0	6.3	6.4	6.4	6.1	6.1	6.0
55-64	5.5	4.9	5.6	7.0	9.0	10.4	10.9	9.2	9.8	10.6
65 and over	0.0	0.0	0.0	0.0	0.0	0.0	0.0	0.0	0.0	0.0
15-64	2.5	2.5	3.8	5.9	7.4	7.4	7.4	6.8	6.8	6.8
Total	2.5	2.5	3.8	5.9	7.3	7.3	7.3	6.8	6.8	6.7
Females										
15-19	4.7	4.8	7.0	9.5	11.0	9.8	10.3	9.7	8.7	7.3
20-24	5.6	5.4	7.4	9.7	12.1	11.7	11.1	10.2	9.2	8.3
25-34	5.3	5.2	6.9	8.9	10.9	11.1	10.1	10.0	11.0	11.0
35-44	2.9	2.9	3.9	5.3	6.3	6.3	6.4	6.6	6.8	7.0
45-54	3.3	3.2	3.9	5.1	6.3	6.4	6.6	7.1	7.3	7.5
55-59	6.2	5.9	6.6	7.7	9.4	10.7	11.6	12.3	13.3	15.0
60-64	4.8	5.8	5.9	6.3	6.0	6.2	6.9	7.9	9.0	10.9
15-24	5.2	5.2	7.2	9.6	11.7	11.0	10.8	10.0	9.0	8.0
25-54	3.8	3.8	5.0	6.5	8.0	8.1	7.8	8.0	8.5	8.0
55-64	5.9	5.9	6.5	7.4	8.6	9.7	10.5	11.3	12.4	14.1
65 and over	0.0	0.0	0.0	0.0	0.0	0.0	0.0	0.0	0.0	0.0
15-64	4.4	4.3	5.7	7.4	9.0	9.0	8.8	8.8	9.0	8.9
Total	4.3	4.3	5.6	7.3	8.8	8.8	8.7	8.7	8.9	8.8
Males and females										
15-24	4.0	4.1	6.4	9.3	11.0	10.2	9.9	9.0	8.5	7.7
25-54	2.7	2.7	3.8	5.6	6.9	7.0	7.0	6.8	7.0	7.1
55-64	5.7	5.2	5.9	7.1	8.9	10.2	10.8	9.9	10.6	11.8
65 and over	0.0	0.0	0.0	0.0	0.0	0.0	0.0	0.0	0.0	0.0
15-64	3.2	3.2	4.6	6.5	8.0	8.0	7.9	7.6	7.7	7.6
Total	3.2	3.2	4.5	6.4	7.9	7.9	7.9	7.5	7.6	7.6

| Break in series/Rupture des données

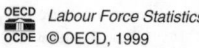

ALLEMAGNE

Taux d'activité

1989	1990	1991	1992	1993	1994	1995	1996	1997	1998	
										Hommes
41.6	40.1	42.8	40.5	38.6	37.7	35.4	34.8	34.3	34.4	15-19
78.3	76.8	79.0	77.8	77.1	77.0	76.4	76.7	77.1	72.0	20-24
89.0	88.1	91.7	90.8	90.5	90.5	90.3	90.4	91.2	91.1	25-34
95.3	94.4	97.3	96.7	96.5	96.6	96.2	95.9	96.1	95.9	35-44
92.7	91.7	94.5	94.1	93.6	93.2	92.7	92.5	92.7	92.4	45-54
78.1	78.2	76.4	72.8	71.4	71.6	72.4	73.4	74.6	75.5	55-59
34.7	34.8	29.8	30.0	29.2	28.5	28.6	28.6	29.0	29.9	60-64
63.1	62.0	63.6	61.6	59.8	59.0	56.9	56.3	55.4	52.3	15-24
92.1	91.2	94.3	93.7	93.4	93.3	93.0	92.9	93.3	93.2	25-54
57.8	57.7	53.4	53.2	53.1	53.3	54.0	54.5	55.2	54.8	55-64
4.4	4.6	4.1	4.3	4.2	4.2	4.2	4.3	4.4	4.6	65 et plus
80.8	80.1	81.4	80.8	80.3	80.1	79.6	79.5	79.4	78.7	15-64
										Femmes
36.6	34.8	35.9	34.1	31.8	30.7	28.1	26.8	27.3	27.5	15-19
73.5	72.7	74.0	72.0	70.9	70.8	69.2	67.6	66.6	68.0	20-24
65.4	66.3	73.1	72.8	72.9	73.3	73.4	73.7	73.8	74.9	25-34
64.6	66.4	74.9	74.9	75.1	75.1	75.6	76.0	76.9	78.1	35-44
57.9	59.5	68.5	69.0	69.5	69.7	70.4	71.1	72.9	74.6	45-54
40.7	41.9	41.7	41.4	42.5	43.4	47.1	49.5	53.3	53.9	55-59
10.7	11.1	9.7	9.8	9.4	9.3	10.2	10.9	11.8	12.6	60-64
58.2	57.4	57.9	55.9	53.9	53.1	50.0	47.9	46.1	46.8	15-24
62.6	64.1	72.2	72.3	72.6	72.8	73.2	73.7	74.6	75.9	25-54
25.3	26.4	25.1	26.3	27.7	28.4	31.1	32.8	35.0	34.4	55-64
2.0	2.2	1.5	1.6	1.6	1.5	1.6	1.6	1.7	1.7	65 et plus
55.4	56.4	60.7	60.9	61.0	61.1	61.2	61.4	61.9	62.6	15-64
										Hommes et Femmes
60.7	59.8	60.9	58.8	57.0	56.2	53.6	52.2	50.9	49.6	15-24
77.7	78.0	83.4	83.2	83.2	83.2	83.3	83.5	84.1	84.7	25-54
40.8	41.6	38.8	39.5	40.3	40.7	42.5	43.5	45.1	44.6	55-64
2.8	3.0	2.4	2.6	2.5	2.5	2.5	2.6	2.7	2.8	65 et plus
68.2	68.4	71.1	71.0	70.8	70.8	70.5	70.6	70.8	70.8	15-64

Taux de chômage

1989	1990	1991	1992	1993	1994	1995	1996	1997	1998	
										Hommes
4.7	4.3	4.5	4.6	5.6	6.2	7.0	7.6	8.4	7.7	15-19
6.5	5.7	5.1	6.1	8.1	9.1	8.8	10.2	12.1	11.3	20-24
5.9	5.0	4.5	5.3	6.8	7.4	7.0	7.8	8.6	7.6	25-34
5.1	4.5	3.9	4.7	5.7	6.2	6.2	6.9	7.8	7.0	35-44
5.2	4.6	4.0	4.7	5.5	5.9	6.2	7.1	8.1	8.0	45-54
11.4	10.6	6.7	8.2	10.5	11.4	11.6	13.3	15.7	14.2	55-59
8.3	8.2	5.7	7.0	8.2	8.1	7.7	8.7	7.4	10.1	60-64
6.0	5.3	4.9	5.7	7.4	8.3	8.3	9.5	10.9	10.1	15-24
5.4	4.7	4.2	4.9	6.0	6.6	6.4	7.3	8.2	7.5	25-54
10.5	9.9	6.5	7.9	9.9	10.6	10.7	12.3	13.8	13.2	55-64
0.0	0.0	0.0	0.0	0.0	0.0	0.0	0.0	1.8	6.3	65 et plus
6.1	5.4	4.5	5.3	6.7	7.3	7.2	8.2	9.3	8.6	15-64
6.0	5.4	4.5	5.3	6.6	7.2	7.2	8.1	9.2	8.6	Total
										Femmes
6.2	5.7	5.8	5.5	5.5	5.7	6.8	7.9	9.0	8.9	15-19
7.1	6.0	6.1	7.3	8.6	9.0	8.4	9.0	9.3	8.4	20-24
9.6	8.3	7.5	8.7	9.6	10.0	9.0	9.1	9.1	8.4	25-34
6.4	5.9	6.6	8.1	9.3	9.6	8.8	9.2	10.1	9.9	35-44
7.2	6.7	7.1	9.1	10.2	10.4	9.9	10.0	10.7	10.5	45-54
15.7	16.1	10.5	11.8	13.8	14.6	14.9	16.5	18.9	18.8	55-59
11.2	11.9	5.7	6.4	6.0	7.0	5.0	5.7	7.7	10.5	60-64
6.8	6.0	6.0	6.8	7.8	8.2	8.0	8.7	9.2	8.5	15-24
7.9	7.1	7.1	8.6	9.7	10.0	9.2	9.4	9.9	9.5	25-54
14.8	15.2	9.5	10.8	12.6	13.5	13.5	14.9	17.2	17.3	55-64
0.0	0.0	0.0	0.0	0.0	0.0	0.0	0.0	0.7	8.6	65 et plus
8.2	7.5	7.1	8.5	9.6	10.0	9.5	9.9	10.7	10.3	15-64
8.1	7.4	7.0	8.4	9.6	9.9	9.4	9.8	10.6	10.3	Total
										Hommes et Femmes
6.4	5.6	5.4	6.2	7.6	8.2	8.2	9.1	10.2	9.4	15-24
6.4	5.7	5.4	6.5	7.6	8.0	7.6	8.2	8.9	8.4	25-54
11.9	11.6	7.5	8.9	10.8	11.7	11.7	13.3	15.1	14.8	55-64
0.0	0.0	0.0	0.0	0.0	0.0	0.0	0.0	1.4	7.2	65 et plus
6.9	6.3	5.6	6.7	7.9	8.4	8.2	8.9	9.9	9.3	15-64
6.8	6.2	5.6	6.6	7.9	8.4	8.1	8.8	9.8	9.3	Total

Statistiques de la Population Active
© OCDE, 1999

GREECE

Participation rates

		1979	1980	1981	1982	1983	1984	1985	1986	1987	1988
Males											
	15-19	..	..	..	..	31.8	30.4	28.9	25.4	24.4	21.9
	20-24	..	..	..	..	76.7	76.5	74.7	71.6	70.2	72.6
	25-34	..	..	..	..	96.5	96.7	96.2	95.9	95.5	96.1
	35-44	..	..	..	..	97.3	97.0	96.9	97.3	97.0	97.1
	45-54	..	..	..	..	91.8	91.6	91.5	91.1	90.2	90.1
	55-59	..	..	..	..	78.7	77.8	76.4	75.5	74.3	74.1
	60-64	..	..	..	..	59.8	56.8	54.5	52.4	50.2	50.0
	15-24	..	..	..	..	50.4	49.7	48.2	45.2	44.4	44.6
	25-54	..	..	..	..	95.1	95.0	94.8	94.7	94.2	94.5
	55-64	..	..	..	..	70.8	69.1	67.3	65.3	63.4	62.9
	65 and over	..	..	..	..	19.8	17.2	15.0	15.5	13.9	13.6
	15-64	..	..	..	..	82.1	81.5	80.6	79.3	78.6	78.4
Females											
	15-19	..	..	..	..	24.4	22.6	21.1	19.7	18.5	19.0
	20-24	..	..	..	..	49.7	48.5	49.1	48.6	48.2	51.1
	25-34	..	..	..	..	46.7	49.8	51.7	52.9	53.8	56.7
	35-44	..	..	..	..	45.0	46.7	49.5	49.5	50.6	52.1
	45-54	..	..	..	..	39.8	40.6	42.3	41.8	41.3	41.6
	55-59	..	..	..	..	30.1	28.9	30.2	30.6	30.3	32.0
	60-64	..	..	..	..	20.1	22.0	21.4	21.0	21.3	22.2
	15-24	..	..	..	..	36.2	34.6	34.0	33.3	32.8	34.5
	25-54	..	..	..	..	43.8	45.7	47.8	48.0	48.6	50.2
	55-64	..	..	..	..	25.7	25.9	26.4	26.2	26.2	27.4
	65 and over	..	..	..	..	7.6	6.6	5.4	6.1	5.3	5.1
	15-64	..	..	..	..	49.7	48.5	49.1	48.6	48.2	51.1
Males and females											
	15-24	..	..	..	..	42.7	41.5	40.6	38.9	38.2	39.2
	25-54	..	..	..	..	68.7	69.6	70.6	70.7	70.8	71.6
	55-64	..	..	..	..	47.5	46.7	46.1	45.3	44.3	44.7
	65 and over	..	..	..	..	13.1	11.3	9.7	10.3	9.1	8.9
	15-64	..	..	..	..	59.8	59.8	60.0	59.5	59.2	59.8

Unemployment rates

		1979	1980	1981	1982	1983	1984	1985	1986	1987	1988
Males											
	15-19	..	..	..	..	17.0	16.8	17.4	14.9	14.9	15.3
	20-24	..	..	..	..	17.2	17.8	18.0	16.5	18.7	17.7
	25-34	..	..	..	..	6.7	7.2	6.8	6.3	6.1	6.1
	35-44	..	..	..	..	3.9	4.2	3.6	3.3	3.1	2.8
	45-54	..	..	..	..	3.9	3.7	3.2	2.9	2.9	2.5
	55-59	..	..	..	..	3.0	3.0	2.8	2.5	2.8	2.2
	60-64	..	..	..	..	2.7	1.9	1.7	1.3	1.7	1.5
	15-24	..	..	..	..	17.1	17.4	17.8	16.0	17.5	17.0
	25-54	..	..	..	..	4.8	5.0	4.6	4.2	4.0	3.8
	55-64	..	..	..	..	2.9	2.6	2.4	2.0	2.4	2.0
	65 and over	..	..	..	..	0.3	0.8	0.6	0.6	0.4	0.6
	15-64	..	..	..	..	6.1	6.2	5.8	5.2	5.3	5.0
	Total	..	..	..	..	5.8	6.0	5.6	5.0	5.1	4.8
Females											
	15-19	..	..	..	..	33.7	36.5	37.1	42.2	40.0	43.7
	20-24	..	..	..	..	28.0	29.4	29.4	30.6	31.3	32.9
	25-34	..	..	..	..	13.0	14.9	13.5	12.9	12.8	13.9
	35-44	..	..	..	..	7.3	7.0	7.2	6.7	6.4	7.6
	45-54	..	..	..	..	4.8	4.1	4.6	3.9	4.1	4.4
	55-59	..	..	..	..	2.0	1.9	1.9	2.2	1.8	1.8
	60-64	..	..	..	..	1.2	1.0	0.6	0.6	0.7	0.8
	15-24	..	..	..	..	30.1	31.9	32.0	34.2	33.8	36.0
	25-54	..	..	..	..	8.6	9.0	8.7	8.2	8.2	9.1
	55-64	..	..	..	..	1.7	1.6	1.5	1.6	1.4	1.4
	65 and over	..	..	..	..	0.6	0.2	0.5	0.2	0.5	0.8
	15-64	..	..	..	..	12.1	12.5	12.0	11.9	11.7	12.8
	Total	..	..	..	..	11.7	12.1	11.7	11.6	11.4	12.5
Males and females											
	15-24	..	..	..	..	23.1	24.0	24.2	24.2	25.0	26.0
	25-54	..	..	..	..	6.1	6.4	6.0	5.6	5.5	5.7
	55-64	..	..	..	..	2.6	2.3	2.1	1.9	2.1	1.8
	65 and over	..	..	..	..	0.4	0.6	0.6	0.4	0.4	0.7
	15-64	..	..	..	..	8.1	8.4	8.0	7.6	7.6	7.9
	Total	..	..	..	..	7.8	8.1	7.8	7.4	7.4	7.7

| Break in series/Rupture des données

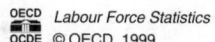

GRÈCE

Taux d'activité

1989	1990	1991	1992	1993	1994	1995	1996	1997	1998	
										Hommes
22.7	21.6	21.4	19.9	19.2	17.8	16.9	16.1	15.5	18.7	15-19
72.0	70.4	68.3	69.2	68.9	68.4	69.7	69.0	66.7	71.0	20-24
95.8	95.2	94.4	93.8	94.8	94.7	94.9	95.1	94.4	94.9	25-34
96.9	96.8	96.5	96.6	96.8	96.9	97.0	97.2	97.0	97.0	35-44
90.4	90.7	90.0	90.4	91.1	91.8	91.5	92.1	92.2	90.6	45-54
73.5	72.3	71.5	72.4	72.6	73.7	74.8	74.9	75.0	69.9	55-59
48.1	46.0	45.6	46.8	44.7	46.8	47.4	47.6	47.7	45.7	60-64
45.2	44.1	43.4	43.0	43.1	41.8	41.3	40.1	38.7	44.3	15-24
94.4	94.3	93.7	93.6	94.3	94.5	94.5	94.9	94.6	94.2	25-54
61.2	59.5	58.9	59.8	58.7	60.1	61.1	61.0	61.0	57.0	55-64
11.7	11.8	11.0	11.7	11.0	11.8	11.7	11.5	10.7	9.8	65 et plus
77.8	76.8	76.0	76.2	76.5	77.0	77.2	77.4	76.9	77.2	15-64
										Femmes
17.9	18.2	16.6	16.2	16.4	15.0	14.8	15.8	13.3	16.3	15-19
53.9	54.0	53.0	51.7	53.1	51.2	51.9	53.6	52.9	57.9	20-24
58.7	59.3	57.1	59.0	61.1	60.5	62.7	64.1	64.9	68.3	25-34
53.5	53.4	51.6	55.2	56.4	57.6	58.1	60.7	62.1	62.9	35-44
41.9	41.3	37.7	40.3	40.6	42.3	42.8	44.6	44.7	45.6	45-54
30.2	28.5	26.6	26.9	27.3	27.5	28.9	29.8	30.7	28.4	55-59
19.6	19.9	15.9	17.7	17.6	18.7	20.2	19.7	20.3	20.6	60-64
35.2	35.3	34.0	33.2	34.5	32.6	32.5	34.1	32.6	37.3	15-24
51.6	51.5	49.0	51.6	53.1	53.9	55.0	56.9	57.5	59.4	25-54
25.2	24.3	21.2	22.3	22.4	23.0	24.5	24.5	25.1	24.4	55-64
4.1	4.5	3.9	4.2	3.7	3.9	3.7	4.2	3.4	3.5	65 et plus
53.9	54.0	53.0	51.7	53.1	51.2	51.9	53.6	52.9	57.9	15-64
										Hommes et Femmes
39.9	39.4	38.5	37.9	38.6	36.9	36.7	36.9	35.5	40.7	15-24
72.3	72.2	70.7	71.9	73.1	73.7	74.2	75.3	75.5	76.5	25-54
42.9	41.5	39.7	40.4	40.0	40.7	41.9	41.9	42.1	40.0	55-64
7.5	7.8	7.1	7.6	7.0	7.5	7.3	7.5	6.7	6.4	65 et plus
59.8	59.1	57.6	58.3	59.2	59.5	60.1	61.0	60.8	62.4	15-64

Taux de chômage

1989	1990	1991	1992	1993	1994	1995	1996	1997	1998	
										Hommes
14.0	14.1	17.8	18.1	21.5	20.6	21.8	28.2	27.0	28.4	15-19
18.1	15.4	16.6	16.9	19.7	19.5	18.8	19.6	20.8	21.6	20-24
5.5	5.6	6.1	5.9	7.4	7.6	8.0	7.8	8.3	9.3	25-34
2.4	2.1	2.6	2.5	3.4	3.2	3.7	3.4	3.1	5.1	35-44
2.0	1.8	2.1	2.8	3.2	3.3	3.4	3.0	3.4	5.0	45-54
2.1	2.1	1.8	2.3	3.5	3.6	4.2	3.1	3.6	3.8	55-59
1.1	1.3	1.3	2.1	2.0	2.8	2.6	2.7	2.8	3.5	60-64
17.0	15.1	16.9	17.2	20.1	19.8	19.4	21.5	22.2	23.1	15-24
3.3	3.2	3.6	3.7	4.7	4.8	5.1	4.8	4.9	6.5	25-54
1.7	1.8	1.6	2.2	3.0	3.3	3.6	2.9	3.3	3.7	55-64
0.6	0.7	0.9	0.9	0.9	0.8	0.6	0.9	0.8	1.6	65 et plus
4.7	4.4	4.9	5.0	6.3	6.2	6.4	6.2	6.4	8.1	15-64
4.6	4.3	4.8	4.9	6.1	6.0	6.2	6.0	6.2	7.9	Total
										Femmes
39.3	38.0	39.0	43.1	50.7	47.6	47.5	53.5	51.6	54.4	15-19
32.1	30.6	31.6	31.1	35.1	33.6	34.7	37.5	37.7	39.0	20-24
14.8	13.4	14.4	13.6	16.8	15.3	15.3	17.7	17.0	19.3	25-34
6.7	6.3	7.2	8.8	9.1	8.3	8.4	9.8	9.4	12.6	35-44
4.1	4.4	5.6	6.1	6.6	6.8	7.1	7.5	7.9	8.9	45-54
2.5	1.6	2.5	3.4	3.1	3.7	4.0	3.7	3.9	5.2	55-59
0.7	0.6	1.3	1.9	1.4	1.2	1.5	2.1	1.9	2.3	60-64
34.0	32.6	33.5	34.2	38.8	36.9	37.7	41.3	40.6	42.4	15-24
9.1	8.6	9.6	9.9	11.6	10.7	10.9	12.3	11.9	14.4	25-54
1.8	1.2	2.1	2.8	2.4	2.6	2.9	3.0	3.1	3.9	55-64
0.3	1.4	1.6	0.8	0.6	0.3	1.2	1.6	1.2	1.9	65 et plus
12.6	12.0	13.1	13.2	15.3	14.0	14.1	15.8	15.1	17.8	15-64
12.4	11.7	12.8	12.9	15.0	13.7	13.8	15.4	14.8	17.5	Total
										Hommes et Femmes
24.9	23.3	24.5	25.0	28.8	27.7	27.9	31.2	31.0	32.1	15-24
5.5	5.1	5.7	6.0	7.3	7.0	7.3	7.7	7.7	9.6	25-54
1.7	1.6	1.8	2.4	2.8	3.1	3.4	3.0	3.2	3.7	55-64
0.6	0.9	1.1	0.9	0.8	0.6	0.8	1.1	0.9	1.7	65 et plus
7.6	7.2	7.8	8.1	9.6	9.1	9.3	9.9	9.8	11.9	15-64
7.5	7.0	7.7	7.8	9.4	8.9	9.1	9.7	9.6	11.7	Total

Statistiques de la Population Active OECD
© OCDE, 1999 OCDE

HUNGARY/HONGRIE

Participation rates/Taux d'activité

	1990	1991	1992	1993	1994	1995	1996	1997	1998	
Males										**Hommes**
15-19	..	..	24.4	21.7	20.5	19.4	17.6	16.5	17.4	15-19
20-24	..	..	81.0	79.2	75.1	74.9	72.9	69.5	70.4	20-24
25-29	..	..	92.6	91.6	91.5	91.3	90.7	90.4	87.8	25-29
30-39	..	..	93.4	91.9	90.5	90.7	90.8	89.3	87.8	30-39
40-54	..	..	86.3	83.7	82.8	82.1	81.2	80.5	78.3	40-54
55-59	..	..	52.0	47.8	44.1	44.9	46.1	44.2	40.0	55-59
60-64	..	..	..	..	..	11.9	9.2	10.1	10.5	60-64
15-24	..	..	50.5	47.9	46.0	44.6	43.7	43.6	46.5	15-24
25-54	..	..	89.9	88.0	86.9	86.5	85.9	85.0	87.7	25-54
55-64	..	..	25.5	21.8	19.4	28.6	28.0	27.8	26.9	55-64
60 and over	..	..	13.5	10.6	9.1	8.0	6.2	5.8	6.1	60 et plus
65 and over	..	..	..	..	..	5.4	4.2	3.2	3.7	65 et plus
15-64	..	..	66.7	64.0	62.4	67.9	67.4	66.6	69.2	15-64
Females										**Femmes**
15-19	..	..	21.5	19.8	17.6	14.1	12.9	11.8	14.2	15-19
20-24	..	..	60.6	57.4	56.4	53.4	49.3	49.2	52.1	20-24
25-29	..	..	62.1	59.8	59.6	54.3	53.6	52.9	57.3	25-29
30-39	..	..	79.9	77.8	75.0	71.9	71.1	69.3	70.7	30-39
40-54	..	..	77.3	75.3	72.5	71.2	71.4	70.2	70.2	40-54
55-59	..	..	19.3	16.8	13.8	14.6	15.5	16.2	14.3	55-59
60-64	..	..	..	..	..	4.8	6.0	5.3	5.3	60-64
15-24	..	..	39.6	37.0	35.3	31.9	30.2	30.6	34.9	15-24
25-54	..	..	76.1	74.0	71.5	68.9	68.5	67.2	68.2	25-54
55-64	..	..	11.1	8.8	7.3	9.7	10.8	10.8	10.0	55-64
60 and over	..	..	7.9	5.8	5.0	3.4	3.5	3.0	2.8	60 et plus
65 and over	..	..	..	..	..	2.7	2.1	1.8	1.5	65 et plus
15-64	..	..	51.0	48.5	46.3	50.3	49.9	49.3	50.8	15-64
Males and females										**Hommes et Femmes**
15-24	..	..	45.2	42.6	40.8	38.4	37.1	37.3	40.8	15-24
25-54	..	..	82.9	80.9	79.1	77.6	77.1	75.9	77.8	25-54
55-64	..	..	17.4	14.5	12.5	18.1	18.4	18.3	17.4	55-64
60 and over	..	..	10.3	7.9	6.7	5.3	4.6	4.2	4.2	60 et plus
65 and over	..	..	..	..	..	3.8	3.0	2.4	2.4	65 et plus
15-64	..	..	58.6	56.0	54.0	58.9	58.5	57.8	59.8	15-64

Unemployment rates/Taux de chômage

	1990	1991	1992	1993	1994	1995	1996	1997	1998	
Males										**Hommes**
15-19	..	..	28.2	35.8	32.2	33.3	31.5	28.4	25.2	15-19
20-24	..	..	16.2	19.6	18.2	16.8	15.7	14.3	12.7	20-24
25-29	..	..	11.8	12.8	11.6	11.0	10.9	9.5	8.4	25-29
30-39	..	..	10.1	12.1	10.8	10.7	10.0	8.7	7.8	30-39
40-54	..	..	8.3	10.7	9.3	8.9	8.5	7.4	6.7	40-54
55-59	..	..	6.4	8.7	7.1	5.9	6.6	7.3	4.6	55-59
60-64	..	..	..	..	..	3.8	1.4	1.3	5.6	60-64
15-24	..	..	19.3	23.6	21.5	20.7	19.0	16.9	14.8	15-24
25-54	..	..	9.5	11.6	10.2	9.9	9.4	8.2	6.9	25-54
55-64	..	..	5.5	8.1	7.1	5.4	5.7	6.3	4.7	55-64
60 and over	..	..	4.0	7.0	7.1	4.5	3.4	5.4	7.9	60 et plus
65 and over	..	..	..	..	..	5.5	6.3	12.6	11.6	65 et plus
15-64	..	..	..	..	..	11.4	10.7	9.5	8.1	15-64
Total	..	..	10.7	13.2	11.8	11.3	10.7	9.5	8.5	Total
Females										**Femmes**
15-19	..	..	25.4	30.3	26.8	28.0	28.8	29.3	24.4	15-19
20-24	..	..	10.9	13.3	12.8	11.7	12.8	11.0	8.7	20-24
25-29	..	..	11.4	13.3	10.9	9.7	11.9	8.5	8.3	25-29
30-39	..	..	8.5	9.9	9.4	8.9	8.0	7.7	6.8	30-39
40-54	..	..	6.5	7.2	6.5	6.3	6.7	5.7	5.2	40-54
55-59	..	..	5.7	9.3	4.4	5.5	4.8	4.8	4.7	55-59
60-64	..	..	..	..	..	4.7	6.5	3.2	6.0	60-64
15-24	..	..	15.1	18.2	16.6	15.6	16.4	14.5	11.6	15-24
25-54	..	..	7.8	8.9	8.1	7.7	7.8	6.7	6.1	25-54
55-64	..	..	5.2	11.6	9.6	5.3	5.3	4.4	5.1	55-64
60 and over	..	..	4.9	14.2	14.9	6.1	7.9	7.7	11.1	60 et plus
65 and over	..	..	..	..	..	7.4	10.1	14.7	20.0	65 et plus
15-64	..	..	..	..	..	8.7	8.8	7.7	6.9	15-64
Total	..	..	8.7	10.4	9.4	8.7	8.8	7.7	7.0	Total
Males and females										**Hommes et Femmes**
15-24	..	..	17.5	21.2	19.4	18.6	18.0	15.9	13.5	15-24
25-54	..	..	8.7	10.3	9.3	8.9	8.7	7.5	6.6	25-54
55-64	..	..	5.4	9.3	8.0	5.4	5.6	5.7	4.8	55-64
60 and over	..	..	4.3	10.1	10.5	5.1	5.4	6.4	9.2	60 et plus
65 and over	..	..	..	..	..	6.3	7.9	13.6	14.8	65 et plus
15-64	..	..	..	..	..	10.2	9.9	8.7	7.6	15-64
Total	..	..	9.8	11.9	10.7	10.2	9.9	8.7	7.8	Total

| Break in series/Rupture des données:
Data prior to years 1995 refer to persons aged 15 to 74. Les données antérieures à 1995 se réfèrent aux personnes âgées de 15 à 74 ans.

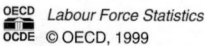

ICELAND/ISLANDE

Participation rates/Taux d'activité

	1990	1991	1992	1993	1994	1995	1996	1997	1998	
Males										**Hommes**
16-19	..	46.1	44.1	39.6	37.8	46.8	45.1	44.7	49.4	16-19
20-24	..	75.5	78.8	74.2	78.1	81.5	76.4	75.2	80.2	20-24
25-34	..	95.9	95.4	94.8	94.9	95.6	94.5	95.1	93.2	25-34
35-44	..	97.0	97.7	98.1	97.4	98.6	97.4	96.9	97.6	35-44
45-54	..	99.0	99.2	98.3	95.9	96.2	97.3	98.4	97.5	45-54
55-59	..	96.4	93.3	96.0	94.4	95.5	93.9	92.8	95.1	55-59
60-64	..	90.6	91.3	90.6	97.3	89.9	92.4	90.6	91.3	60-64
16-24	..	60.1	60.7	56.7	57.9	63.8	60.1	59.2	63.8	16-24
25-54	..	97.0	97.2	96.9	96.1	96.8	96.3	96.7	96.1	25-54
55-64	..	93.5	92.3	93.3	95.9	92.7	93.2	91.7	93.3	55-64
65 and over	..	38.5	39.2	34.1	31.4	34.6	33.2	32.3	33.6	65 et plus
16-64	..	87.3	87.6	86.7	86.8	88.4	87.3	87.1	87.9	16-64
Females										**Femmes**
16-19	..	46.4	50.3	44.3	45.5	47.6	43.2	46.6	53.8	16-19
20-24	..	72.1	70.6	75.5	72.8	72.1	76.7	77.5	82.3	20-24
25-34	..	75.0	79.5	81.8	82.2	83.9	83.9	78.7	78.8	25-34
35-44	..	86.7	85.8	85.7	87.7	90.3	87.1	86.7	86.7	35-44
45-54	..	91.3	90.9	88.7	90.6	90.8	90.4	90.8	91.8	45-54
55-59	..	84.2	85.0	88.4	84.4	88.7	81.8	85.2	87.5	55-59
60-64	..	78.0	72.4	73.6	76.7	81.1	80.8	77.1	78.2	60-64
16-24	..	58.8	60.2	59.7	59.1	59.6	59.6	61.5	67.3	16-24
25-54	..	83.0	84.5	84.9	86.3	88.0	86.9	85.1	85.4	25-54
55-64	..	81.1	78.6	80.8	80.5	84.8	81.3	81.2	83.0	55-64
65 and over	..	18.8	20.7	20.6	19.8	17.4	17.3	16.1	15.2	65 et plus
16-64	..	76.8	77.9	78.4	79.1	80.9	79.8	79.1	80.9	16-64
Males and females										**Hommes et Femmes**
16-24	..	59.5	60.5	58.2	58.5	61.7	59.9	60.3	65.5	16-24
25-54	..	90.1	90.9	91.0	91.3	92.5	91.7	91.0	90.8	25-54
55-64	..	87.2	85.4	87.0	88.1	88.7	87.1	86.4	88.1	55-64
65 and over	..	27.6	29.0	26.6	24.9	25.1	24.5	23.4	23.4	65 et plus
16-64	..	82.1	82.8	82.6	83.0	84.7	83.6	83.1	84.5	16-64

Unemployment rates/Taux de chômage

	1990	1991	1992	1993	1994	1995	1996	1997	1998	
Males										**Hommes**
16-19	..	9.1	13.1	14.5	18.5	18.1	15.2	12.7	11.8	16-19
20-24	..	3.6	6.4	7.8	10.2	10.2	5.4	5.4	2.5	20-24
25-34	..	3.1	4.5	6.1	4.6	2.6	2.1	3.2	2.0	25-34
35-44	..	1.3	1.5	2.5	2.7	3.1	2.8	2.1	0.9	35-44
45-54	..	0.6	1.7	3.0	2.9	3.8	1.1	1.5	1.0	45-54
55-59	..	0.5	2.8	5.9	3.4	2.1	3.8	3.7	2.3	55-59
60-64	..	1.5	2.3	2.7	4.1	6.3	2.7	1.8	1.3	60-64
16-24	..	5.8	8.9	10.2	13.0	13.1	9.2	8.3	6.4	16-24
25-54	..	1.8	2.7	4.0	3.5	3.1	2.1	2.3	1.3	25-54
55-64	..	1.0	2.6	4.3	3.8	4.2	3.3	2.8	1.8	55-64
65 and over	..	0.0	4.4	4.1	6.6	2.6	3.2	3.7	2.5	65 et plus
16-64	..	2.4	3.8	5.0	5.1	5.0	3.4	3.3	2.3	16-64
Total	..	2.3	3.8	5.0	5.1	4.8	3.4	3.3	2.3	Total
Females										**Femmes**
16-19	..	4.8	12.0	11.8	12.9	11.3	13.0	10.5	5.1	16-19
20-24	..	3.3	10.2	8.5	8.3	6.7	4.4	4.8	6.0	20-24
25-34	..	3.1	5.3	5.8	6.2	5.5	3.7	3.6	4.3	25-34
35-44	..	3.1	3.0	3.8	4.5	4.3	3.5	5.0	2.6	35-44
45-54	..	1.4	2.7	4.6	3.9	2.9	2.2	2.7	1.9	45-54
55-59	..	3.2	3.3	1.9	2.4	5.4	3.0	2.9	0.6	55-59
60-64	..	3.7	2.7	7.3	5.4	2.4	5.8	4.1	2.3	60-64
16-24	..	3.9	10.9	9.7	10.1	8.6	7.6	7.1	5.6	16-24
25-54	..	2.6	3.8	4.8	5.0	4.3	3.2	3.9	2.9	25-54
55-64	..	3.4	3.0	4.4	3.8	4.0	4.4	3.5	1.4	55-64
65 and over	..	0.7	2.6	5.2	1.6	1.8	3.4	7.1	3.9	65 et plus
16-64	..	3.0	5.0	5.6	5.7	5.0	4.1	4.4	3.3	16-64
Total	..	2.9	4.9	5.6	5.5	4.9	4.1	4.5	3.3	Total
Males and females										**Hommes et Femmes**
16-24	..	4.9	9.9	10.0	11.5	11.0	8.4	7.7	6.0	16-24
25-54	..	2.2	3.2	4.3	4.2	3.7	2.6	3.0	2.1	25-54
55-64	..	2.1	2.8	4.4	3.8	4.1	3.8	3.1	1.6	55-64
65 and over	..	0.3	3.7	4.6	4.4	2.3	3.3	5.0	3.0	65 et plus
16-64	..	2.7	4.3	5.3	5.4	5.0	3.7	3.8	2.7	16-64
Total	..	2.5	4.3	5.3	5.3	4.9	3.7	3.9	2.7	Total

| Break in series/Rupture des données

Statistiques de la Population Active OECD
© OCDE, 1999 OCDE

IRELAND

Participation rates

		1979	1980	1981	1982	1983	1984	1985	1986	1987	1988
Males											
	15-19	50.2	..	48.7	..	43.1	41.4	39.5	37.8	34.9	33.6
	20-24	91.2	..	90.0	..	89.4	88.0	88.6	86.5	83.3	83.6
	25-34	97.0	..	97.0	..	97.1	97.2	97.2	97.0	94.2	94.7
	35-44	95.7	..	96.1	..	96.4	96.4	95.9	95.8	93.0	93.0
	45-54	91.1	..	92.2	..	92.2	92.5	92.1	91.1	88.6	88.2
	55-64	77.9	..	79.1	..	78.0	77.7	75.4	74.6	70.5	69.5
	15-24	68.9	..	67.6	..	64.2	62.7	62.0	60.2	57.3	56.5
	25-54	95.0	..	95.4	..	95.6	95.7	95.5	95.1	92.4	92.4
	55-64	77.9	..	79.1	..	78.0	77.7	75.4	74.6	70.5	69.5
	65 and over	26.0	..	23.7	..	20.2	18.6	15.9	18.0	17.4	18.2
	15-64	84.8	..	84.9	..	84.0	83.6	83.0	82.3	79.4	79.2
Females											
	15-19	41.9	..	38.4	..	34.1	33.6	33.0	30.5	29.7	27.0
	20-24	68.6	..	70.9	..	74.5	75.0	74.7	73.2	75.4	73.7
	25-34	33.5	..	36.4	..	41.4	42.0	41.7	45.7	54.4	56.0
	35-44	22.8	..	23.5	..	26.2	24.9	25.2	26.5	34.7	34.5
	45-54	24.0	..	24.1	..	27.4	25.6	25.1	25.5	31.3	30.4
	55-64	20.1	..	19.5	..	20.2	18.2	17.9	17.1	19.7	19.0
	15-24	54.2	..	53.3	..	52.8	52.9	52.5	50.5	51.0	48.4
	25-54	27.6	..	29.1	..	32.8	32.1	32.0	34.1	41.9	42.1
	55-64	20.1	..	19.5	..	20.2	18.2	17.9	17.1	19.7	19.0
	65 and over	4.5	..	4.8	..	4.6	3.5	3.5	3.6	3.3	3.8
	15-64	34.3	..	34.8	..	36.9	36.2	35.9	36.5	41.5	40.8
Males and females											
	15-24	61.7	..	60.6	..	58.6	57.9	57.3	55.4	54.2	52.5
	25-54	61.9	..	62.9	..	64.7	64.4	64.2	65.0	67.4	67.4
	55-64	48.6	..	48.7	..	48.4	47.3	46.0	45.1	44.5	43.7
	65 and over	14.2	..	13.3	..	11.5	10.2	9.0	9.9	9.5	10.1
	15-64	59.9	..	60.2	..	60.7	60.2	59.7	59.6	60.6	60.1

Unemployment rates

		1979	1980	1981	1982	1983	1984	1985	1986	1987	1988
Males											
	15-19	12.7	..	21.1	..	28.6	33.5	32.9	36.8	34.4	33.9
	20-24	8.3	..	14.3	..	19.7	22.0	23.0	25.7	23.7	22.2
	25-34	7.2	..	11.9	..	16.2	17.7	19.2	18.8	17.0	15.7
	35-44	6.1	..	9.9	..	13.0	14.0	17.0	16.5	14.2	14.8
	45-54	5.9	..	8.9	..	11.8	13.5	16.4	15.4	12.1	12.1
	55-64	6.5	..	8.8	..	11.2	12.6	14.2	14.5	10.9	10.5
	15-24	10.0	..	17.0	..	22.9	26.1	26.4	29.5	27.2	26.0
	25-54	6.6	..	10.5	..	14.0	15.4	17.8	17.2	14.9	14.5
	55-64	6.5	..	8.8	..	11.2	12.6	14.2	14.5	10.9	10.5
	65 and over	2.4	..	2.6	..	3.8	3.5	4.8	3.6	2.7	2.2
	15-64	7.4	..	11.8	..	15.7	17.4	19.3	19.5	17.0	16.4
	Total	7.2	..	11.4	..	15.3	17.0	18.8	19.0	16.5	15.9
Females											
	15-19	12.3	..	17.0	..	24.7	29.7	30.5	31.8	31.0	31.9
	20-24	5.0	..	8.3	..	12.2	12.4	16.4	15.5	17.1	17.0
	25-34	4.6	..	6.8	..	9.0	9.0	10.2	11.0	16.1	14.3
	35-44	4.5	..	4.9	..	6.3	7.2	7.3	7.8	20.1	19.3
	45-54	4.1	..	4.8	..	6.8	7.2	7.3	7.5	13.8	15.2
	55-64	4.4	..	4.9	..	6.4	7.5	8.4	8.5	9.6	10.7
	15-24	8.1	..	11.7	..	16.6	18.3	21.2	20.7	21.4	21.5
	25-54	4.5	..	5.8	..	7.8	8.2	8.9	9.5	16.8	15.9
	55-64	4.4	..	4.9	..	6.4	7.5	8.4	8.5	9.6	10.7
	65 and over	0.0	..	2.0	..	3.1	5.4	2.7	2.6	4.1	4.8
	15-64	6.1	..	8.4	..	11.3	12.4	14.0	13.9	17.9	17.5
	Total	6.0	..	8.2	..	11.1	12.3	13.8	13.7	17.7	17.2
Males and females											
	15-24	9.2	..	14.7	..	20.1	22.6	24.1	25.5	24.5	23.9
	25-54	6.1	..	9.4	..	12.5	13.7	15.6	15.2	15.5	14.9
	55-64	6.1	..	8.0	..	10.2	11.6	13.0	13.3	10.6	10.5
	65 and over	2.0	..	2.4	..	3.7	3.9	4.4	3.4	3.0	2.8
	15-64	7.0	..	10.8	..	14.4	16.0	17.7	17.8	17.3	16.8
	Total	6.8	..	10.5	..	14.0	15.6	17.3	17.4	16.9	16.3

| Break in series/Rupture des données

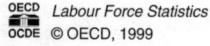

IRLANDE

Taux d'activité

1989	1990	1991	1992	1993	1994	1995	1996	1997	1998		
										Hommes	
31.6	31.2	30.2	27.5	26.4	24.5	25.0	23.9	25.9	31.1		15-19
80.7	80.7	79.6	77.5	75.1	75.5	77.3	74.8	75.7	76.8		20-24
94.3	94.1	94.0	92.7	92.9	93.2	93.1	93.4	92.8	93.3		25-34
92.7	92.8	92.9	92.4	91.9	92.2	91.8	93.3	92.3	93.4		35-44
86.9	87.6	88.3	87.6	87.4	86.9	86.2	87.2	85.5	89.4		45-54
66.3	65.1	65.7	64.4	64.6	64.7	63.9	63.0	61.7	63.0		55-64
53.9	53.4	52.1	50.2	48.9	48.2	49.0	47.1	48.9	52.4		15-24
91.8	91.9	92.1	91.2	91.0	91.1	90.6	91.5	90.5	92.2		25-54
66.3	65.1	65.7	64.4	64.6	64.7	63.9	63.0	61.7	63.0		55-64
17.0	16.4	16.5	16.7	15.7	15.6	15.2	15.3	15.2	14.9		65 et plus
77.9	77.7	77.6	76.3	75.9	75.9	75.8	75.8	75.6	77.8		15-64
										Femmes	
25.0	25.9	23.0	21.0	20.2	18.3	18.2	17.8	19.5	22.9		15-19
74.4	73.7	73.4	70.1	69.9	70.6	69.6	67.3	67.5	69.0		20-24
57.1	60.0	61.3	64.0	65.7	68.5	69.0	71.4	72.1	73.7		25-34
36.4	38.8	41.8	43.9	48.0	49.6	51.6	56.0	56.4	59.4		35-44
30.0	32.6	36.1	34.9	37.0	40.7	39.6	42.1	43.4	46.4		45-54
18.3	19.9	19.7	19.4	20.4	21.4	21.2	23.4	23.3	24.6		55-64
47.2	47.3	45.3	43.2	43.1	42.5	42.0	40.6	41.9	44.6		15-24
42.9	45.5	47.8	49.2	51.6	54.1	54.6	57.5	58.4	60.8		25-54
18.3	19.9	19.7	19.4	20.4	21.4	21.2	23.4	23.3	24.6		55-64
3.5	3.4	3.2	3.3	3.2	2.5	3.0	3.2	3.2	3.0		65 et plus
40.9	42.6	43.5	43.8	45.4	46.9	47.0	48.8	49.7	52.1		15-64
										Hommes et Femmes	
50.6	50.4	48.8	46.8	46.1	45.4	45.5	43.9	45.5	48.6		15-24
67.4	68.7	70.0	70.2	71.3	72.6	72.6	74.5	74.4	76.4		25-54
41.9	42.2	42.5	41.8	42.4	43.0	42.5	43.2	42.6	43.8		55-64
9.4	9.1	9.0	9.1	8.6	8.1	8.2	8.4	8.4	8.1		65 et plus
59.4	60.2	60.6	60.2	60.8	61.4	61.5	62.3	62.7	65.0		15-64

Taux de chômage

1989	1990	1991	1992	1993	1994	1995	1996	1997	1998		
										Hommes	
29.1	26.2	28.8	30.4	32.7	31.6	27.9	23.6	20.2	13.2		15-19
19.3	15.3	20.9	22.6	24.7	23.1	17.7	17.5	15.7	11.3		20-24
15.1	12.7	14.8	16.0	16.3	14.7	12.3	12.0	10.1	7.6		25-34
14.6	12.0	12.9	13.7	14.1	13.3	10.9	10.6	9.4	7.3		35-44
12.0	10.3	11.1	11.8	12.2	12.0	10.1	11.0	9.4	8.1		45-54
9.8	8.5	8.3	8.4	8.5	8.6	7.5	6.9	6.4	5.3		55-64
22.4	18.9	23.4	24.9	27.0	25.4	20.5	19.2	16.9	11.9		15-24
14.2	11.8	13.2	14.1	14.4	13.4	11.2	11.2	9.7	7.7		25-54
9.8	8.5	8.3	8.4	8.5	8.6	7.5	6.9	6.4	5.3		55-64
2.0	2.5	2.4	2.1	1.8	3.3	1.5	3.0	1.5	0.7		65 et plus
15.3	12.8	14.6	15.5	16.1	15.0	12.5	12.1	10.6	8.2		15-64
14.9	12.5	14.2	15.0	15.6	14.7	12.1	11.9	10.3	8.0		Total
										Femmes	
27.2	25.9	29.0	28.9	34.0	33.2	28.9	27.1	23.2	15.8		15-19
14.6	11.9	16.0	18.0	19.5	17.1	13.9	13.9	12.5	9.3		20-24
13.9	13.0	13.7	12.8	13.7	12.5	10.2	9.8	9.5	6.2		25-34
17.6	14.9	16.8	16.1	15.0	14.9	11.9	12.0	9.0	6.5		35-44
13.0	12.4	12.1	11.9	13.0	12.2	10.9	10.7	9.4	7.8		45-54
9.3	8.3	8.7	7.7	7.0	8.2	8.5	6.7	4.9	4.6		55-64
18.3	16.1	19.7	20.9	23.2	20.8	17.4	17.0	15.2	11.1		15-24
14.8	13.5	14.3	13.7	14.0	13.2	10.9	10.7	9.3	6.7		25-54
9.3	8.3	8.7	7.7	7.0	8.2	8.5	6.7	4.9	4.6		55-64
3.8	3.9	4.1	6.5	8.1	8.5	5.7	11.8	6.5	0.0		65 et plus
15.6	14.0	15.5	15.3	15.9	14.8	12.3	11.9	10.4	7.5		15-64
15.4	13.8	15.3	15.1	15.8	14.7	12.2	11.9	10.3	7.4		Total
										Hommes et Femmes	
20.5	17.6	21.7	23.1	25.3	23.3	19.1	18.2	16.1	11.5		15-24
14.4	12.4	13.6	13.9	14.3	13.3	11.1	11.0	9.5	7.3		25-54
9.7	8.4	8.4	8.2	8.1	8.5	7.8	6.8	6.0	5.1		55-64
2.4	2.8	2.8	3.0	3.1	4.2	2.4	4.9	2.6	0.6		65 et plus
15.4	13.2	14.9	15.4	16.0	14.9	12.4	12.0	10.5	7.9		15-64
15.0	13.0	14.6	15.1	15.7	14.7	12.2	11.9	10.3	7.8		Total

Statistiques de la Population Active
© OCDE, 1999

ITALY

Participation rates

		1979	1980	1981	1982	1983	1984	1985	1986	1987	1988
Males											
	15-19	33.0	33.3	32.1	32.7	30.6	28.8	27.6	27.6	28.0	27.9
	20-24	71.7	72.5	73.3	72.7	73.8	72.5	72.4	71.9	72.1	70.4
	25-29	93.7	93.0	92.7	89.0	91.6	91.6	90.9	90.6	90.6	90.5
	30-39	98.5	98.6	98.2	96.2	98.2	97.9	97.8	97.7	97.6	97.6
	40-49	97.2	97.1	97.3	93.5	97.1	96.8	96.6	96.5	96.6	96.4
	50-59	82.9	83.1	83.4	79.3	82.0	80.8	80.1	79.4	79.0	78.7
	60-64	37.6	39.6	41.4	36.8	36.8	38.2	38.6	37.6	36.8	36.5
	15-24	48.7	49.4	49.2	49.8	48.9	47.6	47.3	47.7	48.0	47.7
	25-59	93.3	93.1	93.1	89.8	92.5	92.0	91.7	91.5	91.3	91.1
	50-64	72.2	73.0	73.5	67.9	68.9	67.6	67.2	66.2	65.6	65.4
	65 and over	8.8	9.0	8.1	5.6	6.3	5.4	5.2	5.4	5.3	5.5
	15-64	79.0	79.0	78.9	76.3	77.4	76.5	76.3	76.2	76.1	75.8
Females											
	15-19	28.6	28.9	27.9	26.5	26.4	25.4	25.1	24.8	24.9	24.2
	20-24	55.4	57.9	57.6	58.1	58.5	59.7	59.1	60.9	62.6	62.6
	25-29	52.9	54.6	55.8	57.6	58.1	58.7	58.2	59.6	61.8	63.5
	30-39	44.4	46.6	48.0	51.2	51.0	53.1	53.9	55.8	57.9	59.3
	40-49	37.9	38.7	39.3	40.4	40.9	42.3	42.9	44.7	45.9	47.0
	50-59	26.8	26.7	26.8	27.6	26.7	26.6	26.7	27.4	27.6	27.3
	60-64	10.5	11.0	11.9	14.2	10.5	10.5	10.2	10.2	9.9	10.1
	15-24	39.9	41.2	40.6	39.8	40.3	40.4	40.4	41.5	42.4	42.5
	25-59	38.9	39.9	40.7	42.4	42.4	43.6	44.1	45.6	46.9	47.8
	50-64	22.9	22.9	23.1	24.5	21.8	21.4	21.3	21.7	21.8	21.7
	65 and over	3.7	3.5	3.4	3.2	2.6	2.1	2.1	2.5	2.4	2.0
	15-64	37.4	38.4	38.8	40.1	39.3	39.9	40.2	41.4	42.5	43.1
Males and females											
	15-24	44.3	45.3	44.9	44.7	44.6	44.1	43.8	44.6	45.3	45.1
	25-59	65.5	65.9	66.3	66.4	67.0	67.4	67.5	68.1	68.8	69.2
	50-64	46.6	47.0	47.4	46.8	44.4	43.6	43.4	43.0	42.8	42.7
	65 and over	5.9	5.9	5.4	4.5	4.2	3.5	3.4	3.8	3.6	3.5
	15-64	57.8	58.3	58.5	58.4	58.0	57.9	58.0	58.5	59.1	59.3

Unemployment rates

		1979	1980	1981	1982	1983	1984	1985	1986	1987	1988
Males											
	15-19	26.5	25.0	26.0	29.9	32.9	34.8	36.4	37.1	38.1	35.2
	20-24	17.9	18.0	18.5	20.0	21.3	22.5	23.9	24.5	25.9	25.7
	25-29	5.9	6.2	5.9	7.0	8.3	8.7	9.0	10.3	11.9	12.5
	30-39	1.4	1.3	1.4	1.7	2.0	2.6	2.8	3.3	3.9	4.2
	40-49	1.0	0.9	1.0	1.2	1.4	1.7	1.7	2.1	2.4	2.4
	50-59	1.3	1.2	1.1	1.4	1.8	2.1	2.1	2.6	2.9	2.9
	60-64	2.0	1.4	2.3	2.1	1.9	1.3	1.0	1.2	1.5	1.2
	15-24	21.3	20.7	21.4	23.8	25.5	26.8	28.0	28.5	29.8	28.7
	25-59	1.9	1.8	1.8	2.2	2.7	3.1	3.2	3.8	4.4	4.6
	50-64	1.4	1.2	1.3	1.5	1.8	1.9	1.9	2.3	2.6	2.6
	65 and over	9.1	6.3	10.7	11.2	8.7	1.2	1.2	2.2	2.2	2.6
	15-64	4.9	4.8	4.9	5.7	6.3	6.7	6.9	7.5	8.3	8.3
	Total	5.0	4.8	5.0	5.7	6.3	6.6	6.9	7.5	8.2	8.2
Females											
	15-19	39.7	39.2	39.6	42.6	47.3	51.8	52.1	50.8	51.2	50.1
	20-24	24.3	24.8	25.7	27.5	30.1	33.8	35.1	37.0	38.1	37.5
	25-29	13.0	13.3	14.0	14.6	17.0	18.3	19.0	21.3	23.6	24.4
	30-39	6.7	7.0	7.0	6.7	8.1	9.5	9.8	11.1	11.8	13.0
	40-49	5.1	4.8	4.7	4.6	5.1	6.2	6.0	6.9	7.4	7.3
	50-59	4.7	3.6	4.0	4.1	4.0	3.4	3.5	4.4	4.9	4.6
	60-64	7.4	5.4	6.9	9.2	6.0	1.6	1.7	2.2	1.7	1.6
	15-24	30.7	30.7	31.2	33.3	36.5	40.1	40.9	41.5	42.2	41.2
	25-59	7.1	6.9	7.1	7.1	8.3	9.3	9.6	10.9	11.9	12.5
	50-64	5.0	3.8	4.3	4.8	4.3	3.1	3.2	4.0	4.4	4.2
	65 and over	22.0	18.6	27.3	26.1	21.1	3.4	2.3	3.6	2.8	2.1
	15-64	13.2	13.1	13.2	13.8	15.3	16.6	16.9	18.0	18.8	19.0
	Total	13.3	13.2	13.5	14.0	15.4	16.5	16.7	17.8	18.6	18.8
Males and females											
	15-24	25.6	25.2	25.8	28.0	30.5	32.9	33.9	34.5	35.5	34.5
	25-59	3.5	3.4	3.5	3.8	4.5	5.1	5.3	6.2	7.0	7.4
	50-64	2.3	1.9	2.0	2.3	2.5	2.2	2.3	2.8	3.1	3.0
	65 and over	13.5	10.3	16.5	16.3	13.0	2.0	1.6	2.8	2.4	2.4
	15-64	7.6	7.6	7.7	8.4	9.4	10.2	10.4	11.3	12.1	12.2
	Total	7.7	7.6	7.9	8.5	9.4	10.1	10.3	11.2	12.0	12.1

Break in series/Rupture des données
Up until 1992 the lower age limit is 14 years old./ Jusqu'à 1992 la limite d'âge inférieur est de 14 ans.

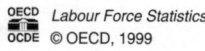

ITALIE

Taux d'activité

1989	1990	1991	1992	1993	1994	1995	1996	1997	1998	
										Hommes
26.4	24.7	23.2	22.5	24.5	23.3	22.7	22.0	21.5	22.7	15-19
71.5	70.3	69.5	67.9	60.8	59.1	57.8	57.3	57.5	58.0	20-24
90.6	90.4	89.5	89.2	83.6	81.6	81.1	80.3	80.2	79.3	25-29
97.4	97.1	97.1	96.9	95.6	95.1	94.8	94.7	94.5	94.8	30-39
96.5	96.3	96.2	96.0	95.3	94.6	94.3	94.5	94.4	94.8	40-49
77.8	78.5	78.4	77.2	74.5	72.9	70.1	69.1	67.1	67.2	50-59
35.2	36.0	34.9	35.6	32.4	31.4	30.9	30.5	31.3	31.2	60-64
47.0	46.1	45.3	44.2	43.3	42.3	41.5	40.8	40.6	41.8	15-24
90.8	90.9	90.7	90.2	88.1	87.0	86.2	86.0	85.3	85.2	25-59
64.4	65.3	64.2	64.2	61.4	59.8	57.8	56.8	55.9	55.2	50-64
5.5	5.1	5.2	5.5	7.0	6.4	6.2	6.1	6.7	6.2	65 et plus
75.4	75.1	74.6	74.4	73.4	72.7	72.0	71.8	71.4	71.7	15-64
										Femmes
22.8	21.3	19.0	18.8	19.3	17.8	17.4	17.5	16.5	16.8	15-19
63.9	62.7	61.2	59.6	51.5	49.4	49.0	47.9	48.1	48.0	20-24
64.8	65.2	65.1	65.4	58.9	58.9	59.5	59.8	59.9	61.5	25-29
60.6	60.8	61.1	62.2	58.9	59.1	60.0	60.7	61.0	62.0	30-39
48.3	49.2	49.6	51.0	50.5	51.0	52.0	53.0	54.0	55.7	40-49
27.2	27.9	28.9	29.3	28.1	27.9	28.2	29.2	29.5	30.9	50-59
9.8	10.1	10.0	9.7	8.5	8.3	7.7	8.1	8.5	8.0	60-64
41.9	40.8	39.1	38.2	35.9	34.6	34.3	33.8	33.5	33.9	15-24
48.6	49.5	49.9	50.8	48.5	48.8	49.7	50.5	50.9	51.7	25-59
21.4	22.1	22.9	23.0	21.7	21.4	21.5	22.2	22.6	22.9	50-64
2.2	2.1	2.2	2.5	2.1	1.7	1.7	1.7	1.9	1.7	65 et plus
43.4	44.0	43.9	44.3	42.2	42.2	42.8	43.3	43.6	44.5	15-64
										Hommes et Femmes
44.5	43.5	42.2	41.3	39.7	38.5	38.0	37.4	37.1	37.9	15-24
69.4	70.0	70.1	70.3	68.1	67.8	67.8	68.2	68.0	68.3	25-59
42.1	42.9	42.9	42.7	40.8	40.0	39.0	38.9	38.7	38.5	50-64
3.6	3.4	3.5	3.7	4.1	3.7	3.6	3.5	3.9	3.6	65 et plus
59.3	59.5	59.2	59.3	57.7	57.4	57.3	57.5	57.4	58.0	15-64

Taux de chômage

1989	1990	1991	1992	1993	1994	1995	1996	1997	1998	
										Hommes
34.0	32.9	32.1	35.3	30.9	33.3	32.6	30.2	30.9	32.9	15-19
25.1	23.5	24.4	25.6	25.2	27.9	28.8	29.2	28.4	28.2	20-24
12.8	12.2	11.5	12.7	12.4	14.0	14.9	15.5	16.2	15.9	25-29
4.6	4.1	4.0	4.5	5.4	6.8	6.9	7.5	7.4	7.1	30-39
2.5	2.1	2.0	2.4	3.4	4.2	4.2	4.0	3.8	4.1	40-49
2.9	2.5	2.3	2.5	3.5	4.8	4.6	4.5	4.8	5.0	50-59
1.6	1.6	1.4	1.8	2.2	2.6	3.4	3.6	4.0	4.1	60-64
27.8	26.2	26.5	28.1	26.7	29.3	29.8	29.5	29.1	29.4	15-24
4.9	4.5	4.3	4.9	5.5	6.8	6.9	7.2	7.3	7.0	25-59
2.7	2.4	2.1	2.4	3.3	4.4	4.4	4.4	4.6	4.6	50-64
2.0	0.5	1.0	0.5	1.6	1.3	1.8	1.4	1.7	1.3	65 et plus
8.2	7.9	7.6	8.2	8.2	9.5	9.7	9.8	9.9	9.8	15-64
8.1	7.8	7.5	8.1	8.1	9.4	9.6	9.7	9.7	9.7	Total
										Femmes
48.9	46.5	44.7	47.7	42.8	42.4	44.4	43.8	42.9	43.3	15-19
36.9	34.5	33.0	34.8	32.9	34.8	37.5	38.0	38.2	37.4	20-24
24.6	23.4	22.9	23.2	19.7	21.7	23.0	22.4	23.8	23.7	25-29
14.0	12.7	12.9	13.3	11.7	12.9	13.6	14.3	14.5	14.6	30-39
7.6	6.8	6.7	7.1	7.1	7.9	8.3	7.6	7.5	8.4	40-49
4.6	4.3	3.8	4.4	4.5	5.4	5.7	5.6	5.6	6.2	50-59
1.7	2.3	1.7	2.4	2.0	2.8	3.0	2.1	2.7	2.9	60-64
40.4	37.8	36.0	38.1	35.5	36.7	39.1	39.4	39.3	38.7	15-24
13.0	12.2	12.0	12.5	11.0	12.2	12.8	12.7	13.1	12.9	25-59
4.2	4.0	3.5	4.2	5.0	5.4	5.4	5.2	5.2	5.8	50-64
2.9	1.9	1.8	1.6	2.8	2.2	3.3	3.3	5.0	3.2	65 et plus
18.9	17.7	16.9	17.5	15.3	16.2	17.1	16.9	17.1	17.1	15-64
18.7	17.6	16.7	17.3	15.1	16.1	16.9	16.7	16.9	17.0	Total
										Hommes et Femmes
33.6	31.5	30.8	32.7	30.6	32.6	33.9	33.9	33.6	33.5	15-24
7.7	7.3	7.1	7.6	7.5	8.7	9.1	9.2	9.4	9.3	25-59
3.1	2.8	2.5	2.9	3.5	4.6	4.7	4.6	4.8	5.0	50-64
2.3	1.0	1.3	1.0	2.0	1.5	2.2	1.9	2.6	1.8	65 et plus
12.2	11.5	11.1	11.7	10.8	12.0	12.5	12.5	12.6	12.6	15-64
12.1	11.4	11.0	11.6	10.7	11.8	12.3	12.3	12.5	12.5	Total

Statistiques de la Population Active
© OCDE, 1999

LUXEMBOURG

Participation rates

		1979	1980	1981	1982	1983	1984	1985	1986	1987	1988
Males											
	15-19	..	..	..	..	42.8	41.6	37.8	35.8	34.4	27.6
	20-24	..	..	..	..	83.5	80.3	79.0	82.4	79.5	75.5
	25-34	..	..	..	..	97.9	96.6	95.6	96.9	96.1	96.4
	35-44	..	..	..	..	97.6	98.0	97.7	98.5	97.8	98.9
	45-54	..	..	..	..	90.1	91.4	91.1	91.9	94.7	92.5
	55-59	..	..	..	..	52.8	56.0	55.6	56.9	55.4	54.6
	60-64	..	..	..	..	19.5	19.1	18.6	16.2	21.3	18.0
	15-24	·..	..	..	..	62.7	61.3	59.0	59.8	58.7	53.6
	25-54	..	..	..	..	95.4	95.4	94.9	95.9	96.3	96.2
	55-64	..	..	..	..	37.8	39.7	40.3	39.8	41.3	39.8
	65 and over	..	..	..	..	5.5	5.6	5.3	3.2	3.8	3.3
	15-64	..	..	..	..	80.5	80.5	79.2	80.0	79.8	78.3
Females											
	15-19	..	..	..	..	43.9	37.0	38.6	35.9	32.5	28.5
	20-24	..	..	..	..	71.1	72.4	75.7	74.8	72.1	69.7
	25-34	..	..	..	..	54.6	54.8	55.1	57.4	60.1	58.2
	35-44	..	..	..	..	39.5	41.5	41.1	44.6	46.2	45.8
	45-54	..	..	..	..	25.5	27.2	29.9	30.4	33.0	31.3
	55-59	..	..	..	..	18.4	17.6	17.9	19.1	19.4	17.3
	60-64	..	..	..	..	10.2	9.0	8.9	7.5	10.3	7.5
	15-24	..	..	..	..	57.7	55.4	58.2	56.5	54.3	51.3
	25-54	..	..	..	..	40.8	42.0	43.1	45.2	47.9	46.6
	55-64	..	..	..	..	14.7	14.1	13.6	13.7	14.9	12.6
	65 and over	..	..	..	..	2.0	2.0	2.0	1.1	1.4	1.4
	15-64	..	..	..	..	40.6	40.7	41.4	42.4	43.5	41.7
Males and females											
	15-24	..	..	..	..	60.2	58.2	58.3	58.0	56.4	52.4
	25-54	..	..	..	..	68.8	69.4	69.5	71.1	72.4	71.7
	55-64	..	..	..	..	25.4	25.6	25.7	25.5	27.5	25.4
	65 and over	..	..	..	..	3.4	3.5	3.4	1.9	2.1	2.1
	15-64	..	..	..	..	60.6	60.6	60.2	61.1	61.7	60.0

Unemployment rates

		1979	1980	1981	1982	1983	1984	1985	1986	1987	1988
Males											
	15-19	..	..	..	..	8.1	10.5	11.8	12.5	7.0	8.6
	20-24	..	..	..	..	4.3	2.6	4.4	2.6	2.6	3.5
	25-34	..	..	..	..	2.1	1.8	2.1	1.7	1.4	1.3
	35-44	..	..	..	..	1.6	1.2	1.2	1.6	1.5	0.7
	45-54	..	..	..	..	1.4	0.9	0.9	0.5	1.4	0.5
	55-59	..	..	..	..	0.6	1.7	0.0	0.7	0.5	0.0
	60-64	..	..	..	..	0.0	0.0	0.0	0.0	0.0	0.0
	15-24	..	..	..	..	5.6	5.3	6.7	5.5	3.8	4.7
	25-54	..	..	..	..	1.7	1.3	1.5	1.3	1.4	0.9
	55-64	..	..	..	..	0.0	1.6	1.4	0.0	0.0	0.0
	65 and over	..	..	..	..	0.0	0.0	0.0	0.0	0.0	0.0
	15-64	..	..	..	..	2.3	2.0	2.3	1.9	1.7	1.4
	Total	..	..	..	..	2.3	2.0	2.3	1.9	1.7	1.4
Females											
	15-19	..	..	..	..	11.5	12.0	11.8	12.8	12.8	8.6
	20-24	..	..	..	..	5.9	2.9	4.5	4.5	3.8	2.8
	25-34	..	..	..	..	3.9	3.2	3.7	3.0	3.2	2.8
	35-44	..	..	..	..	4.3	3.1	4.0	2.8	2.6	1.7
	45-54	..	..	..	..	3.3	1.6	2.9	4.3	4.1	2.9
	55-59	..	..	..	..	2.6	2.6	0.0	0.6	0.0	0.7
	60-64	..	..	..	..	0.0	0.0	1.5	0.0	0.0	1.8
	15-24	..	..	..	..	8.0	5.8	6.7	7.0	6.2	4.3
	25-54	..	..	..	..	3.9	2.9	3.6	3.2	3.2	2.5
	55-64	..	..	..	..	3.6	3.7	0.0	0.0	0.0	0.0
	65 and over	..	..	..	..	0.0	0.0	0.0	0.0	0.0	0.0
	15-64	..	..	..	..	5.3	3.8	4.4	4.2	3.8	2.8
	Total	..	..	..	..	5.2	3.8	4.4	4.1	3.8	2.8
Males and females											
	15-24	..	..	..	..	6.8	5.2	6.5	6.2	5.3	4.8
	25-54	..	..	..	..	2.4	2.0	2.1	1.8	1.9	1.4
	55-64	..	..	..	..	1.1	1.1	1.0	1.0	0.0	0.0
	65 and over	..	..	..	..	0.0	0.0	0.0	0.0	0.0	0.0
	15-64	..	..	..	..	3.3	2.6	3.0	2.7	2.4	1.9
	Total	..	..	..	..	3.3	2.6	3.0	2.7	2.4	1.9

| Break in series/Rupture des données

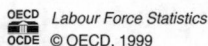

LUXEMBOURG

Taux d'activité

1989	1990	1991	1992	1993	1994	1995	1996	1997	1998	
										Hommes
28.7	18.0	32.7	25.2	21.5	18.0	17.0	15.4	11.9	11.3	15-19
74.8	68.4	75.0	72.7	72.4	72.0	63.3	65.7	62.5	59.1	20-24
95.3	94.4	96.4	95.9	95.9	94.3	92.9	94.3	94.2	94.4	25-34
97.5	97.7	97.4	97.4	96.8	97.9	96.5	96.3	96.4	97.5	35-44
90.6	92.6	90.8	89.9	90.4	92.0	91.9	89.8	88.4	90.3	45-54
53.8	63.1	51.6	53.7	58.9	51.6	53.8	52.7	54.7	53.7	55-59
19.1	23.1	16.1	15.9	17.7	15.1	14.8	16.7	14.6	14.0	60-64
54.3	45.7	56.4	52.0	49.8	47.9	42.4	42.8	39.4	37.2	15-24
94.7	95.1	95.2	94.8	94.7	94.9	93.9	93.8	93.4	94.4	25-54
38.0	43.2	34.0	34.9	38.4	33.6	35.1	35.6	35.8	35.1	55-64
2.8	3.5	2.6	3.2	2.5	2.1	2.6	2.5	3.2	2.7	65 et plus
77.7	77.4	78.2	77.5	78.1	77.3	75.9	76.3	75.7	76.0	15-64
										Femmes
24.3	13.9	23.6	23.8	18.4	20.0	15.5	13.6	7.8	8.0	15-19
71.4	68.1	70.3	70.0	67.4	65.0	60.5	59.7	59.4	56.2	20-24
59.5	61.1	62.5	63.4	64.0	64.1	60.7	64.6	66.7	67.3	25-34
48.1	49.1	51.9	57.3	55.0	56.4	53.4	57.2	59.6	57.8	35-44
31.9	34.5	34.8	38.9	39.3	43.1	40.6	42.4	44.2	47.3	45-54
17.0	18.1	19.4	21.4	20.4	19.0	18.3	14.9	17.6	23.4	55-59
7.9	9.5	7.4	9.8	8.4	7.8	8.2	5.1	7.2	7.1	60-64
50.6	44.0	50.0	50.2	45.7	45.0	40.0	38.5	35.3	33.4	15-24
48.0	49.7	51.3	54.8	54.1	55.7	52.7	55.9	58.0	58.4	25-54
12.7	13.8	13.5	15.6	14.4	13.4	13.3	10.2	12.6	15.6	55-64
1.0	1.1	1.2	2.0	1.3	2.1	1.1	0.9	0.9	0.6	65 et plus
42.4	42.5	44.6	47.4	46.1	47.0	44.1	45.7	47.1	47.6	15-64
										Hommes et Femmes
52.6	44.7	53.2	51.3	47.7	46.5	41.2	40.7	37.4	35.3	15-24
71.8	72.8	73.8	75.4	74.9	75.8	73.8	75.2	76.0	76.7	25-54
24.9	28.4	23.5	25.1	26.2	23.3	24.0	22.6	24.0	25.1	55-64
1.7	2.0	1.7	2.5	2.0	2.1	1.7	1.6	1.9	1.5	65 et plus
60.2	60.1	61.7	62.8	62.4	62.3	60.3	61.1	61.5	61.9	15-64

Taux de chômage

1989	1990	1991	1992	1993	1994	1995	1996	1997	1998	
										Hommes
3.0	5.0	2.7	10.7	13.0	11.4	10.7	13.7	18.7	10.0	15-19
1.9	2.2	2.8	2.9	3.1	7.9	5.9	9.4	3.5	5.1	20-24
1.3	1.7	1.2	1.8	1.8	2.8	2.1	3.3	2.4	2.3	25-34
0.4	0.7	1.0	1.0	1.6	2.9	1.7	1.1	0.9	1.4	35-44
0.9	0.9	0.5	0.5	0.9	1.5	1.2	0.8	1.2	1.1	45-54
0.5	0.4	0.5	1.4	1.0	0.6	0.0	0.0	1.0	0.0	55-59
1.4	1.0	0.0	1.7	1.6	0.0	0.0	0.0	0.0	0.0	60-64
2.1	2.7	2.8	4.5	5.0	8.5	6.7	10.1	5.6	5.8	15-24
0.9	1.1	1.0	1.2	1.5	2.5	1.7	1.8	1.5	1.7	25-54
1.3	1.1	0.0	1.4	1.2	0.4	0.0	0.0	0.8	0.0	55-64
0.0	0.0	0.0	0.0	0.0	0.0	0.0	0.0	0.0	0.0	65 et plus
1.1	1.3	1.1	1.6	1.9	3.0	2.1	2.5	1.9	1.9	15-64
1.1	1.2	1.1	1.6	1.9	3.0	2.1	2.5	1.8	1.9	Total
										Femmes
11.1	13.3	4.0	4.0	10.5	17.9	16.1	19.6	18.7	11.6	15-19
2.0	3.3	2.1	2.0	2.3	4.6	6.0	6.1	8.1	6.5	20-24
2.1	2.6	2.5	3.8	3.3	4.4	3.8	4.6	3.5	4.3	25-34
2.3	2.1	2.0	1.8	3.6	4.6	4.1	4.2	2.5	4.2	35-44
1.4	1.3	1.3	2.3	2.1	1.6	3.9	3.6	2.5	2.6	45-54
0.8	0.8	2.9	1.1	0.0	0.0	0.0	0.0	1.6	2.5	55-59
0.0	0.0	1.7	0.0	0.0	4.0	3.4	0.0	0.0	0.0	60-64
3.9	4.7	2.5	2.4	3.8	7.2	7.8	8.3	9.2	7.1	15-24
2.1	2.2	2.1	2.8	3.2	3.9	3.9	4.2	2.9	3.9	25-54
0.0	0.0	3.3	0.0	0.0	1.2	1.0	0.0	1.2	1.9	55-64
0.0	0.0	0.0	0.0	0.0	0.0	0.0	0.0	0.0	0.0	65 et plus
2.4	2.5	2.2	2.6	3.1	4.3	4.4	4.7	3.7	4.2	15-64
2.4	2.5	2.2	2.6	3.1	4.3	4.4	4.7	3.6	4.2	Total
										Hommes et Femmes
3.0	3.7	2.6	3.5	4.4	7.9	7.2	9.2	7.3	6.4	15-24
1.3	1.4	1.3	1.8	2.1	3.0	2.5	2.7	2.1	2.5	25-54
0.9	0.8	1.0	0.9	0.9	0.7	0.3	0.0	0.9	0.6	55-64
0.0	0.0	0.0	0.0	0.0	0.0	0.0	0.0	0.0	0.0	65 et plus
1.5	1.6	1.5	2.0	2.3	3.5	2.9	3.3	2.5	2.8	15-64
1.5	1.6	1.5	2.0	2.3	3.5	2.9	3.3	2.5	2.8	Total

Statistiques de la Population Active
© OCDE, 1999

NETHERLANDS

Participation rates

		1979	1980	1981	1982	1983	1984	1985	1986	1987	1988
Males											
	15-19	24.8	25.4	31.4	29.9	28.4	26.5	25.2	25.7	41.1	42.8
	20-24	74.9	74.5	77.6	77.1	76.3	75.7	75.2	74.3	79.2	78.1
	25-34	94.6	94.4	95.7	95.2	94.6	94.0	93.5	93.1	94.8	94.7
	35-44	94.7	95.2	92.7	93.1	93.5	93.8	94.0	94.0	95.3	95.4
	45-54	88.4	88.6	87.3	86.9	86.9	86.3	85.8	85.4	87.8	87.9
	55-59	74.5	74.8	71.6	69.8	69.2	67.1	64.8	63.2	66.2	66.6
	60-64	54.0	48.8	40.3	37.6	37.4	32.1	27.8	23.4	27.7	26.8
	15-24	49.2	49.4	54.1	53.2	52.3	51.3	50.5	50.4	60.7	61.1
	25-54	93.0	93.1	92.5	92.3	92.0	92.0	91.7	91.4	93.2	93.2
	55-64	65.3	63.2	57.3	54.8	54.2	50.3	47.0	44.3	47.1	46.9
	65 and over	5.4	4.8	3.8	3.9	3.9	3.7	3.5	3.3	6.4	6.5
	15-64	77.8	77.6	77.8	77.2	76.9	76.0	75.3	74.9	79.2	79.4
Females											
	15-19	27.9	27.9	35.3	32.8	30.4	29.0	27.8	28.1	40.4	40.9
	20-24	65.6	67.5	69.3	70.0	70.6	70.1	69.8	69.2	73.9	74.8
	25-34	37.9	40.9	44.4	46.4	48.2	49.5	50.9	52.1	59.6	62.4
	35-44	34.4	38.1	39.2	41.5	43.5	44.4	45.1	45.7	54.5	56.7
	45-54	27.6	28.7	29.2	30.6	32.4	33.0	33.7	34.2	42.9	44.2
	55-59	17.6	18.5	17.7	18.0	19.2	18.8	18.3	17.8	21.5	24.0
	60-64	10.6	9.5	7.5	7.7	9.3	7.8	6.3	4.9	8.6	7.6
	15-24	46.3	47.3	52.0	51.3	50.6	49.8	49.1	49.1	57.7	58.4
	25-54	34.0	36.7	38.6	40.6	42.4	43.4	44.4	45.3	53.5	55.7
	55-64	14.4	14.4	12.9	13.1	14.4	13.4	12.3	11.4	15.1	15.8
	65 and over	1.1	0.9	0.7	0.8	0.8	0.7	0.6	0.6	1.1	1.5
	15-64	34.3	36.1	38.3	39.3	40.4	40.6	40.9	41.3	48.9	50.6
Males and females											
	15-24	47.8	48.4	53.1	52.3	51.5	50.6	49.8	49.8	59.2	59.8
	25-54	64.1	65.5	66.2	67.0	67.9	68.2	68.6	68.9	73.8	74.9
	55-64	38.6	37.5	34.0	32.9	33.3	31.0	28.9	27.2	30.5	30.8
	65 and over	2.9	2.5	2.0	2.0	2.1	1.9	1.8	1.7	3.3	3.5
	15-64	56.2	57.1	58.3	58.4	58.8	58.5	58.3	58.3	64.3	65.2

Unemployment rates

		1979	1980	1981	1982	1983	1984	1985	1986	1987	1988
Males											
	15-24	7.3	9.0	14.1	20.2	26.6	26.3	23.3	19.8	12.9	13.0
	25-39	3.3	4.0	6.5	9.4	13.1	13.7	13.0	11.7	6.6	6.5
	40-49	2.3	2.6	4.3	6.4	9.8	10.2	9.7	9.1	4.5	4.6
	50-54	1.9	2.2	3.4	5.1	8.2	9.2	9.5	9.5	6.2	5.5
	55-59	2.5	2.6	3.5	4.8	10.2	9.3	6.9	7.5	5.8	5.3
	60-64	4.6	5.2	6.4	8.1	24.7	21.7	4.0	3.2	0.0	0.0
	15-24	7.3	9.0	14.1	20.2	26.6	26.3	23.3	19.8	12.9	13.0
	25-54	2.9	3.4	5.6	8.0	11.6	12.2	11.6	10.7	5.9	5.8
	55-64	3.3	3.5	4.4	5.9	14.9	13.1	6.0	6.4	4.1	3.8
	15-64	3.7	4.4	7.0	10.0	14.6	14.7	13.2	11.9	7.1	7.0
	Total	3.6	4.3	7.0	10.0	14.5	14.6	13.1	11.9	7.1	7.0
Females											
	15-24	8.9	9.7	12.5	17.0	23.1	24.1	22.6	20.2	16.9	14.3
	25-39	3.3	3.5	4.5	5.8	9.2	10.2	10.7	10.7	13.5	13.1
	40-49	2.0	2.2	2.8	3.4	6.4	6.8	7.1	7.8	11.4	11.4
	50-54	1.9	2.0	2.4	2.9	5.9	6.3	6.8	7.5	10.6	8.5
	55-59	2.4	2.2	2.5	2.8	6.5	6.1	5.1	6.1	6.4	5.7
	60-64	3.4	3.6	4.2	4.4	12.0	10.7	2.6	2.3	0.0	0.0
	15-24	8.9	9.7	12.5	17.0	23.1	24.1	22.6	20.2	16.9	14.3
	25-54	2.8	3.0	3.9	4.9	8.2	9.0	9.4	9.7	12.6	12.2
	55-64	2.7	2.6	3.0	3.2	8.2	7.4	4.5	5.3	4.6	4.4
	15-64	5.0	5.3	6.9	8.9	13.0	13.6	13.1	12.6	13.5	12.4
	Total	4.9	5.2	6.8	8.9	12.9	13.5	13.1	12.6	13.5	12.4
Males and females											
	15-24	8.1	9.3	13.4	18.6	24.9	25.2	22.9	20.0	14.8	13.6
	25-54	2.9	3.3	5.1	7.1	10.6	11.2	10.9	10.4	8.3	8.1
	55-64	3.2	3.3	4.1	5.3	13.4	11.8	5.7	6.2	4.3	4.0
	15-64	4.0	4.6	7.0	9.7	14.0	14.3	13.2	12.2	9.5	9.1
	Total	4.0	4.6	6.9	9.6	13.9	14.2	13.1	12.1	9.5	9.1

| Break in series/Rupture des données

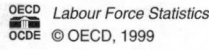

PAYS-BAS

Taux d'activité

1989	1990	1991	1992	1993	1994	1995	1996	1997	1998	
										Hommes
42.9	44.4	45.7	44.9	44.1	44.3	49.2	52.5	55.4	56.2	15-19
78.4	76.7	77.0	76.1	75.4	76.7	78.7	79.8	81.5	81.0	20-24
94.7	95.1	95.3	94.4	94.0	93.3	93.5	93.8	93.9	94.9	25-34
95.6	95.3	95.2	93.9	93.8	93.9	94.8	94.4	94.7	95.1	35-44
88.0	88.3	88.8	88.1	88.0	89.1	89.7	89.4	90.5	90.8	45-54
65.3	66.3	63.7	61.8	60.9	59.5	61.4	62.2	63.9	66.7	55-59
24.5	22.7	21.7	23.3	20.4	21.9	20.5	20.6	21.2	23.2	60-64
61.5	61.8	63.0	62.5	62.0	62.6	65.5	66.9	69.0	68.9	15-24
93.3	93.4	93.6	92.5	92.2	92.3	92.8	92.7	93.1	93.7	25-54
46.0	45.7	43.4	43.5	41.5	41.8	42.3	43.1	44.2	46.9	55-64
6.8	7.1	5.9	6.3	6.3	5.8	5.4	5.8	5.3	5.9	65 et plus
79.7	80.0	80.3	79.7	79.3	79.6	80.8	81.1	82.0	82.8	15-64
										Femmes
39.2	41.9	42.9	43.2	42.0	42.1	45.9	50.4	52.7	56.0	15-19
75.5	77.1	76.0	74.6	74.9	75.0	77.7	79.0	78.1	77.6	20-24
62.9	65.6	67.8	68.8	71.6	71.8	74.2	75.5	77.1	78.5	25-34
57.9	59.8	62.0	62.8	64.0	65.9	67.0	67.7	70.3	70.9	35-44
44.1	46.0	48.8	49.4	51.6	53.3	56.1	56.4	59.4	60.8	45-54
24.0	25.6	22.8	25.3	25.7	29.4	28.3	31.0	32.3	32.8	55-59
8.9	7.8	7.8	6.3	8.1	7.1	8.2	8.3	8.3	8.6	60-64
58.2	60.9	61.3	61.0	60.9	60.7	63.5	65.8	66.0	67.1	15-24
56.3	58.5	60.8	61.4	63.3	64.5	66.4	67.2	69.4	70.5	25-54
16.5	16.7	15.3	15.9	17.0	18.5	18.6	20.2	20.9	21.5	55-64
1.4	1.3	1.4	1.3	1.2	1.4	0.9	0.6	1.2	1.1	65 et plus
51.1	53.1	54.5	55.0	56.3	57.3	59.1	60.2	61.9	62.9	15-64
										Hommes et Femmes
59.9	61.4	62.2	61.8	61.4	61.7	64.5	66.4	67.5	68.0	15-24
75.2	76.3	77.6	77.3	78.1	78.7	79.9	80.2	81.5	82.3	25-54
30.8	30.8	29.0	29.5	29.1	30.0	30.3	31.6	32.5	34.1	55-64
3.6	3.7	3.3	3.4	3.3	3.2	2.8	2.9	2.9	3.2	65 et plus
65.6	66.7	67.6	67.5	68.0	68.6	70.1	70.8	72.1	72.9	15-64

Taux de chômage

1989	1990	1991	1992	1993	1994	1995	1996	1997	1998	
										Hommes
10.8	10.0	10.1	8.0	9.7	10.9	12.0	11.1	9.1	7.8	15-24
5.9	4.8	4.7	4.2	5.1	6.2	5.7	4.6	4.2	3.0	25-39
4.6	3.8	3.7	3.1	3.3	4.0	4.1	3.9	3.1	2.6	40-49
5.5	4.5	4.1	3.2	3.6	3.7	4.1	3.9	3.5	2.7	50-54
3.9	4.2	4.9	2.2	3.2	3.6	3.4	3.7	2.8	2.6	55-59
0.0	0.0	0.0	0.0	0.0	0.0	0.0	0.0	0.0	0.0	60-64
10.8	10.0	10.1	8.0	9.7	10.9	12.0	11.1	9.1	7.8	15-24
5.5	4.5	4.3	3.7	4.4	5.2	5.0	4.3	3.7	2.8	25-54
2.9	3.2	3.7	1.7	2.4	2.7	2.6	2.9	2.2	2.0	55-64
6.3	5.4	5.3	4.3	5.1	5.9	5.9	5.2	4.4	3.5	15-64
6.3	5.4	5.3	4.3	5.1	5.9	5.8	5.2	4.4	3.4	Total
										Femmes
13.7	12.3	10.9	7.7	9.7	9.4	13.7	13.1	10.0	8.7	15-24
11.6	10.6	9.5	7.0	7.1	7.9	8.1	7.0	6.0	4.6	25-39
11.0	10.2	8.9	7.9	7.7	8.1	7.4	8.0	7.2	5.3	40-49
7.6	8.6	9.3	6.4	6.3	6.8	6.5	6.7	6.5	4.8	50-54
5.8	6.5	3.7	6.5	5.4	6.4	4.7	5.0	4.0	3.8	55-59
0.0	0.0	0.0	0.0	0.0	0.0	0.0	0.0	0.0	0.0	60-64
13.7	12.3	10.9	7.7	9.7	9.4	13.7	13.1	10.0	8.7	15-24
11.1	10.3	9.3	7.3	7.2	7.8	7.7	7.3	6.5	4.8	25-54
4.2	5.0	2.7	5.3	4.1	5.2	3.7	4.0	3.2	3.1	55-64
11.5	10.6	9.5	7.3	7.6	8.1	8.8	8.3	7.0	5.5	15-64
11.5	10.6	9.5	7.3	7.6	8.1	8.7	8.3	6.9	5.5	Total
										Hommes et Femmes
12.2	11.1	10.5	7.8	9.7	10.2	12.8	12.1	9.5	8.2	15-24
7.5	6.7	6.3	5.1	5.5	6.3	6.1	5.5	4.9	3.6	25-54
3.3	3.7	3.4	2.7	2.9	3.5	3.0	3.2	2.5	2.3	55-64
8.3	7.4	6.9	5.5	6.1	6.8	7.1	6.5	5.5	4.3	15-64
8.3	7.4	6.9	5.5	6.1	6.8	7.0	6.5	5.5	4.3	Total

Statistiques de la Population Active
© OCDE, 1999

NORWAY

Participation rates

	1979	1980	1981	1982	1983	1984	1985	1986	1987	1988
Males										
16-19	43.2	50.0	47.4	48.9	49.3	45.9	46.3	50.7	52.9	53.7
20-24	62.6	77.5	78.1	79.4	82.1	82.1	79.5	82.4	82.5	82.3
25-34	90.2	89.5	87.0	88.4	91.6	94.1	93.9	91.1	92.1	93.0
35-44	96.9	98.3	98.8	97.7	98.2	100.4	98.3	97.4	98.7	95.7
45-54	92.2	92.3	94.1	97.0	96.4	94.9	94.9	92.9	92.5	92.1
55-59	87.1	85.0	84.6	86.7	84.0	87.3	89.1	84.8	84.7	84.0
60-64	76.1	73.4	73.2	73.2	76.8	73.9	71.3	72.0	72.4	67.0
16-24	53.9	65.1	64.1	65.4	66.9	65.4	64.3	68.1	69.1	69.8
25-54	92.8	93.0	92.7	93.8	95.1	96.5	95.8	93.9	94.7	93.8
55-64	82.0	79.5	79.0	80.0	80.3	80.3	79.9	78.2	78.3	75.6
65 and over	36.7	34.3	35.7	32.7	30.1	29.1	26.4	26.0	26.4	24.9
16-64	82.0	84.3	83.8	85.0	86.3	86.8	86.1	85.6	86.3	85.7
Females										
16-19	40.7	43.4	44.0	41.4	44.4	40.3	43.8	51.6	54.8	52.7
20-24	61.0	64.7	60.7	63.4	66.7	65.8	68.8	71.2	70.9	72.6
25-34	61.3	62.9	62.2	61.5	67.5	70.6	72.7	76.3	77.4	76.6
35-44	71.4	72.5	79.5	77.7	76.2	76.2	78.1	83.1	83.1	83.0
45-54	67.1	73.9	75.4	75.9	78.1	77.0	77.3	78.4	80.7	79.5
55-59	56.3	59.0	60.2	55.6	61.1	57.5	61.5	64.0	65.0	64.6
60-64	41.5	40.2	42.9	46.3	45.8	47.1	45.7	46.4	46.4	44.2
16-24	52.0	55.1	53.1	53.4	56.5	54.1	57.4	62.3	63.7	63.8
25-54	66.0	68.9	71.3	70.7	73.2	74.2	75.8	79.3	80.4	79.7
55-64	49.2	49.8	51.5	50.8	53.1	52.0	53.2	54.7	55.2	54.2
65 and over	16.0	12.7	14.1	12.6	12.6	14.4	13.6	13.6	13.7	12.8
16-64	59.6	62.2	63.5	63.1	65.9	65.8	67.8	71.4	72.6	72.2
Males and females										
15-24	53.0	60.3	58.8	59.5	61.8	59.8	60.9	65.3	66.6	66.9
25-54	79.7	81.3	82.3	82.5	84.4	85.5	86.0	86.8	87.7	86.9
55-64	65.1	64.3	65.0	64.9	66.4	65.7	66.2	66.3	66.6	64.8
65 and over	25.4	22.6	24.0	21.8	20.6	21.0	19.4	19.2	19.5	18.3
16-64	71.0	73.5	73.9	74.2	76.2	76.4	77.1	78.7	79.6	79.1

Unemployment rates

	1979	1980	1981	1982	1983	1984	1985	1986	1987	1988
Males										
16-19	8.8	7.6	9.4	12.1	12.1	11.5	7.9	7.2	6.8	12.3
20-24	4.9	2.4	3.2	4.7	6.3	5.5	4.7	2.2	2.8	4.9
25-34	1.4	1.0	1.1	2.5	3.5	3.5	2.0	1.4	1.7	3.1
35-44	0.5	0.9	0.8	1.2	1.9	2.2	1.0	0.7	0.6	1.6
45-54	0.0	0.5	1.0	1.0	1.1	2.2	1.1	1.1	1.1	1.5
55-59	0.9	0.0	0.0	1.0	1.1	1.1	1.1	0.0	1.2	1.2
60-64	1.2	0.0	1.2	1.2	1.2	1.2	1.3	1.3	1.3	1.5
16-24	6.3	4.2	5.3	7.3	8.2	7.4	5.8	3.9	4.2	7.4
25-54	0.7	0.8	1.0	1.6	2.3	2.7	1.4	1.0	1.1	2.1
55-64	1.0	0.0	0.6	1.1	1.1	1.2	1.2	0.6	1.3	1.3
65 and over	0.0	0.0	0.0	1.8	1.9	2.0	2.1	2.1	2.1	2.2
16-64	1.6	1.3	1.6	2.5	3.2	3.2	2.1	1.5	1.7	3.0
Total	1.5	1.2	1.6	2.5	3.1	3.2	2.1	1.5	1.7	3.0
Females										
16-19	12.0	9.4	9.1	13.2	12.5	11.5	10.5	9.1	8.7	11.8
20-24	4.3	3.1	4.4	5.2	8.0	6.0	5.7	4.5	5.4	6.7
25-34	1.6	2.1	3.8	3.2	4.0	3.3	3.7	2.6	2.6	3.0
35-44	1.9	1.2	1.6	2.1	2.0	2.4	2.3	1.3	1.6	2.0
45-54	1.4	1.3	1.3	1.3	2.0	1.3	1.3	1.3	1.3	1.8
55-59	1.4	1.4	1.4	1.5	1.5	1.6	1.6	0.0	1.5	1.6
60-64	0.0	0.0	0.0	0.0	1.8	0.0	0.0	0.0	0.0	0.0
16-24	6.9	5.3	6.2	8.0	9.6	7.9	7.4	6.2	6.6	8.6
25-54	1.6	1.6	2.3	2.3	2.7	2.5	2.6	1.8	1.9	2.3
55-64	0.8	0.8	0.8	0.8	1.7	0.8	0.9	0.0	0.9	0.9
65 and over	0.0	0.0	0.0	0.0	0.0	0.0	0.0	0.0	0.0	0.0
16-64	2.5	2.2	2.8	3.1	3.9	3.2	3.2	2.4	2.7	3.4
Total	2.4	2.1	2.7	3.0	3.8	3.2	3.1	2.3	2.6	3.3
Males and females										
16-24	6.6	4.7	5.4	7.3	8.9	7.3	6.5	5.0	5.3	8.2
25-54	1.1	1.2	1.5	1.9	2.5	2.6	2.1	1.4	1.5	2.1
55-64	1.0	0.7	0.7	1.0	1.7	1.0	1.1	0.7	0.7	1.2
65 and over	1.1	0.0	0.0	1.2	1.3	2.5	1.3	2.6	1.3	2.7
16-64	2.0	1.7	2.1	2.7	3.5	3.2	2.7	2.0	2.1	3.1
Total	1.9	1.7	2.0	2.7	3.4	3.2	2.7	2.0	2.1	3.1

Break in series/Rupture des données

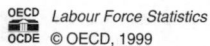

NORVÈGE

Taux d'activité

1989	1990	1991	1992	1993	1994	1995	1996	1997	1998	
										Hommes
47.0	44.6	39.2	39.2	36.5	36.6	37.6	42.2	47.7	48.6	16-19
79.9	78.5	74.4	73.3	72.8	72.1	71.9	76.0	78.4	79.9	20-24
92.6	91.2	89.9	90.0	88.9	88.4	89.7	91.3	91.8	92.1	25-34
94.7	93.8	94.0	93.1	92.1	92.8	93.4	94.0	94.7	93.8	35-44
92.4	91.9	90.4	90.2	89.7	90.6	90.7	91.2	91.4	91.1	45-54
83.2	82.0	81.2	80.5	81.8	81.1	81.3	83.2	85.4	86.8	55-59
64.9	64.2	62.2	63.8	61.5	61.8	62.5	62.5	64.0	62.5	60-64
65.7	63.9	59.6	59.2	58.1	57.8	58.0	62.0	65.4	66.4	16-24
93.3	92.3	91.4	91.1	90.2	90.6	91.2	92.1	92.6	92.4	25-54
74.0	72.8	71.0	71.8	71.5	71.5	72.3	73.2	75.1	75.8	55-64
23.6	25.0	19.2	17.7	16.8	16.8	15.3	16.5	16.0	14.7	65 and over
84.4	83.4	81.9	81.9	81.3	81.6	82.4	84.1	85.4	85.5	16-64
										Femmes
46.0	43.5	40.8	37.4	36.9	38.3	37.5	41.7	43.3	49.0	16-19
70.3	67.1	66.5	65.9	63.6	62.9	64.5	68.0	68.8	70.0	20-24
76.2	76.6	76.5	77.5	77.1	77.2	78.4	79.6	81.1	81.9	25-34
81.5	81.5	82.0	82.2	83.0	82.6	83.4	84.4	85.8	84.6	35-44
79.3	79.6	78.6	77.3	77.9	78.5	79.4	81.3	83.2	82.5	45-54
63.2	62.0	63.0	63.4	61.5	64.9	66.0	68.3	70.2	70.9	55-59
44.1	46.5	47.5	45.5	45.8	45.7	47.7	48.9	49.4	48.3	60-64
59.8	56.9	55.6	54.1	52.7	53.0	53.7	57.3	58.1	61.1	16-24
79.0	79.2	79.1	79.1	79.3	79.4	80.4	81.7	83.3	83.0	25-54
53.3	53.9	55.0	54.2	53.5	55.4	57.4	59.2	60.6	60.8	55-64
11.8	12.0	11.2	10.1	10.0	9.1	9.0	8.8	8.9	8.6	65 and over
70.9	70.7	70.6	70.3	70.4	70.9	72.1	74.1	75.6	75.9	16-64
										Hommes et Femmes
62.8	60.5	57.7	56.7	55.5	55.4	55.9	59.7	61.9	63.8	16-24
86.3	85.9	85.4	85.3	84.9	85.1	85.9	87.1	88.1	87.8	25-54
63.5	63.1	62.8	62.7	62.3	63.3	64.8	66.0	67.7	68.2	55-64
17.2	18.0	14.9	13.6	13.1	12.7	11.9	12.6	12.0	11.5	65 and over
72.2	77.1	76.3	76.2	75.9	76.4	77.4	79.2	80.6	80.8	16-64

Taux de chômage

1989	1990	1991	1992	1993	1994	1995	1996	1997	1998	
										Hommes
17.7	17.2	18.4	17.0	19.0	17.1	16.6	17.8	15.4	13.2	16-19
9.4	10.4	11.7	14.3	13.0	11.8	10.3	9.8	7.8	7.8	20-24
5.6	6.7	6.6	7.5	8.3	7.4	6.4	5.5	4.0	3.1	25-34
3.3	3.3	3.7	4.7	4.5	4.0	3.6	3.3	3.3	2.3	35-44
2.4	3.7	3.1	3.5	4.1	3.4	2.8	2.5	2.2	1.4	45-54
3.8	2.7	2.9	4.3	2.8	2.7	2.9	2.4	2.4	2.2	55-59
1.6	3.3	3.3	3.3	3.6	3.6	3.5	2.7	1.8	1.8	60-64
11.9	12.4	13.6	15.0	14.5	13.1	11.9	12.1	10.1	9.5	16-24
3.9	4.7	4.6	5.4	5.7	5.0	4.3	3.8	3.2	2.3	25-54
2.8	3.0	3.1	3.8	3.1	3.1	3.2	2.5	2.2	2.0	55-64
2.3	2.2	2.9	3.1	3.3	3.3	0.0	4.6	0.0	0.0	65 and over
5.2	5.8	5.8	6.7	6.7	6.0	5.2	4.8	4.0	3.3	16-64
5.1	5.6	5.8	6.6	6.6	5.9	5.1	4.8	4.0	3.2	Total
										Femmes
13.8	14.8	16.3	16.3	19.5	17.1	15.1	17.9	15.6	13.7	16-19
9.5	9.1	10.1	11.1	10.7	10.0	10.5	10.5	9.1	7.1	20-24
5.1	5.5	5.8	5.6	6.0	5.6	5.6	5.4	5.2	3.6	25-34
2.8	3.2	3.2	3.6	3.6	3.2	3.0	3.9	3.0	1.9	35-44
2.3	2.8	2.7	2.6	2.4	2.4	2.4	2.1	2.1	1.2	45-54
1.7	1.8	1.7	1.7	1.8	1.6	2.0	2.0	1.4	1.3	55-59
2.2	2.1	2.1	2.2	2.3	2.4	1.7	1.4	2.3	2.3	60-64
10.9	11.0	12.0	12.6	13.2	12.1	11.8	12.7	11.1	9.4	16-24
3.5	3.9	4.0	4.1	4.1	3.8	3.7	3.9	3.5	2.3	25-54
1.9	1.9	1.9	1.9	2.0	1.9	1.9	1.8	1.7	1.7	55-64
0.0	0.0	0.0	0.0	0.0	0.0	2.8	2.4	0.0	0.0	65 and over
4.7	4.9	5.1	5.2	5.3	4.8	4.7	4.9	4.3	3.2	16-64
4.6	4.8	5.0	5.2	5.2	4.7	4.7	4.9	4.3	3.2	Total
										Hommes et Femmes
11.2	11.8	12.8	13.6	13.6	12.6	11.9	12.4	10.9	9.5	16-24
3.8	4.2	5.1	4.9	5.1	4.5	4.1	3.9	3.2	2.3	25-54
2.4	2.1	2.6	2.6	2.6	2.6	2.6	2.2	2.0	1.9	55-64
1.4	1.4	1.7	1.9	2.0	2.0	2.3	3.7	2.3	0.0	65 and over
3.4	5.3	6.0	6.0	6.1	5.4	5.0	4.9	4.1	3.2	16-64
4.8	5.1	5.9	5.9	6.0	5.4	5.0	4.8	4.1	3.2	Total

POLAND/POLOGNE

Participation rates/Taux d'activité

	1990	1991	1992	1993	1994	1995	1996	1997	1998	
Males										**Hommes**
15-19	..	..	25.2	20.9	18.3	16.6	16.0	14.9	13.3	15-19
20-24	..	..	80.3	78.7	76.2	74.2	72.7	71.2	69.3	20-24
25-34	..	..	94.9	95.5	95.1	94.5	93.7	93.9	93.9	25-34
35-44	..	..	93.6	93.7	92.8	92.5	92.2	92.1	92.1	35-44
45-54	..	..	82.6	83.4	82.3	81.7	81.9	81.3	81.4	45-54
55-59	..	..	58.8	58.3	58.1	56.8	55.3	55.9	55.5	55-59
60-64	..	..	36.6	36.3	34.8	33.7	33.4	34.5	33.5	60-64
15-24	..	..	49.2	46.2	45.2	43.9	43.4	42.3	41.0	15-24
25-54	..	..	91.5	91.8	90.9	90.1	89.7	89.4	89.3	25-54
55-64	..	..	48.1	47.6	46.7	45.5	44.5	45.3	44.5	55-64
65 and over	..	..	19.1	18.9	17.1	16.1	15.3	15.3	14.7	65 et plus
15-64	..	..	76.4	75.7	75.0	73.9	73.5	73.2	72.8	15-64
Females										**Femmes**
15-19	..	..	18.6	15.9	13.3	11.3	10.5	9.8	8.9	15-19
20-24	..	..	64.9	63.8	63.0	59.6	57.6	57.5	56.9	20-24
25-34	..	..	74.3	75.4	75.2	74.7	74.6	73.5	74.3	25-34
35-44	..	..	85.6	85.1	85.0	84.0	83.3	82.7	82.6	35-44
45-54	..	..	72.6	72.5	72.8	73.0	72.8	71.7	71.6	45-54
55-59	..	..	35.4	36.1	36.3	35.5	34.9	35.0	33.9	55-59
60-64	..	..	23.9	21.8	21.1	19.7	19.2	19.5	18.1	60-64
15-24	..	..	40.4	38.3	37.9	35.6	34.6	34.3	33.7	15-24
25-54	..	..	78.4	78.6	78.6	78.0	77.5	76.5	76.5	25-54
55-64	..	..	29.6	28.9	28.7	27.6	26.9	27.1	25.7	55-64
65 and over	..	..	11.0	10.8	9.6	8.5	8.4	7.7	7.4	65 et plus
15-64	..	..	62.6	62.1	62.1	61.0	60.5	59.9	59.7	15-64
Males and females										**Hommes et Femmes**
15-24	..	..	44.8	42.2	41.5	39.7	39.0	38.3	37.3	15-24
25-54	..	..	84.9	85.2	84.7	84.0	83.6	82.9	82.9	25-54
55-64	..	..	38.1	37.5	37.0	35.9	35.0	35.5	34.3	55-64
65 and over	..	..	14.0	13.8	12.4	11.4	11.1	10.6	10.2	65 et plus
15-64	..	..	69.4	68.8	68.4	67.4	66.9	66.4	66.1	15-64

Unemployment rates/Taux de chômage

	1990	1991	1992	1993	1994	1995	1996	1997	1998	
Males										**Hommes**
15-19	..	..	27.0	31.1	39.6	37.0	32.3	28.6	27.6	15-19
20-24	..	..	25.4	26.9	28.3	27.0	24.9	20.5	20.3	20-24
25-34	..	..	12.2	12.8	12.9	11.8	10.7	9.3	8.6	25-34
35-44	..	..	10.3	11.0	11.1	10.3	9.1	7.8	8.0	35-44
45-54	..	..	8.1	9.0	9.2	8.7	7.9	7.4	7.1	45-54
55-59	..	..	8.6	7.1	8.5	7.6	7.0	6.1	7.1	55-59
60-64	..	..	6.7	6.1	5.8	5.0	5.2	4.7	4.6	60-64
15-24	..	..	25.9	28.0	30.8	29.0	26.3	22.0	21.5	15-24
25-54	..	..	10.6	11.2	11.3	10.4	9.3	8.2	8.0	25-54
55-64	..	..	7.9	6.7	7.5	6.7	6.3	5.6	6.2	55-64
65 and over	..	..	4.1	2.7	2.5	1.7	1.8	1.9	2.5	65 et plus
15-64	..	..	12.4	13.0	13.4	12.5	11.3	9.8	9.5	15-64
Total	..	..	12.2	12.6	13.1	12.1	11.0	9.5	9.1	Total
Females										**Femmes**
15-19	..	..	34.6	39.1	46.6	46.9	42.1	39.1	34.9	15-19
20-24	..	..	28.6	30.6	32.1	31.3	29.3	26.2	23.8	20-24
25-34	..	..	18.4	19.4	19.2	17.7	16.7	15.5	14.2	25-34
35-44	..	..	12.1	13.4	14.1	12.8	12.3	12.3	11.3	35-44
45-54	..	..	9.1	9.4	9.5	8.7	8.4	8.1	8.1	45-54
55-59	..	..	6.3	7.2	7.3	5.2	5.9	5.5	6.7	55-59
60-64	..	..	5.6	4.8	5.0	4.4	3.9	3.7	3.5	60-64
15-24	..	..	30.1	32.5	34.7	33.8	31.2	28.0	25.2	15-24
25-54	..	..	13.5	14.4	14.5	13.2	12.5	12.0	11.2	25-54
55-64	..	..	6.0	6.3	6.4	4.9	5.2	4.9	5.5	55-64
65 and over	..	..	2.6	1.8	2.1	1.8	1.2	1.4	2.0	65 et plus
15-64	..	..	15.1	16.1	16.4	15.1	14.3	13.5	12.6	15-64
Total	..	..	14.7	15.6	16.0	14.7	13.9	13.2	12.3	Total
Males and females										**Hommes et Femmes**
15-24	..	..	27.8	30.0	32.6	31.2	28.5	24.7	23.2	15-24
25-54	..	..	11.9	12.7	12.8	11.7	10.8	10.0	9.5	25-54
55-64	..	..	7.1	6.5	7.0	5.9	5.9	5.3	5.9	55-64
65 and over	..	..	3.3	2.3	2.3	1.8	1.5	1.6	2.3	65 et plus
15-64	..	..	13.6	14.4	14.8	13.7	12.7	11.5	10.9	15-64
Total	..	..	13.3	14.0	14.4	13.3	12.4	11.2	10.5	Total

| Break in series/Rupture des données

Statistiques de la Population Active
© OCDE, 1999

PORTUGAL

Participation rates

		1979	1980	1981	1982	1983	1984	1985	1986	1987	1988
Males											
	15-19	67.4	69.2	69.3	66.5	66.2	62.5	60.9	59.9	57.3	53.9
	20-24	89.0	89.2	89.1	88.5	88.8	86.4	85.7	84.7	85.0	84.1
	25-34	95.8	95.5	94.2	95.3	96.5	95.7	95.8	95.4	95.5	95.4
	35-44	96.6	96.1	96.5	95.9	96.0	96.3	96.0	95.6	95.5	96.3
	45-54	91.5	90.7	91.0	90.9	90.4	89.5	89.6	89.2	89.7	89.4
	55-59	81.2	81.2	78.7	77.7	76.9	75.2	73.0	73.2	71.8	71.7
	60-64	67.9	66.0	62.3	62.2	62.7	60.6	58.3	54.2	54.2	54.2
	15-24	77.4	78.4	78.6	76.9	77.0	73.9	72.8	71.8	70.7	68.6
	25-54	94.7	94.2	93.9	94.0	94.5	94.0	94.0	93.6	93.8	94.0
	55-64	75.4	74.6	71.5	70.7	70.5	68.6	66.3	64.5	63.6	63.5
	65 and over	29.9	28.1	24.9	22.7	28.1	23.5	20.2	18.2	19.0	20.0
	15-64	87.3	87.1	86.4	85.9	86.1	84.8	84.2	83.4	83.1	82.7
Females											
	15-19	54.8	53.7	54.1	52.4	51.1	47.8	46.1	47.0	45.8	43.3
	20-24	71.0	69.8	72.1	69.3	71.1	68.3	66.6	63.4	67.1	68.8
	25-34	64.3	64.8	69.3	68.4	73.1	72.9	73.6	72.6	74.2	75.4
	35-44	51.7	54.1	56.4	55.0	63.2	63.0	64.3	64.2	66.0	69.2
	45-54	43.2	43.2	44.1	44.6	49.6	49.6	50.4	50.2	52.4	52.9
	55-59	34.8	35.3	35.1	35.1	36.7	38.4	37.2	35.7	35.2	36.9
	60-64	27.8	27.0	25.4	24.0	27.8	26.9	26.1	23.5	24.8	25.4
	15-24	62.6	61.4	62.7	60.5	60.7	57.7	56.0	54.9	56.2	55.7
	25-54	53.4	54.4	57.0	56.4	62.4	62.4	63.4	63.0	64.9	66.6
	55-64	31.5	31.5	30.7	30.0	32.6	33.1	32.1	30.0	30.3	31.5
	65 and over	8.7	8.6	8.0	7.1	10.5	8.4	7.8	7.7	8.2	7.6
	15-64	52.1	52.4	54.2	53.1	57.1	56.4	56.4	55.5	57.0	58.1
Males and females											
	15-24	70.0	70.2	71.2	69.4	69.5	66.4	64.9	63.8	63.8	62.5
	25-54	73.5	73.6	74.7	74.5	77.9	77.7	78.2	77.8	78.9	79.9
	55-64	52.0	51.7	49.8	49.2	50.4	49.7	48.0	46.0	45.8	46.3
	65 and over	17.6	16.8	15.0	13.6	17.8	14.6	12.9	12.1	12.7	12.7
	15-64	69.2	69.3	69.9	69.2	71.4	70.3	70.0	69.2	69.8	70.1

Unemployment rates

		1979	1980	1981	1982	1983	1984	1985	1986	1987	1988
Males											
	15-19	13.2	9.9	10.5	8.6	12.7	15.3	15.7	16.7	13.1	10.1
	20-24	8.5	7.0	7.1	6.6	10.0	11.0	12.3	12.0	10.3	7.3
	25-34	4.4	3.9	2.9	2.7	3.7	5.7	6.5	6.5	5.5	3.9
	35-44	1.9	1.2	1.3	1.0	1.8	3.3	3.5	3.6	2.6	2.1
	45-54	1.6	1.1	0.8	0.5	1.7	2.7	3.1	3.5	2.9	2.2
	55-59	0.6	0.6	1.2	0.9	2.4	2.4	2.6	2.8	3.0	2.5
	60-64	0.8	0.4	0.9	0.5	2.1	1.4	1.8	1.7	2.1	2.4
	15-24	10.7	8.4	8.7	7.5	11.2	12.9	13.8	14.0	11.5	8.4
	25-54	2.7	2.2	1.8	1.5	2.5	4.1	4.6	4.7	3.8	2.8
	55-64	0.7	0.5	1.1	0.7	2.3	2.0	2.3	2.3	2.7	2.5
	65 and over	0.0	0.0	0.0	0.0	0.3	0.4	0.5	0.5	0.7	0.8
	15-64	4.3	3.4	3.4	2.9	4.6	5.9	6.5	6.6	5.4	4.0
	Total	4.1	3.3	3.2	2.8	4.4	5.7	6.2	6.4	5.3	3.9
Females											
	15-19	30.0	29.7	27.9	25.4	26.9	26.7	27.6	24.3	21.6	17.5
	20-24	24.1	24.3	23.7	22.3	24.2	27.2	24.8	24.6	19.5	17.7
	25-34	12.0	10.8	13.8	12.2	11.5	12.2	12.6	12.8	11.2	9.5
	35-44	5.1	6.7	6.9	6.7	8.7	7.1	7.3	6.9	5.7	5.2
	45-54	2.5	3.5	4.2	3.8	4.3	4.1	3.9	4.2	3.7	2.8
	55-59	1.2	1.1	1.6	2.2	3.1	2.3	2.4	2.7	2.3	1.8
	60-64	0.0	0.8	1.0	1.0	1.6	0.9	0.8	1.5	0.9	0.6
	15-24	26.8	26.7	25.6	23.7	25.4	27.0	26.0	24.4	20.4	17.6
	25-54	7.3	7.6	9.2	8.4	8.8	8.6	8.7	8.8	7.6	6.5
	55-64	0.7	1.0	1.4	1.8	2.5	1.8	1.8	2.3	1.8	1.3
	65 and over	0.0	0.0	0.0	0.0	0.3	0.0	0.4	0.6	0.2	0.3
	15-64	12.5	12.6	13.3	12.2	12.6	12.6	12.4	12.0	10.2	8.6
	Total	12.1	12.1	12.9	11.8	12.2	12.2	12.0	11.7	9.9	8.4
Males and females											
	15-24	18.0	16.4	16.2	14.6	17.4	19.0	19.0	18.5	15.4	12.5
	25-54	4.4	4.3	4.7	4.2	5.1	5.9	6.3	6.4	5.4	4.4
	55-64	0.7	0.7	1.2	1.1	2.4	1.9	2.1	2.3	2.4	2.1
	65 and over	0.0	0.0	0.0	0.0	0.3	0.3	0.4	0.5	0.5	0.7
	15-64	7.5	7.0	7.4	6.6	7.9	8.7	8.9	8.8	7.4	6.0
	Total	7.2	6.7	7.1	6.3	7.6	8.4	8.6	8.6	7.2	5.8

| Break in series/Rupture des données

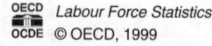

PORTUGAL

Taux d'activité

1989	1990	1991	1992	1993	1994	1995	1996	1997	1998	
										Hommes
52.5	50.8	47.2	42.4	35.1	31.2	28.6	26.8	28.0	26.3	15-19
84.4	82.9	81.3	76.0	72.6	72.0	69.1	68.8	69.2	66.9	20-24
95.7	95.2	95.2	94.0	94.4	93.6	93.2	92.1	92.0	88.0	25-34
96.3	96.5	96.8	96.7	96.4	96.2	95.9	95.6	94.8	90.8	35-44
90.2	90.3	90.4	90.3	90.7	90.7	90.8	90.8	90.9	87.4	45-54
73.6	75.2	76.1	71.6	71.7	73.4	70.0	72.0	71.5	73.4	55-59
54.7	56.8	58.9	55.9	52.8	53.4	51.0	51.6	52.7	52.7	60-64
68.1	66.5	64.0	58.9	53.5	51.6	49.3	48.8	49.8	47.6	15-24
94.4	94.3	94.4	93.9	94.0	93.7	93.4	92.9	92.6	88.8	25-54
64.7	66.5	67.9	64.0	62.5	63.6	60.7	62.0	62.1	63.2	55-64
20.2	19.8	22.1	20.9	21.9	23.2	23.6	25.7	26.2	23.0	65 et plus
83.0	82.8	82.5	80.2	78.7	78.4	77.3	77.3	77.5	74.7	15-64
										Femmes
39.9	40.3	37.0	30.3	28.1	26.6	22.3	20.0	22.3	22.5	15-19
69.3	69.0	69.5	64.2	61.4	58.5	56.1	57.6	59.0	60.6	20-24
77.1	77.7	79.9	79.2	79.4	79.8	80.4	81.8	81.9	76.7	25-34
69.8	71.5	74.4	74.2	76.9	77.6	78.6	79.6	79.2	74.2	35-44
53.8	56.4	59.9	57.5	61.4	64.0	64.9	64.0	67.0	63.4	45-54
38.0	39.5	42.6	41.3	40.0	42.3	42.2	44.3	46.1	45.0	55-59
24.3	24.6	28.3	27.5	25.4	25.9	26.4	29.4	31.6	31.1	60-64
54.3	54.4	53.1	46.9	44.4	42.6	39.7	39.8	41.9	42.6	15-24
67.8	69.4	72.3	71.2	73.2	74.4	75.2	75.7	76.5	71.9	25-54
31.4	32.3	35.6	34.5	32.7	34.2	34.3	36.8	38.8	38.0	55-64
7.7	7.7	9.0	9.7	9.9	10.7	11.3	12.1	13.1	12.3	65 et plus
58.4	59.6	61.5	59.1	59.4	60.0	59.9	60.9	62.2	59.5	15-64
										Hommes et Femmes
61.5	60.7	58.7	53.0	49.0	47.2	44.5	44.4	45.9	45.1	15-24
80.7	81.5	83.1	82.3	83.3	83.8	84.1	84.1	84.4	80.1	25-54
46.8	48.1	50.5	48.1	46.6	47.9	46.6	48.5	50.0	49.7	55-64
12.9	12.6	14.4	14.3	14.9	15.8	16.4	17.7	18.5	16.7	65 et plus
70.4	70.9	71.8	69.4	68.8	69.0	68.4	68.9	69.8	66.9	15-64

Taux de chômage

1989	1990	1991	1992	1993	1994	1995	1996	1997	1998	
										Hommes
8.0	8.1	6.7	8.6	10.9	11.5	13.7	13.4	13.6	9.0	15-19
7.3	6.4	5.6	7.5	9.6	12.7	14.2	14.0	10.5	8.0	20-24
3.6	3.0	3.1	3.6	4.9	6.5	7.2	7.3	6.6	4.1	25-34
1.8	1.9	1.7	2.0	3.0	4.4	4.1	4.0	4.7	2.8	35-44
1.7	1.6	1.2	1.9	2.9	3.9	4.8	5.1	4.7	3.4	45-54
1.6	2.7	2.7	3.0	4.7	5.9	6.2	7.0	7.6	4.4	55-59
1.7	1.6	1.6	2.2	3.6	3.7	3.2	3.3	4.7	2.6	60-64
7.6	7.1	6.0	7.9	10.0	12.3	14.1	13.8	11.3	8.2	15-24
2.5	2.2	2.1	2.6	3.7	5.1	5.5	5.6	5.4	3.5	25-54
1.7	2.2	2.2	2.7	4.3	5.0	5.0	5.5	6.4	3.7	55-64
0.3	0.3	0.3	0.4	0.7	1.3	0.4	0.4	0.6	0.1	65 et plus
3.5	3.3	2.9	3.6	4.9	6.3	6.8	6.9	6.4	4.2	15-64
3.4	3.2	2.8	3.5	4.7	6.0	6.4	6.5	6.1	4.0	Total
										Femmes
15.7	13.3	12.9	13.6	17.6	19.6	20.6	24.0	24.1	19.0	15-19
14.4	12.4	11.7	10.3	13.3	14.9	16.6	17.9	16.7	10.5	20-24
8.8	7.9	7.1	5.7	7.8	10.1	10.1	8.7	8.0	7.4	25-34
4.9	5.0	4.3	3.5	4.6	6.0	6.4	7.1	6.1	5.0	35-44
3.0	3.4	2.8	2.1	3.5	4.7	5.0	5.6	5.5	4.2	45-54
1.7	2.3	2.6	1.6	3.1	2.9	3.5	4.8	4.4	3.4	55-59
1.3	1.0	1.3	0.1	1.2	1.6	1.7	2.1	2.1	2.5	60-64
14.9	12.8	12.2	11.4	14.7	16.3	17.7	19.3	18.5	12.6	15-24
6.1	5.8	5.1	4.1	5.6	7.3	7.5	7.3	6.7	5.7	25-54
1.5	1.8	2.1	1.0	2.4	2.4	2.8	3.7	3.4	3.0	55-64
0.0	0.0	0.1	0.4	0.2	0.6	0.2	0.1	0.2	0.0	65 et plus
7.7	7.0	6.3	5.2	6.9	8.3	8.6	8.8	8.2	6.6	15-64
7.5	6.8	6.1	5.0	6.6	8.0	8.2	8.4	7.8	6.2	Total
										Hommes et Femmes
10.8	9.6	8.8	9.4	12.1	14.1	15.7	16.3	14.6	10.3	15-24
4.1	3.8	3.5	3.3	4.5	6.1	6.4	6.4	6.0	4.5	25-54
1.6	2.1	2.2	2.0	3.5	4.0	4.1	4.8	5.2	3.4	55-64
0.2	0.2	0.3	0.4	0.5	1.1	0.3	0.3	0.5	0.1	65 et plus
5.3	4.9	4.4	4.3	5.8	7.2	7.6	7.7	7.2	5.3	15-64
5.1	4.7	4.3	4.1	5.5	6.9	7.2	7.3	6.9	5.0	Total

343

SPAIN

Participation rates

		1979	1980	1981	1982	1983	1984	1985	1986	1987	1988
Males											
	16-19	57.9	56.2	54.3	53.7	51.5	51.2	48.5	46.0	48.0	47.8
	20-24	83.3	82.9	82.9	82.7	82.9	81.4	79.1	79.7	79.6	78.8
	25-34	96.2	95.8	95.5	95.4	95.4	95.4	95.3	95.0	94.4	94.7
	35-44	97.2	96.8	96.7	96.5	96.4	96.3	96.2	96.4	96.1	95.9
	45-54	93.6	92.8	92.6	92.3	91.8	91.1	91.1	91.3	90.9	91.0
	55-59	85.7	85.0	84.2	83.2	81.7	79.5	78.7	78.7	76.8	75.2
	60-64	66.5	63.6	63.5	61.2	58.9	56.8	54.2	51.5	49.1	47.6
	16-24	70.8	70.1	69.3	69.1	68.3	67.4	65.1	64.5	65.5	64.8
	25-54	95.6	95.0	94.8	94.6	94.5	94.2	94.2	94.3	93.9	94.0
	55-64	77.6	76.1	75.2	73.4	71.5	69.1	67.2	66.0	64.0	62.1
	65 and over	13.9	12.6	10.8	8.8	7.9	7.2	6.0	5.4	4.4	4.1
	16-64	86.4	85.5	84.8	84.3	83.7	82.8	81.9	81.6	81.2	80.6
Females											
	16-19	43.4	40.5	38.7	37.1	35.6	34.3	32.1	31.2	36.5	36.8
	20-24	55.6	55.2	55.4	55.8	56.0	55.9	54.5	55.0	60.2	63.1
	25-34	34.8	36.0	36.9	39.6	43.1	45.1	47.0	49.9	54.8	57.2
	35-44	28.8	29.1	28.3	29.5	30.4	30.8	32.1	32.1	36.2	39.6
	45-54	27.6	27.3	26.8	26.7	26.8	26.4	25.6	26.6	28.6	30.3
	55-59	24.6	24.6	23.0	22.3	22.7	22.4	23.3	22.4	22.2	23.1
	60-64	18.4	17.3	17.3	17.3	17.5	16.6	16.0	15.4	16.0	16.4
	16-24	49.4	47.9	47.2	46.6	46.1	45.6	44.0	43.8	49.4	51.1
	25-54	30.2	30.6	30.4	31.8	33.3	34.0	35.0	36.4	40.1	42.9
	55-64	21.9	21.3	20.5	20.1	20.3	19.7	19.8	19.0	19.2	19.9
	65 and over	5.0	4.0	3.4	3.0	3.2	2.8	2.3	2.2	2.1	2.1
	16-64	33.1	32.8	32.5	33.1	33.9	34.0	34.2	34.9	38.4	40.4
Males and females											
	16-24	60.5	59.6	58.8	58.2	57.6	57.0	55.0	54.5	57.7	58.3
	25-54	62.2	62.1	61.9	62.7	63.4	63.7	64.2	64.9	66.7	68.1
	55-64	48.1	47.1	46.3	45.4	44.6	43.3	42.7	41.6	40.8	40.3
	65 and over	8.6	7.5	6.4	5.4	5.1	4.5	3.8	3.5	3.0	2.9
	16-64	59.4	58.9	58.4	58.5	58.6	58.3	58.0	58.1	59.7	60.5

Unemployment rates

		1979	1980	1981	1982	1983	1984	1985	1986	1987	1988
Males											
	16-19	23.6	30.4	38.2	42.2	44.5	48.1	47.1	43.1	37.9	31.1
	20-24	13.7	18.4	22.3	25.9	27.9	32.4	35.3	36.0	31.6	28.7
	25-34	7.7	10.5	13.2	14.8	16.1	18.9	21.1	19.6	17.5	16.0
	35-44	5.0	6.5	8.0	8.3	9.5	11.4	12.2	11.5	9.6	8.6
	45-54	4.7	6.1	7.5	8.0	8.9	11.2	12.2	11.5	10.4	8.8
	55-59	5.5	6.5	8.0	8.7	9.3	12.2	12.5	13.8	11.8	10.9
	60-64	4.2	5.3	6.3	7.4	8.0	10.7	11.5	11.7	9.5	7.5
	16-24	17.7	23.0	28.2	31.8	33.7	37.9	39.3	38.3	33.7	29.5
	25-54	5.7	7.7	9.5	10.3	11.5	13.9	15.4	14.4	12.7	11.4
	55-64	5.0	6.1	7.4	8.2	8.8	11.7	12.1	13.0	11.0	9.7
	65 and over	0.6	1.1	1.7	1.6	1.4	1.3	2.2	2.3	2.3	1.3
	16-64	8.1	10.7	13.2	14.6	15.8	18.7	19.8	19.1	16.8	15.0
	Total	7.9	10.4	12.9	14.4	15.6	18.4	19.6	18.9	16.7	14.8
Females											
	16-19	27.4	37.3	44.7	48.7	52.5	56.4	58.0	56.4	54.3	52.5
	20-24	17.7	23.6	29.8	33.6	38.4	43.6	47.3	46.8	46.8	45.3
	25-34	7.6	10.1	13.0	16.9	18.7	21.2	24.0	24.8	27.1	29.1
	35-44	3.6	4.0	4.9	6.7	7.6	9.6	11.0	11.4	16.2	17.5
	45-54	2.2	2.9	3.1	4.2	4.9	5.9	7.2	7.8	10.6	11.3
	55-59	1.4	2.3	2.7	3.3	3.6	6.0	6.9	6.9	8.3	8.2
	60-64	0.7	0.8	1.6	2.1	2.0	1.8	2.7	5.0	4.0	4.9
	16-24	22.0	29.3	35.8	39.5	43.7	48.2	51.0	50.0	49.3	47.7
	25-54	4.6	5.9	7.4	10.1	11.6	13.7	16.0	16.8	20.0	21.6
	55-64	1.1	1.8	2.3	2.9	2.9	4.3	5.3	6.1	6.6	6.9
	65 and over	0.2	0.5	0.6	0.0	0.2	0.5	1.0	1.7	1.7	1.5
	16-64	10.0	13.2	16.4	19.1	21.0	23.5	25.4	25.7	27.8	28.0
	Total	9.7	12.8	16.0	18.7	20.5	23.0	25.0	25.3	27.5	27.7
Males and females											
	16-24	19.4	25.4	31.1	34.8	37.6	41.8	43.8	42.8	40.2	37.1
	25-54	5.5	7.2	8.9	10.3	11.5	13.9	15.5	15.1	14.9	14.7
	55-64	4.1	5.1	6.2	7.0	7.4	9.9	10.5	11.4	9.9	8.9
	65 and over	0.5	0.9	1.3	1.1	0.9	1.0	1.8	2.1	2.1	1.4
	16-64	8.6	11.4	14.1	15.9	17.3	20.1	21.5	21.1	20.4	19.3
	Total	8.4	11.1	13.8	15.6	17.0	19.8	21.2	20.8	20.2	19.1

| Break in series/Rupture des données

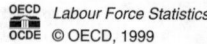

ESPAGNE

Taux d'activité

1989	1990	1991	1992	1993	1994	1995	1996	1997	1998	
										Hommes
44.8	43.3	42.5	40.3	37.4	36.3	33.7	32.5	30.4	32.2	16-19
77.7	77.2	75.3	72.9	69.0	69.9	67.6	66.8	65.6	65.5	20-24
94.2	94.6	94.2	92.7	92.3	92.7	92.1	92.0	92.0	92.1	25-34
95.8	96.2	96.3	95.4	95.3	95.0	95.1	95.3	95.1	95.2	35-44
91.3	91.7	91.4	90.3	91.0	90.7	90.7	91.0	90.6	90.6	45-54
75.7	76.5	76.3	74.5	73.6	71.9	71.3	72.3	74.3	75.8	55-59
48.2	46.9	46.6	46.2	44.8	41.9	40.6	42.1	41.5	41.0	60-64
62.7	61.7	60.4	58.0	55.9	54.7	52.5	51.8	50.4	51.7	16-24
93.9	94.3	94.1	92.9	92.9	92.9	92.7	92.8	92.6	92.7	25-54
62.7	62.4	61.7	60.6	59.0	56.1	54.9	56.3	56.6	57.7	55-64
4.3	3.8	3.7	3.4	3.1	2.9	2.9	2.7	2.4	2.4	65 et plus
80.3	80.4	79.9	78.6	78.0	77.4	76.8	77.1	76.7	77.7	16-64
										Femmes
32.7	31.2	27.8	26.9	25.8	24.5	23.1	21.8	21.3	20.4	16-19
62.2	61.4	60.6	58.8	57.7	58.7	58.2	56.6	56.0	55.8	20-24
59.1	60.8	62.3	62.8	65.1	66.5	67.7	69.1	70.3	71.1	25-34
42.0	45.1	47.4	50.2	52.4	55.8	57.0	58.6	59.5	60.6	35-44
30.7	31.9	33.4	35.1	36.0	37.6	39.5	41.0	43.1	43.6	45-54
23.6	23.2	22.7	24.2	24.4	23.6	25.2	25.9	26.5	27.6	55-59
15.3	15.5	15.8	16.3	16.2	15.6	15.2	15.3	15.8	15.9	60-64
48.8	47.5	45.5	44.0	43.2	43.1	42.4	41.4	41.2	40.9	16-24
44.9	46.9	48.6	50.4	52.2	54.3	55.5	56.8	58.1	58.9	25-54
19.7	19.5	19.3	20.3	20.2	19.3	19.9	20.2	20.6	21.4	55-64
1.8	1.7	1.5	1.6	1.6	1.4	1.4	1.2	0.9	0.9	65 et plus
40.9	41.8	42.2	43.1	44.1	45.4	46.2	47.0	48.0	48.7	16-64
										Hommes et Femmes
56.1	54.9	53.2	51.2	49.7	49.1	47.6	46.7	46.0	46.4	16-24
69.1	70.3	71.1	71.5	72.4	73.5	74.0	75.3	75.3	75.6	25-54
40.3	40.0	39.5	39.4	38.6	36.8	36.5	37.3	37.8	38.8	55-64
2.9	2.5	2.4	2.4	2.2	2.0	2.1	1.8	1.6	1.5	65 et plus
60.5	60.9	60.9	60.7	60.9	61.3	61.4	62.0	62.3	63.1	16-64

Taux de chômage

1989	1990	1991	1992	1993	1994	1995	1996	1997	1998	
										Hommes
24.8	23.7	22.8	27.4	39.2	39.8	37.0	36.2	36.5	33.2	16-19
24.2	23.0	22.7	26.3	35.3	36.4	32.2	31.8	28.1	25.0	20-24
14.0	12.8	13.3	16.0	21.2	22.2	21.2	20.5	18.7	16.2	25-34
7.8	7.2	7.5	9.4	12.1	13.5	12.3	11.9	11.4	9.4	35-44
7.2	7.0	7.5	8.5	11.6	12.0	11.4	11.4	9.8	8.4	45-54
10.5	9.0	9.6	11.2	14.4	15.8	14.4	13.4	13.2	11.2	55-59
8.0	7.2	7.7	7.3	9.4	9.4	9.8	8.4	7.2	7.1	60-64
24.4	23.2	22.8	26.6	36.5	37.4	33.6	33.0	30.3	27.1	16-24
10.0	9.3	9.7	11.7	15.5	16.4	15.3	14.9	13.5	11.5	25-54
9.6	8.4	8.9	9.7	12.5	13.3	12.6	11.4	10.8	9.6	55-64
1.2	1.8	1.8	3.6	2.0	1.3	1.0	1.0	1.4	1.3	65 et plus
12.8	11.8	12.1	14.1	18.8	19.6	18.0	17.4	15.9	13.7	16-64
12.7	11.7	12.0	14.1	18.7	19.5	17.9	17.3	15.8	13.6	Total
										Femmes
45.6	43.0	40.3	45.1	54.1	58.1	56.3	59.4	59.3	54.1	16-19
41.2	38.3	36.9	38.7	44.9	47.4	46.8	45.7	42.4	40.5	20-24
27.7	26.7	27.0	28.7	32.3	34.8	33.9	32.6	31.4	29.1	25-34
17.0	16.7	17.9	20.3	22.8	24.9	24.9	24.1	23.3	22.3	35-44
12.1	12.6	12.3	14.4	18.1	20.2	18.7	17.7	17.7	17.6	45-54
7.4	9.0	8.6	9.7	10.8	12.7	14.1	14.7	15.9	14.1	55-59
5.2	4.3	5.0	5.7	6.0	6.0	7.6	8.4	8.2	9.0	60-64
42.6	39.7	37.9	40.5	47.4	50.1	49.1	48.8	46.1	43.4	16-24
21.2	20.6	21.0	22.9	26.2	28.4	27.5	26.3	25.4	24.1	25-54
6.6	7.2	7.2	8.1	8.8	9.8	11.4	12.1	12.7	12.1	55-64
1.2	1.5	1.6	6.6	18.3	3.5	2.7	1.9	2.9	0.6	65 et plus
25.7	24.4	24.0	25.7	29.5	31.6	30.8	29.8	28.4	26.7	16-64
25.4	24.2	23.8	25.5	29.4	31.4	30.6	29.6	28.3	26.6	Total
										Hommes et Femmes
32.0	30.1	29.0	32.4	41.1	42.8	40.3	39.8	37.1	34.1	16-24
13.7	13.1	13.7	15.7	19.4	20.9	19.9	19.1	18.1	16.5	25-54
8.8	8.1	8.5	9.3	11.5	12.3	12.2	11.6	11.3	10.3	55-64
1.2	1.7	1.7	4.8	8.6	2.2	1.7	1.2	1.9	1.1	65 et plus
17.2	16.1	16.2	18.3	22.7	24.1	22.9	22.1	20.7	18.8	16-64
17.0	16.0	16.1	18.2	22.6	23.9	22.7	22.0	20.6	18.7	Total

Statistiques de la Population Active
© OCDE, 1999

SWEDEN

Participation rates

		1979	1980	1981	1982	1983	1984	1985	1986	1987	1988
Males											
	16-19	57.9	56.9	51.3	50.3	47.7	45.7	46.8	45.5	46.4	46.3
	20-24	83.9	84.7	83.9	84.1	84.4	83.3	83.3	81.7	81.1	83.1
	25-34	94.7	94.9	94.3	94.1	94.4	94.0	93.9	93.8	93.1	93.1
	35-44	96.8	96.7	96.6	96.4	96.3	96.4	96.7	96.8	95.6	96.2
	45-54	94.8	94.7	93.9	94.3	94.4	94.5	94.9	95.1	94.3	93.4
	55-64	79.3	78.7	78.1	77.7	77.0	76.2	75.9	75.5	74.8	74.6
	16-24	72.5	72.3	68.9	68.3	67.0	65.7	66.8	65.9	66.4	67.7
	25-54	95.4	95.5	95.0	95.0	95.1	95.0	95.3	95.3	94.4	94.4
	55-64	79.3	78.7	78.1	77.7	77.0	76.2	75.9	75.5	74.8	74.6
	65 and over	14.0	14.2	13.0	13.2	12.0	11.1	11.0	12.7	12.7	14.9
	16-64	88.0	87.9	86.8	86.6	86.3	85.9	86.2	86.1	85.6	85.8
Females											
	16-19	58.0	57.6	52.2	51.6	50.5	49.5	50.1	47.7	50.9	51.7
	20-24	80.1	81.8	82.9	81.9	81.3	80.8	81.2	80.9	80.7	81.4
	25-34	79.0	81.4	83.6	84.9	86.1	87.3	87.9	88.9	88.7	89.0
	35-44	83.2	84.7	86.5	87.4	88.4	89.4	90.6	91.5	91.4	92.1
	45-54	81.9	83.1	84.5	85.4	86.7	87.7	88.1	88.8	89.8	89.7
	55-64	54.5	55.3	57.5	58.8	59.7	59.7	59.9	61.4	63.7	64.1
	16-24	70.5	71.1	68.8	67.8	66.8	66.3	67.2	66.5	68.1	68.9
	25-54	81.2	83.0	84.9	86.0	87.1	88.2	89.0	89.9	90.1	90.4
	55-64	54.5	55.3	57.5	58.8	59.7	59.7	59.9	61.4	63.7	64.1
	65 and over	4.0	3.7	4.0	4.1	4.1	3.8	3.2	2.9	3.4	4.9
	16-64	73.9	75.3	76.5	77.3	78.0	78.6	79.4	80.2	81.1	81.7
Males and females											
	16-24	71.5	71.7	68.9	68.0	66.9	66.0	67.0	66.2	67.2	68.3
	25-54	88.4	89.3	90.0	90.6	91.2	91.7	92.2	92.7	92.3	92.4
	55-64	66.6	66.8	67.6	68.1	68.2	67.7	67.7	68.3	69.1	69.3
	65 and over	8.6	8.6	8.2	8.3	7.7	7.2	6.8	7.5	7.7	9.5
	16-64	81.1	81.7	81.7	82.0	82.2	82.3	82.8	83.2	83.4	83.8

Unemployment rates

		1979	1980	1981	1982	1983	1984	1985	1986	1987	1988
Males											
	16-19	9.7	9.4	12.1	14.5	15.1	9.6	9.3	7.6	6.1	5.1
	20-24	3.8	3.6	5.2	6.6	7.2	6.8	6.7	6.5	5.0	3.7
	25-34	1.9	1.6	2.3	3.1	3.6	3.3	2.9	2.9	2.6	2.1
	35-44	1.0	0.9	1.3	1.6	1.9	1.8	1.6	1.4	1.3	1.2
	45-54	0.9	0.9	1.4	1.7	1.9	1.5	1.8	1.6	0.9	0.8
	55-64	1.9	1.6	2.2	3.1	4.0	4.2	3.5	3.0	2.2	1.7
	16-24	5.8	5.6	7.5	9.2	9.8	7.7	7.5	6.8	5.3	4.1
	25-54	1.3	1.2	1.7	2.2	2.5	2.3	2.1	1.9	1.6	1.4
	55-64	1.9	1.6	2.2	3.1	4.0	4.2	3.5	3.0	2.2	1.7
	65 and over	0.0	0.0	0.0	0.0	0.2	0.0	0.5	0.8	0.0	1.0
	16-64	2.1	2.0	2.7	3.4	3.8	3.4	3.1	2.9	2.3	1.9
	Total	2.1	1.9	2.6	3.3	3.8	3.3	3.1	2.8	2.2	1.9
Females											
	16-19	10.5	12.0	14.6	16.8	17.2	10.1	7.7	7.6	5.9	5.5
	20-24	4.0	4.1	4.9	6.3	7.5	7.5	6.5	6.4	5.1	3.9
	25-34	2.2	2.3	2.6	3.5	3.7	3.4	2.7	2.8	2.3	1.8
	35-44	1.6	1.5	1.6	2.2	2.3	2.1	1.6	1.5	1.6	1.2
	45-54	1.2	1.1	1.3	1.6	1.6	1.4	1.4	1.3	0.9	0.8
	55-64	2.2	1.7	1.8	3.1	3.9	5.2	4.6	3.8	2.1	1.7
	16-24	6.3	6.9	8.2	9.9	10.9	8.4	6.9	6.8	5.4	4.4
	25-54	1.7	1.7	1.9	2.5	2.6	2.4	1.9	1.9	1.6	1.3
	55-64	2.2	1.7	1.8	3.1	3.9	5.2	4.6	3.8	2.1	1.7
	65 and over	0.0	0.0	0.0	0.0	0.5	0.0	2.8	0.0	0.0	0.0
	16-64	2.6	2.6	3.0	3.8	4.1	3.7	3.1	3.0	2.3	1.9
	Total	2.6	2.6	2.9	3.8	4.1	3.7	3.1	2.9	2.3	1.9
Males and females											
	16-24	6.1	6.3	7.8	9.6	10.3	8.0	7.2	6.8	5.4	4.2
	25-54	1.5	1.4	1.8	2.3	2.5	2.3	2.0	1.9	1.6	1.4
	55-64	2.0	1.6	2.0	3.1	3.9	4.7	4.0	3.4	2.1	1.7
	65 and over	0.0	0.0	0.0	0.0	0.3	0.0	1.1	0.6	0.0	0.7
	16-64	2.3	2.3	2.8	3.6	4.0	3.5	3.1	2.9	2.3	1.9
	Total	2.3	2.2	2.8	3.5	3.9	3.5	3.1	2.9	2.3	1.9

| Break in series/Rupture des données

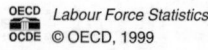

SUÈDE

Taux d'activité

1989	1990	1991	1992	1993	1994	1995	1996	1997	1998	
										Hommes
49.4	49.5	44.4	37.5	30.6	28.2	28.6	26.6	26.2	27.6	16-19
84.0	84.1	82.1	77.0	73.3	72.1	69.6	69.9	69.7	69.3	20-24
93.4	93.3	92.6	91.4	90.3	89.1	90.3	90.2	89.1	88.9	25-34
96.5	96.2	95.6	95.3	94.0	93.0	93.2	92.8	92.1	91.5	35-44
93.9	94.5	94.2	93.3	92.7	92.2	92.5	92.0	91.7	91.0	45-54
74.5	75.3	75.3	73.4	70.8	70.3	70.7	72.9	71.3	71.4	55-64
69.4	69.3	65.8	60.0	55.1	53.6	52.7	52.0	51.4	51.4	16-24
94.7	94.7	94.1	93.3	92.3	91.4	92.0	91.6	91.0	90.5	25-54
74.5	75.3	75.3	73.4	70.8	70.3	70.7	72.9	71.3	71.4	55-64
13.5	12.4	14.7	13.7	13.2	14.1	13.9	11.9	12.3	14.3	65 et plus
86.5	86.7	85.8	84.1	82.2	81.4	81.7	81.7	81.0	80.7	16-64
										Femmes
53.6	53.2	49.9	42.5	34.0	32.3	33.0	30.8	29.5	31.6	16-19
82.2	80.8	77.9	74.4	70.1	68.2	66.3	63.8	62.9	61.3	20-24
89.1	88.4	87.2	85.8	84.1	82.3	82.7	82.9	81.5	80.6	25-34
92.4	93.2	92.5	91.9	90.9	89.3	88.9	89.1	88.4	87.7	35-44
89.8	90.6	90.6	89.8	89.7	89.2	89.7	89.5	88.7	87.9	45-54
63.7	65.8	66.5	65.3	63.4	62.6	63.7	65.2	64.9	63.6	55-64
70.1	68.9	65.8	60.7	54.8	53.3	52.6	50.2	48.9	48.5	16-24
90.6	90.8	90.1	89.1	88.2	86.9	87.1	87.1	86.2	85.4	25-54
63.7	65.8	66.5	65.3	63.4	62.6	63.7	65.2	64.9	63.6	55-64
5.8	5.1	5.1	5.1	4.4	4.3	5.1	4.5	3.0	2.6	65 et plus
82.1	82.5	81.7	80.0	78.1	77.0	77.2	77.1	76.3	75.5	16-64
										Hommes et Femmes
69.7	69.1	65.8	60.3	55.0	53.5	52.7	51.1	50.2	50.0	16-24
92.6	92.8	92.2	91.3	90.3	89.2	89.6	89.4	88.6	88.0	25-54
69.0	70.5	70.8	69.3	67.0	66.4	67.1	69.0	68.1	67.5	55-64
9.3	8.5	9.6	9.1	8.5	8.8	9.2	7.9	7.3	8.0	65 et plus
84.3	84.6	83.8	82.1	80.2	79.2	79.5	79.5	78.7	78.1	16-64

Taux de chômage

1989	1990	1991	1992	1993	1994	1995	1996	1997	1998	
										Hommes
5.4	6.6	10.9	18.1	30.5	27.9	23.2	24.6	28.2	21.2	16-19
3.3	3.7	7.6	15.8	26.9	27.4	21.4	22.6	21.7	16.3	20-24
1.8	2.1	4.5	8.9	13.9	13.5	11.7	12.0	11.6	9.0	25-34
0.9	1.0	2.3	5.0	8.4	8.9	8.4	8.8	9.4	7.9	35-44
0.6	0.7	1.7	3.5	6.0	6.4	6.2	6.8	7.2	6.4	45-54
1.3	1.3	2.2	3.8	6.9	8.3	8.9	9.4	9.4	7.8	55-64
3.9	4.6	8.6	16.4	27.7	27.5	21.8	23.0	23.0	17.5	16-24
1.1	1.3	2.8	5.8	9.4	9.6	8.7	9.2	9.4	7.8	25-54
1.3	1.3	2.2	3.8	6.9	8.3	8.9	9.4	9.4	7.8	55-64
0.6	1.0	0.0	0.0	1.0	0.0	0.0	2.1	0.0	0.0	65 et plus
1.6	1.8	3.6	6.9	11.3	11.4	10.2	10.7	10.8	8.8	16-64
1.6	1.8	3.5	6.8	11.1	11.2	10.0	10.6	10.6	8.6	Total
										Femmes
5.4	7.6	10.9	14.7	25.4	26.7	22.2	24.9	26.7	20.4	16-19
3.1	2.9	5.5	10.1	18.2	19.3	18.5	21.0	20.4	14.4	20-24
1.7	1.6	3.3	6.0	9.6	10.6	10.2	11.7	12.6	9.6	25-34
1.0	1.1	1.9	3.2	5.6	6.2	6.7	8.1	8.6	7.3	35-44
0.9	1.0	1.2	2.2	4.0	4.2	4.2	5.4	6.0	5.4	45-54
1.3	1.6	2.0	2.7	4.2	5.2	6.6	6.9	6.5	5.2	55-64
3.8	4.5	7.3	11.5	20.1	21.1	19.4	22.0	21.9	16.1	16-24
1.2	1.2	2.2	3.8	6.3	6.9	7.0	8.3	8.9	7.3	25-54
1.3	1.6	2.0	2.7	4.2	5.2	6.6	6.9	6.5	5.2	55-64
0.0	1.3	0.0	0.0	0.0	0.0	1.3	0.0	0.0	7.3	65 et plus
1.7	1.8	2.9	4.7	7.8	8.4	8.4	9.6	9.9	8.0	16-64
1.6	1.8	2.9	4.7	7.7	8.3	8.3	9.5	9.9	8.0	Total
										Hommes et Femmes
3.9	4.5	7.9	14.0	23.9	24.3	20.6	22.5	22.5	16.8	16-24
1.2	1.3	2.5	4.8	8.0	8.3	7.9	8.7	9.2	7.6	25-54
1.3	1.5	2.1	3.3	5.6	6.8	7.8	8.2	8.0	6.6	55-64
0.4	1.1	0.0	0.0	0.7	0.0	0.4	1.4	0.0	1.3	65 et plus
1.6	1.8	3.3	5.9	9.6	10.0	9.3	10.2	10.4	8.4	16-64
1.6	1.8	3.2	5.8	9.5	9.8	9.2	10.0	10.3	8.3	Total

Statistiques de la Population Active
© OCDE, 1999

SWITZERLAND/SUISSE

Participation rates/Taux d'activité

Males		1990	1991	1992	1993	1994	1995	1996	1997	1998	Hommes	
	15-24	..	72.9	71.8	72.8	68.2	68.0	68.3	69.0	70.6	15-24	
	25-39	..	97.4	97.7	97.1	96.6	97.2	96.5	97.1	97.2	25-39	
	40-54	..	98.3	98.2	98.1	98.3	98.3	98.3	96.9	96.8	40-54	
	55-64	..	86.4	84.9	84.7	82.2	82.3	81.7	81.9	81.7	55-64	
	15-24	..	72.9	71.8	72.8	68.2	68.0	68.3	69.0	70.6	15-24	
	25-54	..	97.8	98.0	97.6	97.4	97.7	97.3	97.0	97.0	25-54	
	55-64	..	86.4	84.9	84.7	82.2	82.3	81.7	81.9	81.7	55-64	
	65 and over	..	20.2	16.7	17.2	17.5	14.9	15.3	14.5	13.3	65 et plus	
	15-64	..	91.1	91.0	91.0	89.8	90.1	89.8	89.9	90.1	15-64	
Females											Femmes	
	15-24	..	70.3	69.7	72.2	67.8	64.4	64.5	64.8	63.7	15-24	
	25-39	..	72.3	73.6	72.1	71.3	74.2	74.7	76.3	78.7	25-39	
	40-54	..	75.4	76.5	76.6	77.1	75.9	77.8	77.3	78.5	40-54	
	55-64	..	53.4	56.4	58.1	58.8	58.7	61.8	60.8	63.7	55-64	
	15-24	..	70.3	69.7	72.2	67.8	64.4	64.5	64.8	63.7	15-24	
	25-54	..	73.7	74.9	74.2	74.0	75.0	76.1	76.7	78.6	25-54	
	55-64	..	53.4	56.4	58.1	58.8	58.7	61.8	60.8	63.7	55-64	
	62 and over	..	13.2	11.2	9.8	9.8	8.2	9.2	8.1	9.1	62 et plus	
	15-64	..	70.6	71.7	71.9	71.0	71.1	72.3	72.7	74.2	15-64	
Males and females											Hommes et Femmes	
	15-24	..	71.6	70.8	72.5	68.0	66.2	66.4	67.0	67.2	15-24	
	25-54	..	85.9	86.5	86.0	85.8	86.4	86.8	86.9	87.8	25-54	
	55-64	..	72.0	72.5	73.1	72.0	72.1	73.1	72.8	73.8	55-64	
	62/65 and over	..	15.7	13.2	12.4	12.6	10.7	11.4	10.5	10.7	62/65 et plus	
	15-64	..	81.1	81.6	81.7	80.7	80.8	81.3	81.5	82.3	15-64	

Unemployment rates/Taux de chômage

Males		1990	1991	1992	1993	1994	1995	1996	1997	1998	Hommes	
	15-24	..	3.0	4.8	6.9	5.4	5.4	5.2	8.0	4.7	15-24	
	25-39	..	1.0	2.4	2.8	3.5	2.9	3.7	5.1	2.9	25-39	
	40-54	..	0.7	1.2	1.5	2.6	1.5	2.6	2.7	2.7	40-54	
	55-64	..	1.4	2.1	3.7	4.5	4.0	3.1	3.1	4.1	55-64	
	15-24	..	3.0	4.8	6.9	5.4	5.4	5.2	8.0	4.7	15-24	
	25-54	..	0.8	0.5	2.2	3.1	2.3	3.2	4.0	2.8	25-54	
	55-64	..	1.4	2.1	3.7	4.5	4.0	3.1	3.1	4.1	55-64	
	65 and over	..	0.6	0.3	1.4	0.0	0.8	1.6	0.7	0.0	65 et plus	
	15-64	..	1.2	1.4	3.1	3.6	2.9	3.4	4.4	3.2	15-64	
	Total	..	1.2	2.3	3.1	3.5	2.9	3.4	4.3	3.2	Total	
Females											Femmes	
	15-24	..	3.4	4.3	5.8	6.5	5.5	4.1	3.8	7.0	15-24	
	25-39	..	3.3	4.2	5.7	5.0	4.5	5.2	4.5	4.9	25-39	
	40-54	..	2.0	3.0	3.4	3.3	3.4	3.3	3.9	2.9	40-54	
	55-64	..	0.7	3.1	3.1	3.3	1.8	3.6	2.6	2.3	55-64	
	15-24	..	3.4	4.3	5.8	6.5	5.5	4.1	3.8	7.0	15-24	
	25-54	..	2.6	3.6	4.6	4.2	4.0	4.3	4.2	4.0	25-54	
	55-64	..	0.7	3.1	3.1	3.3	1.8	3.6	2.6	2.3	55-64	
	62 and over	..	1.1	0.0	1.4	2.0	0.8	1.5	1.7	0.0	62 et plus	
	15-64	..	2.6	3.7	4.7	4.5	4.0	4.2	4.0	4.3	15-64	
	Total	..	2.6	3.5	4.6	4.4	3.9	4.1	3.9	4.1	Total	
Males and females											Hommes et Femmes	
	15-24	..	3.2	4.5	6.4	6.0	5.5	4.7	6.0	5.8	15-24	
	25-54	..	1.6	2.6	3.2	3.5	3.0	3.7	4.1	3.3	25-54	
	55-64	..	1.2	2.5	3.5	4.1	3.2	3.3	2.9	3.4	55-64	
	62/65 and over	..	0.6	0.3	1.1	1.1	0.8	1.5	1.4	0.0	62/65 et plus	
	15-64	..	1.8	2.9	3.8	4.0	3.4	3.8	4.2	3.7	15-64	
	Total	..	1.8	2.8	3.7	3.9	3.3	3.7	4.1	3.6	Total	

| Break in series/Rupture des données

TURKEY/TURQUIE

Participation rates/Taux d'activité

	1988	1989	1990	1991	1992	1993	1994	1995	1996	1997	1998	
Males												**Hommes**
15-19	64.2	60.7	61.8	59.5	54.6	50.8	52.9	50.1	48.4	48.6	47.0	15-19
20-24	87.5	87.3	88.0	84.5	85.6	83.7	84.6	81.0	81.3	77.9	76.2	20-24
25-34	98.2	98.0	97.4	97.7	97.8	97.5	97.4	97.0	97.3	96.7	96.9	25-34
35-44	97.3	97.6	97.2	96.6	96.5	96.8	96.4	96.6	96.9	96.3	96.1	35-44
45-54	85.9	86.6	84.6	83.3	83.2	81.9	82.0	83.1	79.3	79.4	79.9	45-54
55-59	71.0	70.2	66.9	66.4	66.9	63.8	66.4	66.1	62.6	61.2	61.6	55-59
60-64	58.1	58.1	54.8	53.7	55.6	53.2	50.8	55.6	52.0	51.6	54.4	60-64
15-24	73.2	70.6	71.8	69.2	66.4	63.2	64.8	61.9	60.9	59.4	57.8	15-24
25-54	94.9	95.2	94.2	93.8	93.9	93.5	93.4	93.4	92.6	92.1	92.2	25-54
55-64	65.8	65.0	61.3	60.5	61.4	58.5	58.3	60.9	57.4	56.5	58.2	55-64
65 and over	33.3	34.8	30.8	30.2	30.6	26.7	30.0	33.2	32.9	31.0	33.6	65 et plus
15-64	84.8	84.0	83.6	82.6	81.9	80.5	80.8	80.5	79.8	78.8	78.8	15-64
Females												**Femmes**
15-19	40.5	41.3	38.4	39.4	34.5	34.9	33.6	33.6	32.7	27.7	27.6	15-19
20-24	40.8	41.9	40.6	40.9	41.1	39.7	38.4	37.6	37.4	35.9	34.5	20-24
25-34	36.1	38.2	36.1	34.4	33.7	34.3	33.8	34.7	32.2	29.9	30.7	25-34
35-44	35.6	39.3	37.2	35.6	35.7	34.6	33.6	35.6	34.2	30.0	31.6	35-44
45-54	34.2	35.2	34.2	35.1	32.5	31.3	32.6	32.3	31.7	28.1	28.5	45-54
55-59	27.3	31.4	30.3	33.7	29.6	25.6	25.6	28.2	29.2	30.1	27.1	27.9	55-59
60-64	19.8	25.0	22.2	20.2	19.7	20.2	20.5	22.8	25.6	21.5	23.2	60-64
15-24	40.7	41.5	39.4	40.0	37.4	37.0	35.7	35.3	34.7	31.2	30.6	15-24
25-54	35.5	37.8	36.0	35.0	34.1	33.7	33.5	34.4	32.8	29.5	30.5	25-54
55-64	24.0	28.6	26.6	27.5	24.9	22.9	24.3	26.1	27.9	24.3	25.5	55-64
65 and over	10.1	10.9	9.3	8.7	9.4	7.9	9.6	11.4	12.1	10.7	13.6	65 et plus
15-64	36.0	38.0	36.0	35.7	34.1	33.5	33.2	33.7	32.8	29.4	30.0	15-64
Males and females												**Hommes et Femmes**
15-24	56.0	55.2	54.7	53.7	51.1	49.5	49.4	47.9	47.1	44.5	43.6	15-24
25-54	65.2	66.6	65.1	64.5	64.0	63.5	63.6	64.0	63.0	60.9	61.3	25-54
55-64	45.7	47.4	44.1	44.2	43.3	41.0	41.6	43.4	42.5	40.3	41.9	55-64
65 and over	21.8	22.9	20.3	19.9	20.4	17.4	20.0	22.5	22.6	21.1	23.7	65 et plus
15-64	60.1	60.7	59.4	58.8	57.7	56.7	56.7	56.8	56.0	53.7	54.0	15-64

Unemployment rates/Taux de chômage

	1988	1989	1990	1991	1992	1993	1994	1995	1996	1997	1998	
Males												**Hommes**
15-19	17.5	17.3	16.4	16.3	15.8	15.6	16.3	16.0	13.0	13.0	12.4	15-19
20-24	16.9	16.4	16.9	19.2	19.7	20.3	18.4	16.7	16.1	15.1	16.6	20-24
25-34	4.8	6.1	6.8	7.2	7.5	7.4	7.5	6.5	6.0	5.6	6.0	25-34
35-44	2.7	4.5	3.4	4.5	4.4	4.3	4.9	3.9	3.5	3.4	3.7	35-44
45-54	5.1	5.8	4.8	4.7	4.3	3.6	5.7	3.9	3.9	3.8	4.3	45-54
55-59	5.0	6.5	4.3	4.3	4.9	4.0	3.6	3.8	2.7	2.0	2.9	55-59
60-64	4.6	4.2	3.5	2.2	2.2	2.7	2.2	2.2	1.9	1.6	1.8	60-64
15-24	17.2	16.9	16.6	17.7	17.7	18.0	17.3	16.3	14.6	14.0	14.5	15-24
25-54	4.2	5.5	5.2	5.7	5.7	5.5	6.2	4.9	4.6	4.3	4.8	25-54
55-64	4.9	5.6	4.0	3.5	3.7	3.4	2.9	3.1	2.3	1.8	2.4	55-64
65 and over	1.6	2.7	2.0	1.4	0.9	0.5	1.3	1.5	1.0	1.0	1.3	65 et plus
15-64	7.7	8.4	8.0	8.4	8.4	8.2	8.6	7.3	6.6	6.2	6.6	15-64
Total	7.5	8.2	7.8	8.2	8.2	7.9	8.3	7.1	6.4	6.0	6.4	Total
Females												**Femmes**
15-19	16.2	14.6	14.0	10.8	11.7	10.9	11.9	10.1	8.8	13.8	12.0	15-19
20-24	19.9	17.7	16.2	13.3	16.3	13.3	14.4	14.5	12.2	16.3	13.5	20-24
25-34	10.6	10.2	8.7	8.8	8.3	9.0	9.1	7.4	6.2	8.1	7.1	25-34
35-44	5.7	5.3	5.1	3.6	4.2	3.4	4.0	3.1	2.3	3.2	3.5	35-44
45-54	2.7	2.7	2.0	1.8	1.7	1.9	1.6	2.0	1.3	1.2	1.8	45-54
55-59	1.5	1.5	0.6	0.8	0.3	0.8	0.4	0.4	0.6	0.8	1.0	55-59
60-64	1.4	1.5	1.5	0.0	0.5	0.0	0.5	0.4	0.0	0.2	0.4	60-64
15-24	17.9	16.0	15.0	11.9	13.9	12.0	13.1	12.1	10.4	15.0	12.7	15-24
25-54	7.1	6.9	5.9	5.3	5.3	5.4	5.7	4.7	3.7	4.8	4.5	25-54
55-64	1.5	1.5	1.0	0.6	0.4	0.4	0.4	0.4	0.3	0.5	0.7	55-64
65 and over	0.9	0.8	0.0	0.0	0.8	0.0	0.0	0.5	0.0	0.0	0.0	65 et plus
15-64	10.8	9.7	8.7	7.2	7.9	7.3	7.8	6.7	5.5	7.7	6.7	15-64
Total	10.6	9.5	8.5	7.1	7.8	7.2	7.7	6.5	5.3	7.4	6.4	Total
Males and females												**Hommes et Femmes**
15-24	17.5	16.5	16.0	15.4	16.2	15.6	15.7	14.7	12.9	14.4	13.8	15-24
25-54	5.0	5.9	5.4	5.6	5.6	5.5	6.0	4.9	4.4	4.4	4.7	25-54
55-64	4.0	4.4	3.1	2.6	2.8	2.6	2.2	2.3	1.7	1.4	1.9	55-64
65 and over	1.4	2.2	1.6	1.1	0.9	0.4	1.0	1.3	0.7	0.7	0.9	65 et plus
15-64	8.6	8.8	8.2	8.1	8.3	7.9	8.3	7.1	6.3	6.6	6.6	15-64
Total	8.4	8.6	8.0	7.9	8.1	7.7	8.1	6.9	6.1	6.4	6.4	Total

| Break in series/Rupture des données

Statistiques de la Population Active
© OCDE, 1999

UNITED KINGDOM

Participation rates

		1979	1980	1981	1982	1983	1984	1985	1986	1987	1988
Males											
	16-19	..	..	..	..	..	71.6	72.5	73.3	72.5	74.9
	20-24	..	..	..	..	..	90.2	90.9	89.7	90.4	90.2
	25-34	..	..	..	..	..	95.8	96.2	95.9	96.2	96.0
	35-44	..	..	..	..	..	96.5	96.6	95.9	95.7	96.0
	45-54	..	..	..	..	..	93.5	92.9	92.3	91.5	91.8
	55-59	..	..	..	..	..	82.8	82.5	81.4	79.7	80.7
	60-64	..	..	..	..	..	57.5	55.4	53.8	55.2	54.8
	16-24	..	..	..	..	..	81.9	82.8	82.6	82.8	83.7
	25-54	..	..	..	..	..	95.4	95.4	94.9	94.7	94.9
	55-64	..	..	..	..	..	70.0	69.0	67.8	67.7	68.0
	65 and over	..	..	..	..	..	8.7	8.5	8.0	7.9	8.1
	16-64	..	..	..	..	..	87.9	88.1	87.6	87.7	88.1
Females											
	16-19	..	..	..	..	..	66.0	67.8	69.4	70.8	70.1
	20-24	..	..	..	..	..	71.6	71.3	74.1	72.5	72.7
	25-34	..	..	..	..	..	60.9	62.2	64.5	65.0	67.0
	35-44	..	..	..	..	..	70.5	71.6	72.0	72.7	74.7
	45-54	..	..	..	..	..	69.3	69.2	70.1	70.4	70.3
	55-59	..	..	..	..	..	51.7	52.0	51.7	52.9	52.6
	60-64	..	..	..	..	..	21.8	18.8	19.1	19.2	19.8
	16-24	..	..	..	..	..	69.1	69.8	72.1	71.7	71.6
	25-54	..	..	..	..	..	66.7	67.5	68.7	69.3	70.6
	55-64	..	..	..	..	..	36.1	35.0	35.2	36.0	36.2
	65 and over	..	..	..	..	..	3.1	3.0	2.8	2.7	2.8
	16-64	..	..	..	..	..	61.6	62.2	63.6	64.2	65.1
Males and females											
	16-24	..	..	..	..	..	75.6	76.4	77.4	77.4	77.7
	25-54	..	..	..	..	..	81.1	81.5	81.8	82.0	82.7
	55-64	..	..	..	..	..	52.4	51.4	50.9	51.3	51.6
	65 and over	..	..	..	..	..	5.3	5.2	4.8	4.8	4.9
	16-64	..	..	..	..	..	74.7	75.1	75.6	75.9	76.6

Unemployment rates

		1979	1980	1981	1982	1983	1984	1985	1986	1987	1988
Males											
	16-19	..	..	..	..	..	23.3	20.9	20.9	19.7	15.1
	20-24	..	..	..	..	..	19.3	18.1	18.4	14.9	13.0
	25-34	..	..	..	..	..	11.7	11.5	11.6	11.4	8.6
	35-44	..	..	..	..	..	8.3	8.4	8.1	7.9	6.3
	45-54	..	..	..	..	..	8.0	8.3	8.2	8.6	7.1
	55-59	..	..	..	..	..	10.7	9.3	10.0	11.0	10.1
	60-64	..	..	..	..	..	10.4	10.2	9.8	11.2	10.4
	16-24	..	..	..	..	..	20.9	19.1	19.3	16.7	13.8
	25-54	..	..	..	..	..	9.4	9.5	9.4	9.4	7.4
	55-64	..	..	..	..	..	10.6	9.7	9.9	11.1	10.2
	65 and over	..	..	..	..	..	7.9	9.0	9.2	8.2	5.9
	16-64	..	..	..	..	..	12.1	11.7	11.7	11.2	9.1
	Total	..	..	..	..	..	12.0	11.6	11.6	11.1	9.0
Females											
	16-19	..	..	..	..	..	21.1	18.6	19.0	16.3	12.4
	20-24	..	..	..	..	..	16.1	14.2	14.2	13.5	11.0
	25-34	..	..	..	..	..	13.7	13.6	13.1	13.0	11.0
	35-44	..	..	..	..	..	8.7	8.0	8.0	7.5	6.4
	45-54	..	..	..	..	..	6.5	6.5	6.3	6.6	5.1
	55-59	..	..	..	..	..	7.3	6.5	6.2	6.6	6.5
	60-64	..	..	..	..	..	7.3	6.5	5.6	5.9	5.9
	16-24	..	..	..	..	..	18.2	16.1	16.2	14.7	11.6
	25-54	..	..	..	..	..	9.7	9.4	9.3	9.1	7.6
	55-64	..	..	..	..	..	7.3	6.5	6.1	6.4	6.4
	65 and over	..	..	..	..	..	6.9	3.4	3.9	2.3	4.3
	16-64	..	..	..	..	..	11.6	10.8	10.7	10.2	8.5
	Total	..	..	..	..	..	11.5	10.7	10.6	10.2	8.4
Males and females											
	16-24	..	..	..	..	..	19.7	17.8	17.9	15.8	12.8
	25-54	..	..	..	..	..	9.5	9.5	9.4	9.3	7.5
	55-64	..	..	..	..	..	9.4	8.6	8.5	9.4	8.8
	65 and over	..	..	..	..	..	7.6	7.0	7.4	6.2	5.3
	16-64	..	..	..	..	..	11.9	11.3	11.3	10.8	8.8
	Total	..	..	..	..	..	11.8	11.2	11.2	10.7	8.8

| Break in series/Rupture des données

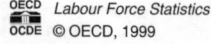

ROYAUME-UNI

Taux d'activité

1989	1990	1991	1992	1993	1994	1995	1996	1997	1998	
										Hommes
74.5	73.7	71.0	65.7	61.2	61.8	60.9	63.9	63.7	63.2	16-19
91.2	90.4	88.3	85.3	85.7	83.9	83.7	83.6	83.2	82.0	20-24
95.9	96.2	95.8	94.9	94.4	94.5	94.0	93.2	93.4	93.5	25-34
96.1	95.7	95.6	95.1	94.6	93.6	93.8	92.9	92.3	92.4	35-44
92.2	92.0	91.5	91.6	90.7	90.2	89.8	89.1	88.5	87.6	45-54
80.2	81.4	80.6	78.1	75.7	76.1	73.7	75.3	74.5	74.5	55-59
54.6	54.4	54.2	52.7	52.2	51.0	50.1	49.4	51.5	49.5	60-64
84.2	83.5	81.3	77.4	76.0	75.1	74.4	75.3	74.6	73.4	16-24
94.9	94.8	94.5	94.0	93.4	93.0	92.7	91.9	91.6	91.4	25-54
67.7	68.1	67.7	65.7	64.3	64.1	62.4	62.9	63.6	62.6	55-64
9.1	8.8	8.5	8.9	7.5	7.6	8.2	7.6	7.6	7.6	65 et plus
88.3	88.3	87.7	86.3	85.5	85.2	84.7	84.6	84.4	83.9	16-64
										Femmes
70.8	67.9	68.1	61.6	58.2	57.9	58.6	59.6	60.9	60.2	16-19
75.9	75.5	73.6	72.0	71.7	69.9	69.1	70.3	70.1	69.7	20-24
69.3	70.0	69.8	70.0	71.0	71.2	71.6	72.2	73.4	73.6	25-34
74.7	76.2	76.5	76.8	76.6	76.5	76.0	76.2	76.4	76.4	35-44
72.0	72.6	72.5	74.3	74.4	75.0	74.8	75.4	75.3	75.4	45-54
54.1	54.8	54.4	54.6	54.5	55.4	55.7	54.3	53.0	54.6	55-59
22.8	22.7	23.9	23.4	24.7	25.5	25.0	25.2	26.8	23.7	60-64
73.8	72.4	71.4	67.8	66.4	65.1	64.9	65.8	66.1	65.4	16-24
71.9	72.9	72.8	73.5	73.8	74.0	74.0	74.5	75.0	75.1	25-54
38.4	38.7	39.1	38.9	39.7	40.7	40.8	40.2	40.3	39.8	55-64
3.4	3.4	3.1	3.7	3.5	3.3	3.2	3.1	3.2	3.4	65 et plus
66.8	67.2	67.1	66.8	67.0	67.1	67.1	67.5	68.0	67.8	16-64
										Hommes et Femmes
79.1	78.0	76.4	72.7	71.3	70.2	69.8	70.7	70.5	69.5	16-24
83.4	83.9	83.7	83.8	83.7	83.5	83.4	83.3	83.3	83.3	25-54
52.6	53.0	53.0	52.0	51.7	52.1	51.4	51.4	51.7	51.0	55-64
5.7	5.5	5.3	5.8	5.1	5.1	5.2	4.9	5.1	5.2	65 et plus
77.6	77.8	77.4	76.6	76.3	76.2	75.9	76.1	76.2	75.9	16-64

Taux de chômage

1989	1990	1991	1992	1993	1994	1995	1996	1997	1998	
										Hommes
11.7	12.7	16.5	18.6	22.0	20.8	19.6	20.6	18.2	17.0	16-19
10.4	10.1	15.0	18.9	20.2	18.3	17.0	16.2	14.0	11.7	20-24
7.3	7.0	9.2	11.8	12.1	11.5	10.1	9.5	7.8	6.7	25-34
4.9	4.7	6.7	9.0	9.4	8.7	7.5	7.9	6.0	4.7	35-44
5.7	5.0	6.3	8.4	9.4	8.6	7.4	6.4	6.1	4.8	45-54
8.6	7.9	8.4	11.2	12.3	11.6	10.2	9.9	8.0	6.7	55-59
8.9	9.2	9.8	10.2	14.2	11.6	9.9	8.9	7.6	7.0	60-64
10.9	11.1	15.5	18.8	20.8	19.1	17.9	17.8	15.6	13.8	16-24
6.0	5.6	7.6	9.9	10.4	9.8	8.5	8.0	6.7	5.5	25-54
8.7	8.4	8.9	10.8	13.1	11.6	10.1	9.5	7.8	6.8	55-64
8.2	5.2	5.9	4.9	4.6	3.7	2.7	4.1	4.0	3.3	65 et plus
7.4	7.1	9.3	11.7	12.5	11.5	10.2	9.8	8.2	6.9	16-64
7.4	7.0	9.2	11.5	12.4	11.4	10.1	9.7	8.1	6.8	Total
										Femmes
9.2	10.3	13.2	13.6	15.9	16.1	14.8	14.6	14.0	13.7	16-19
8.9	8.2	10.0	10.2	11.8	10.7	10.6	8.9	8.9	8.1	20-24
8.8	7.6	8.1	8.4	8.4	7.9	7.4	7.4	5.9	5.9	25-34
5.2	5.5	5.8	6.2	6.0	6.0	5.9	5.1	4.8	4.4	35-44
5.1	4.4	4.6	5.0	5.0	5.0	4.5	4.1	3.8	3.1	45-54
6.2	5.3	5.5	4.5	6.0	6.5	4.7	4.2	4.8	3.5	55-59
5.7	4.3	4.8	4.3	3.6	2.7	1.5	1.3	2.0	2.1	60-64
9.0	9.0	11.3	11.5	13.2	12.6	12.2	11.1	11.0	10.5	16-24
6.5	5.9	6.3	6.7	6.6	6.4	6.0	6.0	4.9	4.5	25-54
6.0	5.0	5.3	4.4	5.2	5.4	3.7	3.4	3.9	3.1	55-64
4.1	2.6	3.7	4.8	4.2	3.0	2.4	2.0	2.1	2.0	65 et plus
7.0	6.5	7.3	7.4	7.7	7.4	6.9	6.3	5.8	5.3	16-64
7.0	6.5	7.2	7.4	7.6	7.3	6.8	6.3	5.8	5.3	Total
										Hommes et Femmes
10.0	10.1	13.6	15.5	17.4	16.2	15.3	14.7	13.5	12.3	16-24
6.2	5.8	7.0	8.5	8.7	8.3	7.4	7.0	5.9	5.0	25-54
7.7	7.2	7.6	8.4	10.0	9.1	7.5	7.1	6.3	5.3	55-64
6.7	4.2	5.2	4.8	4.4	3.4	2.6	3.3	3.3	2.8	65 et plus
7.2	6.8	8.4	9.8	10.4	9.7	8.7	8.2	7.1	6.2	16-64
7.2	6.8	8.3	9.7	10.3	9.6	8.6	8.2	7.1	6.1	Total

Statistiques de la Population Active
© OCDE, 1999
OECD OCDE

OECD PUBLICATIONS, 2, rue André-Pascal, 75775 PARIS CEDEX 16
PRINTED IN FRANCE
(30 1999 09 3 P) ISBN 92-64-05881-8 – No. 51124 2000